V&R

Lutherjahrbuch

Organ der internationalen Lutherforschung

Im Auftrag der Luther-Gesellschaft herausgegeben von
Helmar Junghans
Professor em. der Universität Leipzig

66. Jahrgang 1999

Glaube und Bildung
Faith and Culture

Referate und Berichte
des Neunten Internationalen Kongresses für Lutherforschung
Heidelberg, 17.-23. August 1997

Vandenhoeck & Ruprecht in Göttingen

G

ISBN 3-525-87431-6
ISSN 0342-0914
© Vandenhoeck & Ruprecht, Göttingen 1999
Layout: Institut für Kirchengeschichte
der Theologischen Fakultät Leipzig
Gesamtherstellung: Gulde-Druck GmbH Tübingen

Präsident des Neunten Internationalen Kongresses für Lutherforschung war Bischof i. R. Professor em. Dr. Gerhard Müller, Ehrenpräsident Professor em. Dr. Gerhard Ebeling. Am Kongreß nahmen über 160 Forscherinnen und Forscher – einige mit Begleitperson – aus 18 Ländern teil. Er wurde am 17. August 1997 abends in der Aula der Alten Universität Heidelberg eröffnet. Die Vorträge und Seminare fanden in Räumen der Universität Heidelberg und der Heidelberger Akademie der Wissenschaften statt. Am 20. August, dem Exkursionstag, besuchte eine Gruppe von Kongreßteilnehmern den Dom und die Protestationskirche in Speyer sowie das Melanchthonhaus in Bretten, eine andere das Melanchthonhaus in Bretten und das ehemalige Zisterzienserkloster Maulbronn.

Das Continuation Committee wählte Professor Dr. Dr. Günther Wartenberg, Leipzig, zu seinem Chairman. Der Zehnte Internationale Kongreß für Lutherforschung findet vom 4. bis 9. August 2002 in Kopenhagen unter dem Thema »Luther nach 1530: Theologie, Kirche und Politik / Luther after 1530: Theology, Church and Politics« statt.

Anschriften

der Mitarbeiter siehe in der Teilnehmerliste unten Seite 309-314;

für Rezensionsexemplare, Sonderdrucke, Mitteilungen sowie Anfragen: Theologische Fakultät, Institut für Kirchengeschichte, Abt. für Spätmittelalter und Reformation, Emil-Fuchs-Straße 1, D-04105 Leipzig (Tel. 0341-9735431, Fax 0341-8616821); Lutherjahrbuch@uni-leipzig.de;

der Luther-Gesellschaft: Krochmannstraße 37, D-22299 Hamburg (Tel./Fax 040-5141150).

Die *Abkürzungen* der »Lutherbibliographie 1999« werden im ganzen »Lutherjahrbuch 1999« verwendet. Den Abkürzungen für die Lutherausgaben liegt »KURT ALAND: Hilfsbuch zum Lutherstudium. 3. Aufl. Witten 1970« zugrunde; StA verweist auf »MARTIN LUTHER: Studienausgabe. B; L 1979 ff«; BSLK auf »DIE BEKENNTNISSCHRIFTEN DER EVANGELISCH-LUTHERISCHEN KIRCHE/ hrsg. vom Deutschen Evangelischen Kirchenausschuß im Gedenkjahr der Augsburgischen Konfession 1930. 2 Bde. GÖ 1930« und Nachdrucke.
Die *Abkürzungen für biblische Bücher* und die *Zeichensetzung bei Stellenangaben* folgen dem »NOVUM TESTAMENTUM GRAECE« von Eberhard Nestle.
Die *Anordnung der Rezensionen* schließt sich der Systematik der »Lutherbibliographie« an.

Glaube und Bildung

Von Gerhard Müller

Martin Heckel zum 20. Mai 1999

Als 1960 der Zweite Internationale Kongreß für Lutherforschung in Münster/ Westfalen durchgeführt wurde, erinnerten wir uns an den 400. Todestag Philipp Melanchthons. Die Zusammenkunft wurde vor 37 Jahren unter das Thema gestellt: »Luther und Melanchthon«. Es war der erste Internationale Kongreß für Lutherforschung, den ich besucht habe. Sehr eindrücklich war mir, wie deutlich wurde, daß Melanchthon zu Unrecht so stark im Schatten Luthers stand, daß er kaum beachtet wurde – jedenfalls viel weniger, als er es verdient hätte. Es wurde betont, daß von Melanchthon eigenständige Impulse schon zu Lebzeiten Luthers ausgegangen sind, die dieser – etwa im Bereich der Rechtfertigungslehre – aufgenommen hat. Nicht nur die erste Phase der Zusammenarbeit von Luther und Melanchthon ab 1518, sondern auch die spätere Zeit wurde in den Blick genommen, und neue Akzente ergaben sich.[1]

Es war damals aber auch die Phase der heißen Diskussion um die initia theologiae Lutheri. Nicht nur die Datierung des sogenannten Turmerlebnisses, sondern auch die Wertung der Theologie des jungen Wittenberger Professors war ebenso spannend wie ergebnisreich. Für mich war der absolute Höhepunkt die Diskussion des Vortrages von Ernst Bizer (1904-1975). Er sprach auf dem Kongreß über »Glaube und Demut in Luthers Vorlesung über den Römerbrief«.[2] Darin präzisierte er seine Deutung der Demutstheologie des jungen und nach seiner Auffassung vorreformatorischen Luther. In der Diskussion gab es – das war nicht anders zu erwarten gewesen – Widerspruch, da die Deutung Bizers für zu undifferenziert gehalten wurde. Für mich als jemand, der gerade vor der Habilitation stand, war es ein bleibender Eindruck einer fairen und gründlichen Debatte. Überraschend war für mich, daß Bizer die Argumente nicht aufnahm. Er meinte lediglich, angesichts der Voten seiner hochgeschätzten Kollegen wolle er alles noch einmal überdenken. Ich gestehe, daß ich enttäuscht war. Denn eine ausführ-

---

1 Vgl. Luther und Melanchthon: Referate und Berichte des Zweiten Internationalen Kongresses für Lutherforschung, Münster, 8.-13. August 1960/ hrsg. von Vilmos Vajta. GÖ 1961.
2 Ebd, 63-72.

liche Diskussion hätte vielleicht manche Gräben überbrücken können. Daß Bizer von den Diskussionsrednern nicht überzeugt worden war, belegt die Tatsache, daß sein Referat nicht nur unverändert in den Tagungsband, sondern auch in erweiterter Fassung in die 2. Auflage seiner Schrift »Fides ex auditu« eingegangen ist.[3]

Ich weise auf den Zweiten Internationalen Kongreß für Lutherforschung hin, weil auch in diesem Jahr bekanntlich eines Melanchthonjubiläums zu gedenken ist. Das Fortsetzungskomitee hat uns bewußt in diesem Jahr eingeladen, in dem wir an Philipp Melanchthons 500. Geburtstag denken. Es ist in diesem Kreis überflüssig zu betonen, daß aus »Luther und Melanchthon« vom Jahr 1960 nicht deswegen 1997 »Glaube und Bildung« geworden ist, weil Luther für das eine und Melanchthon für das andere stünde. Aber gesagt werden müssen gelegentlich auch Selbstverständlichkeiten – weil sie möglicherweise so selbstverständlich auch wieder nicht sind. Es geht nicht um den Theologen einerseits, der für den Glauben zuständig ist, und um den Philologen andererseits, dem es allein um Bildung ginge. Vielmehr fragen wir, wie Luther und Melanchthon zusammengearbeitet haben, wie beide diese Fragestellung interpretierten und welche Folgerungen daraus zu ziehen sind.

Die Problematik liegt in dem »und«. Daß es Glaube gibt, der sehr unterschiedlich gedeutet wird, zeigt schon ein oberflächlicher Blick in die Theologiegeschichte. Daß sich die Menschheit stets um Bildung bemüht hat und diese auch trotz aller Kassandrarufe nicht untergegangen ist, ist genauso einsichtig. Aber wie steht es um den Zusammenhang von Glaube und Bildung? Ist er eine Utopie? Wird der Glaubende von ganz anderen Motiven bestimmt als der Gebildete? Ist der behauptete Zusammenhang vielleicht eine spezifisch abendländische und christliche Ausprägung? Jedenfalls soll das europäische 16. Jahrhundert den Hintergrund für unsere Erwägungen abgeben.

I Der Zusammenhang von Glaube und Bildung

Es war die Kirche gewesen, die sich im Abendland im Mittelalter um schulische Bildung sowie um universitären Unterricht gemüht hatte. Dennoch gab es im Spätmittelalter Kritik. Die Humanisten wandten sich von der scholastischen Methode ab,[4] kritisierten das Mönchslatein, pflegten die Sprache der Wissenschaft

---

3 Ernst Bizer: Fides ex auditu: eine Untersuchung über die Entdeckung der Gerechtigkeit Gottes durch Martin Luther. 2., erw. Aufl. NK 1961, 23-52.

4 Adolf Harnack: Martin Luther in seiner Bedeutung für die Geschichte der Wissenschaft und

durch den Rückgriff auf deren klassische Phase und entdeckten im 15. Jahrhundert in Italien das Griechische neu. Erst am Anfang des 16. Jahrhunderts wurde diese Sprache auch in Deutschland oder Frankreich erlernt, wo sich Hieronymus Aleander (1480-1542) besonders erfolgreich engagierte, jener Mann, der in der Kirchengeschichte mehr als päpstlicher Nuntius bekannt ist.[5] Die neue Bildung, die wir mit den Begriffen »Renaissance« und »Humanismus« in Verbindung bringen, war also eine philologisch bestimmte. Um guten Stil ging es, wobei sich die Humanisten in Understatements übten und ihren Zuhörern oder Korrespondenten die besseren Sprachkenntnisse attestierten[6] – natürlich deren Widerspruch erhoffend.

Sprache wurde in ihrer Bedeutung neu entdeckt. Neue Sprachen kamen hinzu. Neben das Griechische trat das Hebräische, das als biblische Sprache hoch eingestuft wurde, wo es aber auch Ängstliche gab, die negative jüdische Rückwirkungen auf den christlichen Glauben befürchteten, wie der Reuchlinstreit zeigt.[7] Bildung als sprachliche Bildung – das ist ein Vorgang, der auch Luther beeinflußte,[8] von Melanchthon ganz zu schweigen. Griechische und lateinische Klassiker

der Bildung. (1883). In: Adolf von Harnack als Zeitgenosse. Teil 1: Der Theologe und Historiker/ hrsg. und eingel. von Kurt Nowak. B; NY 1996, 202, meinte im Hinblick auf die Situation vor Beginn der Reformation: »Die Wissenschaft ... stand augenscheinlich unter dem Prinzipate der Theologie, die Theologie aber auf der Autorität der Kirche. Die Menschheit ... hatte sich geübt zu distinguieren und zu deduzieren ... Aber kaum irgendwo hatte sie sich weiter bewegt. Was sie in den letzten Jahrhunderten gelernt hatte, das hatte sie alles eingebaut und eingesponnen in eine kunstvolle Mythologie von Begriffen.«

5 Vgl. Gerhard MÜLLER: Girolamo Aleandro. TRE 2 (1978), 227-231.

6 So hat sich etwa Melanchthon entschuldigt, daß er die Eröffnungsrede für die neue Nürnberger Schule 1526 übernommen hatte. Denn dies könnte ihm »als Anmaßung ausgelegt werden«: »... ich könnte ja den Eindruck erwecken, als entrisse ich mit meinem Reden besonders redegewaltigen Männern die Hauptrolle« (MELANCHTHON DEUTSCH/ hrsg. von Michael Beyer; Stefan Rhein; Günther Wartenberg. Bd. 1: SCHULE UND UNIVERSITÄT, PHILOSOPHIE, GESCHICHTE UND POLITIK. L 1997, 93 ≙ CR 11, 106). Aleander meinte, ihm fehle sein Korrespondent als gelehrter Gesprächspartner, der antwortete, er habe viel mehr von ihm profitiert als umgekehrt; vgl. NUNTIATURBERICHTE AUS DEUTSCHLAND NEBST ERGÄNZENDEN AKTENSTÜCKEN. Abt. 1: 1533-1559. Ergänzungsbd. 1: 1530-1531: Legation Lorenzo Campeggios 1530-1531 und Nuntiatur Girolamo Aleandros 1531/ bearb. von Gerhard Müller. TÜ 1963, 331 f (97), Girolamo Aleandro an Giovanni Battista Sanga am 9. Oktober 1531 aus Speyer; 386 (112 b), Sanga an Aleandro am 7. November 1531 aus Rom.

7 Vgl. Gerald DÖRNER: Reuchlin, Johannes (1455-1522). TRE 29 (1998), 95, 11-40.

8 Das hat vor allem Helmar JUNGHANS: Der junge Luther und die Humanisten. Weimar; GÖ 1984, betont; DERS.: Die Worte Christi geben das Leben. Wartburg-Jahrbuch: Sonderband 1996; Wissenschaftliches Kolloquium »Der Mensch Luther und sein Umfeld« vom 2.-5. Mai

wurden beachtet, auf Sprachschulung wurde neu Wert gelegt. Das Triviale, das Trivium – nämlich Grammatik, Rhetorik und Dialektik – wurde plötzlich neu wichtig.

All' dies stand in Deutschland nicht im Gegensatz zum Glauben. Erasmus von Rotterdam (1466/69-1536) hatte dafür die Weichen gestellt.[9] Die Reformation konnte darauf aufbauen. Sie benötigte die Philologie, war doch die Bibel als Entscheidungsnorm in Anspruch genommen worden, also ein schriftliches Dokument, das verstanden und gedeutet werden muß. Der Wortsinn der Heiligen Schrift wird entscheidend. Von ihm darf ohne zwingenden Grund nicht abgewichen werden.[10] Die Sprache ist also nicht nur aus philologischen und philosophischen Gründen wichtig, sondern auch aus theologischen. Der Zusammenhang von Glaube und Bildung ist damit evident.

Schon im 16. Jahrhundert konnte man das aber auch anders sehen. Für die, die sich im Hinblick auf die Religion ganz auf den göttlichen Geist verließen, war Bildung im humanistischen Sinn unerheblich. Selbst Reformatoren konnten – wie Franz Lambert (1486/87-1530) – zeitweise solchem Denken Tribut zollen.[11] Für alle, die Luther »Schwärmer« nannte,[12] galt diese göttliche Unmittelbarkeit. Dem entgegen pochten Luther und seine Freunde auf das Wort. Der Heilige Geist handelt nicht ohne das Wort, sondern er bindet sich daran. In denen, die das Evangelium hören, wirkt er.[13] Aber es gab natürlich auch die entgegengesetzte Position, die für Bildung eintrat, aber den Glauben für überholt oder wenigstens unmaßgeblich hielt. Vor allem der italienische Humanismus zeitigte Tendenzen dieser Art, wie überhaupt die Renaissance als mindestens nicht genuin christlich, ja auch als unchristlich gedeutet werden konnte.[14]

1996 auf der Wartburg/ hrsg. von der Wartburg-Stiftung Eisenach. Eisenach 1996, 154-175; vgl. auch: Humanismus im Bildungswesen des 15. und 16. Jahrhunderts/ hrsg. von Wolfgang Reinhard. Weinheim 1984, und Der Humanismus und die oberen Fakultäten/ hrsg. von Gundolf Keil; Bernd Moeller; Winfried Trusen. Weinheim 1987.

9 Vgl. Peter Walter: Theologie aus dem Geist der Rhetorik: zur Schriftauslegung des Erasmus von Rotterdam. MZ 1991, und Friedhelm Krüger: Humanistische Evangelienauslegung. TÜ 1986.

10 Vgl. Manfred Schulze: Johannes Eck im Kampf gegen Martin Luther: mit der Schrift der Kirche wider das Buch der Ketzer. LuJ 63 (1996), 54.

11 Vgl. Gerhard Müller: Franz Lambert von Avignon und die Reformation in Hessen. Marburg 1958, 25 f.

12 Vgl. z. B. Martin Luther: Ein Brief an die Christen zu Straßburg wider den Schwärmergeist; WA 15, (380) 391-397.

13 Vgl. z. B. Art. V der »Confessio Augustana« (BSLK, 58).

14 Vgl. Jacob Burckhardt: Die Kultur der Renaissance in Italien. DA 1955. (Ders.: Gesammelte

Das »und« in »Glaube und Bildung« ist also nicht selbstverständlich. Das würde nicht zuletzt für die Neuzeit gelten, ohne daß wir dies hier im einzelnen verfolgen können. War es so etwas wie eine besondere Konstellation, vielleicht gar eine Sternstunde, daß sich Glaube und Bildung in der europäischen Reformation so eng zusammenfügten? Wo dies galt, da half Bildung zur Wahrheitsfindung – auch zur religiösen Wahrheitsfindung. Ohne Sprache gibt es keine Erkenntnis, auch keine glaubensmäßige. Wo Bildung in diesem Sinne gepflegt wird, da kann Wahrheit weitergegeben, vermittelt werden. Die Pädagogik erhält eine große Bedeutung: Erziehung ist möglich, ja erforderlich. Die Schulen und die Universitäten erhalten neue Unterrichtsprogramme, damit Wahrheit erkannt, weitergegeben und bewahrt wird.

Dabei konnte auf der Bildungsreform des 15. Jahrhunderts auf- und weitergebaut werden. Ohne das damals erneuerte Schulwesen und ohne die neuen Universitäten wäre das Programm »Glaube und Bildung« im 16. Jahrhundert nicht so realisierbar gewesen, wie es durchgeführt wurde. Für Melanchthon persönlich wurde in seiner Ausbildung das hohe Niveau von Schulen am Oberrhein wichtig.[15] Aber auch für andere Gebiete ist ein gutes Niveau im Schulwesen nachweisbar.[16] Was neue Universitäten in Deutschland angeht, so seien nur diejenigen aus der zweiten Hälfte des 15. Jahrhunderts genannt, nämlich Greifswald 1456, Freiburg 1457, Ingolstadt 1472, Trier 1473 sowie Mainz und Tübingen 1477. Es muß einen erheblichen Bedarf an Ausbildungsplätzen gegeben haben, wenn in gut zwei Jahrzehnten sechs hohe Schulen in Deutschland eröffnet wurden (obwohl natürlich auch Territorialpolitik hierbei mitgespielt hat).

Diese Bildungsreform geht auf Innovationen zurück, die Johannes Gerson (1363-1429) oder die Devotio moderna ausgesprochen und realisiert hatten. Sie hatten die Bedeutung der Kindererziehung erkannt und deren Verbesserung für erforderlich gehalten. Nicht nur eine Klerusreform erwies sich als notwendig, sondern auch eine schulische. Was die Devotio moderna anstrebte, »eine einfache, biblisch orientierte, praktisch mystische Frömmigkeit«,[17] das war ein Konzept ei-

Werke; 3) und Delio CANTIMORI: Italienische Häretiker der Spätrenaissance (Eretici italiani del cinquecento: ricerche storiche ⟨dt.⟩)/ übers. von Werner Kaegi. BL 1949.

15 Vgl. Heinz SCHEIBLE: Melanchthon: eine Biographie. M 1997, 13-15.

16 Vgl. STUDIEN ZUM STÄDTISCHEN BILDUNGSWESEN DES SPÄTEN MITTELALTERS UND DER FRÜHEN NEUZEIT/ hrsg. von Bernd Moeller; Hans Patze; Karl Stackmann. GÖ 1983.

17 Heribert SMOLINSKY: Kirchenreform als Bildungsreform im Spätmittelalter und der frühen Neuzeit. In: Bildungs- und schulgeschichtliche Studien zu Spätmittelalter, Reformation und konfessionellem Zeitalter/ hrsg. von Harald Dickerhof. Wiesbaden 1994, 35-51, bes. 39.

ner Zusammengehörigkeit von Glaube und Bildung, das Weiterführungen ermöglichte. Es gab also »Kirchenreform als Bildungsreform« bereits im Spätmittelalter. Diese wurde zwar noch nicht von der Kirche als ganzer aufgenommen,[18] aber sie bereitete den Boden für die reformatorische Bildungsreform vor und zeigt, daß normalerweise Anknüpfungspunkte vorliegen, wenn entscheidende Umbrüche gelingen sollen.

Aber nicht allen war dieses Miteinander von Glaube und Bildung einsichtig. Es gab »bildungsfeindliche Tendenzen«, »die zu Einbrüchen an den Universitäten führten«. Am Anfang der zwanziger Jahre blieben die Studenten aus.[19] Der traditionelle Unterricht war uninteressant geworden; das bisherige Prüfungswesen brach zusammen. Warum sollte man dann dafür noch Geld ausgeben? Die Bibel wurde ins Deutsche übersetzt. Mußte jetzt wirklich noch Latein gelernt werden? Oder gar das Griechische und das Hebräische? Für die Beteiligten, wie z. B. für Melanchthon, war dies eine große Anfechtung.[20] Aber mit Kräften wehrte er sich dagegen. Denn Glaube und Bildung waren für ihn untrennbar, wollte man nicht die Wahrheitsfrage resigniert unbeantwortet lassen oder gar von einer doppelten Wahrheit reden.[21] Luther war der gleichen Meinung. Seinem Plädoyer wollen wir uns zunächst zuwenden.

II Erkenntnis und Einsicht

Bereits in seinem »An den christlichen Adel deutscher Nation« gerichteten Reformprogramm hat Luther im Jahr 1520 eine durchgreifende Veränderung der Lehre an den Universitäten gefordert.[22] Er akzeptiert lediglich des »Aristoteles

18 Smolinsky: AaO, 36: »So intensiv sie [die Bildungsreform] auch vorhanden war und praktiziert wurde, drang sie dennoch nicht vor der Zeit der Reformation in das Reformdenken der katholischen Kirche als strukturierende Größe ein.«
19 Vgl. ebd, 43, und Eike WOLGAST: Hochschule und Papsttum: die Universität Heidelberg in der Zeit der Pfälzer Vorreformation 1517-1556. In: Papstgeschichte und Landesgeschichte: Festschrift für Hermann Jakobs zum 65. Geburtstag/ hrsg. von Joachim Dahlhaus und Armin Kohnle. Köln; Weimar; W 1995, 573-602, bes. 578-583.
20 Wilhelm MAURER: Der junge Melanchthon zwischen Humanismus und Reformation. Bd. 2: Der Theologe. GÖ 1969, 419-428, sprach von einer »Berufskrise« Melanchthons während dieser Jahre.
21 Harnack: AaO, 10, nannte »die Theorie von der doppelten Wahrheit ... das Schlußwort des Mittelalters ... Es war der Protest eines formal geschulten Denkens wider die Irrationalitäten des kirchlichen Dogmas.«
22 Vgl. (auch zum Folgenden) StA 2, 154, 8 - 158, 38 ≙ WA 6, 457, 28 - 462, 11.

bucher von der Logica / Rhetorica / Poetica«.²³ Die Studenten sollten reden und predigen lernen. Jetzt aber gebe es nur Disputation und Quälerei. Das sei zu beenden. Neben den philologisch wichtigen Schriften der Alten – hier fällt auch Ciceros (106-43) Name – sei das Lehren des Lateinischen, Griechischen und Hebräischen, der mathematischen Disziplinen und der Historie wichtig. Auch auf das Studium der Juristen und der Theologen geht er ein, während er sich zur Reform der medizinischen Fakultäten nicht äußert. Uns ist hier seine Kritik am Theologiestudium wichtig.

Luther hält die bisherige Gewichtung für grundfalsch. Jetzt wird man zunächst Baccalaureus biblicus, erst danach Magister sententiarum. Dadurch werde die Bibel, »das heylig gotis wort«,²⁴ hintangesetzt. Die Höherbewertung der Scholastik, die im Studium der »Sentenzen« des Petrus Lombardus (um 1100-1160) ihren deutlichsten Ausdruck findet, muß ein Ende haben. Statt dessen werden Menschen benötigt, die vom »heylig geyst vom hymel«²⁵ zu Lehrern der Heiligen Schrift gemacht worden sind. Also nicht nur menschliche Gelehrsamkeit ist erforderlich, sondern auch Belehrung durch Gott. Zugleich fordert Luther, die Zahl der Bücher zu vermindern und sich nur an die besten zu halten, »dan viel bucher machen nit geleret / vil leszen auch nit / szondern gut ding / vnnd offt leszenn / wie wenig sein ist [es auch ist] / das macht geleret in der schrifft / vnd frum datzu«.²⁶ Luther billigt auch die Lektüre der Kirchenväter. Aber bei ihnen solle man nicht, wie bisher, stehenbleiben, sondern dadurch »in die schrifft [zu] kummen« versuchen.²⁷

In diesem Zusammenhang werden auch die niederen Schulen erwähnt. Luther hält auch für sie die Lektüre der Bibel für die wichtigste Aufgabe. Zugleich meint er: »Vnd wolt got / ein yglich stadt / het auch ein maydschulen / darynnen des tags die meydlin ein stund das Euangelium horetenn / es were zu deutsch odder latinisch.«²⁸ Also auch das Lateinische soll dem weiblichen Geschlecht nicht grundsätzlich vorenthalten werden. Die starke Konzentration auf die Bibel dient dabei nicht nur der Belehrung, sondern auch der persönlichen Hilfe: Jetzt verschmachtet »das iung volck / mitten in der Christenheit« und verdirbt »erbermlich«, weil ihnen das Evangelium fehlt, »das man mit yhnen ymmer

---

23 StA 2, 155, 5-7 ≙ WA 6, 458, 26 f.
24 StA 2, 157, 4 ≙ WA 6, 460, 15.
25 StA 2, 157, 21 ≙ WA 6, 460, 31.
26 StA 2, 157, 30-32 ≙ WA 6, 461, 1-4.
27 StA 2, 157, 34 ≙ WA 6, 461, 5.
28 StA 2, 158, 2-4 ≙ WA 6, 461, 13-15.

treybenn vnd vben solt«.[29] Gilt dies für die gesamte Jugend, so soll das Universitätsstudium nur den dafür wirklich Geeigneten vorbehalten bleiben. »... / da man nur fragt / nach der menige / vnnd ein yder wil einen doctor haben«,[30] da werden falsche Maßstäbe angewandt – eine für Deutschland höchst aktuelle Bemerkung. Aber am wichtigsten bleibt für den Reformator, daß im Unterricht die Heilige Schrift regiert. Wo das nicht der Fall ist, »rad ich furwar niemand / das er sein kind hyn thue. Es musz vorterbenn / alles was nit gottis wort on vnterlasz treybt / ...«[31]

Diese Skizze belegt den hohen Stellenwert, den Luther dem Studium der Bibel im schulischen und im universitären Unterricht einräumt. Wer dabei die Aufforderung, die Sprachen zu studieren, überlas, konnte zu einer antihumanistischen und schwärmerischen Einstellung kommen. Dies ist bekanntlich auch der Fall gewesen. Humanisten wie Helius Eobanus Hessus (1488-1540) mußten sich gegen den Vorwurf wehren, »alle Gelehrsamkeit [sei] schädlich, ja sündhaft und teuflisch«.[32] Aber trug Luther nicht dazu bei, das universitäre Studium zu relativieren, wenn er der Gemeinde »Recht und Macht« zugesteht, »alle Lehre zu urteilen«?[33] Er formulierte 1523: »Bischof / Babst / gelerten vnd yderman hat macht zu leren / aber die schaff [die Gemeinde, die auf Christi Stimme hört] sollen vrteylen / ob sie Christus stym leren odder der frembden stym / ...«[34] Welches sind die Maßstäbe, die die Gemeinde für ihr Urteil verwendet? Wie eignet sie sich solche Maßstäbe an? Ist die Gelehrsamkeit so unwichtig geworden?

Die wichtigsten Äußerungen, die Luther zu unserem Thema gemacht hat, finden sich in seiner Aufforderung »An die Ratherren aller Städte deutschen Lands, daß sie christliche Schulen aufrichten und [er]halten sollen«, die Anfang 1524 publiziert wurde.[35] Der Wittenberger geht von dem desolaten Zustand der Schulen und Universitäten aus – hatte doch selbst die Wittenberger Stadtschule zeitweise ihre Pforten geschlossen und erst im Herbst 1523 den Unterricht wieder aufgenommen.[36] Die Verantwortung dafür liegt nach Luthers Meinung bei den Eltern. Sie halten schulische Bildung für überflüssig. Statt dessen sollen – so mei-

29 StA 2, 158, 22-24 ≙ WA 6, 461, 33-35.
30 StA 2, 158, 26 f ≙ WA 6, 461, 37 f.
31 StA 2, 158, 30 f ≙ WA 6, 462, 2-4.
32 Vgl. WA 15, 10.
33 Vgl. (auch zum Folgenden) WA 11, (401) 408-416.
34 StA 3, 77, 1-3 ≙ WA 11, 409, 26-28.
35 Cl 2, 442-464 ≙ WA 15, (9) 27-53. 811 f.
36 Vgl. WA 15, 10.

An die Radherrn aller stedte deutsches lands: das sie Christliche schulen auffrichten vnd halten sollen.

Martinus Lutther. Wittenberg. M. D. X X iiij.

Lasset die kynder zu mir komen vnnd weret yhnen nicht Mat.19.

Martin LUTHER: An die Ratherren aller Städte deutschen Lands, daß sie christliche Schulen aufrichten und halten sollen. Erford: Wolfgang Stürmer, 1524, Titel (Lutherbibliographie/ bearb. von Josef Benzing unter Mitarb. von Helmut Claus. Baden-Baden 1966, 219 (1877). (Heidelberg: Universitätsbibliothek)

nen sie – die Kinder lernen, womit sie sich ernähren.[37] Hinzu kommen die Kosten, die vielen zu beschwerlich sind. Demgegenüber verweist der Reformator auf die Aufwendungen, die jede Stadt auf sich nehmen muß, um Frieden und Sicherheit zu haben, und fährt fort: »Warumb sollt man nicht viel mehr / doch auch so viel wenden an die dürfftige arme iugent / das man eynen geschickten man oder zween hielte zu schulmeystern?«[38]

Luther meint, die Bürger sparten jetzt Geld, das sie früher für Ablaß ausgegeben hätten. Wenigstens ein Teil davon solle für das Schulwesen gezahlt werden. Denn es gebe viele junge Männer, »mit sprachen vnd aller kunst geziert«,[39] die das junge Volk lehren können. Die humanistische Bildungsreform hat bereits gute Erfolge errungen, denn jetzt können die Fünfzehn- oder Achtzehnjährigen mehr als »bisher alle hohen schulen vnd klôster[schulen] gekund haben«.[40] Warnend fügt der Wittenberger hinzu:

> »Gottis wort vnd gnade ist ein farender platz regen / der nicht wider kompt / wo er eyn mal gewesen ist. Er ist bey den Juden gewest / aber hyn ist hyn / sie haben nu nichts. Paulus bracht yhn ynn kriechen land. Hyn ist auch hyn / nu haben sie den Tűrcken. Rom vnd latinisch land hat yhn auch gehabt / hyn ist hyn / sie haben nu den Bapst. Vnd yhr deutschen dűrfft nicht dencken / das yhr yhn ewig haben werdet / Denn der vndanck vnd verachtung wird yhn nicht lassen bleyben. Drumb greyff zu vnd hallt zu / wer greyffen vnd hallten kan / faule hende mũssen eyn bôsses iar haben.«[41]

Diese Geschichtsdeutung bedürfte einer eingehenden Reflexion, die wir jetzt nicht vornehmen können. Denn ist wirklich alles »hin«, aus und vorbei, wenn der Platzregen von »Gottes Wort und Gnade« vorübergezogen ist? Das Bild hat seine Grenzen. Worauf es Luther ankommt, ist offensichtlich dies, daß Zeit einmalig ist. Bleibt sie ungenutzt, wird sie zur Vergangenheit. Wer ein »gutes Jahr« erleben will, darf die Hände nicht in den Schoß legen. Ein »Jahr des Heils«, ein gutes Jahr steht aber dann zu erwarten, wenn die von Gott ermöglichten Bildungschancen genutzt werden.

Hier werden also Reformation und humanistische Bildungsreform in einen engen Zusammenhang gebracht. Jetzt wird Gottes Wort gelehrt, wie es in Deutschland bisher nicht der Fall gewesen war. Um es zu verstehen, muß es gelesen und gedeutet werden. Dazu helfen Sprachkenntnisse und die artes liberales, die zu

---

37 Cl 2, 443, 25 f ≙ WA 15, 28, 13 f.
38 Cl 2, 445, 8-10 ≙ WA 15, 30, 17-21.
39 Cl 2, 445, 31 f ≙ WA 15, 31, 12.
40 Cl 2, 445, 35 f ≙ WA 15, 31, 16.
41 Cl 2, 446, 20-28 ≙ WA 15, 32, 7-14.

einer neuen Blüte gekommen sind. Wer sich ihrer nicht bedient, wird vom weiterziehenden Platzregen des göttlichen Wortes nichts haben. Das Heil der Menschen, das von Gottes Gnade abhängig ist, bedarf zugleich des menschlichen Fleißes, nämlich der Bildung und der Erziehung der Jugend. Die Verantwortung dafür liegt bei den Alten, die dafür leben, daß sie »des iungen volcks warten [es pflegen] / leren / vnd auffzihen«.[42] Das belegten, meint Luther, auch die Natur und die Heiden. Da aber manche Eltern unwillig seien, andere unfähig und andere zu stark beschäftigt, muß diese Aufgabe von den Kommunen wahrgenommen und müssen Schulen in den Städten errichtet und unterhalten werden.[43]

Nach Luthers Meinung ist dies alles gar nicht selbstlos, wie es auf den ersten Blick hin aussieht. Vielmehr tut jede Stadt sich damit das Beste an, wozu sie in der Lage ist: »... das ist einer stad bestes vnd aller reichest gedeyen / heyl vnd krafft / das sie viel feyner gelerter / vernůnfftiger / erbar / wol gezogener burger hatt / ...«[44] Dazu genügen nicht Lesen, Schreiben und Rechnen. Es muß auch Menschen geben, die Latein, Griechisch, Hebräisch und die artes lernen, denn diese helfen nicht nur die Heilige Schrift zu verstehen, sondern auch das »welltlich regiment zu fůren«.[45] Gelehrter Räte, gebildeter Personen bedarf jeder Staat und jede Stadt. Auch hierfür ist die neue humanistische Bildung ratsam, nützlich und erforderlich.

Angesichts der Tatsache, daß es gelehrte Räte an Fürstenhöfen und in Städten bereits gab,[46] bestand die größte Gefahr darin, daß für das Verstehen der Bibel ausschließlich der Heilige Geist als erforderlich angesehen wurde. Luther hat gemeint, daß das Evangelium tatsächlich allein durch Gottes Geist zu uns kommt. Aber – so fügt er hinzu – er bedient sich der Sprachen. Deswegen wird gefolgert:

> »So lieb nu alls vns das Euangelion ist / so hart last vns vber den sprachen hallten. Denn Gott hat seyne schrifft nicht vmb sonst alleyn ynn die zwo sprachen schreiben lassen / ... Welche nu Gott nicht veracht / sondern zu seynem wort erwelet hat fur allen andern / sollen auch wyr die selben fur allen andern ehren.«

---

42 Cl 2, 446, 35 f ≙ WA 15, 32, 21 f.
43 Vgl. Cl 2, 446, 35 - 448, 25 ≙ WA 15, 32, 20 - 34, 26.
44 Cl 2, 448, 31-33 ≙ WA 15, 34, 32 f.
45 Vgl. Cl 2, 448, 31 - 450, 14, bes. 450, 11 ≙ WA 15, 34, 32 - 36, 20, bes. 36, 17 f.
46 Vgl. z. B. Lazarus SPENGLER: Schriften. Bd. 1: Schriften der Jahre 1509 bis Juni 1525/ hrsg. und bearb. von Berndt Hamm und Wolfgang Huber. GÜ 1995; siehe auch Dieter STIEVERMANN: Sozial- und verfassungsgeschichtliche Voraussetzungen Martin Luthers und der Reformation: der landesherrliche Rat in Kursachsen, Kurmainz und Mansfeld. In: Martin Luther: Probleme seiner Zeit/ hrsg. von Volker Press und Dieter Stievermann. S 1986, 137-176.

Das Hebräische und das Griechische werden als heilige, nämlich als von Gott bevorzugte Sprachen bezeichnet.[47]

Luther folgert: Ohne diese Sprachen wird das Evangelium wieder verloren gehen. »Die sprachen sind die scheyden / darynn dis messer des geysts stickt.« Wenn das Hebräische und das Griechische nicht gepflegt werden, dann werden »wir wider [weder] lateinisch noch deutsch recht reden odder schreyben« können. Luther meint, die Geschichte belege das. Dadurch habe man »bey nahend auch die natürliche vernunfft verloren«. Die Apostel haben das mündlich verkündigte Evangelium schriftlich festgehalten, damit es »sicher vnd gewis« verwahrt wird »wie ynn eyner heyligen laden« (also der Bundeslade im Alten Testament vergleichbar). Durch die schriftliche Fixierung wurde Veränderungen und Verwirrungen vorgebeugt. »Darumb ists gewis / wo nicht die sprachen bleyben / da mus zu letzt das Euangelion vnter gehen.«[48]

Mit diesem Schreckensszenarium will der Wittenberger die von ihm Angesprochenen für seine Vorschläge gewinnen und sie vor falschen Entscheidungen bewahren. Er wiederholt sich, um die Bedeutung der biblischen Sprachen zu unterstreichen. Werden sie nicht beachtet, kommt es zu Fehldeutungen biblischer Texte. Werden sie wie jetzt studiert, dann kommt das Evangelium fast so hell ans Licht wie zur Zeit der Apostel. Auch wer diese Sprachen beherrscht, hat noch Arbeit, die Heilige Schrift recht auszulegen[49] – allzu einfache Lösungen gibt es also nicht.

Es muß auch nicht jeder alles beherrschen. Es gibt schlichte, ungebildete Prediger, die sich an die eindeutigen Bibelstellen halten sollen, um die Botschaft Gottes nicht zu verfehlen. Daneben gibt es die gebildeten Exegeten. Sie müssen die biblischen Sprachen erlernt haben, wenn sie Irrlehren entlarven wollen.[50] Schlichte Predigt ist also weiterhin möglich, wenn sie sich an den klaren Aussagen der Heiligen Schrift ausrichtet; und exegetische, wissenschaftliche Arbeit ist nötig, um Häresien bekämpfen zu können. Luther geht von der Klarheit der Bibel aus. Wo diese bestritten wird, da ist nicht erkannt worden, daß der Mangel lediglich an den Sprachen liegt. Es gibt nichts Lichteres, Helleres als Gottes Wort – wenn wir die Sprachen verstünden.[51] Das ist des Reformators eigene Erfahrung:

47 Vgl. Cl 2, 450, 31 - 451, 23, bes. 451, 7-12 ≙ WA 15, 37, 4 - 38, 5, bes. 37, 17-22.
48 Vgl. Cl 2, 451, 25 - 452, 13 ≙ WA 15, 38, 7-31.
49 Vgl. Cl 2, 452, 17 - 453, 22 ≙ WA 15, 39, 2 - 40, 12.
50 Vgl. Cl 2, 453, 24-31 ≙ WA 15, 40, 14-20.
51 Vgl. Cl 2, 254, 8-12 ≙ WA 15, 41, 2-5.

Er hätte das Ziel einer rechten Exegese nicht erreicht, »wo mir nicht die sprachen geholffen vnd mich der schrifft sicher vnd gewiss gemacht hetten«.[52]

Zum Schluß kommt Luther nochmals auf den Nutzen der Bildung für das weltliche Leben zu sprechen. Der weltliche Stand braucht geschickte Männer und Frauen. Wer »sprachen vnd andere künst vnd historien« gelernt hat, könne »radten vnd regirn«.[53] Der Reformator bedauert, daß er selbst »nicht mehr Poeten vnd historien gelesen« hat[54] und er darin auch nicht unterrichtet worden sei. Man möge aber jetzt die vorhandenen Möglichkeiten nutzen und die Knaben pro Tag ein oder zwei Stunden zur Schule gehen lassen. Genauso könne »eyn meydlin ia so viel zeyt haben«, daß es jeden Tag »eyne stunde zur schule gehe«. All' dies sei möglich, wenn man Lust und »ernst dazu hat / das iunge volck zu zihen / ... [und] der wellt helffen vnd ratten mit feynen leuten«.[55] Die Besten unter ihnen sollen länger zur Schule gehen und Lehrer oder Lehrerinnen werden, Predigerstellen und andere geistliche Ämter übernehmen.[56] Es wird also Unterricht für alle und gleichzeitig ein weiterführendes Schulsystem für die Begabten gefordert, ohne daß dies im einzelnen ausgeführt würde.

Schließlich empfiehlt Luther noch die Einrichtung von Stadtbibliotheken, jedenfalls in den großen Orten. Wegen des Evangeliums und wegen der allgemeinen Bildung werden Bücher benötigt. Der Wittenberger empfiehlt nicht möglichst große, sondern möglichst gute Bibliotheken, die die Pflege der artes liberales und der Sprachen ermöglichen. Die Bibel soll in den alten Sprachen, in Deutsch und auch eventuell in noch anderen Übersetzungen vorhanden sein, aber auch Schriften sind erforderlich, die zum Erlangen von Sprachkenntnissen nötig sind, gleichgültig, ob sie von Heiden oder Christen verfaßt sind. Die Sieben Freien Künste und alle anderen Wissenschaften sollen ebenfalls durch Bücher vertreten sein, mit deren Hilfe sie studiert werden können. Ganz wortkarg gibt sich der Theologe im Hinblick auf Jurisprudenz und Medizin. Er schreibt nur: »Zu letzt auch der Recht vnd Ertzeney bücher / ...«[57] In Wahrheit endet er aber gar nicht damit, sondern trägt nach, daß auch Chroniken und Geschichtsbücher gesammelt werden sollen – in welchen Sprachen auch immer. »Denn die selben wunder nütz

---

52 Vgl. Cl 2, 455, 18-22 ≙ WA 15, 42, 22 - 43, 1.
53 Vgl. Cl 2, 457, 18-27 ≙ WA 15, 45, 14-22.
54 Cl 2, 458, 13 ≙ WA 15, 46, 18 f.
55 Cl 2, 458, 29-33 ≙ WA 15, 47, 7-11.
56 Zu dem ganzen Abschnitt vgl. Cl 2, 456, 34 - 459, 2 ≙ WA 15, 44, 20 - 47, 15.
57 Cl 2, 462, 35 f ≙ WA 15, 52, 8 f.

sind / der wellt lauff zu erkennen vnd zu regiren / Ja auch Gottis wunder vnd
werck zu sehen / ...«[58]

Mit diesem Programm vertritt Luther einen unauflöslichen Zusammenhang
von Glaube und Bildung. Nur wer das Wort der Heiligen Schrift erkannt hat, soll
es verkündigen. Einsicht wird nicht durch übernatürliche Eingebung gewonnen,
sondern durch das Erfassen des Wortsinnes der klaren biblischen Aussagen. Aber
auch die weltlichen Aufgaben bedürfen der Bildung. Sie sollen nicht pragmatisch
oder gar willkürlich angegangen werden, sondern unter Beachtung der geschichtlichen Erfahrungen anderer Menschen. Die Sieben Freien Künste und andere
Wissenschaften, die inzwischen hinzugekommen sind, werden zusammen mit
dem Erlernen der Sprachen als wichtig bezeichnet. Hier ist natürlich an die bisherige Sprache der Gebildeten gedacht, die beibehalten werden soll, nämlich das
Lateinische, aber auch an die heiligen Sprachen, in denen die Schriften der Bibel
geschrieben wurden. Für einen christlichen Humanismus, wie Luther ihn hier
vertritt, ist dies selbstverständlich. Aber es ist keine Bildung für nur wenige. Besonders Begabte sollen besonders gefördert werden. Aber alle Jungen und Mädchen
sollen in Schulen belehrt werden – jedenfalls zunächst in den Städten. Sind Bi-
beln in deutscher Sprache in einer Stadtbibliothek vorhanden, dann können alle
sich selbst mit diesem wichtigen Text vertraut machen. Erkenntnis und Einsicht
sollen also ermöglicht werden.

III Frömmigkeit und Tugend

Melanchthon, angesehenster Experte seiner Zeit für Universitäts- und Schulfragen,
hat sich häufig über Bildungsfragen, aber auch über die Zusammengehörigkeit
von Glaube und Bildung geäußert. Aus seinen Publikationen sei zunächst auf
sein »Lob der Beredsamkeit« verwiesen, das 1523 erschien und damit Luthers
Aufforderung an die Städte zeitlich nahesteht. Die auffälligste Differenz zwischen
beiden Werken ist die Sprache. Hatte der Theologe sich der Volkssprache bedient,
weil er Politiker zum Handeln veranlassen wollte, so benutzt Melanchthon das
Lateinische und wendet sich damit an die akademische Welt.[59]

---

58 Cl 2, 463, 2-4 ≙ WA 15, 52, 12-14; vgl. zum ganzen Abschnitt Cl 2, 460, 15 - 463, 3 ≙ WA 15,
    49, 10 - 52, 13.
59 Philipp MELANCHTHON: Encomium eloquentiae; siehe CR 11, 50-66 ≙ PHILIPP MELANCHTHON:
    WERKE IN AUSWAHL/ hrsg. von Robert Stupperich. Bd. 3: HUMANISTISCHE SCHRIFTEN. GÜ
    1961, (43) 44-62 ≙ Melanchthon deutsch 1, (64) 65-89 (91); vgl. diese Ausgaben auch zum
    Folgenden.

Er beklagt, daß die Beredsamkeit von der studentischen Jugend für unnütz gehalten wird. Philosophen, Rechtsgelehrte und Theologen werden hochgeachtet, den »Künsten des Redens« dagegen wird keine Beachtung geschenkt. Die Studenten meinen, diese seien für die übrigen Fächer unnütz. Melanchthon hält außerdem die Jugend für zu träge. Er hält ihr vor, daß es notwendig und schwierig sei, deutlich und durchsichtig zu formulieren. Die Wörter müssen so gebraucht werden, wie sie von den Zeitgenossen benutzt werden. Entgegen der landläufigen Meinung ist die Rhetorik nützlicher als alles andere. Durch sie werden die dunklen Sachverhalte ans Licht gebracht. Verstehen und Verständigung sind möglich – bis hin zu Wirtschaft und Handel gilt das. Aber auch in der Wissenschaft haben falsche Übersetzungen schon böse Folgen gehabt. Wo verständlich geredet wird, dort gibt es Humanität. Schon die alten Lateiner hätten die Redekunst »humanitas« genannt. Als Vorbilder empfiehlt der Professor den Studenten Dichter und Historiker. Er hält es für erforderlich, auch schriftliche Entwürfe zu machen. Der Verstand muß »durch vieles Üben daran gewöhnt werden, alles mit möglichst scharfer Aufmerksamkeit im Blick zu haben«.[60] Bei der Jugend sind aber diejenigen Professoren beliebt, die viel diktieren. Das Nachschreiben aber ist »vernunftlos«. Dieses viele Arbeiten bewirkt gesundheitliche Schäden und keinen Erkenntnisfortschritt. Statt des vielen Notierens sollen die Studenten selbst formulieren und dadurch ihre Urteilskraft stärken. Melanchthon empfiehlt ihnen auch poetische Versuche, weil in Gedichten sprachliche und stilistische Schwächen offenkundig werden.

Besonders deutlich kritisiert er die Theologen, die Beredsamkeit und alle Humaniora verachten. Sie sind ihm Exempel der Faulheit, die sich vor allem auf Gelagen auskennen und das Wort Gottes verfälschen, um sich die Gunst der breiten Masse zu erkaufen. Für sie sind Frömmigkeit, Sittlichkeit und auch Christus »dummes Zeug«. Melanchthon redet sich so in Rage, daß er meint, gegen sie müßte eigentlich der Staat vorgehen. Nach seiner Meinung führt der Verlust der Sprachwissenschaft zu Unwissenheit auf geistlichem Gebiet, ja dieser Verlust sei eine Bestätigung für Gottes Zorn. Denn die Sprachwissenschaft wurde von Gott erneuert, um uns das Evangelium wiederzugeben. Dieses Geschenk dürfe nicht verachtet werden. Denn man muß »die Bedeutung der Wörter kennen, in denen wie in einem Heiligtum die göttlichen Mysterien verborgen sind«.[61] Die Rhetorik ist also für alle Disziplinen wichtig, auch für die Theologie. Wer meint, seinen

60 Melanchthon deutsch 1, 79.
61 Ebd 1, 86.

Studienabschluß schneller erreichen zu können, indem er auf sie verzichtet, täuscht sich. In Wahrheit hält er sich dadurch »nur selbst auf«. Wenn Melanchthons Warnungen unbeachtet bleiben, dann geraten nach seiner Überzeugung »auch die Sitten der Menschen in Gefahr«.[62]

Wir merken, wie Melanchthon unter dem Verfall der Studien leidet. Der erste humanistische Impetus ist offenbar verflogen. Wer 1523 noch studiert, tendiert vor allem zur Berufsausübung. Aber dafür ist eine qualifizierte Ausbildung erforderlich. Fehlt diese, dann verfällt nicht nur die Bildung, sondern auch Frömmigkeit und Tugend gehen zugrunde. Die eindringlichen Mahnungen hatten Erfolg. Es wurden Lateinschulen gegründet, die den humanistischen Belangen Rechnung tragen sollten, z. B. in Eisleben 1525 und in Nürnberg 1526.[63]

Besonders die »obere Schule« in Nürnberg sollte – ähnlich wie das Marburger »Paedagogium« von 1527[64] – die Lücke schließen, die zwischen den normalen Lateinschulen und den Anforderungen des akademischen Unterrichts entstanden war. Die Jugend sollte besser ausgebildet zur Universität kommen, um dort nicht zu scheitern – ein Gedanke, der jedenfalls für Deutschland heute durchaus aktuell ist. Melanchthon hat den Rat der Stadt Nürnberg in seiner Eröffnungsrede 1526 gelobt, daß er den »Nutzen der Wissenschaften« erkannte. Dem Wittenberger ist dies ein »Zeichen einer geradezu göttlichen Weisheit«.[65] Die Bürger waren aufgefordert worden, »begabte Kinder auf Kosten der Stadt in die neue Schule zu schikken«.[66] Der Reformator verweist in seinen Ausführungen auf die Bedeutung der Wissenschaften: Sie sind erforderlich für Recht, Gesetz und Religion, die für Staat und Gesellschaft benötigt werden, wenn die Menschen nicht »nach Art wilder Tiere« leben sollen. Durch die Wissenschaften »werden gute Gesetze hervorgebracht und gute Sitten sowie Menschlichkeit geboren«.[67] Die Wissenschaft ist

62 Melanchthon deutsch 1, 89.

63 Ihre Lehrpläne wurden gedruckt bei Karl HARTFELDER: Melanchthoniana paedagogica. L 1892, 2-10; über weitere Schulgründungen, die 1524 einsetzten, vgl. WA 15, 15; siehe auch PHILIPP MELANCHTHON UND DAS STÄDTISCHE SCHULWESEN/ hrsg. von der Lutherstadt Eisleben. Halle 1997.

64 Vgl. Heinrich HERMELINK: Die Universität Marburg von 1527-1645. In: Die Philipps-Universität zu Marburg 1527-1927: fünf Kapitel aus ihrer Geschichte (1527-1927)/ hrsg. von H[einrich] Hermelink und S[iegfried] A. Kähler. Marburg 1927, 68-71.

65 Philipp MELANCHTHON: In laudem novae scholae; siehe CR 11, 106-111 ≙ Melanchthon: Werke in Auswahl 3, (63) 64-69, bes. 64, 30 f ≙ Melanchthon deutsch 1, (92) 93-100 (101), bes. 94; vgl. diese Ausgaben auch zum Folgenden.

66 Melanchthon deutsch 1, 92.

67 Ebd 1, 94.

nicht wertneutral, sondern sie treibt »zu Sittlichkeit, Menschlichkeit und Frömmigkeit« an.[68] Ethik und Religion hängen also vom Wohlergehen der Wissenschaften ab. Diese christlich-humanistische Bildungsreform erneuert damit nicht nur den Verstand und die Erkenntnis, sondern das gesamte kulturelle und sittliche Leben. Melanchthon formuliert: »... für die Städte sind nicht die Bollwerke oder Mauern zuverlässige Schutzwälle, sondern die Bürger, die sich durch Bildung, Klugheit und andere gute Eigenschaften auszeichnen.«[69] Wie Luther, so hebt also auch Melanchthon den Nutzen einer guten Bildung hervor. Sie ist auch für die Leitungsfunktionen in Kirche und Staat wichtig. Während Luther aber noch auf rasches Handeln drängen mußte, konnte Melanchthon mit dem Nürnberger Gymnasium eine wichtige Realisierung evangelischer Bildungsreform feiern.

Auch für die Universitätsreform wurde er der wichtigste Ratgeber im protestantischen Raum. Für die erste evangelische Promotionsfeier der Theologischen Fakultät Leipzig am 10. Oktober 1543 verfaßte er eine »Rede über das unentbehrliche Band zwischen den Schulen und dem Predigtamt«.[70] Nach wie vor betont er die Notwendigkeit schulischer Bildung, worunter die akademische mitgemeint ist. Melanchthon wendet sich gegen epikuräische Auffassungen, daß das Leben sorgenfrei sein soll und die Menschen sich den Vergnügungen hingeben können.[71] Statt dessen vergleicht er die Gemeinschaft derer, die Gott verehren, mit einer Schule, »in welcher Menschen vornehmlich über Gott und die Tugend nachdenken müssen«.[72] Die Kirche soll dazu beitragen, daß »die Erkenntnis Gottes und die Lehre von den guten Dingen« nicht erlöschen.[73] Dafür sind Schulen und Universitäten erforderlich, wo die Wissenschaften vermittelt werden und das göttliche Wort verständlich dargelegt wird. Schon im Alten Bund sollten die Priester »Wächter und Vermittler der Lehre sein«[74] und hätten so etwas wie eine Universität gebildet. Auch die Propheten hätten »eifrige Hörerschaften« gehabt,[75]

---

68 Ebd 1, 95.

69 Ebd 1, 96 f.

70 Philipp MELANCHTHON: Oratio de necessaria coniunctione scholarum cum ministerio evangelii; siehe CR 11, 606-618 ≙ MELANCHTHON DEUTSCH. Bd. 2: THEOLOGIE UND KIRCHENPOLITIK/ hrsg. von Michael Beyer; Stefan Rhein; Günther Wartenberg. L 1997, 17-33 (34); vgl. diese Ausgaben auch zum Folgenden.

71 Luther hat ähnlich gedacht; vgl. Gottfried MARON: Martin Luther und Epikur: ein Beitrag zum Verständnis des alten Luther. HH 1988.

72 Melanchthon deutsch 2, 19.

73 Ebd 2, 20.

74 Ebd 2, 22.

75 Ebd 2, 24.

und in den großen christlichen Kirchen gab es Schulen wie in Antiochia, Alexandria oder Byzanz. Auch jetzt soll über Gott und die Aufgaben der Ethik unterrichtet werden. Der Universitätslehrer formuliert: »Die Schulen sind unverzichtbar für die Bewahrung von Frömmigkeit, Religion und der bürgerlichen, häuslichen wie öffentlichen Ordnung.«[76] Wo Gelehrsamkeit ist, da stellen sich Gemeinschaft, Recht und Ordnung, Frömmigkeit und Tugend ein. Bildung und Glaube gehören untrennbar zusammen. Das zeigt nach Melanchthon die Geschichte, aber auch die Erfahrung der eigenen Zeit.

IV Gebildeter Glaube und religiöse Bildung

Weder Luther noch Melanchthon haben die Offenbarung Gottes bestritten, die von diesem selbst kundgetan werden mußte und muß.[77] Aber da die Selbstbekundung Gottes im Wort erfolgte, das schriftlich fixiert wurde, muß das Wort verstanden und erklärt werden. Dafür ist Bildung erforderlich, die Erkenntnis und Einsicht ermöglicht.[78] Bildung wurde aber häufig so eng mit Frömmigkeit verbunden, daß es nicht verwundert, daß diese Koppelung in der modernen Zeit aufgegeben wurde. Die Periode des christlichen Humanismus ist spätestens in einer multikulturellen und multireligiösen Gesellschaft an ihr Ende gekommen. Gleichwohl sind im 16. Jahrhundert erhebliche Leistungen erbracht worden. Und es bleibt ja auch die Frage, für was gebildet und wohin erzogen werden soll, wenn verschiedene, einander widersprechende kulturelle und religiöse Konzepte vorhanden sind. Daß Bildung Ziele hat, haben muß, war für Luther und Melanchthon

76 Melanchthon deutsch 2, 32.
77 Für Melanchthon vgl. auch CR 11, 608 ≙ Melanchthon deutsch 2, 20.
78 Vgl. HUMANISMUS UND WITTENBERGER REFORMATION: Festgabe anläßlich des 500. Geburtstages des Praeceptor Germaniae Philipp Melanchthon am 16. Februar 1997; Helmar Junghans gewidmet/ hrsg. von Michael Beyer und Günther Wartenberg unter Mitwirkung von Hans-Peter Hasse. L 1996. Zur deutschen Problematik heute vgl. Karl-Fritz DAIBER: Lesen Sie Horaz?: der »gebildete« Pfarrer – was das bedeutet. Zeitschrift für Gottesdienst und Praxis 14 (1996) Heft 2, 2 f. Reinhard SLENCZKA: Bildung. KD 40 (1994), 249, formulierte: »Bildung besteht nach der biblischen Einsicht in dem Vorgang, daß der ursprünglich zum Bild und Gleichnis Gottes geschaffene Mensch (Gen 1, 26f.) nach seinem Fall durch Christus, der das Bild Gottes ist ..., zu dessen Bild erneuert und gleichgestaltet wird. ... Für die christliche Gemeinde gehört daher die Bildung zu den wichtigsten Aufgaben ihrer Gesellschaftsverantwortung, ...« Die internationale Debatte wurde auf der Konferenz für Weltmission und Evangelisation in Salvador (Brasilien) vom 24. November - 3. Dezember 1996 geführt. Die »Botschaft« der Konferenz siehe: Mitarbeiterbrief Ökumene 3 (1996), 11-14.

selbstverständlich. Was hätte denn sonst »gebildet« werden sollen?[79] Deswegen bleibt der Hinweis auf Bildung, die ohne einen gewissen gesellschaftlichen Konsens nicht gelingen kann, auch heute eine wichtige Anfrage.

Auch sollte die reformatorische Forderung eines »gebildeten Glaubens« nicht vorschnell als überholt abgetan werden. Der Zugänge zum Glauben gibt es viele. Aber für seine Beständigkeit ist der immer neue Rückgriff auf Gottes Wort erforderlich, durch das Jesus Christus als die entscheidende Zuwendung zu uns Menschen erkannt und erfahren wird. Das reformatorische »sola scriptura«[80] fordert Bildung. Luther und Melanchthon haben das klar gesehen und für die Abgrenzung von Irrlehre die besten bildungsmäßigen Voraussetzungen gefordert.

Allerdings teilen wir nicht mehr das in der Reformationszeit behauptete enge Miteinander von Bildung und Tugend. Der Mensch ist mehr als das, was er lernt. Aus guten Erkenntnissen folgen nicht immer gute Taten. Es gibt nicht nur das Bewußte, sondern auch das Unbewußte, das die Realisierung guter Vorsätze zu verhindern vermag.[81] Gleichwohl ist Ethik nur dann formulierbar, wenn eine Verständigung über das möglich ist, was gut ist. Hier hatte es die Reformation – wie das gesamte christliche Abendland – relativ leicht: Für Melanchthon und Luther waren Glaube und Bildung Gaben Gottes. Weil sie auf ihn zurückgehen, gehören sie zusammen. Sie werden gleichzeitig zu Aufgaben des Menschen, weil dieser die ihm von Gott auferlegte Verantwortung anerkennt.

Das kann heute wohl nirgendwo mehr spannungsfrei realisiert werden – jedenfalls nicht dort, wo das Prinzip der Freiheit herrscht. Aber damit diese nicht zur Beliebigkeit wird, bleibt die Frage nach der Begründung von Bildung.[82] Ob

79 Vgl. Ivar ASHEIM: Glaube und Erziehung bei Luther: ein Beitrag zur Geschichte des Verhältnisses von Theologie und Pädagogik. HD 1961.

80 Vgl. Gerhard MÜLLER: Abschied vom Schriftprinzip?: Martin Luther als Theologe der Heiligen Schrift. In: Gott glauben – gestern, heute und morgen: Reflexionen über christliche und kirchliche Existenzweisen; Festschrift zum 70. Geburtstag von Landesbischof i. R. Dr. Dr. h. c. Werner Leich. Weimar 1997, 11-27.

81 Auch Hans-Georg GEYER hat in einem Referat über »Philipp Melanchthon im Zwiespalt von Humanismus und Reformation« gemeint, »daß er dieser einfachen Gleichsetzung von evangelischer Spiritualität und moralischer Rationalität ... skeptisch gegenüberstehe«; Christoph FLEISCHER: Auftrag und Freiheit der Kirche in der pluralistischen Gesellschaft: Jahrestagung der Gesellschaft für Ev. Theologie in Münster 17.-19. 2. 1997. DtPfBl 97 (1997), 264.

82 »Die westliche Moderne ... braucht zur Erhaltung ihrer Humanisierungserfolge eine religiöse Erinnerungskultur«, meinte Hans MAY: Das Herz des Menschen ein Altar: Orientierung in den Ambivalenzen der Moderne. LM 36 (1997) Heft 5, 10. Wolf Jobst SIEDLER äußerte sich

hier das Religiöse ausgespart werden kann, wage ich zu bezweifeln. Pseudo-religionen und Ideologien haben jedenfalls nie etwas gebessert. »Bildung ist eine Ressource, die ... nicht leichtfertig auf's Spiel gesetzt werden darf«, heißt es im Bericht des Rates der Evangelischen Kirche in Deutschland, den Landesbischof Dr. Klaus Engelhardt im Mai 1997 vorgelegt und vorgetragen hat.[83] Mit Ressourcen, das haben wir gelernt, muß besonnen umgegangen werden. Das reformatorische Konzept von Glaube und Bildung vermag dafür einen wichtigen Beitrag zu leisten. Unser Ehrenpräsident Gerhard Ebeling hat das in seinem letzten Buch so formuliert (wobei ich das Zitat ein wenig ergänze): »Der Umgang mit Luther [und Melanchthon] kann helfen, sich neu auf die christliche Kulturverantwortung zu besinnen und für sie einzusetzen.«[84]

ähnlich: »Jeder Begriff, jedes Wort, das wir benutzen, ist christlich geprägt – doch die Erinnerung daran schwindet«; AHNUNGSLOS VOR DER ZEITENWENDE: Gespräch mit Wolf Jobst Siedler über Literatur und Geschichte. LM 36 (1997) Heft 4, 12.

83 Büro der Synode, Drucksache Nr. I/1, 6.

84 Gerhard EBELING: Luthers Seelsorge: Theologie in der Vielfalt der Lebenssituationen an seinen Briefen dargestellt. TÜ 1997, 480.

Luther und Melanchthon in der Theologiegeschichte des 19. und 20. Jahrhunderts

Von Christof Gestrich

I Gegenwärtige theologische Bedeutung Melanchthons?

Nicht mit Martin Luther, sondern mit dem lange in seinem Schatten gestanden habenden Philipp Melanchthon möchte ich beginnen. Melanchthons und seiner Nachwirkungen wurde in breiterem Umfang zum letzten Male im Jahre 1960 anläßlich seines 400. Todestags gedacht.[1] Auf ihn richtet sich derzeit im Blick auf seinen 500. Geburtstag erhebliches Forschungsinteresse. Damals befand sich aber die Lutherrenaissance des 20. Jahrhunderts auf ihrem Höhepunkt; Karl Holls (1866-1926) Schüler aus zwei Generationen hielten eine reiche Ernte.[2] Richard Nürnberger (* 1912) urteilte zu dieser Zeit über Melanchthon: »Es ist nicht anzunehmen, daß es eine Melanchthon-Renaissance geben wird, wie es eine Luther-Renaissance gibt. Melanchthon hat sein Werk getan, seine Wirkung hat aufgehört, so intensiv sie auch im späten 16. und im 17. Jahrhundert gewesen ist und so sehr er das Profil des deutschen Luthertums mitgeprägt hat.« Nur ein Problem habe

---

1 Vgl. u. a. PHILIPP MELANCHTHON: Forschungsbeiträge zur vierhundertsten Wiederkehr seines Todestages dargeboten in Wittenberg 1960/ hrsg. von Walter Elliger. B 1961; LUTHER UND MELANCHTHON: Referate und Berichte des Zweiten Internationalen Kongresses für Lutherforschung Münster, 8.-13. August 1960/ hrsg. von Vilmos Vatja. GÖ 1961; PHILIPP MELANCHTHON 1497-1560. Bd. 1: PHILIPP MELANCHTHON: Humanist, Reformator, Praeceptor Germaniae/ hrsg. vom Melanchthon-Komitee der DDR. B 1963; PHILIPP MELANCHTHON 1560-1960/ hrsg. im Auftrag des Instituts für Europäische Biographische, Ikonographische und Topographische Dokumentationen in der Europäischen Bücherei. 's-Gravenzande/Niederlande 1961; PHILIPP MELANCHTHON: 1497-1560; Gedenkschrift zum 400. Todestag des Reformators, 19. April 1560 / 1960/ hrsg. von Georg Urban. Bretten 1960; Peter MEINHOLD: Philipp Melanchthon: der Lehrer der Kirche. B 1960.

2 Anders Gerhard EBELING: Befreiung Luthers aus seiner Wirkungsgeschichte. (1983). In: Ders.: Lutherstudien. Bd. 3: Begriffsuntersuchungen, Textinterpretationen, Wirkungsgeschichtliches. TÜ 1985, 395-404, der auch noch 1983 feststellt, die Lutherrenaissance unseres Jahrhunderts habe zwar »außerordentlich stimulierend gewirkt«, doch sei sie »bisher gesamt-theologisch und erst recht kirchlich von nur bescheidenem Erfolg« gewesen; auf »evangelischer Seite« könne man mittlerweile sogar den »Eindruck der Entfremdung von Luther gewinnen« (400).

Melanchthon uns zu weiterer Bearbeitung hinterlassen, nämlich die Frage, wie denn wir Heutigen sein Projekt eines »protestantischen Humanismus« aufnehmen.[3] Damit ist gesagt: Noch immer ist es eine speziell die evangelische Theologie – die im Unterschied zur römisch-katholischen keinen philosophisch-naturrechtlichen Unterbau akzeptiert – herausfordernde Frage, wie die Beziehungen zwischen Offenbarung und Vernunft, Gnade und Natur, kirchlichem Sein und weltlichem Sein mit allen pädagogischen, ethischen, juristischen und politischen Implikationen richtig wahrgenommen werden. Gerade hier, wo sich auch Melanchthon selbst die meisten kritischen Rückfragen an seine Theologie hat gefallen lassen müssen, ist der Protestantismus bis zum heutigen Tag unsicher – und deshalb noch weiterer Entwicklungen fähig.

Nürnbergers Urteil definiert die noch vorhandene Gegenwartsbedeutung Melanchthons über ein hinterlassenes Problem und weniger über eine Melanchthons Werk kennzeichnende Leistung, die noch nachwirken würde. Einige andere Forscher der neuesten Zeit anerkannten allerdings doch *eine* solche Leistung Melanchthons: Im Zusammenhang mit dem 450. Gedenkjahr der »Confessio Augustana« 1980 würdigten sie positiv Melanchthons lehrreiches ökumenisches Bemühen, ein Auseinanderbrechen der Christenheit zu vermeiden und alte Brüche der una, sancta, catholica, apostolica ecclesia wieder zu heilen.[4] Melanchthons diesbezügliche Texte und auch seine vermittelnde Art seien zu nützen für das uns auferlegte Finden einer gemeinsamen theologischen Sprache und kirchlichen Basis

---

3 Richard NÜRNBERGER: Zur Einführung. In: Melanchthons Werke in Auswahl/ hrsg. von Robert Stupperich. Bd. 3: Humanistische Schriften/ hrsg. von Richard Nürnberger. GÜ 1961, 9.

4 Vgl. hierzu u. a. CONFESSIO AUGUSTANA: Bekenntnis des einen Glaubens; gemeinsame Untersuchung lutherischer und katholischer Theologen/ hrsg. von Harding Meyer und Heinz Schütte. PB; F 1980, 333: »Es ist ein Ergebnis unserer gemeinsamen Arbeit, daß die Confessio Augustana nicht nur die Intention hatte, den gemeinsamen katholischen Glauben zu bezeugen, sondern daß ihre inhaltlichen Aussagen tatsächlich in hohem Maße als Ausdruck dieser Katholizität verstanden werden müssen.« Siehe aber auch schon den Beitrag aus dem Melanchthon-Gedenkjahr 1960 von Jørgen LARSEN: Melanchthons ökumenische Bedeutung. In: Philipp Melanchthon/ hrsg. von Walter Elliger, 171-179; vgl. ferner DIE CONFESSIO AUGUSTANA IM ÖKUMENISCHEN GESPRÄCH/ hrsg. von Fritz Hoffmann und Ulrich Kühn. B 1980.
Zur Würdigung des Ertrags der Diskussion um Melanchthon und die »Confessio Augustana«/ Joachim LELL: Die Confessio Augustana von 1530 im Jubiläumsjahr 1980: eine Bilanz in ökumenischer Sicht. Im Lichte der Reformation: Jahrbuch des Evang. Bundes 24 = Evangelisch sein (1981), 80-96; Heiner GROTE: Die Augustana-Debatte und die Wiedergewinnung einer Bekenntnisschrift: ein Versuchsballon kehrt zur Erde zurück. MD 29 (1978), 27-34; DERS.: Das Augsburger Bekenntnis: seine Neuaneignung und Verlebendigung mit Hilfe jüngster Veröffentlichungen. MD 31 (1980), 46-53.

für die christlichen Konfessionen.[5] Ich will zu diesen Meinungen noch einen Gedanken hinzufügen, den ich am Schluß wieder aufgreifen werde: Vielleicht können Künftige Melanchthons Bedeutung sogar dahingehend neu aufschlüsseln, daß sie das Problem eines evangelischen Humanismus und die ökumenische Frage der Wiedergewinnung der Einheit der Kirche in einen übergreifenden Zusammenhang bringen, der die Notwendigkeit rationaler Darstellung und recht verstandener Toleranz innerhalb theologischer Dogmatik und konfessioneller Diskurse besonders herausstellt! Genau bei diesem Problem ist jedenfalls die heutige Diskussion angelangt.

Aber zunächst ist summarisch festzustellen: Theologie im 20. Jahrhundert lernte insgesamt in überraschend großem Umfang wieder von Luther. Aus seinem Werk, aber fast gar nicht aus dem Melanchthons, schöpfte sie Neues. Melanchthon ist von der evangelischen Theologie im 20. Jahrhundert überwiegend negativ gesehen worden.[6] So freundlich wie jetzt zu seinem 500. Geburtstag ist das Urteil über ihn noch nie ausgefallen.

5 Vgl. hierzu jetzt PHILIPP MELANCHTHON: ein Wegbereiter für die Ökumene/ hrsg. von Jörg Haustein. 2., überarb. Aufl. GÖ 1997.

6 Das römisch-katholische Urteil über Melanchthon und seinen menschlichen Charakter war dagegen besonders im 19. Jahrhundert – inspiriert durch Johann Adam Möhler (1796-1838) und Johann Joseph Ignaz von Döllinger (1799-1890) (in der Nachwirkung von Johannes Cochlaeus [1479-1552]) – äußerst negativ, während Melanchthon noch einer sehr großen evangelisch-theologischen Wertschätzung unterlag. Dafür begann sich das Bild der deutschsprachigen römisch-katholischen Theologie speziell von Melanchthons Rolle innerhalb der Reformation besonders durch die Initiativen Josef Ratzingers seit dem Ende der 50er Jahre des 20. Jahrhunderts schnell zum Besseren und zum Guten zu wandeln – früher als in der evangelischen Theologie selbst, die damals Melanchthon vielfach noch als »Verderber« der Theologie Luthers wertete. Vgl. hierzu Vinzenz PFNÜR: Anerkennung der Confessio Augustana durch die katholische Kirche? Internationale kath. Zeitschrift Communio 4 (1975), 298-307; 5 (1976), 374-384. 477 f; ferner Siegfried WIEDENHOFER: Zum katholischen Melanchthonbild im 19. und 20. Jahrhundert. ZKTh 102 (1980), 425-454; DERS.: Der römische Katholizismus und Melanchthon. In: Philipp Melanchthon: ein Wegbereiter für die Ökumene, 64-78. Im Zuge dieser neuen römisch-katholischen Entwicklung gelangte Wiedenhofer – Ergebnisse von Pfnür bestätigend – zu dem Urteil, »daß die Grundstrukturen der humanistisch-reformatorischen Theologie Melanchthons sich mit den grundlegenden Intentionen der authentischen katholischen Tradition in allen wesentlichen Punkten vermitteln lassen« (72); vgl. DERS.: Formalstrukturen humanistischer und reformatorischer Theologie bei Philipp Melanchthon. 2 Bde. F; M 1976.

Siehe ferner Günter FRANK: Die theologische Philosophie Philipp Melanchthons: (1497-1560). L 1995, wo ebenfalls Melanchthons antischolastische »humanistische« Geistphilosophie überwiegend als gute biblische Theologie bewertet wird; vgl. DERS.: Die theologische

I Melanchthons Stellung neben Luther in der Sicht des 19. Jahrhunderts
Die aufkommende Frage nach der »Einheit der Reformation«

Zuvor – im 19. Jahrhundert – war dieses theologische Verschwinden Melanchthons hinter Luther noch keineswegs eindeutig. Zwar erblickte man auch damals in Luther, nicht in Melanchthon, den entscheidenden reformatorischen Beweger. Unermüdlich wurden schon im 19. Jahrhundert die bekannten, aber zum Teil unzulänglichen Charakterisierungen wiederholt vom schöpferischen Luther und vom nur nachvollziehenden Helfer und Freund Melanchthon. Das allgemeine Urteil lautete: Melanchthon hat organisiert, er hat das Glaubenserneuerungswerk Luthers teils didaktisch aufbereitet, teils politisch geschützt und durchgesetzt, wo Luther selbst recht undiplomatisch nur für die Wahrheit des Glaubens und gegen verderbliche Kirchenlehren und -strukturen gekämpft habe. Wilhelm Dilthey (1833-1911) schrieb über Melanchthon:

> »Er gehört zu den von der Nachwelt meist unterschätzten Personen, welche ohne schöpferisches Vermögen doch eine unermessliche Wirkung zu entfalten vermocht haben.«[7]

Nicht wenigen Theologen des 19. Jahrhunderts stand Melanchthon trotzdem näher als Luther. Den verschiedenen damaligen Vermittlungs- und Unionstheologen etwa, die nach Synthesen zwischen den evangelischen Konfessionen, aber auch

---

Philosophie Melanchthons (1497-1560): ein Plädoyer zur Rehabilitierung des Humanisten und Reformators. KD 42 (1996), 22-36. Zur Bewertung der Ergebnisse von Frank vgl. Rolf SCHÄFER: Melanchthon zwischen den Konfessionen. In: Philipp Melanchthon: ein Wegbereiter für die Ökumene, 150.

7 Dieses Diktum Diltheys ist ohne Verifikation der Fundstelle als »Motto« dem Buch »Philipp Melanchthon 1560-1960/ hrsg. im Auftrag des Instituts für Europäische Biographische, Ikonographische und Topographische Dokumentationen ..., 5«, vorangestellt. Es findet sich Wilhelm DILTHEY: Das natürliche System der Geisteswissenschaften im 17. Jahrhundert. In: Ders.: Gesammelte Schriften. Bd. 2: Weltanschauung und Analyse des Menschen seit Renaissance und Reformation. L; B 1914, 162. In diesem Aufsatz (90-245) wird ausgeführt, daß Melanchthons Werk schon vorausweise auf die allgemeine geistige Lage im 17./18. Jahrhundert, weil in dieser Zeit die Leitideen der natürlichen Theologie und des Naturrechts das theologisch-metaphysische System des Mittelalters ablösen (90). Für das 16. Jahrhundert aber und darüber hinaus war Melanchthon durch seine wissenschaftlichen und ethischen Lehrbücher »der am meisten objektive Ausdruck der gebildeten Klassen Deutschlands« (168). Sie ermöglichten durch ihre Zusammenführung von Antike, Christentum und modernem Naturrechtsdenken eine wahre »Universalität des geschichtlichen und philosophischen Blicks« (170). Vgl. auch Wilhelm DILTHEY: Pädagogik: Geschichte und Grundlinien des Systems. 2., unv. Aufl. S; GÖ 1960, 136-153 (Ders.: Gesammelte Schriften; 9), wo Melanchthons großer Einfluß auf das Schul- und Universitätswesen seiner Zeit besprochen wird.

zwischen christlicher Religion und neuzeitlicher Aufklärung suchten, ihnen allen galt Melanchthon öfters noch als vorbildlich.[8] Sie wußten ihm Dank.[9] In den USA entstand in der ersten Hälfte des 19. Jahrhunderts sogar eine Melanchthonische Kirche mit einer eigenen Synode, die sich dann allerdings noch vor dem Jahrhundertende wieder auflöste und verlor.[10] Melanchthons im Vergleich zu Luther weniger steil von oben, sondern mehr vom menschlichen Bedürfnis herkommende Denkweise und Christlichkeit, sein Bündnis mit den Wissenschaften, sein »unionistisches« Wirken, ferner seine Konzentration auf die praktischen, insbesondere sittlichen Wirkungen der Religion – all' das schien bereits auf Friedrich Schleiermacher (1768-1834) vorauszuweisen.[11] Dies schien zugleich Melan-

---

8 Vgl. rückblickend August DORNER – Sohn des prototypischen Vermittlungstheologen Isaak August Dorner (1809-1884) –: Festrede zur 400jährigen Geburtstagsfeier Melanchthons: gehalten am 16. Februar 1897 in der Aula der Universität Königsberg. Königsberg s. a., 3: Melanchthon wurde von der modernen evangelischen Unionstheologie als unentbehrliche Ergänzung Luthers gefeiert.

9 Vgl. Georg HOFFMANN: Luther und Melanchthon: Melanchthons Stellung in der Theologie des Luthertums. Zeitschrift für systematische Theologie 15 (1938), 81-135, bes. 83: »Das neunzehnte Jahrhundert, bei dessen Abgrenzung wir uns nicht streng an die kalendermäßige Jahrhundertwende binden, war Melanchthon vorwiegend freundlich gesinnt. Bei einer Gegenüberstellung mit Luther schnitt Melanchthon gut ab; die beiden Reformatoren wurden als die Väter des Luthertums auf einer Linie gesehen; Melanchthon erschien als der treue Anwalt des Evangeliums und zuverlässige Verwalter der Gedanken Luthers«; 84: »Ja, Melanchthon konnte geradezu vor Luther bevorzugt werden. Wohl konnte man die größere Kraft und Ursprünglichkeit Luthers nicht leugnen und mußte ihm von hier aus den Vorrang des ›Genius‹ lassen, aber Melanchthon empfand man dem eigenen neuzeitlichen Bewußtsein im Grunde doch als näher stehend und verwandter.« »Besonders die Vermittlungstheologie sah in Melanchthon ihren Mann, hatte man doch hier weithin die gleiche Zielsetzung der theologischen Arbeit, wie sie einst Melanchthon auf die Fahne geschrieben hatte: das Drängen auf Wissenschaftlichkeit, das starke ethische Interesse ...«

10 Vgl. Theodore G. TAPPERT: Melanchthon in Amerika. In: Luther und Melanchthon/ hrsg. von Vilmos Vatja, 189-198: Es gab in einigen Teilen der USA einen Melanchthonkult – »Melanchthonians« – in der ersten Hälfte des 19. Jahrhunderts wegen Melanchthons Bestreben, die verschiedenen christlichen Denominationen zusammenzuführen. Die von Benjamin Kurtz (1795-1865) geleitete »Melanchthon Synode« löste sich 1869 auf (vgl. 194).

11 Vgl. hierzu Paul WERNLE: Melanchthon und Schleiermacher: zwei dogmatische Jubiläen. TÜ 1921; ferner [Albert] HERRLINGER: Die Theologie Melanchthons in ihrer geschichtlichen Entwickelung und im Zusammenhange mit der Lehrgeschichte und Culturbewegung der Reformation. Gotha 1879, 464: »Schleiermacher kehrte in seinem ›christlichen Glauben nach den Grundsätzen der evangelischen Kirche‹ zu der Anlage der Loci von 1521 und zu dem von Melanchthon festgehaltenen Gedanken von der inneren Einheit beider evangelischen Lehrtropen [lutherisch und reformiert] zurück.«

chthons theologische Zukunftsträchtigkeit unter Beweis zu stellen. Zugleich aber war andererseits der damals verbreitete Kult der »schöpferischen Persönlichkeit« doch wiederum Luther günstiger.

Auf jeden Fall wurde Melanchthon im 19. Jahrhundert herausgestellt als der eigentliche Initiator eines wissenschaftlichen evangelischen Denkens.[12] Er galt auch als der Begründer einer protestantischen Kultur und Bildung, die sich schnell ausgebreitet und an der kommenden Neuzeit mit gebaut haben. Bestätigt wurde ihm, daß er mit seinen methodisch vorzüglichen und lange im Gebrauch gebliebenen Lehrbüchern für die Artistenfakultät und mit seinen Ausbildungsreformen in mehreren Ländern Europas den Geist des Mittelalters aus den höheren Schulen austrieb und unter den Deutschen als *der* »praeceptor Germaniae« wirkte.[13] Zugleich kennzeichnete man Melanchthon schon im 19. Jahrhundert, in klarer Gegenüberstellung zu Luther, oft als den »Ethiker der Reformation«, was dann freilich Ernst Troeltsch (1865-1923) 1896 mit dem Argument bestritt, Melanchthons Ethik biete Luther gegenüber nichts Neues.[14]

12 Dieses Urteil blieb auch im 20. Jahrhundert im wesentlichen unverändert; vgl. Hans ENGEL-LAND: Der Ansatz der Theologie Melanchthons. In: Philipp Melanchthon/ hrsg. von Walter Elliger, 71: »Melanchthons Ansatz im Menschen, seine Begründung der Gewißheit um Gott auf die principia speculabilia und practica hat ihn zu einem großartigen Entwurf der Einheit der Wissenschaften geführt, zu einem eigenen Wissenschaftssystem, durch das er der Universität ein festes geistiges Fundament gegeben und alle ihre Wissenschaften aufs engste mit dem christlichen Glauben verbunden hat. Erst durch dieses Wissenschaftssystem ist er zum Praeceptor Germaniae geworden.« Ich füge hinzu: Gerade mit dieser Lebensleistung aber ist er inzwischen überholt!

13 Vor allem Heinrich HEPPE: Philipp Melanchthon, der Lehrer Deutschlands. Marburg 1860; Karl HARTFELDER: Philipp Melanchthon als Praeceptor Germaniae. B 1889; ferner Friedrich PAULSEN: Geschichte des gelehrten Unterrichts auf deutschen Schulen und Universitäten. L 1885; vgl. fürs 20. Jahrhundert Hans ENGELLAND: Melanchthons Bedeutung für Schule und Universität. Lu 31 (1960), 24-41; Hans AHRBECK: Melanchthon als Praeceptor Germaniae. In: Philipp Melanchthon/ hrsg. von Walter Elliger, 133-148.

14 Ernst TROELTSCH: Vernunft und Offenbarung bei Johann Gerhard und Melanchthon: Untersuchung zur Geschichte der altprotestantischen Theologie. GÖ 1891, 171: Ohne Melanchthon »zu nahe zu treten, muss man doch sagen, dass er weder eine schöpferische noch eine geniale Natur gewesen ist«. In seiner besonderen Verwendung der Begriffe »Gesetz (= Vernunft)« und »Evangelium« »bekundet sich auch nicht eine besondere Richtung auf das ›christliche Ethos‹, wie man es zu nennen liebt. Denn alle wirklich bedeutenden ethischen Ideen, die er vorgetragen hat, ... stammen direkt von Luther.« Troeltsch blickte bereits auf eine lange Tradition, Melanchthon als den »Ethiker der Reformation« zu bezeichnen, zurück. Kurz zuvor waren erschienen Christoph Ernst LUTHARDT: Melanchthons Arbeiten im Gebiete der Moral. L 1884 und Franz KÖLTZSCH: Melanchthons philosophische Ethik. Freiberg

Einige Begeisterte, wie z. B. Heinrich Heppe (1820-1879), gingen im 19. Jahrhundert sogar so weit, zu sagen, das Luthertum und sein kirchlich anerkannter theologischer Lehrbegriff seien Melanchthons Werk. Ohne ihn wäre es weder entstanden noch auf uns gekommen. Luther selbst komme als das Subjekt eines möglichst unverfälschten Luthertums nicht in Betracht. Erst Melanchthon war dieses Subjekt![15] Treffender scheint demgegenüber allerdings Ferdinand Christian Baur (1792-1860) Melanchthons Bedeutung gesehen zu haben. Baur stellte gerade nicht die Begründung des authentischen Luthertums durch Philipp Melanchthon heraus, sondern im Gegenteil die Tatsache, daß mit Melanchthon neben die spezifisch lutherische Evangelizität noch eine zweite Form des Evangelischen bzw. Protestantischen trat, die nicht weniger als Luthers eigenes Erbe berechtigt sei, die deutsche Reformation von Anfang an zu repräsentieren. Baur urteilte in seinem »Lehrbuch der christlichen Dogmengeschichte«, er pflichte Heppes Einsicht darin bei, daß man den »Philippismus« als eine schon im »Ursprung gleich

1889. – L, Univ., phil. Diss., 1889. Ähnlich wie Troeltsch urteilte an diesem Punkt auch Otto KIRN: Melanchthon, Philipp (1497-1560). Realenzyklopädie für protestantische Theologie und Kirche. 3. Aufl. Bd. 12. L 1903, 535, 5-7: »Was ... Melanchthon im letzten Grunde von Luther unterscheidet, das ist nicht sein vorwiegend ethisches Verständnis des Christentums, sondern die humanistische Denkweise, ...« Zur Melanchthondeutung Troeltschs siehe auch das kritische Referat bei Wilhelm H. NEUSER: Der Ansatz der Theologie Philipp Melanchthons. NK 1957, 7 f. Trotz Troeltschs Verdikt wurde Melanchthon im 20. Jahrhundert noch oft wieder als »Ethiker der Reformation« bezeichnet, u. a. durch Wolfgang TRILLHAAS: Philipp Melanchthon, der Ethiker der Reformation. EvTh 9 (1946/47), 389-403; ferner Neuser: AaO, 134; und Nürnberger: AaO, 10.

15 Ähnlich urteilte – wenn auch mit versteckter Kritik – Troeltsch: AaO, 58: Die genaue, vollständige »Festlegung des Bestandes« der lutherischen Kirche hat »nicht Luther vorgenommen, sondern Melanchthon, der als der Unterrichtsleiter, der wissenschaftliche Publizist und der theologische Diplomat der sächsischen Kirche Luthers Ideen immer erst durch seine Formulierungen hindurchgehen ließ. Erst in diesen Formulierungen sind die wunderbar reichen und bunt bewegten Ideen Luthers zur Theologie geworden ...« Hier hat auch Troeltschs Stichwort von Melanchthons »Definitionstheologie« (207) seinen Ort!

Zuvor aber hat, mit dem Herzen auf Melanchthons Seite stehend, Heppe in seinen zahlreichen Melanchthonuntersuchungen – darunter u. a. Heinrich HEPPE: Die konfessionelle Entwicklung der altprotestantischen Kirche Deutschlands. Marburg 1854 – Melanchthon einen eigenen evangelischen Lehrtypus zugeschrieben, der offizielle Anerkennung gefunden und in der Mitte zwischen Luther und den Schweizern gelegen habe. Diesen Melanchthonschen Lehrtypus nannte Heppe »deutsch-reformiert«. Ihm gegenüber hätten Luther, die Gnesiolutheraner und Calvin z. T. private Sonderlehren vertreten. Heppe war selbst von einem unionistischen Anliegen beseelt und er sah in Melanchthon die die »Idee des Protestantismus« verkörpernde Lehrautorität. Vgl. hierzu das Referat bei Neuser: AaO, 3 f.

berechtigte Form des deutschen Protestantismus« zu verstehen habe.[16] Allerdings hat Baur wiederum Melanchthons innere Hinordnung auf Luther nicht genügend gewürdigt.

Alles in allem: Bereits im 19. Jahrhundert ist Melanchthon in der Weise Luther gegenübergestellt worden, daß über diesen beiden Namen das Problem der theologischen Einheit des deutschen Protestantismus in Sicht kam. Die Frage, ob es ein einheitliches »Wesen« des Protestantischen überhaupt gebe, entschied sich nicht allein an der Abgrenzung gegen den römischen Katholizismus, sondern sie empfing immer neue Nahrung aus der vorhandenen Unsicherheit hinsichtlich der richtigen Stellung der evangelischen Kirche zur Kultur und Philosophie der Aufklärung, überhaupt zur Moderne. Umstritten war zwischen »positiven« und »liberalen Theologen«, ob das »Wesen« des Protestantismus mehr in der Abgrenzung von oder gerade mehr in der Verknüpfung mit den die Neuzeit überwiegend bestimmenden philosophischen Kräften liege, welch' letztere Verknüpfung durch Melanchthon erstmals angebahnt schien.

Die Frage ging aber noch tiefer, weil auch das andere Problem in Sicht kam, ob man nicht im Anschluß an Georg Friedrich Wilhelm Hegel (1770-1831) und Ludwig Feuerbach (1804-1872) doch ausgerechnet in Luthers biblizistischer Theozentrik und in Luthers »subjektivistischer Abkehr« von mittelalterlichen Theologie-Philosophie-Synthesen die entscheidende Vorbereitung des philosophischen neuzeitlichen Denkens und des modernen Existierens in »selbstbewußter Subjektivität« und »befreiter Individualität« zu sehen habe,[17] so daß Melanchthons synthesenreiches Programm eines »christlichen Humanismus« demgegenüber nur scheinbar die Kräfte, die wirklich die Moderne prägen, bereits in sich trug, in Wahrheit jedoch eher nur die Kraft hatte, sich mit der im 16. Jahrhundert bestehenden Welt etwas besser, als Luther es konnte, zu arrangieren!? War Melanchthon, der scheinbar der Neuzeit mehr Entgegenkommende unter den beiden Wittenbergern, in Wirklichkeit doch der bereits mehr Veraltete?

Die Urteile über Luther und Melanchthon, zu denen das 19. Jahrhundert gesamthaft hindrängte, waren auf dem Hintergrund dieser Fragen fast alle zwiespältig. Leicht läßt sich diese Urteils-Zwiespältigkeit an den Beispielen Albrecht Ritschls (1822-1889) und Adolf Harnacks (1851-1930) aufweisen: Ritschl hat, obwohl seiner eigenen Theologie gerade in Melanchthons Werk in hohem Maße

16 Ferdinand Christian BAUR: Lehrbuch der christlichen Dogmengeschichte. 3. Aufl. L 1867, 287; weiteres zu Baurs Kritik über Heppe bei Neuser: AaO, 4 f.

17 Heinrich BORNKAMM: Luther im Spiegel der deutschen Geistesgeschichte. HD 1955, 143-155 (Hegel) und 217-223 (Feuerbach).

Verwandtes gegenüberstand, doch kritisch zu Melanchthon angemerkt, dieser sei hauptverantwortlich für die altprotestantische Gefangenschaft evangelischen Glaubens und Denkens in den Formen einer orthodoxistischen Dogmatik.[18] Dadurch habe sich das lebendige Denken der Gesellschaft mit der Zeit vom Erbe der Reformation abgewandt. Gleichwohl wurde Melanchthon aus Anlaß seines 400. Geburtstags am Ende des 19. Jahrhunderts gerade von Ritschls Schülern in den protestantischen Teilen Europas noch einmal hoch geehrt. Die Berliner Universität beispielsweise unterbrach am 16. Februar 1897 in allen Fakultäten den Lehrbetrieb, um der großen allgemein gesellschaftlichen Bedeutung Philipp Melanchthons in einem akademischen »Dies« zu gedenken und an verdiente Mitbürger eine ganze Serie von theologischen Ehrendoktoraten zu verleihen. Melanchthon ist, so sagte Harnack als Festredner in der Universitätsaula, »der unsrige«, denn »ausserhalb der Universität« gab es für ihn »kein Leben«. Er ist bedeutsamer, als man es heute noch wisse: Er übertrifft an geschichtlicher Wirkung sogar Gottfried Wilhelm Leibniz (1646-1716) und Immanuel Kant (1724-1804)! Melanchthon hat, so Harnack, »die deutsche Bildung von der priesterlichen Bevormundung befreit und von der klerikalen Stufe zunächst auf die philosophisch-theologische gehoben – das war der notwendige Durchgangspunkt, um eine gediegene Laienbildung vorzubereiten, die doch den Zusammenhang mit der Religion und der Geschichte nicht verlieren sollte. Sein christlicher Humanismus ist Klammer und Brücke zugleich gewesen.«[19] Harnack führte weiter aus: In wissenschaftstheoretischer Hinsicht befreite Melanchthon die Lehrart der wissenschaftlichen Hochschulen vom Paradigma der Kasuistik. Die Gründung und die heute noch während Existenz evangelisch-theologischer Fakultäten sind ebenfalls »sein Werk«, und darüber hinaus auch das Idealbild vom akademischen Lehrer, dem wir noch immer zustreben. Auf der anderen Seite ließ der so hoch rühmende Harnack keinen Zweifel daran, daß alle diese hervorzuhebenden Verdienste Melanchthons ihre Lebendigkeit und direkte Auswirkung in einer bereits vergangenen Zeit gehabt haben! Inzwischen waren die Universitäten in Deutschland und anderswo bereits ein zweites und drittes Mal erneuert, reorganisiert worden. Hierüber hat sich die melanchthonische Prägung verflüchtigt. Luther und seine unerlo-

18 Zu Ritschls Urteilen über Melanchthon – und über die Melanchthondeutung Heppes, mit der er sich kritisch auseinandersetzt – siehe Neuser: AaO, 6 f; ferner Hoffmann: AaO, 86 f.
19 Adolf HARNACK: Philipp Melanchthon: Rede bei der Feier zum vierhundertjährigen Gedächtnis der Geburt Philipp Melanchthon's: gehalten in der Aula der Königlichen Friedrich-Wilhelms-Universität in Berlin am 16. Februar 1897. B 1897 ≙ In: Adolf von Harnack als Zeitgenosse. Teil 1: Der Theologe und Historiker/ hrsg. von Kurt Nowak. B; NY 1996, 253-272.

schene Bedeutung jedoch hatten in Harnacks Lobrede auf Melanchthon von Anfang bis Schluß eine hintergründige, machtvolle Präsenz. Harnack versäumte auch
nicht, mitzuteilen, Luther habe in Wahrheit mehr unter Melanchthon leiden
müssen, als der sich über Luthers Heftigkeit gelegentlich beklagende Melanchthon
unter ihm. Nur als freibleibende Erwägung hatte dann auch Harnack, dessen Rede
die Stimmung einer Abendröte bei schon untergegangener Sonne verbreitete, dann
noch die Frage in den Raum gestellt, ob Melanchthon nicht künftig wieder zu
einem »christlichen Humanismus« anzuregen vermöchte, der der ganzen Gesellschaft guttun würde?[20] Dabei definierte Harnack den viel beschworenen »christlichen Humanismus« Melanchthons immerhin einmal präzis. Er verstand ihn
als das Beieinanderlassen und Zusammenführen von Wissenschaft und christlichem Glauben – was übrigens genau der Zielsetzung Schleiermachers entsprach.

III Die Sicht des 20. Jahrhunderts
Melanchthon der »Verderber« der Theologie Luthers?

Im 20. Jahrhundert mußte die sichtbar gewordene innere Zwiespältigkeit des
Urteils über Melanchthon und über Luther nach außen treten, so daß nun wirkliche Bruchlinien entstanden! Der schwedische Theologe Gustaf Aulén (1879-1977)
schrieb 1932, in der Christentumsgeschichte komme es immer dann zu Niedergän-
gen, wenn ein allzu großer Einfluß der Philosophie auf die Theologie die letztere
dazu bringe, ideale Ansprüche der Vernunft mit der Glaubenswahrheit zu syn-
thetisieren. Ab dem 12. Jahrhundert sei es zu einer längerwährenden derartigen
Horizontverdüsterung im Zeichen der Synthesenbildung gekommen: Damals, so
Aulén, wurden durch die »Scholastik Idealismus und Christentum zusammen-
gebaut«. Luther schließlich habe diesen Idealismus samt der in ihm liegenden
natürlichen Religion wieder abgestoßen und jenen Zusammenbau zerstört. Dennoch formte sich die Synthese sofort wieder neu: »in Melanchthon«. Diese Neu-
bildung gipfelte »in der Aufklärung mit ihrem allgemein idealistischen Religions-
begriff und der Aufhebung des alleinigen Offenbarungsanspruchs des Christentums«. »Die Gegenwart aber löst diesen Zusammenhang wiederum auf und kehrt
zu Luther zurück.«[21] Hier wird Melanchthon zwar als der Fährmann zwischen
Reformation und Aufklärungskultur anerkannt. Aber es wird gesagt: Das 20. Jahr-

---

20 Harnack: Philipp Melanchthon, 19-22.
21 So die Kennzeichnung der Gesamttendenz von Gustaf AULÉN: Die Dogmengeschichte im
   Lichte der Lutherforschung. GÜ 1932, bei Walther KÖHLER: Dogmengeschichte als Geschichte
   des christlichen Selbstbewußtseins. ZH; L 1938, 3 f.

hundert steht bereits jenseits der Neuzeit; es sagt sich von der Aufklärung los – und kehrt deshalb auch u. a. zu Luthers reformatorischer Theologie zurück.

Hatte um die Mitte des 19. Jahrhunderts Heppe versucht, den durch Melanchthon approbierten Luther zum Leitbild evangelischer Theologie zu machen, so wird nun der aus der Umklammerung durch Melanchthon gelöste Luther zum Kennzeichen einer im 20. Jahrhundert zu sich selbst findenden evangelischen Theologie! Was nicht in diese neue Grenzziehung hineinpaßt, fällt aus der »wahren Reformation« heraus und muß ihr als verwerfliche natürliche Theologie gegenübertreten.[22]

Charakteristisch für den mainstream des klar vorwiegend von Luther geprägten Protestantismus im 20. Jahrhundert sind die bekannten »Melanchthon-Überschriften« in Emanuel Hirschs (1888-1972) »Hilfsbuch zum Studium der Dogmatik«, wie z. B. »Die synergistische Erweichung der Lehre Luthers: Loci, tertia aetas«; Melanchthons »Polemik gegen Luther: Loci, tertia aetas«; »Melanchthons Verkürzung der Christologie Luthers«.[23] Die zentrale Differenz zwischen Luthers und Melanchthons Theologien erblickten die meisten der im 20. Jahrhundert mit diesen Differenzen befaßten Reformationshistoriker in der Rechtfertigungslehre! Hatte noch 1886 die Darstellung von Luthers Rechtfertigungslehre durch Theodosius Harnack (1817-1889) keinerlei Hinweis auf eine hier liegende Differenz zu Melanchthon enthalten,[24] so inaugurierte 1910 Holls Untersuchung der Rechtfertigungslehre in Luthers neu entdeckter Römerbriefvorlesung eine nachfolgende Flut von Forschungen, die sich alle mit den theologischen Abweichungen Melanchthons von Luther befaßten. Holl selbst hatte bereits unverblümt und im Sperrdruck geschrieben:

> »Melanchthon hat die lutherische Rechtfertigungslehre verdorben, indem er die Lehre von der göttlichen Alleinwirksamkeit abschwächte. Er hält diese Lehre wohl aufrecht bei der Schilderung der Entstehung des Glaubens. Aber er vermag nicht ebenso wie Luther das ganze neue Leben als ein zusammenhängendes Gotteswerk, als das Ziel, auf das Gott mit der Rechtfertigung hinstrebt, zu begreifen. Bricht man aber dieses Stück aus, so wird alles bei Luther schief. Was Melanchthon aus eigenen Kräften beisteuerte, war ein übler Ersatz für den angerichteten Schaden. Denn seine Im-

---

22 Vgl. Friedrich HÜBNER: Natürliche Theologie und theokratische Schwärmerei bei Melanchthon. GÜ 1936.

23 Emanuel HIRSCH: Hilfsbuch zum Studium der Dogmatik. 4. Aufl. B 1964, 44. 159 f.

24 Theodosius HARNACK: Luthers Theologie mit besonderer Beziehung auf seine Versöhnungs- und Erlösungslehre. 2. Abt.: Luthers Lehre von dem Erlöser und der Erlösung. Nachdruck der Ausgabe Erlangen 1886. M 1927, 319-358.

putationslehre gibt folgerichtig dem Glauben die Bedeutung eines Verdienstes. Sie führte unvermeidlich auf die Frage, warum Gott das Verdienst Christi nicht allen, sondern nur einem Teil zurechne. Die Antwort konnte immer nur lauten: weil die einen glauben und die andern nicht. Das hieß aber nichts anderes, als daß der vom Menschen geleistete Glaube für Gott der Grund wird, ihm die Gerechtigkeit Christi zugute kommen zu lassen. Und damit war man bei dem Verdienst angelangt. Alle Anstrengungen Melanchthons und seiner ›lutherischen‹ Nachfolger, diesem Schluß zu entgehen, sind vergeblich gewesen.«

Holl versäumte es nicht, dem in einer Anmerkung noch hinzuzufügen:

»Auch Johannes Calvin hat nicht die ganze Höhe Luthers erreicht, obwohl er in seinem Gottesbegriff die Voraussetzung dafür besaß. Selbst ihn haben Melanchthons Formeln niedergezogen.«[25]

Durch derartige um das Reformationszentrum – die Rechtfertigungslehre – kreisende Urteile wurde tatsächlich Luthers Theologie zur Meßlatte des echten evangelischen Glaubens erklärt: zum Verdruß aller nicht-lutherischen Evangelischen. Zug um Zug wurden nun immer neue Schwächen der Theologie Melanchthons entdeckt oder in Erinnerung gerufen. Ich nenne nur wenige Beispiele: Friedrich Hübner (1911-1991) stellte »Natürliche Theologie und theokratische Schwärmerei« beim späteren Melanchthon fest;[26] Hans Joachim Iwand (1899-1960) kritisierte die Luther selbst fremde Art, wie Melanchthon systematisch-theologisch das Gesetz und die Verheißung einander gegenüberstellte, nämlich: in der Weise einer Entgegensetzung, die leider nicht noch einmal vom Evangelium umgriffen wurde, wodurch es zu einer theologischen Unterbestimmung insbesondere des Gesetzes gekommen sei;[27] Rolf Schäfer bemängelte das Auseinanderreißen von Glaube und Sittlichkeit bei Melanchthon, in dessen Theologie auch schon die Heilsbedeutung Christi eine andere als bei Luther sei, weil Christi Heilstat nur als Versöhnung des Zornes Gottes, nicht aber zugleich auch als lebenserneuernde Einwohnung Christi in der Person der Gläubigen aufgefaßt wurde.[28]

---

25 Karl HOLL: Gesammelte Aufsätze zur Kirchengeschichte. Bd. 1: LUTHER. TÜ 1921, 107. Vgl. zum Ganzen auch Holls Schüler Emanuel HIRSCH: Die Theologie des Andreas Osiander und ihre geschichtlichen Voraussetzungen. GÖ 1919, 228-230: »Melanchthon hat Luthers Rechtfertigungslehre heillos verstümmelt« (228).

26 Siehe oben Anm. 22.

27 Hans Joachim IWAND: Luthers Theologie/ hrsg. von Johann Haar mit einer Einführung von K[arl] G[erhard] Steck. M 1974, 49 f.

28 Rolf SCHÄFER: Christologie und Sittlichkeit in Melanchthons frühen Loci. TÜ 1961, 1 f. 114 f; vgl. die kritische Replik auf dieses Buch von Ernst BIZER: Theologie der Verheißung: Studien zur Theologie des jungen Melanchthon (1519-1524). NK 1964, 9-33.

Die Gesamtheit dieser kritischen Feststellungen wurden freilich in der Melanchthonforschung der letzten vierzig Jahre nach und nach auch wieder relativiert oder zurückgewiesen. Es wurde sogar die eben doch auszusagende Nähe und Vereinbarkeit von Luthers und Melanchthons Rechtfertigungslehre erneut herausgestellt! Eine sachliche Grundlage hatte diese Wiederannäherung der Theologie Melanchthons an diejenige Luthers bereits in Hans Emil Webers (1882-1950) viel beachtetem Vorschlag, die Einheit der Reformation und den Maßstab des Reformatorischen (der auch die altprotestantische Orthodoxie mit umgreift) in folgender Weise festzustellen: »Die reformatorische Theologie verkündet die Rechtfertigung aus Glauben durch das Wort von Christus als das Wort der Sündenvergebung, ...«[29] Hierdurch scheint auch Melanchthons reformatorische Gültigkeit und Dignität gesichert.[30] Eine weitere Grundlage für die neue Wahrnehmung der Konvergenz zwischen Melanchthon und Luther bietet die derzeitige Erforschung der tridentinischen Beschlüsse zur Rechtfertigungslehre.[31]

Sowohl die Melanchthon in der Differenz zu Luther wahrnehmenden[32] Urteile wie auch die neueren und neuesten Resultate, die wieder die theologische Gemeinschaft und Konvergenz zwischen beiden betonen,[33] sind zugleich aufschluß-

29 Hans Emil WEBER: Reformation, Orthodoxie und Rationalismus. Teil 1: Von der Reformation zur Orthodoxie. Halbbd. 1. GÜ 1937, 10, sowie Neuser: AaO, 12 f.

30 Den Ertrag der Forschungen zum Verhältnis zwischen Melanchthons und Luthers Rechtfertigungslehre und zur Frage, worauf sich das Trienter Rechtfertigungsdekret genau bezieht, hat kurz zusammengefaßt Wolfhart PANNENBERG: Systematische Theologie. Bd. 3. GÖ 1993, 247-265 (vgl. dort auch die Literaturübersicht bei Anm. 388).

31 Durch die heutigen Forschungsfragen, was das Konzil zu Trient und die ihm vorausgegangenen Arbeiten unter Verwendung der »Confessio Augustana« mit Recht einheitlich der Reformation zuschrieben und was Trient demgegenüber mit Recht als gemeinsame römisch-katholische Position feststellte, rücken Luther und Melanchthon wieder näher aneinander. Vgl. zuletzt Vinzenz PFNÜR: Einig in der Rechtfertigungslehre?: die Rechtfertigungslehre der Confessio Augustana (1530) und die Stellungnahme der katholischen Kontroverstheologie zwischen 1530 und 1535. Wiesbaden 1970, bes. 385-399.

32 Vgl. Heinz SCHEIBLE: Melanchthon, Philipp (1497-1560). Theol. Realenzyklopädie. Bd. 22. B; NY 1992, 371-410, bes. 395, 29-31: Die »Dogmen- und Theologiehistoriker seit Albrecht Ritschl, namentlich Otto Ritschl, Karl Holl, Reinhold Seeberg und Bernhard Lohse« haben »die Unterschiede zu Luther herausgearbeitet«.

33 So beispielsweise – angeregt durch Robert Stupperich – Martin GRESCHAT: Melanchthon neben Luther: Studien zur Gestalt der Rechtfertigungslehre zwischen 1528 und 1537. Witten 1965, 10 und passim. Greschat arbeitete besonders heraus, wie sehr Luther sich im genannten Zeitraum in der Rechtfertigungslehre an Melanchthon angeschlossen hat! Für den frühen Melanchthon vgl. Bizer: Theologie der Verheißung, 272-288. – Oswald BAYER: »Die Kirche braucht liberale Erudition«: das Theologieverständnis Melanchthons. KD 36 (1990), 218-244, bes. 234; Albrecht PETERS: Gesetz und Evangelium. GÜ 1981, 58-81.

reiche Hinweise auf die im 20. Jahrhundert eingetretene signifikante Veränderung der überwiegenden Untersuchungsart in bezug auf die Reformationstheologie: Gleichzeitig mit der Lutherrenaissance setzte im 20. Jahrhunder eine, wie ich sie nennen möchte, »rezeptionshistorische« Beschäftigung mit den Reformatoren ein, die sich zwar des wissenschaftlichen Instrumentariums moderner Geschichtsforschung bediente, jedoch vor allem an der zu rezipierenden Lehre der Reformatoren – nämlich mit Blick auf die Gewinnung einer eigenen, heute zeitgemäßen, Theologie – interessiert war. Dies zeitigte von existenziellem Ernst getragene Bewertungen der Theologie der Reformatoren, wie sie sich so im 19. Jahrhundert in der wissenschaftlichen Lutherforschung noch kaum fanden. Allerdings wurden sie schon vorbereitet bei Theodosius Harnack in dessen zweibändiger Darstellung der Theologie Luthers und in Martin Kählers (1835-1912) neuer Herausstellung der Rechtfertigungslehre Luthers.

IV Der »Luther der systematischen Theologie des 20. Jahrhunderts«
Ein noch kaum begriffenes Phänomen

Luther – er allein unter den Reformatoren – ist für die systematische Theologie des 20. Jahrhunderts von großer Bedeutung und – wie besonders Martin Heideggers (1889-1976) und Hans-Georg Gadamers (* 1900) Werk beweist – sogar für die Erneuerung der Philosophie im 20. Jahrhundert von einiger Bedeutung geworden. Worauf aber bezieht sich diese Bedeutung? Die Antwort ist heute klar: Sie bezieht sich vor allem auf Luthers Wortverständnis und auf seine Hermeneutik.

Kein anderer Reformator hat so wie Luther das christliche Heil gänzlich aufs zugesprochene christusförmige Wort – das Evangelium – und auf den diesem Wort entsprechenden Glauben gestellt.[34] Das »Wort« als soteriologische Kategorie war dann zwar im Luthertum des 17., 18. und 19. Jahrhunderts längst nicht mehr so prominent wie in Luthers eigener Theologie. Im 20. Jahrhundert aber war das »Wort«, auch ohne Bezug zu Luther, als soteriologische Kategorie in neuen Konstellationen plötzlich allgemein gesucht, neu erfragt und geistig präsent. Worum es geht, zeigten am Anfang des Jahrhunderts vielleicht am klarsten Ferdinand

---

34 Am direktesten wieder aufgenommen wurde dies im 20. Jahrhundert durch Gerhard EBELING: Wort und Glaube. Bd. 1. TÜ 1971; Bd. 2: Disputatio de homine. Teil 1: Text und Traditionshintergrund. TÜ 1977; Teil 2: Die philosophische Definition des Menschen: Kommentar zu These 1-19. TÜ 1982; Teil 3: Die theologische Definition des Menschen: Kommentar zu These 20-40. TÜ 1989; Bd. 3: Begriffsuntersuchungen, Textinterpretationen, Wirkungsgeschichtliches. TÜ 1985.

Ebner (1882-1931)[35] und Martin Buber (1878-1965)[36]: Die bisherigen neuzeitlichen philosophischen Denkweisen wurden als du-vergessen, als ich-einsam und somit als menschlich-existenziell ungenügend empfunden. Der ganzen zurückliegenden philosophischen Denkart wurde vorgeworfen: Sie wußte nicht um das Wort als um die zwischen Ich und Du mittelnde Kategorie. Ebner hat dem mittelnden Wort generell die Kraft beigemessen, die Icheinsamkeit aufzubrechen und somit Geistwirkung zu vermitteln. Manchen Theologen – wie z. B. Karl Barth (1886-1968) – erschien dies zwar als eine aus philosophischen Gründen zustande-gekommene und folglich fragwürdige Bezugnahme auf die biblische Wahrheit und auf die Wortkategorie.[37] Doch immerhin spürten die meisten Theologen in dieser frühen Zeit des 20. Jahrhunderts, daß sie auch in der Theologie eine Wende hin zur neuen Beachtung des Dialogs zwischen Gott und Mensch zu vollziehen hätten. Eben dies verbirgt sich ja auch in der von Barth selbst approbierten Bedeu-tung des Begriffs »dialektische Theologie«.

Natürlich waren Luthers Wortverständnis und Hermeneutik nicht eigentlich ablösbar von Luthers Glauben und Gottesverständnis. Gerade dies eröffnete aber den letzten drei Theologengenerationen die in der Neuzeit lang vermißte Chan-ce, mit Hilfe erneuter Lutherrezeption an der Spitze des heutigen kulturellen Lebens mitzuwirken: philosophisch ganz auf der Höhe – und dabei noch kritisch gegenüber der zeitgenössischen Philosophie bzw. philosophischen Hermeneutik! In den Jahren schwerer innerer Kämpfe in Europa, als totalitär-autoritäre Ideolo-gien und entsprechende Parteiungen weltgeschichtliches Unglück in Szene setz-ten, war das Reformations-Bekenntnis zur alleinmaßgeblichen Autorität des Christusevangeliums oft zugleich ein geistig-philosophisches und ein politisches Freiheitsereignis! Auch die Barmer theologische Erklärung von 1934 ist als ein derartiges aktuell vollmächtiges neues Bekenntnis zum Christus-Logos und zum Geist der Reformation zu werten.[38]

Indessen: Es gab zur selben Zeit bekanntlich auch manchen deutschen »Junglutheraner«, dem diese »Vorwärtsbewegung« zur von Luther wiederentdeck-

---

35 Ferdinand EBNER: Das Wort und die geistigen Realitäten: pneumatologische Fragmente. Re-gensburg 1921.
36 Martin BUBER: Ich und Du. (1923). In: Ders.: Das dialogische Prinzip. 4. Aufl. HD 1979, 7-121.
37 Hierzu u. a. Dieter BECKER: Karl Barth und Martin Buber – Denker in dialogischer Nachbar-schaft?: zur Bedeutung Martin Bubers für die Anthropologie Karl Barths. GÖ 1986.
38 Vgl. z. B. Georg KRETSCHMAR: Eine notwendige Erklärung: die Lutheraner gehören auf die Seite von Barmen. LM 13 (1974), 295-298.

ten Wahrheit des befreienden Evangeliums weniger glückte, weil er Luthers Theologie in Synthese mit bestimmten Erbstücken aus der Philosophie des deutschen Idealismus – wenn nicht gar mit dem deutsch-nationalen Lutherbild – wahrnahm.[39] Auch diese Neuvergegenwärtigung Luthers aber war ein Teil der Lutherrenaissance des 20. Jahrhunderts! Darum ist diese Lutherrenaissance als heterogen zu beurteilen, wie unlängst Heinrich Assel in seinem hilfreichen Buch »Der andere Aufbruch«, das die Theologien Holls, Hirschs und Rudolf Hermanns (1887-1962) untersucht und vergleicht, klar aufzeigte.[40] Der Titel »Der andere Aufbruch« bezieht sich auf die anerkannte Tatsache, daß der größte neue Aufbruch im mitteleuropäischen Protestantismus des 20. Jahrhunderts allerdings nicht von der Lutherrenaissance, sondern von der dialektischen Theologie repräsentiert wird, die auch lapidar »Theologie des Wortes Gottes« genannt wird. Zwar bedeutete diese ebenfalls einen Versuch des Wiederanknüpfens an die Reformation nach Jahrhunderten der angeblichen Abirrung. Aber bekanntlich waren nicht alle dialektischen Theologen der Ansicht, daß gerade nur Luther – und nicht auch andere Reformatoren – heute theologisch weiterhelfe, und daß nur Luther – unter allen Reformatoren – jetzt als ein von der bisherigen Geschichte noch nie ganz Eingeholter eine zweite weltgeschichtliche Präsenzphase erfahre. Die Schweizer Karl Barth, Emil Brunner (1889-1966) und Eduard Thurneysen (1888-1974) stellten neben Luther mindestens Calvin in denselben theologiegeschichtlichen Rang. Barth hielt Calvin für den didaktisch besseren theologischen Lehrer, und Barth folgte Calvin auch in dessen Meinung, die menschliche Predigt des Gotteswortes sei nicht einfach mit dem Reden Gottes selbst identisch, wie Barths kontinuierliches Bekenntnis zum »finitum non capax infiniti« zeigt. Dennoch ist auch für Barths Versuch einer theologischen Erneuerung die Rolle Luthers insgesamt gewichtiger gewesen als diejenige Calvins.[41] In Barths Zurückweisung philosophischer

---

39 Siehe hierzu Peter NEUMANN: Die Jungreformatorische Bewegung. GÖ 1971; Emanuel HIRSCH: Die gegenwärtige geistige Lage im Spiegel philosophischer und theologischer Besinnung. GÖ 1934, 114-117.

40 Heinrich ASSEL: Der andere Aufbruch: die Lutherrenaissance – Ursprünge, Aporien und Wege: Karl Holl, Emanuel Hirsch, Rudolf Hermann; (1910-1935). GÖ 1994, 15 f u. ö. Ganz mit Recht weist Assel im übrigen darauf hin, daß »die in den zwanziger Jahren dieses Jahrhunderts« begonnene »Neubesinnung auf den reformatorischen Rechtfertigungsglauben nur dann« zureichend erfaßt wird, wenn man »die Einsicht in die *prinzipielle* und *genuine Sprachlichkeit* des Rechtfertigungsgeschehens« zum »Ausgangspunkt macht« (15).

41 Vgl. Gerhard EBELING: Karl Barths Ringen mit Luther. In: Ders.: Lutherstudien 3, 428-573, bes. 436-438. 454-457 u. ö.; ferner den Überblick über mit dem Verhältnis »Barth – Luther« befaßte Literatur 431 f, Anm. 13.

Brücken für Philosophie und Verkündigung wird diese engste Verbundenheit mit dem – im einzelnen mehrfach kritisierten – Luther besonders deutlich. Melanchthon spielte für Barth kaum eine Rolle. Für die beiden deutschen dialektischen Theologen Rudolf Bultmann (1884-1976)[42] und Friedrich Gogarten (1887-1967)[43] aber war es unter den Reformatoren von vornherein allein Luther, von dem sie selbst Impulse für eine im 20. Jahrhundert zeitgemäße Theologie empfingen.

Bultmann kannte, nach einem plausiblen Diktum Gadamers, noch radikaler als Luther selbst »im Grunde nur ein Sakrament, das Wort«.[44] Gogarten, der Bultmann wichtige systematische Kategorien vermittelte, hat nach einem ebenfalls einleuchtenden Urteil Walter Mosterts (1936-1995) Luthers neues Verständnis der eigenen Dignität des Weltlichen dahingehend verstanden, daß Luther das Weltliche davon entlastet habe, uns Menschen Heilsgewißheit oder Rechtfertigung zu verschaffen. Diese Freigabe des Weltlichen nannte Gogarten in positivem Sinn »die durch Luther selbst schon gewünschte und inaugurierte Säkularisierung«. Diese jedoch ist nur aus dem Glauben heraus, der die eigene Heilsgewißheit christologisch begründet, zu haben. Benutzt der Mensch aber die Welt zum soteriologischen Gewißheitsgewinn bzw. zur Selbstrechtfertigung, so muß er sich als deren »Subjekt konstituieren«. Diesen Vorgang nannte Gogarten – in negativem Sinn – »Säkularismus«. Um diesen zu vermeiden, muß der Mensch durch die »Verkündigung Jesu Christi« und gemäß der Theologie Luthers in der Differenz zwischen persönlicher Gewißheit und Welt »gehalten« werden.

42 Zwar scheint Bultmann, indem er dezidiert Wilhelm Herrmanns (1846-1922) Satz »Von Gott können wir nur sagen, was er an uns tut« zustimmt – Rudolf BULTMANN: Welchen Sinn hat es, von Gott zu reden? In: Glauben und Verstehen: gesammelte Aufsätze. Bd. 1. TÜ 1933, 36 –, direkt mit dem berühmten Anfang der Melanchthonschen Loci von 1521 übereinzustimmen. Aber Bultmanns Selbstverständnis führt dennoch zu Luther, nicht zu Melanchthon. Paulus und Luther – über den zu rechtfertigenden Menschen – bilden die beiden Brennpunkte der Bultmannschen Theologie.

43 Gogarten ist für die Präsenz Luthers in der deutschsprachigen evangelischen systematischen Theologie um die Mitte des 20. Jahrhunderts von großer Bedeutung. Luther ist für ihn ein zukunftsweisender Theologe und Denker unserer Zeit! Vgl. vor allem Friedrich GOGARTEN: Verhängnis und Hoffnung der Neuzeit: die Säkularisierung als theologisches Problem. Taschenbuchausgabe der Ausgabe S 1958. M; HH 1966; DERS.: Der Mensch zwischen Gott und Welt. (1952). 4. Aufl. Nachdruck der 2., neubearb. Aufl. S 1958. S 1967; DERS.: Luthers Theologie. TÜ 1967.

44 Zitiert bei Albert BRANDENBURG: Martin Luther in katholischer Sicht. In: Luther und die Theologie der Gegenwart: Referate und Berichte des Fünften Internationalen Kongresses für Lutherforschung, Lund, Schweden 14.-20. August 1977/ hrsg. von Leif Grane und Bernhard Lohse. GÖ 1980, 103.

»Nur mit der nicht weltlich gewonnenen, sondern theologisch begründeten Gewißheit kann der Mensch die Welt, aber auch sich selbst, Welt sein lassen. Er steht so ›zwischen Gott und Welt‹.«[45]

Dann aber ist Luthers Verständnis der echten Weltlichkeit im 20. Jahrhundert – auch philosophisch und kulturell – nicht allein ein »Denkzettel«, sondern – wie es scheint – weiterführend bzw. noch nicht eingeholt. Doch müssen wir jetzt noch prüfen, ob die Gogartensche Einordnung der Reformation in die neuzeitliche Entstehung echter Säkularität überhaupt den wichtigsten Intentionen der Reformation und besonders Luthers gerecht wurde. Daran läßt sich zweifeln!

V Luther, Melanchthon und die Frage einer künftigen Einigung der getrennten christlichen Kirchen

Wo stehen wir heute mit diesen Fragen? Wie steht Luther, wie steht Melanchthon mittlerweile zu uns? Hat sich Luthers besondere systematisch-theologische und sogar philosophische Präsenz, die im 20. Jahrhundert zu beobachten war, mittlerweile etwas erschöpft? Dies scheint der Fall zu sein. Ist darum die Zeit für neuartige und vielleicht auch wieder etwas distanziertere Bezugnahmen auf die Theologie der Reformation gekommen?

Gelingt es jetzt wieder besser, Luthers Theologie vor überhöhender Mystifizierung und vor direkten Aneignungen, die den Zeitunterschied verkennen, zu bewahren? Luther mag manche der großen »Kirchenväter« übertroffen haben, wie selbst Melanchthon meinte.[46] Trotzdem muß heutige Theologie auch ihm gegenüber »ein Neues pflügen«, selbst im Luthertum. Luther muß in der evangelischen Theologie selbstverständlich mindestens ebenso historisch-kritisch erschlossen werden wie dies mit den Schriften der Bibel geschieht. Wer hier mit zweierlei Maß mißt und gerade Luther gegenüber weniger Distanz wahrt, bleibt an diesem Punkt irrational.

---

45 Walter Mostert: Luther, Martin (1483-1546). III: Wirkungsgeschichte. TRE. Bd. 21. B; NY 1991, 584, 13-15.

46 Nach Robert Stupperich: Der unbekannte Melanchthon: Wirken und Denken des Praeceptor Germaniae in neuer Sicht. S 1961, 15, hat gerade Melanchthon selbst Luther über alle Kirchenväter, selbst über Augustinus (354-430), Hieronymus (340/50-420) und Gregor von Nazianz (um 329 – um 390) gestellt. Melanchthon hatte »grenzenloses Vertrauen zum Reformator« Martin Luther »und meinte, dieser würde von Gottes Geist getrieben. Nie wollte er die Gemeinschaft mit ihm missen.« Demnach wurde Luther von Melanchthon geradezu kanonisiert!

Wir müssen uns auch aus ökumenischen Gründen am Ende des 20. Jahrhunderts erneut besinnen, wie wir zum Erbe der Reformation stehen. Soviel scheint deutlich: Dieses Erbe – und damit die Reformation selbst – verstehen wir heute weniger als die Geburt unserer lutherischen, zwinglischen, calvinistischen Kirchen, sondern vielmehr als ein kritisches und aufbauendes Geschehen an der Gesamtkirche. Dann bedeutet freilich Reformation, recht verstanden: Bemühung, im System der Kirche menschliches Wort nicht mit Gottes Wort und – auch noch so überzeugende – Weltfreude nicht mit Evangelium zu verwechseln oder gleichzusetzen.[47] Reformation ist dann die für die ganze Christenheit bedeutsame und notwendige Einübung in die glaubensnotwendige, wenngleich zunächst befremdende Unterscheidung zwischen dem Göttlichen und dem Menschlichen oder zwischen dem wahrhaft Heiligen und dem in Wahrheit Profanen. Nicht mehr und nicht weniger.[48] Man sollte vielleicht künftig nicht mehr so viele Worte über die angebliche Strittigkeit dessen, was das Wesentliche an der Reformation überhaupt sei, verlieren. Denn dieses ist klar genug.[49] Anders formuliert, diesen

47 Vgl. Christof GESTRICH: Wer darf ihn nennen?: Reformation als bußfertige Erneuerung kirchlichen Redens von Gott. Berliner theol. Zeitschrift 7 (1990), 141. 153.

48 Eben darauf läuft auch das hermeneutisch auf seinen Grund bedachte »protestantische Schriftprinzip«, das die Reformation herkömmlicherweise kennzeichnet, hinaus. Vgl. Kurt-Victor SELGE: Zwei Beiträge zur Konfessionsfrage: A. Die Begründung des Protestantismus. In: Berlin-Brandenburgische Akademie der Wissenschaften (vormals Preußische Akademie der Wissenschaften): Berichte und Abhandlungen. Bd. 2. Berlin 1996, 128: »Zunächst ist das Schriftprinzip« »ein mächtiges kritisches Prinzip gegen alle« (z.B. »in der Papstkirche wahrgenommen«) »Menschensatzungen«.

49 Ein anderes Problem bleibt natürlich die Frage der Einheit der Reformation; vgl. z.B.: Dorothea WENDEBOURG: Die Einheit der Reformation als historisches Problem. In: Reformationstheorien: ein kirchenhistorischer Disput über Einheit und Vielfalt der Reformation/ Berndt Hamm; Bernd Moeller; Dorothea Wendebourg. GÖ 1995, 32. 34. Wendebourg führt aus: Das Bild der reformatorischen Einheit täuscht. Wir »wissen, daß es nicht so war. Nicht Eintracht, sondern Streitigkeiten, nicht Gemeinschaft, sondern Verweigerung der Abendmahlscommunio – so sah die Wirklichkeit aus« schon und gerade im 16. Jahrhundert. Darum: »Eine Einheit ist die Reformation nicht in sich; was sie zur Einheit macht, ist vielmehr das Urteil der Gegenreformatoren.« Das ist eine bedeutende kritische These, die viel für sich hat und die nur darum doch auch unbefriedigt läßt, weil die Einheit der Reformation nicht allein eine historische Frage ist. Sie ist auch ein systematisches Problem, das sich weniger vom Urteil der Gegenreformation aus, sondern eher vom Sinn und Ziel der – im Unvollkommenen und im Divergenten steckengebliebenen – reformatorischen Avancen aus löst. Alle wollten einem Mißstand und menschlichen Ungehorsam im christlichen Leben ihrer Zeit abhelfen zur Ehre Gottes und zum Heil der Menschen. Alle wollten Fehlentwicklungen beseitigen. Auch und gerade dies eint sie. Hierin hätten sie selbst das Wesentliche – den Ausgangspunkt – der Reformation gesehen.

Streit müssen dienigen à la longue verlieren, die die Reformation vor allem in eine geschichtsphilosophische Spekulation einordnen und das Entscheidende der Reformation in deren Vorarbeit für das Werden der neuzeitlichlichen menschlichen Freiheit und Subjektivität und deren Freigabe neuzeitlich-moderner Weltlichkeit erblicken. Die Verwertung Melanchthons oder auch Luthers für die Rekonstruktion des Werdens der Neuzeit und für die Feststellung der vermeintlich legitimen Grundlagen und Ziele der Neuzeit hat im 20. Jahrhundert einen, vorsichtig gesagt, zu großen, weil theologisch wenig wertvollen Kraftaufwand gekostet. Sie ist nicht nur philosophisch nicht angenommen worden – gegen Gogartens Sicht der Reformation als des wahren Vaterhauses des neuzeitlichen Menschen –, sie hat auch der ökumenischen Erneuerung der Kirchen nicht genützt,[50] sondern, wie ich meine, geschadet, weil sie die Reformation und die Kategorie des Evangelischen in der einen oder anderen Form an das Werden der neuzeitlichen Säkularisierung band, statt an die Freigabe der Unterscheidung zwischen Gott und Welt – und damit gerade nicht an das Weltliche, sondern an das Heilige! Jene Unterscheidung aber ist zu jeder Zeit jeder Theologie aufzuerlegen, und die Pflicht hierzu wird ja auch von allen Kirchen, weil hier ihre Heiligkeit betroffen ist, im Grundsatz eingesehen. Denn die Kirche ist es, die immer in der Gefahr steht, das ihr anvertraute Heilige zu verraten. Ich könnte deshalb auch sagen: Der bleibend wirksame Stachel der Reformation zielt nicht auf unsere geschichtliche Höherent-

50 Im Urteil ganz ähnlich Wolfhart PANNENBERG: Gibt es Prinzipien des Protestantismus, die im ökumenischen Dialog nicht zur Disposition gestellt werden dürfen? In: Protestantische Identität heute: Trutz Rendtorff zum 24. 01. 1991/ hrsg. von Friedrich Wilhelm Graf und Klaus Tanner. GÜ 1992, 82f: »Nach Hegel ist durch die Reformation die Kirche als Form des Christentums prinzipiell überwunden worden.« »Seitdem gehe es darum, das Prinzip der Freiheit ›in die Welt hineinzubilden‹ und alle Institutionen ihm entsprechend umzugestalten. Demgegenüber konnte mit der Institution Kirche auch die Kirchenspaltung als unwichtig erscheinen. Diese Vision einer weltlichen Vollendung der Reformation in ihrer gesamtchristlichen Allgemeinheit ist im 20. Jahrhundert durch die zunehmende Ablösung der modernen Staaten und ihrer öffentlichen Kultur von der christlichen Religion hinfällig geworden. In Europa dürften der 1. Weltkrieg und seine Folgen hierfür das entscheidende Datum bilden. Seitdem ist die Kirche wieder zur charakteristischen und zur selbständigen Organisationsform der christlichen Religion geworden im Unterschied und je nach Situation sogar im Gegensatz zum Staat. Damit ist auch die Bedeutung der katholischen Kirche für die Gegenwartssituation des Christentums wieder stärker hervorgetreten ...« »Bei der ökumenischen Bewegung der Gegenwart« aber geht es nicht »um etwas der Reformation Fremdes«, sondern um »die Erneuerung der ganzen Christenheit von ihrem Ursprung her« und um die Vollendung der im 16. Jahrhundert gescheiterten oder zumindest abgebrochenen Reformation der ganzen Christenheit«.

48

wicklung und Eroberung der Welt im Rahmen neuzeitlichen Denkens, sondern auf die unversehrte Erscheinung des Heiligen.

Die Sachfragen, die uns am Ende des 20. Jahrhunderts von Melanchthon und Luther her mehr und mehr beschäftigen, sind offensichtlich ökumenischer Natur! Indem es der Reformation im 16. Jahrhundert nicht geglückt ist, allgemeine Anerkennung zu gewinnen für ihren neuen Hinweis auf die glaubensnotwendigen Unterscheidungen, ist über ihrer Erneuerungsbemühung das Gefäß des christlichen Lebens in der Welt, die Kirche, zersplittert. Letztere zersplitterte nicht nur im Sinne einer Sonderung der römisch-katholischen Christen von den protestantischen, sondern auch durch die innerprotestantische Uneinigkeit und Konfessionalisierung.

Man hört jetzt öfters die Meinung, in dieser Lage werde heute gerade Melanchthons moderierende und nach Konvergenzen fragende Theologieart wieder sehr viel mehr benötigt. Das darf aber kein neuerliches Ausspielen der beiden Wittenberger Reformatoren gegeneinander bedeuten![51]

Vielmehr werden wir durch das Nebeneinander der Theologien beider auf ein wissenschaftstheoretisches Phänomen hingewiesen, mit dem im Grunde jede Theologie zu ringen hat. Es handelt sich darum, daß die Theologie der Kirche immer zwei Brennpunkte benötigt: einen prophetischen und einen die Prophetie rezipierenden und verarbeitenden Brennpunkt. Denn sie muß auch zwei Aufgaben immer gleichzeitig bewältigen: Sie muß das Evangelium – wenn es geht mit prophetischer Inspiration – für eine gegebene Zeit und Situation auslegen; und sie muß diese neuen Auslegungen im Prozeß ihres Rezipiertwerdens prüfen und sie mit der früheren Theologie der Christenheit abgleichen. Das heißt aber auch: Sie muß sie in eine Gestalt bringen, in der begriffliche Arbeit an ihnen möglich ist. Nur so können diese prophetischen Neuformulierungen der »Botschaft« erwogen und als »Stimme der Wahrheit« angeeignet werden.[52] Bei der Bewältigung

51 Vgl. Wiedenhofer: Der römische Katholizismus und Melanchthon, 78: »Melanchthons mehr heilsgeschichtliche Theologie, die von vornherein größere ökumenische Chancen bietet, entspricht vermutlich auch seiner Mentalität. Während Luthers stark apokalyptische Theologie, die dessen Mentalität korrespondieren dürfte, einer Einigung [mit Rom] sehr skeptisch gegenüberstehen muß, weil sie die aktuelle theologische Auseinandersetzung ... mit dem endzeitlichen Kampf zwischen Christus und dem Satan identifiziert. Wenn jedoch die ökumenische Potenz der Melanchthonischen Theologie im katholischen Raum heute neu entdeckt wird, so ist dabei völlig klar, daß es sich dabei nicht um eine Ökumene auf Kosten Luthers handeln kann.«

52 Auf diesen genuinen, unhintergehbaren Doppelcharakter der Theologie stößt immer wieder auch die große, materialreiche Monographie von Oswald BAYER: Theologie. GÜ 1994. Im Ergebnis wird festgehalten, daß Theologie um ihrer selbst willen »die Philosophie nicht

dieser letztgenannten Aufgabe finden wir nun mit ganzer Kraft und mit ganzem Gemüt auch Melanchthon im 16. Jahrhundert in Wittenberg vor. Es genügt daher nicht, zu sagen, daß Melanchthon Luther geholfen habe, seine theologischen Gedanken zu verbreiten und ihre Akzeptabilität durch Milderung oder Verallgemeinerung des Ausdrucks zu erhöhen. Melanchthon hat vielmehr, Luther gegenüber, »die andere Aufgabe« jeder richtig arbeitenden Theologie vollzogen. Man sollte so weit gehen, zu sagen, daß durch das Hinzutreten Melanchthons in der seltensten Weise aus nur zwei Köpfen und aus nur zwei Federn bereits eine wirkliche und vollständige Kirchenlehre hat entstehen können!

In Melanchthon erkennen sich heute »interessierte evangelische Laien« eher wieder als in Luther. Das hängt damit zusammen, daß Melanchthon an der Wittenberger Theologie vom »zweiten Brennpunkt« der theologischen »Ellipse« her mitgearbeitet hat: rezipierend, zusammenfassend, gliedernd, auf den Begriff bringend. Dennoch wäre es abwegig, ihn als »theologischen Laien« oder »Amateur« zu bezeichnen. Er war ein »studierter« theologischer Lehrer, der zugleich auch ein Humanist war.

Doch welche Bedeutung kommt, das ist nun abschließend zu fragen, Melanchthons christlichem Humanismus heute zu? Diese Frage sehe ich in der bisheri-

loslassen« kann (505). Theologie muß sich stets zu einem »zweifachen quaerere« verstehen, und dabei muß herauskommen, »was theologische Wissenschaft zur Wissenschaft macht«, und was sie andererseits »zur Theologie macht« (530). Bayer hat dies zuletzt am Beispiel des theologischen Fragens bei Luther und bei Anselm von Canterbury (1033-1109) verdeutlicht. Luther ist derjenige, der – die von der Artistenfakultät vermittelte »Kunst des philosophisch-wissenschaftlichen Fragens« durchaus nützend – als »tentatus quaerens certitudinem« Theologie treibt. Anselm aber ist in ganz anderer Weise »angefochten« und zum Theologietreiben herausgefordert: Ihm geht es um »die Klarheit der Erkenntnis«. Was er »sola ratione erkennt – in der contemplatio ›schaut‹«, ist nur das, was er ohnehin schon glaubt. Theologie als theologisch-wissenschaftliches Fragen ist bei Anselm »weitgehend von der existentiellen Situation der Anfechtung gelöst« (531).

Im Rahmen dieser von Bayer hier paradigmatisch vorgenommenen Gegenüberstellung gehört Melanchthon zwar eher auf die Seite Luthers. Und doch ist Melanchthons Theologie mit ihrer Systematisierungstendenz und mit der ihr eigenen Wissenschaftlichkeit und philosophischen Fundierung von Luthers Theologieart tief unterschieden. Der Hauptunterschied liegt in Melanchthons Grundsituation des Rezipierenden und lehrend weiter Vermittelnden. Melanchthon ist im Grunde denen gleich, die in der zweiten, dritten oder vierten Generation »Luthers Erbe« aufnehmen und umsetzen wollen. Hierzu gehört auch behutsames Weiterführen, vor allem aber Systematisieren: nach den Zusammenhängen fragen. Melanchthon tröstet sich nicht durch seine Theologie, sondern er begründet und beschreibt in seiner Theologie diskursiv und im nachvollziehbaren Zuammenhang, was ihn tröstet.

gen Literatur nicht wirklich beantwortet.[53] Mancherorts besteht die Erwartung,
Melanchthons Liebe zu den Wissenschaften, seine Verbindung von Glaube und
Vernunft, sein Sinn für Ethik, Naturrecht und Staatsrecht könnten vielleicht helfen, auch heute wieder Synthesen zu erzielen zwischen christlicher Glaubens-
lehre und Wissenschaft, zwischen Kirche und weltlicher Gesellschaft. Aber in
dieser Weise dürfte Melanchthons Theologie gerade nicht mehr mit Erfolg zu
kopieren sein! Und auch jener andere Sachverhalt, daß Melanchthon im Vergleich zu Luther weniger auf dem Hintergrund vielhundertjährig verhandelter
dogmatischer Fragen, sondern eher »biblizistisch« theologisch gelehrt hat, läßt
ihn nicht etwa als denjenigen erscheinen, der uns heute näher wäre und mehr
geben könnte als Luther. Sogar was die derzeitige ökumenische Gesprächssituation
anbetrifft, kann man nicht feststellen, daß Luther in ihr eher in den Hintergrund,
Melanchthon aber statt seiner in den Vordergrund gerückt sei. (Zu erinnern wäre
daran, daß Luther – mit Recht – als ein verborgener Hauptteilnehmer am II. Vatika-
nischen Konzil bezeichnet worden ist, weil die römisch-katholische Kirche auf
mehrere gerade *seiner* Anliegen einging und sie sich offiziell zueigen machte.)
    Melanchthons christlicher Humanismus könnte aber im weiteren Prozeß der
ökumenischen Verständigung in der Form wichtig werden, daß und wie er die
weltliche Ratio angemessen in die innerkirchlichen theologischen Verständigungs-
prozesse einzubringen lehrt! Nicht um theologische Lehre mit der Vernunftwahr-
heit irgendwie zur Synthese zu bringen, wäre auf seinen »christlichen Humanismus« zu rekurrieren, sondern um in der Theologie selbst mit sauberen sprachlichen Mitteln logisch konsistent, durchsichtig und in möglichst inklusiven – also

---

53 Vgl. Ernst WOLF: Philipp Melanchthon: evangelischer Humanismus; Rede gehalten bei der
   Immatrikulationsfeier der Georgia Augusta am 12. November 1960. GÖ 1961, 9: »Erst wenn
   man Melanchthons evangelischen Humanismus als die gegenüber der mittelalterlichen Tradition und dem Humanismus *neue* Synthese von Evangelium und Antike durchschaut, wenn
   man von da aus die Reformation zu einem wesentlichen Teil ihrer Auswirkung auch als eine
   Bildungsbewegung mit eigenem Ethos und eigener Ethik versteht, erst dann dürfte man
   Melanchthon gerecht werden können.« Historisch trifft dies sicherlich zu. Aber ist Melanchthons Konzept insoweit heute noch von systematisch-theologischer Bedeutung, läßt es
   sich noch umsetzen? Die gründlichste Bemühung um die Frage der Bedeutung von Melanchthons christlichem Humanismus wurde unlängst vorgelegt von Frank; siehe oben Anm. 6.
   Frank würdigt Melanchthons Philosophie-Erneuerung im Zusammenhang mit dessen Lehrbüchern für die Artistenfakultät. Melanchthon habe eine eigenständige Grundlagenwissenschaft
   hervorgebracht, die den Phänomenen standhielt, des christlichen Charakters nicht entbehr-
   te bzw. mit dem christlichen Denken vereinbar blieb, und die auch Luther in seiner Theologie weithin einfach voraussetzte.

Menschen nicht exkludierenden – Formen vorzugehen. Je mehr die Theologie sich in der Klarheit ihrer eigenen menschlichen Bedingungen bewegt, und je mehr sie sich für sich selbst um das bestmögliche hermeneutische Instrumentarium bemüht, wird sie mit der Verständigung über die christliche Wahrheit unter den Christen selbst vorankommen. Dadurch aber wird sie auch über den Kreis der Kirche hinaus wieder besser verstanden werden. Die sog. Synthese muß heute – letztlich genauso wie auch schon im 16. Jahrhundert – mit den Mitchristen und ihrem aufs stärkste unterschiedlich gewordenen Denken und Empfinden gesucht und gefunden werden!

Was sich seit der Zeit Luthers und Melanchthons wirklich geändert hat, ist weniger das Aufkommen eines angeblich einheitlichen, allgemeinverpflichtenden und rein säkularen »neuzeitlichen Denkens«, sondern dies, daß die Kirchen es akzeptieren müssen, nicht mehr die gesamte relevante Gesellschaft zu repräsentieren. Die Kirchen müssen eine neuartige Grenze ihrer selbst wahrnehmen, eine Grenze, über die hinaus sie mit ihren Lehren in der Gesellschaft nicht reichen. Nicht der Staat und sein »anderer Auftrag« von Gott ist diese Grenze, sondern der nichtchristliche Teil der Gesellschaft. Die Kirche ist ein Thema geworden, eben weil ihre gesellschaftliche Bedeutung abnahm, so daß man »Kirche« nun überhaupt erst als einen soziologisch besonderen Teil der Gesellschaft wahrnimmt. Das 19. und das 20. Jahrhundert war auch die Zeit des kirchlichen Gekränktseins über diese sich bereits abzeichnende, aber noch kaum offen eingestandene Realität. Vielfach war die Theologie in dieser Zeit vom Wunsch oder von der Illusion des möglichen Wiedergewinns der alten Sitation geprägt. Eben darum unterstützten viele Theologen die Theorie, die Reformation sei die Wegbereiterin der modernen Weltlichkeit – im recht verstandenen Sinne – gewesen, und die Moderne müsse endlich anerkennen, daß sie die reformatorische Theologie und Kirche nicht loslassen dürfe, wolle sie nicht im schlechten »Säkularismus«, wie Gogarten sagte, verenden. Demgegenüber gilt heute aber eher das Entgegengesetzte: Theologie und Kirche müssen anerkennen, daß es für sie ein Stück Toleranz und gewisse Aspekte des freiheitlichen Lebens auch aus der säkularen neuzeitlichen Geschichtsentwicklung heraus zu lernen gibt. Sie müssen dies integrieren, gerade um christlich zu bleiben und ihr Heiliges nicht zu verlieren. Eine Kirche sollte heute den Wunsch haben, daß sie sich in ihrem soziologischen Inneren möglichst von niemandem an Aufgeklärtheit, Toleranz und Respektierung, ja Förderung der Freiheit der einzelnen Mitglieder übertreffen läßt. So, indem Kirche sich auch als ein Nährboden und Heimatort der in der Welt mittlerweile überall wieder bedrohten und konterkarierten emanzipatorischen neuzeitlichen Kräfte des Muts zur freien Wahrheitsprüfung – und zugleich zur offenen Dialogbereitschaft und zur gelegentlich nötigen Selbstkritik – zu erkennen gibt, so ließe sich ein »christlicher Humanismus« in der Tat denken. So ließe sich auch ein freimütigeres Aufeinanderzugehen der Kirchen erhoffen. So, in dieser neuen ökumenischen Wendung, die zugleich eine Erneuerung der eigenen kirchlichen Katholizität bedeutete,[54] könnte Melanchthons Hinordnung zu Luther und Luthers Hinordnung zu Melanchthon auch für die kommende Zeit Früchte bringen.

---

54 Vgl. Jörg HAUSTEIN: Melanchthon und die katholische Kirche. In: Philipp Melanchthon: ein Wegbereiter für die Ökumene, 96: »›Katholisch‹ ist bei Melanchthon ... eine Selbstbezeichnung. Freilich eine Selbstbezeichnung, die er gegen die Ansprüche der späteren ›Katholiken‹ verteidigen wollte.«

Glaube und Bildung
Faith and Culture

■ 9. Internationaler Kongreß
für Lutherforschung

■ *9th International Congress
for Luther-Research*

■ Heidelberg
17. bis 23. August 1997

Programmheft des Neunten Internationalen Kongresses für Lutherforschung mit einem Holzschnitt – 56 x 119 mm –, der zwischen Luthers und Melanchthons Wappen die Geburt Jesu zeigt. Er bildet die Basis einer Titeleinfassung, die 1526 in der Werkstatt von Lucas Cranach d. Ä. (1572-1553) entstand und der von 1521 bis 1547 in Wittenberg tätige Drucker Nickel Schirlentz – siehe Monogramm NS – fast zehn Jahre lang verwendete; Cranach im Detail: Buchschmuck Lucas Cranachs des Älteren und seiner Werkstatt; Ausstellung in der Lutherhalle Wittenberg vom 29. 3. bis 4. 12. 1994 anläßlich der Lucas-Cranach-Ehrung 1994/ Katalog: Jutta Strehle. Wittenberg 1994, 68. 81 (42 a).

Melanchthon and Luther / Luther and Melanchthon

Von Timothy J. Wengert

I Introduction

In studies of the Reformation and its development, few questions have proved more vexing to scholars than the one intimated by the title for this essay. The problem of the relation between Luther and Melanchthon has exercised historians and theologians since the Leipzig debates of 1519. It has constituted one of the most important recurring themes for theological discussion within the Lutheran church at least since the Smalcald War of 1547. Did Melanchthon help Luther discover the gospel?[1] Was Melanchthon too much a »pussy-footer«, too weak to maintain the gospel after Luther's death?[2] Was Melanchthon alien or ally?[3] Did Luther's irascibility finally repel his sensitive colleague and undermine their »friendship«?[4] Was Luther's original insight into the inner, transforming righteousness received by faith alone distorted by Melanchthon's legal metaphor of forensic justification?[5]

There have been several pitfalls in the quest to define the relation between these two giants. Some analysts have focused especially on the psychological differences between the two men, in some cases believing without question the

---

1 Lowell C. GREEN: How Melanchthon helped Luther discover the gospel: the doctrine of justification in the Reformation. Fallbrook, Calif. 1980.

2 See, for example, Bengt HÄGGLUND: Melanchthon versus Luther: the contemporary struggle. CThQ 44 (1980), 123-133.

3 Franz HILDEBRANDT: Melanchthon: alien or ally? Cambridge 1946.

4 For more on the motif of friendship, see below page 59. Among the scholars who have used this metaphor to explain the relationship, see Bernd MOELLER: Philipp Melanchthon. In: Luther kontrovers/ ed. by Hans Jürgen Schultz. S 1983, 198-211; Wilhelm MAURER: Melanchthons Anteil am Streit zwischen Luther und Erasmus. ARG 49 (1958), 89-114; Erwin MÜLHAUPT: Luther und Melanchthon: die Geschichte einer Freundschaft. Lu 33 (1962), 1-17 ≙ in: Erwin Mülhaupt: Luther im 20. Jahrhundert: Aufsätze. GÖ 1982, 121-134.

5 Karl HOLL: Die Rechtfertigungslehre in Luthers Vorlesung über den Römerbrief mit besonderer Rücksicht auf die Frage der Heilsgewißheit. In: Karl Holl: Gesammelte Aufsätze zur Kirchengeschichte. Vol. 1: Luther. TÜ 1923, 111-154, esp. 124-129.

very psychological sketches produced by the principals themselves for public consumption.[6] Others have reduced the relation to comparison of theologies. As important as the real and perceived differences may have been, such comparison risks either repristinating later tensions within Lutheranism and reading them into the earlier debates or inventing systematic, often idealized, theological categories that threaten to reduce the key players to their ideas.[7]

The question of the relation between Luther and Melanchthon poses one of the oldest and most intractable historical conundrums of all: how does one explain in historical terms the relation between two people of such power and importance in their own time. Present dissatisfaction with descriptions of this dilemma may simply point to the profound difficulty human observers have in coming to terms with relationships of such complexity.[8]

For all these reasons, the present analysis seeks to shed fresh light on this issue by narrowing the question slightly and broadening the sources used to answer it. Instead of either searching for psychological solutions or relying on theological generalizations, this study will investigate the minutiae of Luther and Melanchthon's everyday interaction in Wittenberg to gain insight into the nature of their relationship. Each encounter, every crisis or confrontation (real or imagined), had its own peculiar qualities that often can be disturbed by hastening too quickly to global hypotheses about their behavior. However, precisely from such observations of details can the historian develop more general descriptions of their interaction.

6 For an important critique of this approach, see Heinz SCHEIBLE: Luther and Melanchthon. LQ 4 (1990), 317-339. Even in his fine essay at the Second International Luther Congress, Wilhelm Pauck made the mistake of characterizing their relationship as a friendship; Wilhelm PAUCK: Luther and Melanchthon. In: Luther and Melanchthon in the history and theology of the Reformation/ ed. by Vilmos Vajta. Phil 1961, 13-31. Scholars are indebted to the initial work of Gustav MIX: Luther und Melanchthon in ihrer gegenseitigen Beurteilung. Theol. Studien und Kritiken (1901), 458-521.
7 As a helpful corrective, see Robert KOLB: Confessing the faith: reformers define the church; 1530-1580. StL 1991, 13-42.
8 One attempt to clarify such relations more generally comes from Max WEBER: The nature of charismatic authority and its routinization. In: Max Weber: On charisma and institution building: selected papers/ ed. by Shmuel N. Eisenstadt. Chicago 1968, 48-65.

II Personal Relations

The question of the relation between Luther and Melanchthon demands careful analysis of their interpersonal interaction. For example, in part because of comments from Luther about »treading lightly« in the »Augsburg Confession«[9] and because of the psychograms of themselves and each other that both men produced for public consumption, Melanchthon is often characterized as quiet and compromising, almost wishy-washy, and Luther as flamboyant and unyielding.[10] Yet the reformers' behavior did not in fact conform to these stereotypes.

In 1539 Luther marvelled at Melanchthon's harshness in attacking the Roman church (he could later have included the 1540 rewriting of the 1532 commentary on Romans).[11] However much Melanchthon's position on justification at the Regensburg Colloquy may have represented a compromise,[12] he departed from Wittenberg for the meetings – originally scheduled to be held in Hagenau – in tears, convinced he would die for the faith.[13] Once at the colloquy, he refused to give in on the question of ecclesiastical authority and even rebuked a prince and defied the emperor.[14] He also felt little need to defend himself in the face of Luther's rejection of the compromise language on justification, writing to Luther

---

9 A comment that in itself need not be interpreted as negative in the least, especially given Luther's unstinting praise for the »Confessio Augustana«; Heinz SCHEIBLE: Melanchthon und Luther während des Augsburger Reichstags 1530. In: Heinz SCHEIBLE: Melanchthon und die Reformation: Forschungsbeiträge/ ed. by Gerhard May and Rolf Decot. MZ 1996, 198-220, esp. 212-217. For the term »Leisetreten« see WA 30 II, 334, 24.

10 The title of Clyde MANSCHRECK's biography expressed this view: Melanchthon: the quiet reformer. Nashville 1958. See Luther's comments at table WA TR 1, 1-5 (80); 29-31 (348); 4, 386, 1-7 (4577); 637, 8-16 (5054); 5, 665, 6-8 (6443).

11 WA TR 4, 637, 12-16 (5054), 21 May - 2 June 1540: »At in tractatione scripturae ego [Lutherus] vehementior sum quam Philippus, etsi in libello de ecclesia [De ecclesia et de autoritate verbi Dei, 1539] acrior fuit. Sententia eius libri est vehemens, sed verba videntur mihi non esse similia rebus; sed non intelligo vim Latini sermonis. Ich waldrechte, Philippus hobeltt, sed malo nodo malus quaerendus est cuneus« [HIERONYMUS: Epistolae 69, 5 ≙ Corpus scriptorum ecclesiasticorum latinorum 54 (1910), 686, 17]. On the knotty question of the church, Philipp's book was just such a wicked chisel.

12 Even this may not be the case: Rome did not like the compromise, which represented in some ways a reworking of Melanchthon's own concepts found in the Loci of 1535, any better than Luther.

13 WA TR 4, 639, 7. 27 f (5058. 5062), 11 June 1540. He was also apprehensive preceding the 1530 Diet of Augsburg.

14 Timothy J. WENGERT: The day Philip Melanchthon got mad. LQ 5 (1991), 419-433.

that he was convinced this language was merely a starting point which the evangelical princes could emend later in an evangelical fashion. He even dislike the use of the term »efficax« in defining faith.[15]

As far as Melanchthon's gentle spirit is concerned, this topos was early on constructed in part by Luther himself in an attempt to demonstrate their united disavowal of Erasmus' »De libero arbitrio« and »Hyperaspistes«. Whereas Luther had attacked with biting irony and sarcasm, trying – like any good preacher – to drive Erasmus (1466/69-1536) to Christ, Melanchthon in his »Scholia in Epistolam Pauli ad Colossenses« of 1528 had used logic and subtlety – like any good teacher – to show the limits of reason in this debate.[16] When Justus Jonas (1493-1555) produced a German translation of the Scholia in 1529, Luther added a preface, in which he opined:

> »I was born for this purpose: to fight with the rebels and the devils and to lead the charge. Therefore my books are very stormy and warlike. I have to uproot trunks and stumps, hack at thorns and hedges, and fill in the potholes. So I am the crude woodsman, who has to clear and make the path. But Master Philipp comes after me meticulously and quietly, builds and plants, sows and waters happily, according to the talents God has richly given him.«[17]

In fact, Melanchthon could be much more irascible and short-tempered – especially with his students – than Luther, so much so that in the winter of 1542/43 Luther noted the difference at table.[18] Even Joachim Camerarius (1500-1574) in the first and by far most influential biography of his friend and hero had to explain away this flaw in his otherwise Stoic description of Melanchthon's personality.[19] Melanchthon's hypersensitivity was even described by Luther as a virtue.[20]

---

15 MBW 3, 172 (2699.1) ≙ WA Br 9, 414, 4-10 (3619), 19 May [1541].

16 Timothy J. WENGERT: Human freedom and Christian righteousness: Philip Melanchthon's exegetical dispute with Erasmus of Rotterdam. NY; Oxford 1998.

17 WA 30 II, 68, 12 - 69, 1. Luther stated much the same thing in 1540; WA TR 4, 637, 9-16 (5054), 21 May - 11 June 1540. For a similar assessment, see Heinz SCHEIBLE: Melanchthon zwischen Luther und Erasmus. In: Renaissance Reformation: Gegensätze und Gemeinsamkeiten/ ed. by August Buck. Wolfenbüttel 1984, 172-175.

18 WA TR 5, 26-28 (5511), Winter 1542/43: »Philippus ist enger gespant denn ich, pugnat et docet; ich bin ein wescher [Schwätzer], bin magis rhetoricus.« WA TR 4, 104, 35-38 (4056), 11/13 October 1538: »Ideo ego [Lutherus] adolescentibus laudo argumenta quamvis incomposita, et displicet mihi Philippi Melanchthonis exacta ratio, das er die armen gesellen so bald vberrumpelt; ...« Cf. WA TR 4, 191, 31 - 192, 1 (4193), 17 December 1538; 583, 14-21 (4928), 16-21 May 1540. Of course, Luther also realized that all good teachers had problems with poor students: even Vergil made bad poets; WA TR 4, 595, 29 f (4971), 21 May - 11 June 1540.

Luther, on the other hand, was not always as volatile as he is depicted. In several cases, he provided compromise language or allowed for more theological flexibility than modern stereotypes permit him.[21] He also could be equally sensitive to events around him. That »rugged Saxon peasant« may not have suffered a physical collapse – as Melanchthon did – under the lies Philipp von Hessen (1504, 1518-1567) told the reformers to get them to sanction his second marriage, but Luther was also – despite his protestations in the Table Talk – subject to Anfechtungen about the larger issues of the Reformation.[22] He was able to restrain his own upset at Philipp von Hessen's bigamy only with the greatest effort.[23]

In examining the contours of their relationship, it is important not to characterize it as a friendship.[24] However, the fact that that relation was more collegial than anything else does not gainsay its complexity and richness. The Table Talk itself witnesses to the number of times they ate together. In his later years, especially during the 1530s, Luther spoke with nothing less than the highest respect for his colleague: praising his work on Romans and Colossians; lauding his second edition of the Loci theologici;[25] extolling his use of dialectics and

19 See Timothy J. Wengert: »With friends like this …«: the biography of Philipp Melanchthon by Joachim Camerarius. In: The rhetorics of life-writing in early modern Europe: forms of biography from Cassandra Fedele to Louis XIV/ ed. by Thomas F. Mayer and D. R. Woolf. AnA 1995, 115-131.

20 WA TR 5, 230, 16-19 (5550), Winter 1542/43, where Luther connected Philipp's »gutt conscientia« to Christ's exercise of believers by allowing them to experience the bite of the Serpent in their heel.

21 For example in the 1527 dispute between Melanchthon and Johann Agricola. See Timothy J. Wengert: Law and gospel: Philip Melanchthon's debate with John Agricola of Eisleben over »Poenitentia«. Grand Rapids 1997; Joachim Rogge: Johann Agricolas Lutherverständnis: unter besonderer Berücksichtigung des Antinomismus. B 1960; Gustav Kawerau: Johann Agricola von Eisleben: ein Beitrag zur Reformationsgeschichte. B 1881. In 1536 Luther interviewed Bucer and his compatriots before agreeing himself to the »Wittenberg Concord«. See Mark U. Edwards: Luther and the false brethren. Stanford 1975, 127-155.

22 Especially regarding the question »Willst Du allein weise sein?« see Heiko Oberman: Luther: Mensch zwischen Gott und Teufel. B 1982, 185-190. 210-212 ≙ Heiko Oberman: Luther: man between God and the devil. New Haven 1990, 175-179. 200.

23 WA TR 4, 655, 5 - 660, 17 (5096), 11-19 June 1540. Note the change in Luther's own demeanor from »serenissimo vultu« to »laetissimo vultu« and his effort at commending the entire affair to God (656, 1; 658, 14).

24 Scheible: Luther and Melanchthon, 318-321.

25 WA TR 4, 610, 17-20 (5007), 21 May - 11 June 1540, where they are called godly books; cf. WA TR 5, 661, 28 f (6439). For proof that Luther read these commentaries, see Ulrich Bubenheimer: Unbekannte Luthertexte. LuJ 57 (1990), 220-241.

syllogisms – even imitating him in trying to teach his own son the basics of logic.[26] Melanchthon returned the compliment, as, for example, when in 1533 he praised Luther's »Summarien über die Psalmen und Ursachen des Dolmetschens«.[27]

There was also a genuine sense of companionship and enjoyment that the older man received from the younger. According to Anton Lauterbach (1502-1569), Luther and Melanchthon among others shared the same carriage on 15 May 1539 and rode to Leipzig in triumph to introduce the Reformation into the duchy of Saxony and the University of Leipzig. Now, twenty years after the Leipzig debates during which the young prodigy had handed notes to his older teacher, they rode along lustily singing songs »secundum alphabetum«. Scarcely a year later, the older man would be praying over his – presumably – dying colleague's body, »welchem ... schon die augen gebrochen waren«.[28] Two years later the younger Philipp tried to comfort Luther at the death of his beloved Magdalena (1529-1541).[29] In the midst of Melanchthon's anxieties over his own daughter Anna's (1522-1547) marriage to Georg Sabinus (1508-1560), Luther was among those who tried to console the »tristis et afflictus« father.[30] When Luther's faithful supporter, Nikolaus Hausmann (1478/79-1538) collapsed and died while preaching his inaugural sermon in Freiberg, the other professors at Wittenberg, including Melanchthon, conspired to keep this shocking death from Luther, telling him instead that Hausmann died later – after confessing Christ –, and they remained with him while he grieved.[31]

26 WA TR 4, 647, 7-11; 648, 11-23 (5082 b), June 1540, where Luther used the example of faith to discuss the four causae, collatio, and definitio. According to this entry of Johannes Mathesius (1504-1565), Luther defined the »voluntas« as the material cause of faith (648, 15 f). See also WA TR 2, 127, 23-26 (1545), 20 May 1532; 411, 23 f (2300), 18 August - 26 December 1531. In one case Luther praised both Melanchthon and von Amsdorf for their brevity and clarity; WA TR 2, 163, 14 f (1649), 12 June - 12 July 1532; 3, 210, 1 f (3173 a), June 1532.

27 MBW 2, 88 (1301.3) ≙ CR 2, 627 (1090), 5 January 1533.

28 WA TR 5, 129, 32 f (5407), 11 April - 14 June 1542.

29 WA TR 5, 193, 3-6 (5497), September 1542.

30 WA TR 3, 592, 16 (3754), 18. February 1538. Melanchthon preferred solitude to conversation with others, behavior Luther believed contradicted Christian principles. »Christus non frustra suam ecclesiam congregat verbo et sacramentis, wil sie nicht in die winckel stecken« (ebd 3, 593, 4-6). See also 4, 569, 15-18 (4886), 6-16 May 1540.

31 WA TR 4, 124, 36 - 125, 6 (4084), 6 November 1538. Other examples of their close relationship: Melanchthon was Paul Luther's (1533-1593) godfather (3, 111, 25-27 [2946 b], 29 January 1533); Luther had urged Melanchthon to marry (3, 383, 15-19 [3538], January 1537; 4, 133, 36-38 [4095], 11 November 1538); Luther had Melanchthon stay with him two nights when his daughter was rumored to have slept with Sabinus before their wedding (4, 569, 15-

Luther could also tease Melanchthon.[32] In one letter written in 1539 the older man delivered the following description of the manuscript of »De ecclesiae autoritate et de veterum scriptis libellus«.

»I – poor fellow – am not accustomed to nor have I been able to read so much now for a long time. But it happened that several times you filled one page with three words – the letters in between having been crossed out. Otherwise, if it were mine or another's hand, it would have taken me several weeks to examine such a manuscript – and then with great difficulty. I am reminded of philosophy's four causes. First, the final cause pleased me greatly, because Pomeranus [John Bugenhagen] also explained this eruditely and copiously in [his commentary on the] fourth chapter of 1 Corinthians. The efficient also does not displease me. I have compassion for the material cause, because so much paper has been consumed by you. But the formal cause delighted me, because you have grasped such a topic with so many erasures, but with such temperate words. Therefore I thank you that by your kindness I could read so many pages in scarcely one-quarter hour. But seriously, this thing pleases me.«[33]

This letter reveals four things about their relationship. First, as late as 1538 it could bear the kind of kidding that demonstrated a mutual knowledge and respect of one another. Second, Luther was still reading Melanchthon's writings at this date, and Melanchthon was submitting them to him for comment. Third, Luther could use Aristotle (384-322) with the best of them and accomodated his joke to poke gentle fun at Melanchthon's beloved dialectics.[34]

Fourth, on the question of the church the two treatises published in 1539 by these two men were part of a mutual, systematic response to the issue of the

18 [4886], 6-16 May 1540), they married 6 November 1536; Melanchthon interceded with Luther on Hans Luther's (1526-1575) behalf when his father refused to speak to his son (5, 489, 810 [6102]); Melanchthon witnessed Luther's will (MBW 3, 251 [2871], 6 January 1542).
32 For other examples, see WA TR 2, 7, 21 f (1245), before 14 December 1531, Melanchthon's stature: »ein armes, dirs menlein«; 266, 30-32 (1938), from the 1530s, his eating habits: »Philipus ... ist klueger dann alle doctores, aber der geringste keller vnd jeger knechte zu hofe fressen vnd sauffen besser, dann er isst vnd trinnckt«; 4, 576, 8 f (4907), 16 May 1940, his overworking: »Philippus non servat sabbathum, sed est famulus communis et servus servorum«; and 673, 8-14 (5124), 7 August 1540; 2, 127, 127 f (1545), 20 May 1532, his small house: »Er mus in einem armen haus wonen.«
33 WA Br 8, 344, 1-14 (3285) ≙ MBW 2, 406 (2132.1), 28 December 1538.
34 In another example from the Table Talk (WA TR 4, 673, 8-14 [5124], 7 August 1540), Luther tried to curb Melanchthon's overworking – for which he was famous in Wittenberg – by using syllogisms. Luther forced Melanchthon to admit that he preferred to obey God rather than mortals (Act 5, 29) and that he preferred God to speak through the mediation of human beings than directly. Luther, speaking for God, then commanded Melanchthon not to work so hard and break the sabbath. See also 4, 576, 8 f (4907), 16 May 1540.

church brought into focus by the convoking of a council by Pope Paul III (1468, 1534-1549).[35] In Luther's eyes, at least, the two agreed. As they had eleven years earlier in the dispute with Erasmus over the human will, both men produced their own separate but compatible statements on the question of the church's nature and authority. It was thus hardly an accident that, when a competing ecclesiology was proposed at the Regensburg Colloquy two years later, Melanchthon became angry and recalcitrant.[36]

III Biblical Interpretation

There were, of course, attempts by others in Wittenberg's inner circle to drive the two apart. In fact, one reason for the unclarity in their relationship arose from strains between Melanchthon and other followers of Luther. One of the earliest attempts at such division also helps clarify the exegetical interaction between these two men. In 1527 differences between Melanchthon and John Agricola's (1492/94-1566) understanding of penance and the role of the law began to surface.[37] In response to the »Visitation articles« of 1527 Agricola complained to the court and forced an official meeting with Melanchthon, Luther and Bugenhagen at the Torgau castle near the end of November.

Among his formal charges Agricola included the fact that Melanchthon had diverged from Luther's interpretation of the Scripture. Specifically, the two exegetes interpreted G 3, 19. 24 differently. In the second edition of his commentary on Galatians, Luther had applied these texts to what would later be designated the second use of the law: the law, like a pedagogus, drives to Christ. Melanchthon, in both the »Visitation articles« and the 1527 edition of the »Scholia in Epistolam Pauli ad Colossenses«, connected the text to 1 T 1, 9 and related it to what later was called the first use of the law: the law restrains the sinner outside Christ.[38]

---

35 This at least was the conclusion of the study group at last Luther Congress; see Heinz Scheible: Melanchthons Verhältnis zu Luther. LuJ 62 (1995), 212 f.

36 Wengert: The day Melanchthon got mad, 425.

37 Wengert: Law and gospel, 94-138.

38 What neither Agricola nor Melanchthon seemed to realize was that in notes on G 3 published in the Christmas Postil (WA 10 I 1, 450-466, esp. 454, 8-12; 455, 5 f), Luther also applied this text to the first use of the law. Later, in the revision of the »Scholia in Epistolam Pauli ad Colossenses« published in 1534 and in other documents from that time Melanchthon also employed G 3, 24 as a demonstration of the second use of the law. However, see the third edition of the Loci theologici (MStA 2 I, 256, 11; 356, 1 f), where Melanchthon again associated this text with the first use of the law.

UNTERRICHT DER VISITATORN AN DIE PFARHERN IM KURFÜRSTENTHUM ZU SACHSSEN/
rev. by Martin Luther. Wittemberg: Hans Lufft, 1538. (Leipzig, Universitätsbibliothek:
Kirchg. 1083^k) – Josef BENZING: Lutherbibliographie: Verzeichnis der gedruckten Schriften
Martin Luthers bis zu dessen Tod/ bearb. in Verbindung mit der Weimarer Ausgabe
unter Mitarb. von Helmut Claus. Baden-Baden 1966, 291 (2496); Bd. 2. Baden-Baden
1994, 191 (2496); VERZEICHNIS DER IM DEUTSCHEN SPRACHBEREICH ERSCHIENENEN DRUCKE
DES XVI. JAHRHUNDERTS: VD 16. Bd . 13. S 1988, 302 (M 2603).

The frontispiece is showing the coats-of-arms – clockwise – of the Wittenberg reformers Martin Luther (ML), Philipp Melanchthon (PM), Johannes Bugenhagen (IB), Caspar
Cruciger, Sr. (CC), and Justus Jonas (II).

Agricola looked upon this divergence as proof of Melanchthon's unfaithfulness to evangelical – one could almost say »Lutheran« – principles of biblical interpretation and as grounds for making a formal complaint to the Saxon court. Melanchthon insisted that such exegetical differences in no way undermined the overall unity among evangelical theologians. Thus, he wrote to Agricola:

> »For there is no doubt that Paul teaches the law has been proposed for two reasons: first, to coerce the flesh with carnal righteousness; then to terrify the conscience. I have adapted the interpretation of this Pauline text to the former effect of the law; Luther adapts it to the latter.«[39]

Commenting on this controversy to Caspar Aquila (1488-1560), Melanchthon wrote first that his biblical interpretation followed the church fathers – he mentioned Jerome – and contained nothing absurd. Second, he emphasized that his agreement with Luther in points of dogma made it inconsequential whether he differed from him in his exposition of these verses in Paul.[40]

Here Melanchthon expressed a view of unity that kept the authority of Scripture separate from and superior to the authority of its interpreters. Melanchthon applied consistently to Luther what Luther himself had expressed in his 1529 Holy Week sermons about Augustine's dictum »I would not have believed the gospel if the authority of the church had not moved me«.

> »Further they object: ›The church has accepted the four gospels, others they have not accepted, thus the church is master over them. ...‹ That sounds just as if we had the gospels from the church and not from God. ... ›I accept the teaching of Paul, therefore I am over his teaching.‹ Oh, that they would make the distinction between confessing and having authority!«[41]

Not only Melanchthon but also later Lutheran theologians refused to turn Luther's exegesis into a measuring stick for evangelical orthodoxy.[42] In no case

---

39 CR 1, 905 f (478) ≙ MBW 1, 276 (615.5), the end of October 1527: »Non enim dubium est, quin Paulus doceat, legem propter has causas latam esse, primum ad coercendam carnem iustitia carnali, deinde ad terrendam conscientiam. Ego interpretationem Paulini loci ad effectum priorem legi accomodavi, *Lutherus* accomodat ad posteriorem.«

40 CR 4, 958 (480 b) ≙ MBW 1, 279 (623.2), 12 November 1527.

41 See THE 1529 HOLY WEEK AND EASTER SERMONS OF DR. MARTIN LUTHER (Predigten D. Martin Luthers auf Grund von Nachschriften Georg Rörers und Anton Lauterbachs ⟨engl.⟩)/ trans. by Irving Sandberg; ed. by Timothy J. Wengert. StL 1999, 283 ≙ WA 29, 154, 9-18. See below page 66 for an example of Melanchthon's later application of this principle to Luther.

42 Among the several studies on this issue by Kolb, see Robert KOLB: The influence of Luther's Galatians commentary of 1535 on later sixteenth-century Lutheran commentaries on Galatians. ARG 84 (1993), 156-183.

did Luther speak ex cathedra in such matters. The fluidity of interpretive options for Wittenberg's theologians warns against too quickly invoking later standards of conformity upon the age of the Reformation.

Against the backdrop of such diversity in biblical interpretation, the praise each theologian offered for the other's biblical work stands out even more sharply. From recent discoveries in the library of Wittenberg's Predigerseminar, researchers have demonstrated that Luther read and critically annotated, among other things, Melanchthon's »Commentarii in Epistolam Pauli ad Romanos« from 1532 and his »Scholia in Epistolam Pauli ad Colossenses« of 1534. At the same time and later, the Table Talk is filled with his praise for the commentary on Romans:

> »If Augustine lived today, he would have rejoiced to read this book, although it often reproaches him. But Jerome, were he alive, would probably write against it like any other Franciscan monk.«[43]

Such comments ought not be read as blanket endorsements of Melanchthon's theology, but rather as Luther's own admission that Melanchthon's interpretation of Romans had an honored place at Wittenberg's theological table.[44]

This is not to say Luther did not have some questions about that book. He particularly criticized Melanchthon's decision to dedicate the book to Albrecht of Mainz (1490-1545).[45] Luther thought that such figures needed rebuke, not re-education. This distinction, also present in their approaches to Erasmus, marks an important divide between the two.

Praise of exegesis, however, was hardly one-sided. In the late 1530s and 1540s Melanchthon oversaw the publication and translation of many of Luther's ex-

---

43 WA TR 1, 139, 2-4 (316), September / October 1532: »Augustinus si iam viveret, gauderet hunc librum legere, quanquam saepe eum perstrinxerit, sed S. Hieronymus, wenn er lebt, solt er wol dawider schreyben wie ein ander parfusser munch.« See also WA TR 2, 235, 19-22 (1842), 20 September - 21 October 1532; 4, 610, 18 f (5007), 21 May - 11 June 1540.

44 For another example, compare Luther's comment that, due to Melanchthon's constant desire to improve a text, Luther had to force him to publish the Apology; WA TR 2, 541, 8-10 (2606 b), Spring 1532, with Luther's refusal to harmonize James and Paul 3, 253, 25-29 (3292 a), Spring 1533 – despite Melanchthon's attempts to do so in the Apology; BSLK, 207, 35 - 210, 15 (Art. 4, 244-253).

45 WA TR 4, 437, 24 f (4699), 10 July 1539; 592, 19-21 (4957), 21 May - 11 June 1540; 640, 25 f (5067), 11-19 June 1540; 653, 9 f (5091), 11-19 June 1540; 5, 690, 20-25 (6486). Melanchthon received a gift from Albrecht, something Catherine Luther did not fail to note. Luther also criticized Melanchthon's dedication of books to Henry VIII and Philipp von Hessen. Given Melanchthon's bad experience with these three, Luther vowed no longer to write epistles dedicatory.

egetical works.[46] When Veit Dietrich (1506-1549), one of the editors of Luther's works, tried to write his own theology into Luther's exegesis, Melanchthon chastised him for it in no uncertain terms.[47] The danger of tampering with genuine Luther texts was first perceived not by Gnesio- [genuine] Lutherans and the Jena edition of Luther's Opera but by Melanchthon himself!

Several years later Melanchthon wrote to Dietrich to urge the publication of Luther's later exegesis. Citing Plutarch's (circa 46 - circa 120) praise of Carneades' (214/13-129/28) later work as being simpler and more useful, Melanchthon wondered whether such a development might not be the case for all talented people, including Albrecht Dürer (1471-1528), Sophocles (497/96-406/5) and Cicero (106-43).

> »Some such thing may also surely be said of Luther's explanations [of Scripture]: that the more recent are both simpler and more accommodated to life. For this reason I again have urged you to edit the commentary on Genesis, chiefly because the remaining part is more pleasant and agreeable than the previous material. I know that many prudent people everywhere prefer reading of such interpretations or exegesis to hateful disputations.«[48]

46 He had also provided prefaces for several important early works: Luther's »Operationes in psalmos« and the 1519 and 1523 editions of his commentary on Galatians. For prefaces of individual works, see MBW T 1, 110-113 (47), [ca. 27] March 1519: Psalms; 148 f (65), [August] 1519: Galatians; 2, 75 f (283), [before August 1523]: Galatians; CR 5, 258-268 (2823) ≙ MBW 3, 462 f (3411), 25 December 1543: Genesis; CR 7, 918-927 (5035) ≙ MBW 6, 254 (6316), 25 January 1552: Genesis; CR 7, 581-585 (4707) ≙ MBW 6, 47 f (5787), 1 May 1550: De novissimis verbis Davidis; CR 4, 887-892 (2572) ≙ MBW 3, 326 (3070), 22 October 1542: Micah; CR 5, 760-767 (3194) ≙ MBW 4, 224 f (3908), 1 June 1545: Hosea; CR 6, 87-92 (3423) ≙ MBW 4 , 349 f (4205), 25 March 1546: Enarratio psalmi secundi. Enarratio cap. noni Esaiae.
   Melanchthon wrote prefaces for several volumes of the Wittenberg edition of Luther's »Opera omnia«; see MBW 4, 377-379 (4277), 1 June 1546; 5, 462 f (5515), 1 May 1549; 6, 65 (5833), 24 June 1550; 117 (5964), 20 December 1550; 352 (6575), 29 September [1552]; 7, 19 (6697), 1 January 1553; 150 (7058), 1 January 1554; 401 (7739), 10 March 1556; 494 (7978), 1 October 1556; 8, 107 (8312), 16 August 1557; 371 (9017), 1 August 1559. See also his praise for Luther's exegetical work in WA TR 2, 400, 7-9. 27 f (2272), 18 August - 26 June 1531; cf. MBW 1, 363 (854.3.6f), 1529/30.
47 In connection with the Cordatus controversy of 1536 and subsequent antinomian controversy, Dietrich had put into Luther's mouth the comment (on Ps 51; WA 40 II, 358,35 - 359, 18) that good works are a causa sine qua non of salvation. In a letter dated 6 October 1538, Melanchthon upbraided Dietrich: »Quid dicent nostri Critici, seu potius Sycophantae? Te in meam gratiam depravasse *Lutheri* enarrationem« (CR 3, 593 [1735] ≙ MBW 2, 395 [2101.2]). He went on to say that Luther may have used such phrases but not in their technical sense.
48 CR 5, 523 (3070) ≙ MBW 4, 146 (3730), 11 November 1544: »Tale quiddam certe et de *Lutheri* explicationibus dici potest, recentiores esse et simpliciores, et ad vitam accommodatiores. Quare prorsus tibi hortator sum, ut ὑπομνήματα in primum *Librum Moysi* pertexas, praesertim cum restet pars multo iucundior ac dulcior superiore. Scio, multos prudentes ubique magis

In his preface to the third volume of the lectures on Genesis, Melanchthon lavished this praise on Luther.

> »When God again purged the church through the ministry of Luther, to which end he furnished him with excellent gifts, the matter itself shows that his explanations far excel the writings of other interpreters. Indeed it is useful to publish and transmit them to posterity, not only so that the prophetic and apostolic books may be illumined but also so that the testimonies and confessions of such a man (whose heart was ruled by the Holy Spirit) concerning all articles of faith may be known. By these testimonies and confessions the godly may later on be made certain in doctrinal struggles.«[49]

Melanchthon even sought Luther's exegetical advice.[50] But Luther was also influenced in his exegesis by Melanchthon, nowhere more than in the translation of the Bible into German, a project urged upon Luther by Melanchthon himself.[51] Melanchthon also corrected the text itself and, in his annotations on Romans and his Loci communes theologici, provided Luther with many of the sights for his famous preface to Romans.

›delectari lectione talium enarrationum, seu ἐξηγήσεων, quam exosarum disputationum.‹« The humanist phrase, »accomodated to life«, ought not be given humanist content as Pauck: Luther and Melanchthon ..., 17, does. It was rather Melanchthon's Ciceronian shorthand for referring to the teaching of justification by faith alone.

49 In 1543 Melanchthon had ghostwritten the preface to the first volume of Dietrich's labors that also praised Luther; CR 5, 266 (2823) ≙ MBW 3, 462 (3411.5.2), 25 December 1543 (cf. MBW 3, 461 [3409], 25 December 1543). On 25 January 1552 he wrote the preface to the third volume under his own name: »Cum autem Lutheri ministerio Deus Ecclesiam repurgaverit, ad quod eum excellentibus donis instruxit, res ipsa ostendit, ipsius enarrationes longe antecellere aliorum interpretum scriptis, quas quidem extare et ad posteros transmitti utile est, non solum ut illustrentur libri Prophetici et Apostolici, sed etiam ut de omnibus articulis nota sint viri tanti, cuius pectus Spiritu sancto regebatur, testimonia et confessiones, quibus deinceps pii certaminibus dogmatum confirmentur« (CR 7, 919 f [5035] ≙ MBW 6, 254 [6316.3]).

50 At least that was the recollection of Hieronymus Weller (1499-1572), who wrote to Caspar Peucer (1525-1602) in 1568 recounting a time when Melanchthon was discussing prayer in a lecture. He suddenly broke off his comments and announced that he wanted to confer with Luther. »So it was always the custom of Philipp to communicate his views on the chief topics of Christian doctrine with the man of God, Dr. Luther«; Otto CLEMEN: Briefe sächsischer Staats- und Schulmänner an Melanchthon. Neues Archiv für Sächsische Geschichte 63 (1942), 169 ≙ in: Otto Clemen: Kleine Schriften zur Reformationsgeschichte (1897-1944)/ hrsg. von Ernst Koch. Bd. 6: 1933-1944. L 1985, 555.

51 Cf. WA TR 1, 486, 22 f (961).

IV Justification by Faith Alone

Luther's praise of Melanchthon's commentaries on Romans touches upon the knotty problem of their understanding of justification.[52] Already early in this century Karl Holl (1866-1926) was eager to drive a wedge between the two reformers, practically blaming Melanchthon's understanding of forensic justification for ruining Luther's reformation insight into the sanative power of Christ's righteousness.[53]

Blaming Melanchthon for ruining the Reformation is nothing new. In 1536 Conrad Cordatus (1476-1546) attacked Melanchthon for teaching that good works are a causa sine qua non for salvation.[54] In a copy of his version of Luther's Table Talk, Cordatus included an excerpt from a letter written by Melanchthon to Johannes Brenz (1499-1570) on the question of forensic justification. Unaware that Luther had added a postscript to that letter defending the same position, in a marginal notation Cordatus reproached Melanchthon – actually Luther! – for introducing new doctrine into the church.[55]

Luther and Melanchthon's commitment to a single-minded, forensic understanding of justification was expressed in that 12 May 1531 letter to Brenz copied by Cordatus.[56] Melanchthon criticized Brenz for placing justification in the Holy Spirit's work to effect renewal in the human being, urging him instead to

>»cast your eyes back to the promise and Christ and away from this renewal and from the law completely. ... Thus we are righteous by faith alone, not because (as you write) it is

52 Two of the most successful treatments of this problem are Martin GRESCHAT: Melanchthon neben Luther: Studien zur Gestalt der Rechtfertigungslehre zwischen 1528 und 1537. Witten 1965; Rolf SCHÄFER: Christologie und Sittlichkeit in Melanchthons frühen Loci. TÜ 1961; see also Pauck: Luther and Melanchthon ..., 21 f, and Robert STUPPERICH: Die Rechtfertigungslehre bei Luther und Melanchthon: 1530-1536. In: Luther and Melanchthon .../ ed. by Vilmos Vajta, 73-88.

53 Suspicion of Melanchthon's position arose during the Osiandrian controversy and, as shall be shown, the smaller Cordatus controversy. For the context of Holl's understanding of justification, see Gerhard FORDE: The law-gospel debate. MP 1969, 128-130.

54 See Timothy J. WENGERT: Caspar Cruciger (1504-1548): the case of the disappearing reformer. SCJ 20 (1989), 417-441.

55 WA TR 3, 181, 8 f (3131). But see WA Br 6, 101, n. 13 (1818), [May 1531], which argues the copyist misplaced Cordatus' comment, which was originally aimed only at the mention of the necessity of renewal by the Holy Spirit. The preceding marginal comment of Cordatus, however, would seem to dispute this more generous reading. Cordatus seemed unaware that the postscript was Luther's and that his hero, Luther, had read Melanchthon's »offensive« comments.

56 WA Br 6, 98-101 (1818) ≙ CR 2, 501-503 ≙ MBW 2, 31 (1151); WA TR 3, 197, 29 - 181, 8 (3131).

the root [of human righteousness] but because it apprehends Christ, on account of whom we are accepted whatever kind of renewal is there. Although [this renewal] ought necessarily to follow, it does not give the conscience peace.«[57]

Luther's postscript makes much the same point but with his own characteristic twist:

»And I am accustomed, my Brenz, for the sake of understanding it better, to think of it in these terms: as if there is no quality in my heart that might be called ›faith‹ or ›love‹, but in that place I put Jesus Christ and say, ›This is my righteousness; he is the quality and (as they say) formal righteousness‹, so that I may in this way set myself free and disentangle myself from considering the law and works – even from considering that objective Christ, who is understood as teacher or giver. But I want him to be gift and teaching in himself, so that I may have all things in him.«[58]

Here, side by side in the very same letter, one discovers both the commonalities and differences of the two theologians on this topic. Melanchthon, as was his wont, emphasized the promise – what he would later exclusively describe as the – forensic – declaration of forgiveness granted propter Christum. Luther, as in the »Smalcald articles«, concentrated on Christ himself and faith in him not simply as giver but as gift.[59] This immediacy replaced trust in qualities infused into the soul. As he remarked to Brenz in the same letter:

»Thus Christ says, ›I am the way, the truth, and the life‹; he does not say I give you the way, truth, and life, as if Christ stood outside of me and worked such things in me.«[60]

Whatever the consequences of these differences may have been for later theology, it was clear that both represented acceptable approaches to the issue and united the reformers against those who would turn Christians inward – in a search for qualities worked by the Holy Spirit – or outward – to the law or Christ's extrinsic work.[61] Instead, Christ and the promise of righteousness in him provide the

---

57 WA Br 6, 99, 10 - 100, 17 (1818). He pointed out that Brenz's position corresponded to Augustine's and that »propter adversariorum calumnias« he had not been as clear in the Apology as he would have liked.

58 WA Br 6, 100, 49 - 101, 55 (1818).

59 Marc LIENHARD: Luther: witness to Jesus Christ; stages and themes of the reformer's (Luther: témoin de Jésus-Christ ⟨engl.⟩)/ transl. by Edwin H. Robertson. MP 1982, 269-274. Pauck's use of the term »Christ mysticism« in Luther and Melanchthon ..., 22, to describe Luther's theology is not helpful.

60 WA Br 6, 101, 56 f (1818). Luther concluded: »He ought to be, dwell, live, speak in me, not through me or into me [here reading with WA Br 13, 195] etc. 2 Cor. 6 [, 16], so that we would be the righteousness of God in him, not in love or the gifts that follow.«

61 The first time Melanchthon clearly stated a consistently forensic understanding of justifica-

true object for faith. More importantly this letter, like the series of questions and answers on the topic of justification from 1536,[62] clearly demonstrates that in Wittenberg theology was not constructed by fiat but through conversation. Likewise, the public disputations, reinserted by Melanchthon into the course of theological education in the 1530s, served to further this conversation in a more public way. Brenz genuinely sought and cherished Melanchthon and Luther's opinions in 1531. In 1536 Melanchthon genuinely asked for Luther's views and managed in the questions themselves to reveal his own concerns as well.[63]

V The Lord's Supper: 1543-1545

Finally, perhaps the most intractable issue arises over Luther and Melanchthon's understanding of the Lord's Supper.[64] The »Articuli de quibus egerunt per visitatores in regione Saxoniae«, written by Melanchthon and published in Octo-

tion was in the 1532 commentary on Romans, a commentary often praised by Luther. Luther mentioned that Paul had given four proofs for justification and that in his Romans commentary Melanchthon had clearly mastered one aspect: de dubitatione, that is, humankind's uncertainty and eagerness to doubt its own wretchedness. Luther had argued immediately prior to this comment that the whole Psalter was nothing else than a syllogism on the first commandment (God regards the wretched; I am wretched; therefore God regards me) and that human beings doubt the minor. He then concluded: »Apud Paulum in Romanos sunt quatuor argumenta, quod iustitia sit ex fide; unum ex istis tractat Philippus per totum suum commentarium, scilicet argumentum de dubitatione. Das bleset er allein auff, aber die andern wurden auch so sein, si agitarentur. Die schweinblosen hat er wol auff blosen vnd gar voll arbeys gestopfft«; WA TR 1, 160, 9-14 (369), Fall 1532. In another context Luther praised Melanchthon's understanding of the uses of the law; 3, 405, 7 f (3554), 21 March 1537.

62 In 1536, most likely in connection with the Cordatus controversy, Melanchthon and the other professors of theology gathered at Bugenhagen's house, during which time Melanchthon posed written questions to Luther that he in turn answered in writing. (The connection to the English and French embassies to Wittenberg made in the 1569 version is not accepted in WA Br 12, 189-196 [4259 a]; cf. WA TR 6, 148, 29 - 153, 15 [6727].) Stupperich: Die Rechtfertigungslehre, 84-87, discusses this material without benefit of WA Br 12; see Greschat: Melanchthon neben Luther, 230-242, where he opposes the earlier interpretation of this piece by Otto Ritschl (1860-1944) and Otto Clemen (1871-1946).

63 The state of the original when it was presented in 1569 at the Altenburg Colloquy demonstrates its value for and use by Wittenberg's theologians. It was a »scheda seu charta lacera et emplastris, sed male, sanata«; Otto CLEMEN: Disputatio Philippi Melanchthonis cum Doctore Martino Luthero (1536 oder 1537). Theol. Studien und Kritiken 108 (1937), 168 ≙ Otto Clemen: Kleine Schriften 6, 186. Melanchthon's questions did not so reflect his own positions as the positions he was concerned to have Luther refute.

64 The equally difficult problems of Luther and Melanchthon's relation during the Diet of

ber 1527, contained a clear statement of Christ's presence in the Supper while avoiding the polemic that so marked other responses from Wittenberg at that time.[65] The correspondence from this period with his former university comrade, Johannes Oekolampad (1482-1531), also did not indicate any waffling on Melanchthon's part.[66] Already at this time, however, he described the presence of Christ using 1 K 10, 16 and the Greek term »κοινωνία«, something he favored his entire life.[67]

His participation at the Marburg Colloquy and publication of patristic sources the following year – a sophisticated refutation of the Swiss position –, as well as the German and Latin versions of the »Augsburg Confession«, also made clear Melanchthon's convictions.[68] The »Apology of the Augsburg Confession« con-

Augsburg and of Melanchthon's notorious letter to Christoph von Carlowitz (1507-1574), written after Luther's death (MBW 5, 281 f [5139], [25] 28 April 1548), have been dealt with in Heinz SCHEIBLE: Melanchthon und Luther während des Augsburger Reichstages. In: Scheible: Melanchthon und die Reformation, 198-221; and Heinz SCHEIBLE: Melanchthons Brief an Carlowitz. Ibd, 304-332.

65 CR 26, 19: »Primum sic doceant, iuxta verbum Christi esse cum pane verum corpus Christi, cum calice verum sanguinem, quia Dominus ita vocavit. Et Paulus ait, discernendum esse corpus Domini. Item, Christus ait: Hic est calix, novum Testamentum, Testamentum sanguine conditum, non signo sanguinis. Item: Panis, quem frangimus, est communicatio corporis Christi, non ait: est communicatio spiritus Christi. Huc faciunt veterum scriptorum sententiae.« For this final reference Melanchthon assembled passages from the Fathers that supported Wittenberg positions and had them published in 1530 under the title »Sentenciae veterum aliquot scriptorum, de Coena Domini, bona fide recitatae«. See Peter FRAENKEL: Ten questions concerning Melanchthon, the Fathers and the Eucharist. In: Luther and Melanchthon .../ ed. Vilmos Vajta, 146-164, who argues that Melanchthon's understanding of Christ's presence may already be discerned in these early comments. For Melanchthon's earlier views see Wilhelm NEUSER: Die Abendmahlslehre Melanchthons in ihrer geschichtlichen Entwicklung (1519-1530). NK 1968, and Ralph QUERE: Melanchthon's ›Christum cognoscere‹: Christ's efficacious presence in the theology of Melanchthon. Nieuwkoop 1977.

66 See especially from Oekolampad MBW T 2, 360-362 (429), 15 November 1525; MBW 1, 301 (686), 21 May [1528] – both unanswered –, 331 (766), 31 March 1529; 349 (812), July / August 1529 – given to Melanchthon at Marburg – and from Melanchthon 335 (775), [before 25 April 1529], referred to by Melanchthon in 354 (826), [4./5. October 1529]. Neuser: Die Abendmahlslehre Melanchthons ..., 299, already refuted Walther Köhler's (1870-1941) interpretation of Melanchthon's position in this letter as searching for a basis for unity. Quite the contrary, Melanchthon called Zwingli's position on the sessio ad dextram »indigna Christianis opinio« (MStA 7 II, 72, 61 [130] ≙ MBW 1, 335 [775.4]). The letter's publication upset Oekolampad greatly.

67 See, from 1 November 1559, the »Iudicium de controversia de coena Domini«; MStA 6, 484, 20-25 ≙ MBW 8, 408 (9119.2f).

68 See Fraenkel: Ten questions ... In a letter dated March 1530 and quoted later by Bullinger,

tained some of the strongest language in this regard, but also focused on the term »κοινονία«.

> »For because Paul says that the bread is a participation of the body of the Lord, etc., it would follow that, if the body of the Lord were not truly present, the bread would not be a participation of the body but only the spirit of Christ.«[69]

The »Wittenberg Concord« of 1536 is sometimes pointed to as the moment at which Melanchthon's own eucharistic theology emerged out of the shadow of Luther's and as the beginning point for the inexorable slide toward the Philippist/ Gnesio-Lutheran debates thirty years later. The Concord itself was the work of Melanchthon and Martin Bucer (1491-1551), whom Luther had called a rascal at Marburg for having imported Zwingli's (1484-1531) theology into the Latin translation of Luther's »Kirchenpostille«.[70] However, it must not be forgotten or ignored that Luther, too, signed the agreement, and then only after subjecting Bucer and the clergy from the South to a grueling interrogation regarding two points: that the dispute had not just been a war of words and that the unworthy received Christ's body. There is no indication that later in life Luther backed down from his support of that Concord.

However, the very last controversy over the Lord's Supper in Luther's lifetime, which began in 1543 and continued until his death, provides a helpful window for viewing the relation between the two reformers in Wittenberg. To begin with, although the Marburg Colloquy had not reached its primary goal of establishing peace between the two sides, it had at least given them opportunity to craft a cease-fire: neither side would write against the other and would instead commend their opponents in prayer. Luther's surprisingly positive tract of 1530, »Vermahnung zum Sakrament des Leibes und Blutes unseres Herrn«, and Melanchthon's mild rejection of the alternatives in CA 10 seem to have arisen from this agreement.[71] Although Zwingli's last major writing, »De providentia«, threatened the truce by introducing the peculiar notion of the salvation of pagans apart from Christ, for the most part – with the exception of references to the Sacramentarians in Luther's sermons – things remained quiet, allowing for the

Melanchthon stated he would rather die than accept Zwingli's position; CR 2, 24 f (670) ≙ MBW 1, 376 (887).

69 BSLK, 248, 6-11 (Art. 10, 1).

70 See Martin BRECHT: Martin Luther: shaping and defining the Reformation, 1521-1532/ trans. by James L. Schaaf. MP 1990, 327 f; Edwards: Luther and the false brethren, 86-93.

71 WA 30 II, 595-626.

»Wittenberg Concord« and its subsequent acceptance by many South German cities, including Augsburg and Ulm.

In a letter to evangelicals in Italy, dated 13 June 1543, Luther noted this development, saying that – although some of the »old leaven« [of Zwingli] was still present among the people – in Basel, Strasbourg and Ulm »nevertheless the teaching of the ministers seemed to be pure and wholesome«. He went on to mention that Bucer and Melanchthon were now in Cologne where Philipp would not suffer anything impure. However, Luther also warned the Italians against the contagion of the Zurich preachers, stressing that in the sacrament not just bread and wine but Christ's body and blood are administered to believers, the unworthy, and the ungodly. Although rejecting transubstantiation as »an unuseful and sophistic dispute«, Luther refused to break with those who held that opinion.

Luther also referred to the dispute with Bucer and others that preceded the »Wittenberg Concord«. They had believed that the mouth receives only bread and wine while the spirit or heart feed on Christ's body and blood.

> »But we eluded this subtrafuge and fraud, forcing them to concede that the mouth of the ungodly would receive the body and blood when it received the bread and wine. For why is the sacrament needed for that spiritual reception, when in that mode it is received in Baptism – indeed in every word administered – without mention of the Body and Blood?«[72]

On 31 August 1543, however, the sexagenerian Luther received from Christopher Froschauer (1490-1564) a present of the latest version of Zurich's Latin Bible. Luther, while thanking Froschauer, stressed that neither he nor the churches of God had any relations with Zurich's pastors – who were headed for Hell – and that he would pray and teach against them with his last breath. Furthermore, he asked that no further books be sent. When this letter became public, both Bucer and Melanchthon urged restraint upon Heinrich Bullinger (1504-1575) – something quite unacceptable to the Zurich preacher, given Luther's withering condemnation.[73] In fact, Zurich retaliated initially by publishing Zwingli's »Opera omnia«.[74]

Melanchthon responded in several ways to this situation. On the one hand, he insisted in a letter to Bucer – dated 4 November 1543 – that he had been kept in

---

72 WA Br 10, 331, 92-97 (3885). Melanchthon's reaction will be dealt with below page 74 f.
73 Philipp MELANCHTHON: Epistolae, iudicia, consilia, tetimonia aliorumque ad eum epistolae quae in Corpore Reformatorum desiderantur/ ed. by Heinrich Ernst Bindseil. Halis Saxonum 1874, 207 f (273) ≙ MBW 4, 153 (3748.1-4), Bullinger to Melanchthon, 3 December 1544.
74 Cf. WA Br 10, 650 (4028).

the dark about the letter to Froschauer but that he suspected Markus Crodel (1487-1549), an acquaintance of Konrad Pellikan (1478-1556), was somehow behind the affair.[75] He also criticized Luther who, like Homer's Achilles, was not above accusing the guiltless. Given Luther's many similar impulses, Melanchthon had learned to »make more progress« with dissembling than with harsh reaction. He described his response this way.

> »Therefore let us use our philosophy – practiced now by the two of us for a long time – and let us conceal these our wounds. Let us also exhort others, so that they may hide [theirs]. I have been and will be concerned that between us there may not only be an armistice but also true, mutual benevolence, and I think my mind to be fully known to many.«[76]

At first glance this might be taken as yet another example of Melanchthon's – flawed – moderate character. However, that would misconstrue Melanchthon's message. He called his approach a philosophia, a word often used by sixteenth-century humanists to denote moral principles or framework. Moderatio was not a character flaw, it was a politically shrewd pattern of response. Nor did this comment reflect a capitulation to Zurich's position. Rather, Melanchthon expressed confidence that the parties could move from armistice – established at Marburg – to mutual good will.[77]

One week earlier, in a letter to Dietrich dated 25 October, Melanchthon also criticized Luther's letter to the Italians:

> »I knew Luther was going to write more horridly than he intended. For what was the need to condone even transubstantiation? Is it not the font of uncommon idol-mania? However, a presence of the sacrament can be retained in the instituted use, corresponding to reason, although absolutely taking away those delusions concerning the disposal of the

---

75 CR 5, 218-221 (2790) ≙ MBW 3, 443 (3364.1). The reference is to HOMER: Iliad 2, 654. Except for the word »Tigurum«, the comments would also have applied to Luther's letter to the Italians.

76 CR 5, 218 f (2790) ≙ MBW 3, 443 (3364.1).

77 The First Helvetic Confession and the subscription by the south-German cities to the »Wittenberg Concord« gave him some hope in this regard. See especially article 21: »Haec rerum arcanarum symbola non nudis signis, sed signis simul et rebus constant. ... In eucharistia panis et vinum signa sunt, res autem communicatio corporis Domini, parta salus, et peccatorum remissio.« Even article 23 also reflected some slight change in Zurich's language. »Sed quod panis et vinum ex institutione Domini symbola sint, quibus ab ipso Domino per ecclesiae ministerium vera corporis et sanguinis ejus communcatio, non in periturum ventris cibum sed in aeternae vitae alimoniam exhibeatur.« Of course, these words could also be read in a much less charitable light; see Melanchthon: Epistolae, ..., 196-198 (261) ≙ MBW 4, 90 f (3596.3f), Bullinger to Melanchthon 22 June 1544.

bread, concerning the perpetual inclusion of the body in the accidents – as if wood were being thrown in the fire. I shudder whenever I reflect on these things, and I mention them unwillingly. I am amazed that throughout the ages so many learned men have not considered the dinstinction between the one who performs a free act and the thing animated. Christ as the one who performs a free act is present in the instituted action. After the action he does not want to be included in the bread; he does not want to be tied there.«[78]

This points to a very important divisions in Luther's and Melanchthon's thought. While Luther had always been very tolerant of transubstantiation – already in the »De captivitate Babylonica ecclesiae praeludium«, Melanchthon was not. It was the »fons idolomaniarum non vulgarium«. It led to all kinds of problems that shifted one's focus from the »agens liberum«, Christ, to delusions.[79]

However, Melanchthon was not done. After sharing his conviction that the letter's broad distribution throughout Switzerland would lead to new dissensions and after affirming their mutual support for concord, he then offered Dietrich an explanation for such disputes.

> »This age is infected with the dire poison of the conjunction of Saturn and Mars, and a conjunction follows in Scorpio, which ignites these very evil things.« He continued: »Let us therefore understand the dangers, and let us moderate the impulses [of the stars] with the diligence worthy of the godly and erudite.«[80]

At this juncture modern trips to the Moon or pictures from Mars ought not confuse the issue. Melanchthon believed that in creation the stars influenced human affairs. (Much like Luther thought demons in peoples' breath caused disease.) Although Luther disagreed – and that long-standing disagreement and how the two prosecuted it also provides insight into their interaction[81] –, Melanchthon's position was – from his point of view – not superstitious. He was convinced that[82] the created order itself was conspiring against the peaceful resolution of this controversy. Much as Luther blamed the devil – see below –, Melanchthon blamed the stars. This lays bare a central difference in cosmology between them.

---

78 CR 5, 208 (2785) ≙ MBW 3, 440 (3356.2,1).
79 Such arguments were perhaps particularly welcome to Dietrich who, as Melanchthon reported elsewhere, had to put up with the outrageous comment of the Nuremberg preacher, Andreas Osiander (1498-1552), that the bread was God.
80 CR 5, 208 f (2785) ≙ MBW 3, 440 (3356.2,2).
81 See the *Excursus* below page 76.
82 Not unlike how modern myths – e.g., about bad air causing sickness or positive thinking curing cancer – lead to mistaken arguments about the cause of evil.

In the face of our enlightened, Newtonian view of the universe, Melanchthon's love for astrology is almost always reproached for its superstition.[83] This was not, however, the grounds for Luther's criticism of his younger colleague's position. In part, Luther argued – scientifically! – that astrologers' predictions were too vague or inaccurate.[84] Moreover, two children born at the same time or under the same stars could lead widely different lives. Who would have predicted the course of his life?[85] Thus, it was more an art than a science.[86] Theologically, he worried that such interest undermined a person's trust in God's providence, putting it instead in one's ability to predict the stars' motions.[87] Melanchthon, on the contrary, viewed the stars and their powers as simply a part of God's created order and thus as worthy of study as language or medicine. (In fact, he often connected the proper study of medicine to the stars themselves.) As his comment to Dietrich revealed, knowing the stars affected human behavior drove Melanchthon away from fatalism and toward trust in God.

Turning again to Melanchthon's letter to Dietrich, it must be noted that Melanchthon did more than simply connect the stars to the debate over the Lord's Supper. Moderation was a Christian's response to this disorder fostered by the stars, the conscious decision of the »godly and erudite« to behave in a particular way. Thus, *moderatio* was a reasoned ethical response to a cosmological crisis, not merely a character flaw in a »quiet reformer«. Moreover, Melanchthon did not believe that such moderation was in his power to perform! Thus, he con-

---

83 See, for example, Pauck: Luther and Melanchthon ..., 28. For a penetrating analysis of this issue, see Sachiko KUSUKAWA: The transformation of natural philosophy: the case of Philip Melanchthon. Cambridge 1996, 134-144; Charlotte METHUEN: The role of the heavens in the thought of Philip Melanchthon. Journal of the history of ideas 57 (NY 1996), 385-403; Günter FRANK: Die theologische Philosophie Philipp Melanchthons (1497-1560). Erfurt 1995, 301-316. See also Ingetraut LUDOLPHY: Luther und die Astrologie. In: »Astrologi hallucinati«: stars and the end of the world in Luther's time/ ed. by Paola Zambelli. B 1986, 101-107; Robin BARNES: Prophecy and gnosis: apocalypticism in the wake of the Lutheran Reformation. Stanford 1988, 141-181.

84 See esp. WA TR 5, 334, 28 - 335, 2 (5734), perhaps from 1538. Luther argued on the grounds of Aristotelian physics that the teaching about astrology was uncertain because, first, the materia was unformed and, second, the general predictions could not be applied to specific cases.

85 WA TR 5, 558, 1-22 (6250). For Luther it was like predicting the roll of the dice and focusing only on the few times the predicted number actually came up; 5, 558, 24-31 (6251).

86 In WA TR 5, 558, 6-11 (6250), Luther stated, »Das es scientia sey, wirdt Philippus noch niemandt mich bereden. ... Illa tota res est contra philosophiam.« This last comment indicates that Luther's criticisms were in part philosophical and scientific in nature.

87 One could argue today that knowing the causes of illness could have the same effect: less trust in God and a misplaced trust in doctors.

cluded his discussion with a prayer to God for the Holy Spirit, who – quoting Mt 10, 20 – would give him the right things to say. »By the Holy Spirit our souls are turned toward salvation. And you know that my counsel [regarding moderation] has often been proven.«[88] Melanchthon's moderation – this measured response to the perceived breakdown in the created order – was itself the work of the Holy Spirit.

Nearly simultaneously, Melanchthon was involved in the ill-fated reformation of Cologne by its archbishop, Hermann von Wied (1477, 1515-1546, 1552). Bucer had been in Cologne from December 1542 to assist the beleaguered bishop. Melanchthon, with Luther's blessing, arrived in May 1543 and remained until the end of July. During that time Hermann's proposal for reform was attacked by the Cathedral Chapter and defended by Bucer, and, when Bucer was attacked, vindicated by Melanchthon, who in turn was attacked by Johannes Cochlaeus (1479-1552).[89]

The so-called »Kölner Reformation«, a work primarily written by Bucer but revised by Melanchthon, was published in September 1543. Melanchthon's contribution included an attack on private masses and processions with the Host, in keeping with his comments on transubstantiation to Dietrich. At the 1544 Diet of Speyer a copy was shown by the archbishop to the elector Johann Friedrich (1503, 1532-1547, 1554), who turned it over to the bishop of Naumburg, Nikolaus von Amsdorf (1483, 1542-1546, 1565), for his opinion.

Von Amsdorf was incensed by what he read. He objected not only to the section on the free will – written for the most part by Melanchthon – but also to the statements on the Lord's Supper.[90] In June 1544, shortly after the Diet had ad-

---

88 CR 5, 208 f (2785) ≙ MBW 3, 440 (3356.2.1).

89 See MStA 6, 381-421, which contains Melanchthon's 1543 contribution, the »Responsio Philippi Melanthonis ad scriptum quorundam delectorum a clero secundario Coloniae Agrippinae«. Luther provided the preface; WA 54, (5) 9-11. Cochlaeus' piece was entitled »Contra Philippi Melanchthonis Responsionem pro Bucero in Colonienses« and was published in 1544.

90 The pertinent passages read (using the Marburg edition of 1544) CXXXVII[r-v]: »... das es ist wie der Hey. Apostell Paulus schreybett, die gemeinschafft des leibs vnnd bluts unnsers Herrenn Jesu Christi, bei welcher gemeinschafft wir sein gedechtnus halten sollen.« CXLI[v] f: »[The preachers should encourage the people] Zum anderen das sie nit zweyflen der Herr selb gebe jnen dar seinen leib vnd bluot, das sie ihm ewiglich bleiben vnd leben sollen, vnnd er in inen. Vnd dieweil diese vbergebung vnnd entpfahung des leibs vnd bluots Christi vnsers Herren ein himlisch werck vnd handel des glaubens ist, sollen die leuth alle fleischliche gedancken in dieser geheimnus anß[auß]schlagen / vnd aber mit hertzlichen begirden vnd aller danckbar-

journed, von Amsdorf asked Luther if he had read it. Luther's response – written 23 June 1544 – reveals an important aspect of the relation between himself and Melanchthon. He admitted he had not read it but that he had asked Melanchthon for his opinion, and the younger man had told him that it was such that »legitimate and knowledgeable practice may be taught in all churches by removing all superstitions«.[91] This did not please von Amsdorf, whose own opinion of the document reached Luther by August and forced him to read the »Kölner Reformation« himself.

Luther was indeed irritated by the document. Its style showed all the signs of that »blabbermouth« Bucer, whom Luther compared to Kaspar von Schwenckfeld (1489-1561).[92] According to a letter from Hieronymus Besold (circa 1500-1560) to Dietrich, Luther also voiced his displeasure first to Melanchthon, who left the 5 August meeting disturbed, and then to Caspar Cruciger (1504-1548), who, it may be inferred, warned Luther about causing dissension.[93] What was Luther concerned about? Besold reported that Luther now believed Bucer and others had signed the »Wittenberg Concord« disingenuously.[94]

keit diese ware himlische speyse vnd selige gemeinschafft vnsers ewigen Heylands vnd Herren entpfahen vnd niessen.« CXLIX[v]: »[You should teach] das vns der Herr dasselbig sein heilig machendes fleisch vnd bluot im H. Abendtmal mit den sichtbaren zeichen, brot vnnd wein, durch den dienst der kirchenn warlich darreicht vnd vbergibt, nicht zur speise des naturlichen und zeitlichen, sonder zur speise des geistlichen vnnd ewigen lebens, wie seine H. wort lauten: ›Nemet vnd esset, das ist mein leib. Drincket darauß alle, das ist mein bluot, etc.‹ Welche wort des Herren wir mit einfeltigem glauben auffnemen vnnd nicht zweiffelen sollen, er, der Herr selbst, sey mitten vnder vns vnd gebe sich vns durch denn dienst der kirchen, den er selbst darzu verordenet hat, wie er vns in diesen seinen worten anzeigt. Das also auch vns das brot das wir brechenn warlich seie die gemeinschafft seines leibs vnd der kelch be dem wir dancken die gemeinschafft seines bluts.« See Ernst BIZER: Studien zur Geschichte des Abendmahlsstreits im 16. Jahrhundert. Reprint. DA 1962, 229-242.

91 WA Br 10, 600, 3-7 (4007). Note that Melanchthon's opinion concentrated on the removal of superstitions.
92 WA Br 10, 617, 8 - 618, 24 (4014), Luther to Gregor Brück [beginning of August 1544]. Cf. also the report of Conrad Besold to Veit Dietrich (8 August 1544); O[tto] ALBRECHT; P[aul] FLEMMING: Das sogenannte Manuscriptum Thomasianum: V. ARG 13 (1916), 164.
93 Ibidem, 165, Besold to Dietrich. Melanchthon was already sick and tired of Luther's earlier controversy with the law faculty at Wittenberg and had written 22 January 1544 to Camerarius that he would have preferred to stay in Speyer than to face Luther's rage against Bucer – for a letter Bucer had written to Philipp von Hessen –; MBW 4, 20 (3435.2).
94 Note that it is not the »Wittenberg Concord« itself but its use by hypocrites that upset him.

A letter by Luther to Gregor Brück (1485-1557), however, suggests a more nuanced argument. There Luther argued that the »Kölner Reformation« was too verbose – hence his reference to Bucer as blabbermouth – and that, while going on at length about the use of the sacrament, it only mumbled about its substance,

> »so that one cannot figure out what position it holds in the matter. In every way this is just like what the enthusiasts do. And, *as the bishop* [von Amsdorf] *demonstrates*, it does not say one word against the enthusiasts. ... Nowhere is it expressly stated whether the true body and blood are orally received.«[95]

Thus the document, by not attacking the enthusiasts became a comfort to them.

During this time Luther decided to write on the Lord's Supper. From his comment to Besold, it would seem that contacts with the Italians may have suggested such a writing. Wilhelm Neuser points out that it was not simply Luther's reaction to the »Kölner Reformation« that stimulated this interest.[96] However, the »Kölner Reformation«, far from being the »straw that broke the camel's back« because of what it said, gave Luther an excuse to write on the topic because of what it did not say about the issue. By 10 August, clearly warming to the topic, Luther attacked the Swiss in a sermon on 1 K 10, 6-13.[97]

Caspar Cruciger, Sr., in a letter to Dietrich on 7 September 1544 named Kaspar von Schwenckfeld's letters to some South German clergy as the cause of Luther's writing. Regarding the »Kölner Reformation«, Cruciger also reported that Melanchthon had not written the material on the eucharist but also did not find anything in it worth criticizing. It was rather von Amsdorf's rigidity that inflamed Luther, since the »Kölner Reformation« did not refer to synecdoche in explaining the words of the Supper.[98]

Luther's strong reaction against the »Kölner Reformation« and Bucer was matched by Melanchthon's equally strong reaction against Luther's response. He feared above all else a renewed public controversy over the Lord's Supper with the Swiss. Furthermore, he became convinced that Luther was going to write directly

95 WA Br 10, 618, 9-16 (4014) – emphasis added.
96 See Wilhelm Neuser: Luther und Melanchthon: Einheit im Gegensatz. M 1961, 27.
97 WA 49, 543, 30 - 546, 20. The clear opponent was the »reasonable« explanations of the Swiss. There is no hint of an attack on Bucer's position. Neuser's assumption, in Luther und Melanchthon ..., 29, that Melanchthon understood it as a direct attack on Bucer or himself is incorrect. Melanchthon saw this as a signal for a renewed attack on the Swiss, in consequence of which he imagined that others, including himself, would also become involved.
98 CR 5, 476 f (3025). Cruciger also thought Luther was writing a new set of articles on the Lord's Supper. This threat was never carried out and may also have been simply a rumor.

against Bucer – thereby destroying the »Wittenberg Concord« – and against Melanchthon himself. When, later in August, Luther went to visit von Amsdorf in person, Melanchthon's – and Caspar Cruciger's – fears were heightened, since they viewed the bishop as the cause of all the trouble.[99]

Melanchthon's reaction, however, must not be exaggerated. For one thing, in a letter to Dietrich on 8 August he stated that von Amsdorf attacked the »Kölner Reformation's« interpretation of the Lord's Supper for not having been explicit enough. What he viewed as an acerbic censure and a call to a new dispute, Luther, Melanchthon went on, characterized as mild.[100]

Melanchthon also made this threat. »Were our Pericles [Luther] to begin to speak abusively about this thing [»Kölner Reformation«], I would depart.« This last threat, reiterated in letter after letter from this time, must also be understood for what it was.[101] It did not represent a desperate man in retreat. Instead, it reflected, first, Melanchthon's genuine disgust with Luther's outbursts. It was also his accurate assessment of the impossibility of both men coexisting in the face of such division. Far from collapsing, Melanchthon realized he would not back down and thus would have to leave. And it was, finally, a politically shrewd response, designed to force the court and their mutual friends to take this matter seriously. (In several of the letters he puts the suggestion almost exclusively in his brother's mouth.)[102] However, and this must also be emphasized, the threat to leave was also based on a misreading of Luther's intentions; an attack on the »Kölner Reformation« or Bucer or, least of all, Melanchthon never materialized, and there is little indication that Luther had ever seriously intended to publicize his discontent with Bucer and the »Kölner Reformation« in the »Kurzes Bekenntnis vom heiligen Sakrament«.

---

99 More study is needed of the role von Amsdorff played in these tensions and in the Cordatus controversy. He also was among Melanchthon's chief attackers in the dispute over the Interim; Robert KOLB: Nikolaus von Amsdorf (1483-1565): popular polemics in the preservation of Luther's legacy. Nieuwkoop 1978.

100 Von Amsdorff's criticism of free will was never taken up by Luther.

101 See MBW 4, 121 (3668), [28 August 1544]; 130 (3691.4), 27 September [1544]; 132 (3695.3), 30 September [1544]; 134 (3700.2), 5 October [1544]; 134 (3701.1), 5 October [1544]. This was not said simply to friends, as Neuser (Luther und Melanchthon ..., 29) assumes, but for the court.

102 MBW 4, 130. 132 (3691.4; 3695.3). This allowed him a certain distance from the actual threat. In fact, the threat was always contingent on Luther going public or on the suggestion of Melanchthon's brother. It was never a matter of Melanchthon actually threatening to leave as a result of something Luther had already said.

Melanchthon also explained the situation to Bucer in a letter dated 28 August. He mentioned that he and Cruciger had been summoned to a meeting with Luther the next day, but there is no record of what took place there or whether that meeting occurred. Bucer responded by writing a letter to Luther professing again his adherence to the »Wittenberg Concord« but sending it unsealed to Melanchthon for his approval. At the end of September, when this letter arrived, Melanchthon did not think it wise to show it to Luther directly (since it would look like he had solicited the letter – which he had!), so he sent it through the chancellor, Brück, to the elector, who had it translated for himself and then sent back through Brück to Luther – along with some »Wildbrett« –, as if it had been misdirected through the elector himself![103]

At the same time Brück received Bucer's letter from Melanchthon's hands, he also learned about Melanchthon's threat that if Luther attacked him in the – not yet published – »Kurzes Bekenntnis ...«, he, Melanchthon, would leave. In his report to the elector, Brück expressed his scepticism. The elector's response of 25 September included a separate note to Brück, misdated in the CR,[104] in which the Elector worried that Luther might indeed attack Melanchthon. He advised Brück to pass on to Luther the Elector's approval for writing the book – it came out at the very end of the month –, to mention that rumors about tension between them were being spread, and to suggest that, unless Melanchthon had gone over to the Swiss (in which case he should be attacked), the two were to meet face-to-face to iron out their differences.

In fact, Brück's attempts at intervention into this affair came a bit late. In a letter to Philipp von Hessen, dated 2 November 1544, Brück emphasized that the Elector had directed him to restrain Luther's attacks against the »Kölner Reformation«, but that when he had arrived the tract was already at the printer's. A quick reading of copies obtained from the printer convinced him and the Elector that Luther only attacked von Schwenckfeld by name. When Brück brought up the matter with Luther through his wife, Katharina, Luther himself responded, »Dear Doctor Brück, I understand you think there is a misunderstanding between Philipp and me. I know nothing about it.«[105]

---

103 WA Br 10, 653 f (4028) contains the letter of Brück to the elector and 654 f (4028), 25 September 1544, the elector's response. WA Br 10, 651-653 (4028), 9 September 1544, gives Bucer's letter. In it Bucer distanced himself from Zurich's pastors and reiterated his allegiance to the »Wittenberg Concord«, affirming the presence of Christ's body and blood in the Supper.
104 CR 5, 746 f (3180); see Neuser: Luther und Melanchthon ..., 30, n. 56.
105 ANALECTA HASSIACA/ ed. by Johann Philipp Kuchenbecker. Collectio X. Marburg 1736, 428-

As soon as Luther's tract, which attacked Zwingli for both his understanding of the Lord's Supper and his belief in the salvation of pagans outside of Christ, appeared, Melanchthon's threats of leaving subsided. Instead, he directed his energies toward trying to prevent the Swiss from responding.[106] Moreover, the private meeting with Luther – suggested by the elector – apparently took place after the tract's publication. To Friedrich Myconius (1490-1546) Melanchthon wrote on 10 October what may be a brief account of the meeting with Luther.

> »I told Luther that I have always defended synecdoche. When bread and wine are consumed Christ is truly present and makes us members to himself. Nor do any rites of the sacrament have any basis outside of use. I reckon to have satisfied him.«[107]

There is nothing to indicate that Luther was not satisfied.[108] Although Melanchthon's statements here and elsewhere did not use Luther's language and in fact represented a different understanding of Christ's presence in the Lord's Supper,[109] Luther's attitude was one of toleration.[110]

---

431. Brück also recounted a report from Franz Burkhardt (1503-1560), who had recently been to dinner with Luther and Melanchthon. (The author is indebted to Prof. Michael Aune of Pacific Lutheran Theological Seminary for obtaining a copy of this letter from the University of California, Berkeley.)

106 As late as 3 December 1544 (MBW 4, 153 [3748.1]) Bullinger reported not having seen Luther's writing. The tract also attacked views of the Lord's Supper held by Oekolampad, Andreas Bodenstein aus Karlstadt (1486-1541), von Schwenckfeld and others.

107 CR 5, 498 f (3049) ≙ MBW 4, 135 (3705.2), 10 October [1544]. Only if it did not, Melanchthon added, would he be forced to leave Wittenberg. See also the Reformatio itself, quoted above note 90.

108 Neuser: Luther und Melanchthon ..., 31-34, agrees.

109 Different also from Bucer's, who in his letter to Luther had described the »true presence of the body and blood of Christ present in the Supper« as opposed to Melanchthon's »when bread and wine are consumed Christ is truly present«.

110 See Heinz SCHEIBLE: Luther and Melanchthon ..., 336-338. Here Neuser's analysis (Luther und Melanchthon ..., 32) needs some slight correction. Melanchthon did not say anything specifically about the presence of Christ's body and blood in the bread and wine, nor did he »avoid« every »dingliche Aussage« concerning the sacrament. In both cases Neuser is making assumptions based upon Melanchthon's silence. Luther could well have read his own position into Melanchthon's comments. Moreover, the position Luther rejected in the letter to the Venetians was not the same as Melanchthon's. As far as Melanchthon's report to Myconius goes, there is no indication that in his comments to Luther Melanchthon defended a mere spiritual presence of Christ, nor did he expressly deny that the unworthy received Christ's body.

Luther expressed this toleration in a second letter to the Italian evangelicals, dated 12 November 1544, in which he also managed, in a backhanded way, to mention his acceptance of Bucer.

> »Therefore, I beseech you in the Lord, do not let the Zurichers, Bullinger, Pelikan, or Bucer himself (who is said in the beginning of the tragedy to have written many things in Latin, which I have not seen, but now a short while ago I persuaded him to come to his senses for me) deceive you. But if perhaps you were to hear that Mr. Philipp or Luther had agreed to their ravings, for God's sake do not believe it.«[111]

Luther depicted Bucer as having come to his senses (a sign that the misdirected letter must have relieved Luther's suspicions regarding the »Wittenberg Concord« to some degree – after all his complaint about the »Kölner Reformation« had to do with its silence), and he dismissed any rumors about himself or Melanchthon's capitulation to the Swiss – an indication of the success of Brück's conversation with Luther and the subsequent private meeting with Melanchthon.

Neuser's useful description of these events ends here. However, that was not the end of the story. For one thing, in January 1545 Melanchthon produced the so-called »Wittenbergische Reformation«, signed by all members of the faculty, including Luther, which contained some very explicit comments about the Lord's Supper. »[The Priest] distributes the body and blood of the Lord to those who eat – to himself and others.« »Here the body and blood of Christ are consumed.« It rejected »the Anabaptists and others, who ... say that only bread and wine are offered and that the sacraments are only signs of our profession before human beings«.[112] Melanchthon predicted to Camerarius that von Amsdorf would judge this document to be too lenient, although Luther had already approved it.[113]

On the other side, the Swiss responded to Luther's tract by producing the Zurich Confession. It included a section defending Zwingli's notion of blessed pagans and their understanding of the Lord's Supper, including a summary of the First Helvetic Confession, which had been sent to Luther in 1536 for his approval.[114] When Philipp von Hessen declared that he could not see any substantive difference between the positions of Luther and Zurich, Brück reported to the Elector a

---

111 WA 10, 681, 48-53 (4041).
112 CR 5, 617. 618. 621 (3115), citing Melanchthon's Latin translation. The version of Christoph Pezel (1539-1604), one of Wittenberg's so-called crypto-Calvinists, read that the priest »distributed the eucharist or sacrament of the body and blood«.
113 CR 5, 656 (3119) ≙ MBW 4, 177 (3796.1), 18 January [1545].
114 See DIE BEKENNTNISSCHRIFTEN DER REFORMIERTEN KIRCHE/ ed. by Ernst Friedrich Karl Müller. L 1903, 153-159.

discussion with Melanchthon in which the latter stated Philipp von Hesse should be reminded that he was conceding more to the Zurichers than a signer of the »Augsburg Confession« ought and that Zurich had never signed the »Wittenberg Concord«. Moreover, given the stupid things said about the heathen in the document, Melanchthon advised that it should not be sold in any part of Saxony – otherwise Luther would become enraged (»ein wunderlicher Mann«). (By implication, Philipp von Hessen was being encouraged to do the same in his own lands in order to prevent a renewed open conflict with Zurich.) When told by Brück that Philipp von Hessen was glad that the word »spitzbübisch« was dropped from the Latin translation of the »Wittenbergische Reformation« and replaced by »calumniose«, Melanchthon laughed aloud, stating that the Latin was only a little milder and that the German needed no emendation.[115]

In a confidential note attached to the letter, Brück noted how upset Melanchthon became over the possibility that Luther might actually draft articles on the Lord's Supper that would overturn the »Wittenberg Concord« and bring the South German cities into the fray. Melanchthon wanted unity and the appearance of unity. »Philipp was at a loss for words, and his eyes filled with tears«, behavior witnessed by his colleagues, Caspar Cruciger and Georg Major (1502-1574).[116] Once again Philipp's dramatic behavior demonstrated the seriousness with which he took the »Wittenberg Concord« and also the fear he harbored that Luther's outbursts might lead to its collapse. The effect, of course, was also that both Brück and the Elector became aware how serious the matter was and how stubborn Melanchthon was regarding the signing of the »Wittenberg Concord«.[117]

VI Conclusions

What can be deduced from these vignettes about the relation between Melanchthon and Luther? For one thing, Luther was the preacher; Melanchthon the preceptor. The differences in the way in which they argued against Erasmus, for example, derived to a considerable extent from the methods they employed and their goals. Luther intended to preach Erasmus into agreement with the gospel, using in a polemical tract the rhetorical tools of irony and sarcasm even in the midst of very

115 CR 5, 731-734 (3175), Philipp von Hessen to Johann Friedrich, 16 April 1545; 739-744 (3178), Gregor Brück to Johann Friedrich, 24 April 1545.
116 CR 5, 743 (3178); cf. Melanchthon's written response in MBW 4, 217 (3890), [24 April] 1545.
117 Again, Luther's occasional attacks in print that followed focused only on the Swiss.

subtle exegetical arguments. Melanchthon employed the much »cooler« medium of commentary to refute the Dutch humanist's defense of philosophia and ratio and used syllogisms and loci communes to prosecute his argument.

Second, each viewed the other's contributions to the Reformation differently. Already while Luther was alive and certainly after his death, Melanchthon depicted Luther's contribution to the church in terms that echoed his assessment of patristic sources. Luther was the witness whose testimonia provided future generations with insights into the promises of God.[118] At the same time, Luther – for example, during Melanchthon's illness in Weimar – called the younger colleague his organon, the instrument for gathering knowledge. It is these more astute insights into the other's role in the evangelical cause that sounded even in the comparisons constructed for public consumption. The contrast of the »lumberjack« to the »happy farmer« simply heightened these differences. Only when distorted into psychological stereotypes does this contrast no longer elucidate the two men's outlook and behavior.

At this point the comparison must be interrupted to reiterate a fundamental convergence in their approaches to doctrinal agreement. In the midst of the shrill battles that marked the Reformation, they both engaged in what might be called theology through conversation.[119] Although both were convinced that the gospel rested upon clear assertions of God's unshakeable promise in Christ, they both tried in their own way to avoid theology by fiat. Because of later disagreements in Lutheranism over some of these same doctrines, this delicate web of conversations is often overlooked in the rush to discover differences. However, disagreements with Agricola and Cordatus over the law and works, discussions with Brenz on justification, and even the last Lord's Supper controversy during Luther's lifetime demonstrate a commitment by both reformers to convergence and agreement and warn modern theologians from using either man as a court of last resort in theological debate. To be sure, each drew the line between conversation and confession at a different place. Nevertheless, both understood the importance of such dialogue in the service of the church and its proclamation.

Third, these two thinkers diverged most fundamentally over their world views – a divergence they themselves recognized but did not view as damaging to their

---

118 Peter FRAENKEL: Testimonia patrum: the function of the patristic argument in the theology of Philip Melanchthon. Geneva 1967.

119 This differed from Erasmus who made the presumed uncertainty of the diatribe the center of his theological program.

unity in the gospel. Nevertheless, at the heart of the tension between Luther and Melanchthon lay a fundamentally different fix on what might be called cosmology. Melanchthon's conviction that the created order, especially the stars and planets, contributed to human evil led him to choose – or at least to pray for – a course of moderation as his way of resisting those very natural tendencies in a fallen world. Luther's conviction that the devil had a hand in theological contentions led to precisely the opposite response. Whatever his personality may have contributed, Luther's anger was a controlled, theological response to the devil's attacks on the gospel.[120] The only thing the devil understood, the only thing that could hem in his evil mischief, was the Word. However, just as Melanchthon could not imagine moderation apart from the Holy Spirit, Luther could not confront the devil without God and God's Word.

Melanchthon's ἐπιείκεια, as Luther called it,[121] was no character flaw, it was a specific theological orientation, one that Luther himself tolerated – itself a form of ἐπιείκεια! – and even praised. To be sure, these different modi operandi – exorcism versus ἐπιείκεια – on occasion stretched the limits of their cooperation, especially regarding the Lord's Supper controversy and Wittenberg's relation to the Swiss. However, far from being simply a personality difference, this divergent approach to theological differences defined several important aspects of their theologies.

For Melanchthon the proper first response to the disordering effect of nature was the order of the law (primus usus). For Luther, the devil's work, which could somewhat be restrained by the law, finally required the Word that killed the old (secundus usus) and raised up the new in faith (gospel). At the same time, this difference in cosmologies also resulted in different views of the Reformation itself. Luther assumed that the rediscovery of the gospel increased the attacks of

120 Oberman: Luther, 175-206. Even Luther expressed the difference between Melanchthon and himself in these terms. WA TR 5, 231, 11-19 (5551), 1542/43: »Aber Philippus is noch nicht recht zornich wider den babst; est moderatus, ideo omnia agit moderate, wiewol es mag noch zu etwas dienen, wie er denn selbs hofft. Aber mein impetus stöst dem faß den boden aus; wenn ich kom, so schlag ich dem faß den boden aus vnd schlag mit keulen drein. Philippus, ei, der war in principio sehr moderatus. Er hat in 20 jaren viel zugenumen. Aber Diabolus non vult vinci nisi per contemptum. Infirmis satis est scriptum et dictum; induratis hilffts nicht. Noch ist er imer moderatus. Ich springe mit fussen drein, sed contra Diabolum.«

121 WA TR 4, 576, 12-14 (4909), 16 May 1540. Luther's point was to note how Melanchthon had concluded that with the papists such an approach had not worked and had attacked them more pointedly in »De ecclesia et de autoritate Dei« and »De officio principum, quod mandatum Dei praecipiat eis tollere abusus Ecclesiasticos«; MStA 1, (323) 324-386. (387) 388-410.

Satan against it. Thus, for him the Reformation unfolded as a series of attacks and counterattacks on, or true testimonies to, the gospel. For Melanchthon the history of the church was unfolding in the progression of teachers and learners – a process interrupted not only by the devil but also by the natural forces causing dissension and yet fostered by the practice of moderation.[122]

This difference also affected their view of justification by faith alone. Even when the two agreed on the forensic nature of justification, their approach betrayed disparate intentions. For Luther God's decree destroyed evil and comforted the weak. For Melanchthon God educated, made certain and comforted the simple.

Moreover, these programatic responses ought not obscure the opposite behavior both men sometimes practiced. Luther could sometimes be tolerant – for example, about transubstantiation – where Melanchthon was not – for example, about overriding the »Wittenberg Concord«. Luther could propose or approve compromises – in the 1527 controversy with Agricola and the 1536 dispute with Cordatus; Melanchthon could get angry and threaten to leave – from the colloquy at Regensburg in 1541 and from the University of Wittenberg in 1544.

The danger inherent in both men's theologies involved being transformed from a theologian of the cross, who proclaimed the power of the gospel to tell the truth and make alive sub contrario specie, into a theologian of glory who exalted language or reason over justification by faith alone. This may point finally to the heritage of the Reformation most easily lost: being a theologian of the cross. The cross's foolishness and weakness finally test the limits of all theologians: even and especially Luther and Melanchthon. Luther's rage against the false brethren could, in Melanchthon's view, result in such a glorification of the Reformer's own views that the true unity of the gospel would be shaken. Melanchthon's equivocation could finally reintroduce the criterion of a theological argument's »reasonableness« into the gospel itself, blurring the distinction between law and gospel and between the two realms of God's governance. It could also become, as Luther suspected, a form of unbelief in which the theologian ended up »trying to steer the world«.[123]

---

122 Melanchthon's concern for the stars by no means eliminated the devil's role in disrupting the church. In fact, from the time of Abel the faithful had been under attack by the devil and his allies (Cain, the prophets of Baal, the Pharisees of Jesus' day, and Platonists like Origen and his successors); Fraenkel: Testimonia patrum, 61-109, and Frank: Die theologische Philosophie ..., 307. His concern also did not mean he lacked Luther's apocalyptic expectation; Barnes: Prophecy and gnosis ..., 87-91.
123 Pauck: Luther and Melanchthon ..., 30, citing WA Br 5, 417.

However, when either theologian criticized the other along these lines, their statements must not themselves be glorified by later historians. When, for example, Luther warned Brück in 1536 that Melanchthon's »reason occasionally caused him trouble; he would have to be on his guard lest he end up at the same point where Erasmus came out«,[124] this comment should be construed neither as a rejection of humanism, nor as an equation of Melanchthon's and Erasmus' theologies, nor as a blanket rejection of Melanchthon's work. Instead, Luther was expressing precisely the problem that plagues all evangelical theologians – himself included: the way one's learning can distort the very gospel one learns. Just as Luther did not subject to critical analysis his own apocalyptic association of the devil with disagreements in the gospel, so Melanchthon never fully appreciated the hermeneutical circle created by his use of humanist methods and Aristotelian philosophy in interpreting the gospel.[125]

In the end, what sustained the relationship between these two men was their common commitment to the gospel and to conversation over its clear proclamation. Just as the perception of irreconcilable differences would have destroyed their mutual respect and cooperation, so, too, their shared conviction that each bore witness in his own way to that gospel provided the common bond that allowed their fruitful teamwork and conversation for twenty-eight years. Their effort at maintaining that concord provided a model for theologians in the sixteenth century and perhaps provides one for the present as well.

124 WA Br 7, 412 (3022); see Pauck: Luther and Melanchthon ..., 14.
125 Concerning the effect this had on Luther's attitude toward the Jews, see Oberman: Luther, 292-97; concerning Melanchthon and humanism, see Pauck: Luther and Melanchthon ..., 15, and, most recently, Heinz SCHEIBLE: Aristoteles und die Wittenberger Universitätsreform. In: Humanismus und Wittenberger Reformation: Festgabe anläßlich des 500. Geburtstages des Praeceptor Germaniae Philipp Melanchthon am 16. Februar 1997/ ed. by Michael Beyer and Günther Wartenberg. L 1996, 123-144.

Melanchthons Beziehungen zu Südwestdeutschland*

Von Eike Wolgast

Philipp Melanchthon verließ 1518 Tübingen, um einem Ruf auf die Griechisch-professur an der Universität Wittenberg zu folgen. Dennoch waren damit die Beziehungen zu seinem bisherigen Lebensraum nicht abgeschnitten – im Gegenteil: die Bindungen an Südwestdeutschland bestanden Melanchthons ganzes Leben hindurch weiter.

Südwestdeutschland ist im 16. Jahrhundert weder geographisch noch politisch, weder sozial noch geistig präzise zu definieren oder inhaltlich auszuweisen. Politisch umfaßte diese Region größere und kleinere weltliche Territorien, regiert von Fürsten und Reichsrittern, ferner Hochstifte unter Bischöfen und Domkapiteln; dazu kamen zahlreiche Reichsstädte. Der Sozialstruktur nach bestand die Bevölkerung aus reichsunmittelbarem und landsässigem Adel, reichsstädtischen und landstädtischen Bürgern sowie Bauern. Geographisch soll im Folgenden unter Südwestdeutschland etwa das Gebiet des heutigen Baden-Württemberg verstanden werden, dazu das Elsaß und die deutschsprachigen Schweizer Kantone. Melanchthons Beziehungen erstreckten sich auf Fürsten, Stadtmagistrate und Einzelpersönlichkeiten – vorwiegend Geistliche, Ratsangehörige und Gelehrte. In diesen Beziehungen spiegeln sich die Ausstrahlung Melanchthons, sein geistig-theologischer wie sein kirchenorganisatorischer Einfluß wider. Politischen Einfluß im eigentlichen Sinne hat Melanchthon dagegen in unserer Region nicht ausgeübt.

Die Beziehungen Melanchthons zu Südwestdeutschland sollen in vier chronologisch-systematischen Schritten erörtert werden: I. Die Herkunft; II. Die Beziehungen bis 1546; III. Die Zäsur von Schmalkaldischem Krieg und Interim; IV. Das letzte Lebensjahrzehnt.

---

* Die Vortragsfassung wurde beibehalten, die Nachweise beschränken sich auf die Zitate. Eine erweiterte Fassung des Vortrags mit detaillierten Anmerkungen ist erschienen in PHILIPP MELANCHTHON ALS POLITIKER ZWISCHEN REICH, REICHSSTÄNDEN UND KONFESSIONS-PARTEIEN: Tagungsband der Wissenschaftlichen Tagung aus Anlaß des 500. Geburtstages Philipp Melanchthons 16. bis 18. 04. 1997/ hrsg. im Auftrag der Stiftung »Leucorea« von Günther Wartenberg und Matthias Zentner unter Mitwirkung von Markus Hein. [Wittenberg] 1998, 77-103.

I Die Herkunft

Philipp Melanchthon stammte aus der Amtsstadt Bretten, die als kurpfälzische Exklave von Territorien verschiedener Herren umschlossen war; seinen Vornamen erhielt er nach dem regierenden Kurfürsten Philipp dem Aufrichtigen (1448, 1476-1508). Mit Bretten, Pforzheim, Heidelberg und Tübingen sind die geographischen Koordinaten bezeichnet, die seine Biographie bis 1518 bestimmten. Im Gegensatz zu Erasmus von Rotterdam (1466/69-1536), der sich jahrzehntelang ruhelos zwischen den Niederlanden, England, Italien und Oberdeutschland bewegte, bevorzugte Melanchthon zeitlebens die stabilitas loci und verharrte gern in einem kleinräumigen Bereich – zuerst Südwestdeutschland, dann über 40 Jahre in Wittenberg.

Anders als Erasmus, von dem kaum Äußerungen über sein Geburtsland überliefert sind – für ihn wie für viele Humanisten galt die Devise »Ubi litterae, ibi patria« –, hat Melanchthon seine »patria« häufig erwähnt und dabei den Begriff des Vaterlandes geographisch durchaus nicht eng ausgelegt. So sprach 1520 in seiner Sicht für eine positive Antwort auf die Einladung Johannes Reuchlins (1455-1522) in das bayerische Ingolstadt das »patriae desiderium«[1]; 1552 ließ er Georg von Anhalt (1507-1553) wissen, während seines Aufenthalts in Nürnberg hätten ihm viele zugeredet, nicht nach Wittenberg zurückzukehren, sondern in seiner »patria« zu bleiben.[2] Vaterland im weiteren Sinne bedeutete für Melanchthon offensichtlich der süddeutsche Raum insgesamt; im engeren, das heißt politisch eigentlichen Sinne, galt Melanchthon als Vaterland »meum natale solum«, die Kurpfalz.[3]

Über seine frühen Jahre im pfälzisch-württembergisch-badischen Raum hat Melanchthon sich später vor allem anekdotenhaft, dagegen kaum je im Zusammenhang geäußert. Eine humanistische peregrinatio zu berühmten Gelehrten oder Studienorten hat er nicht unternommen – von der Schule im badischen Pforzheim ging er an die kurpfälzische Landesuniversität Heidelberg, wo er im Wintersemester 1509/10 immatrikuliert wurde. Nach seiner Promotion zum Baccalaureus artium in der via antiqua verließ er 1512 Heidelberg – die Universität konnte ihm offenbar geistig nichts mehr bieten; vor allem war sein Lehrer Pallas Spangel (um 1455-1512), Theologe und Freund Jakob Wimpfelings (1450-1528), im Sommer

---

1 MBW.T 1, 178, 29 (77.2) ≙ CR 1, 150 (66).
2 MBW 6, 282 (6386.1) ≙ CR 7, 964 (5075).
3 MBW 4, 351 (4209.2) ≙ CR 6, 95 (3429).

dieses Jahres gestorben. Zum Wintersemester 1512/13 ließ Melanchthon sich daher an der Universität Tübingen immatrikulieren, wo er als Studierender und als Lehrender bis zu seiner Berufung nach Wittenberg blieb. Von Wittenberg aus unterhielt Melanchthon kontinuierliche Beziehungen zu seiner Heimat über seinen Bruder Georg Schwartzerdt (1500-1563), Kaufmann und seit etwa 1545 Bürgermeister von Bretten, dem er – jedenfalls in späterer Zeit – regelmäßig zweimal im Jahr schrieb, um die zur Frankfurter Messe reisenden Kaufleute als Boten zu nutzen. Gesehen hat Melanchthon seinen Bruder, der ihn mit Nachrichten aus Südwestdeutschland versorgte, offenbar in mehr als vier Jahrzehnten nur noch wenige Male.

Mit diesen Beobachtungen ist das Feld der persönlichen Beziehungen Melanchthons zu seiner Heimat bereits im Wesentlichen abgesteckt. Systematisch hat er die Verbindungen nach Südwestdeutschland nicht gepflegt – er war im Kreis der Wittenberger Reformatoren nicht in gleicher Weise für diesen Raum gewissermaßen zuständig und als Gewährsmann kompetent wie Johannes Bugenhagen (1485-1558) für den Norden.

II Die Beziehungen bis 1546

Melanchthons Korrespondenz mit südwestdeutschen Theologen und Gelehrten war bis 1546 zumeist sporadisch, ad hoc veranlaßt und punktuell, soweit die Überlieferung solche allgemeinen Aussagen zuläßt. Mit Johannes Oekolampad (1482-1531), den er aus Tübingen kannte, disputierte Melanchthon brieflich zwischen 1524 und 1528 über die Abendmahlsfrage; er bedauerte dabei Johannes Lachmann (1491-1538) aus Heilbronn gegenüber dessen Position: »Scis mihi veterem cum Oecolampadio amicitiam esse. Sed optarim eum non incidisse in hanc coniurationem.«[4] Auch den Ulmer Reformator Martin Frecht (1494-1556), seinen einstigen Studiengenossen aus Heidelberg, redete Melanchthon 1535 als »amicus vetus et carissimus« an[5] – er nutzte ihn in den vierziger Jahren als Vermittler zwischen Zürich und Wittenberg im wiederaufgeflammten Abendmahlsstreit. Gelegentliche Briefe sind an Thomas Blarer (1499-1570) in Konstanz, Johannes Schradin (um 1505-1560/61) und Matthäus Alber (1495-1570) in Reutlingen sowie an Johann Isenmann (1495-1574) in Schwäbisch Hall überliefert. Zwinglis Nachfolger Heinrich Bullinger (1504-1575) ergriff 1535 von sich aus die Initiative,

4 MBW 1, 341 (790) ≙ CR 2, 83 (711).
5 MBW 2, 214 (1648.1) ≙ CR 2, 955 (1344).

mit Melanchthon Verbindung aufzunehmen, obwohl er wußte, wie schlecht der Ruf der »Sakramentierer« in Wittenberg war. Zu einer engeren Beziehung zwischen Bullinger und Melanchthon kam es allerdings erst 1544, als mehrere Briefe über den Abendmahlsstreit ausgetauscht wurden. Als Melanchthon für sein eigenes Schicksal in Wittenberg angesichts der theologischen Spannungen mit Luther fürchtete, bot ihm Bullinger Ende 1544 ein Asyl in Zürich an. Danach sistierte er freilich den Gedankenaustausch, um Melanchthon nicht durch Schreiben aus der Stadt Zwinglis der Gefahr einer Kompromittierung auszusetzen. Zu einer dauerhaften Erneuerung der Beziehungen kam es daher erst 1555 – wiederum kam der Anstoß von Bullinger.

Kontinuierlich, wenn auch quantitativ nur von spärlichem Umfang, gestaltete sich der Austausch mit Johannes Brenz (1499-1570), dem Reformator von Schwäbisch Hall. Auch ihn kannte Melanchthon aus seiner Heidelberger Zeit. Mit Brenz hatte er 1530 in Augsburg zusammengearbeitet – seither wurden theologische, politische und Personalnachrichten vermittelt; Melanchthon gewann Brenz auch zeitweise für eine Theologieprofessur an der Tübinger Universität. Martin Bucer (1491-1551) schließlich, sechs Jahre älter als Melanchthon, kannte jenen wie Brenz aus der Heidelberger Studienzeit, aber erst 1533 ergab sich eine nähere Beziehung. Das wichtigste Ergebnis ihrer Zusammenarbeit war die »Wittenberger Konkordie« von 1536, aber auch in der Folgezeit haben beide Reformatoren mehrfach zusammengewirkt, so vor allem beim Versuch, im Erzstift Köln die Reformation einzuführen.

Von den Territorialfürsten Südwestdeutschlands hatte Melanchthon Verbindungen zu Pfalz und Württemberg, nicht dagegen zu Baden. Der Kurfürst von der Pfalz hat ebenso wie der württembergische Herzog Melanchthon in der Zeit bis 1546 mehrfach, aber nicht kontinuierlich in Anspruch genommen, und zwar bewußt nicht nur als berühmten Gelehrten, sondern ausdrücklich auch als Landeskind bzw. aus der Region stammend. 1525 wandte sich Ludwig V. von der Pfalz (1478, 1508-1544) an ihn als »einen gebornen und erzognen der Pfaltzs«, um seinen Rat über das richtige Verhalten gegenüber den aufständischen Bauern einzuholen. Melanchthon sollte entweder nach Heidelberg kommen oder ein auf die Bibel gestütztes Gutachten über die Zwölf Artikel und die gegenseitigen Pflichten von Obrigkeit und Untertanen abgeben. Bezeichnend war seine Bewertung Melanchthons als »fur andern in der heyligen schrifft erfaren und geubt berumpt und on zweyfel dem friden und gerechtigkeit geneigt«.[6] Unmittelbarer Anlaß

6 MBW.T 2, 314, 37-39 (401.2) ≙ CR 1, 743 (334).

für die Aufforderung war neben der Eigenschaft als Landeskind vermutlich, daß Melanchthon in den Richterlisten oberdeutscher Bauernhaufen ausdrücklich unter den Schiedsrichtern genannt worden war.

Ergebnis des kurfürstlichen Ersuchens war ein Gutachten, das als »Eyn schrifft Philippi Melanchthon widder die artikel der Bawrschafft« in Wittenberg, Augsburg, Nürnberg und Straßburg im Druck erschien.[7] Das Gutachten ist allgemein gehalten, ohne auf Kurfürst Ludwig V. oder auf spezifische Verhältnisse in der Pfalz Bezug zu nehmen. Wie Luther in seiner ersten Bauernkriegsschrift wandte sich Melanchthon an beide Streitparteien, auch seine Argumentation entsprach ganz der Luthers. Gegenüber den Bauern machte er nachdrücklich das Gehorsamsgebot geltend, das auch gegenüber einer ungerechten Obrigkeit einzuhalten sei. Die Fürsten ermahnte er zu Entgegenkommen, um den Aufruhr zu verhindern, und zu Barmherzigkeit nach dessen Niederschlagung. Er nutzte die Gelegenheit, für die reformatorische Bewegung einzutreten, indem er die Fürsten an ihre Pflicht erinnerte, die richtige Predigt und Unterweisung zu fördern sowie die kirchlichen Mißbräuche, etwa den Zölibat, zu beseitigen.

Eine Reaktion des altkirchlichen Kurfürsten auf Melanchthons Schrift und auf seinen Appell an die kirchliche Fürsorgepflicht der weltlichen Obrigkeit ist nicht bekannt. Die Mahnungen zur Milde entsprachen allerdings ohnehin seiner Politik.

Die unmittelbaren Beziehungen zu Angehörigen der Pfälzer Dynastie blieben in der Folgezeit selten. 1537 widmete Melanchthon Pfalzgraf Philipp von Neuburg (1503, 1505-1548) das »Chronicon« des Abtes von Ursberg, zwei Jahre später dem Pfalzgrafen Ruprecht von Zweibrücken (1506-1544) die Übersetzung desselben Werkes. Ein spezifischer Pfalzbezug läßt sich nur bei der ersten Widmung erkennen: Hier gab Melanchthon den Bericht Reuchlins wieder, daß der Großvater des Pfalzgrafen, Kurfürst Philipp, sich gern über Geschichte unterhielt und sich von Johann von Dalberg (1455-1503), Rudolf Agricola (1444-1485) und Reuchlin Auszüge und Übersetzungen anfertigen ließ.

1534 gab es in Heidelberg vielleicht Überlegungen, Melanchthon an die Universität zu berufen – bekannt ist dies nur durch einen Brief seines Pforzheimer Schulfreundes, des damaligen Baseler Gräzisten Simon Grynaeus (1493-1541). Bis zu einem formellen Angebot haben sich derartige Absichten offenkundig nicht verdichtet; angesichts der strikt altkirchlichen Gesinnung der Heidelberger Pro-

---

7 VERZEICHNIS DER IM DEUTSCHEN SPRACHBEREICH ERSCHIENENEN DRUCKE DES XVI. JAHRHUNDERTS: VD 16. Bd. 13 (1988), 501 (M 4201-4206).

fessoren war eine Nomination Melanchthons durch sie auch kaum vorstellbar. Wahrscheinlich lag nur eine mißverständliche Redeweise bei Grynaeus vor. 1534 bot nämlich der Baseler Rat Melanchthon eine Professur an seiner reorganisierten Universität an. Der Drucker Johannes Herwagen (1497-1558), der den Ruf übermittelte, schilderte ihm die Vorzüge einer Übersiedlung nach Basel in den hellsten Farben: Freiheit von den lästigen Hofgeschäften; freie Wohnung in demselben Haus, das Erasmus bewohnt hatte; glänzende Besoldung; bekömmliches Klima, das auch seiner Frau gefallen werde.[8] Eine Reaktion Melanchthons ist nicht bekannt.

Mit Heidelberg stellte sich erst wieder eine Verbindung her, als der Nachfolger Kurfürst Ludwigs, sein Bruder Friedrich II. (1482, 1544-1556), 1545 begann, vorsichtig und verhalten die Reformation in seinem Territorium einzuführen. Er verzichtete zwar auf auswärtige Hilfe bei der Neuordnung des Pfälzer Kirchenwesens, wollte Melanchthon aber im März 1546 als Ratgeber für die Reform der Heidelberger Universität gewinnen. Da es um die Beurlaubung eines landesfürstlichen Bediensteten ging, wandte sich der Kurfürst auch unmittelbar an Johann Friedrich von Sachsen (1503, 1532-1547, 1554) mit der Bitte, Melanchthon, »der uns in diesen sachen vor andern mit seiner lere und bericht zu guter reformation unser universitet nutzlichen sein kan«, die Reise zu erlauben und zu gestatten, daß dieser »ein zeitlang daselbst [sc. in Heidelberg]« bleiben dürfe.[9] Melanchthon erhielt also keinen Ruf auf eine Heidelberger Professur, da dessen Realisierung offenbar von vornherein als aussichtslos angesehen wurde, sondern sollte als Berater an der Universitätsreform mitwirken.

Melanchthon war offensichtlich nicht sehr interessiert, der Aufforderung aus der Pfalz zu entsprechen; er wollte die Wittenberger Universität unmittelbar nach Luthers Tod nicht verlassen, außerdem fürchtete er das Gerücht, »me Luthero mortuo sedem novo dogmati quaerere«[10] – schon bei seinem Aufenthalt in Südwestdeutschland 1537 war diese Verdächtigung verbreitet worden. Johann Friedrich von Sachsen gab dem Pfälzer Kurfürsten eine abschlägige Antwort, offenbar ohne zuvor Melanchthons Meinung einzuholen. Als Gründe benannte er die Rücksicht auf seine Universität, für deren Studenten Melanchthon nach Luthers Tod den bevorzugten Anziehungspunkt darstelle, ferner Melanchthons schwache Gesundheit und die Notwendigkeit, ihn zur Verfügung zu haben, wenn

---

8 MBW 2, 158 (1499.1).

9 Karl HARTFELDER: Die Berufung Melanchthons nach Heidelberg 1546. Zeitschrift für die Geschichte des Oberrheins 42 (1888), 117.

10 MBW 4, 351 (4209.2) ≙ CR 6, 95 (3429).

es auf dem Regensburger Reichstag zu Verhandlungen über die Religionsfrage käme. Der sächsische Kurfürst warb um Verständnis, »domit wir nit e. l. domit [sc. der Beurlaubung Melanchthons] freuntlich dienen und unser universitet, auch gemeiner Christenheit missdienen.«[11] Als Ausweg wurde Friedrich II. angeboten, Melanchthon könne notfalls schriftlich Rat erteilen. Die Heidelberger Universitätsreform kam dann nicht zustande, da der Gesamtprozeß der Reformationseinführung wegen des ungünstigen Kriegsverlaufs 1546/47 abgebrochen werden mußte.

Die Beratungsfunktion, für die Kurfürst Friedrich II. Melanchthon 1546 gewinnen wollte, hatte dieser zehn Jahre früher in Württemberg erfolgreich wahrgenommen. Der mit der Neuordnung des württembergischen Kirchenwesens beauftragte Erhard Schnepf (1495-1558) lud Melanchthon im Auftrage des Herzogs Ulrich (1487, 1503-1519, 1534-1550) bereits im August 1534 nach Tübingen ein, offenbar in der Erwartung, ihn auf Dauer für die Hochschule zu gewinnen, nicht lediglich zu einer zeitweiligen Mitwirkung an deren Reform. Melanchthon lehnte jedoch ab wegen der in Tübingen zu befürchtenden Auseinandersetzungen mit den Anhängern der alten Kirche, denen er seine Kräfte nicht gewachsen glaubte. Er war sich aber bewußt: »Me ... ex hoc exilio in patriam revocetis.«[12]

Im unmittelbaren Auftrag Herzog Ulrichs, unterstützt von Landgraf Philipp von Hessen (1504, 1518-1567), wurde der hessische Rat Heinz von Lüders dennoch wenige Wochen später noch einmal bei Melanchthon vorstellig und appellierte insbesondere an seinen Patriotismus, der ihn verpflichte, dem Vaterland seinen Dienst nicht zu verweigern. Er bat, Melanchthon möge wenigstens auf ein Vierteljahr nach Tübingen kommen, um sich an der Diskussion mit den altgläubigen Theologen zu beteiligen als »ein gutherziger Anhörer und freundlicher Unterhåndler«. Außerdem sollte er den Streit zwischen Schnepf und Blarer schlichten und insgesamt »zu solchen herrlichen Gottesdienst, Nutz und Seligkeit des ganzen Oberlandes« beitragen.[13]

Melanchthon war diesmal – nicht zuletzt, um Philipp von Hessen zu Diensten zu sein – anscheinend bereit, die Reise nach Württemberg auf sich zu nehmen. Jedoch intervenierte der sächsische Kurfürst. Melanchthon vermutete, der Kurfürst wolle ihn daran hindern, mit seinen oberdeutschen Freunden zusammen-

11 Hartfelder: AaO, 117 f.
12 MBW 2, 153 (1487) ≙ CR 3, 358 (1569).
13 MBW 2, 159 (1503) ≙ CR 2, 795 f (1225).

zutreffen – ob damit, anders formuliert, gemeint war: ihn nicht in Versuchung zu führen, von der Linie der Wittenberger Abendmahlstheologie abzuweichen, steht dahin.

Die Unstimmigkeiten mit dem Hof über den Plan einer Reise nach Frankreich veranlaßten Melanchthon im August/September des folgenden Jahres sogar, selbst die Initiative zu ergreifen und seinen Freund Joachim Camerarius (1500-1574), der Professor in Tübingen geworden war, zu bitten, ihm dort eine Stelle zu besorgen. Wieweit das ernst gemeint war und nicht vielmehr nur dem Kurfürsten durch einen auswärtigen Ruf das Ansehen Melanchthons außerhalb Kursachsens demonstrieren sollte, läßt sich nicht sagen. Bereits einen Monat später bat Melanchthon jedenfalls Camerarius, vorerst nichts zu unternehmen, sondern die für das nächste Jahr geplante Reise nach Südwestdeutschland abzuwarten, nachdem er mit Johann Friedrich eine in freundlicher Atmosphäre verlaufene Unterredung gehabt hatte.

Auch in der Folgezeit wurde Melanchthon mehrfach mit Angelegenheiten der Universität Tübingen beschäftigt. 1536 hielt er sich in Württemberg auf und erörterte mit dem Herzog organisatorische und finanzielle Probleme der Universität. Auf Einzelheiten ist hier nicht einzugehen.

III Die Zäsur von Schmalkaldischem Krieg und Interim 1546-1550

Der Schmalkaldische Krieg und das Interim zerstörten die gerade erst begonnene Reformation in der Kurpfalz, wodurch sich hier der Zustand der Vorreformation um weitere zehn Jahre verlängerte; in Württemberg und in den südwestdeutschen Reichsstädten führte der Sieg des Kaisers zu tiefgreifenden Einschränkungen und Behinderungen des evangelischen Bekenntnisstandes und Kirchenwesens. Melanchthon zog gegenüber Herzog Albrecht von Preußen (1490, 1525-151568) 1550 das Fazit: »In Suevia et ad Rhenum dissipatio et vastatio Ecclesiarum horrenda est. Argentinae etiam restituta est Missa Papistica.«[14]

Die Kommunikation zwischen Wittenberg und dem Süden des Reiches war während des Krieges gestört, Melanchthon auch zeitweise auf der Flucht; zudem mußte er sich auf die Zukunft der Wittenberger Universität und das Schicksal Kursachsens konzentrieren. Hatte er bisher gelegentlich von seinem »exilium« in Wittenberg bzw. Sachsen gesprochen, so hieß es jetzt: »Hae regiones [sc. Sachsen] ..., quas non minus iudico esse patriam quam illud solum, quod me nascentem

---

14 MBW 6, 29 (5738.4) ≙ CR 7, 552 (4677).

excepit.«[15] Ulrich von Württemberg lud Melanchthon 1547 nach Tübingen ein, dieser sagte aber aus Solidarität mit der Wittenberger Universität und seinen Kollegen ab, ebenso auch wegen der – wie es Camerarius gegenüber etwas unklar hieß – »diversa studia« und der dogmatischen Unterschiede.[16] Der kaiserliche Sekretär Johannes Obernburger († 1552), den Melanchthon im Mai 1547 von Einbeck aus um Vermittlung zugunsten einer Rückkehr der geflüchteten Professoren nach Wittenberg angerufen hatte, ließ ihn wissen, Kurfürst Moritz von Sachsen (1521, 1541-1553) werde die Universität wiedereröffnen und Melanchthon zurückberufen. Er fügte aber – ob werbend oder mahnend, sei dahingestellt – hinzu, falls Melanchthon die Arbeitskraft, die er bisher »extranei« zugewendet habe, künftig seinen Landsleuten (»cives tui«) zuteil werden lassen wolle, werde er ihm dies gern vermitteln.[17]

Auffällig gering war in der existentiellen Krise des südwestdeutschen Protestantismus und der persönlichen Bedrohung seiner führenden Vertreter der unmittelbare Kontakt Melanchthons mit dieser Region – Trostbriefe an gefährdete und verfolgte Geistliche fehlen nahezu gänzlich. Mit Bucer und Brenz brach die Verbindung 1546/47 völlig ab.

Den Straßburgern bot erst das Wittenberger Gutachten zum Interim im Juli 1548 einen Anknüpfungspunkt, um mit Melanchthon wieder in Verbindung zu treten. Ihm wurde versichert, daß Geistliche und Ratsherren mit der Wittenberger Haltung zum Interim übereinstimmten; zugleich übermittelten sie ihm das Straßburger Votum. Die Wittenberger Theologen gaben daraufhin ihrer Genugtuung Ausdruck über die einheitliche Stellung zu der kaiserlichen Religionsverordnung. Nachdem Straßburg dennoch das Interim angenommen hatte, lud Melanchthon Bucer, den er betont und feierlich als »reverendus vir, eruditione et virtute praestans, Evangelii confessor et frater suus carissimus« anredete,[18] nach Wittenberg und in sein Haus ein, bis sich eine andere Gelegenheit bieten würde – Melanchthon nannte Rostock oder Ungarn, wußte aber auch schon von der Möglichkeit einer Emigration nach England. Während der letzten Lebenszeit Bucers in Cambridge waren die Kontakte außerordentlich spärlich; nur noch ein einziger Brief Melanchthons nach England ist bekannt, während Bucer ihm 1550 von den schwierigen Anfängen der dortigen Reformation berichtete. Bucers Tod

15 MBW 4, 447 (4458.2) ≙ CR 6, 287 (3623).
16 MBW 5, 209 (4967.3) ≙ CR 6, 732 (4075).
17 MBW 5, 124 (4771.3) ≙ CR 6, 562 (3902).
18 MBW 5, 434 (5460) ≙ CR 7, 342 (4496).

im Februar 1551 wurde von Melanchthon offenbar eher beiläufig zur Kenntnis genommen, seine Leistungen sind jedenfalls weder in einem Brief noch in einer halböffentlichen oder öffentlichen Stellungnahme oder in einem Nekrolog gewürdigt worden. Stattdessen verschickte Melanchthon Elegien anderer Autoren auf Bucers Tod, die er selbst qualitativ schlecht fand. In der Folgezeit wurde Bucer im – verhältnismäßig dichten – Briefwechsel mit Straßburg nicht ein einziges Mal auch nur erwähnt, von seiner Bedeutung für die Reformation der Reichsstadt ganz zu schweigen. Das war auf der Straßburger Seite verständlich, da sie nach völliger Lutheranisierung des Kirchenwesens strebte. Bei Melanchthon verwundert dagegen diese oblivio memoriae seines langjährigen theologisch-konfessionspolitischen Weggefährten.

IV Das letzte Lebensjahrzehnt

Der Briefwechsel mit Brenz wurde nach langer Unterbrechung erst 1551 wiederaufgenommen, nachdem in der drückendsten Phase der Interimspolitik offenbar keine Korrespondenz stattgefunden hatte. 1551 war ein sachlicher Grund für die Wiederanknüpfung gegeben: die Abfassung von Bekenntnissen und Absprachen über ein gemeinsames Auftreten auf dem Konzil. In der Folgezeit beschäftigte beide vor allem der osiandristische Streit; dabei nahm Melanchthon offenkundig an der vermittelnden Position von Brenz Anstoß. Die theologische Kontroverse über die Zweipersonennatur Christi und über die Ubiquität hob Brenz noch in Melanchthons letztem Lebensjahr auf die amtliche Ebene einer Korrespondenz zwischen württembergischem Herzog, sächsischem Kurfürsten und Zweibrückener Pfalzgrafen.

Nach fast zehnjährigem Schweigen suchte Heinrich Bullinger 1555 wieder Verbindung zu Melanchthon, wobei ihm dieser freundlich entgegenkam. Bullingers Sohn Heinrich d. J. (1534-1583) studierte sogar in Wittenberg, konnte aber dort wegen Melanchthons Besorgnis vor Verdächtigungen nicht den Magistergrad erwerben. In seinen Briefen nach Wittenberg verteidigte Bullinger die Traditionen der Züricher Kirche; er beklagte sich daher über Melanchthons Wormser Protestation von Oktober 1557, durch die Zwingli und alle Schweizer verurteilt worden seien. Er machte ihn auf die für die evangelische Sache verhängnisvollen Konsequenzen seines Verhaltens aufmerksam: »Atque tuam pietatem hortor, ut serio, quid facto opus sit, cogites, ne huiuscemodi praeiudicia confirment infausta dissidia, augeant item scandala et contentiosas mentes roborent.«[19] Auch

---

19 MBW 8, 203 (8547).

François Hotman (1524-1590) forderte Melanchthon auf, sich nicht an Verleumdungen der Genfer »ecclesiola« zu beteiligen, »unde innumeri quotidie martyres in Gallia nascuntur«.[20] Zwei Jahre später beschwor Bullinger Melanchthon, eine eindeutige Position im Ubiquitätsstreit zu beziehen. Als warnendes Beispiel wurde ihm Erasmus von Rotterdam vor Augen gestellt: »Dum viveret, magnus, ut scis, fuit vir, idque propter multifariam eruditionem et labores non inutiles, idem vero ubi hinc migravit, omnem prope existimationem apud optimos quosque amisit«, denn: Erasmus hatte die Wahrheit zwar erkannt, sich aber »favore potentum« und »periculorum terrore« davon abhalten lassen, eindeutig Stellung zu nehmen.[21] Melanchthon solle anders handeln!

Im Gegensatz zu nicht geringen Teilen Nord- und Mitteldeutschlands, wo Melanchthons Ansehen durch Interim und Angriffe der Gnesiolutheraner schweren Schaden nahm, konnte er seinen Einfluß im evangelischen Südwesten, weithin bewahren. Dennoch war ihm bewußt, daß die Autorität Luthers letztlich nicht zu ersetzen war: »Nu ist jetzund [sc. 1553] kein einiger oder zween, dadurch die andern in Zaum gehalten werden, wie dennoch vor diesen Jahren viel ein Scheu hatten vor Luthero.«[22]

Am Wiederaufbau der durch das Interim zerstörten Kirchen hat sich Melanchthon vor allem in Augsburg aktiv beteiligt – nicht zuletzt, um in Südwestdeutschland – Melanchthon nannte Ulm und Württemberg – eine äußere Gleichförmigkeit des Kirchenwesens herzustellen.

Bewegten sich die Beziehungen zu Augsburg und anderen Reichsstädten im Wesentlichen auf der offiziellen Ebene, wirkten in Straßburg über die Zäsur des Interims hinweg alte Freunde wie Johannes Sturm (1507-1589) und der ehemalige Wittenberger Student Johannes Marbach (1521-1581), der 1552 Präsident des Kirchenkonvents wurde. Der briefliche Austausch mit Marbach setzte sich seit 1551 ohne größere Unterbrechungen bis zum letzten Lebensjahr Melanchthons fort. 1553 sah Melanchthon in Straßburg eine Zufluchtsstätte, falls der von ihm befürchtete Krieg ihn aus Kursachsen vertreiben würde. Dennoch lehnte er ab, als ihm drei Jahre später die Nachfolge von Petrus Martyr Vermigli (1500-1562) als Theologieprofessor am Straßburger Gymnasium angetragen wurde – mit dem gleichen Gehalt, wie es einst Bucer bezogen hatte, und mit dem Angebot, auch seinen Schwiegersohn Caspar Peucer (1525-1602) zu versorgen. Melanchthon lobte

20 MBW 8, 26 (8098.3).
21 MBW 8, 335 (8909.13).
22 MBW 7, 69 (6831.5) ≙ CR 8, 76 (5376).

zwar den »pulcherrimus coetus tot virorum praestantium sapientia, eruditione, virtute, luce divina«, den er in Straßburg vorfinden würde, er erwartete auch täglich das »exilium«, dennoch wollte er in Wittenberg aushalten, um den Streit mit Matthias Flacius Illyricus (1520-1575) durch ein Fürstengericht entscheiden zu lassen.[23]

Während zwischen Melanchthon und den Markgrafen von Baden auch nach 1546 keine Kontakte bestanden, setzten sich die Beziehungen zu Württemberg fort, die Beziehungen zur Kurpfalz intensivierten sich in seinen letzten Lebensjahren. Eine neue Verbindung ergab sich 1556/57 zu den am Heidelberger Hof einflußreichen Grafen Georg II. (1506-1569), Eberhard XII. (1511-1564) und Valentin II. (1517-1563) von Erbach. Da Melanchthon während seines Aufenthalts in Worms aus Krankheitsgründen einer Einladung der Grafen nicht folgen konnte, schickten diese ihm und Brenz Ende November 1557 den Entwurf ihrer Kirchenordnung zur Begutachtung. Melanchthon sprach seine Zufriedenheit aus, wünschte allerdings eine präzisere Fassung des Artikels über die Buße und schlug auch an anderen Stellen, so bei den Abendmahlsformulierungen, Änderungen vor. Die Vorschläge, die auf eindeutigere dogmatische Festlegungen abzielten, blieben aber bei dem Druck der Ordnung 1560 unberücksichtigt.

Württemberg entwickelte sich nach den Interimswirren unter Herzog Christoph zu einem Hort des Luthertums, allerdings mit der Sonderlehre der Ubiquität, wie sie Brenz vertrat. Der Wiederaufbau des evangelischen Kirchenwesens vollzog sich rasch. Wie mit Straßburg fand auch mit Württemberg ein Austausch über Konzilsbesuch und neuformulierte Bekenntnisse statt, wobei Melanchthon dem Herzog die Übereinstimmung der »Confessio Virtenbergica« mit dem sächsischen Bekenntnis bestätigte. Christoph von Württemberg versuchte Ende 1557, über Melanchthon Kurfürst August (1526, 1553-1586) für den Plan einer Zusammenkunft der evangelischen Fürsten zu gewinnen. Ziel sollte eine einheitliche Lehre und Organisation der evangelischen Landeskirchen sein. Das Projekt realisierte sich im Frankfurter Fürstentag, über dessen Ergebnis, den Frankfurter Rezeß, Melanchthon allerdings skeptisch urteilte.[24]

1559 nutzte Brenz den württembergischen Herzog, um Melanchthon in der theologischen Kontroverse über die zwei Naturen Christi und die Ubiquität einzu-

---

23 MBW 7, 500 (7997.1).
24 Vgl. dazu jetzt Irene DINGEL: Melanchthons Einigungsbemühungen zwischen den Fronten: der Frankfurter Rezeß. In: Philipp Melanchthon: ein Wegbereiter für die Ökumene/ hrsg. von Jörg Haustein. GÖ 1997, 121-143.

schüchtern. Christoph von Württemberg stellte nicht nur Melanchthon selbst zur Rede, sondern beabsichtigte, sich mit einem von Brenz redigierten Schreiben auch unmittelbar an Kurfürst August zu wenden. Melanchthon sollte in diesem – freilich nicht abgeschickten – Brief wegen vermeintlich unorthodoxer Ausführungen in seinem Kommentar zum Kolosserbrief denunziert werden, »daraus uns bedunkt, er mit den Zwinglianern und Calvino was zustimen wölle«.[25] Melanchthon verteidigte sich gegen den württembergischen Angriff auf seine Rechtgläubigkeit, von dessen eigentlicher Urheberschaft – nämlich Brenz – er aber anscheinend nichts wußte, und bat, ihn nicht ungehört zu verurteilen. Dennoch fragte Herzog Christoph bei Pfalzgraf Wolfgang von Zweibrücken (1526, 1532-1569) an, wie »der sonst wol verdiente man Philippus« wieder auf den rechten Weg geführt werden könne und ob Württemberg und Zweibrücken gemeinsam in Kursachsen intervenieren sollten.[26] Hintergrund dieser Aktivität war nicht zuletzt der beginnende Konfessionswechsel in der Pfalz, wo Christoph die zwinglianisch gesinnten Grafen von Erbach an Einfluß gewinnen sah.

Anfang 1560 schickte Herzog Christoph dem sächsischen Kurfürsten das sogenannte Stuttgarter Bekenntnis, um die Zustimmung der beiden theologischen Fakultäten in Sachsen zu dessen Formulierungen einzuholen. Melanchthon nahm jedoch kritisch Stellung, so daß in seinem letzten Lebensjahr die lange Verbindung nach Württemberg und zu Brenz mit Verdächtigung und Mißklang endete.

Zur Kurpfalz waren die Beziehungen Melanchthons nach dem Zusammenbruch des ersten Reformationsversuchs spärlich geblieben. Immerhin berief ihn Kurfürst Friedrich II. im August 1553 erneut nach Heidelberg – da der Briefwechsel nicht erhalten ist, bleibt unklar, ob Melanchthon einen Lehrstuhl übernehmen oder lediglich als Berater tätig sein sollte. Melanchthon selbst sprach nur von »vocare in patriam«. Um der Kollegen willen wollte er jedoch Wittenberg nicht verlassen; andernfalls würde er, wie er wissen ließ, gern fortziehen »non solum propter bella, sed etiam propter ingeniorum rabiem«.[27] Für den Kriegsfall hatte er sich aber auch den Weg nach Straßburg vorbehalten. 1556 gab Melanchthon auf Bitten Pfalzgraf Wolfgangs sein Urteil über die Zweibrückener Kirchenordnung ab. Er korrigierte Verschiedenes, erklärte aber die dogmatischen Aussagen für mit dem sächsischen Bekenntnis übereinstimmend. Auch hier wird wieder deut-

25 BRIEFWECHSEL DES HERZOGS CHRISTOPH VON WIRTEMBERG/ hrsg. von Viktor Ernst. Bd. 4: 1556-1559. S 1907, 719 (633).
26 Ebd 1, 720.
27 MBW 7, 107 (6937.3) ≙ CR 8, 137 (5449).

lich, daß Melanchthon in Südwestdeutschland weithin nach wie vor als theologische Autorität galt. Zu der obrigkeitlich gelenkten Einführung der Reformation in der Kurpfalz wurde Melanchthon von Kurfürst Ottheinrich (1502, 1556-1559) nicht herangezogen, widmete ihm aber dennoch in Anerkennung seiner reformatorischen Aktivitäten 1557 einen Band der Wittenberger Ausgabe der Werke Luthers; das Vorwort unterzeichnete er ausdrücklich als »E.C.F.G. armer Unterthan Philippus Melanthon von Bretten«.[28]

Ottheinrich war anscheinend nicht ohne Vorbehalte gegenüber Melanchthons theologischen Anschauungen, wobei er offensichtlich unter dem Einfluß seines Kanzlers Erasmus von Minckwitz (um 1512-1562/64) stand, der als enger Vertrauter des ehemaligen sächsischen Kurfürsten Johann Friedrich Anhänger der Gnesiolutheraner war. So benannte der Kurfürst auf Vorschlag von Minckwitz für das Wormser Religionsgespräch 1557 nur orthodoxe Lutheraner mit Nikolaus von Amsdorf (1483-1565) und Flacius an der Spitze, und erst auf Nachfrage seiner Reichstagsgesandten hatte er nichts gegen die Nominierung auch von Melanchthon und Brenz einzuwenden. Schon im Herbst 1556 hatte er – wenn auch vergeblich – Flacius, nicht Melanchthon, auf eine Professur nach Heidelberg berufen.

Der theologisch wenig gebildete Kurfürst ließ sich aber nicht einseitig für die Sache der Gnesiolutheraner in Dienst nehmen, sondern unterhielt zu derselben Zeit auch durchaus Verbindungen nach Wittenberg. So war Melanchthon ihm behilflich, als er Prediger für die Oberpfalz suchte, verfaßte für ihn zusammen mit Brenz während des Wormser Religionsgesprächs ein Gutachten über die Behandlung der Täufer und gab 1559 Antworten – »responsiones« – zur Frage nach der »forma iudicii Ecclesiastici«.

Anders als bei der Einführung der Pfälzer Reformation war Melanchthon an der Reform der Universität Heidelberg unter Kurfürst Ottheinrich aktiv beteiligt. Dieser Mitwirkung hat Melanchthon zu verdanken, daß er in dem Gemälde an der Stirnwand der Alten Aula der Universität Heidelberg, das wie die gesamte Einrichtung 1886 zur 500-Jahrfeier angefertigt wurde, auftaucht. Sonst sind hier nur berühmte Professoren der Heidelberger Universität vom 14. bis zum 19. Jahrhundert verewigt, aber neben dem Wormser Bischof und Universitätskanzler Johannes von Dalberg und dem Gründungsrektor Marsilius von Inghen (um 1330-1396) geht Melanchthon in der ersten Reihe des Gefolges, das den Einzug der

28 MBW 8, 108 (8312.7) ≙ CR 9, 224 (6308).

Pallas Athene in die kurfürstliche Residenzstadt begleitet. Im März 1557 wurde er vom Kurfürsten berufen »ad deliberationem de Academia Patriae«,[29] wobei die geplante Zeitspanne seines Aufenthalts unklar bleibt. Melanchthon überließ die Entscheidung zwar Kurfürst August, zögerte aber aus zwei Gründen: Er sah, daß es sich faktisch um eine Neugründung der Universität handeln mußte, während er sich nicht mit neuen Geschäften beladen wollte. Außerdem fürchtete er sich vor den Zuständen in Heidelberg, denn er wußte von einer »voluntatum dissimilitudo« – unterschiedlichen Meinungen, wohl am Hof – und war skeptisch gegenüber den Fremden, also Glaubensflüchtlingen: »Belgae, Galli et alii.«[30] Da der sächsische Kurfürst Melanchthon bat, Wittenberg nicht zu verlassen, zerschlug sich der Plan Ottheinrichs.

Als Melanchthon sich seit August 1557 in Worms aufhielt, um am Religionsgespräch teilzunehmen, erneuerte der Pfälzer Kurfürst seine Einladung, und die Universität unterstützte den Wunsch ihres Landesherrn dringlich. Zugleich erhielt er die Statutenentwürfe für die geplante Reform zur Begutachtung. Diesmal versprach Melanchthon zu kommen; er hielt sich, begleitet u. a. von Peucer, Ende Oktober eine Woche lang in Heidelberg auf. Außer mit der Universitätsreform war er in diesen Tagen mit »multa negotia alia« beschäftigt, ohne daß darüber irgendetwas Näheres bekannt wäre.[31] Den Entwurf für die Statuten hat Melanchthon eingehend durchgearbeitet, wobei er sich auf die Theologische und die Artistenfakultät konzentrierte. Seine Vorschläge, die durchweg in den endgültigen Text übernommen wurden, griffen allerdings nicht prinzipiell in das institutionelle oder inhaltliche Gefüge der Universität ein. Sie beschränkten sich auf pädagogisch-didaktische Fragen wie die Benutzung bestimmter Lehrbücher, das Auswendiglernen, die Abschaffung der Quodlibetdisputationen und gewisser studentischer Bräuche anläßlich der Doktorpromotionen, ferner auf Vorschriften für Stundenplan und Lebensführung in Bursen und im Pädagogium. Ein nennenswerter und substantieller Beitrag zur Universitätsreform war das alles jedenfalls nicht. Von grundsätzlicher Bedeutung war seine Forderung, alle von auswärts kommenden Lehrer der Theologischen Fakultät sollten auf die »Confessio Augustana« verpflichtet werden; ebenso sollte bei den der Aufsicht der Fakultät unterstellten Heidelberger Geistlichen auf diese Verpflichtung geachtet werden. Als neue Bezeichnung für den bisherigen Lehrstuhl des Kanonischen Rechts schlug

---

29 MBW 8, 73 (8228.1) ≙ CR 9 159 (6253).
30 MBW 8, 55 (8177.2) ≙ CR 9, 127 (6221).
31 MBW 8, 149 (8410) ≙ CR 9, 358 (6389).

Melanchthon vor »in secundo decretalium«, um dadurch zu verdeutlichen, daß nur noch dieser Teil des alten Kirchenrechts für die evangelischen Kirchen und Territorien wichtig war.

Anfang des Jahres 1559 wußte Melanchthon zu berichten, daß sich die Pfälzer Kirche in einer »mediocris ... tranquillitas« befinde und die Verleumdungen der Flacianer dort nicht Fuß fassen könnten.[32] Wenn auch gegen seinen Willen, trug er selbst erheblich dazu bei, diesen Zustand rasch zu ändern. Im März 1558 hatte er seinen Schüler Tileman Heshusen (1527-1588) nach Heidelberg empfohlen, wo ihn Ottheinrich der Universität für die erste Professur der Theologischen Fakultät präsentierte und zugleich als Generalsuperintendenten zum obersten Geistlichen der Pfälzer Landeskirche ernannte. Die personelle Wahl Melanchthons erwies sich jedoch rasch als ausgesprochener Mißgriff. Sie war auch – trotz der früheren Nähe Heshusens zu Melanchthons Haus – kaum verständlich, da Heshusen sich schon in seinen bisherigen Ämtern in Goslar und Rostock als außerordentlich streitbar gezeigt hatte. Bereits ein Jahr nach seiner Anstellung in der Pfalz beklagte Melanchthon im Juli 1559 denn auch, daß Heshusen auf seine Mahnung zur Friedfertigkeit hochmütig geantwortet habe, und prangerte seine Undankbarkeit an.

Heshusen wurde zum Anlaß für den letzten Dienst, den Melanchthon seiner Heimat leistete. Der Heidelberger Abendmahlsstreit zwischen dem lutherischen Generalsuperintendenten und dem zwinglianischen Diaconus Wilhelm Klebitz (ngw 1538-1560), das heißt eigentlich Heshusens reformierten Gegnern an der Universität – Bullingers Freund Thomas Erastus (1520/23-1583) und Calvins Schüler Pierre Boquin (um 1512-1582), brach unmittelbar vor dem Tode Ottheinrichs im Februar 1559 aus. Er eskalierte mit gegenseitigen Exkommunikationen und Handgreiflichkeiten, so daß der neue Kurfürst Friedrich III. (1515, 1559-1576) darüber Klage führte, daß »nuh ayn solche zeruttung in der kirchen Christi alhie entstanden und vil gewyssen betrübt worden sind«.[33] Da ein Schweigegebot unbeachtet blieb, entließ Friedrich III. Heshusen und Wilhelm Klebitz und überschickte Melanchthon die Akten mit der Bitte, dazu Stellung zu nehmen. Melanchthon billigte das Vorgehen des Kurfürsten und regte wieder einmal eine Zusammenkunft von »pii et eruditi viri« aus deutschen und ausländischen Kirchen an, auf der über die Streitfragen beraten werden sollte, um una »consentiens forma

---

32 MBW 8, 313 (8856.1) ≙ CR 9, 743 (6691).
33 BRIEFE FRIEDRICH DES FROMMEN, KÜRFÜRST VON DER PFALZ, MIT VERWANDTEN SCHRIFTSTÜCKEN/ ges. und bearb. von A[ugust] Kluckhohn. Bd. 1: 1559-1566. Braunschweig 1868, 101 (77).

doctrinae vera et perspicua« herzustellen.[34] Sein Abendmahlsgutachten schlug als Einigungsformel nach 1 K 10, 16 die »consociatio cum corpore Christi« vor. Dieses Gutachten, das Friedrich III. übernahm und für seinen Herrschaftsbereich verbindlich machte, hat entscheidend dazu beigetragen, daß die Kurpfalz binnen weniger Jahre die erste reformierte Landeskirche im Reich des 16. Jahrhunderts etablierte.

V Zusammenfassung

Die Beziehungen Melanchthons zu Südwestdeutschland fügen sich nicht zu einem einheitlichen Bild – sie stellen aber in ihren vielfältigen Facetten einen nicht unwichtigen Bestandteil der theologischen wie der kirchenorganisatorischen wie auch der pädagogischen Lebensarbeit des Wittenberger Reformators aus der Pfalz dar. Im Verkehr mit Fürsten, Stadträten und Einzelpersönlichkeiten hat Melanchthon seiner »patria« im weiteren wie im engeren Sinn vielfältige Dienste geleistet, gerade in seinen letzten Lebensjahren ist er durch die kirchliche Neuordnung in der Kurpfalz seiner Heimat und deren Fürsten nähergekommen als je zuvor.

Zu Beginn des Jahres 1560 versicherte der alte Melanchthon »me et patriae et fratris desiderio valde affici«. Er erinnerte sich der Berge und Burgen am Neckar und wünschte das Gespräch mit seinen gelehrten Heidelberger Kollegen. »Ac desiderium meum auget rabies hostium meorum.«[35] In der Pfalz erwartete ihn nach seiner Hoffnung keine solche Feindschaft. In seiner vielzitierten letzten Aufzeichnung nahm Melanchthon wenige Wochen später diesen Gedanken wieder auf, wenn er unter den Gründen, warum man sich vor dem Tode nicht fürchten solle, die Befreiung »a rabie Theologorum« nannte. Abzielend auf den ungelösten Ubiquitätsstreit mit Brenz, fügte er hinzu: »Disces illa mira arcana, quae in hac vita intelligere non potuisti. Cur sic simus conditi. Qualis sit copulatio duarum naturarum in Christo.«[36] Das war dann der letzte südwestdeutsche Bezug im Leben Melanchthons.

Unmittelbar nach seinem Tod gedachten die beiden Universitäten seiner »patria« der Verdienste Melanchthons. In Tübingen wurde eine Gedenkfeier für ihn gehalten; in Heidelberg veröffentlichte der Medizinprofessor und neulateini-

---

34 MBW 8, 408 (9118.2) ≙ CR 9, 961 (6861 A).
35 MBW 8, 429 (9181.1) ≙ CR 9, 1021 (6900).
36 MBW 8, 470 (9299) ≙ CR 9, 1098 (6977).

sche Dichter Petrus Lotichius Secundus (1528-1560) schon im Mai 1560 ein Bändchen »Elegia in obitum clarissimi viri Domini Philippi Melanchthonis«. In einem dieser Trauergedichte hieß es in der auch für Melanchthon so charakteristisch gewesenen Verbindung von Christentum und Antike:

>>Te pietas luget, luget Germania raptum:
Cumque suo luget turba nouena Deo.[37]

---

37 Abgedruckt bei Nikolaus REUSNER: Icones sive imagines virorum literis illustrium. Faksimiledruck der Ausgabe Straßburg 1587. L 1973, P ij^v.

Anthropologische Vorstellungen unter Renaissancehumanisten

Von Helmar Junghans

»Das ideale Menschentum erfüllt sich in dem umfassenden Studium der antiken Literatur, so daß der über den ständischen Gliederungen stehende uomo universale das Leitbild wird. Deshalb bezeichnet dieser H[umanismus] zunächst eine Gelehrtenbewegung, die das antike Menschenbild zu erneuern trachtet.«[1] Diese lapidare Behauptung, der Humanismus habe danach getrachtet, *das* antike Menschenbild zu erneuern, findet sich in dem im allgemeinen äußerst verdienstvollen »Historischen Wörterbuch der Philosophie« und spiegelt eine verbreitete Ansicht wider. Aber, was ist *das* antike Menschenbild? Hatten die antiken Dichter und Philosophen von Homer bis Anicius Manlius Torquatus Severinus Boethius (um 480 - um 524) etwa dasselbe Menschenbild? Schon ein Blick in ein einziges Werk der klassischen Antike, nämlich in den philosophischen Dialog »De finibus bonorum et malorum libri quinque« von Marcus Tullius Cicero (106-43), belehrt eines Besseren.[2]

Cicero behandelt darin Lehren über das Lebensziel, die er in drei Dialogen erörtern läßt. Er beginnt mit den Epikureern, die das höchste Gut in der Lust und das größte Übel im Schmerz sehen. Danach läßt er Marcus Porcius Cato (95-46) die Überzeugung der Stoiker entfalten, wonach allein das sittlich Gute das Gute, das Unsittliche aber das einzige Übel ist.[3] Schließlich breiten die Dialogpartner die Vorstellungen der Akademie und der Peripatetiker aus, wie sie Antiochos aus Askalon (um 120 - um 69) gelehrt und Cicero bei ihm in Athen gehört hat. In dieser Erörterung entwickelt Cicero seine eigenen anthropologischen Vorstellungen und gelangt zu der Schlußfolgerung:

1 R. ROMBERG: Humanismus, Humanität I-II. Historisches Wörterbuch der Philosophie/ hrsg. von Joachim Ritter. Bd. 3: G-H. BL; S 1974, 1218.

2 Marcus Tullius CICERO: De finibus bonorum et malorum: lateinisch / deutsch/ übers. und hrsg. von Harald Merklin. S 1989; DERS.: Vom höchsten Gut und vom größten Übel (De finibus bonorum et malorum libri quinque ⟨dt.⟩)/ übers. und eingel. von Otto Büchler. Vollst. Ausg. Bremen 1957.

3 Cicero: De finibus bonorum ... 3, 26. 50 (dass., 1989, 268 / 269. 290 / 291 ≙ ders.: Vom höchsten Gut ..., 123. 135.

»Hieraus muß man erkennen, daß für den Menschen dies unter den Gütern das höchste ist, der Natur gemäß zu leben, was wir so auslegen können: leben nach der allseitig voll entwickelten und nichts mehr vermissenden Menschennatur.«[4]

Cicero findet das Wesen des Menschen in dessen natürlicher Veranlagung, sich alles Vortreffliche anzueignen.[5] Die Selbsterkenntnis besteht darin, »das Wesen unseres Leibes und unserer Seele kennenzulernen und einem Leben nachzutrachten, das diese Dinge unmittelbar genießt«.[6] Das höchste Gut besteht in der Vervollkommnung der von der Natur dem Menschen gegebenen Anlagen, wobei Cicero der Seele und damit dem Geistigen einen Vorrang einräumt.[7] Diese Andeutung muß genügen, um zu vergegenwärtigen, daß die Philosophen der Antike auf die Frage nach dem höchsten Gut und dem schlimmsten Übel ganz unterschiedliche Antworten gegeben haben. Daß sie außerdem innerhalb ihrer Schulen variierten, veranschaulicht Ciceros Dialog zur Genüge.

In der Antike gab es aber nicht nur unterschiedliche anthropologische Vorstellungen, sondern auch deren Rezeption bis zum Gegensatz des ursprünglich Gemeinten. So forderte die Inschrift »γνῶϑι σεαυτόν« des Apollontempels in Delphoi[8] seit dem 4. vorchristlichen Jahrhundert den Herzutretenden auf, sich seiner Nichtigkeit und seines Abstandes von den Göttern bewußt zu werden.[9] Cicero dagegen ermunterte damit seine Leser, ihre wunderbare Beschaffenheit und Bestimmung wahrzunehmen und dadurch nahe an das Göttliche heranzureichen.[10]

Neben der heidnischen Antike entfaltete sich aber noch im hellenistischen Zeitalter auch eine christliche Kultur mit neuen Antworten auf anthropologische Fragen. Sie gehörte gleichfalls zu den Quellen der Humanisten.

Wenn die Vielfalt anthropologischer Vorstellungen der Antike so beträchtlich war und selbst Gegensätzliches enthielt, kann dann von einer Bewegung, die diese Kultur erneuern will, eine einheitliche Anthropologie erwartet werden?

---

4 Cicero: De finibus bonorum ... 5, 26 (dass. 1989, 420 / 421 ≙ ders.: Vom höchsten Gut ..., 207).

5 Cicero: De finibus bonorum ... 5, 43 (dass., 1989, 438 / 439 ≙ ders.: Vom höchsten Gut ..., 218).

6 Cicero: De finibus bonorum ... 5, 44 (dass., 1989, 440 / 441 ≙ ders.: Vom höchsten Gut ..., 219).

7 Cicero: De finibus bonorum ... 5, 34-38 (dass., 1989, 428-434 / 429-435 ≙ ders.: Vom höchsten Gut ..., 212-215).

8 Georg Büchmann: Geflügelte Worte: der Zitatenschatz des deutschen Volkes. 24. Aufl./ verm. und verb. von Bogdan Krieger. B 1910, 352.

9 Cicero: Vom höchsten ..., LV.   10 Ebd, LV f.

Theoretisch wäre es möglich, daß die Humanisten sich wenigstens in der Verneinung des mittelalterlichen Menschenbildes einig waren. Aber worin bestand dieses mittelalterliche Menschenbild? Eine Antwort auf diese Frage gibt ein Resümee des Artikels »Mensch« in der »Theologischen Realenzyklopädie«: »*Den* mittelalterlichen Menschen gibt es nicht, vielmehr gibt es eine Vielzahl von Ansätzen und Entwürfen, ...«[11] Daher braucht es nicht zu verwundern, wenn einzelne Humanisten unterschiedlich an anthropologischen Vorstellungen des Mittelalters anknüpfen oder ihnen widersprechen.

Aber auch die Vorstellung, daß der Renaissancehumanismus die Antike erneuert habe, muß hinterfragt werden. Denn es handelte sich keineswegs um eine »Wiederbelebung des classischen Altertums«, wie der Geschichtsschreiber Georg Voigt (1827-1891) im Titel seines einflußreichen Werkes suggerierte,[12] sondern um eine am Altertum orientierten Wiedergeburt der Künste und Wissenschaften im Kontext der eigenen Zeit.[13]

Angesichts dieser Tatbestände stellt sich die Aufgabe, anhand einiger anthropologischer Gesichtspunkte der Frage nachzugehen, ob die Renaissancehumanisten jeweils übereinstimmende oder unterschiedliche Anschauungen entwickelten. Das soll an folgenden Themen untersucht werden: der appetitus naturalis, der freie Wille und die Unsterblichkeit der Seele.

I Der appetitus naturalis

Nachdem bereits Platon (427-348/47) und Aristoteles (384-322) der Seele ein Strebevermögen zuerkannt hatten,[14] führte Epikur (341-271) mit seiner Unterscheidung zwischen einer natürlichen und notwendigen, einer natürlichen aber nicht notwendigen sowie einer weder natürlichen noch notwendigen Begierde den Begriff »natürliche Begierde« ein.[15] Damit war die Frage nach dem Inhalt dieses appetitus naturalis gestellt, für die auch die Scholastik eine Antwort such-

---

11 Christoph FLÜELER; Ruedi IMBACH: Mensch. VI: Mittelalter. TRE 22 (1992), 508, 9 f.

12 Georg VOIGT: Die Wiederbelebung des classischen Alterthums oder das erste Jahrhundert des Humanismus. B 1859; 3., erw. Auflage/ hrsg. von Max Lehnerdt. 2 Bde. B 1893; Nachdruck. B 1960.

13 Vgl. Paul Oskar KRISTELLER: Die Philosophie des Marsilio Ficino. F 1972, 8 f.

14 J. ARNTZ: Begehrensvermögen. Historisches Wörterbuch der Philosophie/ hrsg. von Joachim Ritter. Bd: A-C. 1. BL; S 1971, 780.

15 Kristeller: Die Philosophie des Marsilio Ficino, 161.

te.[16] Soweit sich Humanisten mit anthropologischen Fragen beschäftigten, stießen manche auch auf die Frage nach dem von der Natur bzw. dem Schöpfer dem Menschen eingepflanzten Streben. Wie sehr sich ihre Lösungen unterscheiden konnten, obgleich sie alle mit Hilfe antiker Autoren argumentierten, soll an den Lehren von Marsilio Ficino (1433-1499) und Niccolò Machiavelli (1469-1527) veranschaulicht werden.

1 Marsilio Ficino

Ficino knüpfte an Plotins (um 205-270) Vorstellung an, »daß jedes Wesen mit seinem Streben auf seine Ursache, alle Dinge insgesamt aber auf das höchste Prinzip des Einen gerichtet sind«.[17] Erst nach und nach entwickelte Ficino seine Lehre vom appetitus naturalis. Mit appetitus – wofür Ficino auch die Begriffe »inclinatio« oder »affectus« verwenden konnte – bezeichnete er ein notwendiges Streben von etwas zu etwas. Mit Natur benannte er in diesem Zusammenhang das Wesen eines Dinges, seine Substanz. Was allen Individuen einer Art zukommt, gehört zu ihrer Natur. Für die menschliche Natur z. B. fand er charakteristisch: Religion, Sprache, Essen und Trinken sowie Nachkommen zu zeugen.[18] Ihr schrieb er das Streben zu, Gott zu werden, »den Wunsch nach dem allgemeinen Wahren und Guten«. Er beschrieb auch das letzte Ziel – als das höchste Gut – des Menschen: »Allein in der Erkenntnis oder dem Besitz Gottes besteht das letzte menschliche Ziel, welcher allein das natürliche Streben endigt.«[19] Zu dieser Sicht gehörte die Gleichstellung des Strebens nach dem Guten – das eine mit dem Annähern an das Ziel sich beschleunigende Bewegung ist – mit der nach Gott.[20] Ficino bewies die Erreichbarkeit dieses Zieles mit der Annahme, daß die existierenden Dinge so eingerichtet sind, daß nichts in ihnen vergeblich ist. Daher muß das Streben, das zur Substanz der betreffenden Dinge gehört, auch sein Ziel erreichen können. Dies zählt zu einer sinnvollen Weltordnung und rechtfertigt Gott als Schöpfer.[21]

---

16 H[ugo] FRIEDRICH: Begehren, appetitus naturalis. Historisches Wörterbuch der Philosophie 1, 776, wo auf die Entwicklung dieses Begriffs in der Antike nicht eingegangen wird.
17 Kristeller: Die Philosophie des Marsilio Ficino, 161.
18 Ebd, 163 f.
19 Ebd, 165; Marsilius FICINUS: Opera, & quae hactenus extitere, & quae in lucem nunc primum prodiere omnia/ hrsg. von Adam H. Petri. 2. Aufl. Bd. 1. BL 1576, 307.
20 Kristeller: Die Philosophie des Marsilio Ficino, 167.
21 Ebd, 171.

Ficino übertrug seinen ontologischen Grundsatz von der durch die Natur allen Dingen innewohnenden Bewegung auch auf die Seele. Ihr appetitus naturalis ist auf Gott gerichtet, erfüllt sich vor allem in der Kontemplation, also einer spekulativen Tugend,[22] und muß auch irgendwann sein Ziel erreichen, das göttliche Wesen zu genießen. Da dies während des irdischen Lebens nicht zum Abschluß kommt, muß es ein zukünftiges Leben geben.[23] Für Ficino ist also der appetitus naturalis ein jedem Ding von Natur mitgegebenes Streben zu einem artgemäßen Verhalten, das sich im Menschen als Streben nach dem Guten, nach Gott, ja zu einer vollkommenen und ewig währenden Gottesschau erweist.

Natürlich blieb Ficino nicht verborgen, daß sich nicht alle, ja nicht einmal die meisten Menschen von der Verwirklichung dieses natürlichen Strebens leiten ließen. Daher ermahnte er in Abhandlungen und Briefen zu einem dem appetitus naturalis entsprechenden Leben.[24] Obwohl er erkannte, daß die Kontemplation im Verhältnis zu anderen Bewußtseinsakten nur einen geringen Raum einnahm, hat er dennoch das Wesen des menschlichen Daseins von dem in der Kontemplation sich ausdrückenden Streben beurteilt. Das Schlechte war für ihn wie für die Neuplatoniker üblich nur Mangel am Sein, das nur mit dem Guten zusammen existieren kann und seinen Sitz nicht in der Natur, sondern in der Vernunft hat,

> »welche so sehr über die göttliche Güte lügt, daß sie meint, unter dem unendlichen Guten könnten die Dinge anders als gut geordnet werden«.[25]

Diese schlechte Vernunft charakterisierte Ficino als Gegenbild der guten Vernunft, die sich von der Kontemplation leiten läßt. Die schlechte Vernunft verfolgt nicht den innerlichen Aufstieg, sondern wendet sich dem äußerlichen Leben zu. Die Schlechtigkeit des Menschen sah er darum in dessen schlechter Gesinnung,[26] in einem von der Kontemplation abgewandten Leben als Grundhaltung, die schlechte Handlungen ermöglicht und hervorbringt. Sie ist die Quelle aller sittlichen und äußeren Übel, die anderen zugefügt werden, aber schließlich sich selbst zerstört.[27]

Ficino stand vor der Frage, wie es möglich ist, daß der mit dem appetitus naturalis zum Guten ausgestattete Mensch soviel Schlechtes und soviele Übel

22 Ebd, 273.
23 Ebd, 178-180.
24 Ebd, 273 f.
25 Ebd, 336 ≙ Ficinus: Opera ... omnia 1, 800.
26 Kristeller: Die Philosophie des Marsilio Ficino, 340.
27 Ebd, 337 f.

hervorbringt. Er fand die Antwort in der hinterlistigen Lust, die den Menschen täuscht und verführt. Dieser läßt sich von niederen Gütern verleiten, das höchste und wahre Gut, die Gottheit, preiszugeben.

> »Die Menschen sollen sich schämen, daß sie aus keinem anderen Grund als weil sie die sterblichen Güter lieben, in der Liebe zu ihnen das ewige Gut vernachlässigen, von dem jene das haben, daß sie gut sind.«[28]

Ursache dieses Verhaltens sah Ficino vor allem in der Torheit und Unwissenheit des Menschen. Daraus leitete er die Aufgabe ab, die Torheit der Menschen zu durchschauen und echter Erkenntnis nachzustreben, den Menschen aus dem Schlaf des irdischen Lebens aufzuwecken, zur radikalen Umkehr von einem äußerlichen zu einem innerlichen Leben aufzufordern.[29] Seine Wertungen gingen also aus dem von ihm dem Menschen zugesprochenen appetitus naturalis hervor und führten zur Aufforderung, sich von der Lust nicht täuschen zu lassen, sondern sich auf das natürliche Streben zum Guten zu besinnen.

Viele Vorstellungen Ficinos erinnern an Platon und Plotin. Für die Schilderung des Aufstiegs der Seele griff Ficino auf die Lehre von den vier Stufen der Tugend des Neuplatonikers Porphyrios aus Tyros (um 234-304) zurück.[30] Trotzdem handelte es sich nicht einfach um eine schlichte Repristination des Platonismus, sondern um ein typisch humanistisches Vorgehen. Ficino fügte Elemente aus verschiedenen Philosophien in sein System ein. Für die Begründung und Veranschaulichung des nach seiner Überzeugung der gesamten Schöpfung innewohnenden Strebens stützte er sich auf die Bewegungslehre des Aristoteles. Er setzte sich mit antiken Philosophen auch kritisch auseinander. So wies er z. B. eine Behauptung des Stoikers Panaitios aus Rhodos (um 185-109) zurück:

> »Wir dürfen Panaitios nicht glauben, der sagt, daß wir das Göttliche zwar ersehnen, aber nie erreichen werden. ... Die Natur der Dinge selbst lehrt uns das Gegenteil.«[31]

Aber auch die Kirchenväter waren für ihn von Bedeutung. So nahm Paul Oskar Kristeller (*1905) an, daß Ficino für seine Anwendung der Bewegungslehre des Aristoteles auf die Seele durch Augustinus (354-430) angeregt worden sei.[32]

28 Kristeller: Die Philosophie des Marsilio Ficino, 339 ≙ Ficinus: Opera ... omnia 1, 730.
29 Kristeller: Die Philosophie des Marsilio Ficino, 340 f.
30 Ebd, 272 f; Ficinus: Opera ... omnia 1, 618.
31 Kristeller: Die Philosophie des Marsilio Ficino, 170 ≙ Ficinus: Opera ... omnia 1, 307.
32 Kristeller: Die Philosophie des Marsilio Ficino, 179 mit einem Zitat aus AUGUSTINUS: Confessiones 13, 9 (10) (Corpus christianorum: series latina. Bd. 27. Turnholti 1990, 246, 7 - 247, 1).

2 Niccolò Machiavelli

Machiavelli erlebte in Florenz eine vom Platonismus geprägte Philosophie, 1492 den Tod des auf politisches Gleichgewicht bedachten Regenten Lorenzo de Medici (1449-1492) und die zu einem heiligen Leben auffordernde Predigt Girolamo Savonarolas (1452-1498). Je mehr er seit 1498 als Sekretär der Zweiten Kanzlei der florentinischen Republik und des Rats der Zehn in die Politik Einsicht erhielt und den Zusammenbruch des italienischen Gleichgewichts erlebte, um so wirklichkeitsfremder mußten ihm die Vorstellungen der Academia platonica und des Bußpredigers erscheinen. Daher wollte er seine anthropologischen und staatspolitischen Vorstellungen aus der erfahrbaren Wirklichkeit gewinnen.[33] Der Mensch sollte so gesehen werden, wie er ist, nicht wie er sein sollte.[34] Daher ist Machiavelli als Empirist bezeichnet worden, der sein Menschenbild aus seiner »Beobachtung des einfachen Volkes, der machthungrigen Kleinfürsten, der Condottieri, der kirchlichen Würdenträger« und der römischen Antike gewann.[35] Manches konnte er allerdings auch aus den Schilderungen von negativen Seiten des Menschen entnehmen, die Humanisten seit Francesco Petrarca (1304-1374) mehrfach gegeben hatten.[36]

Machiavelli vermochte zwar in seinen Gesandtschaftsberichten gut beobachtend zeitgenössische Politiker sehr abgewogen zu beschreiben[37] oder unterschiedliches Verhalten von Völkern zu verschiedenen Zeiten wahrzunehmen,[38] aber diese Analysen berücksichtigte er oft nicht in grundsätzlichen Aussagen über den Menschen. Daher konnte er apodiktisch behaupten:

---

33 Friedrich MEHMEL: Machiavelli und die Antike. Antike und Abendland 3 (1948), 163, hat Machiavellis politische Theorie unter dem geistesgeschichtlichen Gesichtspunkt als »antimoralistisch« und »antiidealistisch« bezeichnet. Herfried MÜNKLER: Machiavelli: die Begründung des politischen Denkens der Neuzeit aus der Krise der Republik Florenz. 6.-7. Tausend. F 1987, 271-276, hat die Bedeutung der sozio-ökonomischen Veränderungen für die unterschiedliche Beurteilung des Menschen zwischen der Academia platonica und Machiavelli hervorgehoben.

34 Münkler: AaO, 264.

35 Karl MITTERMAIER: Machiavelli: Moral und Politik am Beginn der Neuzeit. Gernsbach 1990, 269 f.

36 Siehe August BUCK: Machiavelli. DA 1985, 37 f.

37 Vgl. Lauri HUOVINEN: Das Bild des Menschen im politischen Denken Niccolò Machiavellis. Helsinki 1951, 28-38, wo Machiavellis Charakterisierung von Maximilian I. (1459, 1493-1519), Pandolf Petrucci (um 1450-1512), König Ludwig XII. von Frankreich (1462, 1498-1515) und Cesare Borgia (1475-1507) beispielhaft vorgestellt werden.

38 Mittermaier: Machiavelli, 271 f.

»Denn man kann von den Menschen im allgemeinen sagen, daß sie undankbar, wankelmütig, unaufrichtig, heuchlerisch, furchtsam und habgierig sind; und solange du ihnen Gutes erweist, sind sie dir völlig ergeben: sie bieten dir ihr Blut, ihre Habe, ihr Leben und ihre Kinder, wenn – ... – die Not fern ist; ...«[39]

Aus seiner Beschäftigung mit der Geschichte folgerte er:

»Alle, die über Politik schrieben, beweisen es, und die Geschichte belegt es durch viele Beispiele, daß der, welcher einem Staatswesen Verfassung und Gesetze gibt, davon ausgehen muß, daß alle Menschen schlecht sind und daß sie stets ihren bösen Neigungen folgen, sobald sie Gelegenheit dazu haben.«[40]

Machiavelli listete in seinen Schriften nicht nur hin und wieder einzelne negative Eigenschaften des Menschen auf oder streute einzelne ein, sondern er kennzeichnete auch deren Wurzel: »E perchè la natura degli uomini è ambiziosa e sospettosa ....«[41] Mit dem Begriff »ambizione« meinte er Ehrgeiz, aber auch Habgier und Machtgier.

»Wenn nämlich die Menschen einmal nicht aus Not zu kämpfen brauchen, so tun sie es aus Ehrgeiz; denn dieser ist in der Brust eines jeden Menschen so mächtig, daß er ihn nie verläßt, wie hoch er auch steigen mag.«

Als Ursache dafür benannte er die Natur, die den Menschen so geschaffen hat, daß er zwar alles begehren, aber nicht alles erreichen kann.[42] Die menschliche Natur erschien ihm unersättlich,[43] denn die ambizione erstrebe unentwegt die »Befriedigung der Triebe: Ehrgeiz, Ruhmsucht, Verlangen nach Macht, Besitz und Gewinn«.[44] Er fand in der ambizione eine Ursache für politische Katastrophen:

39 Machiavelli: Il principe 17 (Niccolò MACHIAVELLI: Il principe = Der Fürst: italienisch-deutsch/ übers. und hrsg. von Philipp Rippel. S 1993, 128-130 / 129-131)
40 Machiavelli: Discorsi 1, 3 (Niccolò MACHIAVELLI: Discorsi [sopra la prima deca di Tito Livio]: Gedanken über Politik und Staatsführung/ übers., eingel. und erl. von Rudolf Zorn. 2. Aufl. S 1977, 17 ≙ DERS.: Tutte le opere/ hrsg. von Francesco Flora; Carlo Cordie. Bd. 1. Verona 1949, 102); ders.: Istorie fiorentine 7 (Niccolò MACHIAVELLI: Geschichte von Florenz [Istorie fiorentine ⟨dt.⟩]/ übers. von Alfred von Reumont; überarb. von Ludwig Goldscheider. Mit einem Nachwort von Kurt Kluxen. 3. Aufl. ZH 1993, 471): »..., wie denn die Menschen eher dabei sind Schlimmes als Gutes zu tun, ...« ≙ DERS.: Tutte le opere/ hrsg. von Francesco Flora; Carlo Cordiè. 2. Aufl. Bd. 2. Verona 1960, 370).
41 Machiavelli: Discorsi 1, 29 (ders.: Tutte le opere 1, 160 ≙ ders.: Discorsi ... S 1977, 83: »Da nun der Mensch von Natur ehrgeizig und mißtrauisch ist ...«).
42 Machiavelli: Discorsi 1, 37 (ders.: Tutte le opere 1, 175 ≙ ders.: Discorsi ... S 1977, 100 f).
43 Machiavelli: Discorsi 2, proemio (ders.: Tutte le opere 1, 229 ≙ ders.: Discorsi ... S 1977, 163).
44 Buck: Machiavelli, 40.

Als die ambizione des Herzogs Ludovico Sforza (1452-1508) nicht mehr in Schranken zu halten war, begann der Samen zu keimen, der Italien verwüstete.[45]

Dem italienischen Politiker und Geschichtsschreiber Francesco Guicciardini (1483-1540) widmete er nach 1515 das Gedicht »Capitolo dell'ambizione«[46]: Eine den Menschen feindlich gesonnene Himmelsmacht beendete das Goldene Zeitalter, indem sie die Furien Ehrgeiz und Habsucht sendete,[47] die sich der Menschen bemächtigten und in ihnen Neid, Müßiggang, Haß, Stolz, Grausamkeit und Hinterlist hervorbrachten. Menschenliebe und Frieden wurden vertrieben. Der Geist des Menschen wurde »unersättlich, hochmütig, arglistig, wankelmütig und über alles boshaft, ungerecht, ungestüm und grimmig, ...«.[48]

In der unvollendeten Dichtung »L'asino d'oro« wird ein Mensch in ein Schwein verwandelt und das Leben des Menschen mit dem des Tieres so verglichen – das Tier hält Maß, der Mensch begehrt ohne Grenzen –, daß der verwandelte Mensch es vorzieht, ein Schwein zu bleiben. Mit dieser Satire auf das von manchen Humanisten gesungene Lob des Menschen bekräftigte Machiavelli sein pessimistisches Menschenbild.[49]

Sosehr Machiavelli das Verdorbensein des Menschen herausstellte, konnte er auch andere Seiten des Menschen benennen und ihre Tugenden beschreiben.[50] Entscheidend war für ihn, daß »infolge der Unveränderlichkeit ihrer Natur die Menschen die Anlage zum Bösen stets behalten und von ihr Gebrauch machen«, wodurch in der Geschichte ein dialektischer Prozeß zwischen Gut und Böse bestehen bleibt, aus dem sich der Mensch weder durch Entfaltung seiner Tugenden selbst erlösen noch von außen durch die christliche Religion erlöst werden kann.[51] Daher begründete er mit Rücksicht auf den aus ambizione handelnden Menschen

45 Machiavelli: Istorie fiorentine 8 (ders.: Tutte le opere 2, 434 ≙ ders.: Geschichte von Florenz, 557)
46 Machiavelli: Tutte le opere 2, 714-718 ≙ Niccolò MACHIAVELLI: Sämmtliche Werke/ übers. und hrsg. von Joh[annes] Ziegler. Bd. 7: Lustspiele und andre Poetische Schriften. Karlsruhe 1838, 235-239 (Der Ehrgeiz).
47 Dies geschieht nicht als Strafe für Ungehorsam, so daß ein inhaltlicher Unterschied zur christlichen Lehre von der Erbsünde und der Vertreibung aus dem Paradies besteht; Buck: Machiavelli, 39.
48 Machiavelli: Tutte le opere 2, 715 ≙ ders.: Sämmtliche Werke 7, 236; vgl. Huovinen: AaO, 53-67; Wolfgang KERSTING: Niccolò Machiavelli. M 1988, 35-43; Münkler: AaO, 267 f.
49 Buck: Machiavelli, 41 f: Machiavelli: Tutte le opere 2, 753-781.
50 Vgl. Münkler: AaO, 268-271.
51 Buck: Machiavelli, 43 f. Buck (ebd, 42 f) und Münkler (aaO, 271; 460, Anm. 34), weisen in diesem Zusammenhang auf grundlegende Unterschiede zu Martin Luther hin.

seine Ratschläge, politische Stabilität zu erreichen. In seinen »Discorsi ...« griff er infolge der Beschäftigung mit der Darstellung der römischen Geschichte durch Titus Livius (59 [?] v. Chr. - 17 n. Chr.) auf die von den Bürgern einer demokratisch-republikanischen Gemeinschaft freiwillig aufgebrachte virtù zurück, zu der die Religion erziehen sollte.[52] Da er diese Bürgertugend aber bei vielen in seiner Umwelt vermißte, erhoffte er sich in »Il principe« von der virtù[53] eines einzelnen, daß dieser – bzw. der Staat – mit Gewalt die ambizione der vielen in Schranken hält, denn das »naturhafte und triebhafte Element der Beharrung, Strebung und Übersteigerung« erfordert notwendig seine Beschränkung.[54] Wenn auch die letztere Lösung des Problems als Machiavellismus Geschichte gemacht hat, lag Machiavelli selbst doch die demokratisch-republikanische mehr am Herzen.[55] Zugleich gewährte er in beiden Lösungen der ambizione Raum, indem er eine territorial-expansive Politik bejahte, die Bereicherung auf Kosten der Nachbarn ermöglicht.[56] Die ambizione erweist sich als Triebkraft des Geschichtsprozesses.[57]

Manche Humanisten würdigten die positive Seite des Ehrgeizes, das Streben nach unvergänglichem Ruhm. Guicciardini fand in der ambizione nichts Böses, sondern einen Antrieb, Hervorragendes zu leisten. Bei den Römern habe sie Tapferkeit bewirkt.[58] Für Machiavelli aber bezeichnete die ambizione nicht nur einen gesunden Ehrgeiz, sondern einen Trieb zu Besitz, Macht und Stärke,[59] also Habgier und Machtgier.

Machiavellis »anthropologischer Pessimismus« mit seinem »Grundaxiom von der permanenten menschlichen Korruptibilität«[60] sticht so stark vom anthropologischen Optimismus vieler Humanisten und älteren Humanismusvorstellungen ab, daß die Frage aufgeworfen worden ist, ob Machiavelli denn überhaupt als Humanist gelten könne. So urteilte der Altphilologe Friedrich Mehmel (1910-1951): »Dabei war Machiavelli kein Humanist.« Er begründete dies formal: Ma-

---

52 Münkler: AaO, 276-280.
53 Zur virtù vgl. Hans-Joachim DIESNER: Virtu, Fortuna und das Prinzip Hoffnung bei Machiavelli. GÖ 1993, 178.
54 Kurt KLUXEN: Politik und menschliche Existenz bei Machiavelli: dargestellt am Begriff der necessità. S 1967, 38-41.
55 Münkler: AaO, 275 f; Diesner: Virtù, Fortuna ..., 177: »Unbestritten ist sein republikanisches Engagement; ...«
56 Vgl. Münkler: AaO, 276.
57 Buck: Machiavelli, 43.
58 Huovinen: AaO, 60-63.
59 Ebd, 64.
60 Münkler; AaO, 263-265.

chiavelli habe nicht Griechisch erlernt und Italienisch, nicht Lateinisch geschrieben.[61] Aber Mehmels gründliche Untersuchung, die sich nicht mit der Auflistung von Übereinstimmungen zwischen Vorstellungen des klassischen Altertums und Machiavellis begnügte, sondern des letzteren Beschäftigung mit den antiken Autoren aufspürte, bewies das Gegenteil, denn sie erhob, wie Machiavelli Aristoteles, Livius, Publius Cornelius Tacitus (55 - nach 116) und Sallust (86-34) benutzte.[62] Mehmel bemängelte, daß Machiavelli weniger Livius auslegte als seine Gedanken in den Text hineinlas.[63] Aber gerade damit erwies sich Machiavelli nicht als moderner Altphilologe, sondern als Humanist: die Beschäftigung mit der Antike – vorzüglich mit der »Politica« des Aristoteles und der antiken Geschichtsschreibung – sollte Lösungen für die politischen Probleme seiner Zeit erbringen. Er studierte Geschichte, um Vorbilder – z. B. die römischen Bürger –, ja Regeln für das politische Verhalten zu gewinnen.[64]

Diese Absicht prägte auch seine anthropologischen Behauptungen. Seine Fragestellung zielte auf politische Lösungen.[65] Seine negativen Aussagen über den Menschen hat er weder theologisch noch philosophisch begründet, sondern aufgrund seiner Betrachtung von Vorgängen in der Geschichte und in seiner Zeit axiomatisch aufgestellt, um damit seine Regeln für politisches Verhalten zu begründen.[66] Dafür hat er den Menschen unter der Herrschaft der ambizione als

---

61 Mehmel: AaO, 152; er übersah dabei Machiavellis Traktat »De principatibus« von 1513.

62 Mehmel: AaO, 153-180. Zur Beziehung Machiavellis zu dem von diesen in seinen »Discorsi ...« erwähnten Thukydides (um 460 - nach 400) meinte der Gräzist Mehmel (AaO, 180), man habe darüber zuviel gefabelt; anders sah dies Hans-Joachim DIESNER: Niccolò Machiavelli: Mensch, Macht, Politik und Staat im 16. Jahrhundert. Bochum 1988, 47: »..., sondern vor allem an Thukydides, den er sicher in einer Übersetzung gelesen hat.« Vgl. Karl REINHARDT: Thukydides und Machiavelli. In: Ders.: Die Krise des Helden und andere Beiträge zur Literatur- und Geistesgeschichte. M 1962, 52-88.

Zum Forschungsstand der Beziehung »Machiavelli und Antike« siehe Buck: Machiavelli, 7-11, wo deutlich wird, daß dieses Thema mehr unter dem Gesichtspunkt der Abhängigkeit bzw. Unabhängigkeit Machiavellis behandelt anstatt unter dem der Antikerezeption thematisiert wird.

63 Mehmel: AaO, 167.

64 Werner KAEGI: Vom Glauben Machiavellis. Corona 10 (1940), 190, beurteilte Machiavelli als »bewußten Theoretiker der Wiedergeburtslehre«, da er eine Erneuerung einer Gemeinschaft nach ihren ursprünglichen Prinzipien angestrebt habe.

65 Vgl. Reinhold ZIPPELIUS: Über den Denkstil Niccolò Machiavellis. In: Staat und Gesellschaft = Festgabe für Günther Küchenhoff zum 60. Geburtstag am 21. August 1967/ hrsg. von Franz Mayer. GÖ 1967, 359-364.

66 Huovinen: AaO, 41-44.

appetitus naturalis im Gegensatz zu denjenigen Humanisten beschrieben, die in ihrer Betrachtung des Menschen von einer natürlichen Neigung oder gar einem natürliche Streben zum Guten ausgingen.

II Der freie Wille

Infolge der Auseinandersetzung zwischen Erasmus aus Rotterdam (1466/69-1536) und Martin Luther über den freien bzw. geknechteten Willen ist der Eindruck entstanden, daß die Behauptung eines freien Willens integrierender Bestandteil einer humanistischen Anthropologie gewesen sei. Ob diese Annahme als allgemeingültig angesehen werden kann, soll bei Lorenzo Valla (1407-1457) und Giovanni Pico della Mirandola (1463-1494) überprüft werden.

1 Lorenzo Valla

Mit dem 1437 vollendeten philosophischen Dialog »De libero arbitrio«[67] verfaßte der italienische Humanist Lorenzo Valla die erste Monographie der Renaissance zum Problem der Freiheit bzw. Nichtfreiheit des Willens. Diese Untersuchung gewährt einen interessanten Einblick, wie sich die Erneuerung des antiken Menschenbildes vollziehen konnte.

Valla knüpfte an der Antike an, indem er sich die Aufgabe stellte, die Ausführungen des römischen Philosophen Boethius über die Willensfreiheit im 5. Buch von dessen »Consolatio philosophiae« zu widerlegen. Dabei erhob er den Vorwurf, Boethius sei ein allzu großer Liebhaber der Philosophie gewesen. Das habe ihn daran gehindert, den freien Willen sachgemäß zu erörtern.[68] Damit wollte er nicht ein rein philosophiegeschichtliches Urteil fällen, das nur einige Spezialisten interessiert. Er wünschte vielmehr, daß die Theologen der Philosophie keine große Bedeutung beimessen und nur geringe Mühe auf sie verwenden und sie nicht zur Schwester oder sogar Herrin der Theologie erheben.[69] Am Schluß folgert er sogar: »Denn ich glaube ebenso, daß kein allzu begeisterter Bewunderer der Philosophie Gott gefallen kann.«[70] Valla will also einerseits die Scholastiker kritisieren und andererseits sachgemäß die Willensproblematik erörtern.

67 Lorenzo VALLA: Über den freien Willen = De libero arbitrio: lateinisch-deutsche Ausgabe/ hrsg., übers. und eingel. von Eckhard Keßler. M 1987.
68 Valla: Über den freien Willen, 58, 47 - 60, 51 / 59 f.
69 Ebd, 54, 5-9 / 55. Valla weist innerhalb des Dialoges Formeln der Philosophen entschieden zurück, so ebd, 98, 420 - 100, 431 / 99 f.
70 Ebd, 136, 758-760 / 137.

Boethius hatte diese mit dem Widerspruch der Behauptungen umrissen, daß Gott einerseits alles voraus kennt und andererseits Willensfreiheit des Menschen besteht.[71] Er löste den Widerspruch, indem er verschiedene Stufen des Wahrnehmens unterschied: Sinneswahrnehmung, Vorstellung, Denken und Einsicht.[72] Gegenüber den Tieren gestand er das Denken nur dem Menschen, die Einsicht aber allein Gott zu.[73] Gott aber ist ewig, daher denkt er nicht in Zeitabfolge, sondern hat gleichzeitig in alles Einsicht.[74] Was er vorherweiß, weiß er zugleich mit dem Geschehen. Es ist kein zeitliches Vorherwissen, daß die menschliche Entscheidung unter das Gesetz der Notwendigkeit stellt. So konnte Boethius den Schluß ziehen:

> »Da das so ist, bleibt den Sterblichen die Freiheit des Willens unangetastet, und nicht ungerecht setzen Gesetze Belohnungen und Strafen aus, da der Wille von jeder Notwendigkeit frei ist.«[75]

Valla hinterfragte Boethius radikal: Wie soll der Mensch, der nur über den Verstand, das Denken, verfügt, Wissen über die höhere Einsicht Gottes gewinnen können?[76] Er erörterte die Frage, ob das Vorherwissen Gottes dem freien Willen entgegenstehe, und verneinte sie,[77] denn die Ursache der Notwendigkeit sei nicht die Voraussicht, sondern der Wille Gottes.[78] Damit war für ihn das Problem sachgemäß formuliert. Aber wie fand er da eine Antwort auf die Frage nach der Willensfreiheit? Er erneuerte eine Antwort der Antike, und zwar der christlichen Antike, er schöpfte sie aus dem Römerbrief des Apostels Paulus: Gott verstockt diesen und erbarmt sich jenes, wie er will.[79] Valla betonte, daß die Ursachen für

71 Anicius Manlius Severinus BOETHIUS: Philosophiae consolatio 5, 3, 3 (Corpus christianorum: series latina. Bd. 94. Turnholti 1984, 92, 3-5) ≙ BOETHIUS: Trost der Philosophie (Philosophiae consolatio ⟨dt.⟩)/ übers. von Karl Büchner. Mit Einführung von Friedrich Klingner. L [1939], 136 f.

72 Boethius: Philosophiae consolatio 5, 4, 27-30 (Corpus christianorum 94, 98, 73-80 ≙ ders.: Trost ..., 145 f).

73 Boethius: Philosophiae consolatio 5, 5, 4 (Corpus christianorum 94, 100, 16-19 ≙ ders.: Trost ..., 149).

74 Boethius: Philosophiae consolatio 5, 6, 2-4 (Corpus christianorum 94, 102, 5-9 ≙ ders.: Trost ..., 152).

75 Boethius: Philosophiae consolatio 5, 6, 44 (Corpus christianorum 94, 106, 145-147 ≙ ders.: Trost ..., 158).

76 Valla: Über den freien Willen, 70, 157-161 / 71.

77 Ebd, 74, 189 f; 100, 440-442 / 75. 101.

78 Ebd, 116, 582-584 / 117.

79 Ebd, 124, 645 f / 125; 134, 737-739 / 135 (R 9, 18).

Gottes Willen unergründlich sind.[80] Valla hat also gezeigt, daß sich die Freiheit des Willens mit der Argumentation des Boethius nicht erweisen läßt und die Ursache für Gottes Willen, zu verstocken oder sich zu erbarmen, verborgen bleibt.[81] Das lief alles auf die Verneinung der Willensfreiheit des Menschen hinaus. Dennoch stellte er die Behauptung auf:

> »Nun aber legt er uns keine Notwendigkeit auf, noch raubt er uns die Freiheit des Willens, wenn er den einen verstockt und des anderen sich erbarmt, da er dies in größter Weisheit und Heiligkeit tut.«[82]

2 Giovanni Pico della Mirandola

Pico della Mirandola beschäftigte sich mit dem freien Willen des Menschen in einem anderen Kontext als Valla in seinem Traktat. Er entwarf 1486 eine Eröffnungsrede für eine Disputation, für die er 900 Thesen formulierte. Da eine päpstliche Kommission unter diesen häretische und recht gefährliche Thesen entdeckte, fand die Disputation nicht statt. Darum hat Pico della Mirandola diese »Oratio« weder vorgetragen noch veröffentlicht. Erst sein Neffe Gianfrancesco Pico della Mirandola (1469-1533) brachte sie 1496 zum Druck. Weil sich der berühmteste Abschnitt dieser Rede mit der Würde des Menschen beschäftigt, erhielt sie später den Titel »Oratio de dignitate hominis« und wurde zum Inbegriff des humanistischen Menschenbildes hochstilisiert. Bereits Petrarca hatte Anstöße gegeben, sich mit diesem Thema der klassischen Antike neu zu beschäftigen. Besondere Traktate hatten ihm Bartolomeo Facio (1405-1457)[83] und Giannozzo Manetti (1396-1459) gewidmet,[84] Ficino es in seiner »Theologia platonica: de immortalitate animorum« abgehandelt.[85] Pico della Mirandola akzentuierte den Inhalt dieser Würde neu.

Giovanni Pico della Mirandola knüpfte an einen Merkur in den Mund gelegten Ausspruch in der hermetischen[86] Schrift »Apuleius« an: »Magnum, o Asclepi,

---

80 Valla: Über den freien Willen, 132, 721-725 / 133
81 Ebd, 126, 675 f / 127.
82 Ebd, 126, 672-676 / 127.
83 Bartolomeo Fazio: De excellentia et praestantia hominis, 1448; gedruckt in: Felinus Sandeus: De regibus Siciliae et Apuliae epitome. Hanoviae 1611, 149-168.
84 Giannozzo Manetti: De dignitate et excellentia hominis libri IV, 1452/53; BL 1532.
85 Flüeler; Imbach: AaO, 507, 36 - 508, 6.
86 Ficino hatte durch eine lateinische Übersetzung das »Corpus Hermeticum«, das nach Hermes Trismegistos – griechische Bezeichnung für den ägyptischen Gott Thot – benannte und seit dem 2. Jahrhundert bekannte anonyme Werk, 1471 dem Humanismus neu erschlossen.

miraculum est homo.«[87] Worin fand er aber das große Wunder? Er antwortete mit einer christlichen Schöpfungsgeschichte, in der Gott Adam – nicht Herkules oder Prometheus[88] – in den Mittelpunkt der Welt stellte, ihm im Unterschied zu den vorher geschaffenen Dingen und Lebewesen keinen festen Ort zuwies und ihn auch mit keiner Eigentümlichkeit ausstattete, sondern mit einer Gabe, durch die er sich von allen anderen Geschöpfen unterschied. Er ließ Gott zu Adam sagen:

»Du sollst – ohne von Einschränkungen gezwungen zu sein – entsprechend deinem freien Willen, in dessen Hände ich dich gegeben habe, deine Natur selbst bestimmen.«[89]

Die Würde des Menschen besteht also darin, daß Gott ihm die Freiheit gegeben hat, sich selbst zu gestalten. Der Mensch erhält die Wahlfreiheit zwischen dem Guten und dem Bösen: »Du kannst zum Niedrigen, dem Tierischen, verkommen; du kannst – wenn du es willst – zum Höheren, zum Göttlichen, wiedergeboren werden.«[90] Er hat die Freiheit, zu einem Tier herunterzukommen oder zu Gott emporzusteigen. Er hat die Freiheit einer autonomen Selbstkreation, wobei für Pico della Mirandola das Ziel eindeutig war. Er ermahnte seine vorgestellten Hörer, nicht zum Vieh zu werden, sondern dafür zu sorgen, daß sich an ihnen die Aussage des »Propheten« Asaf bewahrheitet: »Ihr seid Götter.«[91] Im heiligen Ehrgeiz (ambitio!) sollen sie sich nicht mit dem Mittelmaß begnügen, sondern zum Höchsten streben:

»Wenn wir wollen, werden wir ihnen [den Engeln] in nichts nachstehen.«[92]

Diese Freiheit ist allerdings in verschiedene Bezüge eingebettet. Der Mensch findet die von Gott geschaffene und definierte Schöpfung schon vor und erhält die Herrschaft über diese Schöpfung und sich selbst von Gott.[93] Gott hat ihn in die

87 Giovanni PICO DELLA MIRANDOLA: De dignitate hominis: lateinisch-deutsch/ eingel. von Eugenio Garin. Bad Homburg v. d. H. 1968, 26 / 27.

88 Darauf wies Garin hin (ebd, 23, Anm. 16).

89 Ebd, 28: »Tu, nullis angustiis coercitus, pro tuo arbitrio, in cuius manu te posui, tibi illam praefinies.«

90 Ebd, 28: »Poteris in inferiora quae sunt bruta, degenerare; poteris in superiora quae sunt divina ex tui animi sententia regenerari.«

91 Vgl. Ps 82, 6. Ob sich die Psalmüberschrift »Ein Psalm Asafs« auf den 2 Chr 29, 30 genannten Seher Asaf als Dichter oder auf eine nach ihm benannte Sängerschaft im Tempel bezieht, ist strittig; Hans-Joachim KRAUS: Psalmen. 4. durchges. Aufl. Bd. 1: Psalmen 1-63. B 1972, XIX f; Detlef ILLMER: Asaph/Asaphiten. TRE 4 (1979), 172, 23-41.

92 Pico della Mirandola: De dignitate hominis, 32 / 33.

93 Heinrich REINHARDT: Freiheit zu Gott: der Grundgedanke des Systematikers Giovanni Pico della Mirandola (1463-1494). Weinheim 1989, 120 f.

Mitte der Welt gesetzt, so daß er leichter alles betrachten kann, was in der Welt ist. Sein Wollen soll daher von Wahrnehmen, Erforschen und Erkenntnis beeinflußt werden.[94]

Obgleich die Freiheit des Menschen für Pico della Mirandola in seinen Schriften so zentral ist, daß Heinrich Reinhardt dessen aus der Anthropologie entwickelte Theologie unter den Begriff »Freiheit zu Gott« stellen konnte,[95] hat der Florentiner sie doch nur einmal zum Gegenstand einer eigenen Untersuchung gemacht, und zwar in den »Disputationes adversus astrologiam«[96]. Er erörterte nicht wie Valla das Verhältnis zwischen Gottes Vorherbestimmung und der Freiheit der Willensentscheidungen des Menschen, sondern setzte sich mit der astrologischen Behauptung auseinander, daß der Lauf der Sterne das menschliche Verhalten determiniere. Pico della Mirandola führte Äußerungen von Astrologiegegnern an und berief sich auf die Kirchenväter, »die gerade nicht billigten, was die Freiheit des Willens hinwegnimmt oder die Notwendigkeit des Schicksals einführt«.[97]

Pico della Mirandola leugnete nicht, daß es kosmische Einflüsse auf den Menschen gibt, aber sie sind rein äußerlich, betreffen nur das Körperliche. Die Freiheit des Menschen ist aber entscheidend an seinen Geist gebunden:

> »Auf Erden gibt es nichts Größeres als den Menschen, nichts Größeres im Menschen als Geist und Seele. Wenn du hierzu aufsteigst, übersteigst du den Himmel. Wenn du zum Leib dich herabneigst und zum Himmel emporblickst, wirst du dich als Fliege erkennen, ja als etwas Geringeres als eine Fliege.«[98]

Dem Menschen wird ein Primat des Geistigen zugeschrieben, das sich selbst noch über den Himmel – das heißt die Welt der Engel und ihres Intellekts – zu erheben vermag. Die Freiheit des Willens ist also vor allem als eine Freiheit für das Geistige aufgefaßt, die den Menschen die Aufgabe stellt, sich vom Irdischen zu lösen.[99]

---

94 Reinhardt: Freiheit zu Gott, 121-128.
95 Vgl. ebd, 159. Im Gegensatz dazu hat R[obert] SPAEMANN: Freiheit III. Historisches Wörterbuch der Philosophie/ hrsg. von Joachim Ritter. Bd. 2: D-F. BL; S 1972, 1087, das »humanistische Verständnis von F[reiheit] als F[reiheit] *gegenüber* Gott« beschrieben.
96 Giovanni PICO DELLA MIRANDOLA: Concordiae comitis disputationum in astrologiam. In: Ders.: Opera omnia: (1557-1573). Bd. 1/ mit einer Einl. von Cesare Vasoli. Nachdruck der Ausg. BL 1557. Hildesheim 1969, 411-732.
97 Reinhardt: Freiheit zu Gott, 129; Pico della Mirandola: Opera omnia 1, 426.
98 Ebd 1, 519; Reinhardt: Freiheit zu Gott, 132.
99 Ebd, 131 f.

Einer theologischen Frage stellte sich Pico della Mirandola: Widerspricht nicht das Vorherwissen Gottes der Freiheit des menschlichen Willens? Er antwortete darauf: Gottes Vorherwissen bedeutet keine Vorherbestimmung der menschlichen Handlungen. Er sieht nur voraus, was ich frei tun werde, sogar das, was er nicht will, wobei er aber will, daß ich frei bin. Gott selbst hat unseren freien Willen vorhergeplant. Wenn aber Gott selbst diese Freiheit gestiftet hat, können die Sterne diese nicht einschränken.[100]

Pico della Mirandola beschrieb die Würde und damit die Freiheit des Menschen im Rahmen einer Schöpfungslehre, in welcher der Mensch durch den rechten Gebrauch seiner Freiheit sich selbst zur Seligkeit bestimmt oder umgekehrt sich selbst verurteilt. Da er weder auf die Sünde noch auf die Erbsünde einging, entwickelte er auch keine Lehre von der Erlösung und das durch sie erworbene Heil.[101] Infolgedessen mußte er sich auch nicht der Frage nach der Spannung zwischen der göttlichen Vorherbestimmung des Menschen zum ewigen Heil und dessen Willensfreiheit stellen.

3 Desiderius Erasmus aus Rotterdam

Erasmus erhob aber in »De libero arbitrio diatribe«[102] gerade diese Spannung zum Gegenstand seiner Erörterung. Denn er wollte unter dem Begriff »freier Wille« das Vermögen des Willens behandeln, »sich dem, was zur ewigen Seligkeit führt«, zuzuwenden oder abzukehren.[103] Während Pico della Mirandola biblische und

---

100 Ebd, 133-135.

101 Ebd, 136-140. Kristeller hat darauf hingewiesen, daß Pico della Mirandola Adam die Willensfreiheit vor dem Sündenfall zugesprochen, niemals die Gnaden- und Prädestinationslehre geleugnet und nirgendwo die Notwendigkeit göttlicher Gnade für den Menschen in seinem gegenwärtigen Zustand ausgeschlossen habe; Paul Oskar KRISTELLER: Studien zur Geschichte der Rhetorik und zum Begriff des Menschen in der Renaissance/ übers. von Renate Jochum. GÖ 1981, 72 f. So berechtigt es ist, vor einer modernen Rezeption zu warnen, die die Bedeutung der christlichen Religion für Pico della Mirandola und seine Entwicklung nach 1486 unbeachtet läßt, sollten doch bei einem Autor, der vor der päpstlichen Ketzerverfolgung nach Frankreich fliehen mußte, besser keine Schlüsse ex silentio gezogen werden.

102 ERASMUS DESIDERIUS ROTERODAMUS: De libero arbitrio DIATRIBE sive collatio/ hrsg. von Johannes von Walter. L 1935; ERASMUS von Rotterdam: Vom freien Willen (De libero arbitrio DIATRIBE ⟨dt.⟩)/ übers. von Otto Schumacher. GÖ 1940.

103 Erasmus: De libero arbitrio ... I b, 10 (Erasmus Desiderius Roterodamus: De libero arbitrio ..., 19, 7-10 ≙ ders.: Vom freien Willen, 24 ≙ ERASMUS von Rotterdam: Ausgewählte Schriften: acht Bände; lateinisch und deutsch/ hrsg. von Werner Welzig. Sonderausgabe, Nachdruck der 2., unv. Aufl. Bd. 4: De libero arbitrio diatribe sive collatio [u. a.]/ übers., eingel. und mit Anm. vers. von Winfried Lesowsky. DA 1995, 36 / 37).

antike Autoren gleichwertig[104] verwendete, so daß er sich in seiner »Oratio de dignitate hominis« nach Aristoteles und Platon am meisten auf den Neuplatoniker Iamblichos aus Chalkis (um 250 – um 330) und Mose berief, wollte Erasmus seine Argumente allein aus der Heiligen Schrift gewinnen, da Luther nur ihre Autorität anerkannte.[105] Trotzdem versagte er es sich nicht, dreizehn Kirchenväter und acht Scholastiker als Vertreter der Willensfreiheit aufzuzählen und hinzuzufügen, daß nur die Manichäer und John Wyclif (um 1320-1384) diese bestritten hätten. Den Traktat des Lorenzo Valla, »der kaum anders als sie zu denken scheint«, spielte er mit der Behauptung herunter, daß dieser unter Theologen nicht viel gelte.[106]

Es braucht hier nicht verfolgt zu werden, wie Erasmus versuchte, Anliegen Luthers aus dessen Kampf gegen die spätmittelalterliche Verdienstlehre aufzunehmen und zugleich die Willensfreiheit festzuhalten, wie er das Erlangen des ewigen Heils in die drei Teile Anfang, Fortschritt und Vollendung zerlegte, den ersten und dritten Teil der Gnade Gottes als Hauptursache zuwies und dem freien Willen nur beim Fortschritt als Nebenursache die Möglichkeit zum Wirken einräumte.[107] Für unsere Erörterung ist des Erasmus Bekenntnis von größerem Interesse, daß er über das viele und Verschiedene, was von den Alten zum freien Willen überliefert worden ist, kein festes Urteil habe, außer der Überzeugung, daß es irgendein Vermögen des freien Willen gibt,[108] wobei ihm die »Oratio de dignitate hominis« des Pico della Mirandola bekannt war.[109]

104 Pico della Mirandola bewies seine Behauptung, daß Gott erst am Ende der Schöpfung an die Erschaffung des Menschen dachte, mit dem Hinweis: »wie Mose und Timaeus bezeugen« (ders.: De dignitate hominis, 26 f / 29), stellte also Aussagen des Alten Testamentes und Platons, die dieser einem fiktiven Timaios aus Lokri in den Mund gelegt hatte, auf eine Ebene. Gian Carlo GARFAGNINI: Pico della Mirandola, Giovanni (1463-1494). TRE 26 (1996), 604, 40-50, urteilt, daß Pico della Mirandola außerchristliche Quellen als eine Offenbarung aufnahm, die er neben die christlichen stellte, ohne die christlichen Lehrer abzuwerten.
105 Erasmus: De libero arbitrio ... 1 b, 1 (Erasmus Desiderius Roterodamus: De libero arbitrio ..., 11, 22-25 ≙ ders.: Vom freien Willen, 17 ≙ ders.: Ausgewählte Schriften 4, 20 / 21).
106 Erasmus: De libero arbitrio ... 1 b, 2 (Erasmus Desiderius Roterodamus: De libero arbitrio ..., 12, 6 - 13, 11 ≙ ders.: Vom freien Willen, 18 ≙ ders.: Ausgewählte Schriften 4, 22-24 / 23-25).
107 Erasmus: De libero arbitrio ... 4, 8 (Erasmus Desiderius Roterodamus: De libero arbitrio ..., 82, 20 - 83, 7 ≙ ders.: Vom freien Willen, 79 f ≙ ders.: Ausgewählte Schriften 4, 170-172 / 171-173).
108 Erasmus: De libero arbitrio ... 1 a, 5 (Erasmus Desiderius Roterodamus: De libero arbitrio ..., 4, 15-18 ≙ ders.: Vom freien Willen, 12 ≙ ders.: Ausgewählte Schriften 4, 8 / 9).
109 August BUCK: Giovanni Pico della Mirandola und seine Rede über die Würde des Menschen. In: Ders.: Studien zu Humanismus und Renaissance: gesammelte Aufsätze aus den Jahren 1981-1990/ hrsg. von Bodo Guthmüller; Karl Kohut; Oskar Roth. Wiesbaden 1991, 364, benennt John Colet (1467?-1519) und Thomas Morus (1477/78-1535) als Vermittler.

Damit hat Erasmus bezeugt, was der Gegenstand meines Beitrages ist: Es gab schon in der Antike unterschiedliche Vorstellungen über die Freiheit des Willens. Sie erstreckte sich nicht bei jedem, der sie vertrat, auf dieselben Beziehungen. Das war unter den Humanisten nicht anders. Während für Pico della Mirandola die Beziehung zwischen der Freiheit des menschlichen Willens und der Gnade Gottes für die Erlösung des Menschen kein Thema war, stand sie bei Erasmus im Mittelpunkt einer seiner wichtigsten Schriften. Dabei ging Erasmus nicht an der Tatsache vorüber, daß der Humanist Valla, dem er wesentliche Anstöße zu seinen bibelhumanistischen Arbeiten verdankte, diese Willensfreiheit zu bestreiten »schien«, wie er sich vorsichtig ausdrückte.

Was soll nun als humanistische Vorstellung über die Freiheit des Willens gelten? Gott hat den Menschen mit der Freiheit geschaffen, sich selbst zu gestalten, so daß die Frage nach der Sünde und dem Erlösungswerk Gottes in Jesus Christus unerörtert bleiben kann, oder die Erlösung des Menschen durch Gott ist ein wichtiger anthropologischer Gesichtspunkt, wobei das Mitwirken eines freien Willens des Menschen als unbeweisbar angesehen bzw. abgelehnt oder aber als aus der Heiligen Schrift aufweisbar betrachtet wird. Wer sich für eine dieser Vorstellungen oder eine andere Ansicht über die Freiheit des menschlichen Willens als *die* humanistische entscheidet, sagt oft mehr über sich selbst als über die diesbezüglichen Vorstellungen in der humanistische Bewegung aus.

III Die Unsterblichkeit der Seele

Unter dem Einfluß des Renaissancehumanismus entfaltete sich im 14. Jahrhundert zunächst in Bologna, dann in Padua eine Aristotelesrezeption, die sich von der scholastischen ablöste. Dabei gewann anfangs Averroës (1126-1198) als *der* Kommentator an Bedeutung. Die humanistische Methode »ad fontes« ließ einige aber auch die Aristoteleskommentare des um 198 nach Athen berufenen Alexandros aus Aphrodosias neu entdecken. Wenn es dadurch im 15. Jahrhundert in Norditalien über die Aristotelesdeutung auch zu Auseinandersetzungen zwischen Averroisten und Alexandristen kam, waren sie sich doch darin einig, daß Aristoteles keine Unsterblichkeit der Seele des einzelnen Menschen gelehrt hatte. Diese Auslegung konnte zwar als ein rein philosophiegeschichtliches Urteil betrachtet werden, aber auch Zweifel an der christlichen Verkündigung wecken. Die Erneuerung eines Themas der antiken Philosophie, nämlich die Beschäftigung mit der Lehre von der Unsterblichkeit der Seele, gewann an Brisanz, weil sie mit dem christlichen Bekenntnis von der Auferstehung der Toten und dem ewigen

Leben verbunden wurde. Welche unterschiedlichen Positionen in dieser Diskussion Humanisten beziehen konnten, soll an Marsilio Ficino und Pietro Pomponazzi (1462-1524) deutlich werden.

1 Marsilio Ficino

Dieser Florentiner Philosoph verfaßte von 1469 bis 1474 sein Hauptwerk »Theologia platonica: de immortalitate animorum«, das er 1482 veröffentlichte.[110] Obgleich er darin ein ganzes Buch der Widerlegung des Averroismus widmete,[111] handelt es sich doch nicht um eine vorwiegend polemische Schrift, sondern um eine Darlegung seiner grundsätzlichen Überzeugung von der Harmonie zwischen Platonismus und Christentum. Ficino schöpfte für eine Argumentation aus Platon, Plotin (um 205-270) und Augustinus, konnte aber auch Aristoteles heranziehen.[112] Er wollte nicht eine bestimmte Philosophie der Antike repristinieren, sondern im 15. Jahrhundert eine christliche Philosophie erneuern, in der die Unsterblichkeit der Seele eine bevorzugte Stellung erhielt.

Ficino sah die Seele zwar durch manche Funktionen wie das Wahrnehmen an den Körper gebunden, hielt sie aber durch andere wie das Denken als vom Körper unabhängig. Er rechnete sie schließlich – wie Platon – zu den unkörperlichen Substanzen.[113] Ficino übernahm das von Empedokles (483/82-430/20) entwickelte Affinitätsprinzip: die Behauptung von der Gleichartigkeit des erkennenden und des erkannten Wesens. Demzufolge mußten dem reinen Denken der Seele als Objekte intelligible Wesen entsprechen: Gott und Ideen. Mit diesem Argument sah er bestätigt, daß die Seele selbst ein intelligibles, ein unkörperliches Wesen ist.[114] Da aber die intelligiblen Wesen als ewig und unveränderlich galten, konnte Ficino folgern, daß aufgrund der Affinität auch die Seele ewig und unveränderlich sein müsse.[115]

Eine andere Argumentation leitete Ficino von seiner Beschreibung des Bewußtseins ab. Er übernahm die neuplatonische Vorstellung, daß die innere Erfahrung darin bestehe, daß das Bewußtseins sich zu immer höheren Stufen der Kontemplation erhebt, bis es zur unmittelbaren Anschauung Gottes gelangt, die zugleich

110 Paul Oskar KRISTELLER: Renaissance thought and its sources/ hrsg. von Michael Mooney. NY 1979, 189.
111 Kristeller: Die Philosophie des Marsilio Ficino, 331.
112 Ebd, 308.
113 Ebd, 309.
114 Ebd, 312 f.
115 Ebd, 314 f.

das letzte Ziel des Lebens ist. Aber dieses letzte Ziel wird nur von wenigen Menschen und von diesen nur für kurze Zeit erreicht. Daraus folgte für Ficino, daß die Erfüllung in einem zukünftigen, jenseitigen Leben erreicht wird, das in einer vollkommenen und dauernden Gotteserkenntnis besteht.[116] Da aber nun die kontemplative Erkenntnis schon im irdischen Leben von einer innerlichen Überwindung äußerlicher Dinge und damit von einer Absonderung der Seele vom Körper begleitet wird, vollendet der Tod die Trennung der Seele vom Körper und die Gotteserkenntnis, wofür die Unsterblichkeit der Seele notwendige Bedingung ist.[117]

Als grundlegend für Ficinos Überlegungen erweist sich seine Lehre vom appetitus naturalis, den er auch in seiner »Theologia platonica« beschrieben hat. Er charakterisierte ihn als das den einzelnen Dingen von Gott eingepflanzte Streben zu einem bestimmten Ziel, wobei er der Seele das Streben zu Gott zuwies.[118] Daraus folgerte er: »Die Gottesverehrung ist den Menschen so natürlich wie den Pferden das Wiehern und den Hunden das Bellen.«[119] Weil er von dem ontologischen Grundsatz überzeugt war, daß in der vollkommenen Weltordnung in der Natur nichts unnötig und überflüssig ist,[120] konnte er folgern, daß das im irdischen Leben unerreichbare Streben nach Gott notwendig in einem zukünftigen Leben seine Erfüllung finden und daher die Seele unsterblich sein muß.[121] Analog postulierte er einen natürlichen Willen zur Unsterblichkeit, dem eine Verwirklichung entsprechen müsse.[122] Einen Beweis für die Unsterblichkeit der Seele fand er auch darin, daß Menschen in diesem Leben durch Verzicht Opfer bringen, um dafür später von Gott belohnt zu werden. Er konnte es nicht mit seiner Vorstellung von der durch Gott geschaffenen Vollkommenheit der Weltordnung vereinbaren, daß der Mensch als törichtstes und unglücklichstes aller Lebewesen um den Genuß in diesem und in jenem Leben betrogen wird.[123] Ficino sah die Überlegenheit des Menschen gegenüber den anderen Lebewesen in seiner Beziehung zu Gott und in einem glücklicheren Leben als diese. Angesichts der Sorge und der Unruhe des irdischen Lebens hielt er den Genuß eines ewigen Lebens für notwendig.

116 Ebd, 315-317.
117 Ebd, 319.
118 Ebd, 158 f; Ficinus: Opera ... omnia 1, 305.
119 Kristeller: Die Philosophie des Marsilio Ficino, 322; Ficinus: Opera ... omnia 1, 319 f.
120 Kristeller: Die Philosophie des Marsilio Ficino, 52-54.
121 Ebd, 323-325.
122 Ebd, 326.
123 Ebd, 327 f.

Diese Auswahl aus Ficinos Argumenten für die Unsterblichkeit der Seele lassen bereits ihre Einbettung in seine Ontologie erkennen. Die Frage nach der Unsterblichkeit der Seele war für ihn nicht marginal, sondern zentral wie bei keinem Philosophen vor und nach ihm, denn sie bestätigte, daß der von ihm beschriebene appetitus naturalis seine Erfüllung findet, daß das von ihm beschriebene Leben nicht sinnlos, sondern sinnvoll ist.[124]

Für unsere Betrachtung ist festzuhalten, daß Ficino nicht die anthropologische Vorstellung eines antiken Philosophen – schon gar nicht *die* antike Vorstellung von der Unsterblichkeit der Seele erneuerte –, sondern aus der platonischen Tradition schöpfend, metaphysisch argumentierend und mit eigenen Überlegungen angereichert die in seiner Zeit neu diskutierte Lehre von der Unsterblichkeit wiederbelebte, um die christliche Überzeugung von einem Weiterleben nach dem Tode gegen Behauptungen norditalienischer Aristoteliker zu verteidigen.

2 Pietro Pomponazzi

Ficinos »Theologia platonica« stieß zwar auf Beachtung, aber sie beendete nicht die Diskussion. Daher hielt es das Fünfte Laterankonzil für erforderlich, am 19. Dezember 1513 mit der Bulle »Apostolici regiminis« alle diejenigen zu verdammen, die lehren, daß die anima intellectiva sterblich sei oder daß alle Menschen nur eine anima intellectiva gemeinsam hätten,[125] da dies ja die persönliche Auferstehung ausschloß.

Diese Bulle wandte sich auch gegen diejenigen, »die ohne Überlegung philosophieren und ernsthaft behaupten, dies sei wenigstens gemäß der Philosophie wahr«.[126] Das schreckte aber den in Padua ausgebildeten und seit 1511 in Bologna lehrenden Philosophen Pomponazzi nicht davon ab, 1516 mit seinem »Tractatus de immortalitate animae«[127] die Diskussion anzuheizen.

Pomponazzi legte seinen Überlegungen zugrunde, daß der Mensch eine dreifache Seele besitze: eine vegetative, eine wahrnehmende und eine erkennende.

---

124 Kristeller: Die Philosophie des Marsilio Ficino, 332-334.

125 ENCHIRIDION SYMBOLORUM, DEFINITIONUM ET DECLARATIONUM DE REBUS FIDEI ET MORUM/ hrsg. von Heinricus Denzinger; Adolfus Schönmetzer. 33. Aufl. Barcinone; FB; Romae; Neo-Eboraci 1965, DS 353 (1440).

126 Ebd, 353 (1440): »..., de natura praesertim anima rationalis, quod videlicet mortalis sit, aut unica in cunctis homninibus, et nonnulli temere philosophantes, secundum saltem philosophiam verum id esse asseverunt; ...«

127 Pietro POMPONAZZI: Abhandlung über die Unsterblichkeit der Seele: lateinisch-deutsch/ übers. und mit einer Einl. hrsg. von Burkhard Mojsisch. HH 1990.

Der vegetativen und der wahrnehmenden Seele wies er Sterblichkeit, der erkennenden Unsterblichkeit zu. Daraus folgerte er, daß der Mensch eine doppelte Natur habe, wodurch er weder schlechthin sterblich noch schlechthin unsterblich sei. Er pflichtete daher den antiqui[128] bei, die dem Menschen eine Stelle zwischen dem Ewigen und dem Zeitlichen zuteilten. Er akzeptierte die Unterscheidung von drei Klassen unter den Menschen: einige wenige, die ihre vegetative und wahrnehmende Seele so beherrschten, daß sie zu den Göttern gezählt wurden, einige, die der Vernunft keine Beachtung schenkten und gleichsam zu Tieren wurden, und einige, die als Menschen bezeichnet wurden, weil sie entsprechend den sittlichen Tugenden lebten, ohne sich ganz der Vernunft zu überantworten und ohne von körperlichen Tugenden ganz frei zu werden. Die von ihm dem Menschen zugewiesene Stellung fand er im Vulgatatext Ps 8, 6 bestätigt: »Du hast ihn weniger niedriger geschaffen als die Engel ...«[129]

Pomponazzi nahm die Unterscheidung auf, ob eine Natur vervielfältigt oder eine einzig ist, das heißt, ob sie in jedem Individuum selbständig vorhanden oder eine allen Individuen gemeinsam ist. Danach entwickelte er rein logisch die möglichen Modelle in zwei Gruppen:

In der ersten Gruppe gelten die sterbliche und die unsterbliche Natur im Menschen als real verschieden. Dann ergeben sich vier mögliche Kombinationen:

1. Jeder Mensch besitzt eine sterbliche und eine unsterbliche Natur.

2. Jeder Mensch besitzt eine sterbliche Natur, und in allen Menschen ist die unsterblichen Natur gemeinsam.

3. In allen Menschen ist die eine sterbliche Natur gemeinsam, und jeder Mensch hat eine unsterbliche Natur.

4. In allen Menschen ist eine sterbliche und eine unsterbliche Natur gemeinsam.

In der zweiten Gruppe gelten die sterbliche und die unsterbliche Natur im Menschen als real identisch. Dann sind wiederum vier Kombinationen möglich:

5. Die eine Natur ist schlechthin sterblich und unsterblich.

6. Die eine Natur ist in gewisser Weise sterblich und schlechthin unsterblich.

7. Die eine Natur ist schlechthin sterblich und in gewisser Weise unsterblich.

8. Die eine Natur ist in gewisser Weise sterblich und unsterblich.

---

128 Mojsisch hat (ebd, 7, Anm. 10) auf den neuplatonischen Philosophen Proklos (412-485) verwiesen; PROCLUS: Elementatio theologia, prop. 190 ≙ dass./ übers. von Guillelmus de Morbecca; hrsg. von Helmut Boese. Leuven 1987, 92.
129 Petrus POMPONATIUS: Tractatus de immortalitate animae, cap. 1 (Pomponazzi: AaO, 6-8 / 7-9).

Pietro Pomponazzi
Kupferstich, 143 x 84 mm

Die vierte und fünfte Kombination verwarf Pomponazzi wegen ihrer kontradiktorischen Widersprüchlichkeit, die dritte fand er unvertretbar und von keinem vertreten. Die erste Kombination brachte er mit Platon in Verbindung und wies sie zurück. Die zweite sah er bei den beiden Aristoteleskommentatoren Themestios (um 320 – um 390) und Averroës und verwarf sie. Die sechste brachte er mit Thomas von Aquino (1225-1274) in Zusammenhang und wies sie ebenfalls zurück.[130] Pomponazzi selbst vertrat die Überzeugung, daß für Aristoteles die Seele sterblich war.[131] Wenn der Mensch dennoch manchmal als unsterblich bezeichnet werde, so sei dies nur in einer bestimmten Beziehung zu verstehen, indem er infolge seiner Mittelstellung zwischen den Tieren und den Göttern im Unterschied zu den Tieren des Göttlichen teilhaftig[132] ist oder indem seine Seele Teilhabe am allgemeinen Intellekt hat.[133] Pomponazzi fand die aristotelische Lehre also in der siebenten Kombination: Die eine Natur ist schlechthin sterblich und in gewisser Weise unsterblich. Aber das war nicht das einzige Ergebnis.

Pomponazzi erwähnte Ficino in seinem Traktat nicht, widerlegte aber dessen philosophischen Erweis der Unsterblichkeit der Seele[134] mit dem Ergebnis seiner Erörterung:

> »Denn mir scheint, daß keine natürlichen Argumente angeführt werden können, die zu dem Schluß zwingen, die Seele sei unsterblich, und noch viel weniger solche, die beweisen, die Seele sei sterblich, ...«[135]

Pomponazzi löste das Problem mit einer Art erkenntnistheoretischen Zwei-Bereiche-Lehre: Jede Wissenschaft muß sich der ihr gemäßen Methoden bedienen. Da die Unsterblichkeit der Seele ein Glaubensartikel ist, muß ihre Erkenntnis aus der Offenbarung und der Heiligen Schrift gewonnen werden.[136] Und während er vorher mit Aussagen von Philosophen und deren Kommentatoren

---

130 Vgl. Pomponazzi: AaO, XVI f.

131 Pomponatius: Tractatus de immortalitate animae, cap. 9. 14 (Pomponazzi: AaO, 88 / 89. 218 / 219).

132 Pomponatius: Tractatus de immortalitate animae, cap. 9 (Pomponazzi: AaO, 108 / 109).

133 Pomponatius: Tractatus de immortalitate animae, cap. 9 (Pomponazzi: AaO, 116 / 117).

134 Kristeller: Renaissance thought ..., 193, weist darauf hin, daß oft übersehen wurde, wie die Auseinandersetzung mit Ficino im Hintergrund stand. Mojsisch hat dies einbezogen (Pomponazzi: AaO, XIV f).

135 Pomponatius: Tractatus de immortalitate animae, cap. 15 (Pomponazzi: AaO, 229 / 230).

136 Kristeller: Renaissance thought ..., 199, empfiehlt, das im Zusammenhang mit dem Spätmittelalter unter der Bezeichnung »Theorie der doppelten Wahrheit« verhandelte Problem gerechter als Trennung oder Dualismus von Glaube und Vernunft zu beschreiben.

argumentierte, bezog er sich nun auf die Heilige Schrift, Kirchenväter und Theologen. Nachdem Pomponazzi 14 Kapitel lang gegen die Lehre von der Unsterblichkeit argumentiert hatte, überraschte er im 15. mit seiner Auffassung: »Deshalb muß man ohne Zweifel behaupten, daß die Seele unsterblich ist.«[137] Daher haben manche angenommen, Pomponazzi habe die Sterblichkeit der Seele vertreten und das 15. Kapitel nur geschrieben, »um nicht Kopf und Kragen zu riskieren«.[138] Kristeller dagegen forderte dazu auf, davon auszugehen, daß ein Autor meint, was er sagt, und das Dilemma wahrzunehmen, in dem sich Pomponazzi und seine Zeitgenossen in der Spannung zwischen Philosophie und Theologie, Vernunft und Glauben befanden.[139]

Für unser Thema ergibt sich auf jeden Fall, daß die antiken Autoren über die Unsterblichkeit der Seele Unterschiedliches, ja Gegensätzliches lehrten, ihre Aussagen in der Antike und im Mittelalter verschieden interpretiert wurden und die Humanisten, die keine einheitliche antike Vorstellung über die Unsterblichkeit der Seele vorfanden, unter Rückgriff auf antike Autoren unterschiedliche Anschauungen entwickelten. Und wenn sich letztlich auch beide, Ficino und Pomponazzi, für die Unsterblichkeit der Seele aussprachen, behaupteten sie doch als humanistische Philosophen Gegensätzliches. Gemeinsam war ihnen auch die Wiederbelebung einer antiken Fragestellung, ohne daß sie erörterten, ob die Verheißung von der Auferstehung der Toten mit der Lehre von der Unsterblichkeit der Seele adäquat erfaßt werden kann.

IV Folgerung

Das Ergebnis ist eindeutig: es ist unmöglich, für einzelne anthropologische Fragen jeweils *die* humanistische Antwort zu ermitteln oder gar *das* humanistische Menschenbild zu skizzieren.[140]

---

137 Pomponatius: Tractatus de immortalitate animae, cap. 15 (Pomponazzi: AaO, 236 / 237).
138 So Mojsisch (Pomponazzi: AaO, XII).
139 Kristeller: Renaissance thought ..., 200.
140 Hans BARON: Willensfreiheit und Astrologie bei Marsilio Ficino und Pico della Mirandola. In: Kultur- und Universalgeschichte = Festschrift für Walter Goetz/ dargebracht von Fachgenossen, Freunden und Schülern zu seinem 60. Geburtstag. L 1927, 145, hat schon vor 70 Jahren darauf hingewiesen, daß die Verteidigung der Lehre von der Willensfreiheit nicht notwendig eine Konsequenz aus der Lehre von Würde des Menschen, »sozusagen die Quintessenz der humanistischen Weltanschauung selber«, gewesen sei, weil die Antworten der Humanisten zu vielfältig waren. Kristeller: Studien zur Geschichte der Rhetorik ..., 66, hat

Dieses Ergebnis muß für die im 19. Jahrhundert entwickelte Humanismus-vorstellung unbefriedigend erscheinen. Daher ist der Versuch verständlich, unter Verwendung neuerer Erkenntnisse der Humanismusforschung wenigstens ein gemeinsames Bestreben der Humanisten zu erfassen. Charles Trinkaus (*1912) hat dies vor fast 30 Jahren getan. Er konzentrierte sich auf diejenigen Humanisten, die sich darum mühten, die Natur, die Voraussetzung und die Bestimmung des Menschen innerhalb eines vom christlichen Glauben vorgegebenen Rahmens zu definieren. Daher konnte nach seiner Meinung während der Renaissance die Vorstellung über die menschliche Natur nur in ihrer Beziehung zur göttlichen Natur beschrieben werden.[141] Dabei ging er von der Überzeugung aus, daß die Inspiration zu dem neuen Menschenbild von der Wiederbelebung der patristischen Exegese von Gn 1, 26 »Faciamus hominem ad imaginem et similitudinem nostram« ausgegangen sei.[142]

Um aber sein Programm durchführen zu können, mußte er eine Auswahl vornehmen. Zunächst übernahm er aus der Forschung von Kristeller die Einsicht, daß eine erhebliche Zahl von Humanisten sich dem Studium von Sprache und Literatur der klassischen Antike widmeten, ohne sich mit philosophischen – und damit auch anthropologischen – Fragen zu beschäftigten.[143] Viele Humanisten hatten also kein humanistischen Menschenbild. Trinkaus beschränkte seine Untersuchung auf italienische Humanisten und differenzierte weiter. Er unterschied zwischen Francesco Petrarca, Coluccio Salutati (1331-1406) und Lorenzo Valla – die drei unterschiedliche Vorstellungen vom Menschsein und Gottsein entwickelten – als Vertreter der Frührenaissance einerseits und der nachfolgenden Generation andererseits. In dieser hob er die Renaissanceplatonisten als eigene Gruppe ab.[144] So konnte er innerhalb der Renaissancegelehrten zwischen Humanisten

---

in dem Kapitel »Die Würde des Menschen« nicht nur darauf aufmerksam gemacht, daß viele wichtige Denker der Renaissance sich mit diesem Thema nicht beschäftigt haben und diejenigen, die es taten, darüber unterschiedliche Ansichten vertraten, sondern auch resümiert: »Mit anderen Worten: die Verherrlichung des Menschen, die wir erörtern wollen, wurde nicht von allen Renaissancedenkern, sondern nur von einigen bejaht.«

141 Seinem Grundanliegen trug der Titel der ihm zum 80. Geburtstag gewidmeten Festschrift Rechnung: HUMANITY AND DIVINITY IN RENAISSANCE AND REFORMATION: essays in honor of Charles Trinkaus/ hrsg. von John W. O'Malley; Thomas M. Izbicki; Gerald Christianson. Leiden; NY; Köln 1993.

142 Charles TRINKAUS: In our image and likeness: humanity and divintiy in Italian humanist thought. Bd. 1. Chicago 1970, XIII, f.

143 Trinkaus: AaO 1, XV.

144 Trinkaus: AaO 1, XV f.

und Platonisten unterscheiden.[145] Trinkaus gewann so ein humanistisches Menschenbild innerhalb eines gemeinsamen Rahmens mit durchaus voneinander abweichenden anthropologischen Vorstellungen.

Dieses Verfahren läuft darauf hinaus, anthropologische Vorstellungen einer bestimmten Gruppe als Norm für *das* humanistische Menschenbild auszugeben. Wer davon zu stark abwich, braucht nicht beachtet zu werden. So erwähnte Trinkaus in seinem zweibändigen Werk Machiavelli nur fünfmal völlig marginal. So notwendig gegen das Betonen der Bedeutung der heidnischen Antike für den Humanismus durch Jacob Burckhardt (1818-1897) der Aufweis christlicher Wurzeln war, sosehr beschwört das Vorgehen von Trinkaus die Gefahr herauf, den Einfluß der heidnischen Antike auf manchen Humanisten zu übersehen.[146]

Die Folgen für Aussagen über anthropologische Vorstellungen während der Reformationszeit sind deutlich: Es ist unangemessen, bei der Wiedergabe philosophischer und theologischer Gedanken vage auf humanistische Einflüsse zu verweisen, denn es hat kein humanistisches Menschenbild mit einer inhaltlich umschreibbaren Übereinstimmung gegeben. Die Humanismusforschung hat kein allgemein anerkanntes Menschenbild des Renaissancehumanismus zutage gefördert, sondern vielmehr zunehmend Unterschiede aufgewiesen. Angesichts dieser Sachlage besteht die Aufgabe, jeweils präzise inhaltlich auszuführen, welche anthropologische Vorstellung aus der humanistischen Bewegung in den vorliegenden Texten bzw. Lehren enthalten ist oder vermutlich nachgewirkt hat und welche Humanisten sie vertreten haben. Das ist besonders auch bei Aussagen zu Philipp Melanchthons Anthropologie oder Pädagogik zu beherzigen.

---

145 Trinkaus: AaO 2. Chicago 1970, 764.
146 Vgl. Louis W. SPITZ: Humanismus/Humanismusforschun. TRE 15 (1986), 641, 30-33: »Ein drittes Problem ergibt sich mit der Stellung des Humanismus zur Religion. Einerseits gelten die Humanisten heute nicht mehr als Vorläufer der Reformation, andererseits gibt es eine Tendenz, das pagane Element im Humanismus unterzubewerten.«

Freiheit? Das Verständnis des Menschen bei Luther und Melanchthon im Vergleich

Von Oswald Bayer

I Die Illusion der Selbstmächtigkeit

Sigmund Freud (1856-1939) spricht von drei Kränkungen der menschlichen Eigenliebe: von der mit dem Namen des Kopernikus verknüpften »kosmologischen« Kränkung, der mit dem Namen Darwins verknüpften »biologischen« Kränkung und der von Freud selbst dem menschlichen Narzißmus zugefügten »psychologischen« Kränkung, die sich daraus ergebe, »daß die seelischen Vorgänge an sich unbewußt sind und nur durch eine unvollständige und unzuverlässige Wahrnehmung dem Ich zugänglich und ihm unterworfen werden«. Solche Aufklärung komme »der Behauptung gleich, daß das Ich nicht Herr sei in seinem eigenen Haus«.[1] Bei Immanuel Kant (1724-1804) dagegen heißt es:

> »Zur inneren Freiheit aber werden zwei Stücke erfordert: seiner selbst in einem gegebenen Fall *Meister* (animus sui compos) und über sich selbst *Herr* zu sein (imperium in semetipsum), d. i. seine Affekte zu zähmen und seine Leidenschaften zu *beherrschen*.«[2]

Dieses Freiheitsverständnis wird durch die Einsicht Freuds enttäuscht. Daß das Ich nicht Herr ist im eigenen Haus, ist freilich nicht erst eine Entdeckung der

---

MLoc21   Philipp MELANCHTHON: Loci communes: 1521; lateinisch und deutsch/ übers. und mit kommentierenden Anm. vers. von Horst Georg Pöhlmann; hrsg. vom Lutherischen Kirchenamt der VELKD. GÜ 1993. – In der auf die Seitenzahl folgenden Klammer sind der locus und die Abschnittzählung dieser Ausgabe angegeben.

MStA   MELANCHTHONS WERKE IN AUSWAHL/ hrsg. von Robert Stupperich. GÜ.

      Bd. 2 I: Loci communes von 1521. Loci praecipui theologici von 1559 (1. Teil)/ bearb. von Hans Engelland; fortgef. von Robert Stupperich. 2., neubearb. Aufl., 1978.

      Bd. 3: Humanistische Schriften/ hrsg. von Richard Nürnberger. 1. Aufl., 1961.

      Bd. 6: Bekenntnisse und kleine Lehrschriften/ hrsg. von Robert Stupperich. 1. Aufl., 1955.

1 Sigmund FREUD: Eine Schwierigkeit der Psychoanalyse. In: Ders.: Gesammelte Werke/ hrsg. von Anna Freud ... Bd. 12. F 1947, 3-12, Zitat 11.

2 Immanuel KANT: Die Metaphysik der Sitten: metaphysische Anfangsgründe der Tugendlehre, Einleitung. In: Ders.: Werke in zehn Bänden/ hrsg. von Wilhelm Weischedel. Bd. 7. DA 1968, 539.

Psychoanalyse – was auch Freud weiß und dazu auf Arthur Schopenhauer (1788-1860) verweist.[3] Doch kommt die »Unbewußtheit des Seelenlebens«[4] schon in den Psalmen zur Sprache. Ps 19, 13 heißt es: »Wer kann merken, wie oft er fehlet? Verzeihe mir die verborgenen [die mir unbewußten] Fehle!« Und in Ps 90, 8 wird bekannt, daß das Unbewußte erst vor Gott ins Licht tritt: »... unsere Missetaten stellst du vor dich, unsere unerkannte Sünde ins Licht vor deinem Angesicht.«

Melanchthons Verständnis des Menschen ist – ebenso wie Luthers Menschenverständnis – entscheidend von dieser Einsicht und Erfahrung bestimmt; im Artikel 11 der »Augsburgischen Konfession« wird die Nichtnotwendigkeit der Aufzählung aller Sünden in der Einzelbeichte unter Berufung auf Ps 19, 13 damit begründet, daß dies gar nicht möglich sei.[5]

Nicht möglich ist dies, weil wir uns selbst im Entscheidenden gerade nicht kennen – nicht nur in einem intellektuellen sokratischen Nichtwissen nicht kennen, sondern in einem elementaren Unvermögen des Willens. Denn »Wer kann sein Herz ergründen?«[6] fragt der Prophet Jeremia im Geiste der zitierten Psalmen. Für Melanchthon und Luther schließt diese Frage des Propheten das Wesen des Menschen auf. Sie fragt – zutreffender gesagt – nach des Menschen Geheimnis. Luther faßt in einer sehr freien Übertragung diese Stelle – Jr 17, 9 – so, daß er dabei das augustinische Verständnis der Sünde als superbia und desperatio zur Geltung

---

3 Freud: Eine Schwierigkeit ..., 12.
4 Ebd.
5 BSLK, 66, 4-8 (Augsburgische Konfession, Art. 11). Vgl. BSLK, 98, 27 - 99, 4 (ebd, Art. 25): »Und wird von der Beicht also gelehret, daß man niemand dringen soll, die Sünde namhaftig zu erzählen. Dann solchs ist unmuglich, wie der Psalm spricht: ›Wer kennet die Missetat?‹ Und Jeremias [Jr 17, 9] sagt: ›Des Menschen Herz ist so arg, daß man's nicht auslernen kann.‹« BSLK, 251, 47-49 (Apologia der Konfession, Art. 11): »Nu ists gewiß, daß wir viel[er] Sünde[n] nicht können gedenken, auch wohl die größten Sunden nicht sehen, wie der Psalm sagt: ›Wer kennet seine Feihle?‹ [Ps 19, 13]«. Vgl. schon »Unterricht der Visitatoren an die Pfarrherrn im Kurfürstentum Sachsen«, 1528, WA 26, 220, 2-4: »DJe Bepstische Beicht ist nicht geboten, Nemlich alle sunden zuerzelen, Das auch unmuglich ist, Wie ym neuntzehenden Psalm stehet: ›Wer mercket auff die feyle? Mach mich rein von den heimlichen‹.« Vgl. BSLK, 440, 25 - 441, 13; 452, 9-20; 453, 8 f (Schmalkaldische Artikel).
6 Es »ist«, schreibt Johann Georg Hamann (1730-1788) an Johann Gotthelf Lindner (1729-1776) am 10. März 1759 aus Königsberg, »unser Herz der gröste Betrüger, und wehe dem, der sich auf selbiges verläßt. Diesem gebornen Lügner zum Trotz bleibt aber Gott doch treu. Unser Herz mag uns wie ein eigennütziger Laban so offt täuschen als es will; so ist Er größer als unser Herz. Unser Herz mag uns verdammen und schelten wie es will; ist es denn Gott, daß es uns richten kann«; Johann Georg HAMANN: Briefwechsel/ hrsg. von Walther Ziesemer und Arthur Henkel. Bd. 1: 1751-1759. Wiesbaden 1955, 297, 11-16 (137); vgl. 425, 30 - 426, 12 (163), ders. an dens. am 12. Oktober 1759 aus Königsberg.

bringt: »Es ist das Herz ein trotzig und verzagt Ding; wer kann es ergründen?«[7]
Das heißt: Wir sind uns selbst entzogen, verborgen, unsrer selbst nicht Herr, Herr
nicht einmal unseres Bewußtseins – um vom Unbewußten zu schweigen –, nicht
Herr unseres Gewissens, nicht Herr der Bilder und Träume, die uns faszinieren
und erschrecken; wir sind vielmehr radikal unfrei. Wer kennt sein eigenes Herz,
das »tiefer ist als alles [andere]«,[8] bis auf den Grund? Wer ihm auf den Grund
kommen will, wird in einen Abgrund stürzen!

II Freier Wille?

Solche Erfahrung des Menschen mit sich selber bezeugen die biblischen Texte
und ihre Ausleger Luther und Melanchthon, der fragt: »Wer kann durch das Laby-
rinth des menschlichen Herzens hindurchfinden? Wer kann aus ihm herausfin-
den?«[9] Luther hatte schon vor der reformatorischen Wende seines Lebens und
seiner Theologie erfahren und erkannt, daß die Rede vom freien Willen des Menschen, wenn es um die Ergründung oder gar Begründung des Menschseins geht,
ein bloßes Wort ist, das durch nichts gedeckt wird.[10]

---

7 Eine moderne Übersetzung des hebräischen Textes lautet: »Trügerischer als alles [andere]
   ist das Herz und unheilvoll ist es«; DIE SCHRIFT/ verdeutscht von Martin Buber gemeinsam
   mit Franz Rosenzweig. 8. Aufl. der neubearb. Ausgabe von 1958. Bd. 3: Bücher der Kündung.
   S 1992, 285: »Schlichereich ist das Herz/ mehr als alles/ und sehrend wund ist es, / wer
   kennt es aus?« Anders LXX (siehe unten Anm. 8), Vulgata: »pravum est cor omnium et
   inscrutabile«; von Melanchthon in seinen Loci 1521 – MLoc21, 42 / 43 (1, 63) – zitiert; vgl.
   ebd, 60 / 61 (2, 36) im Zitat von Gn 6, 5: »Omne desiderium cogitationum cordis humani
   vanum et pravum.«
8 Jr 17, 9 (LXX): »βαθεῖα ἡ καρδία παρὰ πάντα.«
9 MLoc21, 64 / 65 (2, 47): »Quis enim labyrinthum humani cordis possit explicare?«
10 Martin LUTHER: Disputatio Heidelbergae habita, 1518, These 13: »Liberum arbitrium post
   peccatum res est de solo titulo, et dum facit quod in se est, peccat mortaliter«; WA 1, 354, 5 f
   ≙ Cl 5, 378, 21 f. Diese These wurde in der päpstlichen Bulle »Exsurge Domine« vom 15. Juni
   1520 verworfen; Heinrich DENZINGER: Kompendium der Glaubensbekenntnisse und kirchlichen Lehrentscheidungen = Enchiridion symbolorum, definitionum et declarationum de rebus
   fidei et morum. Verb., erw., ins Deutsche übertr. und unter Mitarb. von Helmut Hoping
   hrsg. von Peter Hünermann. 37. Aufl. FR; BL; Rom; Wien 1991, 492 (1486). Vgl. Martin
   LUTHER: Assertio omnium articulorum M. Lutheri per Bullam Leonis X. novissimam
   damnatorum, 1520, art. 36; WA 7, 142, 22 - 149, 7 ≙ DERS.: Grund und Ursach aller Artikel D.
   Martin Luthers, so durch römische Bulle unrechtlich verdammt sind, 1521, Art. 36; WA 7,
   445, 30 - 451, 7. Eine altgläubige Gegenposition vertritt z. B. Nicolaus HERBORN: Locorum
   communium adversus huius temporis haereses enchiridion, 1529/ hrsg. von Patricius Schla-
   ger. MS 1927, 128, 25 - 131, 16; 132, 24-36.

Das war ein Attentat auf das humanistische Bild des Menschen, wie es Erasmus von Rotterdam (1466/69-1536) vertrat. Danach ist der Mensch dreigegliedert: Geist, Seele, Leib. Der Geist lasse uns, so heißt es im »Enchiridion militis Christiani«, zu Göttern werden, das Fleisch aber mit seinen Begierden und niedrigen Affekten zu Tieren. In der Mitte steht, an und für sich unentschieden, die Seele, die sich nach unten, zum Tierischen, oder aber nach oben, zum Göttlichen wenden,[11] sich also für das Gute oder aber für das Böse entscheiden kann;[12] der Seele kommt damit ein freier Wille, kommt Freiheit zu. Kraft dieser Freiheit kann der Mensch gegen das Fleisch für den Geist kämpfen.

Erasmus meint, sich dazu auf den Apostel Paulus berufen zu können, der ja in der Tat von einem Kampf zwischen Geist und Fleisch redet,[13] damit aber etwas völlig anderes meint: daß nämlich »der ganze Mensch selbst alles beides, Geist und Fleisch« ist, »der mit sich selbst streitet, bis er ganz geistlich werde«;[14] Glaube

---

11 »... spiritus deos nos reddit, caro pecora. Anima constituit homines, spiritus pios, caro impios, anima neutros. Spiritus quaerit caelestia, caro dulcia, anima necessaria. Spiritus evehit in caelum, caro deprimit ad infernos, animae nihil imputatur. Quicquid carnale, turpe est, quicquid spirituale, perfectum, quicquid animale, medium et indifferens«; ERASMUS von Rotterdam: Ausgewählte Schriften: acht Bände; lateinisch und deutsch/ hrsg. von Werner Welzig. Bd. 1: Epistola ad Paulum Volzium = Brief an Paul Volz. Enchiridion militis christiani = Handbüchlein eines christlichen Streiters/ übers., eingel., und mit Anm. vers. von Werner Welzig. Sonderausgabe, Nachdr. der 2., unv. Aufl. DA 1995, 142.

Titanistisch zugespitzt ist diese Wahlfreiheit bei Giovanni PICO DELLA MIRANDOLA: De dignitate hominis (1486): lateinisch und deutsch/ eingel. von Eugenio Garin. Bad Homburg; B; ZH 1968, 28 (Rede Gottes an den Menschen): »›Nec certam sedem, nec propriam faciem, nec munus ullum peculiare tibi dedimus, o Adam, ut quam sedem, quam faciem, quae munera tute optaveris, ea, pro voto pro tua sententia, habeas et possideas. Definita ceteris natura intra praescriptas a nobis leges coercetur. Tu, nullis angustiis coercitus pro tuo arbitrio, in cuius manu te posui, tibi illam praefinies. Medium te mundi posui, ut circumspiceres inde commodius quicquid est in mundo. Nec te caelestem neque terrenum, neque mortalem neque immortalem fecimus, ut tui ipsius quasi arbitrarius honorariusque plastes et fictor, in quam malueris tute formam effingas. Poteris in inferiora quae sunt bruta degenerare; poteris in superiora quae sunt divina ex tui animi sententia regenerari‹.

O summam Dei patris liberalitatem, summam et admirandam hominis felicitatem! cui datum id habere quod optat, id esse quod velit.«

Vgl. ebd, 32: »libera optio«; »... nati sumus conditione, ut id simus quod esse volumus, ...«

12 Vgl. THOMAS VON AQUINO: Summa theologiae I, qu. 19, art. 10: »..., liberum arbitrium est facultas rationis et voluntatis, qua bonum et malum eligitur«; DERS.: Opera omnia/ iussu impensaque Leonis XIII. P. M. edita. Bd. 4. Romae 1888, 248.

13 G 5, 17: »Denn das Fleisch begehrt auf gegen den Geist und der Geist gegen das Fleisch, die sind gegeneinander«; vgl. R 7, 23.

und Unglaube, Gott und Abgott liegen im Streit miteinander. Dieses Paulusverständnis macht Luther – in Aufnahme von Augustinus (354-430), besonders von dessen antipelagianischen Schriften – sowohl gegen scholastische Theologen wie auch gegen den Humanismus eines Erasmus mit aller Schärfe geltend.

III Prädestinatianismus?

Melanchthon, 1518 von Tübingen nach Wittenberg gekommen und sogleich für die Sache der Wittenberger Reformation gewonnen, ergreift Partei für Luther und beginnt seine »Loci communes rerum theologicarum« von 1521 mit einem Abschnitt über den Menschen – »De hominis viribus adeoque de libero arbitrio« –, um gleich Farbe zu bekennen und zu behaupten, daß der Mensch nicht Herr im eigenen Hause ist.[15] Zwar kann nicht (und muß auch nicht) geleugnet werden, daß in der menschlichen Vernunft

»eine gewisse Freiheit zu äußeren Werken« liegt[16] – »wie du selbst die Erfahrung machst, daß es in deiner Macht steht, einen Menschen zu grüßen oder nicht zu grüßen, dieses Gewand anzuziehen oder nicht anzuziehen, Fleisch zu essen oder nicht zu essen«. »Die inneren Affekte hingegen sind nicht in unserer Gewalt.«[17] »Denn durch Erfahrung und Gewohnheit erleben wir, daß der Wille nicht aus eigenem Antrieb Liebe, Haß oder ähnliche Affekte ablegen kann, sondern ein Affekt wird durch den [anderen] besiegt.«[18] Wer behauptet, »daß der Wille von seiner Natur her den Affekten widerstreitet oder daß er sich des Affekts entledigen kann, so oft es der Verstand anmahnt oder beschließt«,[19] erliegt

14 LUTHERS VORREDEN ZUR BIBEL/ hrsg. von Heinrich Bornkamm; neu durchges. von Karin Bornkamm. 3. Aufl. GÖ 1989, 192 (Vorrede zum Römerbrief, 1522); vgl. ebd, 184.
15 Dieser erste Abschnitt der Loci (MLoc21, 24-46 / 25-47 [1, 1-70]) wurde erst nachträglich, nach Erscheinen von Luthers »Assertio omnium articulorum ....« und deren Bekräftigung des unfreien Willens (siehe oben Anm. 10), ausgearbeitet und den übrigen loci vorgeschaltet; Wilhelm MAURER: Der junge Melanchthon zwischen Humanismus und Reformation. Bd. 2: Der Theologe. GÖ 1969, 141.
16 MLoc21, 34 (1, 42); »..., quin sit in ea libertas quaedam externorum operum, ...«; vgl. BSLK, 73, 2-5 (Confessio Augustana, art. 18): »De libero arbitrio docent, quod humana voluntas habeat aliquam libertatem ad efficiendam civilem iustitiam et deligendas res rationi subiectas.« Das »aliqua« betont Melanchthon durchgehend bis in seine Antwort an die bayrische Inquisition MStA 6, 310, 6 f (Responsiones ad articulos inquisitionis Bavarae [1558], de XXII. Articulo: An credant in homine esse liberum arbitrium?): »Etiam in homine non renato est aliqua libertas voluntatis, quod attinet ad externa opera facienda.«
17 MLoc21, 36 (1, 44): »Contra interni affectus non sunt in potestate nostra.«
18 MLoc21, 36 / 37 (1, 44).
19 MLoc21, 36 / 37 (1, 46).

einer Illusion. Im Innersten, im Herzen des Menschen, in seinem Willenszentrum, der »Quelle der Affekte«,[20] ist der Mensch nicht frei; es steht »nichts weniger in seiner Gewalt ... als sein Herz«.[21]

Nur wenn es durch Gottes Geist umgewandelt ist, ist es frei, Gutes zu denken und zu tun.

Nun kann die Erfahrung und Erkenntnis, daß nichts weniger in meiner Macht steht als mein eigenes Herz, trotz anders lautender philosophischer Lehren der griechisch-römischen Antike,[22] scholastischer Theologen[23] und neostoischer Philosophen der Moderne[24] jedem und jeder einleuchten – wie Melanchthon denn auch ausdrücklich bemerkt[25] –; jeder kann etwa zur Einsicht Freuds kommen, auch wenn diese Einsicht eine psychologische Kränkung der menschlichen Eigenliebe und Eitelkeit darstellt, in der er meint, über sich selber verfügen zu können, Herr im eigenen Hause zu sein. Die Einsicht in den unfreien Willen des Menschen ist nicht als solche schon eine theologische, wie dies Friedrich Schleiermacher (1768-1834) und seine Nachfolger meinen, die mit dem Gefühl schlechthinniger Abhängigkeit nichts anderes als eine rein passive Existenz- und Sinnkonstitution einsichtig machen wollen und darin Luthers Rede vom unfreien Willen aufgenommen zu haben beanspruchen.

Die Einsicht in den unfreien Willen ist, wie gesagt, nicht als solche schon eine theologische – auf jeden Fall keine zwingend in einer bestimmten Weise gefaßte theologische Einsicht. Das Problem, auf das wir damit stoßen, zeigt sich im Eingangskapitel der frühen Loci unübersehbar.

20 MLoc21, 36 / 37 (1, 46); vgl. ebd, 40 (1, 57): »Nam cum corda deus iudicet, necesse est cor cum suis affectibus summam ac potissimam hominis partem esse.«

21 MLoc21, 43 / 42 (1, 65); »... nihil minus in potestate sua esse quam cor suum.«

22 PLATON: Timaios 70 a-d; DERS.: Werke: in acht Bänden; griechisch und deutsch/ hrsg. von Gunther Eigler. 2., unv. Aufl. Bd. 7: Timaios. Kritias. Philebos/ bearb. von Klaus Widdra. Griechischer Text von Rivaud und Auguste Diès. Deutsche Übers. von Hieronymus Müller und Friedrich Schleiermacher. DA 1990, 144-146 / 145-147.

23 JOHANNES DUNS SCOTUS: Opera omnia/ hrsg. von Lucas Wadding. Nachdruck der Ausg. Lugduni, 1639. Bd. 7. Farnborough 1969, 541 f (Opus Oxoniense lib. 3, dist. 25, qu. 1); GUILLELMUS DE OCKHAM: Opera theologica. Bd. 6: Quaestiones in librum tertium Sententiarum: reportatio/ hrsg. von Franciscus E. Kelley; Girardus I. Etzkorn. St. Bonaventura, NY 1982, 276-314 (lib. 3, qu. 9); Gabriel BIEL: Collectorium circa quattuor libros Sententiarum/ hrsg. von Wilfridus Werbeck; Udo Hofmann. Bd. 2. TÜ 1984, 539-545 (lib. 2, dist. 28, qu. unica, art 3).

24 Zu ihnen gehört in dieser Hinsicht auch Kant (vgl. oben bei Anm. 2).

25 MLoc21, 36 (1, 44): »Experientia enim usuque comperimus non posse voluntatem sua sponte ponere amorem, odium aut similes affectus, ...«

Et in hanc externorum operum contingentiã de
fixerunt oculos Philosophastri, qui libertatē uo=
luntati tribuere. Verũ, quia deus non respicit ope
ra externa, sed internos cordis motus, ideo scri=
pturã nihil prodidit de ista libertate. Qui exter=
na & personata quadam ciuilitate mores fingũt,
huiusmodi libertatem docent, nempe Philosophi
ac recentiores Theologistæ.

Contra, interni adfectus non sunt in potestate
nostra, Experientia enim usuq; comperimus non
posse uoluntatem sua sponte ponere amorē, odi=
um, aut similes adfectus, Sed adfectus adfectu uin
citur, ut quia læsus es ab eo quem amabas, amare
desinis, Nam te ardentius, quàm quemuis alium,
amas. Nec audiam Sophistas, si negent pertinere
ad uoluntatem adfectus humanos, amorem, odi=
um, gaudium, mœrorem, inuidentiam, ambitio=
nem, & similes, nihil enim nunc de fame aut siti
dicitur. Quid enim est uoluntas, si nõ adfectuum
fõs est? Et cur non pro uolũtatis uocabulo, cor
dis nomen usurpamus? Siquidem scripturã potißi
mam hominis partem cor uocat, adeoq; eã in qua
nascuntur adfectus. Fallunt autem Scholæ, cũ fin
gunt uoluntatē per naturã suã aduersari adfecti
bus, aut posse ponere adfectum, quoties hoc mo=

B

Auf die Frage, »ob der [menschliche] Wille frei ist und inwieweit er frei ist«,[26] antwortet Melanchthon einmal, wie wir gesehen haben, mit dem anthropologischen Aufweis der Macht der Affekte; sie sind es, die den Willen steuern,[27] nicht die Vernunft. Andererseits antwortet er – sehr unvermittelt – mit dem Hinweis auf Gottes Willen, Freiheit und Vorherbestimmung: »Alles, was geschieht, geschieht gemäß der göttlichen Vorherbestimmung.«[28]

IV Synergismus?

Daß sich in Melanchthons Argumentation geradezu deterministische Züge finden,[29] ist allein deshalb schon bemerkenswert, weil Melanchthon selbst sich später von diesen frühen Aufstellungen abgekehrt hat und – wiederum mehr als problematisch – in die entgegengesetzte Richtung ging und selbst noch in der Mitte der allein aus Glauben um Christi willen geschehenden Rechtfertigung neben dem Wort und Geist Gottes als dritte Ursache den Willen des Menschen nennt, der dem Worte Gottes zustimmt und nicht widersteht.[30] Diese Sicht des Sachverhalts publiziert er in der dritten Folge seiner Loci, nachdem Luther gestorben war.[31]

---

26 MLoc21, 28 / 29 (1, 18).

27 Melanchthon läßt hier (1521) im Unklaren, ob der Wille die Affekte steuert oder die Affekte den Willen steuern. Zur Problematik siehe Karl-Heinz ZUR MÜHLEN: Melanchthons Auffassung vom Affekt in den Loci communes von 1521. In: Humanismus und Wittenberger Reformation: Festgabe anläßlich des 500. Geburtstages des Praeceptor Germaniae Philipp Melanchthon am 16. Februar 1997; Helmar Junghans gewidmet/ hrsg. von Michael Beyer und Günther Wartenberg unter Mitw. von Hans-Peter Hasse. Leipzig 1996, 327-336.

28 Vgl. MLoc21, 28 (1, 19): »Quandoquidem omnia quae eveniunt, necessario iuxta divinam praedestinationem eveniunt, ...«

29 Ebd; MLoc21, 30-32 / 31-33 (1, 26-28. 30. 34).

30 Philipp MELANCHTHON: Loci praecipui theologici: nunc denuo cura et diligentia, summa recogniti multisque in locis copiose illustrati, 1559: »..., audire verbum, non repugnare, sed assentiri verbo Dei, ...« (MStA 2 I, 270, 15 f).
»Cumque ordimur a verbo, hic concurrunt tres causae bonae actionis, verbum Dei, Spiritus sanctus et humana voluntas assentiens nec repugnans verbo Dei. Posset enim excutere, ut excutit Saul sua sponte. Sed cum mens audiens ac se sustentans non repugnat, non indulget diffidentiae, sed adiuvante etiam Spiritu sancto conatur assentiri, in hoc certamine voluntas non est otiosa« (MStA 2 I, 270, 19 - 271, 5).
»Liberum arbitrium in homine facultatem esse applicandi se ad gratiam, id est, audit promissionem et assentiri conatur et abiicit peccata contra conscientiam. Talia non fiunt in Diabolis. Discrimen igitur inter Diabolos et genus humanum consideretur. Fient autem haec illustriora considerata promissione. Cum promissio sit universalis nec sint in Deo contradictoriae voluntates, necesse est in nobis esse aliquam discriminis causam, cur Saul abiiciatur,

Luther aber hätte gegen die Behauptung einer Mitwirkung des Menschen im Rechtfertigungsgeschehen mit aller Macht protestiert, zumal Melanchthon zur Erläuterung dieser dritten Ursache wortwörtlich eben jene von Erasmus ins Gespräch gebrachte These gebrauchte, wonach der freie Wille des Menschen in der Fähigkeit bestehe, sich der Gnade zuzuwenden.[32] Erasmus hatte dem Menschen keineswegs etwa die Fähigkeit zur Selbsterlösung zugeschrieben. Für ihn ist alles Gnade: Schöpfung, Erlösung und Vollendung der Welt; dies alles ist allein in Gottes Hand.[33] Der besagte freie Wille des Menschen als Fähigkeit, sich der Gnade zuzuwenden, ist in diesem weiten und großen Meer der Gnade nur ein »perpusillum«,[34] nur eine Winzigkeit, nur ein einziger kleiner Punkt, den Erasmus als Vermögen und Tat des Menschen festhalten will: dem Wort

David recipiatur, id est, necesse est aliquam esse actionem dissimilem in his duobus. Haec dextre intellecta vera sunt, et usus in exercitiis fidei et in vera consolatione, cum acquiescunt animi in Filio Dei monstrato in promissione, illustrabit hanc copulationem causarum, verbi Dei, Spiritus sancti et voluntatis« (MStA 2 I, 272, 3-18).
    Vorbereitet hat sich diese Argumentation schon seit den Scholien zum Kolosserbrief, 1527 – vgl. Wilhelm MAURER: Melanchthon, Philipp. Die Religion in Geschichte und Gegenwart. 3. Aufl. Bd. 4. TÜ 1960, 837 – und seit der secunda aetas, wo (CR 21, 375-378; 376 teilweise zitiert MStA 2 I, 270, Anm.) der Duktus freilich anders ist. Zu den Verhältnissen in der tertia aetas siehe CR 21, 567-570. 597 f; vgl. Martin Seils: Glaube. GÜ 1996, 134 f.

31 Die oben Anm. 30 zitierte Fassung dürfte Melanchthon 1544 ausgearbeitet haben; publiziert hat er sie nach Luthers Tod (CR 21, 570, bes. Zeile 4): »Hic locus, Luthero mortuo, ab auctore additus« (samt Anm. **)).

32 Vgl. oben Anm. 30 (»Liberum arbitrium in homine facultatem esse applicandi se ad gratiam«). Vgl. Desiderius ERASMUS: De libero arbitrio διατριβή 2 a, 11 (ERASMUS von Rotterdam: Ausgewählte Schriften/ hrsg. von Werner Welzig. Sonderausg., Nachdr. der 2., unv. Aufl. Bd. 4: De libero arbitrio diatribe sive collatio = Gespräch oder Unterredung über den freien Willen. Hyperaspistes diatribae adversus servum arbitrium Martini Luther liber primus = Erstes Buch der Unterredung »Hyperaspistes« gegen den »Unfreien Willen« Martin Luthers/ übers., eingel. und mit Anm. vers. von Winfried Lesowsky. DA 1995, 54-56): »Hoc autem putant esse in nostro arbitrio, ut voluntatem nostram applicemus ad gratiam aut avertamus ab ea, quemadmodum in nobis est ad illatum lumen aperire oculos ac rursum claudere.« Erasmus: De libero arbitrio ... 1 b, 10 (4, 36): »Porro liberum arbitrium hoc loco sentimus vim humanae voluntatis, qua se possit homo applicare ad ea, quae perducunt ad aeternam salutem, aut ab iisdem avertere.« Dagegen Luther WA 18, 667, 29 - 668, 3 ≙ Cl 3, 157, 29-38.

33 Erasmus: De libero arbitrio ... 2 a, 11 (Erasmus: Ausgewählte Schriften 4, 52-56 / 53-57).

34 Erasmus: De libero arbitrio ... 4, 8 (Erasmus: Ausgewählte Schriften 4, 172): »..., cum perpusillum sit, quod hic agit liberum arbitrium, et hoc ipsum, quod agere potest, sit divinae gratiae, qui primum condidit liberum arbitrium, deinde liberavit etiam ac sanavit.« Zum Gesamtzusammenhang von IV, 8 vgl. neben 2 a, 11: 3 c, 4 (Erasmus: Ausgewählte Schriften 4, 140-142 / 141-143).

der Gnade zuzustimmen und nicht zu widerstehen. Hielte man an dieser Winzigkeit nicht fest, dann wäre, so argumentiert Erasmus, einerseits die Verantwortung des Menschen und damit jede Ethik aufgehoben; andererseits müßte dann auch das Böse, das der Mensch tut, Gott zugerechnet werden. So würde die Leugnung auch jener winzigen Mitwirkung des Menschen an seinem Heil sowohl die Verantwortung des Menschen wie das Bild Gottes als eines durch und durch nur guten und gütigen Gottes ruinieren.

Es liegt auf der Hand: Über das, was der Mensch ist und vermag, läßt sich nicht reden, ohne daß die schwierigsten Fragen der Gotteslehre aufbrechen: Wenn Gott, was Luther gegen Erasmus mit aller Leidenschaft des Herzens und aller Schärfe des Geistes vorbringt, in seiner Allmacht alles in allem wirkt, wirkt er dann nicht nur das Heil, sondern auch das Unheil? Nicht nur den Glauben, sondern auch den Unglauben? Nicht nur das Gute, sondern auch das Böse? Oder ist Gott denn nicht vielmehr vom Bösen fernzuhalten, von ihm freizuhalten?[35] Ist das Böse denn nicht allein dem Menschen und dessen Willen zuzuschreiben, der also – jedenfalls ein ganz klein wenig – frei sein muß: die Freiheit haben muß, entweder das Gute oder aber das Böse zu wählen, wie dies in einer langen philosophischen[36] und theologischen[37] Traditionskette, in die Erasmus sich einfügt, immer wieder vertreten wurde?[38]

V Ohne unfreien Willen keine Heilsgewißheit

Luther widerspricht aufs schärfste: Die Zuwendung zum Heil, der Glaube, ist in keiner Weise Werk des Menschen, sondern allein Gottes Werk[39] – wie denn auch die den Glauben schaffende göttliche Zusage allein Gottes Werk ist, an dessen

---

35 Erasmus: De libero arbitrio ... I a, 8 (Erasmus: Ausgewählte Schriften 4, 12 / 13).

36 BOETHIUS: Trost der Philosophie: lateinisch und deutsch/ hrsg. und übers. von Ernst Gegenschatz und Olof Gigon; eingel. und erl. von Olof Gigon. 3. Aufl. DA 1981, 262-274 / 263-275 ≙ Corpus christianorum: series latina. Bd. 94. Turnholti 1984, 102, 1 - 106, 156 (Philosophiae consolatio 5, 6.p ≙ 5, 6, 1-48).

37 THOMAS VON AQUINO: Summa theologiae I, qu. 19, art. 10 und 8; DERS.: Opera omnia 4, 248. 244; weiter DERS.: Summa contra gentiles I, cap. 67; DERS.: Opera omnia/ iussu impensaque Leonis XIII. P. M. edita. Bd. 13. Romae 1918, 190f.

38 Auch die traditionelle Unterscheidung von necessitas consequentiae und necessitas consequentis dient, wie Luther scharfsichtig aufweist (WA 18, 616, 13 - 618, 18 ≙ Cl 3, 109, 10 - 110, 24), nur dazu, den Spielraum für jene Winzigkeit zu gewinnen und offenzuhalten.

39 »Glaube ist ein göttlich Werk in uns, das uns wandelt und neu gebiert aus Gott, Joh 1 [Vers.13]«; Luthers Vorreden zur Bibel, 182 (Vorrede zum Römerbrief, 1522).

Erfüllung und Vollendung ihn – eben weil er allmächtig ist – niemand hindern[40] kann[41]: Er will nicht nur, sondern er kann auch halten, was er verspricht. Wäre das Heil nicht ganz und allein in Gottes Hand, hätte ich auch nur im Geringsten mitzureden und mitzuwirken, wäre ich auch nur an diesem einen Punkt – es ist freilich der archimedische Punkt – auf mich selbst gestellt, dann schliche sich eine Ungewißheit ein, die die Heilsgewißheit zerstören würde. So bekennt Luther am Ende seiner Streitschrift gegen Erasmus, indem er in diesem Bekenntnis die Intention seiner ganzen Schrift zusammenfaßt[42]:

»Ich bekenne gewiß von mir: Wenn es irgend geschehen könnte, wollte ich nicht, daß mir der freie Wille gegeben wird oder daß etwas in meiner Hand gelassen würde, wodurch ich mich um das Heil bemühen könnte, nicht allein deswegen, weil ich in soviel Anfechtungen und Gefahren, gegenüber sovielen anstürmenden Dämonen nicht zu bestehen und jenes nicht festzuhalten vermöchte, da ein Dämon mächtiger ist als alle Menschen und kein einziger Mensch gerettet würde, sondern weil ich, auch wenn keine Gefahren, keine Anfechtungen, keine Dämonen da wären, dennoch gezwungen sein würde, beständig aufs Ungewisse hin mich abzumühen und Lufthiebe zu machen; denn mein Gewissen wird, wenn ich auch ewig leben und Werke tun würde, niemals gewiß und sicher sein, wieviel es tun müßte, um Gott genug zu tun. Denn bei jedem vollbrachten Werk bliebe der ängstliche Zweifel zurück, ob es Gott gefalle oder ob er etwas darüber hinaus verlange, so wie es die Erfahrung aller Werkgerechten beweist und ich zu meinem Unglück so viele Jahre hindurch genügend gelernt habe.

Aber nun, da Gott mein Heil meinem Willen entzogen und in seinen Willen aufgenommen hat und nicht auf mein Werk oder Laufen hin, sondern aus seiner Gnade und Barmherzigkeit [R 9, 16] zugesagt hat, mich zu erretten, bin ich sicher und gewiß, daß er treu ist und mir nicht lügen wird und außerdem mächtig und gewaltig, daß keine Dämonen und keine Widerwärtigkeiten imstande sein werden, ihn zu überwältigen oder mich ihm zu entreißen. ›Niemand‹, sagt er [J 10, 28 f], ›wird sie aus meiner Hand reißen, weil der Vater, der sie mir gegeben hat, größer ist als sie alle.‹ So geschieht es, daß, wenn nicht alle, so doch einige und viele gerettet werden, während durch die Kraft des freien Willens [des Menschen] geradezu keiner errettet würde, sondern wir alle miteinander verlorengingen.

40 Vgl. Paul Gerhardts (1607-1676) Lied »Befiehl du deine Wege ...«: »...; / dein Werk kann niemand hindern, / dein Arbeit darf nicht ruhn, / wenn du, was deinen Kindern / ersprießlich ist, willst tun« (Evang. Gesangbuch, Lied 361, Strophe 4).

41 Vgl. WA 18, 618, 19 - 620, 12 ≙ Cl 3, 110, 25 - 111, 33, bes. WA 18, 619, 1-3 ≙ Cl 3, 110, 30-33: »Si enim dubitas, aut contemnis nosse, quod Deus omnia, non contingenter, sed necessario et immutabiliter praesciat et uelit, quomodo poteris eius promissionibus credere, certo fidere et niti?«

42 Von diesem »Bekenntnis« am Ende der Schrift her darf deren Einzelargumentation durchaus auch kritisch beurteilt werden. Vgl. Luther selbst zum Gebrauch des Wortes »necessitas«: »Optarim sane aliud melius vocabulum dari in hac disputatione quam hoc usitatum Necessitas, quod non recte dicitur, neque de divina, neque humana voluntate« (WA 18, 616, Anm. 1).

Da sind wir auch gewiß und sicher, daß wir Gott gefallen, nicht durch das Verdienst unseres Werkes, sondern durch die Huld seiner Barmherzigkeit, die uns zugesagt ist, und, wenn wir weniger tun oder böse handeln, daß er es uns nicht zurechnet, sondern väterlich vergibt und bessert. Das ist der Ruhm aller Heiligen in ihrem Gott.«[43]

VI Die Beteiligung des Menschen im Rechtfertigungsgeschehen

Melanchthon hat dieser Zuspitzung auf die Heilsgewißheit nicht nur in den frühen Loci, sondern zeitlebens mit großem Nachdruck zugestimmt;[44] das letzte Ziel der Theologie, ihren »finis ultimus«, sah er in der Tröstung der angefochtenen Gewissen, die durch Gottes rechtfertigende Zusage um Christi willen im Heiligen Geist geschieht.[45] Um so bemerkenswerter aber ist jenes Interesse an einer Mitwirkung des Menschen im Rechtfertigungsgeschehen, von dem vorher die Rede war.[46] Treue Schüler Luthers widersprachen Melanchthon; dessen Anhänger verteidigten ihn. So kam es zum »Synergistischen« Streit, der in der »Konkordienformel«[47] geschlichtet wurde. Die Streitfrage ist, ob der Mensch an seinem Heil in irgendeiner Weise mitwirkt oder auch nur: wie er im Heilsempfang beteiligt wird. Zwar geht Gott mit dem Menschen anders um als mit einem Stein oder einem Holzklotz[48] – nämlich so, daß sein Glaube kein mechanisches Echo, son-

---

43 WA 18, 783, 17-39 ≙ Cl 3, 288, 16 - 289, 1; übers. in Anlehnung an Mü3 Erg 1, 243 f.

44 Noch in seiner Antwort an die bayrische Inquisition, die er 1560 in das »Corpus doctrinae christianae« aufnahm, hebt er – in scharfer polemischer Wendung gegen das Tridentinum (Denzinger: Kompendium der Glaubensbekenntnisse ..., 508 f [1534]) – als entscheidenden Punkt die Heilsgewißheit hervor: »Hanc consolationem Papistae delent, qui iubent manere in dubitatione« (MStA 6, 320, 25 f; vgl. 327, 8-24).

45 Zum finis ultimus der Theologie bei Melanchthon Oswald Bayer: Theologie. GÜ 1994, 152-155.

46 Vgl. oben bei Anm. 30.

47 Formula concordiae, art. 2 (und 1); vgl. Walter Sparn: Begründung und Verwirklichung: zur anthropologischen Thematik der lutherischen Bekenntnisse. In: Bekenntnis und Einheit der Kirche: Studien zum Konkordienbuch/ hrsg. von Martin Brecht und Reinhard Schwarz. S 1980, 129-153.

48 BSLK, 896, 31-35 (Formula concordiae, art. 2): »..., quod Deus alium modum agendi habeat in homine, utpote in creatura rationali, et alium modum in alia aliqua irrationali creatura, vel in lapide aut trunco: ...« Vgl. freilich BSELK, 879, 20 - 880, 5: »... sacrae litterae hominis non renati cor duro lapidi, ... item rudi trunco, ... comparant, ... in spiritualibus et divinis rebus, quae ad animae salutem spectant, homo est ... similis trunco et lapidi ...« Dagegen das »Augsburger Interim«, (art. 6: De modo per quem homo iustificationem accipit): »Deus misericors non agit hic cum homine, ut cum trunco, sed trahit eum volentem« (Das Augsburger Interim: nach den Reichstagsakten deutsch und lateinisch/ hrsg. von Joachim Mehlhausen,

dern als ganz und allein von Gott gewirkt eine freie Antwort ist.[49] Doch muß gefragt werden, welches Interesse Melanchthon dazu bringt, die Art und Weise dieser Freiheit zum Thema zu machen. Ist der Glaube, wie für Luther, Selbstvergessenheit, so kommt ein solches Interesse überhaupt nicht auf.

Man kann fragen, ob es sich im Zuge des Gebrauchs des causae-Schemas einstellt[50] oder ob es mit der Neubestimmung des Verhältnisses von Erkennen und Wollen zusammenhängt, die der spätere Melanchthon trifft: Anders als in den Loci von 1521 lehnt sich Melanchthon jetzt, besonders im »Liber de anima« (1553),[51] wieder eher an die platonische und stoische Behauptung der Herrschaft der Vernunft über den Willen an. Im direkten Widerspruch zu den Loci von 1521[52] heißt es nun: Der Wille herrsche nicht als Tyrann, sondern gehorche der Einsicht.[53]

Nun muß dies ja keineswegs schon heißen, daß der Mensch Macht über sein Innerstes, sein Herz hat. Es könnte damit nur gesagt sein, daß dem Menschen kraft seiner Vernunft, seiner ratio, Handlungsfreiheit in äußeren Dingen, die sein Leben in dieser Welt betreffen, zukommt. Und damit bliebe Melanchthon auf der Linie, die er seit 1521 eingehalten hat.[54]

---

2. erw. Aufl. NK 1996, 49). Vgl. Gutachten für die kursächsischen Landstände in Meißen, 6. Juli 1548 (Vorbereitungen für die »Leipziger Artikel«): Es »wirket der barmherzige Gott nicht also mit dem Menschen, wie mit einem Block, sondern zeucht ihn also, daß sein Wille auch mitwirket, ...« (CR 7, 51 [4290] ≙ MBW 5, 311 [5209]).

49 BSLK, 897, 11-14. 41-43 (Formula concordiae, art. 2): »Haec autem agitatio spiritus sancti non est coactio, sed homo conversus sponte bonum operatur, ... tunc per virtutem spiritus sancti cooperari possimus ac debeamus, ...«

50 Würde Melanchthon die neben Gottes Wort und Geist dritte causa, den zustimmenden Willen des Menschen, als causa »materialis« bezeichnen was aber nicht der Fall ist oder sie so verstehen (wie Klaus HAENDLER: Wort und Glaube bei Melanchthon: eine Untersuchung über die Voraussetzungen und Grundlagen des melanchthonischen Kirchenbegriffes. GÜ 1968, 553 f, annimmt), dann hätte er auf nichts anderes als auf die reine Passivität des Menschen hinweisen wollen wie Luther es mit der Rede von der »aptitudo passiva« getan hat (WA 18, 636, 19 f). Doch erlaubt der Kontext diese Interpretation schwerlich.

51 Zur Bedeutung dieser Schrift siehe Günter FRANK: Philipp Melanchthons »Liber de anima« und die Etablierung der frühneuzeitlichen Anthropologie. In: Humanismus und Wittenberger Reformation, 313-326.

52 MLoc21, 28 / 29 (1, 13): »Nam perinde, ut in republica tyrannus, ita in homine voluntas est, et ut senatus tyranno obnoxius est, ita voluntati cognitio, ita ut, quamquam bona moneat cognitio, respuat tamen eam voluntas feraturae affectu suo, ...«

53 Philipp MELANCHTHON: Liber de anima, 1553; MStA 3, 364, 31-33: »... voluntas est praestantior, quia velut rex eligit deliberata aut reiicit, tamen non habet tyrannicum imperium, sed recto iudicio obtemperare debet.«

54 Vgl. auch BSELK, 73, 2-5 (Confessio Augustana, art. 18).

VII Gesetz und Evangelium

Melanchthons besagte Thematisierung des Menschen im Rechtfertigungsgeschehen selbst samt der Behauptung einer menschlichen Fähigkeit, sich der angebotenen Gnade zuzuwenden oder sich von ihr abzukehren, ist schwer verständlich, ja: sie ist inkonsequent. Denn die von Melanchthon lebenslang entschieden durchgehaltene Unterscheidung von Gesetz und Evangelium[55] hat ja ihre Pointe darin, daß sie dazu anleitet, das Handeln Gottes vom Handeln des Menschen zu unterscheiden. So hätte Melanchthon niemals vom Zusammenwirken dreier Ursachen im Rechtfertigungsgeschehen reden und damit Gottes und des Menschen Handeln auf eine und dieselbe Ebene bringen dürfen.

Im Bereich des Gesetzes freilich kann auch der Sünder äußerlich so handeln, daß seine Werke dem menschlichen Zusammenleben dienen und deshalb gut zu nennen sind, auch wenn sie vor Gott – der im Unterschied zum Menschen, der sieht, was vor Augen ist, das Herz ansieht (1 Sm 16, 7) – nichts taugen, das heißt: mein Dasein nicht begründen und rechtfertigen können.

VIII Der primus usus legis

Die Hochschätzung des Bereichs des Gesetzes, der weltlichen Gerechtigkeit, des fairen Interessenausgleichs in Ehe und Familie, Wirtschaft und Staat verbindet Luther und Melanchthon und stellt ein Hauptcharakteristikum ihres Verständnisses des Menschen dar: Der Mensch hat die Freiheit, sein Leben zu ordnen; er ist deshalb verantwortlich für die Art und Weise, in der er es tut. Als Christ handelt er in diesem Bereich der weltlichen Gerechtigkeit zusammen mit Nichtchristen, deren Vernunft und Freiheit ebenfalls von Gott erhalten werden.

Von daher versteht sich Melanchthons und Luthers Hochschätzung der Humanität der Heiden – besonders der griechisch-römischen Antike, allen voran

---

55 Melanchthons Selbstzeugnis in seinem Testament, vor 12. November 1539 – »Ago autem gratias Reverendo D. Doctori *Martino Luthero*, primum, quia ab ipso Evangelium didici« (CR 3, 827 [1873] ≙ MBW 2, 474 [2302.4]) – ist im emphatischen Sinne zu nehmen und schließt das Lernen der Unterscheidung von Gesetz und Evangelium ein. Diese von Melanchthon seit den frühen Loci (1521) als schlechthin entscheidend durchgehaltene Unterscheidung sei hier nur durch ein Zitat aus dem »Liber de anima« belegt: »Necesse est omnibus in conspectu esse discrimen legis et Evangelii. Hic si quis recte didicit hanc puerilem doctrinam, scit legem noticias esse nobiscum nascentes, sicut aliarum artium principia et demonstrationes. Sed Evangelium dissimilimam vocem esse, ac nequaquam nobiscum nasci, sed singulari revelatione a Deo illustribus testimoniis patefactum esse« (CR 13, 7).

Ciceros (106-43). Vor allem Melanchthon verdankt Cicero ungemein viel; man sieht dies schon beim ersten Blick in seine zahlreichen Lehrbücher – nicht nur zur Rhetorik, Dialektik und Ethik.

Cicero, so urteilen Luther und Melanchthon einmütig, sei als Rhetor, Philosoph und Politiker nicht hoch genug zu rühmen. Nicht aber ist er dort zu rühmen, wo er sich selbst rühmt und sagt: Ich hab's gemacht.[56] Durch diesen Selbstruhm werden seine Verdienste für ihn selbst zunichte. In diesem Selbstruhm will er sein eigener Schöpfer und Richter sein; er verkennt sich selbst, verleugnet sein Geschöpfsein.

Sosehr Luther und Melanchthon die »allgemeine« Humanität, die Humanität auch der Nichtchristen als Geschenk von Gottes incognito wirkender Erhaltungsgnade dankbar wahrnehmen, sosehr widersprechen sie ihr, wo und wenn sie versucht, ins Absolute auszugreifen. Denn sie sehen den Menschen als den, der die Rechtfertigung seines Daseins nicht selbst besorgen, der sein Herz nicht selbst ergründen, der seine Schuld sich nicht selbst vergeben und von der Angst vor der Zukunft sich nicht selbst befreien kann. Von eben dieser Sorge – und mit ihr von seiner Verzweiflung und seiner Hybris, seiner Vermessenheit, in der er seine Endlichkeit verkennt – muß der Mensch befreit werden. Dies aber geschieht nicht durch das Gesetz, sondern allein durch das Evangelium, durch das Gottes Geist im Glauben das Herz umwendet, erneuert – so, daß ich meiner Endlichkeit entsprechen und in einer Weltlichkeit leben kann, die nicht mehr von Ewigkeitsgelüsten und Heilsansprüchen belastet und erdrückt wird.

Dem starrsinnigen und verblendeten Menschen scheint diese Befreiung eine Kränkung seiner Eigenliebe zu sein. Das ist sie denn auch in der Tat – jedenfalls in dem Sinne, in dem die mit Luther und Melanchthon in Wittenberg lebende Elisabeth Cruciger (1505-1535) betet:

> »Den alten Menschen kränke, /
> daß der neu' leben mag / ...«,[57]

das heißt: Den alten Menschen gib in den Tod, damit der neue leben kann.

---

56 Vgl. MLoc21, 58 f / 59 f (2, 34) und bei Luther paradigmatisch »Praelectio D. M. Lutheri in psalmum CXXII anno 1533, 1534«; WA 40 III, 222, 34 f: »Haec ego feci. Ex hoc: feci, vere fiunt feces«; dazu Oswald BAYER: Freiheit als Antwort: zur theologischen Ethik. TÜ 1995, 141 f.
57 Evang. Gesangbuch, Lied 67, Strophe 5.

IX Die Unterscheidung von Glaube und Werk

Der neue Mensch kann zwischen dem Glauben, nämlich der Gewißheit, daß Gott für ihn sorgt, und seinem Werk, seinem eigenen Handeln, mit dem er selber sorgen muß »als wäre kein Gott da«,[58] unterscheiden. In solcher Unterscheidung kann und darf denn auch die Arbeit beispielsweise der Psychoanalyse, die Arbeit eines psychotherapeutischen Gesprächs als Werk genommen und geschätzt werden. Die Aufhellung des Unbewußten muß dann nicht, wie Freud es tat, allein vom Gott »Logos«, von der menschlichen Vernunft erwartet werden,[59] sondern darf in den Glauben gestellt sein, weil der menschliche Gott in sein Eigentum gekommen ist und es deshalb keine Kränkung, sondern die herrlichste Befreiung ist, nicht selbst Herr im eigenen Hause zu sein und, wenn auch manchmal unter Tränen und in der Klage, warten zu können, bis ich mich so erkenne, wie ich – von Gott – jetzt schon erkannt bin.[60]

---

58 Martin LUTHER: Der 127. Psalm ausgelegt an die Christen zu Riga und Livland, 1524; WA 15, 373, 3 (370-373: Auslegung von Vers 1): »..., alls were keyn Gott da und müsten sich selbs erretten und selbs regiren, ...«

59 Vgl. Sigmund FREUD: Die Zukunft einer Illusion. In: Ders.: Gesammelte Werke/ hrsg. von Anna Freud ... Bd. 14. F 1948, 378 f.

60 Viele Anregungen, die in diesen Vortrag eingegangen sind, verdanke ich dem intensiven Gespräch mit Thomas Reinhuber.

Beten als Wahrnehmen der Wirklichkeit des Menschen, wie Luther es lehrte und lebte

Von Gerhard Ebeling

Als einer der ältesten noch lebenden Lutherforscher wurde ich um eine Äußerung an diesem Abend gebeten. Worüber? Das stehe mir frei. Freiheit kann allerdings zur Last werden. Verschiedenes habe ich versucht.

In einem ersten Anlauf wollte ich die beiden Hauptimpulse zu einem verstärkten Umgang mit Luther am Beginn dieses Jahrhunderts miteinander vergleichen: die sogenannte Luther-Renaissance und die Dialektische Theologie. In der Hinwendung zur Reformation waren beide einander verwandt und doch sowohl untereinander wie auch je in sich sehr verschieden. Man denke nur an Karl Holl (1866-1926) und Emanuel Hirsch (1888-1972), an Karl Barth (1886-1968) und Friedrich Gogarten (1887-1967). In diese Konstellation war mein eigener Werdegang eng verflochten: Mit Barth zwar nicht durch das Studium, aber durch den Kirchenkampf verbunden, wurde ich dann jedoch eher zufällig bei Hollschülern – bei Fritz Blanke (1900-1967) und Hanns Rückert (1901-1974) – promoviert und habilitiert. Auf dieser Spur geriet meine Darlegung freilich allzusehr in ein autobiographisches Fahrwasser. Deshalb brach ich diesen ersten Versuch ab und wandte mich einem allgemein gefaßten, weitgespannten Thema zu: »Was treibt uns zur Lutherforschung?« Zwar war auch hier die Variante nicht zu umgehen, was denn mich selbst dazu getrieben hat. Die Fragestellung hatte jedoch ein starkes Gefälle in wissenschaftstheoretische Probleme der Historik, der Hermeneutik und der Fundamentaltheologie – vielzuviel für einen Vortrag; und obwohl meinem eigenen Denkweg nicht fern, nicht das, was mir in dieser Stunde vornehmlich am Herzen läge. So brach ich den zweiten Versuch ebenfalls ab, um die Fäden dort noch etwas weiterzuspinnen, wo ich sie zuletzt habe liegenlassen müssen.

Mein jüngst erschienenes Buch »Luthers Seelsorge: Theologie in der Vielfalt der Lebenssituationen, an seinen Briefen dargestellt«, ist wohl mein letztes. Weder ein historisches noch ein systematisches noch ein Disziplinen übergreifendes wird mehr folgen. Was meine Beschäftigung mit Luther betrifft, so hat sie freilich in der Hinsicht eine gewisse Abrundung erfahren, daß ich mich sukzessiv erst auf die Predigten, dann auf die Vorlesungen und dann auf die Disputationen konzentrierte und nun schließlich mich auch noch seinen Briefen zuwandte. Aber wie das meiste zuvor fragmentarisch blieb, so steht es auch mit dieser letzten Arbeit, nicht bloß was die Ausschöpfung der Quellen, sondern vor allem was das tiefere Eindringen in das Befragungsthema betrifft. Hier wäre ich gern noch einen Schritt vorangekommen. Außerdem mahnt ein anderes, verschiedentlich von mir berührtes Problem meines Lutherstudiums, es nicht aus dem Auge zu verlieren: die Frage nach seinem Wirklichkeitsverständnis. Unter dem Zeitdruck einer telefonischen Anfrage des Präsidenten, ob ich nicht wenigstens ein provisorisches Thema angeben könne, nannte ich schließlich – das war ein dritter Versuch – mit Vorbehalt die etwas befremdliche Kombination: »Seelsorge und Wirklichkeitsverständnis«. Im weiteren Nachdenken darüber setzte sich dann aber mehr und mehr die Konzentration auf das Gebet durch mit der Absicht, darin die Frage nach dem Wirklichkeitsverständnis begleitend anklingen zu lassen. So habe ich die Formulierung noch einmal dahin abgewandelt: »Beten als Wahrnehmen der Wirklichkeit des Menschen, wie Luther es lehrte und lebte.« Dabei soll es nun bleiben.

Ich gebrauche bewußt die verbale Form »Beten« anstatt des näherliegenden Substantivs »Gebet«. Nicht auf ein Produkt, sondern auf einen Vorgang soll die Aufmerksamkeit gelenkt werden, auf etwas, was sich durch den Menschen, an ihm und in ihm vollzieht. Und mit dem Anklang an die Wendung »Beten sei das Wahrnehmen der Grundsituation des Menschen« greife ich auf die Gotteslehre meiner Dogmatik zurück und kann zur Erläuterung darauf verweisen. Nicht daß ich Luther meinem eigenen Denkstil unterwerfen wollte, im Gegenteil, um deutlich zu machen, was ich von ihm meine gelernt zu haben. Denn damit befinden wir uns bereits am Kern seines Wirklichkeitsverständnisses. Gott und Mensch, Gott und Welt sind nicht zueinander addierte, an sich separate Größen. Sie stehen in einem Seinszusammenhang von unumkehrbarer Lebenswirklichkeit. Deren Separation voneinander wird allererst vom Menschen erdacht und gemacht. Auf dem Wege des Denkens läßt sie sich jedoch nicht wieder flicken. Denn das Denken verharrt zumeist in der Objektivierung, denkt und redet allenfalls über Gott, vermag aber nicht die Anrede zu vollziehen, die Hinwendung zum Du. Gewiß tut dies der Mensch dennoch irgendwie in allen Religionen.

Das Gebet ist ein religiöses Urphänomen. Wem nicht allem aber bietet der Mensch das Du an und hängt sich daran, um die Trennung, unter der er leidet, aufzuheben. Es ist jedoch absurd, Gott in die Rolle des zum Antworten Genötigten oder die Antwort Verweigernden zu drängen und ihn gerade so zum Schweigenden zu machen, zum Verstummen zu bringen. Beten kann nur dann echt, verheißungsvoll sein, wenn es Antworten ist auf eine zuvor vernommene Äußerung Gottes, auf ein an den Menschen ergangenes Wort Gottes: »Ich bin der

Herr, dein Gott.« Nicht wie wir uns Gott vorstellen, ist für wahres Beten konstitutiv, sondern als wen Gott sich uns vorstellt.

Inwiefern ist damit etwas beigetragen zur Beschreibung des Betens als eines Wahrnehmens der Wirklichkeit des Menschen? Negativ jedenfalls dies: Die Grundsituation des Menschen – und das meint doch: das Ins-Leben-Gerufensein durch Gott und das unaufhebbare Sein vor Gott –, diese Grundsituation ist durch den Menschen selbst gestört und verbaut: sei es durch eine Religiosität, die sich blindlings ihren Gott macht; sei es durch die Ratio, die sich ihren Ort außerhalb der Grundsituation des Menschen wählt und dort verschanzt; oder sei es infolge von Leichtsinn, der an der Oberfläche der Wirklichkeit haftenbleibt. In all diesen Fällen wird die Grundsituation des Menschen nicht wahrgenommen und deshalb auch nicht in Brauch genommen; wie ich eine Gelegenheit, die sich mir bietet, nicht wahrnehme oder wie ich eine Pflicht nicht wahrnehme, die mir auferlegt ist. In positiver Hinsicht wurde jedoch zu jener Beschreibung des Betens als des Wahrnehmens der Wirklichkeit des Menschen dies beigetragen: Es gibt eine Selbstvorstellung Gottes, welche die Grundsituation des Menschen, die seine Wirklichkeit letztlich bestimmt, erfahren läßt und den Mut dazu gibt, sie auch wahrzunehmen in wahrem Beten. Ich klammere jetzt die schwierige Frage aus, ob und wo wahres Beten sich auch außerhalb biblischer Tradition finden könnte. Uns soll jetzt genügen, innerhalb dieses Traditionshorizontes uns zu orientieren. Was stellt sich uns dann dar?

Wir leben in einer Zeit, einer Umwelt, in der die biblische Tradition zwar nicht erloschen, teils aber auf institutionelle Bereiche beschränkt, teils ins Private verdrängt und in beiden Dimensionen in verschiedenen Graden verblaßt oder auch verzerrt ist. Es läßt sich schwer sagen, ob sich dabei eine völlige Entfremdung vom Christlichen anbahnt. Man darf wohl vermuten: Selbst da, wo die Erinnerung daran und die innere Beziehung dazu extrem geschrumpft sind, existiert noch am ehesten eine vage Vorstellung davon, was Beten sei, sogar noch ein Umgang mit dem Beten, wenn auch reduziert auf bloßes Wünschen oder wortloses Seufzen. Selbst bei vielen, die sich noch Christen nennen, dürfte es kaum anders sein. Das Tischgebet oder ein Morgen- und Abendgebet sind weithin entfallen. Ein verborgenes Beten im Kämmerlein wird vielleicht noch die einzige Frömmigkeitsäußerung sein, bestenfalls getragen vom Vaterunser oder von einem Liedvers aus dem Gesangbuch. Im Kontrast dazu erscheint uns schier unbegreiflich, was in Luthers Schriften in Fülle über das Beten gesagt sowie an Gebeten selbst enthalten ist und was in seinen Briefen an Fürbitte zugesagt und erbeten wird.

Auf diese Weise hat er selbst auch gelebt. Zwei bekannte Momentaufnahmen vom Aufenthalt auf der Coburg seien erwähnt. Hier erreicht ihn die Nachricht vom Sterben seines Vaters. Tief erschüttert sagt er zu seinem Begleiter Veit Dietrich (1506-1549), der dies wiederum nach Wittenberg an Katharina (1499-1552) berichtet: »Wohlan [Nun denn], mein Vater ist auch tot!« Danach habe er flugs seinen Psalter genommen, sei in die Kammer gegangen und habe sich ausgeweint, so daß ihm anderntags der Kopf nichts taugte. Seither habe er sich nichts mehr merken lassen.[1] Und etwa drei Wochen später schreibt Dietrich an Melanchthon, als wolle er die in diesen Tagen nach Augsburg abgehende Sendung von sieben Seelsorgebriefen, die alle Melanchthon betreffen, seinerseits auch bekräftigen: Er könne sich nicht genug wundern über die einzigartige Standfestigkeit und Heiterkeit, den Glauben und die Hoffnung Luthers mitten in bittersten Zeiten. Ständig freilich nähre er dies durch um so gründlichere Beschäftigung mit Gottes Wort. Kein Tag vergehe, ohne daß er mindestens drei Stunden, noch dazu die für das Studieren geeignetsten, mit Beten verbringe. Dietrich berichtet davon als zufälliger Augen- und Ohrenzeuge:

> »Einmal ward mir zuteil, ihn beten zu hören. Guter Gott, was für ein Geist, was für ein Glaube war in seinen Worten! In einer Ehrfurcht bittet er, daß er spürt, mit Gott zu reden, in Hoffnung und Glauben von einer Stärke, daß er fühlt, mit dem Vater und Freund zu sprechen. ›Ich weiß‹, sagte er, ›du bist unser Vater und Gott. Darum bin ich gewiß, du werdest die Verfolger deiner Kinder vernichten. Tust du es nicht, dann ist mit unserer Gefährdung die deine verbunden. Dein ist diese ganze Sache. Nicht aus eigenem Willen sind wir dazu versammelt. Also stehe du uns bei!‹ Etwa diese Worte« – so fügt Dietrich hinzu – »hörte ich, abseits stehend, ihn mit lauter Stimme beten ... und während des Betens so sehr auf Verheißungen aus den Psalmen pochen, als wäre er gewiß, alles, was er bete, werde eintreten.«[2]

Es läge nahe zu meinen, an dieser Prävalenz des Betens zeige sich – im Gegensatz zur Moderne – die Eigenart mittelalterlicher Frömmigkeit, der Luther noch tief verhaftet gewesen sei. Wie aber reimt sich damit, daß er in einem Brief von 1529 behaupten konnte:

> »... unter dem Papsttum waren wir nicht gewohnt zu beten, da niemand den Satan spürte, der das Seine in Frieden unversehrt bewahrte. Alles war unernste Spielerei.«[3] Oder noch 1540: »Wir haben die Kraft des Gebets erfahren, von der die Papisten nichts wissen.«[4]?

1 WA Br 5, 379, 13-25 (1595, Beilage), Veit Dietrich an Katharina Luther am 19. Juni 1530 von der Coburg.
2 WA Br 5, 420, 12-31 (1614, Beilage) ≙ MBW 1, 398 (949.2), Dietrich an Melanchthon am 30. Juni 1530 [von der Coburg].

Näher besehen, geraten wir in ein Knäuel widersprüchlicher Beziehungen. Als Luther 1522 sein Betbüchlein[5] herausgab – Georg Spalatin (1484-1545) war ihm mit einem ähnlichen Versuch kurz vorangegangen[6] –, griff er eine beliebte spätmittelalterliche Literaturgattung auf, freilich mit vernichtendem Urteil im Vorwort:

»Unter andern viel schedlichen leren unnd buchlin, da mit die Christen verfuret unnd betrogen unnd untzehlich mißglawben auffkommen sind, acht ich nicht fur die wenigsten Die bettbuchlin [wie »Hortulus animae« oder »Paradisus animae«], darynnen ßo mancherley iamer von beychten und sunde tzelen, Szo unchristliche narheyt ynn den gepettlin tzu gott unnd seynen heyligen, den eynfelltigen eyngetrieben ist ... mit ablaß ... hoch auffgeblassen, ...«[7]

Luthers Betbüchlein ist nur eine Zusammenstellung bereits vorhandener Texte aus seiner Feder: »Eine kurze Form der 10 Gebote. Eine kurze Form des Glaubens. Eine kurze Form des Vaterunsers«, eine Auslegung des Ave Maria – mit Vorbehalt! – sowie einige Psalmen und der Titusbrief in früher Übersetzung. Dem Büchlein widerfuhr ein reißender Absatz. In buntem Austausch, abwechselnd erweitert mit anderen Stücken – zählte man alle zusammen, sind es etwa fünfzig Texte –, erschienen einschließlich der Übersetzungen bis zu seinem Tode nicht weniger als 47 Ausgaben.[8] Woran lag dieser Erfolg? Doch wohl an der Konzentration auf das Wesentliche.

»Und [ich] bynn des gewissz«, schreibt Luther in der Vorrede, »das eyn Christlich mensch ubirflussig [überfließend, über alle Maßen] gepetet hatt, wenn er das vater unßer recht

---

3 WA Br 5, 14, 3-5 (1377), Luther an Johann Heß am 31. Januar 1529 aus [Wittenberg]: »Nam sub papatu non sumus assueti orare, cum Satanam sua in pace servantem nemo sentiret; omnia lusus et iocus erant.«

4 WA Br 9, 89, 12-17 (3461) ≙ MBW 3, 48 (2410.1), Luther an Melanchthon am 8. April 1540 aus [Wittenberg]: »Quicquid autem fit, fiet aut continget oratione, quae est sola omnipotens imperatrix in rebus humanis; omnia per hanc efficiemus, gubernabimus constituta, corrigemus errata, tolerabimus incorrigibilia, vincemus omnia mala, seruabimus omnia bona, sicut hactenus fecimus et experti sumus vim orationis, de qua nihil sciunt Papistae, ...«

5 WA 10 II, (331) 375-482 (483-495) einschließlich Einleitung und Varianten.

6 WA 10 II, (495) 496-501.

7 WA 10 II, 375, 3-9.

8 Josef BENZING: Lutherbibliographie: Verzeichnis der gedruckten Schriften Martin Luthers bis zu seinem Tod/ bearb. ... unter Mitarbeit von Helmut Claus. Baden-Baden 1966, 150-154 (1273-1318); ERGÄNZUNGEN ZUR BIBLIOGRAPHIE DER ZEITGENÖSSISCHEN LUTHERDRUCKE/ im Anschluß an die Lutherbibliographie Josef Benzings bearb. von Helmut Claus; Michael A. Pegg. Gotha 1982, 72 (1273-1318).

betet, wie offt er wil und wilchs stuck [davon] er will. Denn es ligt nit an viel wortten eyn gutt gepett, wie Christus sagt Matt. 6, ßondernn an viel unnd offt hertzlich sufftzen tzu got, wilchs solt wol on unterlassz seyn.«[9]

Was heißt in diesem Falle »Konzentration auf das Wesentliche«? Darauf gibt uns Luther Antwort, wenn wir ihn vierfach befragen: Was ermächtigt zum Beten? Was nötigt zum Beten? Was wirkt Beten? Was verleiht dem Beten Sprache?

I Was ermächtigt zum Beten?

Die erste Frage, was zum Beten ermächtigt, setzt voraus, daß Beten keine Selbstverständlichkeit ist. Dies brauchen wir freilich nicht erst von Luther zu lernen. Dem Menschen der Neuzeit ist das Beten mit der Zeit vergangen, weil ihm das Gegenüber entschwunden ist, an das er sich wenden könnte. Hier stoßen wir sogleich auf die in unser Thema inkludierte Tatsache, daß die Frage des Betens an das Wirklichkeitsverständnis rührt. Was heute als selbstverständlich gilt, läßt einem intellektuell Redlichen – wie es scheint – für das Beten keinen Raum mehr. Schon für Luther büßte das Beten entgegen dem Strom seiner Zeit die Selbstverständlichkeit ein, um freilich desto gewaltiger als wahres Beten aufzuleuchten. Für uns Heutige dagegen hat das Beten im reißenden Strom unserer Zeit nicht etwa bloß die Selbstverständlichkeit verloren, vielmehr die Verständlichkeit überhaupt, ist weithin zu etwas Unverständlichem geworden, dem nun gar die fatale Meinung anhaftet, als sei eine solche Einschätzung als unverständlich selbstverständlich.

Dieses Umschlagen vom Selbstverständlichen ins Unverständliche und wieder in eine neue Selbstverständlichkeit klingt nach bloßer Wortspielerei, hat jedoch mit dem unwiderruflichen Ernst geschichtlicher Wandlungen zu tun. Gewiß handelt es sich in ihnen – abgesehen von wechselnden Moden – um materielle, geistige und gesellschaftliche Veränderungen, deren Folgen sich niemand entziehen kann. In seltenen Fällen hingegen brechen fundamentale Einsichten auf, unabhängig vom Strom der Zeit und gegen ihn. Dazu gehört, was Luther aus der biblischen Überlieferung über das Beten aufgegangen ist.

Danach ist wahres Beten nicht ein Werk des Menschen, vielmehr »Gottes eigenes Werk in uns«,[10] Sprachwerdung des Glaubens, der seinerseits dem ver-

---

9 WA 10 II, 376, 1-5.
10 Vgl. WA Br 7, 77, 37 f (2121), Luther an Fürst Joachim vom Anhalt am 23. Juni 1534 aus [Wittenberg].

nommenen Worte Gottes entspringt.[11] Nur so, als Antwort auf das gebietende und verheißende Wort Gottes, das uns anruft und zum Beten ermächtigt und ermutigt, kommt es unsererseits zum Anrufen und Anbeten Gottes. Wir könnten auch sagen: Nicht im eigenen Namen vermögen wir uns auf Gott zu berufen, um ihm zu nahen, sondern nur in dem Namen, unter dem Gott uns Glauben weckend genaht ist, dem Namen Jesu Christi. Damit ist jetzt nur aufs kürzeste, dennoch präzis auf den Ort hingewiesen, wo nicht nur das Reden von Gott, sondern erst recht das Reden zu Gott nach Luther seinen definitiven Ort hat.

II Was nötigt zum Beten?

Während wir uns bei der ersten Frage, was uns zum Beten ermächtigt, mit einer äußerst knappen Antwort begnügen mußten, provoziert uns die zweite Frage, was zum Beten nötigt, ins Grenzenlose zu schweifen, in die Vielfalt der Situationen, wie das Leben sie mit sich bringt: Situationen des Begehrens, die unsere Wünsche wecken, Situationen der Ängste, die uns um Hilfe schreien lassen, aber auch Situationen des Glücks, die zum Danken mahnen. Stets sind es Situationen, die uns die Grenzen unserer eigenen Möglichkeiten spüren lassen. Mitte 1520 angesichts eines Studentenkrawalls in Wittenberg mit noch unabsehbaren Folgen reiht Luther in einem Brief an Spalatin das, was derzeit geschieht, in die Kette dessen ein, was ihm selbst im letzten Triennium widerfahren ist. In jedem dieser drei Jahre habe er eine herausragende Gefahr erlitten: erst in Augsburg, dann in Leipzig, nun in Wittenberg. Dem durch den neuesten Gefahrenherd alarmierten Spalatin schreibt Luther zum Trost:

>»Es braucht dazu weder Klugheit noch gar Waffen, vielmehr demütiges Gebet und starken Glauben, um uns dadurch an Christus zu halten, der für uns eintritt. Andernfalls ist es wirklich um uns geschehen« – wie Luther, nun ins Plusquamperfekt übergehend, auf das von ihm Durchgestandene anspielt –, »wenn wir uns auf die eigenen Kräfte verlassen hätten.« So solle der Freund mit ihm zusammen zum Gebet seine Zuflucht nehmen, damit nicht aus diesem jetzigen Funken durch den Satan ein Brand entstehe.[12]

11 WA 59, 307, 4-11 (Predigt über J 16, 23 f, am 6. September 1534): »In nomine Christi et eius fide est petendus pater, non nostro nomine, nempe operum nostrorum vel meritorum nostrorum, ut in monasteriis et ecclesiis collegiatis etc. accidit. Huius promissioni subiicit mandatum de precando. Promissione allicimur et provocamur ad orandum, sed mandato eius iubemur et praecipimur orare, cui praecepto omnes Christiani tenentur oboedire non curata nostra indignitate sicut in periculis mortis constituti ut in aquis; tum invocant deum: ›Hilff, got, hilff, hilff, Iesu Christe, hilff‹ nihil disputantes de dignitate sua.«
12 WA Br 2, 145, 29-36 (313), Luther an Spalatin am 17. Juli 1520 aus [Wittenberg]: »Singulis

Luther weiß freilich, daß Beten nicht ein willkürlich anwendbares Allerweltsmittel ist. Es hat sein Maß an dem von Jesus uns gelehrten Vaterunser. Hier stehen die Bitten im Zeichen von »Dein, Dein, Dein« denen voran, die »uns, uns, uns« betreffen.[13] Das ist eine Grundregel für das Beten überhaupt.[14] Jede Bitte schließt die ersten drei Bitten des Vaterunsers ein und setzt sie voraus. Kein Bitten und Gewähren, wo nicht der Name, das Reich und der Wille Gottes den Vorrang haben. Darum wird dem Beten auch keine Grenze gesetzt durch etwas, was uns mißliebig ist. Wie die Bitte »Dein Wille geschehe« gegebenenfalls unsern Willen bricht, so ist selbst unser Widersacher in das Beten eingeschlossen.[15] Überaus eindrücklich heißt es in Luthers Brief an Kaiser Karl V. (1500, 1519-1556, 1558) nach der Begegnung in Worms:

> »Wenn Christus, mein Herr, am Kreuz für seine Feinde gebetet hat, wieviel mehr muß ich für deine heilige Majestät, für dein Reich und meine teuersten Oberen samt dem ganzen deutschen Vaterland ... beten und inständig bitten.«[16]

Das Gebot, die Feinde zu lieben, fordert aber nicht unterschiedslos ein Gebet *für* sie, obschon sie auf jeden Fall in das Gebet einzuschließen sind. Luther weiß um Grenzfälle, in denen das Gebet *für* einen anderen umschlagen muß in das Beten *wider* ihn. So im Verhältnis zu Herzog Georg von Sachsen (1471, 1500-1539):

> annis hoc triennio insigne aliquod periculum passus sum: primo Augustae, secundo Lipsiae, nunc Vittenbergae. Opus itaque erit non prudentia nec armis, sed humili oratione, et forti fide, quibus obtineamus Christum pro nobis; alioquin vero actum est, si viribus nostris nixi fuerimus. Itaque ad orationem mecum confuge, ne ex scintilla ista incendium conflet spiritus Domini malus. Non sunt contemnenda parva, praesertim quae autore Satana exordium sumunt.«
>
> 13 WA 6, 250, 13-16 (Von den guten Werken, 1520): »Und das sein die gebet, da das wortlein ›du, dein, dein, dein‹ innen stet, das die selben nur suchen, was got angehoret: die andern sagenn alle ›unszer, unsz, unsern etc.‹ dan wir bitten unser gutter und selickeit.«
>
> 14 WA Br 2, 533, 12-19 (492), Luther an Spalatin [um 17. Mai 1522 aus Wittenberg]: »... omnia prorsus petenda sunt, & omnia conceduntur. Scilicet quia omnis petitio includit tres primas petitiones in oratione dominica. Ideo neque petere neque largiri est, vbi nomen, regnum, voluntas Dei non prefertur. Deinde, vbi dubium est, sit ne pro nomine, regno, voluntate eius, comittenda est illius sapientiae exauditio nostri. Ceterum, vbi pro nomine, regno, voluntate eius primo oratur, Impossibile est, vt non exaudiatur per Christum, quicquid petitur.«
>
> 15 WA 2, 105, 12-16 (Auslegung deutsch des Vaterunsers für die einfältigen Laien, 1519): »Darumb wirt yn dysem gebeth nit ander gsucht, dan das Creutz, marter, wyderwertickeit und allerley leyden, das do dynet zu vorstorung unsers willen. Darumb wen es die eygenwilligen menschen recht bedechtenn, wye sye wyder allen yren willen bitten, wurden sye dem gebet feind werden adder yhe da fuer erschrecken.« Vgl. auch 101, 26 - 104, 39.
>
> 16 WA Br 2, 309, 115 - 310, 120 (401), Luther an Karl V. am 28. April 1521 aus Friedberg.

Für ihn »habe [ich] nicht [nur] einmal gebeten und geweinet, daß ihn Gott wollt erleuchten. Ich will auch noch einmal bitten und weinen, darnach nimmermehr.«[17]

Dieser Umschlag begegnet auch gegenüber Kurfürst Joachim I. von Brandenburg (1484, 1499-1535)[18] sowie gegenüber den Kanonikern des Wittenberger Allerheiligenstifts: »... daß ich hinfurt widder Euch beten werde, wie ich bisher für Euch gebeten.«[19] Sogar die erschreckende Wendung findet sich: Wenn es keine andere Hilfe gibt, muß Albrecht von Mainz (1490-1545) mit Gebeten getötet werden.[20] Oder einmal in den Tischreden: »Diß jar mussen wir hertzog Moritzen todt beten, mussen in todt schlagen mit vnserm gebett, ...«[21] Das richtet sich nicht gegen die Person als solche, sondern gegen die Macht des Bösen, die sie gefangenhält. Dann ist es Zeit, mit allen Kräften gegen den Satan zu beten.[22] »Sollen wir mit feustenn dreyn schlahen? Neyn, szondern den teuffels grewel mit dem gepet sturmen, ...«[23] Bei Luther findet sich auch einmal die Anweisung zu einer Teufelsaustreibung durch Gebet an einem Gemütskranken, »wo die Aerzte nicht Hülffe wissen«, sozusagen in einem agendarischen Handeln durch den Pastor loci.[24] Das steht aber auf einem ganz anderen Blatt als jene schockierende Formulierung: durch Beten zu töten.

Anstatt dies einfach als mittelalterlich abzutun oder uns mit der apologetischen Ausflucht zu behelfen, das sei nicht wörtlich gemeint, müssen wir solchen Aussagen auf den Grund gehen, sie auf das Wirklichkeitsverständnis hin bedenken, dem sie entspringen. Daß in Luthers Äußerungen der Teufel eine so auffallend starke Rolle spielt, ist Ausdruck nicht einer statisch dualistischen Metaphysik, vielmehr der Strittigkeit menschlichen Lebens als des Sünderseins in der Welt vor Gott, eines Seins im Widerspruch. Dort haben in gleicher Weise die

17 WA Br 2, 455, 68-70 (455), Luther an Kurfürst Friedrich von Sachsen am 5. März 1522 aus Borna.

18 WA Br 4, 513, 32-42 (1304), Luther an Kurfürst Joachim I. von Brandenburg am 8. August 1528 aus Wittenberg.

19 WA Br 3, 112, 37 f (634), Luther an die Kanoniker des Allerheiligenstifts zu Wittenberg am 11. Juli 1523 aus [Wittenberg].

20 WA Br 10, 146, 13 f (3791), Luther an Justus Jonas am 5. September 1542 aus [Wittenberg].

21 WA TR 5, 144, 17 f (5428 a), 11. April - 14. Juni 1542.

22 WA Br 5, 678, 36 (1747), Luther an Johannes Brießmann am 7. November 1530 aus Wittenberg; 9, 205, 16-18 (3519), Luther an Katharina am 26. Juli 1540 aus [Eisenach].

23 WA 8, 717, 35 f (Bulla coenae domini, das ist, die Bulla vom Abendfressen des allerheiligsten Herrn, des Papstes, verdeutscht durch D. M. Luther, 1522).

24 WA Br 11, 112, 4-31 (4120), Luther an Pfarrer Severin Schulze am [1. Juni?] 1545 aus [Wittenberg].

Anfechtungen ihre Wurzeln wie das Gebet. Beides ist Anzeichen eines Kampfes, der das Leben bestimmt. Ihn entscheidet aber nicht der Mensch durch sein Tun und seine Leistungen, vielmehr der Glaube, daß Jesus der Sieger ist. Darum geht es in der Wahrnehmung der Grundsituation des Menschen. Das führt nun weiter zu der dritten Frage an Luther:

III Was wirkt das Beten?

Versucht man seine Aussagen darüber zu ordnen, so entziehen sie sich einer befriedigenden Systematik. Wir geraten in verschiedene Dimensionen, die einander überkreuzen: was das Beten am Beter selbst wirkt, was in Hinsicht auf das Erbetene und was in Hinsicht auf die Mitbeter. Zugleich aber stellen sich paradoxe Beziehungen ein, so daß die Auskünfte widersprüchlich erscheinen. Folgen wir der genannten Aufteilung, so geraten wir in die Fragen des Gebetsvollzugs, der Gebetserhörung und des Gebetsverbundes gegenseitiger Fürbitte, jeweils aber mit inneren Spannungen, die durch unterschiedliche Lebenszusammenhänge bedingt sind. Dennoch halten wir uns an diese Gruppierung.

Was wirkt das Beten am Beter selbst? Denkt man an die dritte Bitte des Vaterunsers, so dient sie der Verstörung unseres Willens.

> »Darumb wen es die eygenwilligen menschen recht bedechtenn, wye sye wyder allen yren willen bitten, wurden sye dem gebet feind werden adder yhe da fuer erschrecken.«[25]

So wirkt dieses Gebet bestenfalls »eine grundliche demutigkeit und forcht gottis und seines urteyls«.[26] Andererseits sind Wesen und Natur des Betens nichts anderes als das Emporheben des Gemüts oder Herzens zu Gott. Dann folgt aber, daß alles andere, was nicht des Herzens Erhebung ist, nicht Gebet ist.[27] Umgekehrt heißt Beten, »das ein mensch mag tzu seym gott sprechen, ..., nym hyn mein hertz, und fure du mich nach deinem willen, ich laß mich dyr gentzlich«.[28] So ist das Gebet Zutritt zu Gott oder ein Gott-Raum-Geben. Merkwürdig berührt dann aber die Steigerung zu einem gewaltsamen Erzwingenwollen im Falle schwachgläubiger Angst: »Ihr müßt mit Gewalt beten und dawider rufen, auch mit hellen Worten das Vater Unser schreien.«[29] Oder von Luther über sich selbst

25 Siehe oben Anm. 15.
26 WA 2, 100, 4 f (Auslegung deutsch des Vaterunsers für die einfältigen Laien, 1519).
27 WA 2, 85, 9-12.
28 WA 1, 217, 27-29 (Die sieben Bußpsalmen, 1517).
29 WA Br 6, 323, 22 f (1941), Luther an Valentin Hausmann am 24. Juni 1532 aus [Wittenberg].

ausgesagt: »Ich werde beten und schreien ohne Aufhören, bis ich merke, daß mein Geschrei im Himmel gehört sei.«[30] Luther weiß aber auch um vom Satan Angefochtene, die in der Gefahr stehen zu resignieren, als müsse dieser Feind erst nachlassen, ehe sie beten und kämpfen. Das sei aber unmöglich, meint Luther.

> »Wenn du sagst: Ich kann nicht beten und nicht vom Gebet ergriffen werden, dann stehe dagegen auf und sage: Ob ich kann oder nicht, ob ich würdig bin oder nicht, man muß dennoch beten, weil Gott es gebietet.«[31]

Luther steigert dies zu Aussagen über die Macht des Gebets von äußerster Kühnheit: »Ich halte meyn vnd der meynen gebeth [für] stergker dan den teufel selbst, ...«[32] »Denn auch die helle nicht helle were noch helle bliebe, wo man drynnen rieffe und schrye zu Gott.«[33] Und unüberbietbar in der Schrift »Von der Freiheit eines Christenmenschen«: »durch seyn königreych ist er aller ding mechtig, durch sein priesterthum ist er gottis mechtig, denn gott thut was er bittet und wil, ...«[34] So in der deutschen Fassung. In der lateinischen lautet es etwas differenzierter, ausgesagt von der dignitas Christiana, »quae per regalem suam potentiam omnium dominatur, mortis, vitae, peccati &c., Per sacerdotalem vero gloriam apud deum omnia potest, quia deus facit, quae ipse petit et optat, ...«[35]

Was aber wirkt das Beten in Hinsicht auf das Erbetene? Wie steht es mit der Gebetserhörung? Es ist eine Seltenheit und ein Zeichen tiefen Bekümmertseins, wenn sich bei Luther – in einem Brief an die zerstrittenen Mansfelder Grafen – die Wendung findet: »... es sihet, als wolle Got kein gebet erhören«.[36] Der Akzent liegt meist entgegengesetzt: Gott kommt dem Beten zuvor. Er ist schneller bereit zum Erhören, als wir zum Beten.[37] Das Gebet des Gerechten ist bereits erhört, bevor es beendet ist.[38] Es ist unmöglich, daß wir nicht erhört werden, da wir ja die

---

30 WA Br 5, 285, 10 f (1552) ≙ MBW 1, 377 (891.2), Luther an Melanchthon am 24. April 1530 von der Coburg.
31 WA Br 9, 44, 13-15 (3441), Luther an Georg Scarabaeus am 6. Februar 1540 aus Wittenberg.
32 WA Br 3, 643, 76 f (954), Luther an Herzog Georg von Sachsen am 21. Dezember 1525 aus [Wittenberg].
33 WA 19, 222, 16 f (Der Prophet Jona ausgelegt, 1526).
34 WA 7, 28, 14-16 (1520).
35 WA 7, 57, 37 - 58, 1.
36 WA Br 10, 82, 13 f (3760), Luther an die Grafen Albrecht, Philipp und Johann Georg von Mansfeld am 15. Juni 1542 aus [Wittenberg].
37 WA 25, 238, 6 f (Vorlesung über Jesaja, 1528-1530): »Paratior enim est Deus ad exaudiendum quam nos ad orandum.«
38 WA 31 II, 566, 23 (ebd): »Oracio iusti est exaudita, antequam finita.«

Zusage Gottes haben und dessen bedürfen.[39] »Gott hört leis«, heißt es einmal wunderbar in der Exodusauslegung,[40] das heißt: er hat ein überaus feines Gehör und fragt Mose, warum er denn schreie, obwohl der gar nicht schrie und nur das Herz voll Drangsal war.

Luther berichtet von handgreiflichen Gebetserhörungen. Am schwerkranken Melanchthon 1540 in Weimar:

> »M[agister] Philipps ist warlich tod gewest vnd recht wie lasarus vom tod aufferstanden. Gott der liebe Vater horet vnser gebet, das sehen vnd greiffen wir, on das wirs dennoch nicht gleuben, da sage niemand Amen zu vnserm schendlichen vnglauben.«[41]

Und drei Jahre zuvor – auf der Rückreise vom Bundestag in Schmalkalden – berichtet er Katharina:

> »Summa, ich bin tot gewest, und hab Dich mit den Kindlein Gott befohlen und meinem gnädigen Herrn, als würde ich Euch in dieser Sterblichkeit nimmermehr sehen; [es] hat mich Euer sehr erbarmet, aber ich hatte mich dem Grabe beschieden. Nu hat man so hart gebeten fur mich zu Gott, daß vieler Leute Thränen vermocht haben, daß mir Gott diese Nacht der Blasen Gang hat geöffnet, ... mich dünket, ich sei wieder von neuen geboren.«[42]

Des Kurfürsten Johann Friedrich (1503, 1532-1547, 1554) aufwendiger Versuch, ihn durch herbeizuholende Ärzte Hilfe zukommen zu lassen, und auch Katharinas Medikamente haben nichts genutzt.[43]

> »Gott hat Wunder an mir getan diese Nacht, und tut's noch durch frommer Leute Furbitt.«[44]

Luther setzt jedoch gegenüber solchen augenscheinlichen Wundern den entschiedenen Vorbehalt,

---

39 WA 14, 442, 22 f (Predigt über 1. Mose 31 f am 19. März 1524): »Impossibile est, ut non exaudiamur, cum habeamus promissionem dei et necessitatem etc.«

40 WA 16, 183, 3 f (Predigt über 2. Mose 14 am 19. Februar 1525 – zu Vers 15): »Et deus dicit ad eum [Moses]: ›Cur clamas‹? Non clamabat, sed cor erat plenum tribulatione, Deus hort leis.« Vgl. WA 40 I, 583, 2-4 (In epistolam S. Pauli ad Galatas commentarius, 1531) in Kombination von G 4, 6 und 2 K 12, 9: »... Christus omnipotens in omni infirmitate [wohl analog zu »omnipotentia« zusammenzuschreiben: »omniinfirmitate«; vgl. 583, 17 (Druck)] nostra ... dicit: Tu gemis et nescis, quantum facis isto gemitu; sed dico tibi: Du richst ein geschrey an, das himel et erden zu schaffen hat.«

41 WA Br 9, 168, 6-10 (3509), Luther an Katharina am 2. Juli 1540 aus Weimar.

42 WA Br 8, 51, 8-15 (3140), Luther an Katharina am 27. Februar um 3 Uhr früh 1537 aus [Tambach].

43 WA Br 8, 51, 18-20.

44 WA Br 8, 51, 20-22.

»das wir unsern Herr Gott nicht das mall stecken [Maß und Ziel vorschreiben], das ers thue, wan wir wollen, sundern wir sollens im heymgeben, wan, wue und wie baldt ers thun wolle.«[45]

»Also ist das gebet eine sonderliche ubung des glaubens, der do gewiszlich das gebet szo angenehm macht, das es entwedder gewiszlich erfullet wirt, odder ein bessers, dan wir bitten, dafur geben wirt.«[46]

Entsprechend kann Luther beides sagen: Einerseits ist die Kraft des Gebetes offensichtlich; ja »wir wollen, ob Gott will, mit Beten und Flehen gegen Gott mehr ausrichten, denn sie [die Gegner] mit all ihrem Trotzen«.[47] Andererseits bezeichnet er sein eigenes Beten für andere als »mein armes Gebet«, »mein arm Paternoster«.[48] Damit befinden wir uns allerdings schon beim dritten Wirkaspekt des Betens.

Was wirkt das Beten in Hinsicht auf die Mitbeter? Das Beten verbindet untereinander, bewirkt sozusagen einen Gebetsverbund.[49] In seiner ersten gedruckten Vaterunserauslegung, der »Auslegung deutsch des Vaterunsers für die einfältigen Laien« von 1519, hebt Luther hervor,

»wie gar ordentlich Christus dis gebet gesetzt, dan er lest nit tzu, das ein itzlicher fuer sich alleine bitte, sundern fuer die gantz sammlung aller menschen. Dan er leret uns nit sagen › M e i n Vater‹, sondern ›Vater u n s e r ‹. Das gebet ist ein geistlich gemein gut, darumb sall man niemant des berauben, auch nit die feinde. Dan so er unser aller vater ist, will er, das wir under einander bruder sein sollen, freuntlich liben und fuer einander bittenn gleych wie fuer uns selbst.«[50]

Auf Fürbitte füreinander legt Luther deshalb starkes Gewicht. Vornehmlich freilich – wenn ich recht sehe – als von ihm für sich selbst erbetene Fürbitte. Das erscheint verdächtig egozentrisch. Beachtet man jedoch den Kontext, so liegt in Luthers Bitte um Fürbitte eine entschieden negative Selbsteinschätzung sowie das Wissen um sein extremes Gefährdetsein. Bitte für mich elenden Sünder,[51]

---

45 WA 9, 555, 10-12 (Predigt über Mt 8, 1-10 vom 20. Januar 1521).

46 WA 6, 232, 22-24 (Von den guten Werken, 1520).

47 WA Br 5, 183, 49-51 (1496), Luther an Kurfürst Johann von Sachsen am 18. November 1529 aus [Wittenberg].

48 Siehe Gerhard EBELING: Luthers Seelsorge: Theologie in der Vielfalt der Lebenssituationen an seinen Briefen dargestellt. TÜ 1997, 468-471.

49 WA Br 11, 253, 23 f (4183), Luther an Nikolaus von Amsdorf am 8. Januar 1546 aus Wittenberg.

50 WA 2, 86, 7-13.

51 So z. B. WA Br 3, 304, 6 (751), Luther an Nikolaus Hausmann am 15. Juni 1524 aus Wittenberg; 2, 618, 12 f (551), Luther an Henning Teppen am 21. November 1522 aus Wittenberg.

mich jämmerlichen Wurm,[52] daß mein Glaube nicht nachlasse, daß Christus mich nicht in Satans Zähnen lasse.[53] So oder ähnlich heißt es oft. Als Rettung aber ersehnt er sich gleichermaßen Christi Triumph und für sich selbst eine gute Sterbestunde.[54] Einmal kann er sogar der eifrigen Fürbitte anderer daran Schuld geben, daß seine Bitte unerfüllt geblieben sei:

>>Ich hette wol gern gesehen, das mich der liebe herr Jhesus hette mit gnaden weggenommen, der ich doch nü mehr [nunmehr] wenig nütze bin auff erden<<, heißt es 1541. >>Aber der Pomer [Bugenhagen] hat mit seinem anhalten mit furbitten ynn der kirchen solchs [meins achtens] verhindert, Vnd ist [mein Befinden] Gott lob [so heißt es nun doch anstatt: Gott sei's geklagt] besser worden.<<[55]

Dennoch versteht Luther das Beten, auch wenn es in besonderer Weise ihn betrifft, als eine Sache der Kirche insgemein,[56] wovon er sagen kann: >>Oratio Ecclesiae facit mirabilia.<<[57] Innerhalb dieses Betens der Kirche vollzieht sich das Beten des Einzelnen gegenseitig für- und miteinander:

>>Was du erbittest: daß ich für dich bete, das tue ich; und du, so bitte ich, bete wiederum für mich. Und wie ich nicht zweifle, daß diese Fürbitte für mich wirksam sei, so zweifle bitte nicht, die meinige sei es auch für dich.<<[58]

Von den Fragen, die uns über Luthers >>Konzentration auf das Wesentliche<< Auskunft versprachen, haben wir bisher drei erörtert: Was ermächtigt zum Beten? Was nötigt zum Beten? Und was wirkt Beten? Nun steht noch die letzte Frage aus:

---

52 So z. B. WA Br 4, 272, 27 (1162) ≙ MBW 1, 274 (612.6), Luther an Melanchthon am 27. Oktober 1527 aus [Wittenberg].
53 So z. B. WA Br 2, 399, 10 f (436), Luther an Georg Spalatin am 1. November 1521 von der [Wartburg]; 4, 282, 9 f (1170), Luther an Nikolaus Hausmann am 17. November 1527 aus [Wittenberg]; 5, 29, 9 f (1389), Luther an Kaspar Aquila am 7. März 1529 aus Wittenberg.
54 So z. B. WA Br 10, 55, 7 f (3748), Luther an Justus Menius am 1. Mai 1542 aus [Wittenberg]; 238, 34 f (3836), Luther an Gregor Brück am 6. Januar 1543 aus [Wittenberg].
55 WA Br 9, 380, 9-13 (3604), Luther an Kurfürst Johann Friedrich von Sachsen am 25. April 1541 aus [Wittenberg].
56 WA 7, 219, 11-16 (Eine kurze Form der 10 Gebote. ..., 1520).
57 WA Br 10, 135, 17 (3784), Luther an Anton Lauterbach am 27. August 1542 aus [Wittenberg].
58 WA Br 11, 264, 16-18 (4188), Luther an Jakob Propst am 17. Januar 1546 aus [Wittenberg].
59 WA Br 6, 323, 27-36 (1941), Luther an Valentin Hausmann am 24. Juni 1532 aus [Wittenberg].
60 WA 6, 13, 15 f (Eine kurze Form, das Paternoster zu verstehen und zu beten, 1519).
61 WA 10 I 1, 435, 8-13 (Kirchenpostille, 1522).

IV Was verleiht dem Beten Sprache?

Gesetzt den Fall, ein Mensch könne beim besten Willen nicht beten, weil er krank und schwach ist – ob leiblich oder seelisch –, so soll er, rät Luther, sich etwas aus den Psalmen oder dem Neuen Testament vorlesen lassen mit klarer Stimme und dem zuhören, damit er sich ja nicht mit seinem Unglück herumschlage mit eigenen Gedanken ohne Gottes Wort. »Denn ohne Gottes Wort ist uns der Feind zu stark; aber beten und Gottes Wort kann er nicht leiden.«[59] Obwohl es hier so scheint, als sei die Sprache des Betens einfach der Bibel zu entleihen, wird dennoch zwischen Gottes Wort und Beten unterschieden. Gewiß soll nach Luther die Sprache des Betens gesättigt sein mit biblischer Sprache. Aber sowenig wie die häufig betonte Konzentration auf das »Unservater, darin alle Bitten und mündliche Gebete mit kurzen Worten begriffen sind«, reduktionistisch zu deuten ist, so wenig darf die Weite der Gebetssprache verkannt werden. »Und in das gebet gehören alle psalmen und gebet, da man gott innen lobet, eret, singet, dancket, und das gantze Alleluia.«[60] Ja, Luther dehnt die Wortbedeutung von »Gebet« auf den gesamten meditativen Umgang mit dem Worte Gottes überhaupt aus. Unter Gebet werde

> »auch vorstanden nit alleyn das mundlich gepett, ßondern alles, was die seel schafft ynn gottis wort, zu hören, zu reden, tzu tichten [ersinnen], tzu betrachten etc. Denn gar viel psalmen werden ym gepet gesprochen, darynnen doch kaum drey verß ettwas bitten, ...«[61]

Andererseits ist Luther daran gelegen, daß Gott in Wahrheit angerufen werde und daß nicht etwa »gebetet« und »angerufen« heiße, »wo der mundt allein [bloß] murmelt«.[62] Die Menge der Wörter macht es nicht.

> »Jhe weniger worth, jhe besser gepet, Jhe meer wort, jhe erger gepet: wenig wort und vil meynung [Sinn] ist Christlich, vill wort und wenig meynung ist heydenisch.«[63]

Ohne das gesprochene Gebet abzuwerten, liegt doch der Akzent auf dem »inwendigen«, dem »wahrhaft herzlichen« Gebet[64] nicht auf der Menge der Gebete oder dem Verdienst des Betenden.[65]

---

62 WA 6, 239, 36 f (Von den guten Werken, 1520).
63 WA 2, 81, 14-16 (Auslegung deutsch des Vaterunsers für die einfältigen Laien, 1519).
64 WA 7, 319, 8-10 (Grund und Ursach aller Artikel ..., 1521): »...: was ist aber Sacrament empfahen andersz den eyn begird gotlicher gnad haben, was ist aber gotlich gnad begerenn anders den eyn warhaftigs hertzlich gebet?«; 2, 84, 25-31 (Auslegung deutsch des Vaterunsers ..., 1518).
65 WA 10 I 2, 263, 7 - 264, 4 (Sommerpostille, 1526).

Die Predigt bei der Einweihung der Torgauer Schloßkirche am 5. Oktober 1544 eröffnet Luther mit einer Erläuterung dessen, was es mit einer solchen Einweihung auf sich habe. Dieses Haus einsegnen und dem Herrn Jesus weihen gebühre nicht ihm allein, als wäre er der Papst; vielmehr sollen wir alle zusammen gleichsam zum Weihwasserwedel und zum Räucherfaß greifen, »damit an dem Ort nichts anderes geschehe, als daß Gott mit uns rede durch sein Wort und wir mit ihm durch Gebet und Lobgesang«.[66] Schon zwei Jahre zuvor begegnet einmal in einer gedruckten Predigtbearbeitung diese Wendung: Eines von beidem müsse immerdar gehen, Gottes Wort hören und das Herz emporheben zu ihm

> »als ein ewig gespräch zwischen Gott und dem menschen, aintweder, das er mit uns rede, da wir still sitzen und jm zů hôren oder das er uns hôre mit jm reden unnd bitten, was wir bedürffen«.[67]

Dieses ewige Gespräch zwischen Gott und den Menschen, das gegenseitige Zueinander-Sprechen und Aufeinander-Hören, ist die gottgewollte Grundsituation des Menschen. Der Glaube läßt sie uns wahrnehmen.

> »Ja was ist ... glaube [überhaupt anderes], denn eyttel gepet?«[68] »..., so du ›amen‹ sprichst mit hertzlicher tzuvorsicht und glauben, so ist gewissz das gebeth befestiget und erhoret, Und wo dis endt nit ist, do ist wyder anfang noch mittel des gebets nutz.«[69]

Das gilt ebenfalls von allen Lebenssituationen und allem Weltgeschehen. Sie sind einzubeziehen in das Gebet. Dieses Beieinander von Gottes Wort sowie der Welt- und Lebenssituation macht das Beten aus. Entsprechend schließt Luther auch den intensiven brieflichen Zuspruch an Melanchthon in überaus kritischer Lage Ende Juni 1530 mit dem alles versiegelnden Amen:

> »Für dich bete ich, habe ich gebetet und werde ich beten; und zweifle nicht, daß ich erhört bin. Denn ich fühle jenes Amen in meinem Herzen. Wenn nicht geschehen wird, was wir wollen, so wird dennoch geschehen, was besser ist. Denn wir erwarten ein künftiges Reich, während hier auf Erden alles getäuscht hat.«[70]

Beten mit Luther als das Wahrnehmen der Wirklichkeit des Menschen verstehen ist eine Aufgabe, die uns bis an unser Ende aufgegeben bleibt.

---

66 WA 49, 588, 2-6.
67 WA 47, 758, 23-26 (Eine Predigt ... von Nüchternheit und Mäßigkeit wider Völlerei und Trunkenheit, 1542).
68 WA 8, 360, 26-32 (Evangelium von den zehn Aussätzigen, 1521).
69 WA 2, 127, 3-6 (Auslegung deutsch des Vaterunsers ..., 1519).
70 WA Br 5, 413, 60-63 (1611) ≙ MBW 1, 399 (950.5), Luther an Melanchthon am 30. Juni 1530 von der [Coburg].

Glaube, Bildung und Gemeinschaft bei Luther

Von Tuomo Mannermaa

I »Bildung« als gemeinsamer Beziehungspunkt von »Glaube« und »Gemeinschaft«

Das Wort »Bildung« bzw. »bilden« bedeutet in seinem spezifischen Sinn bei Luther das Gebildet-Werden des Christen nach dem Bild Christi. Dieser Gebrauch entspricht dem alten, ursprünglichen religiösen (»mystischen«) Sinn des Wortes. Wenn es bei Luther etwas Analoges zu dem heutigen Sinn des Begriffes »Bildung« gibt, muß es im Zusammenhang des umfassenden religiösen Sinnes des Ausdrucks »nach dem Bild Christi gebildet« bzw. »geformt« oder »transformiert werden« verstanden werden. Ich beginne mit einer äußerst komprimierten, das Ergebnis vorwegnehmenden Einführung in den Duktus der nachfolgenden Studie.

Das Nach-dem-Bild-Christi-gebildet-Werden geschieht in der Theologie Luthers durch das Wort Gottes im Glauben. Das Wort bzw. der Glaube bewirkt die reale Partizipation des Glaubenden an Christus. Im Glauben selbst ist Christus gegenwärtig: »..., in ipsa fide Christus adest.«[1]

Der Glaube hat Anteil an Christus als der »Gunst« Gottes (favor, Vergebung der Sünden) einerseits und als »Gabe« (donum, das den gegenwärtigen Christus in seinen menschlichen *und* göttlichen Wesenseigenschaften meint) andererseits. Der Glaube bedeutet also Partizipation an Christi Person als Versöhner einerseits und er läßt den Menschen an den menschlichen und göttlichen Eigenschaften Christi, vor allem an der Liebe, teilhaben andererseits (Kapitel II). Weil der Glaube Teilhabe an Christus ist, bedeutet er die transformatio, die Bildung, die Umgestaltung des Christen nach dem Bild Christi (Kapitel III). Das bedeutet ein fortgesetztes Sterben des alten Menschen im Christen (gekreuzigt werden mit Christus) und ein immer neues Geboren-Werden zum Leben des Geistes bzw. der Liebe in Christus (Auferstehen mit Christus).

Der Glaube als Partizipation begründet die geistliche Gemeinschaft (communio) der Liebe sowohl mit Gott in Christus als auch mit den Menschen (Kapitel IV).

1 WA 40 I, 229, 15.

Diese Gemeinschaft des Glaubens und der Liebe soll das menschliche Zusammenleben durchdringen sowohl in der geistlichen communio der Kirche als auch in der geistlich-weltlichen Gemeinschaft der Stadt.

Zu diesem Durchdringen des Glaubens und der Liebe gehört das Austeilen der verschiedenen Güter, unter denen die Erziehung, eruditio, von wesentlicher Bedeutung ist (Kapitel V). Grundlegend für die communio ist das Gebildet-Werden der Christen und somit der christlichen Gemeinschaft nach dem Bilde Christi im Glauben und in der Liebe.

Somit erweist sich der Gedanke der Bildung bzw. der Transformation nach dem Bild Christi als Bindeglied zwischen dem Verständnis des Glaubens als Teilhabe an den göttlichen Gaben einerseits und der Idee der Gemeinschaft (communio) als dem Ort des gegenseitigen Gebens und Nehmens – u. a. auch der Erziehung im umfassenden Sinne – andererseits.

II Glaube – Rechtfertigung – Partizipation

Unsere erste Aufgabe besteht darin, den Glaubensbegriff bei Luther zu klären. Umfassend ist das hier freilich nicht möglich. Ich konzentriere mich daher nur auf den Aspekt, der für die sachgemäße Ausführung unserer Aufgabe notwendig ist, nämlich auf den Gedanken des Glaubens als Partizipation an Christus bzw. an Gott. Luthers Verständnis von Bildung und Gemeinschaft kann – wie oben vorwegnehmend gesagt – nur dann richtig verstanden werden, wenn es von seinem Partizipationsverständnis her in den Blick genommen wird.

Die Idee der Partizipation ist in der lutherischen theologischen Tradition zweifellos bekannt. Eine klassische Textstelle, die das belegt, befindet sich in der »Konkordienformel«. Sie behandelt die Einwohnung Gottes im Gläubigen (inhabitatio Dei) auf eine Weise, die für die spätere lutherische Theologie wegweisend werden sollte. Danach ist Gott in der ganzen Fülle seines Wesens im Glaubenden anwesend. Es sei ausdrücklich darauf hingewiesen, daß hier diejenige Auffassung »verworfen und verdammt« wird, derzufolge Gott selbst nicht im Gläubigen »wohnt«, sondern bloß seine »Gaben« zugegen sind.

Für das lutherische Selbstverständnis enthält allerdings die Definition der »Konkordienformel« das Problem, daß das Verhältnis von Rechtfertigung – im Sinne der »Formula concordiae« als Sündenvergebung, favor Dei verstanden – und Einwohnung Gottes im Glauben (donum Dei) hier anders definiert wird als in der Theologie Luthers. So bedeutet »Glaubensgerechtigkeit« in der »Konkordienformel« einzig und allein die aufgrund des vollkommenen Gehorsams Christi und seines vollkommenen Verdienstes zugerechnete Sündenvergebung. Damit wird die Einwohnung Gottes begrifflich von der Rechtfertigung bzw. Sündenvergebung getrennt, denn logisch gesehen folgt sie erst, wenn die Rechtfertigung bereits geschehen ist. Die klassische Belegstelle hierzu lautet:

>Gleichfalls muß auch die Disputation von der Einwohnung der wesentlichen Gerechtigkeit Gottes in uns recht erkläret werden. Dann obwohl durch den Glauben in den Auserwählten, so durch Christum gerecht worden und mit Gott versöhnet sind, Gott Vater, Sohn und Heiliger Geist, der die ewige und wesentliche Gerechtigkeit ist, wohnet (dann alle Christen sind Tempel Gottes des Vaters, Sohns und Heiligen Geistes, welcher sie auch treibet, recht zu tuen): so ist doch solche Einwohnung Gottes nicht die Gerechtigkeit des Glaubens, davon S. Paulus handelt und sie iustitiam Dei, das ist, die Gerechtigkeit Gottes, nennet, umb welcher willen wir für Gott gerecht gesprochen werden, sondern sie folget auf die vorgehende Gerechtigkeit des Glaubens, welche anders nichts ist, dann die Vergebung der Sünden und gnädige Annehmung der armen Sünder allein umb Christus Gehorsam und Vordiensts willen.«[2]

In Luthers Theologie wird das Verhältnis zwischen Sündenvergebung (bzw. Rechtfertigung im Sinne der »Formula concordiae«) und Einwohnung Gottes im Glauben anders bestimmt als im Text der »Konkordienformel«. Das Verhältnis zwischen Sündenvergebung und Einwohnung Gottes zeigt sich bei Luther durch und durch christologisch begründet und strukturiert. Luther trennt Person und Werk Christi nicht voneinander, denn für ihn ist Christus selbst die christliche Gerechtigkeit bzw. die Glaubensgerechtigkeit. In der Person Christi verbinden sich sowohl Gottes »Gunst« (favor) – das heißt die Sündenvergebung und die Aufhebung des Zornes –, als auch Gottes »Geschenk« oder »Gabe« (donum) – das heißt Gott selbst, der sich in der ganzen Fülle seines Wesens als anwesend erweist. Im Glauben selbst ist Christus real anwesend (in ipsa fide Christus adest) und somit auch seine ganze Person und sein ganzes Versöhnungswerk. Die einseitig forensische Rechtfertigungslehre der »Konkordienformel« läuft Gefahr, die Gerechtsprechung um des Verdienstes Christi willen und die reale Anwesenheit Christi im Glauben voneinander zu trennen. In Luthers Theologie dagegen sind diese beiden Motive in der Person Christi vollends vereinigt. Christus ist – mit den Begriffen von Chalkedon gesprochen – ungetrennt, aber auch unvermischt sowohl donum als auch favor. Der im Glauben gegenwärtige Christus – sowohl seine Person als auch sein Werk – ist Luther zufolge identisch mit der Glaubensgerechtigkeit.

Weil der Gedanke des im Glauben gegenwärtigen Christus und der Partizipation an ihm eine so zentrale Stellung in der Rechtfertigunslehre Luthers ein-

2 BSELK, 932, 45 - 933, 19.

nimmt, entsteht die Frage, wie Luther diese reale praesentia Christi im Glauben verstanden hat. Diese Frage ist von wesentlicher Bedeutung für das Verständnis seiner Glaubenstheologie. Christus *ist* im Glauben real gegenwärtig. Welchen ontologischen Status hat nun dieses Sein Christi bzw. Sein Gottes im Glauben? Von welchen philosophischen Denkformen hat man in der Lutherforschung Gebrauch gemacht, um dieses Gegenwärtig-Sein Gottes im Glauben näher zu bestimmen?[3]

Die Ontologie des deutschen Philosophen Hermann Lotze (1817-1881) hat einen tiefen Einfluß auf die theologische Explikation des Gegenwart-Christi-Motivs ausgeübt. Lotze geht in seiner Ontologie davon aus, daß die alltägliche Wirklichkeitsauffassung, der zufolge die Dinge zunächst einmal an sich existieren müssen, um erst danach miteinander in Beziehung treten zu können, falsch ist. Es gibt kein Sein an sich. Das einzige »Sein« liegt in einem »Stehen in Beziehungen«. Die Welt ist kein Raum voll von Dingen, die nachher auch noch in Beziehungen zueinander treten. Primär sind das In-Beziehung-Stehen und das gegenseitige Wirken. Das Sein ist das Geschehen der Wechselwirkung.

> »Lotze will also das statische Seinsdenken, das die Welt als Gesamtheit der isolierten an sich seienden Dinge ansieht, durch ein ›Wirkungsdenken‹ ersetzen, in dem die durch die ständige Wechselwirkung versursachten ›Wirkverhältnisse‹ die Ordnung der Welt erzeugen.«[4]

Dieser Ontologie geht die Erkenntnistheorie Lotzes parallel. Die Welt der an sich seienden Substanzen bleibt außerhalb jeder philosophischen Reichweite. Nicht die Dinge an sich sind Gegenstand der menschlichen Erkenntnis, sondern nur ihre Wirkungen. Wir haben keine sichere Erkenntnis über das An-sich-Sein der lediglich angenommenen Ursache unserer Erkenntnis. Ihre Nicht-Existenz kann genauso wenig wie ihr An-sich-Sein philosophisch bewiesen werden. Auch in dem Fall, daß es die Dinge tatsächlich gibt, müssen wir uns »in unserer Erkenntnistheorie mit ihren Wirkungen auf uns begnügen, weil wir ihr An-Sich-Sein nicht erreichen können«.[5]

Daraus folgt die entscheidende erkenntnistheoretische Bestimmung: Unsere Erkenntnis besteht nicht darin, daß Dinge bzw. ihre intelligiblen Formen in uns

---

3 Risto SAARINEN: Gottes Wirken auf uns: die transzendentale Deutung des Gegenwart-Christi-Motivs in der Lutherforschung. S 1989 – Helsinki, Univ., Theol. Fak., Diss., 1988 – hat die epistemologischen und ontologischen Voraussetzungen der Lutherforschung eruiert und analysiert, wie das Gegenwart-Christi-Motiv in der Lutherforschung gedeutet worden ist.

4 Ebd, 12.

5 Ebd, 12.

selbst hineinkommen, sondern nur darin, daß die Dinge auf uns wirken. Die Ergebnisse dieses Wirkens erhalten darum ihre Form von unserer Natur. Lotze schreibt:

>»Denn auch *wenn* Dinge *sind*, so kann unsere ›Erkenntniß‹ von ihnen doch nicht darin bestehen, <u>daß sie in uns selbst hereinträten, sondern nur darin, daß sie auf uns *wirken*</u>. – Die *Producte* dieses Wirkens aber können, <u>als Affektionen *unseres* Wesens, ihre Form nur von *unserer* Natur empfangen</u>.«[6]

In diesem Punkt vollzieht sich m. E. die tiefgreifende Veränderung: Nach der klassischen, realistischen Erkenntnistheorie kommt die menschliche Erkenntnis dadurch zustande, daß die intelligible Spezies bzw. die forma des Gegenstandes durch die Sinne in den Intellekt des Menschen eintritt. Die Spezies des erkannten Dinges ist im Erkennenden selbst gegenwärtig. »Species cogniti est in cognoscente«, sagt Thomas von Aquino (1225-1274), und »idem est intellectus et quod intelligitur«, m. a. W »Das Erkennen und das, was erkannt wird, sind identisch«.[7]

Wie immer es auch mit dem Nominalismus Luthers steht, er schließt sich wenigstens in seiner Theologie dieser klassischen Erkenntnistheorie vom Anfang bis zum Ende an, ohne freilich alle ihre ontologischen Implikationen zu übernehmen. Er gebraucht diese philosophische Erkenntnistheorie frei als Ausdrucksmittel für die theologischen Wahrheiten. Luther sagt z. B. in seiner frühen Phase (1514):

>»Kein Wunder, daß ich sagte, daß wir Wort werden müssen, weil auch die Philosophen sagen, daß der Intellekt durch das aktuale intellektuale Erkennen das zu Erkennende (intelligibile) sei und daß die Sinnlichkeit durch das aktuale sinnliche Wahrnehmen das sinnlich Wahrzunehmende (sensibile) sei; wieviel mehr ist dieses wahr von dem Geist und von dem Wort!«[8]

Luther sagt weiter, daß die Objekte des Intellekts und des Affekts Sein und Akt des Intellekts und des Affekts sind.[9]

Die oben dargestellte Epistemologie begegnet nicht nur in der frühen Theologie Luthers, sondern auch in deren klar reformatorischen Phase. Die ontologische Seite dieser Epistemologie kann z. B. der folgenden Stelle entnommen werden.

---

6 Hermann LOTZE: Grundzüge der Metaphysik: Dictate aus den Vorlesungen. L 1883, 79 (Unterstreichungen von Mannermaa); zitiert nach Saarinen: AaO, 12, Anm. 19.

7 THOMAS VON AQUINO: Summa theologiae 1, qu. 14, art. 1; qu. 55, art. 1 ad 2; ders.: Opera omnia/ iussu et impensque Leonis XIII P. M. edita. Bd. 4. Romae 1888, 166 a; 5. Romae 1889, 54 b.

8 WA 1, 29, 15-18.

9 WA 1, 29, 26 f: »... ita obiecta sunt eorum esse et actus, sine quibus nihil essent, sicut materia sine forma nihil esset.«

Luther spricht von dem »platonischen Prinzip«. Dieses Prinzip mit einer Licht-Metapher verdeutlicht besteht darin, daß der Mensch Gott nur sieht, wenn Gott sich selbst als Licht zum Licht des Menschen macht. Der Mensch sieht Gott nur in Gott selbst. Luther sagt wörtlich:

> »Es ist nämlich das Gleiche und beide sind gleichzeitig: Gott, der erleuchtet, und das erleuchtete Herz; der von uns gesehene Gott und der gegenwärtige Gott.«[10]

Luthers Auslegung des für seine reformatorische Theologie zentralen Begriffes »iustitia Dei« bringt dieselbe Ontologie der Erkenntnis zum Ausdruck:

> »... iustitiam dei etiam tropo iam dicto esse iustitiam, qua deus iustus est, ut eadem iustitia deus et nos iusti simus, sicut eodem verbo deus facit et nos sumus, quod ipse est, ut in ipso simus et suum esse nostrum esse sit.«[11]

Die Gerechtigkeit Gottes ist also nicht nur eine solche Wirkung Gottes auf uns, in der Gott außerhalb von uns bleibt, sondern Gerechtigkeit ist das vom Wort vermittelte gegenwärtige Sein Christi selbst als favor und donum in uns.

Das Verständnis des Glaubens als Partizipation – nicht nur an der Vergebung bzw. an dem Versöhnungswerk Christi (favor), sondern zugleich auch am Sein Christi, also auch an seiner menschlichen und göttlichen Natur und ihren Eigenschaften (donum) – erweist sich als fundamental für die reformatorische Theologie Luthers. Wenn er an der berühmten Stelle der Einleitung zu dem ersten Band seiner lateinischen Werke seine reformatorische Entdeckung beschreibt, spielt der donum-Gedanke, das heißt der Gedanke der Partizipation an den göttlichen Eigenschaften, eine entscheidende Rolle.

10 AWA, 2, 201, 20 f: »Idem enim est et utrumque simul est: deus illuminans et cor illuminatum, deus visus a nobis et deus presens.«
11 AWA 2, 259, 11-14. Der Kontext des Zitates ist wichtig: Der Kontext des Zitats ist wichtig: »Vocatur autem iustitia dei et nostra, quod illius gratia nobis donata sit, sicut opus dei, quod in nobis operatur, sicut verbum dei, quod in nobis loquitur, sicut virtutes dei, quas in nobis operatur, et multa alia. Sic Ps 30⟨, 2⟩: ›In iustitia tua libera me‹, et Rom 10⟨, 3⟩: ›Ignorantes iustitiam dei et suam volentes constituere iustitiae dei non sunt subiecti‹. Unde Ps 23⟨, 5⟩ non inepte transtulit: ›Hic accipiet benedictionem a domino et misericordiam a deo salutari suo‹, cum pro ›misericordia‹ Hebraeus ›iustitiam‹ [צְדָקָה] habeat, quod benedictio dei et iustitia dei sint idem, scilicet ipsa misericordia et gratia dei nobis collata in Christo. Atque hic tropus loquendi de iustitia dei, quia alius est ab usitato humanae locutionis modo, multas multis difficultates peperit, quamquam non sit penitus reiciendum iustitiam dei etiam tropo iam dicto esse iustitiam, qua deus iustus est, ut eadem iustitia deus et nos iusti simus, sicut eodem verbo deus facit et nos sumus, quod ipse est, ut in ipso simus et suum esse nostrum esse sit, Sed haec sublimiora, quam locus nunc patiatur, et alio sensu dicta, quam illi sentiunt, etsi utilia et necessaria, pro alio tamen tempore dicenda«; AWA 2, 259, 1-16.

Um den retrospektiven Text recht zu deuten, muß zuerst in Erinnerung gebracht werden, daß für Luther in Gott das Wesen und die Eigenschaften identisch sind. Darum bedeutet die Partizipation an den Eigenschaften Gottes in Christus zugleich gerade die Partizipation an dem göttlichen Wesen bzw. an der göttlichen Natur selbst. Luther beschreibt die Identität des Wesens und Eigenschaften Gottes z. B. auf folgende Weise:

> »Das haben wyr (sagt er) durch die krafft des glawbens, das wyr teylhafftig sind und geselschafft odder gemeynschafft mit der Göttlichen natur haben. ... Was ist aber Gottes natur? Es ist ewige wahrheyt, gerechtickeyt, weyßheyt, ewig leben, fryd, freude und lust und was man gutt nennen kan. Wer nu Gottes natur teylhafftig wird, der uberkompt das alles, ...«[12]

In seinem berühmten Rückblick aus dem Jahre 1545 sagt Luther, daß er zu verstehen begann, was Gerechtigkeit Gottes bedeutet. Gerechtigkeit Gottes ist Gerechtigkeit, »...durch die der Gerechte durch die Gabe Gottes lebt«.[13] Die Entdeckung besteht daher in der Einsicht, daß die Gerechtigkeit Gottes Gabe (donum) ist, durch die der Gerechte selbst lebt. Unter donum versteht Luther die reale Gegenwart Christi und seiner Eigenschaften im Glauben des Christen. Seine neue Erkenntnis, sagt Luther weiter, öffnete ihm die Pforten ins Paradies. Jetzt konnte er die Heilige Schrift auf eine ganz andere Weise verstehen. Danach, fährt Luther fort, ging er die Heilige Schrift durch und erkannte auch bei anderen zentralen Wörtern eine analoge Bedeutung. Die Liste dieser Wörter zeigt mit wünschenswerter Deutlichkeit, daß die reformatorische Entdeckung die Teilhabe an den Eigenschaften Gottes bzw. Christi und – weil in Gott Eigenschaften Wesen sind – am Wesen bzw. an der Natur Gottes selbst bedeutet.

> »Ich durcheilte daraufhin die Heilige Schrift, wie ich sie im Gedächtnis hatte, und brachte auch in den anderen Begriffen die Analogie auf den Punkt; z. B. Werk Gottes, das ist das Werk, das Gott in uns ausführt; Kraft Gottes, durch die er uns kraftvoll [potentes] macht; Weisheit Gottes, durch die er uns weise macht; Stärke Gottes, Heil Gottes, Ehre Gottes. Wie ich vorher mit großem Abscheu den Begriff ›Gerechtigkeit Gottes‹ gehaßt hatte, so hob ich ihn danach mit großer Liebe heraus als den mir süßesten Begriff. So wurde mir jene Paulusstelle wahrhaftig zu einer Tür zum Paradies. Später las ich von Augustinus ›De spiritu et littera‹, wo ich wider Erwarten darauf stieß, daß auch er die Gerechtigkeit Gottes ähnlich interpretiert als eine Gerechtigkeit, mit der uns Gott bekleidet, indem er uns gerecht macht. Und obwohl das noch unvollkommen gesagt ist und hinsichtlich der

---

12 WA 14, 19, 3-15.
13 WA 54, 186, 5 f ≙ StA 5, 636, 17 ≙ Cl 4, 427, 37 f: »..., ibi iustitiam Dei coepi intelligere eam, qua iustus dono Dei vivit, ...«

Zurechnung [imputatio] nicht klar alles erklärt, hat es mir dennoch gefallen, daß Augustinus eine Gerechtigkeit Gottes lehrt, durch die wir gerecht gemacht werden.«[14]

In dem oben zitierten retrospektiven Text gebraucht Luther das Wort »Partizipation« nicht explizit, aber der ganze Gedankengang gründet sich auf die Idee der Teilhabe und setzt sie voraus. Christus ist die göttliche Person. Er ist Gott und hat göttliche Eigenschaften. Zu diesen gehört z. B. die Kraft Gottes, die virtus Dei. Wenn Christus per unionem fidei in uns ist, werden auch wir teilhaftig an dieser seiner Eigenschaft der Kraft, der virtus Dei. Diese in uns seiende und wirkende Eigenschaft macht dann auch uns kraftvoll, potentes. Dasselbe gilt von allen Eigenschaften des Gott-Menschen Christus. Christus »hat« – besser: ist – die Weisheit Gottes, die sapientia Dei. Wenn das Wort Gottes die unio cum Christo bewirkt, wird auch diese Eigenschaft »Weisheit« uns zueigen, und sie macht dann auch uns zu Weisen, zu sapientes usw. Die von Luther gebrauchten Begriffe »donum«, »operari«, »facere«, »participari« usw. beschreiben alle gerade dieses Geschehen.

Es ist wieder zu bemerken, daß die Eigenschaften Gottes: iustitia Dei, virtus Dei, sapientia Dei, fortitudo Dei usw. nicht nur als entsprechende »ethische« Tugenden auf solche Weise in uns wirken, daß diese Eigenschaften als Wirkende außerhalb von uns, den »Bewirkten« blieben. Statt dessen sind sie »ontologische« Eigenschaften Gottes – bzw. Christi –, und wenn der Gläubige durch das Wort mit Christus vereinigt wird, bekommt auch er sie, und zwar real in Christus. Wichtig ist jedoch, daß diese Eigenschaften in der Vereinigung nicht unser Eigentum werden, so daß wir sie beherrschen könnten, sondern sie bleiben Christi Eigenschaften, wenn auch Christus mit seinen Eigenschaften in uns wohnt.

---

14 WA 54, 186, 8-20 ≙ StA 5, 637, 2-14 ≙ Cl 4, 428, 1-16: »Hic me prorsus renatum esse sensi, et apertis portis in ipsam paradisum intrasse. Ibi continuo alia mihi facies totius scripturae apparuit. Discurrebam deinde per scripturas, ut habebat memoria, et colligebam etiam in aliis vocabulis analogiam, ut opus Dei, id est, quod operatur in nobis Deus, virtus Dei, qua nos potentes facit, sapientia Dei, qua nos sapientes facit, fortitudo Dei, salus Dei, gloria Dei.

Iam quanto odio vocabulum ›iustitia Dei‹ oderam ante, tanto amore dulcissimum mihi vocabulum extollebam, ita mihi iste locus Pauli fuit vere porta paradisi. Postea legebam Augustinum de spiritu et litera, ubi praeter spem offendi, quod et ipse iustitiam Dei similiter interpretatur: qua nos Deus induit, dum nos iustificat. Et quamquam imperfecte hoc adhuc sit dictum, ac de imputatione non clare omnia explicet, placuit tamen iustitiam Dei doceri, qua nos iustificemur.«

Dieselbe Gedankenstruktur kommt zum Vorschein auch in dem Zitat aus den »Operationes in psalmos« oben Anm. 11.

Die Partizipation daran geschieht in der unio, die eine solche Form von Einheit ist, in der die beiden Partner ihre Eigenständigkeit, ihren Substanz-Charakter, ihr An-sich-Sein, behalten. Die unio ist keine unitas, die eine schlechthinnige Identität bedeuten würde. Die Vereinigung geschieht dagegen durch das gegenseitige Durchdringen, die perichorese. Dieses gegenseitige Durchdringen beschreibt Luther oft mit den alten Bildern vom Feuer und vom glühenden Eisen bzw. vom Sauerteig und Mehl. Ungeachtet des prinzipiell relationalen Charakters der unio, partizipiert der Christ gerade darin an der göttlichen Natur selbst, weil in Gott Wesen und Eigenschaften identisch sind. Darum kann Luther sagen:

> »..., dann durch den glauben werd wir ain gaist mit Christo und entpfahen von jm sein natur, als: er ist frumm und hailig, er ist gerecht, so seyn wir durch jn gerecht, und alles was er hat und vermag, das mügen wir uns auch ryemen. Aber das ist der unterschaid, das Christus alle seyne güeter auß pflicht hab und auß recht, wir haben sy aber auß gnaden und barmhertzigkait.«[15]

Die Teilnahme an der göttlichen Natur bedeutet aber keine beziehungslose Identität von Gott und Mensch. Auch die unio besteht in einer Relation, die keine Verschmelzung, sondern ein gegenseitiges Durchdringen der Substanzen von Gott und Mensch bewirkt.

Ergänzend sei noch hervorgehoben, daß die Kritik Luthers an Augustinus (354-430), er habe den Imputationsgedanken unklar gefaßt, keineswegs bedeutet, daß Luther die Rechtfertigung nur und allein als Zurechnung der Sündenvergebung verstanden hätte. Luther findet bei Augustinus gerade die »effektive« Dimension der Rechtfertigung. Seine Kritik an Augustinus gründet sich auf den Gedanken, daß in Christus die Vergebung der Sünden (imputatio, favor) und die effektive Gegenwart Gottes bzw. der göttlichen Eigenschaften (donum) ungetrennt und unvermischt geeint sind. Gottes Gegenwart in Christus ist und bedeutet immer sein Erbarmen, und Gottes Erbarmen ist und bedeutet immer seine Gegenwart.

In diesem Punkt unterscheidet sich Luther von Andreas Osiander (1498-1552). In der Theologie Osianders kommt der Gedanke Luthers zu kurz, daß der im Glauben gegenwärtige Christus sowohl Gegenwart Gottes (donum) als auch Vergebung (favor) ist. Der Fehler Osianders war, daß er die göttliche und menschliche Natur Christi voneinander trennte. Freilich bestritt Osiander energisch, daß er die Naturen Christi voneinander trennte. Faktisch aber kann man in seiner Theologie eine bestimmte Trennung dieser Naturen beobachten. Mit dieser Trennung löste sich Osiander von Luther. Die Folge dieser Trennung besteht darin,

15 WA 10 III, 213, 16-21.

daß die Versöhnung und Vergebung auf gewisse Weise in dem menschlichen, historischen Jesus verbleibt, während die Gerechtigkeit nur in der göttlichen Natur Christi existiert. Der Gerechtigkeit wird die Person teilhaftig, in der die göttliche Natur Christi gegenwärtig ist. Dagegen bedeutet die Teilhabe an Christus in der Theologie Luthers immer Teilhabe sowohl an seiner menschlichen als auch an seiner göttlichen Natur, sowohl an seinem Werk am Kreuz als auch an seiner ganzen göttlichen Person. Der im Glauben gegenwärtige Christus ist zugleich die vollständige Sündenvergebung aufgrund seines Versöhnungswerkes als auch die Gabe, die den Christen geschenkt wird, nämlich der gegenwärtige Gott selbst mit seinen Eigenschaften.

Was die Partizipation am Wesen bzw. an den Eigenschaften Gottes in Christus wiederum konkret und sozusagen »phänomenologisch« im Glaubensleben bedeutet, kommt z. B. im folgenden Text Luthers klar zum Ausdruck. Der Text zeigt, daß die Idee der Partizipation das Zentrum der Soteriologie Luthers umfaßt:

> »Nun was hat Christus unnd was vermag er? Sein leib und blut ist on sünd, vol genad, ja die leibliche wonung der gotlichen majestet, kurtzlich, alles, was Got hat, das ist Christi; die guter werden ihe allesampt mein, ... da durch, das ich warhafftig glawbe, das der leyb unnd das blut mir geben ist, darumb byn ich sicher unnd gewiss, das mir Christus alle gueter schencket, die er hat, und alle seine krafft und macht. Also nympt seyne weyßheit, warheit und frumkeit hynweg unnd vertylget all meyn sünd, seyn ewig leben frißt mir den todt, durch sein sterck und krafft uberwind ich den Teuffel. Da wirt denn ein Christen mensch ein erb des ewigen lebens und aller gueter unnd ein herr uber alle ding, das ym nichts thon kann.«[16]

Der Partizipationsgedanke ermöglicht auch, daß Luther die biblische Redewendung, nach der die Gläubigen »Götter« genannt werden, positiv bewerten kann. Die Christen sind »Götter«, weil sie an den göttlichen Eigenschaften partizipieren:

»Sic enim dii vocantur, vocantur veraces, iusti, sancti, quae solius dei sunt, cuius participatione et adhaesione tales sunt.«[17] Den Vergöttlichungsgedanken Luthers können wir aber hier nicht eingehender behandeln.[18]

16 WA 12, 486, 20 - 487, 11.
17 WA 2, 565, 15 f.
18 Ich verweise nur auf Simo PEURA: Mehr als ein Mensch?: die Vergöttlichung als Thema der Theologie Martin Luthers von 1513 bis 1519. MZ Mainz 1994. – Helsinki, Univ., Theol. Fak., Diss., 1990. Hubertus BLAUMEISER: Martin Luthers Kreuzestheologie: Schlüssel zu seiner Deutung von Mensch und Wirklichkeit; eine Untersuchung anhand der Operationes in Psalmos (1519-1521). PB 1995. – Rom, Gregoriana, Diss., 1993 – hat das Verhältnis von Luthers Kreuzestheologie und seiner Vergöttlichungslehre sehr eingehend dargestellt.

Es ist nur zu bemerken, daß die Vergöttlichung bei Luther selbstverständlich keine Selbstvergottung des Menschen bedeutet, welche gerade die Ursünde des Menschen ist, sondern – wie gezeigt – eine Partizipation an der göttlichen *Person* Christi und an seinem Werk. Diese Partizipation geschieht durch das Wort im Glauben und bedeutet, daß der Mensch gemeinsam mit Christus zunichte werden muß. Gott tötet den Menschen fortwährend und macht ihn zu Nichts, um ihn in Christus lebendig und der göttlichen Natur teilhaftig zu machen (Partizipation an der göttlichen Natur Christi). Die Partizipation an Christus ist in der Theologie Luthers bleibend auf Kreuz und Auferstehung bezogen.

Der Partizipationsgedanke Luthers streitet daher keineswegs gegen seine Worttheologie. In Christus ist das trinitarische Wort, der Logos, Fleisch geworden. Christi Wort und das Wort von Christus haben dieses trinitarische Wort zum Inhalt. Wer an dem Wort teilhat, hat Anteil an den göttlichen Eigenschaften, weil dieses Wort Gott ist. Er partizipiert an der Wahrheit, Gerechtigkeit, Weisheit und an der Güte des Wortes.[19] Im »Tractatus de libertate christiana« beschreibt Luther die göttlichen Eigenschaften des Wortes ausführlicher. Wenn der Mensch das Wort Gottes hat, ist er reich und braucht nichts,

> »weil es das Wort des Lebens, der Wahrheit, des Lichts, des Friedens, der Gerechtigkeit, des Heils, der Freude, der Freiheit, der Weisheit, der Kraft, der Gnade, der Herrlichkeit und alles Guten auf unschätzbare Weise ist«.[20]

Luther kann die göttlichen Eigenschaften, an denen der Christ partizipiert, ebensogut dem Wort Gottes zuschreiben als auch dem inkarnierten Wort, Christus. Im folgenden Text sind die göttlichen Eigenschaften dem Wort zugeordnet:

> »Weil diese Verheißungen Gottes heilige, wahre, gerechte, freie, friedsame Worte sind und voll universaler Güte, geschieht es, daß die Seele, die mit festem Glauben an ihnen hängt, mit ihnen so vereinigt wird, ja vielmehr von ihnen bis ins Innerste absorbiert wird, daß sie nicht nur an ihnen partizipiert, sondern von allen Tugenden der Worte gesättigt und trunken gemacht wird. Wenn die Berührung Christi gesund machte, um wie viel mehr besitzen wir sie im Geist. Die mitreißende Kraft des Wortes läßt sogar die Seele an allem teilnehmen, was das Wort hat. Auf diese Weise also wird die Seele allein durch den

19 WA 6, 95, 17-19: »Vir autem bonus et arbor bona fit sine operibus per solam fidem in veritatis verbum Dei, cui adhaeret, et adhaerens participat veritate, iusticia, sapientia, bonitate verbi &c.«

20 WA 7, 50, 39 - 51, 3 ≙ StA 2, 266, 29-33: »Animam posse omnibus rebus carere, excepto verbo dei, sine quo nullis prorsus rebus est illi consultum. Habens autem verbum, diues est, nullius egens, cum sit verbum vitae, veritatis, lucis, pacis, iustititae, salutis, gaudij, libertatis, sapientiae, virtutis, gratiae, gloriae, et omnis boni inaestimabiliter.«

Glauben ohne Werke vom Wort Gottes gerechtfertigt, geheiligt, wahrhaft, friedsam, frei gemacht und mit allem Gutem gefüllt. Das Wort Gottes bewirkt, daß die Seele wahrhaft Kind Gottes wird, wie Johannes im 1. Kapitel sagt: Er gab ihnen die Kraft Kinder Gottes zu werden, ihnen, die an seinen Namen glauben.«[21]

Im folgenden Text aus derselben Schrift werden dieselben göttlichen Eigenschaften wiederum Christus zugeschrieben. Christus selbst »reinigt« den Christen »mit dem Bad des Wortes«:

»Denn seine Gerechtigkeit übersteigt alle Sünde, sein Leben ist mächtiger als aller Tod, sein Heil ist siegreicher als jede Hölle. So wird die gläubige Seele – durch das Unterpfand ihres Glaubens – in ihrem Bräutigam Christus von allen Sünden frei, vor dem Tode sicher und gegen die Hölle geschützt, weil ihr die ewige Gerechtigkeit, Leben und Heil ihres Bräutigams Christi geschenkt worden ist. So läßt Christus die herrliche Braut ohne Makel und Runzel sehen und reinigt sie mit dem Bad in dem Wort des Lebens, das heißt durch den Glauben des Wortes, des Lebens, der Gerechtigkeit und des Heils.«[22]

Das Wort Gottes vermittelt also Luther zufolge eine partizipatorische Gemeinschaft mit Christus und mit seinen göttlichen Eigenschaften. Gleichermaßen – wie er später im großen Kommentar zum Galaterbrief sagt –, daß Christus das Objekt des Glaubens ist, und nicht nur Objekt, sondern daß er im Glauben selbst gegenwärtig ist, bringt er schon in seinem »Sermo de duplici iustitia« denselben Teilhabe-Gedanken zum Ausdruck:

»Durch den Glauben an Christus wird also die Gerechtigkeit Christi unsere Gerechtigkeit und alles, was sein ist, sogar er selbst, wird unser. ... und wer an Christus glaubt, haftet an Christus und ist eins mit Christus und hat dieselbe Gerechtigkeit mit ihm.«[23]

In diesen Sätzen Luthers kommt die realistische Auffassung von dem Glauben zum Ausdruck, der die reale Partizipation an Christus bedeutet.

21 WA 7, 53, 15-23 ≙ StA 2, 272, 12-20: »Cum autem, haec promissa dei, sint verba sancta, vera, iusta, libera, pacata et vniversa bonitate plena, fit, vt anima, quae firma fide illis adheret, sic eis vniatur, immo penitus absorbeatur, vt non modo participet, sed saturetur et inebrietur omni virtute eorum, Si enim tactus Christi sanabat, quanto magis hic tenerrimus in spiritu, immo absorptio verbi, omnia quae verbi sunt, animae communicat. Hoc igitur modo anima per fidem solam, sine operibus, e verbo dei iustificatur, sanctificatur, verificatur, pacificatur, liberatur et omni bono repletur, vereque filia dei efficitur, sicut Iohan. 1. dicit, Dedit eis potestatem filios dei fieri, ijs qui credunt in nomine eius.«

22 WA 7, 55, 16-22 ≙ StA 2, 276, 18-24: »Nam iustitia sua, omnium peccatis superior, vita sua, omni morte potentior, salus sua omni inferno inuictior, Ita fit anima fidelis, per arram fidei suae in Christo sponso suo, omnibus peccatis libera, a morte secura et ab inferno tuta, donata aeterna iustitia, vita, salute, sponsi sui Christi, Sic exhibet sibi sponsam sine macula et ruga gloriosam, mundans eam lauacro in verbo vitae id est per fidem verbi, vitae, iustitiae et salutis, ...«

Das Verhältnis zwischen dem religiösen Subjekt bzw. dem Glauben und seinem Gegenstand wird anders verstanden bei Lotze und bei den Theologen, die in seinem Wirkungsfeld standen. Die Funktion der Erkenntnisform des Gegenstandes ist nämlich bei ihnen nicht realistisch gedacht. Statt dessen erhalten die Wirkungen, die aus dem unbekannten An-sich-Sein des Erkenntnisgegenstandes herausfließen, ihre Form aus der Natur des Menschen selbst, das heißt aus der apriorischen Konstitution seiner Erkenntnis. Ohne mich in eine detaillierte Darstellung der Erkenntnistheorie und Religionsphilosophie Lotzes und seiner näheren sowie weiterer theologischen Nachfolger zu vertiefen, begnüge ich mich mit einigen Andeutungen.

Die »religiösen Einwirkungen« gehören Lotze zufolge nicht zum Bereich des Seinserkennens, das heißt des Welterkennens, der Natur, sondern zum Bereich der Person, das heißt zu den Gebieten der Ethik und der Ästhetik. Die ethischen und ästhetischen Werte wiederum gehören nach Lotze zur »Weltansicht des Gemüthes«, die eine breitere Wirklichkeitsauffassung enthalten kann als die bloße »Summe der Kenntnisse«, die das wissenschaftliche Bewußtsein verarbeitet. Die Einwirkung des Unendlichen auf das Gemüt wird von Lotze als Erlebnis im Unterschied zur rationalen Erkenntnis beschrieben.[24]

Nun kommt eine Bestimmung, die manchen späteren theologischen Lösungen des Problems der Gegenwart Christi als variationsfähiges Modell gedient hat. Auch historische Lutherforschung, besonders in ihren ersten Zeiten, konnte manchmal nicht umhin, Denkformen aus dieser, die allgemeine wissenschaftliche Atmosphäre bestimmenden Denkweise aufzunehmen. Die Wirkungen des Unendlichen sind Folgen des Willens Gottes.

> In der »Einheit des Wollens und der Wirkungen geschieht ›die lebendige Durchdringung des Geschöpfes durch den Schöpfer‹. Damit meint Lotze natürlich nicht eine seinshafte Einheit, sondern die Einheit des Willens bzw. der Wirkungen: wenn Gott als unmittelbar wirkender Wille auf uns wirkt und so unsere Handlungen verursacht, ist er als dieser Wille in uns da.«[25]

Die Gegenwart Gottes ist also nach Lotze eine Gemeinschaft des Wollens und des Wirkens, aber keine seinshafte Vereinigung, keine unio. Nicht Gott selbst, sondern die Wirkung seines Willens ist in uns da.

Der einflußreiche protestantische Theologe Albrecht Ritschl (1822-1899) nimmt den zentralen Inhalt der Philosophie Lotzes direkt auf.

23 StA 1, 222, 11-18 ≙ WA 2, 146, 8-15.
24 Saarinen: AaO, 15 f.
25 Ebd, 24.

»... wir [können] in der Theologie nicht von der isolierten Existenz der Dinge ausgehen ... Die rechte theologische Erkenntnis ist für Ritschl in dem Sinne transzendental, daß nur Gottes Wirken in der Welt, nicht sein Sein an sich, für uns zugänglich ist.«[26]

Luther hat nach Ritschl prinzipiell die richtige transzendentale Erkenntnistheorie vertreten, wenn auch die falsche, ontologische bzw. »osianderische« Denklinie inkonsequenterweise in seiner Theologie gelegentlich noch hervorscheine .

Nach der echten, »religiösen« Erkenntnislehre Luthers ist Ritschl zufolge die Gegenwart Christi im Glauben eine Wirkung des Willens Gottes. Der anthropologische Ort dieser Wirkung ist der Wille des Menschen. »Christus in uns« bedeutet folgerichtig, daß Gott im Willen des Menschen selbst durch einen vom Menschen unabhängigen, selbständigen Impuls wirkt. Saarinen formuliert prägnant: »Christus in uns bedeutet daher, daß wir selbst ein sittliches Leben für ihn [Christus] leben.«[27]

Neben dieser »richtigen«, »religiösen« Erkenntnislehre hat Luther Ritschl zufolge jedoch noch Reste der alten, ontologischen Anschauung beibehalten. Luther spricht nämlich von der Rechtfertigung auch als einer realen Mitteilung des Seins. In der Theologie Luthers streiten also miteinander die richtige, sich auf das Wirkungsdenken gründende Erkenntnistheorie und die falsche »osianderische« Linie, die von dem alten Substanzdenken geprägt ist. Nach der »richtigen« Erkenntnistheorie ist die Gegenwart Christi im Glauben keine an sich seiende, ontologische Wirklichkeit, sondern eine Art Wirkungsgemeinschaft des göttlichen und menschlichen Willens.

Die Interpretationsgeschichte des Gegenwart-Christi-Motivs in der Theologie Luthers kann hier nicht eingehend dargestellt werden. Es sei nur bemerkt, wie erstaunlich groß der Einfluß Lotzes auf Johann Wilhelm Herrmann (1846-1922) und seine Lutherdeutung ist. Auch die Grundstruktur der Lutherdeutung Karl Holls (1866-1926), des eigentlichen Initiators der Lutherrenaissance, ist von diesem transzendentalen Wirkungsdenken durchdrungen und bestimmt.

Überraschend ist vielleicht auch, daß das von Lotze stammende transzendentale Wirkungsdenken nicht nur das Offenbarungsverständnis der »neuprotestantischen« Theologie und der Lutherrenaissance bestimmt, sondern im beträchtlichen Umfang auch die Lutherdeutung der dialektischen Theologie im weiteren Sinne. Die dialektische Theologie verwirft zwar äußerst scharf die ethische Interpretation des Neuprotestantismus, aber gerade das »Wirkungsdenken« vereinigt sie mit dem Neuprotestantismus und der Lutherrenaissance.

26 Saarinen: AaO, 31.
27 Ebd, 34.

Trotz aller Kritik Karl Barths (1886-1968) an der Lutherdeutung des Neu-protestantismus und der Lutherrenaissance besteht eine Kontinuität zwischen dem »Wirkungsdenken« dieser beiden Richtungen einerseits und Barths »Akt-Denken« andererseits. Explizit plädiert Barth im Anschluß an Luther für die Deu-tung der »unio cum Christo« als »Tatgemeinschaft«, die nicht in einem gemein-samen Sein, sondern in einer gemeinsamen, von Christus begonnenen Aktion bestehe und so eine Gemeinschaft mit dem »Wirken Christi« sei. Wenn man die Ansicht Barths mit der Lösung der Lutherrenaissance vergleicht, ist es nicht schwer, die Kontinuität zu sehen. Holl lehrt, daß Christus Luther zufolge in uns als »wirkende Macht« sei, Erich Vogelsang (1904-1944) wiederum konstatiert, daß Christus in uns als »der lebendige Akt« ist. Nach Reinhold Seeberg (1859-1935) ist Christus anwesend als »Wirkung des Geistes Christi«. Erich Seeberg (1988-1945) seinerseits schreibt:

»Er [Luther] bleibet dem transzendentalistischen Grundsatz treu, daß die Aussagen, die wir über Gott machen, lediglich an den Wirkungen Gottes, die wir bei uns empfinden, gebildet werden können.«[28]

Aber auch die Luther-Deutung Ernst Wolfs (1902-1971) weist eine große Ähnlichkeit mit Barths »Akt-Denken« auf und zeigt sich somit ebenfalls von dem transzendentalen Wirkungsdenken abhängig. Wolf betont, daß der Akt des Wortes und das Sein Christi im Glauben identisch sind. Gerade der Akt des Wor-tes *ist* das Sein Christi. Auch Wolf ist der Meinung, daß Gott nicht in seinem An-sich-Sein, sondern durch sein Wirken in uns ist.[29]

In der Lutherforschung gibt es demnach eine Tradition, das Problem des Ge-genwart-Christi-Motivs mit Hilfe des transzendentalen Wirkungsdenken zu lösen. Diese Tradition umfaßt viele sehr verschiedene, sogar zueinander im Gegensatz stehende Strömungen. Gemeinsam für sie alle aber ist die Lösung des Problems der Gegenwart Christi mit Hilfe des transzendentalistischen »Wirkungsdenkens«. Aufgrund dieser Tradition sind aber solche Texte Luthers kaum richtig zu deu-

---

28 Karl HOLL: Zur Verständigung über Luthers Rechtfertigungslehre. (1923). In: Ders.: Kleine Schriften/ hrsg. von Robert Stupperich. TÜ 1966, 54 f; Erich VOGELSANG: Die Anfänge von Luthers Christologie nach der ersten Psalmenvorlesung: insbesondere in ihren exegetischen und systematischen Zusammenhängen mit Augustin und der Scholastik. B 1929, 167; Rein-hold SEEBERG: Lehrbuch der Dogmengeschichte. Bd. 4 I: Die Entstehung des protestanti-schen Lehrbegriffs. Photomech. Nachdruck der 4. Aufl. L 1933. DA 1953, 223 f; vgl. Saarinen: AaO, 207.

29 Näheres siehe im Kapitel »Ernst Wolf« bei Saarinen: AaO, 209-226.

ten, in denen er von der realen Partizipation an Christus bzw. an der göttlichen Natur spricht. In dem Falle ist es aber auch kaum möglich, Luthers Begriff »Bildung« fruchtbar zu machen.

III Bildung als Gleichförmig-Werden mit Christus im Glauben und in der Liebe

Der Begriff »Bildung« begegnet bei Luther in seiner urspünglichen religiösen Bedeutung.[30] Bildung heißt, nach dem Bild Christi »gebildet«, das heißt geformt, zu werden. Das Bindeglied zwischen dem Gedanken des rechtfertigenden Glaubens und dem Gebildet-Werden nach dem Bild des Herrn liegt in der Idee, daß Christus im Glauben gegenwärtig ist, das heißt in dem Gedanken Luthers, daß »der im Glauben erfaßte und im Herzen wohnende Christus die christliche Gerechtigkeit« sei, »um derentwillen Gott uns gerecht spricht und ewiges Leben schenkt«. In dem für das Verständnis der Rechtfertigungslehre Luthers wichtigen Text aus dem großen Galaterbriefkommentar, bringt er diese Seite seiner Rechtfertigungslehre bündig zum Ausdruck. Eindrucksvoll ist hier gerade die Energie, mit der Luther die Funktion des im Glauben gegenwärtigen Christus in seinem Verständnis der Rechtfertigung betont. Christus wohnt im Dunkel des Glaubens, wie Gott im Tempel inmitten der Dunkelheit thronte. Auf welche Weise Christus gegenwärtig ist, übersteigt aber das Denkvermögen. Darum ist der Glaube Erkenntnis, die

---

30 Luther kennt den modernen Begriff »Bildung« nicht. Aber auch das humanistische Erziehungsideal, wie es bei Erasmus von Rotterdam (156/69-1536) zu finden ist, war ihm fremd. Ivar Asheim: Glaube und Erziehung bei Luther: ein Beitrag zur Geschichte des Verhältnisses von Theologie und Pädagogik. HD 1961, 264, schreibt über das Bildungsideal bei Erasmus: »Eine grundlegende Behauptung ist hier, der Mensch sei nicht schon durch seine Geburt Mensch, sondern er werde es erst durch Bildung. Ohne Bildung ist er elender als das stumpfeste Tier. Die Natur liefert gleichsam lediglich einen rohen Stoff, der zu einem Menschen geformt werden muß und auch tatsächlich zu allem geformt werden kann: Durch Sorgfalt kann sozusagen ein Gott daraus gemacht werden, durch Vernachlässigung entartet er jedoch zu einem Tier. Die Möglichkeit dieser Formung liegt in der der menschlichen Natur tief eingepflanzten Neigung zum Guten oder m. a. W. darin, daß der Mensch ein Vernunftwesen ist, denn das Gute ist zugleich das Vernünftige.«

31 WA 40 I, 228, 27 - 229, 32: »Wir setzen aber an die Stelle jener Liebe den Glauben ... Wenn der Glaube richtig ist, ist er gewissermaßen wahres Vertrauen des Herzens und festes Zustimmen, mit dem Christus ergriffen wird. So wie Christus Gegenstand des Glaubens ist, ja viemehr nicht Gegenstand, sondern sozusagen in dem Glauben selbst, ist Christus anwesend. Der Glaube ist darum gewissermaßen Erkenntnis oder Finsternis, die nichts sieht; und doch thront Christus in diesem Dunkel als vom Glauben erfaßt, so wie Gott auf dem Sinai

nichts sieht. Wo aber in dieser Finsternis wahres Vertrauen des Herzens besteht, erweist sich Christus gerade in diesem Gewölk des Glaubens als gegenwärtig. Der Glaube rechtfertigt, weil er den anwesenden Christus erfaßt und in Besitz nimmt.[31]

In dem im Glauben gegenwärtigen Christus hat der Christ alles, was er braucht. Er muß zufrieden sein mit dieser Seinswirklichkeit Gottes (forma dei), die er im Glauben bekommen hat. Diese Seinswirklichkeit, das heißt Christus selbst, ist nämlich sein Leben, seine Gerechtigkeit und sein Heil, weil sie ihm alles verleiht, was Christus hat. Diese Seinswirklichkeit bewahrt auch die Person des Christen und macht ihn Gott wohlgefällig. Zu diesem Gedankenkreis gehört aber ein wichtiger Vorbehalt: dieser Glaube, der Christus ergreift, muß wachsen und damit muß auch Christus das Wesen des Christen immer mehr durchdringen.[32]

Um zu verstehen, was das Gebildet-Werden nach dem Bild des Herrn bei Luther bedeutet, muß kurz eruiert werden, wie Luther das Wachsen der Gegenwart Christi versteht. Luther betont sehr scharf, daß es im Christen auch nach der Taufe wirklich noch Sünde gibt, nur daß sie nicht angerechnet wird, weil begon-

---

und im Tempel inmitten der Dunkelheit thronte. Unsere wirkliche und seinshafte [formale] Gerechtigkeit liegt also nicht in der Liebe, die dem Glauben Seinswirklichkeit verleiht [informans fidem], sondern die Gerechtigkeit ist der Glaube und die Wolke des Herzens, das heißt Vertrauen auf eine Sache, die wir nicht sehen, also auf Christus, der obschon im höchsten Grade unerkennbar, doch anwesend ist.

Der Glaube rechtfertigt also, weil er jenen Schatz, das heißt den anwesenden Christus, erfaßt und in Besitz nimmt. Auf welche Weise er aber gegenwärtig ist, übersteigt das Denkvermögen, da es – wie gesagt – um Finsternis geht. Wo also wahres Vertrauen des Herzens besteht, ist Christus gerade im Gewölk und Glauben selbst anwesend. Und dies ist die wirkliche und seinshafte Gerechtigkeit [formalis iustitia], aufgrund derer der Mensch gerechtfertigt wird, und nicht aufgrund von Liebe, wie die scholastischen Theologen behaupten. Alles in allem: wie die Scholastiker erklären, daß die Liebe dem Glauben Seinswirklichkeit verleiht [charitatem formare fidem] und ihn durchdringt, so erklären wir, daß Christus dem Glauben Seinswirklichkeit verleiht [Christum formare fidem] und durchdringt und die Seinswirklichkeit des Glaubens ist [formam esse fidei]. Also ist der im Glauben erfaßte und im Herzen wohnende Christus die christliche Gerechtigkeit, um deren halber Gott uns gerecht spricht und ewiges Leben schenkt.«

32 WA 7, 65, 26-31 ≙ StA 2, 296, 35 - 298, 1: »Ita christianus, quemadmodum caput suum Christus per fidem suam plenus et satur, contentus esse debet hac forma dei per fidem obtenta, nisi quod (ut dixi) ipsam hanc fidem augere debet donec perficiatur, haec enim, vita, iustitia, et salus eius est, personam ipsam seruans et gratam faciens, omniaque tribuens, quae Christus habet, vt supra dictum est, et Paulus Gal. 1. [G 2, 20] confirmat. dicens Quod autem in carne viuo, in fide filij dei viuo.«

nen wurde, sie auszutreiben. Die Schuld der Sünde ist zwar abgelöst, aber die Sünde selbst bleibt, bis daß auch sie vertrieben worden ist. Der Christ lebt nämlich im Übergang (in phase) oder Durchgang (in transitu) von der Sünde zur Gnade.[33]

Diesen ständigen Übergang und dieses Austreiben der Sünde beschreibt Luther gern mit dem Bild des Mehls und des Sauerteigs. Der Sauerteig ist der »verborgene Christus«, der »die uns geschenkte Gnade in dem Geist des Glaubens« ist. Wie aber der Sauerteig den ganzen Brotteig nicht auf einmal durchsäuert, so durchwirkt die eingegossene Gnade nicht sofort den ganzen Körper. Sie durchsäuert allmählich den ganzen Menschen und macht ihn mit sich selbst gleich (sibique similem reddit). Dieses Sich-selbst-gleich machen bedeutet gerade, daß der Christ nach dem Bild Christi umgestaltet wird. Die Umgestaltung aber bleibt in diesem Leben unvollständig und erreicht erst im zukünftigen Leben den Status der Vollkommenheit. Dieser Gedankenkreis bildet den Rahmen für das Verständnis, in dem Luther seine Sicht von »Bildung« entfaltet.[34]

Die biblische Grundlage dieses Begriffs ist u. a. G 4, 19: »Meine lieben Kinder, die ich abermals unter Wehen gebäre, bis Christus in euch Gestalt gewinne!«[35] Wichtig ist auch 2 K 3, 18. Die Lutherbibel (1545) übersetzt diese Stelle so: »Nu aber spiegelt sich in vns allen des HErrn klarheit / mit auffgedecktem Angesichte / vnd wir werden verkleret in dasselbige Bilde / von einer klarheit zu der andern / als vom Geist des HErrn.«[36]

---

33 WA 2, 414, 12-15: »Est ergo peccatum ibi verissime, nisi quod non imputatur, eo quod ceptum est expelli. Ideo reatus quidem solutus est, ipsum autem manet, donec et ipsum expellatur. Sumus enim in phase, id est transitu, de peccato ad gratiam.«

34 WA 2, 414, 33 - 415, 6: »Sat nunc est, farinam esse nos homines, fermentum absconditum Christum, gratiam nobis largitam in spiritu fidei. Sed sicut fermentum non subito fermentat conspersionem totam, ita gratia infusa non mox diffunditur per totum corpus, sed paulatim totum hominem fermentat sibique similem reddit. Quare peccatum ibi reliquum est, sed, quia ceptum expurgari, non imputatur expurgatori: hoc es enim, in baptismo omnia peccata remitti, non imputari scilicet, non autem penitus evacuari. Error ergo est et humana sunt commenta, quod peccatum quo ad formale suum tollitur: formale autem appellant privationem gratiae, materiale ipsum fomitem vel habitum. Reatus tantum tollitur: formale autem tantum manet quantum materiale, hoc est privatio gratiae tanta ibi est, quanta est concupiscentia reliqua. Oportet enim in locum concupiscentiae succedere charitatem, quae non est, ubi concupiscentia est.«

35 Vulgata: »donec Christus formetur in vobis«.

36 D. Martin LUTHER: Die gantze Heilige Schrifft Deudsch. Wittenberg 1545: letzte zu Luthers Lebzeiten erschienene Ausgabe/ hrsg. von Hans Volz unter Mitarb. von Heinz Blanke; Textredaktion Friedrich Kur. Bd. 2. M 1972, 2330; Vulgata: »in eandem imaginem transformamur a claritate in claritatem tamquam a Domini Spiritu«.

Zunächst ist klar, daß diese »Bildung« bei Luther keine kontinuierliche Entwicklung des Menschen bedeutet, in der er sich nach seiner eigenen Wesensform entfalten würde. Das neue Leben ist kein Leben des Christen selbst, wenn es auch *in* ihm ist, sondern Christi Leben, der im Christen lebt. Das Ich des Christen lebt nicht mehr selbst, sondern Christus lebt in ihm. Die eigene Form des Menschen muß zerstört werden, damit Christus in ihm geformt bzw. gebildet werden kann.[37]

Mit dem oben Gesagten hängt engstens zusammen, daß das Umgestaltet-Werden nach dem Bild Christi für den alten Menschen Leiden (passio) bedeutet und passiv erlitten wird. Unter diesem Aspekt der »Bildung« ist das neue Leben passiva vita purissima. Der Christ muß dem Bild und dem Exempel Christi gleichförmig werden, der selbst mit dem aktiven Leben begonnen hat, aber mit dem Leiden zur Vollendung kam. Alle glänzenden Werke Christi wurden zunichte gemacht. Er wurde nicht nur vor den Menschen als Verbrecher betrachtet, sondern er war auch von Gott verlassen. Der Christ muß das gleiche Schicksal erleiden. Alle Gaben Gottes, besonders die guten Werke, werden von ihm genommen, damit nur die reine Hoffnung auf den reinen Gott (spes purissima in purissimum deum) übrigbleibt.[38]

Bildung bedeutet aber nicht nur Partizipation an der menschlichen Natur Christi und an seinem Sterben. Sie bedeutet auch nicht nur das Sterben des eigenen alten Ichs in der Gleichförmigkeit mit Christus. Sie bedeutet vor allem aber auch gerade das Auferstehen mit Christus und die Teilhabe an seiner göttlichen Person. Luther sagt, daß die Wohltat des Kreuzes, die uns selbst und alles, was uns gehört, tötet, darin besteht, daß wir der göttlichen Natur teilhaftig gemacht werden.[39]

---

37 WA 2, 548, 26-29: »..., sed ›formetur Christus in vobis‹, quia vita Christiani non est ipsius sed Christi in eo viventis, ut supra ij. Vivo iam non ego, vivit vero in me Christus. Nos oportet destrui et difformari, ut Christus formetur et solus sit in nobis.« Schon dieser Gedanke steht im Widerspruch zum humanistischen Bildungsideal.

38 AWA 2, 303, 5-13: »Sola vero passiva vita purissima est, ideo et spem et gloriam operatur, atque in hoc oportet nos conformari imagini et exemplo Christi regis et ducis nostri, qui per activam quidem vitam incepit, sed per passionem consummatus est, omnibus scilicet operibus eius tam multis tam magnificis adeo in nihilum redactis, ut non solum coram hominibus sit ›cum iniquis reputatus‹, sed et a deo derelictus. Adeo scilicet omnia a nobis auferenda sunt, ut nec optima dei dona, id est, ipsa merita, reliqua sint, in quibus fidamus, ut sit spes purissima in purissimum deum; ...«

39 WA 5, 445, 36-38: »Id enim facit beneficium Crucis mortificans nos et nostra omnia, ut consortes efficiamur divinae naturae, ut ij. Petri i. dicitur.«

Luther ist der Auffassung, daß der Christ im Glauben eine mit der Person Christi analoge Konstitution bekommt. Der Glaube trägt das Herz des Menschen von sich weg und bringt es hin zu Gott, so daß aus dem Herz und aus Gott ein Geist wird. Damit ist die göttliche Gerechtigkeit selbst, die Christus ist, gewissermaßen die Gerechtigkeit des Herzens. Die Gerechtigkeit Gottes und das Herz werden vereinigt, so wie in Christus die Menschheit per unionem mit der göttlichen Natur zu einer Person gemacht worden ist.[40]

Es muß hervorgehoben werden, daß der Gedanke, demzufolge Christus Gunst Gottes (favor Dei), das heißt Vergebung der Sünden und Aufhebung des Zornes Gottes ist, nicht gegen den Partizipationsgedanken (Gabe Gottes, donum; Umgestaltung nach dem Bild Christi, conformis Christo fieri) ausgespielt werden kann. Ganz im Gegenteil: favor bzw. Vergebung und donum bzw. die Gegenwart Christi im Glauben gehören engstens zusammen. Luther begründet diese Zusammengehörigkeit folgendermaßen: Gottes Gunst ruht auf Christus. Christus wohnt als Gabe Gottes im Herzen des Christen. Darum liegt die Gunst Gottes auf dem Christen. Je »tiefer« Christus im Herzen des Christen wohnt, desto tiefer steht der Christ in der Gunst Gottes. Im folgendem Luthertext werden »Gunst Gottes« (Wohlgefallen) und »Gabe Gottes« (Gegenwart Christi, Vergöttlichung) als eine eindrucksvolle Ganzheit dargestellt:

> »Also sihestu, das Got mit diesen worten Christum ynn sich zeucht und sich ynn Christum mit dem, das seyn wolgefallen sey ynn allem, was Christus thut, und widderumb mit den selbigen worten beyde sich selbs und Christum seynen lieben son ausschuttet uber uns und sich ynn uns geust und uns ynn sich zeucht, das er gantz und gar vermenschet wird und wyr gantz und gar vergottet werden. Wie so? Also, weyl Gott spricht, Es gefalle yhm wol, was Christus ist und thut. So furen dich die wort dahyn, das du Gotts wolgefallen und seyn gantz hertz ynn Christo sihest ynn allen seynen worten und wercken, und widderumb Christum sihest, ym hertzen und wolgefallen Gottes, und sind die beyde ynn eynander auffs aller tieffest und hohest, und kan dyr des keyns feylen, weyl Gott nicht liegen kan. Weytter, weyl denn Christus das liebe und angeneme kind ynn solchem wolgefallen und ym hertzen Gottes gefasset mit all seym reden und thun deyn ist und dyr damit dienet, wie er selbst sagt, So bistu gewislich auch ynn dem selbigen wolgefallen und eben so tieff ym hertzen Gotts als Christus und widderumb Gotts wolgefallen und

---

40 WA 57 III, 187, 16 - 188, 3: »..., quod male exponitur de iusticia Dei, qua ipse iustus est, nisi sic intelligeretur, quia fides ita exaltat cor hominis et transfert de se ipso in Deum, ut unus spiritus fiat ex corde et Deo ac sic ipsa divina iustitia sit cordis iusticia quodammodo, ut illi dicunt, ›informans‹, sicut in Christo humanitas per unionem cum divina natura una et eadem facta est persona.« . Zur genauere Analyse dieser Stelle siehe Peura: AaO, 227.

hertz eben so tieff ynn dyr, als ynn Christo, das nu du und Gott sampt seynem lieben sone ynn dyr gantz und gar ist, un du gantz und gar ynn yhm bist, und alles mit eynander eyn ding ist, Gott, Christus und du.«⁴¹

Wegen der unio werden der Christ und Christus von Luther mit parallelen Eigenschaften geschildert. Er beschreibt ihre analoge Konstitution z. B. auf folgende Weise. Erstens: Christus wird dauernd in Ewigkeit vom Vater als wahrer Gott geboren. Gleichfalls werden Christen im Glauben als »Gottes Kinder und Götter, Herren und Könige« geboren. »Ja durch den glauben werden wyr Goetter und teylhafftig Goettlicher natur und namen ...« Zweitens: Aus reiner Liebe ist Christus »herausgebrochen« und an die Stelle des elendigen Menschen getreten. Ebenfalls muß ein Christ, der im Glauben der göttlichen Natur teilhaftig ist, in der Liebe an die Stelle des Nächsten treten und »den Allerärmsten gleich« werden. Drittens: Christus hat durch seine Liebestat nicht seine Gottheit verdient. Er ist Gott schon vor seiner Fleischwerdung. Ebenfalls ist der Christ, schon bevor er aus reiner Liebe an die Stelle des Nächsten tritt, im Glauben allein »fromm [gerechtfertigt], ohne Sünde, lebendig und selig«, weil er durch Christus an Gott partizipiert.⁴²

Das Teilhaftig-Werden bzw. das Gleichförmig-Werden mit dem Bild Christi geschieht im Glauben und in der Liebe. Im Glauben hat der Christ Anteil an Gott

41 WA 20, 229, 28 - 230, 10.
42 WA 17 II, 74, 25 - 75, 11: »Das ists, das ich nů offt gesagt habe, Wie der glaube mach uns zu herren, die liebe zu knechten, ia durch den glauben werden wyr Götter und teylhafftig Göttlicher natur und namen, wie psal. 81. spricht: ›ich hab gesagt, yhr seyt Götter und allesampt kinder des aller höhisten.‹ Aber durch die liebe werden wyr den aller ermisten gleich. Nach dem glauben durffen wir nichts und haben volle genüge. Nach der liebe dienen wyr ydermann. Durch den glauben empfahen wyr güter von oben von Gott. Durch die liebe lassen wyr sie aus von unten zum nehisten. Gleich wie Christus nach der Gottheyt nichts bedörffte, aber nach der menscheyt yderman dienete, der sein bedürffte.

Davon haben wyr offt genug gesagt, das wyr auch also durch den glauben müssen Gottis kinder und götter, herrn und koenige geporn werden, gleich wie Christus ynn ewigkeyt vom Vater eyn warer Gott geporn wird. Und wiedderumb durch liebe eraus brechen, dem nehisten mit wolthat helffen, gleich wie Christus mensch worden ist, uns allen zu helffen. Und gleich wie Christus nicht durch werck zuvor verdient odder durch seyn mensch werden erworben hatt, daß er Gott ist, Sondern hatt dasselbig von der gepurt on alle werck und zuvor, ehe er mensch ward. Also haben wyr auch die kindschafft gottis, das uns sund vergeben werden, tod un hell nicht schaden, nicht durch werck odder liebe verdient, sondern on werck und fur der liebe durch den glauben ym Euangelio aus gnaden empfangen. Un wie Christus allererst nach dem er ewig Gott ist, mensch worden ist, uns zu dienen, So thůn wyr auch gutt und lieben den nechsten hernach, wenn wyr schon zuvor durch den glauben frum, on sunde, lebendig, selig und Gottis kinder sind.«

und seiner Liebe. Diese Teilhabe an Gott und seiner Liebe entspricht der göttlichen Natur Christi. In der Liebe wiederum gibt der Christ sich selbst seinem Nächsten. Dieses in der Liebe »sich an Stelle des Nächsten Setzen« entspricht der menschlichen Natur Christi, in der Gott an die Stelle des Menschen trat. Die Zusammenfassung des »Tractatus de libertate christiana« drückt diesen Gedanken prägnant aus: Der Christ lebt nicht mehr in sich selbst, sondern in Gott und in seinem Nächsten. Im Glauben fährt er über sich in Gott, aus Gott fährt er wieder unter sich durch die Liebe, bleibt aber doch immer in Gott und in seiner Liebe. Es ist wichtig, daß nach Luther der Christ sowohl im Glauben als auch in der Liebe ständig »in Gott und göttlicher Liebe« bleibt. Er geht also in der Liebe, in der er sich seinem Nächsten zuwendet, nicht weg von Gott. Die Liebe ist »göttliche Liebe«, das heißt eine göttliche Eigenschaft, an der der Christ im Glauben teilhat.

> »Auß dem allenn folget der beschluß / das eyn Christen mensch lebt nit ynn yhm selb / sondern ynn Cristo vnd seynem nehstenn / ynn Christo durch den glauben / ym nehsten / durch die liebe / durch den glauben feret er vber sich yn gott / auß gott feret er widder vnter sich durch die liebe / vnd bleybt doch ymmer ynn gott und gottlicher liebe.«[43]

Das Gebildet-Werden nach dem Bild Christi bedeutet also, daß der Christ gleichförmig (conformis) mit Christus wird. Er ist der in nihilum redactus und wird immer wieder aufs neue in dieser Weise zerstört. Er wird aber zugleich im Glauben gleich-förmig mit der göttlichen Natur Christi. Er wird der forma Dei teilhaftig,[44] das heißt er hat die Seinswirklichkeit Gottes in seinem inneren Menschen, weil Christus in seinem Glauben anwesend ist. Dem Christen werden Eigenschaften bzw. die Namen Gottes geschenkt, wie das neue Licht der Vernunft (lumen intellectus) und der neue Wille, das heißt die Liebe, die Gott selbst *ist*. Er hat die göttlichen Eigenschaften, die Christus hat, freilich aber erst anfänglich.[45]

43 WA 7, 38, 6-10 ≙ StA 2, 305, 12-16. – Derselbe Grundgedanke wird eingehender behandelt in einer anderen Stelle im »Tractatus de libertate christiana«. Der Glaube bedeutet Partizipation an der Form Gottes, das heißt an der Fülle seiner »Güter«, die Liebe wiederum Partizipation an der Form des Nächsten, das heißt an seiner Armut; siehe oben Anm. 32 und die Fortsetzung WA 7, 65, 32-36 ≙ StA 2, 298, 1-6: »Et quanquam sic liber est ab omnibus operibus debet tamen rursus se exinanire hac libertate, formam serui accipere, in similitudinem hominum fieri, et habitu inueniri vt homo, et seruire, adiuuare et omnimodo cum proximo suo agere, sicut videt secum actum et agi a deo per Christum, et hocipsum gratis, nulloque respectu, nisi diuini placiti, et ita cogitare.«

44 Siehe StA 2, 296, 35-37 oben Anm. 32.

45 WA 4, 401, 24-33: »Sed vigilantissimum verbum posuit, quando ›participatio eius‹ dixit. Quia in hac vita ... nunquam habet aliquis sanctorum totum Christum, sed quilibet partem eius, etiam perfectissimi. ... Quo circa qui sapiunt, semper se nihil habere putant et nondum

Der Christ wird aber auch gleich-förmig mit der menschlichen Natur Christi in dem Sinne, daß er Leib und Seele und alles, was ihm gehört, in den Dienst an seinem Nächsten stellen muß. Er muß sich an die Stelle seines Nächsten setzen und dessen Sünde, dessen Not und dessen Bedürfnis auf sich nehmen als wären sie seine eigenen.

Der geistliche Bildungsgedanke Luthers als Sich-Bilden-Christi im Gläubigen kulminiert in der Idee, daß der Christ im Glauben und in der Liebe in gewisser Weise »Christus des Nächsten« wird. So sind wir schon inmitten des geistlichen communio-Gedankens, wie Luther ihn ausbildet.

IV Nervus totius christianae religionis: Gemeinschaft (communio) als gegenseitiges »Sich-an-Stelle-des-anderen-Setzen« in der Liebe

Wie oben dargestellt wurde, bildet sich Christus Luther zufolge so im Christen, daß dieser in gewisser Weise zum Christus des Nächsten, »Christus quidam proximi«, wird. Der Ausdruck »Christus des Nächsten« ist natürlich nur eine Bezeichnung für die Christus-Partizipation im Glauben und in der Liebe, aber er ist ein sehr treffender Ausdruck. Gerade weil der Christ im Glauben »überschwenglich reich« an den göttlichen Namen bzw. Eigenschaften Christi, vor allem an der Liebe, teilhat, kann er mit diesen göttlichen »Gütern« sozusagen zu einem »Christus« für seinen Nächsten werden.[46]

Der Gedankenkreis Luthers, daß der Christ im Glauben in gewisser Weise ein Christus des Nächsten ist, kann als Ausgangspunkt für die Beschreibung seines communio-Verständnisses dienen. Jeder Christ wird umsonst und aus reiner Liebe zum »Christus« für seinen Nächsten. Dies bleibt jedoch kein einseitiges Geschehen, sondern weitet sich so aus, daß die Christen gegenseitig »Christusse« füreinander werden. So entsteht die christliche Gemeinschaft, in der »Christus der Gleiche in allen« ist.[47]

apprehendisse, sed currunt et festinant ac semper de novo incipiunt, etiam cum consummaverint, ut apprehendant, obliviscentes posteriora et in anteriora extendentes seipsos.«

46 WA 7, 66, 3-6 ≙ StA 2, 298, 12-16 »Dabo itaque me quendam Christum proximo meo, quemadmodum Christus sese praebuit mihi, nihil facturus in hac vita, nisi quod videro proximo meo necessarium, comodum et salutare fore, quandoquidem per fidem omnium bonorum in Christo abundans sum.«

47 WA 7, 66, 25-28 ≙ StA 2, 298, 35-38: »..., ideo sicut pater coelestis nobis in Christo, gratis auxiliatus est, ita et nos debemus gratis per corpus et opera eius, proximo nostro auxiliari, et vnusquisque alteri, Christus quidam fieri, vt simus mutuum Christi, et Christus idem in omnibus, hoc est vere Christiani.«

Der Grund und der Ursprung dieser communio ist Christus selbst, an dem die Christen im Glauben real partizipieren. Alle Christen haben an demselben einen Christus teil und werden mit ihm vereinigt. Gleichzeitig entsteht dadurch auch eine reale Vereinigung der Christen untereinander, die sich aus der Partizipation an Christus als Folge ergibt.[48] Alle Christen haben damit dasselbe Haupt und sind Glieder desselben Leibes. Diese Gemeinschaft der Christen mit Christus und untereinander entsteht durch Wort und Sakrament.

Während der Grund und der Ursprung dieser communio in der Teilhabe an Christus besteht, verwirklicht sie sich durch den Tausch zwischen Christus und dem Christen einerseits und durch den Tausch zwischen dem Christen und seinem Nächsten andererseits. Christus gibt alle seine »Güter« (bona) dem Gläubigen und nimmt die »Ungüter« (mala), das heißt Sünde, Schwäche, Tod und Hölle des Gläubigen auf sich. Der Gläubige wiederum gibt seinem Nächsten die Güter, die er von Gott bekommen hat, und nimmt die Not, die Sünde und die Hölle des Nächsten auf sich. Wie Christus die Lasten der Christen trägt, so tragen die Christen gegenseitig ihre Lasten.

Die Christen haben alles miteinander gemeinsam. Luther beschreibt diese Gemeinsamkeit anschaulich: Ich teile dieselbe Schwachheit, denselben Unverstand, dasselbe Gebrechen und dieselbe Armut mit dir. Wenn du nackt bist, bin ich auch nackt bis du bekleidet bist. Wenn du Hunger oder Durst hast, bin auch ich hungrig und durstig. Wenn ich fröhlich oder tapfer bin, gehe ich zu dir in deiner Traurigkeit und Schwachheit und höre nicht auf, ehe ich dich mir ähnlich mache. So ist meine Freude deine Freude und umgekehrt deine Traurigkeit meine Traurigkeit. »..., was einer hat, das hat der ander auch, denn keiner lesst den andern nott leiden, ...«[49]

---

48 WA 4, 401, 18-22: »Et ne quis non intelligat, quo modo dixi, quod Christus est nostrum idipsum, in quo omnes participamus, quod si participamus, eo ipso assotiamur omnes simul, id est in unum, ei id est Christo. Hec enim assotiatio omnium fit per participationem eius. Quia dixi, quod istud idipsum causa est unionis, concordie, assotiationis, amicitie etc.«

49 WA 30 I, 26, 29 - 27, 21: »Sic christiani sollen zusammen werden ein einiger, rechter, geistlicher leib, ut unum caput Christum habeant et invicem membra sint. Sic eandem fidem, doctrinam, Sacramenta habeo tecum. Item habeo eandem infirmitatem, unverstand, gebrechen, armut etc. tecum. Ideo si tu nudus es: et ego, hoc est: non quiesco, nisi vestitus sis. Si tu esuris, sitis etc. Sic komen wir auch ynn einen kuchen, Et meus cibus est tuus et esuries et sitis tua est mea. Sic si es peccator, Ego quoque. Si sum laetus, fortis etc. accedo ad tuam tristiciam, infirmitatem etc. et non cesso, donec mihi similis reddaris. Sic mea laetitia et tua et econtra tua tristicia est mea. Das heißt denn ein geist und leib. Sic Christiani sollen ein gemein volck sein, Ut in Symbolo oramus: ›Credo Eccleasiam Catholicam, communionem

In der communio setzt sich jeder Christ an Stelle des anderen. Wesentlich ist hier, daß jeder dasselbe fühlend denkt (sapere) wie der andere (idipsum sapere in alterutrum secundum Ihesum Christum). Das bedeutet keine platte gedankliche Einheitlichkeit. Ein jeder wird zwar von derselben Realität affiziert, bewegt und gebunden, aber so, daß das, was affiziert, bewegt und bindet, die Sache des anderen ist und nicht die eigene. Luther möchte das Wort »sapere« hier nicht im philosophischen, sondern im theologischen Sinne verstehen. Es bedeutet »affectum esse«, das heißt affiziert, gestimmt, geneigt zu sein. Der Schwache muß die Sache des Starken fühlend verstehen. Der Starke muß wiederum die Nöte der Schwachen annehmen, als ob sie seine eigenen wären. Die Einheit der christlichen Gemeinschaft besteht darin, dem anderen das zu tun, was man an sich selbst getan haben wollte, wenn man an der Stelle des anderen wäre.

Das »Prinzip« der Einheit ist somit die Goldene Regel, das heißt das Gesetz der göttlichen Liebe. Dieses Gesetz wird erfüllt in der von Christus geschenkten Liebe. Dieser geistliche Affekt ist die »Einheit des Geistes«, das heißt die Wirklichkeit Christi selbst, die im Glauben gegenwärtig ist und die die communio begründet und verwirklicht. »Einig sein« bedeutet Liebe: nicht das Seine, sondern das, was des anderen ist, zu suchen. Dieser geistliche Affekt ist nervus totius Christianae religionis und wird in der Partizipation an Christus durch Wort und Sakrament gegeben.[50]

Sanctorum‹, was einer hat, das hat der ander auch, denn keiner lesst den andern nott leiden, wie wol aber einer mher denn der ander hat, so hat der, der da mher hat, deste mher auszugeben. Das ist auch bedeutet ynn dem essen. Wenn man das Sacrament isset, leiben wir Christum ynn uns und er sich ynn uns. Ich geniesse sein. Ich bin ein sunder und kom zu yhm, et quicquid mali in me est, propono ei und lasse yns essen: suscipio ab eo fidem, lust zur keuscheit etc. und zere davon, quia eius thesaurus etc. Sic lasse mich widderumb essen und trincken, das also ynn essen und trincken die significatio ist. Paulus Gal. 6. ›Alter alterius onera portate‹. Christianorum legem audis, ut alter etc. Quando renovati sumus per fidem, sol wir das thun. Mundus aliter. Quisque lesst sich tragen etc. wenn du aber ein schalck wolst sein, da gehort ein Consul zu. Exercenda illa bonitas erga illos, qui nobis sunt noti, die sollen wir nicht lassen mangel leiden noch am Euangelio, leib, gut und trost. Sic edimus Sacramentum leiblich und geistlich, unsern glauben zu stercken und zu erfullen die deutung hernacher. Illa est significatio, qua vocatur communio. Quia quando sacramentum Christi accipio, fit communio. Ego propono Christo peccatum, mortem etc. ipse dat iusticiam et vitam eternam. Sic ad proximum dico: Si pauper es etc. gib mirs her, da hastu brod, rocke etc. Sic si es ignarus fidei etc.«

50 WA 7, 484, 6-19: »›Deus‹, inquit, ›autor et largitor pacientiae et solacii, det vobis, quia non habetis ex vobis, idipsum sapere in alterutrum‹, hoc est, ut unusquisque sentiat idem quod alter, hoc est, eisdem afficiamini, moveamini, tenamini, eadem onmibus placeant. Quo modo?

»Quia quando sacramentum Christi accipio, fit communio. Ego propono Christo peccatum, mortem etc. ipse dat iusticiam et vitam eternam. Sic ad proximum dico: si pauper es etc. gib mirs her, da hastu brod, rocke etc.«[51]

Luther beklagt, daß dieser Gemeinschaftsgedanke in der ganzen Welt unbekannt ist. Man weiß nicht mehr, daß der Christ seinen Namen von Christus selbst bekommt, der »nicht abwesend« ist, sondern »in uns wohnt«. Wir werden gerade darum Christen genannt, weil wir an Christus glauben, Christus in uns gegenwärtig ist und jeder gegenseitig einer für den anderen ein Christus ist.[52]

Das gegenseitige Geben geschieht nach der Goldenen Regel, deren eine Formulierung lautet: Liebe deinen Nächsten wie dich selbst. Setze dich an Stelle deines Nächsten bzw. identifiziere dich mit ihm, um mit Hilfe deines Verstandes und deines Affekts zu erfahren, was er von dir braucht! Diese Regel der Liebe macht aber auch das Wesen des natürlichen Gesetzes aus, das Gott in das Herz jedes Menschen gepflanzt hat. Dieses Gesetz ist die normative Grundlage sowohl der weltlich-gesellschaftlichen Gemeinschaft der Menschen als auch der christlichen Gemeinschaft in der Kirche.

V Bildung: geistlich-gesellschaftlich

Luthers Theologie der Liebe unterscheidet sich von den meisten der Theologien vor ihm – z. B. auch von der des Augustinus – und auch von Melanchthons Konzeption darin, daß die ganze Wirklichkeit einer Agape-Ordnung folgt.

»Der Ausgangspunkt von Luthers sozialethischem Denken liegt in der Auffassung, daß die ganze Struktur der Wirklichkeit das Wesen Gottes, die Sich-Selbst-Gebende Liebe,

Scilicet ut infirmi sapiant ea quae firmi, rursus firmi non secus habeant infirmorum incommoda ac sua propria, ut, sicut sibi vellent fieri, si in loco infirmorum essent, ita faciant et ipsi eisdem. Hoc enim est idem sapere, non sua quaerere sed quae aliorum, ut Ephe. 5. docet. Hic enim affectus spiritualis est nervus totius Christianae religionis, sine quo subsistere nequeat, quem alibi vocat unitatem spiritus: ›solliciti‹, inquit, ›servare unitatem spiritus in vinculo pacis‹. Unde ›sapere‹ hoc loco non usu philosophico sed Christiano significat affectum esse seu, ut vulgo dicunt, habere sentimentum, videri, opinionem, inclinationem et similia, Intimum scilicet cordis illum motum in proximum vel contra proximum.«

51 WA 30 I, 27, 18-21.
52 WA 7, 66, 31-36 ≙ StA2, 298, 41 - 300, 3: »Sed quae proh dolor hodie in toto orbe ignota est, nec praedicatur nec quaeritur, adeo vt prorsus nostrum nomen ipsimet ignoremus, cur Christiani simus et vocemur, certe a Christo sic vocamur, non absente, sed inhabitante in nobis, idest dum credimus in eum et inuicem mutuoque sumus, alter alterius Christus, facientes proximis, sicut Christus nobis facit.«

widerspiegelt. Nichts existiert für sich, sondern es existiert, um dem anderen zu nützen, ihn zu nähren und zu erfreuen. Dieses bezieht sich auch auf die Struktur der Gesellschaft und auf ihre Ämter. Die menschlichen Gemeinschaften sollen mit der Schöpfungsordnung, das heißt mit der Ordnung der Liebe übereinstimmen. Jedes Geschöpf existiert, um mit seiner eigenen Existenz und Arbeit für irgendein konkretes Bedürfnis einzustehen, sei dieses Bedürfnis denn materiell, geistig, ästhetisch oder auch geistlich.«[53]

Luther beschreibt die menschliche Gemeinschaft gern mit der alten Metapher des Körpers, in dem alle Glieder ihre je eigenen, spezifischen Aufgaben haben. Kein Glied existiert für sich, sondern alle dienen sich gegenseitig und dem ganzen Körper. Der Gedanke, daß eine städtische Gemeinschaft ein Körper ist, in dem alle Glieder füreinander existieren, wurde auf solche Weise neu gedeutet, daß er konsequent aufgrund des Agape-Gedankens, der Idee der voraussetzungslosen Liebe, verstanden wurde. Dieser Gedanke wurde für Luthers Gesamtkonzeption zur Grundlage der Gesellschaftsordnung.

Alle Glieder der Gesellschaft müssen ihre Aufgaben gemäß dem Gesetz der Liebe, das heißt der Goldenen Regel, erfüllen.

>»Zum Wesen der öffentlichen Ämter gehört, daß ihre Inhaber in ihrer Amtsausübung nicht das eigene Wohl und die eigene Ehre suchen dürfen. Das Ausüben der Ämter ist eine Ausübung der Liebe.«[54]

Privatpersonen und Amtspersonen dürfen nicht verschiedenen ethischen Prinzipien folgen. Beide sollen in ihrem Handeln der Goldenen Regel der Liebe entsprechen. In allen Bereichen der Gesellschaft bedürfen die Glieder des Körpers gewisser Kenntnisse und Fertigkeiten, um ihr Handeln zum Nutzen des Nächsten und für das Gemeinwohl auszuüben. Darum ist Bildung im Sinne von Erziehung (eruditio) für die Gesellschaft absolut notwendig. Für Luther spielt Bildung (eruditio) im gesellschaftlichen Sinne eine wichtige Rolle. Man denke nur an seine Schrift »An die Ratherren aller Städte deutschen Lands, daß sie christliche Schulen aufrichten und halten sollen«[55] und »Eine Predigt, daß man Kinder zur Schule halten solle«, 1530.[56]

---

53 Antti RAUNIO: Luterilainen ja katolinen käsitys sosiaalisesta vastuusta (Das luth. und kath. Verständnis von der sozialen Verantwortung). Helsinki 1996, 7. Folgende Ausführungen gründen sich auf Raunios Untersuchungen. Siehe besonders Antti RAUNIO: Summe des christlichen Lebens: die »Goldene Regel« als Gesetz der Liebe in der Theologie Martin Luthers von 1510 bis 1527. Helsinki 1993. – Helsinki, Univ., Theol. Fak., 1993 –, erscheint in den »Veröffentlichungen des Instituts für Europäische Geschichte Mainz«.
54 Ebd, 9.
55 WA 15, (9) 27-53. 811 f.
56 WA 30 II, (508) 509 f. 517-588. 716; RN 124-134.

Die argumentative Grundlage der Vermahnungen Luthers an die Verantwort-
lichen der Gesellschaft liegt im Naturrecht, das heißt in der Goldenen Regel bzw.
im Gesetz der Liebe, das für alle Menschen – gerade auch für die Christen – gilt.[57]
Das natürliche Gesetz *ist* das christliche Gesetz der Liebe selbst.

Als Beispiel kann Luthers Vermahnung genannt werden, Kinder und junge
Leute zu erziehen. Die Eltern werden ermahnt, nicht nur an das Ihre zu denken,
sondern sich an die Stelle der Jungen zu versetzen und einzusehen, was sie brauchen. Die Regierenden werden ebenso ermahnt, die Lage der Jugend zu verstehen
und damit die Verantwortung für die Zukunft der Stadt zu übernehmen. Jeder
Jugendliche soll erzogen werden, daß er später sowohl aufgrund seiner Persönlichkeit als auch aufgrund seiner Kenntnisse für das gemeinsame Wohl aller arbeiten
kann. Alles dies fordert das natürliche Gesetz und die Vernunft, denn der Kern
dieses Gesetzes ist die Goldene Regel. Diese Regel gebietet eben, sich an die
Stelle des anderen zu versetzen und seine Not und sein Bedürfnis auf sich zu
nehmen. Hier zeigt sich, wie Luther das Bild der weltlichen Gemeinschaft als Zu-
sammenspiel des Leibes und seiner Glieder anhand des agape-Gedankens interpretiert. Dies geschieht mit Hilfe einer Deutung der Goldenen Regel, die in ihr den
Maßstab der göttlichen, gebenden und voraussetzungslosen Liebe sieht. Das
natürliche und das geoffenbarte Gesetz sind inhaltlich *ein* Gesetz.

Das Bild von der menschlichen Gemeinschaft als eines Körpers, in dem alle
Glieder in der Liebe einander dienen, ist noch nicht alles, was in diesem Zusammenhang erwähnt werden muß. Der konkrete Zustand dieses Gesellschaftskörpers
erweist sich nämlich als von der radikalen Sündhaftigkeit seiner Glieder bestimmt.
Wenn die Menschen nicht gezwungen werden, suchen sie gerade nicht das Gemeinwohl, sondern eher ihren eigenen Vorteil. Darum bedarf die gesellschaftliche Gemeinschaft aufs dringlichste der geistlichen Bildung (transformatio in
imaginem Christi) und der geistlichen Gemeinschaft der Liebe. Erst beide zusammen bilden die rechte menschliche communio. Die geistliche communio im Glauben und in der Liebe muß sich in der weltlich-gesellschaftlichen Gemeinschaft
bilden.[58] Erst dieses gesellschaftlich-geistliche Verständnis von Bildung und Ge-

---

57 Auch Asheim ist der Auffassung, daß die Grundlage der Vermahnungen Luthers das natürliche
Gesetz ist. Es ist jedoch stärker als bei ihm zu betonen, daß das natürliche Gesetz inhaltlich
identisch ist mit der Goldenen Regel, das heißt mit dem Gesetz der Agape-Liebe.

58 WA 30 II, 554, 9-16: »So viel nu das ewige leben vbertrifft das zeitliche leben, so weit vnd
hoch gehet auch das predig ampt vber welltliche ampt das ist, gleich, wie ein schatten gegen
dem corper selbs, Denn welltliche herrschafft ist ein bilde, schatten vnd figur der herrschafft
Christi, Denn das predig ampt, (wo es ist, wie es Gott geordent hat.) bringt vnd gibt ewige

meinschaft rundet Luthers Sicht des Glaubens, der Bildung und der Gemeinschaft ab. Die Unterscheidung zwischen dem weltlichen und geistlichen Regiment ist eine Unterscheidung innerhalb dieser einen Gemeinschaft.

Der Grund für die Zusammengehörigkeit – nicht Gleichheit – der beiden Regimente liegt darin, daß das Gesetz nicht bewerkstelligen kann, was es letztlich fordert, nämlich die nur im Geist Gottes sich realisierende Agape-Liebe. Das Gesetz zwingt zwar die Menschen, Gutes zu tun, aber den Geist Christi, der die Liebe ist, kann es nicht geben. Der Geist und damit die Liebe wird im geistlichen Regiment ausgeteilt, indem die Christen duch Wort und Sakrament an Christus und in ihm an dieser schenkenden Liebe partizipieren. Darum kann Luther sagen, daß »... eyn recht Christen mensch besser ist und mehr nutzs vermag denn alle menschen auff erden«.[59] Der Kontext dieses Satzes ist gerade Luthers Appell, junge Menschen eine gute christliche und weltliche Erziehung zu geben. Der Satz bedeutet darum keineswegs, daß die Christen außerhalb der weltlichen Gemeinschaft ihre Heiligung suchen sollten. Die Verwirklichung der im Glauben empfangenen Liebe geschieht eben in den konkreten und komplizierten Verhältnissen der gesellschaftlichen Gemeinschaft. Die menschliche Gemeinschaft als solche soll nach dem Bild Christi gebildet werden, das heißt, die Liebe soll das gesellschaftliche Leben durchdringen, ohne daß dabei die Regimente ihre Eigenart verlieren.

Es ist bekannt, daß die Reformatoren ein großangelegtes Programm ausarbeiteten, das Gemeindeleben zu erneuern und neu zu organisieren. Aus diesem Organisationsplan wird ersichtlich, wie die geistliche communio im Glauben und in der Liebe sich in der weltlich-gesellschaftlichen Gemeinschaft bilden sollte. Ich begnüge mich mit einigen Hinweisen.[60]

Die Reformation begann in den Städten, und die Städte bekamen auch neue reformatorische Kirchenordnungen, deren Modell die Wittenberger Ordnung vom Jahre 1522 und die Ordnung Leisnigs vom Jahre 1523 war. In diesen Ordungen war das funktionelle und ökonomische Subjekt der sozialen Verantwortung die ganze Stadtgemeinschaft.

---

gerechtigkeit ewigen fride vnd ewiges leben wie S Paulus solchs hoch preiset .2. Cor 4. Aber das welltlich regiment erhellt zeitlichen vnd vergenglichen fride recht vnd leben.«
59 WA 15, 30, 8 f.
60 Siehe z. B. die Studien Carter LINDBERG: Beyond charity: Reformation initiatives for the poor. MP 1993; G[erta] SCHARFFENORTH: Church orders of Reformation. In: The identity of the church and its service to the whole human being. Bd. 1/ hrsg. von Ulrich Duchow. Geneve 1977, 732-760.

»Wenn auch die weltliche von der geistlichen Machtausübung dem reformatorischen Prinzip zufolge getrennt wurde, so blieben sie jedoch eher zwei Dimensionen desselben gemeinschaftlichen Lebens als strikt voneinander getrennte Wirklichkeiten. Die reformatorische Stadt war gedacht als communio, eine Gemeinschaft, deren Glieder alle im Dienste der anderen und des Gemeinwohls standen. Um diese Gemeinschaft aufrechtzuerhalten war die doppelte Gewalt, weltliche und geistliche, notwendig. Beide Gewalten zielen je auf ihre eigene Weise auf die Verwirklichung der Liebe und der Gerechtigkeit.«[61]

Jeder Stadtrat bekam die Aufgabe, eine gemeinsame Stadtkasse zu organisieren und zu beaufsichtigen. Diese Kasse war die äußerliche Voraussetzung für die gemeinsamen Aufgaben. Von der Kasse wurden einerseits die administrativen Kosten, andererseits die Hilfe für die Notleidenden bezahlt. Unter den Notleidenden wurden z. B. Kranken, Witwen, Waisen, armen Studenten, kranken Fremdlingen, Gefangenen, zum Tode Verurteilten usw. geholfen.

Die Gemeindeordnungen der Reformationszeit stellen einen imponierenden Versuch dar, eine auf die Goldene Regel und auf die Agape-Liebe sich gründende communio zu verwirklichen. Gerta Scharffenorth (* 1912) schreibt über die Bedeutung dieses Versuchs:

»The church orders testify to the significance of Luther's critical and constructive contributions to the economic field with regard to the legal and social form of the church. Due to the neglect of this part of his proclamation, there was a lack of criteria for action in the 19th century to meet the processes of pauperization and proletarization that resulted from industrialization. This, at the same time, is one one of the reasons for the inability of the church to recognize diakonia arising from the social misery as an ecclesological activity.«[62]

Vielleicht liegt die Ursache dafür, daß der reformatorische communio-Gedanke vergessen wurde, in der Tatsache, daß die einseitig forensische Rechtfertigungslehre des Luthertums Luthers eigene, sich auf die Christus-communio gründende Rechtfertigungslehre verdrängte. Die Stellung des für Luther so zentralen Gedankens der Gegenwart Christi im Glauben wurde im christlichen Heilsverständnis problematisch und unsicher. Infolgedessen wurde auch das Verhältnis zwischen Glaube und Liebe unklar, und das Verständnis der geistlichen und gesellschaftlichen Gemeinschaft als Gemeinschaft der Liebe geriet in Vergessenheit.

61 Raunio: AaO, 12.
62 Scharffenorth: AaO, 757.

Response to Tuomo Mannermaa »Glaube, Bildung und Gemeinschaft bei Luther / Faith, Culture and Community«

By Eric W. Gritsch

I The Theosis Thesis

The author has a distinguished record of extricating a generally neglected component of Luther's theology for the purpose of advancing the dialogue for Christian unity, in his case the relationship between Finnish Lutheranism and Eastern Orthodoxy. Mannermaa summarized this ecumenical purpose in the thesis that »deification« (Vergottung, Theosis) is a common ground between Luther and Eastern Orthodox theology because systematic theological Luther research has shown that Theosis constitutes an essential part of the inner structure of Luther's theology grounded in the »chief article of faith«, justification.[1] At the same time, Mannermaa and his doctoral students have called attention to specific hermeneutical presuppositions in the history of Luther research which is suspicious of any ontological element in Luther's theology and disallows a priori a unity of substance between Christ and the believer. At issue is the thesis that Luther was in basic agreement with the »theosis« tradition of the early church fathers, exemplified by Irenaeus of Lyons – »He has been made what we are, so that He accomplish that we become what He is«;[2] and by Athanasius of Alexandria – »Christ became a human being so that we might be deified«.[3]

Mannermaa and his students have shown that Kantian and neo-Kantian epistemology, especially the philosophical stance of Rudolf Hermann Lotze (1817-1881),

---

1 Argued in seminal work Tuomo MANNERMAA: Der im Glauben gegenwärtige Christus: Rechtfertigung und Vergottung; zum oekumenischen Dialog. Hannover 1989; thesis in Tuomo MANNERMAA: Theosis als Thema der finnischen Lutherforschung. In: Luther und Theosis: Vergöttlichung als Thema der abendländischen Theologie/ hrsg. von Simo Peura und Antti Raunio. Helsinki; Erlangen 1990, 18-20.

2 IRENAEUS VON LYON: Adversus haereses 5, praef.; Patrologiae cursus completus: series graeca/ hrsg. von Jacques-Paul Migne. Bd. 7. P 1857, 1120 B (292): Jesus Christus »propter imensam suam dilectionem factus est quod summus nos, uti nos perficeret esse quod est ipse.«

3 Cf. ATHANASIUS VON ALEXANDRIA: De incarnatione verbi 1, 13; ebd 25. P 1857, 119 B (47): »Quapropter Dei Verbum per seipsum advenit, quo, ut imago Patris, hominem ad imaginem factum reficere posset.«

have shaped Luther research, especially with regard to the presence-of-Christ-motif. Lotze taught that there is no knowedge of any being »in itself« (an sich), but only a knowledge of the »effect« (Wirken) of it. Such knowledge can only be stated in terms that reflect the ways in which human nature experiences the effect. This epistemology is grounded in the Kantian argument that knowledge of the infinite is impossible in theoretical reason. Consequently, any knowledge of God is relegated to a postulate of »practical« reasoning. Lotze followed Immanuel Kant (1724-1804) in denying epistemic access to the infinite, arguing that in principle only God's effects could be known – and these only through the experience of value. God, therefore, or anything infinite remain »transcendental«, inaccessible to human reason. Mannermaa and his students reject this epistemology as a tool of Luther research, contending that it prevents a full exploration of Luther's references to theosis.[4]

The theosis thesis in Mannermaa's Luther research has caused neuralgia along the course of nerves in the body of Luther research, but perhaps with results that may make Luther appear even more interesting than he already is.[5] Moreover, Luther uses theosis language extensively in his writings so that it can be said that his theology of justification is also a theology of love echoing Eastern Orthodox views of salvation. This theology of love can be viewed as anchored in his image of justification as the »joyous exchange« (fröhlicher Wechsel) between Christ's divine characteristics with sinful human ones.[6] The notion of theosis as participation in the divine nature is also part of the apostolic Tradition (2 P 1, 4: »we become participants of the divine nature – θείας κοινωνοὶ φύσεως«) which Luther cherished. Mannermaa's paper is just one further attempt to show how steeped Luther was in that tradition. It also makes quite clear how Luther's christo-centric theology encompassed not only the justification of the sinners but also their sanctification. Or, to recall the old-fashioned Lutheran rhetoric: humans are not only pronounced just by the Word of God, but also are made just.[7]

---

4 See Risto SAARINEN: Gottes Wirken auf uns: die transzendentale Deutung des Gegenwart-Christi-Motivs in der Lutherforschung. S 1989.
5 See the reactions of Friedrich BEISSER: Zur Frage der Vergöttlichung des Menschen (theosis) bei Martin Luther. KD 39 (1993), 266-281; and Steffen KJELDGAARD-PEDERSEN: Der finnische Beitrag zur heutigen Lutherforschung. In: Nordisk Forum för Studiet av Luther och Luthersk Teologie 1: Referate des ersten Forums für das Studium von Luther und lutherischer Theologie in Helsinki 21.-24. 11. 1991/ hrsg. von Tuomo Mannermaa ... Helsinki 1993, 7-23.
6 So argued by Ulrich ASENDORF: Die Theologie Luthers nach seinen Predigten. GÖ 1988, 409.
7 Also affirmed by Paul ALTHAUS: The theology of Martin Luther (Die Theologie Martin Luthers ⟨engl.⟩)/ tr. by Robert Schultz. Phil 1966, 234-242.

Mannermaa enters Luther's realms of faith, educational formation or culture (Bildung) and community with a hermeneutical key he regards as necessary for any understanding of Luther's concept of faith: the category of participation. Mannermaa uses this term to describe Christ's real presence in the believer, echoing Luther's eucharistic language: »It is in faith that Christ is really present.«[8] According to Mannermaa's view of Luther's theology, faith is participation in the nature of Christ, not just in what Christ did through his person and work as saviour. This, he contends, is the difference between the neo-Kantian or »transcendental interpretation« of the presence-of-Christ-motif in Luther research and one that takes seriously Luther's language of »deification«. At issue is the use of ontology by Luther. Mannermaa argues that Luther does use it, at least in the sense in which it was used in the classic epistemology exemplified by Thomas Aquinas (1225-1274) who summarized it in the sentence: »Knowing and what is known are identical.«[9] Moreover, Mannermaa shows that Luther used this classical epistemology throughout his career. He stresses that Luther's view of justification is based on the insight that the righteousness of God is the presence of God in the believers, not just God's effect on them.[10] Neo-Kantians, like Albrecht Ritschl (1822-1889), acknowedged that Luther occasionally used ontological language, but still understood the presence of Christ in faith as the effect of God's will. Accordingly, »Christ in us« means that God uses an independent impulse in the human will, without any human cooperation. »Christ in us, therefore, means that we ourselves live a moral life for him.«[11] According to Mannermaa, this »transcendental thinking in terms of effect« (Wirkungsdenken) is not the right hermeneutical key for the interpretation of Luther texts that speak of participation in God and Christ, that is, in their divine nature. Example: »... for we become one spirit with Christ through faith and receive from him his nature.«[12] Another false hermeneutical key is the idea of participation as »indwelling of God« (inhabitatio Dei, Einwohnung Gottes) in the »Formula of Concord« of 1577. It

8 See Mannermaa above page 167: »..., in ipsa fide Christus adest.«
9 See Mannermaa above page 171: »Species cogniti est in cognoscente« .¿. »idem est intellectus et quod intelligitur«.
10 See Mannermaa above page 173.
11 See Mannermaa above page 179, quoting Saarinen, note 25.
12 WA 10 III, 213, 15: »... dann durch den glauben werd wir ain gaist mit Christo und entpfahen von im sein natur ...«; see Mannermaa above page 175.

rejected Andreas Osinader's (1498-1552) view of justification as the indwelling of »the essential righteousness« (essentialis iustitia) in the believer. This was done by making a distinction between »the righteousness of faith« by which believers are pronounced righteous and »the indwelling of God« as forgiveness of sin, one following the other. This is not Luther's view, as Mannermaa shows. Luther did not understand the indwelling of God as something that logically follows justification. He understood faith as the means by which Christ is present as the one who brings God's »favour« (favor), the forgiveness of sin, as well as God's »gift« (donum), the presence of the fullness of divine love in the sinner. Luther, Mannermaa contends, did not separate divine »favour« and »gift«, but reflects in his view of justification the Chalcedonian understanding of not separating or mixing the two natures of Christ, or applying his person and work in differing ways to the righteousness of faith. Thus Mannermaa concludes that, according to Luther, Christ is fully present in the believers. That is why Mannermaa's hermeneutical master key for the true meaning of Luther's view of the presence of Christ is the understanding of faith as participation in the being of God, respectively, in the divine nature and its properties.[13]

Mannermaa's use of this key is quite convincing since he is able to use the key for early and late Luther texts as well as for an assessment of the relationship between word and faith. The younger Luther used the biblical term »gods« (Götter) to describe Christans as beings who participate in the divine properties;[14] and the older Luther described his own discovery of righteousness by faith alone as participation in the properties of God, such as »power«, »wisdom«, and »glory«.[15] These properties, contends Mannermaa, are ontological properties because they attest to participation in the being of God. He does not see any segregation between the notion of ontological participation and Luther's theology of the word. According to Mannermaa, they are properly linked with each other. For Christ is the trinitarian word made flesh, and whoever participates in this word also participates in the very being of God.[16] Mannermaa also sees in this view of word and faith a protection against any idea of »self-deification«– the original sin of idolatry.

13 See Mannermaa above page 178.
14 See Mannermaa above ibid.
15 See Mannermaa above page 173, citing Luther's autobiographical retrospective, Cl 4, 428, 1-16 ≙ WA 54, 186, 11-13 ≙ StA 5, 637, 2-14.
16 See Mannermaa above page 177.

III Theo-logical Extensions

Mannermaa's sketches of Luther's view of »culture« (Bildung) and »community« (Gemeinschaft) rest upon the thesis that Luther derives his view from a systematic theological extension of the category of participation as the chief instrument for playing the presence-of-Christ-motif in the symphony of his theology. »Bildung« means »to be formed« (gebildet) by Christ according to G 4, 19 – »Christ is formed in you« – and/or »transformed« into the glory of God according to 2 K 3, 18 – »transformed from one degree of glory to another«.[17] »Gemeinschaft« means that »every Christian becomes Christ for his/her neighbor«, reflecting the participation of the believer in Christ, exchanging sin for grace, and following the »golden rule« of loving the neighbor as one loves oneself.[18] Since »faith« is participation in Christ, »love« is the extension of such participation to »Bildung« and »Gemeinschaft«.

1 »Culture« (Bildung)

Since Luther does not know the modern idea of »Bildung« one can, as Mannermaa does, relate the notion of »formation« to Luther's view of faith, according to which one is formed by Christ, or participates in his life as the resurrected Son of God.[19] But such a logical extension of Luther's christo-centric use of the category of »participation« by-passes much of what Luther had to say about the Christian as a creature of God and as a citizen in a sinful world. Luther used the language of participation and formation more in his extension of baptism than in his treatment of education as christo-centric formation and basic ingredient of »culture«.

Mannermaa correctly points out that Luther did not share the humanistic view of »Bildung« as a continuous human development from some God-given foundation, such as an innate divine image, to a mature, God-pleasing life. On the contrary, the old human nature must be drowned, »put to death«, to give way to a new nature, cleansed from sin and transformed into an obedient witness of God's work of salvation in the world.[20] To this extent Luther viewed the Christian life as a continuous transformation through participation in Christ. Manner-

---

17 See Mannermaa above page 184.
18 See Mannermaa above page 191.
19 See Mannermaa above page 182.
20 Best expressed in Luther's exposition of baptism in the Small Catechism of 1529; BSELK, 516, 35-38 ≙ WA 30 I, 382, 5-10.

maa lifts up this view of transformation as Luther's rejection of the humanistic ideal of »Bildung«. But Mannermaa does not refer to Luther's teaching on baptism.[21]

Luther, on the other hand, portrayed life in the world as an orderly, divine arrangement of power, manifested in »estates« (Stände) or »hierarchies« (Hierarchien), such as the priestly office, marriage, and temporal government (Obrigkeit).[22] Here one can trace a development of thought in Luther, dealing with the nature and function of reason, the notion of law, both »natural« and divine, and significant reflections about Christian life in two realms. The three »estates« seem fundamental in Luther's view of the world as God's creation. None of these estates is higher than the other, according to Luther. But they are subject to decays through the human state of sin. Nevertheless, they are mandated for law and order and, when viewed in relation to various human vocations, they also provide the arena for the love of neighbor. Here Luther stresses the function of reason (Vernunft) as the basis for justice in the world. He assumes that reason and law existed before the Fall; both became »a law of nature«, known by the human conscience which teaches »that I should do as I would be done by«.[23] So viewed, the Christian lives in two realms as a composite of two persons, one in Christ (Christperson) and one in the world (Weltperson). Accordingly, ethical decisions have to be made in the relation of two persons, when one acts for oneself or for another.

Luther, however, clearly rejects the notion, perceived by him as erroneous (Schwärmerei), that the world can be ruled by the gospel. Here Christians must, like all other people, live in obedience to the Ten Commandments which respect a basic order for the world.[24] Mannermaas systematic conception of Luther's view of culture is exclusively christo-centric. It could be argued that Luther might have extended his christo-centric view of salvation to a portrayal of life in the world – how faith helps to shape culture. But he does so only insofar as he speaks of the extension from personal faith to love of neighbor. Such love, however, acts within God-created structures intended to prevent chaos in the world. It would seem logical for Luther to extend his view of participation in the real presence of

---

21 See Mannermaa above page 183.
22 See the recent summary of Luther's view on being a human »creature of God« in Bernhard LOHSE: Luthers Theologie in ihrer geschichtlichen Entwicklung und in ihrem systematischen Zusammenhang. GÖ 1995, 256-262.
23 WA 11, 279, 279, 19 f: »... das ich thun soll, was ich myr wollt gethan haben.«
24 This is the starting-point of ethics (der Ansatz der Ethik) for Luther; see Lohse: Op. cit., 340 f.

Christ to his view of culture as the result of a collective, human formation by Christ. Mannermaas citation of Luther texts certainly points in that direction. But Luther's dialectic of law and gospel, God and world, reason and love, obscure this direction. But since baptism initiates into an enduring struggle of sin and grace, the daily repentance and re-formation of human nature, culture could be seen by Luther as the realm of a continuing »reformation« of human nature and society until the return of Christ. Given this connection of baptism and life in the world one could expect Luther to extend to culture what Mannermaa formulated in his name: just as God took on human nature by love, so Christians, who have become part of the divine nature by faith, must empty themselves and take upon themselves, by free love, the misery and poverty of their neighbors.[25]

2 Community (Gemeinschaft)

Luther's use of the term »Gemeinschaft« is virtually synonymous with »church«. Mannermaa provides an excellent sketch of Luther's view, focusing on Luther's decsription of »communio«: how the exchange of Christ's »goods« (bona) for the »no-goods« (Ungüter – mala) of the believers (sin, weakness, death) constitute the foundation for true community, marked by Christians bearing each other's burdens, just like Christ bore theirs.[26] Mannermaa identifies Luther's language as sacramentological because Luther referred to the eating of the one bread shared by all, thus echoing the celebration of Holy Communion. Such mutual giving and taking is an expression of love, mandated by the golden rule, »Love your neighbor as you love yourself.«

Mannermaa sums up his sketch of Luther's view of »Bildung« and »Gemeinschaft« with the thesis that both of these realms are part of Luther's theology of love which assumes »the whole agapetic order«. Based on another Finnish effort in Luther research,[27] Mannermaa contends that »the starting-point of Luther's social-ethical thinking is the conception that the entire structure of reality reflects the being of God, self-giving love«. According to this view, all human communities must be in agreement with the »order of creation« as the order of love.[28]

---

25 This summary echoes the »kenotic« christology of Paul in Ph 2, 5-11 (7: »he emptied himself – ἑαυτὸν ἐκένωσεν«).
26 See Mannermaa above page 190.
27 The work of Antti RAUNIO: Summe des christlichen Lebens: die »Goldene Regel« als Gesetz der Liebe in der Theologie Luthers von 1510 bis 1527. Helsinki 1993.
28 See Mannermaa above page 193.

Further, this order is linked with the metaphor of the body in Luther's theology, indicating mutuality, interdependence, and appropriate function.

Mannermaa does not simply extend this christo-centric stance, taken from Luther, to a view of community as »society«. He accepts Luther's distinction of »spiritual« and »social« community, using the category of »erudition« (eruditio – book learning) in addition to that of »Bildung« as formation by Christ.[29] According to Mannermaa, therefore, the starting-point of ethics for Luther is the combination of »Bildung« and »erudition«. Only such a social-spiritual understanding of »Bildung« and »Gemeinschaft« rounds off Luther's view of faith, culture and community. The distinction between temporal and spiritual government is a distinction within this one community.[30]

This is a decisive, self-imposed caveat against any simplistic application of Luther's christo-centric stance to the realm of ethics. Mannermaa exemplifies this caveat by a reference to the use of Lutheran church orders in German cities. They were governed by both powers, the temporal and the spiritual, maintaining law and order as well as caring for the sick and the poor. But both powers aim in their own manner towards the realization of love and justice.

IV Literal Sense and Theological Sensibility

Mannermaa's exposition is marked by an attractive loyaly to Luther texts and a zeal for their systematic-theological value in motif-research, centered in the motif of »participation«. When Luther writes that believers »take part and have communion with the divine nature«[31] Mannermaa insists on the literal sense meaning full participation in what is »God's nature: eternal truth, righteousness, wisdom, eternal life, peace, joy and everything called good«. Luther also insists on the literal sense of Scripture when he dealt with the texts of the words of the institution of the Lord's Supper. He advised his readers to accept the literal meaning without any explication[32]:

29 See Mannermaa above page 193.
30 See Mannermaa above ibid.
31 WA 14, 19, 3-15, bes. 4 f: »... teylhafftig sind und geselschafft odder gemeynschafft mit der Göttlichen natur haben.«; see Mannermaa above page 173, note 12.
32 »Es haben sich viel hie bekummert, wie die seele und der geyst Christi, darnach die gottheyt, der vater und der heylige geyst ym sacrament sey. ... Das sind alles gedancken müssiger seelen unnd lediger hertzen, die ynn dißem sacrament der wortt und werck gottis vergessen unnd begeben sich auff yhre gedancken und wortt. Yhe eynfeltiger du an den wortten bliebest,

»There have been many who have been concerned about how the soul and the spirit of Christ, and thereby the Godhead, the Father and the Holy Spirit is in the sacrament ... All these are thoughts of idle souls and empty hearts, who forget the words and works and give themselves over to their own thoughts and words. The more simply you stick to the words of the sacrament the better it will be for you ... Eat and drink there, and nourish your faith ... And say to yourself: I am not commanded to investigate or to know how God, the Father, the Son and the Holy Spirit, or how the soul of Christ is in the sacrament.«

Luther did not view theology as an exercise in metaphysics for the sake of satisfying human curiosity. The subject of theology, he contended, is the salvation of human beings from sin by God, the Saviour of sinners. Anything else is »error and poison«.[33] Luther was committed to the literal limitations of a biblical text and to the boundaries of a biblically based theology.

Mannermaa exhibits a similar attitude when he insists on the literal meaning of texts that describe the wondrous relationship between the believer and Christ. But he also discloses a theological sensibility, at times mixed with zeal, for the proper application of the literal meaning of a Luther text in a theo-logical chain of assertions needed for a fundamental doxological affirmation. This is refreshing when Luther research is entangled in complex epistemological and heremeneutical debate. But it is also disturbing when theo-logical moves are made without any consideration of complicated historical developments. Nevertheless, if Luther still has something to say to the descendents of his reform movement, a well-built systematic theological bridge may facilitate constructive dialogue among thinkers charged with the preservation of Christian unity and justice in the world.

A parabolic use of an incident in the history of modern philosophy may illustrate the value of Mannerma's care for neglected texts, his insistence on their literal sense, and his theological sensibility for a creative link between past and present.

When Martin Heidegger (1889-1976) offered his interpretation of Kant he was criticized for having presented Kant in a way that seemed to be neither philosophically nor historically correct. He responded that he was interested in setting »in motion a thoughtful dialogue between thinkers«.[34] He wanted to lift up some-

yhe besser dyrs were. ... Da iß und trinck und neere deynen glawben. ... Und sprich: myr ist nicht befolen tzu forschen noch tzu wissen, wie gott vater, son, heyliger geyst oder Christus seel ym sacrament sey, ...«; WA 11, 449, 34 - 450, 11 ≙ LW 36, 297.

33 WA 40 II, 328, 17. 26-28.
34 Martin HEIDEGGER: Kant and the problem of metaphysics (Kant und das Problem der Metaphysik ⟨engl.⟩)/ tr. by James Churchill. Bloomington, Ind. 1962, XXV.

thing that may not have sounded Kantian and so was neglected, but nevertheless existed in Kant's literary work, though more on its horizon than in its center. Heidegger contended that he lifted up neglected texts in order to allow them to address the reader's contemporary problematic concerns and so enter the discussion as a genuine dialogue partner. Mannermaa, too, tries to be simultaneously committed to the literal meaning of Luther texts and to a theological sensibility for the sake of possible new insights derived from this ever so richly endowed reformer.

Korreferat zu Tuomo Mannermaa
»Glaube, Bildung und Gemeinschaft bei Luther«

Von Karl-Heinz zur Mühlen

Das Referat reflektiert den Zusammenhang von Glaube, Bildung und Gemeinschaft bei Luther, indem es im Anschluß an die Untersuchung von Ivar Asheim – »Glaube und Erziehung bei Luther« – feststellt, daß Luther einen modernen Begriff von Bildung nicht kenne und daß ihm auch das humanistische Erziehungsideal, wie es z. B. bei Erasmus von Rotterdam (1466/69-1536) zu finden sei, fremd sei. Bildung begegne bei Luther dagegen in ihrer ursprünglich religiösen Bedeutung, nämlich als ein nach dem Bilde Christi Geformtwerden. Das habe aber zur Folge, daß Bildung nicht eine kontinuierliche Entwicklung des Menschen nach seiner eigenen Wesensform bedeutet, sondern die den Menschen jeweils bestimmende Form müsse destruiert werden, damit Christus in ihm gebildet werden könne. Das stehe im Widerspruch zum humanistischen Bildungsideal der Befreiung des Menschen durch die Gestaltung seiner sprachlichen und intellektuellen Fähigkeiten und durch die Kontrolle der menschlichen Natur mittels der Vernunft. Bei Luther gehe es demgegenüber um eine transformatio des Menschen nach dem Bilde Christi als eine zunehmende reale Partizipation an Christus und seinen göttlichen Eigenschaften. Solche Partizipation bzw. solches Gleichförmigwerden mit dem Bild Christi geschehe im Glauben und in der Liebe. Sofern Luther im Unterschied dazu z. B. in seiner Schrift »An die Ratherren aller Städte deutschen Landes, daß sie christliche Schulen aufrichten und halten sollen« sich dennoch dem Bildungsideal des Humanismus verpflichtet wisse, ziele er auf die Notwendigkeit der Erziehung für das Funktionieren von Staat und Gesellschaft.

Diese Beschreibung des Bildungsverständnisses Luthers führt Mannermaa nun dazu, zunächst Luthers Glaubensverständnis als Voraussetzung seines geistlichen Bildungsverständnisses zu untersuchen und den Glauben als real-ontische Partizipation an Christus und seinen göttlichen Eigenschaften zu beschreiben. Dabei bringt er die gegenwärtig in der finnischen Lutherforschung intensiv diskutierte Frage nach der Ontologie Luthers im Unterschied zur neuzeitlichen, subjekttheoretisch konzipierten Ontologie auf der einen und zur mittelalterlichen Substanzontologie auf der anderen Seite ein und entfaltet dann zweitens Luthers religiöses bzw. geistliches Bildungsverständnis als Transformation des

Menschen nach dem Bilde Christi und als zunehmende reale Partizipation an Christus und seinen göttlichen Eigenschaften. Insofern der Glaubende dabei an der Liebe Christi partizipiert, kann er in dieser Liebe für seinen Nächsten selbst ein Christus werden. Diese Liebe konstituiert drittens das Verständnis von Gemeinschaft / communio bei Luther und bildet als Erfüllung der Goldenen Regel viertens die Basis für Bildung und Gemeinschaft im gesellschaftlichen Sinn.

Eine kritische Würdigung dieser Ausführungen läßt fragen, ob sich das Thema »Glaube, Bildung und Gemeinschaft bei Luther« nicht zu einseitig – wenn auch verständlich – in den Horizont der Frage der gegenwärtigen finnischen Lutherforschung nach der Ontologie Luthers verlagert und wie Mannermaas Beobachtungen dazu zu beurteilen sind. Dann gilt es zu fragen, ob nicht für Verständnis von Bildung bei Luther mehr aus seiner Auseinandersetzung mit dem Humanismus zu lernen ist, als Mannermaa annimmt. Schließlich wird man Luthers Verständnis von Bildung und Gemeinschaft deutlicher in den Zusammenhang seiner Zweiregimentenlehre rücken müssen. Entsprechend wollen wir in unserem Korreferat zu Mannermaa folgende Themen kurz erörtern: Rechtfertigender Glaube und Ontologie bei Luther, Luthers Auseinandersetzung mit dem humanistischen Bildungsideal sowie Bildung und Gemeinschaft im Spannungsfeld von Glaube, Liebe und Vernunft.

I Rechtfertigender Glaube und Ontologie bei Luther

So reizvoll und notwendig eine umfassende Untersuchung dieses Themas wäre, im Zusammenhang dieses Korreferates beziehen wir uns strikt auf die Erörterung des Themas bei Mannermaa. Sosehr bei der Beschreibung der ontologischen Aussagen Luthers die Abgrenzung Mannermaas und seines Schülers Risto Saarinen von der neuzeitlichen, subjekttheoretisch konzipierten Ontologie richtig ist, die die Erfahrung von Sein einseitig den transzendentalen Bedingungen des menschlichen Subjektes unterwirft und in der neueren Lutherrezeption im Gefolge Immanuel Kants (1724-1804) von Albrecht Ritschl (1822-1889) über Wilhelm Herrmann (1846-1922) bis hin zu Karl Holl (1866-1926) zu einer Interpretation der Theologie Luthers im Horizont eines sittlich-religiösen Grunderlebnisses geführt hat, sosehr stellt sich die Frage, was denn bei Luther selbst die Aufdeckung eines real-ontischen Glaubensverständnisses bedeutet, das es gegen eine subjekttheoretische Verengung neu zur Geltung zu bringen gilt. Wenn ich Mannermaa recht verstehe, scheint er nicht die Rückkehr zu einer an Aristoteles (384-322) und der Scholastik orientierten Substanzontologie zu favorisieren, eher zielt er auf eine Repristinierung der platonischen Ontologie augustinischer Prägung, wenn er ausführt, daß sich bei Luther ein platonisches Prinzip finde, nach dem der Mensch Gott nur sehe, wenn Gott sich selbst als Licht zum Licht des Menschen macht.

Nun findet sich in der Tat in den »Operationes in psalmos« zu Ps 4, 6a. 7b der an die Illuminationslehre des Augustinus (354-430) erinnernde Satz: »Idem enim est et utrumque simul est: deus illuminans et cor illuminatum, deus visus a nobis et deus praesens.«[1] Nur sollte man diesen Satz nicht aus seinem Zusammenhang reißen. Denn Luther legt in seiner Exegese von Ps 4, 6b. 7a – »Multi dicunt: Quis ostendit nobis bona? Signatum est super nos lumen vultus tui, domine« – das erleuchtende Licht des Angesichtes Gottes, das Augustinus und nach ihm die Tradition ontologisch in der ratio superior, das heißt in dem unauslöschlich auf die ersten moralischen und spekulativen Prinzipien alles Seienden gerichteten oberen Vermögen der Vernunft verankert, gerade nicht auf die erleuchtete Vernunft, sondern auf den Glauben aus.[2] Damit weist er die traditionelle Deutung von Ps 4, 6b. 7a auf die syntheresis als die Bedingung der Möglichkeit der göttlichen Erleuchtung in einer neuplatonisch orientierten Ontologie zurück[3] und verweist statt dessen diejenigen, die ein gegenwärtig evidentes Zeichen der Gegenwart Gottes suchen, auf das verbum crucis von 1 K 1, 23,[4] weil der durch Gott erleuchtete Glaube dem Hören auf das Wort Gottes entspringt. Zeitgleich zu den »Operationes in psalmos« zu Ps 4 stellt Luther in »De captivitate Babylonica ecclesiae praeludium« fest: »Gott handelt mit dem Menschen nicht anders als durch das Wort seiner Verheißung; wiederum können wir nicht anders mit Gott handeln als im Glauben an das Wort seiner Verheißung.«[5] Es ist deshalb nur folgerichtig, wenn Luther in der Auslegung von Ps 4, 6b. 7a in seiner »Auslegung der ersten 25 Psalmen auf der Coburg« 1530 das den Menschen erleuchtende Antlitz Gottes auf das Wort bzw. die Verheißung Gottes hin auslegt.[6] Aber auch in den »Operationes in psalmos« führt Luther z. B. zu Ps 18, 19 aus, daß das dictamen naturale

---

1 Vgl. AWA 2, 201, 20 f: »Es ist nämlich das Gleiche und beide sind gleichzeitig: Gott, der erleuchtet, und das erleuchtete Herz; der von uns gesehene Gott und der gegenwärtige Gott.«
2 AWA 2, 201, 16-21.
3 AWA 2, 203, 4 - 204, 5.
4 AWA 2, 198, 13 f.
5 WA 6, 516, 30-32. Gott handelt durch das Wort seiner Predigt an uns (WA 10 I 1, 13, 19) und gibt seinen Geist nicht ohne das Mittel des äußeren Wortes (WA 50, 245, 1; 17 II, 459, 36; 31 I, 99, 33).
6 Vgl. WA 31 I, 275, 5-13; 494, 6 f.

rationis und die prudentia carnis den Menschen soteriologisch in der Finsternis lassen, welche ohne das Wort Gottes in uns ist, das allein die Herzen der Menschen erleuchte, was derjenige leicht begreife, der in Anfechtung falle. Denn dieser verstehe, daß alle ratio in der Situation der Anfechtung nicht zu raten vermöge, ja daß jemand, je weiser er sei, um so unweiser werde in der Gefahr. Demgegenüber trägt allein das Wort Gottes in der Anfechtung und rät, was zu tun ist, das heißt, Gott wirklich zu vertrauen und das Heil allein von Gott zu erwarten.[7]

Man wird also bei der Suche nach einer der Theologie Luthers entsprechenden Ontologie auch nicht auf das Modell neuplatonischer Ontologie zurückgreifen dürfen bzw. genauer darauf achten müssen, wie Luther an diese anklingende Realitätsaussagen im Horizont seiner Worttheologie kritisch modifiziert. Das gilt auch für den Partizipationsgedanken, wenn Mannermaa den Glauben als Partizipation am Sein Gottes bzw. an der göttlichen Natur Christi und ihren Eigenschaften interpretiert und eine solche Deutung als fundamental für die reformatorische Theologie Luthers ansieht.

Nun ist gar nicht zu bestreiten, wie neuerdings Jürgen Lutz in seiner Studie »Unio und Communio«[8] nachgewiesen hat, daß Luther den participatio-Gedanken im Zusammenhang seiner Überlegungen zur unio des Glaubenden mit Christus verwendet. Zwar ist Lutz wie auch Mannermaa der Meinung, daß der Realitätsgehalt der unio mit Christus nicht verflüchtigt werden darf, doch greift er zur Interpretation dieses Realitätsgehaltes bei Luther weder auf das Modell neuplatonischer noch auf das einer an Aristoteles orientierten Substanzontologie zurück. Es ist vielmehr der Glaube, der am Sein Gottes in Jesus Christus pro nobis und nicht – wie bei Andreas Osiander (1498-1552)[9] – an der göttlichen Natur Christi als solcher partizipiert. Und wiederum ist es das Wort Gottes, das zu solcher participatio an Jesus Christus instandsetzt, so daß Luther hier von einer »participatio divini verbi« redet. So ist der Glaube nicht müßig, weil er nichts anderes ist als eine »divini verbi participatio, quo semper movetur ad bonum«.[10]

---

7 Vgl. WA 5, 525, 11-20.

8 Jürgen Lutz: Unio und communio: zum Verständnis von Rechtfertigungslehre und Kirchenverständnis bei Martin Luther; eine Untersuchung zu ekklesiologisch relevanten Texten der Jahre 1519-1528. PB 1990, 90-110.

9 Mannermaa weist zu Anfang seines Vortrags zwar auf die Zurückweisung der Position Osianders, der die Rechtfertigung als participatio des Glaubens an der essentiellen Gerechtigkeit Christi bzw. an der göttlichen Natur Christi versteht, in Artikel 3 der »Formula concordiae« (BSLK 932, 45 - 933, 19) hin, benutzt aber selbst in dieser Richtung mißverständliche Formulierungen.

10 Vgl. WA 6, 95, 11 f.

Sucht man also nach einem dem Realitätsgehalt von Luthers Theologie entsprechenden ontologischen Modell, so wird man nach einem solchen suchen müssen, das offen ist für die Zueignung von Sein durch Sprache bzw. durch das gesprochene Wort. Erschließt doch nach Luther sich der dreieinige Gott real nicht anders als in seinem fleischgewordenen Wort, das wiederum in, mit und unter menschlichem Wort mit uns kommuniziert, um uns zu sagen, wer wir und die Welt vor und aus Gott als dem Geheimnis aller Realität letztlich sind. Es reicht deshalb nicht aus, mit Mannermaa festzustellen, daß der Partizipationsgedanke Luthers nicht gegen seine Worttheologie streite, vielmehr wird er durch diese, wenn überhaupt, erst konstituiert. Denn der Christ wird

»ein guter Baum ohne alle Werke allein durch den Glauben an das göttliche Wort der Wahrheit, an dem er hängt, und dabei partizipiert an der Wahrheit, Gerechtigkeit, Weisheit (und) Güte des Wortes«.[11]

Entsprechend heißt es im »Tractatus de libertate christiana«, wie auch Mannermaa herausstellt, daß

»die Seele aller Dinge entbehren kann, außer des Wortes Gottes, ohne welches jener mit keinem Dinge geraten ist. Hat sie aber das Wort, so ist sie reich und entbehrt keiner Sache, weil es das Wort des Lebens, der Wahrheit, des Lichtes, des Friedens, der Gerechtigkeit, des Heils, der Freude, der Freiheit, der Weisheit, der Tugend, der Gnade, des Ruhmes und unabschätzbar jeden Gutes ist.«[12]

Deutlicher kann man es nicht ausdrücken, daß durch das Wort der Glaube real an allen vollkommenen Gütern Gottes partizipiert. Das Wort, das diese Güter mit sich bringt, ist das fleischgewordene Wort, Jesus Christus in Person, in dem Gott sein Sein für den Menschen erschließt und diesen von allen Ängsten der Sünde, des Todes und der Hölle befreit.[13] Entsprechend kommt es zu dem fröhlichen Wechsel bzw. Tausch zwischen den vollkommenen Gütern Jesu Christi und den Defiziten der Seele. Denn

»Christus ist voll von Gnade, Leben und Heil, die Seele ist voll von Sünden, Tod und Verdammung. Tritt nun der Glaube dazwischen, so geschieht es, daß Sünden, Tod und Hölle Christus zu eigen sind, der Seele aber Gnade, Leben und Heil zukommen.«[14]

Der Glaube ist so der Brautring in der Ehe des Bräutigams Christus mit der Braut, der Seele.

11 Vgl. WA 6, 95 17-19.
12 Vgl. StA 2, 266, 29-33 ≙ WA 7, 50, 39 - 51, 3.
13 StA 2, 272, 12-20 ≙ WA 7, 53, 15-23.
14 StA 2, 276, 2-5 ≙ WA 7, 54, 38 - 55, 4.

»So stellt sich die Braut herrlich dar ohne Makel und Runzel, indem sie sich reinigt durch ein Bad im Wort des Lebens, d. h. durch den Glauben an das Wort des Lebens, der Gerechtigkeit und des Heils.«[15]

Das Wort, an dem der Glaube hängt, erlaubt der Seele die Selbstunterscheidung zwischen ihrem alten und ihrem neuen Sein. Glaubend ist sie in der Macht des Wortes ihrem alten Sein voraus, ein neuer Mensch, der immer wieder neu in der Macht des göttlichen Wortes sein altes Sein und dessen Ängste und Defizite hinter sich lassen darf. Das durch das göttliche Wort zugeeignete neue Sein hat eschatologischen Charakter und holt jetzt schon im Glauben den Menschen hinein in das rechtfertigende und die Schöpfung vollendende Handeln Gottes. Angesichts dessen hat das Sein des Christen die Signatur des »simul iustus et peccator«, gerecht in der gewissen Verheißung Gottes, peccator im Blick auf die noch nicht vernichtete, wohl aber vergebene und beherrschte Macht der Sünde,[16] der der Mensch in der Kreuzesnachfolge Christi täglich abstirbt. Dieser Sachverhalt unterstreicht nochmals ausdrücklich, warum ein Luthers Theologie korrespondierendes ontologisches Modell die Seinsweise des Wortes, des konkreten Geistwortes Gottes hat.

Dieser Sachverhalt begründet auch, warum Luthers theologische Sprache spröde ist gegen das Theorem der »Theosis« bzw. »Vergottung des Menschen«. Wie Albrecht Beutel gezeigt hat,[17] gilt aufs Ganze gesehen,

»daß Luther das Wort ›deificare‹ samt Derivaten nur sehr spärlich gebraucht und sich auch in diesen wenigen Fällen keineswegs auf weitergehende Überlegungen zur Vergöttlichung des Menschen einläßt‹.[18]

Aber auch Mannermaa scheint dieses für die neuere finnische Lutherforschung zentrale Theorem zurückzunehmen, wenn er feststellt, daß die Vergöttlichung bei Luther selbstverständlich nicht eine Selbstvergottung des Menschen bedeutet, sondern eine Partizipation an den Eigenschaften Gottes in Christus. Diese

---

15 StA 2, 276, 22-24 ≙ WA 7, 55, 20-22.

16 Vgl. das Scholion zu R 4,7 WA 56, 268, 26 - 270, 13; 272, 3 - 273, 2.

17 Vgl. Albrecht Beutel: Antwort und Wort: zur Wirklichkeit Gottes bei Luther; Korreferat zum Vortrag von Simo Peura. In: Luther und Ontologie: das Sein Gottes im Glauben als strukturierendes Prinzip der Theologie Luthers; Referate der Fachtagung des Instituts für Systematische Theologie der Universität Helsinki in Zsarb. mit der Luther-Akademie Ratzeburg in Helsinki 1.-5. 4. 1992/ hrsg. von Anja Ghiselli; Kari Kopperi und Rainer Vinke. Helsinki; Erlangen 1993, 70-93.

18 Ebd. 76.

Partizipation geschieht durch das Wort im Glauben.[19] Saarinen verweist auf die Grenzen der Analogie des Theosis-Begriffes und sieht seine Funktion mehr heuristisch im Blick auf die Aufdeckung einer real-ontischen Redeweise Luthers.[20]

Diese zu Recht gestellte Frage ist aber weder zu lösen durch den Rückgriff auf die scholastische Substanzontologie noch durch Anleihen bei der neuplatonischen Ontologie, sondern durch die Frage nach den ontologischen Implikationen einer Theologie des Wortes Gottes, das in Jesus Christus Fleisch geworden ist und Gottes Sein beim Menschen im Glauben Ereignis werden läßt. Dieses Wort ist als Evangelium das Wort von der rechtfertigenden Gnade Gottes, die nicht einen von sich aus liebenswerten Menschen voraussetzt, sondern diesen selbst schafft, indem sie den Sünder rechtfertigt.[21] Diese Frage nach den ontologischen Implikationen einer Theologie des Wortes Gottes läßt sich aber auch nicht einholen durch die neuzeitliche, subjekttheoretische Ontologie, weil Gott nicht sein Wort in uns, sondern uns in sein Wort verwandelt. Dieses Wort ereignet sich im Wort der Predigt und des Sakramentes, in dem das Sein Gottes in Jesus Christus unter uns real präsent wird. Unter einer dem Worte Gottes entsprechenden Ontologie ist in diesem Zusammenhang nicht eine vom konkreten Vollzug des Wortes Gottes abstrahierende Ontologie zu verstehen, der dann als Spezialfall das Wort Gottes einzuordnen wäre, sondern die Reflexion auf die ontologischen Implikationen, die im Ereignis des Wortes Gottes in Predigt und Sakrament enthalten sind.[22]

II Luthers Auseinandersetzung mit dem humanistischen Bildungsideal

Im Anschluß an Asheim[23] betont Mannermaa vor allem die Disjunktion von reformatorischem und humanistischem Bildungsideal und stellt das Bildungsverständnis Luthers vor allem als geistliche Bildung im Sinne des rechtfertigenden

---

19 Siehe Mannermaa oben Seite 177.
20 Risto Saarinen: Die Teilhabe an Gott bei Luther und in der finnischen Lutherforschung. In: Luther und Ontologie, 167-182, bes. 178.
21 Vgl. WA 1, 375, 35 f.
22 Vgl. dazu Oswald Bayer: Leibliches Wort: Reformation und Neuzeit im Konflikt. TÜ 1992, bes. 289-293; Ders.: Luthers Verständnis des Seins Christi im Glauben. In: Luther und Ontologie, 94-113; Albrecht Beutel: In dem Anfang war das Wort: Studien zu Luthers Sprachverständnis. TÜ 1991, sowie Gerhard Ebeling: Luthers Wirklichkeitsverständnis. (1993). In: Ders.: Wort und Glaube. Bd. 4: Theologie in den Gegensätzen des Lebens. TÜ 1995, 460-475.
23 Vgl. Ivar Asheim: Glaube und Erziehung bei Luther. HD 1961; Ders.: Bildung. V: Reformationszeit. Theol. Realenzyklopädie Bd. 6. B; NY 1980, 611-623 (Lit.); Karin Bornkamm: Das Verständnis der christlichen Unterweisung in den Katechismen von Erasmus und Luther.

Glaubens bzw. des Gleichgestaltetwerdens des Menschen mit dem Bilde Christi als real-ontische Partizipation am Sein Christi dar. Dabei kommt die Verflochtenheit dieses Bildungsverständnisses mit dem Ideal humanistischen Bildungsstrebens zu kurz. So reißt die Reformation pietas und humanitas nicht auseinander und wird bei Luther sowie namentlich bei Melanchthon zu einem wesentlichen Bildungsimpuls in Kirche, Staat und Schule im 16. Jahrhundert. Dennoch ist es richtig, zunächst einmal von den Unterschieden im Bildungsverständnis zwischen Reformation und Humanismus auszugehen. So widerspricht Luther der Bildungssynthese der Humanisten, die terminologisch weniger über den Begriff »Bildung« als über die entsprechenden lateinischen Termini wie »fingere«, »formare«, »excolere«, »perpolire«, »erudire«, »formatio« sowie »eruditio et eloquentia« zum Ausdruck gebracht wird. So zielt z. B. bei Erasmus der Rückgriff auf die christliche Antike und die dazu notwendigen Kenntnisse der Sprachen der Bibel und der antiken Schriftsteller generell auf die Formung des Individuums. In der Begegnung mit der antiken Überlieferung und durch die Aneignung der kulturellen Inhalte der Antike vollzieht sich solche Formung durch eruditio et eloquentia. Die wissenschaftstheoretischen Aspekte dieses Bildungsverständnisses werden vor allem durch das Studium in den artes liberales und hier wiederum namentlich durch das Trivium von Grammatik, Rhetorik und Dialektik vermittelt.

> »Den Menschen in dieser Weise auf seine Vernunftgestalt zu bringen und zur weisen Einsicht in die menschlichen und göttlichen Dinge zu führen, heißt, den Menschen zu bilden (hominem fingere).«[24]

Entsprechend kann Erasmus den Menschen geradezu als Ergebnis der Bildung verstehen: »Homines non nascuntur, sed finguntur.«[25] So stellt Erasmus den Menschen von Natur aus als einen ungeformten Stoff (massa rudis) vor, der erst

---

ZThK 65 (1968), 204-230; Hans-Bernhard KAUFMANN: Grundfragen der Erziehung bei Luther. Kiel 1954. (MS). - Kiel, Univ., Phil. Fak., Diss., 1955; Helmut LIEDTKE: Theologie und Pädagogik in der deutschen evangelischen Schule im 16. Jahrhundert. Wuppertal 1970; Heinz SCHEIBLE: Aristoteles und die Wittenberger Universitätsreform: zum Quellenwert von Lutherbriefen. In: Humanismus und Wittenberger Reformation: Festgabe anläßlich des 500. Geburtstages des Praeceptor Germaniae Philipp Melanchthon am 16. Februar 1997/ hrsg. von Michael Beyer und Günther Wartenberg unter Mitarb. von Hans-Peter Hasse. L 1996, 123-144.

24 Asheim: Bildung, 612, 20-22.
25 Desiderius ERASMUS VON ROTTERDAM: Declamatio de pueris statim ac liberaliter instituendis = De l'education des enfants/ hrsg., übers. und erl. von Jean-Claude Margolin. Genève 1966, 389.

durch die Bildung (eruditio) seine menschliche Gestalt erhält.[26] Dabei ist für Erasmus im Unterschied etwa zu Giovanni Pico della Mirandola (1463-1494), der den Menschen als seinen eigenen Bildhauer und Gestalter versteht, grundlegend, »daß der Mensch erst durch Gottes Hilfe zum wahren Menschsein gelangen und ohne sie wenig ausrichten kann« und daß »das *Bild* dieses Menschseins ... ihm vorgegeben« ist in der Gestalt Jesu Christi.[27] Im Sinne der philosophia Christi ist für Erasmus Christus zugleich Vor- und Urbild der Formung des Menschen. So ist Christus

> »das leuchtende Vorbild des tugendvollen, geistigen Lebens ..., dem wir uns annähern sollen, indem wir mit ihm sterben und auferstehen, d. h. die Verachtung des Leiblichen und die Liebe zum Geistigen von ihm lernen. Sodann ist er auch der unendlich gütige und starke Helfer, in dessen Gemeinschaft unser Sieg erst möglich, dann aber auch gewiß ist.«[28]

Entsprechend ist Christus zugleich das »Urbild des göttlichen Geistes, in das wir verwandelt werden sollen« durch »Integration alles Guten«, das wir in uns tragen. So wird es Erasmus

> »möglich, Christliches und Humanistisches in eine Synthese aufgehen zu lassen«, in »der Selbsterkenntnis und Erkenntnis Christi, *bonae litterae* und *sacrae litterae*, Philosophie und Theologie ineinander übergehen. In entsprechender Weise gehen auch menschliche Selbstformung durch Bildung und göttliches Heilshandeln am Menschen ohne scharfe Grenzen ineinander über.«[29]

Bei Luther wird die erasmianische Synthese aufgebrochen und im Blick auf das Sein des Menschen vor und aus Gott zwischen Christlichem und Humanistischem, zwischen Glaube und moralischer Vernunft, strikt unterschieden. So wird das Sein des Menschen nicht durch einen Bildungsprozeß, sondern durch die Rechtfertigung aus Glauben allein konstituiert. Die Kinder Gottes werden nach der Heiligen Schrift zu ihrer Kindschaft nicht erzogen, sondern vielmehr zu Kindern Gottes wiedergeboren,[30] was natürlich auch didaktische Momente einschließt. Die Wiedergeburt erfolgt nicht durch Erziehung, sondern durch das gepredigte Wort Gottes. Zum Glauben muß der Mensch von Gott willentlich gezogen werden durchs Evangelium, damit es »eyn frey werck umb den glawben« sein kann.[31]

26 Vgl. Asheim: Bildung, 612, 28-31.
27 Vgl. ebd, 612, 43 f.
28 Vgl. ebd, 613, 7-11.
29 Vgl. ebd, 613, 13-29.
30 Vgl. WA 18, 776, 38 - 777, 5.
31 WA 11, 264, 19 f.

Die Freiheit eines Christenmenschen ist so nicht das Resultat eines humanistischen Bildungsprozesses, sondern Geschenk des Glaubens, Rechtfertigung der Person vor allem Werk. Entsprechend streitet Luther mit Erasmus über Grenzen und Möglichkeiten des liberum arbitrium.[32]

Vollzieht Luther so in der Anthropologie eine Disjunktion zwischen Christlichem und Humanistischem, so teilt er doch das wissenschaftstheoretische Programm und die Bildungsinteressen des Humanismus im Rahmen ethisch-konkreter Herausforderungen des Menschen in Stand und Beruf, in Staat und Gesellschaft. So knüpft er wissenschaftstheoretisch an das Programm des Bibelhumanismus an[33] und wird namentlich in seiner Frühzeit von den Humanisten als »Martinus noster«[34] bzw. als Exponent humanistischen Reformwillens gefeiert. Sosehr dann in den 20er Jahren der Konflikt um das humanistische Menschenbild aufbricht, so wenig ist Luther bereit, das Bildungsprogramm des Humanismus aufzugeben. Das zeigt sich von der Elementarisierung der Grundaussagen des christlichen Glaubens in den Katechismen bis hin zur Universitätsreform in Wittenberg, wobei Luther allerdings Melanchthon, dem Praeceptor Germaniae, den Vorrang läßt,[35] der in Konfrontation mit bildungsfeindlichen Tendenzen radikaler Kreise der Reformation vor allem im Bereich der Ethik die Erziehung zur humanitas in Universität, Schule und Gesellschaft stärker intensiviert als Luther. Dabei bleibt sich Melanchthon mit Luther der Unterscheidung von pietas und humanitas bewußt und vermeidet die humanistische Synthese, so sehr für ihn die Erziehung zur humanitas zugleich der paedagogia in Christum dient. Auch sind Luther und Melanchthon darin einer Meinung, daß Evangelium und Bildung, Evangelium und sprachlich-intellektuelle Erziehung nicht auseinandergerissen werden dürfen. Denn, so führt Luther in »An die Ratherren aller Städte deutschen Lands, daß sie christliche Schulen aufrichten und halten sollen« aus,

»wir sollen uns gesagt sein lassen, daß wir das Evangeliun nicht wol bewahren werden ohne die Sprachen. Die Sprachen sind die Scheiden, in denen dies Messer des Geistes steckt [vgl. E 6, 17]. Sie sind das Schmuckkästchen, in dem man dieses Kleinod besitzt. Sie sind das Gefäß, in dem man diesen Trank faßt. Sie sind die Kammer, in der diese Speise liegt ... Wahrlich, wenn wir's mißachten, so daß wir – wovor uns Gott bewahre –

32 Vgl. Karl-Heinz ZUR MÜHLEN: Befreiung durch Christus bei Luther: mit spezieller Beachtung seines Konfliktes mit Erasmus. LuJ 62 (1995), 48-66.

33 Vgl. Helmar JUNGHANS: Der junge Luther und die Humanisten. Weimar 1984; GÖ 1985.

34 Vgl. Leif GRANE: Martinus noster: Luther in the German reform movement 1518-1521. MZ 1994.

35 Vgl. Scheible: AaO.

die Sprachen fahrenlassen, so werden wir nicht allein das Evangelium verlieren, sondern es wird schließlich auch dahin kommen, daß wir weder Lateinisch noch Deutsch richtig sprechen oder schreiben können ... Darum ist's gewiß: Wo die Sprachen nicht bleiben, da muß zuletzt das Evangelium untergehen.«[36]

So impliziert die Reformation eine Bildungsreform in Universitäten, Schulen und Gesellschaft bis hin zur Aufnahme von Schulordnungen in die Kirchenordnungen. Dieser bildungstheoretische Aspekt korrespondiert zugleich den Überlegungen, die wir oben zu den ontologischen Implikationen einer Theologie des Wortes Gottes ausgeführt haben. Jener bildungstheoretische Aspekt der Reformation dient aber nicht nur der sprachlichen Ausbildung für das Verstehen des Evangeliums bzw. des in der Heiligen Schrift bezeugten Wortes Gottes, sondern auch der Ausbildung des Menschen in seinem konkreten Beruf und Stand in Kirche, Staat und Gesellschaft. Entsprechend der Herrschaft Gottes im geistlichen und weltlichen Regiment bedarf es der bestmöglichen Ausbildung von geistlichen und weltlichen Amtsträgern.

> »Darum ist's hochnotwendig, nicht allein der jungen Leute wegen, sondern auch, um unsere beiden Stände, den geistlichen und den weltlichen, zu erhalten, daß man in dieser Sache entschlossen und beizeiten dazu beiträgt, damit wir's nicht nachher, wenn wir's versäumt haben, vielleicht unterlassen müssen.«[37]

III Bildung und Gemeinschaft im Spannungsfeld von Glaube, Liebe und Vernunft

Für Luther ist die Bildung so nicht nur für den christlichen Glauben und die Kirche, sondern auch für Staat und Gesellschaft notwendig. Denn es ist einer

> »Stadt Bestes und ihr allerprächtigstes Gedeihen, ihr Wohl und ihre Kraft, daß sie viele gute gebildete, vernünftige, ehrbare, wohlerzogene Bürger hat, die dann sehr wohl Schätze und alle Güter sammeln können, sie erhalten und recht gebrauchen.«[38]

So brauchen Stadt, Staat und Gesellschaft rationale Kompetenz in der oeconomia und politia. Resultiert in der Kirche die Gemeinschaft als communio sanctorum aus dem Glauben an das Wort Gottes in Predigt und Sakrament, so wird – wie Mannermaa zu Recht ausführt – die Gemeinschaft der Christen in politia und oeconomia durch die aus dem Glauben entspringende Liebe konstituiert.

36 WA 15, 38, 7-31 (in neuhochdeutscher Übertragung).
37 WA 15, 48, 4-7 (in neuhochdeutscher Übertragung).
38 WA 15, 34, 31-34 (in neuhochdeutscher Übertragung).

Formal orientiert sich diese Liebe an der Goldenen Regel als möglicher Norm gemeinschaftlichen bzw. gesellschaftlichen Lebens. Real folgt sie aus der Teilhabe des Glaubenden an den Gütern Gottes in Jesus Christus, indem der Glaubende die in diesen Gütern erfahrene Liebe Gottes dem Nächsten zuwendet. Luther kann diese in der Gesellschaft dem Nächsten zugewandte Liebe auch als libera ratio beschreiben[39] und zielt damit einerseits auf die Freiheit und Uneigennützigkeit dieser Liebe für die menschliche Gesellschaft und anderseits auf deren rationalen Gehalt. Diese uneigennützige Liebe kommt dem Christen – wie Luther im Fürstenspiegel seiner Obrigkeitsschrift von 1523 darstellt – in Sonderheit zu, weil der Christ allein im Vertrauen auf Gott unabhängig und uneigennützig[40] und unter Wahrung der Billigkeit (aequitas) und der Verhältnismäßigkeit des Rechtes vernünftig handelt.[41] Andererseits handelt der Christ in oeconomia und politia nach Maßgabe wirtschaftlicher und politischer Rationalität. Beide wiederum setzen rationale Sachkenntnis, und das heißt für Luther Bildung als rationales Sachwissen, voraus. So sucht die dem Glauben entspringende Liebe als libera ratio der Stadt bzw. des Staates und der Gesellschaft Bestes. Daher ist es grundlegend für Luther, daß Bildung und Gemeinschaft zusammengehören bzw. daß die Qualität und die Chancen der menschlichen Gemeinschaft von der Qualität der Bildung abhängen. Dabei wird Bildung vornehmlich instrumental als rationales Sachwissen in Beruf und Stand in der Gesellschaft verstanden.

39 WA 6, 559, 2.
40 Vgl. WA 11, 273, 7-24.
41 WA 11, 276, 6-26.

The Significance of Humanist Educational Methods for Reformation Theology

By James M. Kittelson

The contribution of humanism to the beginnings of the Reformation has elicited far more scholarly interest than has its role in evangelical theology as such. In 1937 Gerhard Ritter (1888-1967) concluded his seminal inaugural lecture at Freiburg by noting that the humanists brought with them into their second careers as reformers and theologians tendencies to emphasize the symbolic and the spiritual in the elements of the Lord's Supper, at the expense of the Real Presence, and to place more weight upon sanctification over justification in the whole of evangelical theology. Following Ritter, others suspected that the influence of humanism was more a »deformation« of Luther's theology than a positive contribution to it. In 1959 Bernd Moeller thus repeated Ritter's judgments regarding the Real Presence and sanctification without further comment, while in 1963 Lewis W. Spitz followed suit, although he at least provided a gracious footnote to Ritter's original conclusions.[1]

And so the matter stands. This general view has even penetrated discussions of the transition from Calvin to Calvinism, as in Brian Armstrong's treatment of the »humanist«, Moïse Amyraut's (1596-1664) opposition to double predestination. In much the same manner, James Estes extended the arguments of Karl Holl (1866-1926) and his student, Wilhelm Pauck (1901-1981), according to whom the creation of the »landesherrliches Kirchenregiment« was fundamentally the work of Melanchthon rather than of Luther, by assigning also to Johannes Brenz (1499-1570) co-responsibility for the creation of what became the »state church«, and not just in Prussia.[2]

---

1 Gerhard RITTER: Die geschichtliche Bedeutung des deutschen Humanismus. HZ 127 (1923), 393-453; Gerhard RITTER: Erasmus und der deutsche Humanistenkreis am Oberrhein. FR 1937, 8-14; Bernd MOELLER: Die deutschen Humanisten und die Anfänge der Reformation. ZKG 70 (1959), 46-61; Lewis W. SPITZ: The religious renaissance of the German humanists. Cambridge, MA 1963, 1-19. 267-293.
2 Brian G. ARMSTRONG: Calvinism and the Amyraut heresy: Protestant scholasticism and humanism in seventeenth-century France. Madison, Wis. 1969, 120-221. 263-269; Karl HOLL:

This far-too-brief brief recitation of the status of the question ever since the beginnings of the Luther Renaissance could be taken to imply that the twentieth century, for all its assiduous research, has not really contributed much by way of a new, deepened, and general understanding of the influence of humanism on the Reformation. Such is not the case, if only because at least one old and much beloved idea is now regarded as almost self-evidently untrue. There are, to be sure, still scholars, such as Erwin Iserloh (1915-1996), who so misread the texts of Erasmus and Luther on the freedom and bondage of the will, as to argue that Erasmus, and with him the Church of Rome, granted a warmer welcome to unfettered learning than did the evangelical theologians.[3] As noted, few people today would take this position even half seriously. They know that the issue really centered on the place of theological assertions in true religion, and they also know that, following Luther's lead, evangelical theologians accorded the greatest hospitality to all of learning on matters having to do with every aspect of creation, with the one exception being the fate of humans coram deo. In practical terms, this much is precisely what Lukas Osiander (1534-1604) intended in the controversy with Johannes Sturm (1507-1589) over the condemnamus, when he declared that Sturm was fully qualified to comment on the great authors of antiquity but the reach of his opinions far exceeded the grasp of his understanding when theological matters were at stake.[4]

The rejection of the facile identification of humanism with modern and uncommitted freedom of inquiry is itself a positive contribution to the status of the question, and one of which twentieth century scholars may be justly proud. Other

Die Kulturbedeutung der Reformation. In: Ders.: Gesammelte Aufsätze zur Kirchengeschichte. Bd. 1: Luther. 6., new rev. ed. TÜ 1932, 468-543 ≙ Karl HOLL: The cultural significance of the Reformation/ intr. by Wilhelm Pauck; transl. by Karl and Barbara Hertz and John H. Lichtblau. Cleveland 1959; James Martin ESTES: Christian magistrate and state church: the reforming career of Johannes Brenz. Toronto 1982, 33 f.

3 Erwin ISERLOH: Evangelismus und Katholische Reform in der italienischen Renaissance. In: Renaissance – Reformation: Gegensätze und Gemeinsamkeiten; Vorträge, gehalten anläßlich eines Kongresses des Wolfenbütteler Arbeitskreises für Renaissanceforschung vom 20. bis 23. November 1983/ ed. by August Buck. Wiesbaden 1984, 35-46; and earlier for the faintly silly conclusions of Enno VAN GELDER: The two Reformations of the sixteenth century: a study of the religious aspects and consequences of the Renaissance and Humanism. The Hague 1961.

4 Lucas OSIANDER: Theologiae doctoris antisturmius vnus. TÜ 1579, 31 f. Assuming the availability of sources, a comparable study on humanists' claims during the second half of the century to render theological judgments could be illuminating with respect to the nature of late humanism as well as the late Reformation.

negative results that have called other old truths into question also have their value. In one such instance, all attempts at providing nuances to the definition of the central term – as in civic and, most notably, »biblical humanism« – have done nothing to enlarge our understanding of the abiding influence of humanism upon evangelical theology. To take Ritter's first conclusion, one cannot conclude that humanists *as such* – even biblical humanists – tended to memorialize or spiritualize the Lord's Supper at the expense of the Real Presence in the bread and the wine. Some did and some did not, as simple comparisons freely demonstrate: Brenz was as thoroughly grounded in humanist learning as was Johannes Oekolampad (1482-1531). By the same token, Melanchthon did write the »Augsburg Confession«, and he can hardly be held responsible for what Reformed apologists tried to make of the substitution of »cum« pane et vino for in pane et vino by way of the Variata. But a glance at the »Wittenberg concord« – where the troublesome cum first appeared in a formal confession – and the use to which it was put in cities and territories throughout south Germany should end the discussion, now as it did then.

Much the same may be said with regard to Ritter's observation concerning sanctification and justification. There is no person-to-person correlation between those who were trained in the studia humanitatis and a tendency to emphasize sanctification in general, nor, as in the portrayal by Steffen Kjeldgaard-Pedersen, in the careers of individuals such as Johann Agricola (1492/94-156), whose acquaintance with the works of Erasmus played no role in his theological formation nor in his controversy with Melanchthon regarding preaching the Law to Christians.[5] In sum, and assuming that tendencies, like beauty, lie in the eye of the beholder, both of Ritter's conclusions, no matter how often they have been repeated, collapse under the weight of the comparative evidence.

The second negative conclusion that comes from more recent research is rather like the first, although it is even more compelling. To jump forward into the late sixteenth century and the negotiations that led to the »Formula of concord«, no one has advanced beyond a certain hazy impressionism to anything like a precise depiction of the realities regarding the influence of humanism on evangelical theology. One cannot draw reliable conclusions from even the Formulators' own

5 For example, James M. KITTELSON; Ken SCHURB: The curious histories of the Wittenberg concord. CThQ 50 (1986), 119-137; Steffen KJELLGARD-PEDERSEN: Gesetz, Evangelium und Buße: theologiegeschichtliche Studien zum Verhältnis zwischen dem jungen Johann Agricola (Eisleben) und Martin Luther. Leiden 1983, 213-278, for Agricola's independent mindedness from the beginning.

attitudes toward Melanchthon himself, let alone humanism in general. Should there be any doubts on this matter, the briefest reference to Matthias Flacius Illyricus (1520-1575) should turn all hopes for order or pattern into vapor. A learned humanist historian, his views on original sin were also condemned in the »Formula of concord«, but not because there was anything particularly humanistic about them. Quite the contrary. The condemnations focused on the distinctions Flacius drew from Aristotle (384-322) and used in a thoroughly scholastic fashion, no matter how strenuously he insisted that he used »accident« and »substance« as metaphors, rather than ontological presuppositions in his depiction of the human will.[6] Nonetheless, one positive conclusion is inescapable: with respect to the influence of humanism alone, research in the century has been far more fruitful on the subject of *how* the Reformation came to be than it has with respect to *what* it came to be.

The temptation to speculate about the factors that led to this state of affairs is almost overwhelming. For the present, however, it is enough to observe that the assigned theme for these observations very cleverly, and with one stroke, sidesteps a host of problems. Thus, it does not concern the influence of humanism or of humanists as such on evangelical theology. Instead the subject is limited to the role of humanist pedagogy – the German, »Pädagogik«, is a better word if only because so few native English speakers attach a precise meaning to »pedagogy« – in what amounted to the transmission of evangelical theology. The advantages of this move, in addition to winnowing out the chaff from the wheat of the more general subject, should be obvious. Now, the mind concentrates on something far more concrete than the ephemeral »influence« of one thinker or text upon another. For this bankrupt exercise in the history of ideas, the present framing of the issues substitutes, in a very practical way, convictions and thoughts as they were conveyed from one person to another through formal schooling. The chief advantage of this approach, however prosaic, is obvious: it rests on relatively hard evidence in the form of curricula, books, and theses for academic disputation that are readily available. It is therefore possible to know in some detail both what teachers taught and how they taught it. Finally, because the investigation can be extended to cover at least two full generations of students, some of whom also

6 In general, see the noble effort in the introduction to Robert KOLB: Andreae and the Formula of concord: six sermons on the way to Christian unity. StL 1977, 9-57. On Flacius's fate in Strasbourg, James M. KITTELSON: Humanism in the theological faculties of Lutheran universities during the late Reformation. In: The harvest of humanism in Central Europe: essays in honor of Lewis W. Spitz/ ed. by Manfred P. Fleischer. StL 1992, 142-144, nn. 12-16.

became teachers and professors, it is, at least in principle, possible to gain some impression of what they learned and the role that humanist pedagogy played in the process.

The following subheadings will be useful in capitalizing on these advantages in order to assess the significance of humanist pedagogy for evangelical theology: I. a sketch of the importance and role of formal education in the spread of Reformation religious convictions; II. an outline of humanist educational methods, regardless of the subject; III. examples of how these methods shaped Luther's personal and intellectual journey, i. e. evangelical theology, into a transferable academic commodity. The over-arching thesis is that these methods not only ensured that the Reformation would endure in one form or another but also laid part of the foundation for Lutheran Orthodoxy, albeit in an unexpected way and with extraordinary materials.

I The Place of Formal Education.

Leif Grane, in his recent book »Martinus noster« looks at this subject from the standpoint of the young humanist recruits to the Reformation, and observes,

> »many of those who were now [after 1519] ready to accompany Luther remained humanists, but by joining him in rejection of the papacy were made free to try out their ideas in practice, as soon as they had the opportunity. ... .The impatience would be satisfied. *Now* it was going to happen. ... Also in Wittenberg the humanist programme of learned studies was taken up, as it had to be if the reformation should prevail.«[7]

No author can be chastized for not having written two books when one satisfies the objectives that he has set for himself. This much Grane certainly does. On the other hand, one need only take one more step, and move to the next reasonable question, to discover that Luther fully met, in the most public fashion imaginable, the young humanists' conviction, first acquired from Erasmus and others, that proper education in the pie et bonae litterae was the way to create a truly good and Christian society. Indeed, it is at least arguable that Luther himself was already on this very same road before the Leipzig Disputation, and in spite of the poverty of his own training in the studia humanitatis and the small stages on

---

7 Leif GRANE: Martinus noster: Luther in the German reform movement 1518-1521. MZ 1994, 296-297; see also Leif GRANE: Modus loquendi theologicus: Luthers Kampf um die Erneuerung der Theologie (1515-1518). Leiden 1975, where he treats the subject principally in terms of Luther's own development, beginning with the lectures on Romans and proceeding to his relations with the viae.

which he walked as an Augustinian friar and a professor of theology at Germany's least distinguished university. The »Disputatio against scholastic theologians«, predated the 95 Theses, and the appointment of Melanchthon to the arts faculty just followed them. The triumphal letter about the victory of the focus on the ancient sources, to the detriment of the »more recent«, is roughly coterminous with the Heidelberg Disputation, after which Luther tried to explain what was taken as his version of the new wave to his former teachers and left them just shaking their heads in stunned disbelief. Nor did he ignore the matter in his famous three treatises of 1520. Among the specific reforms commended to the Christian nobility was, »The universities need a thorough reformation. This I say, no matter whom it offends.«[8] Signing his name, »Eleutherius«, the free one, for a time was not an affectation but the marischino cherry on top of an ice cream sundae that the young found most enticing.

There is more to the story. It is one thing to favor educational reforms in general and quite another to insist upon them and enact them in order to produce an outcome. At least for Luther, what he sought to gain through educational refoms changed, not in its fundamentals but as a matter of nuanced priority, between his two treatises on public schooling of 1524 and 1530. The weight in the former falls almost entirely on the utility of the liberal arts in producing a civil and learned citizenry, »the greatest bulwark« for any municipality, far greater than one provided by the bravest, largest and best trained and equipped military force. But the weight shifted in the second to the absolute and urgent necessity of creating a learned clergy and providing sufficient training for all in evangelical theology, so that even those who were not specifically destined for offices in the church could become »emergency pastors« in the case of need.[9]

The reasons for this shift in Luther's emphasis are easy enough to identify, but they are also irrelevant to present purposes. The critical point is that what Luther recommended in 1524 and more pointedly in 1530 was happening throughout

8 James M. KITTELSON: Learning and education: phase two of the Reformation. In: Die dänische Reformation vor ihrem internationalen Hintergrund = The Danish Reformation against its international background/ ed. by Leif Grane and Kai Hørby. GÖ 1990, 149-163; Leif GRANE: Teaching the people: the education of the clergy and the instruction of the people in the Danish Reformation Church. In: Die dänische Reformation ..., 164-184.
9 James M. KITTELSON: Luther the educational reformer. In: Luther and learning: the Wittenberg University Luther Symposium/ ed. by Marilyn J. Harran. Selinsgrove, PA; LO; Toronto 1985, 95-114; WA 15, 44, 11-33; 30 II, 546, 7-12 / 23-28, for Luther's proposal. See also James M. KITTELSON: Luther's impact on universities – and the reverse. CThQ 48 (1984), 23-38, for this aspect of the subject from Luther's point of view, and Grane: Martinus noster, 138-140.

evangelical cities and territories before he set pen to paper, even the first time. One of the initial acts of Wolfgang Capito (1478-1541), Martin Bucer (1491-1551), and Kaspar Hedio (1494-1552) in Strasbourg was to begin two series of lectures on evangelical theology, one for the laity in the vernacular and one for the clergy in Latin. With the clergy, Capito explained, »We treat everything somewhat more fully.« He also reported that »soon the auditors were so numerous that they would not fit into my modest quarters«, which happened to include the canons' hall for chapter meetings at the collegiate church of St. Thomas. Moreover, these informal courses bore fruit. When the real crisis came in Strasbourg in fall 1524, Capito carried a majority of the canons of St. Thomas with him in a dispute with the chapter, and then he and his colleagues supported – virtually without resistance from the remaining local clergy – a decree according to which all the city's clergy would henceforth be citizens, would pay taxes as individuals, and would be subject to the city's courts.[10] Education, that is, theological education in which the educators carried humanist pedigrees, led to conversion, or at least acquiescence to revolutionary changes in the status of the clergy.

These early beginnings to one side, the decade of the 1530s marks the onset of educational reform in a new hybrid that brought humanists and evangelical theology together in the same undertaking. Strasbourg's famous Gymnasium was fully founded in 1534 with the calling of Johannes Sturm and the establishment of two funds to support candidates for ministry who otherwise would have been unable to pursue their studies. The latter began with room and board at the home of one of the pastors in the church who was also a professor in the Academy, and this arrangement evolved into a version of the medieval bursa in the form of the collegia praedicatorum or »preachers' colleges«, whose members followed the regular lectures of the preceptors in the studia humanitatis as well as those of the professors in theology. A reform of the University of Tübingen also began in 1534, with Bucer as one of its chief external advisors, continued with the founding of Marburg in 1529, the reestablishment of Copenhagen under the leadership of Johannes Bugenhagen (1485-1558), with the assistance of Hans Tausen (1494-1561) in the 1530s, and so forth. The later part of the century featured further foundings, such as Königsberg in 1544, Jena in 1558, and Helmstedt in 1575. Per-

The most comprehensive and recent work on the general theme is Marilyn J. HARRAN: Martin Luther: learning for life. StL 1997.

10 For Strasbourg, which was typical of the new foundations, Anton SCHINDLING: Humanistische Hochschule und freie Reichstadt: Gymnasium und Akademie in Straßburg; 1538-1621. Wiesbaden, 1977, 18-67.

haps the most common pattern, particularly of the later establishments, is that they grew from lesser institutions, such as Strasbourg, that nonetheless included a semi-higher faculty that gave regular lectures in theology and sponsored theological disputations for the training of pastors. Nor do educational institutions as such tell the whole story. The first »textbook« to employ humanist pedagogy was doubtless Melanchthon's Loci communes, the 1521 edition of which Luther commended, and the first edition of the most famous in this genre, Calvin's Institutes, appeared in 1536. The agenda was clear: Reformation would occur via the methods of humanist education, as well as by princely or municipal legislation that abolished the celebration of the Mass.[11]

II Humanist Pedagogy: The Loci Method

It is a truism that before the Enlightenment learning and education were bound to the texts of classical and Christian antiquity. It nonetheless remains necessary to emphasize that this statement holds for high and late scholasticism just as strongly as it did for the humanists and educators, beginning with Rudolph Agricola (1444-1485) in Germany, who turned the insights of Francesco Petrarch (1304-1374) and Lorenzo Valla (1407-1457) into a complete educational program. Even as late as when Luther himself was a beginning theological student, the heart of the curriculum was the cursus biblicus, which Luther and his contemporaries followed and then used at the beginnings of their own academic careers. Lectures on the more recent theologians were the province of professores extraordinarii and were strictly elective. One who gave such lectures at Freiburg and then became both a humanist and perhaps Erasmus's closest confidante, the renowned Hebraist, Capito, bemoaned the time he spent as a professor extraordinarius while lecturing »for pay«, as he termed it, on Johannes Duns Scotus (1265-1308) around the year 1512. The irony is that while he, the humanist, lectured on the scholastic theologian, Luther was even then beginning a career in which he – the one supposedly so influenced by the viae – never lectured as a professor ordinarius on any text other than the Bible.[12] His external career thus followed precisely the same, that is, the common, pattern.[13]

---

11 Kittelson: Learning and education, 151-154, for an analysis of when and under what pressures education moved to the forefront of the reformers' agenda.

12 For an example of the endurance of this educational program, see John C. RULE: A career in the making: the education of Jean-Baptiste Colbert, Marquis de Torcy. French historical studies 39 (Raleigh, NC 1996), 975-980.

The lesson here is simplicity itself. In the first place, the sources for this inquiry must center on biblical materials, and not on the more systematic treatments of evangelical theology, such as loci communes, or the most learned of Reformation controversial writings. In addition, whether a professor or student read the Bible is of no importance whatsoever to this undertaking. The only matter of potential signficance is how one read it and then what one thereby conveyed to others about it. The how was the loci or topoi method and the consequent what was a tendency, thanks to the educational task at hand, to order the text according to rhetorical categories. As a consequence, the exact teachings that a theologian drew from the text pale, at least at the outset, into insignificance by comparison with the professor's actual manner of handling the text. The center of this endeavor remains therefore the text itself and the reading of it.

The loci method for interpreting texts can be reported briefly and simply or at great length and complexity. If only to hold fast to the humanist tradition of docta ignorantia, the shorter, simpler road is to be preferred in nearly every instance. In sum, the humanists asserted that the text spoke to the main points of the larger subject of which it was a part. To be sure, some texts addressed only one subset of the issues at hand, whole others might more grandly treat the whole. But the purpose of the exegete's entire undertaking remained the same: to move the hearer or reader not so much to intellectual assent as to personal agreement with the point of the text itself. As a consequence, and precisely because the reader or lecturer claimed to penetrate into the mind and intentions that lay behind the nuda verba to their »spirit«, which gave them form, the text took on a life of its own. In addition, what gave the text its authority was some element in it that led to a fruitful interplay between its author and reader or hearer. This process thus enlivened not just the text but its recipient as well, to the point that the objective was not philosophy as such but »the fruit of philosophy«, as John of Salisbury (circa 1115-1180) had it centuries earlier, that is, sapientia or wisdom, the guide of life. In this way, side-by-side with their version of an ordered approach, the studia humanitatis were at their most human, even, for example, should they have nothing in particular to say about subjects such as philosophical or theological anthropology.[14]

13 James K. KITTELSON: Wolfgang Capito: from humanist to reformer. Leiden 1975, 15 ff. Capito to Bonifacius [Wolfhart], [mid-1521]: »Quoties tum votis expectivi eam dicendi facultatem quae sufficeret ecclesiasti, quoties gemui fraudem immensus scoticis commentariis, quoties reliquae farragini disputatorum theologorum navavi operam«; Basel, Kirchenarchiv: 25a, 244ᵛ.

14 See, for example, Jeremy BENTLEY: Humanists and Holy Writ: New Testament scholarship in the Renaissance. Princeton 1983.

It is something of an irony that Luther himself, who never completely adopted the method and who learned it as he was giving his earliest lectures, should nonetheless be the one to summarize its import most trenchantly. On the other hand, perhaps this insight might be expected from one who learned the method as a beginning professor from the likes of Jacques Lefèvre d'Etaples (circa 1455-1536) and even Erasmus at the very moment that he himself was already an adult practicing his calling.[15] The point of departure is thus his appeal at Worms to »the Scriptures or evident reason«. His last two words should not – in this context in any event – be taken to posit any theological position that he held prior to his contact with the texts and also not primarily to the ratio illuminata that allowed the Christian to see, with the eyes of faith, the world and God's intentions for what they really were. Instead, one might substitute for his two simple words, »evident reason«, the phrase, »in a convincing manner« of treating the Scriptures. To put the matter differently, Luther was talking here about exegetical practice rather than textual hermeneutics or the grounds of ecclesiastical authority.

The telling anecdotal evidence regarding the acknowledged influence of humanist pedagogy on Luther is legion. If only by virtue of his calling as a professor of the Bible, he naturally had a high regard for the texts. Along with it came his insistence on studying the ancient languages, calling them »the sheath in which we carry this sword, the cask that holds this jewel«. He related that he followed Melanchthon's lectures on Homer »in order to become a Greek«, and he began to study Hebrew on his own, to the extent that he was able to employ the Masoretic texts for his early work on the Psalms. He was so dedicated to learning Hebrew, which he never mastered, that he even went so far as to commit a noteworthy blunder in his choice of great books when he wrote his friend, Johannes Lang (circa 1487-1548), a letter in which he recounted recent the publication of Thomas More's (1478[?]-1535) »De optimo reipublicae statu deque nova insula Utopia«, and Erasmus's prickly defense against Lefèvre d'Etaples criticism of his notes to the Letter to the Hebrews in the Greek New Testament, and Capito's Hebrew Grammar and Psalter. He hoped Lang would send him all three but insisted, »I must have the grammar«.[16]

At the very least, Luther was therefore expending every effort not so much to become a humanist as to acquire all the skills at reading texts that the humanists offered. This effort bore fruit, whether it be in the references to Hebrew useage in

15 Lewis W. SPITZ: Luther and humanism. In: Luther and learning, 69-94.
16 Siegfried RAEDER: Die Benutzung des masoretischen Textes bei Luther in der Zeit zwischen der ersten und zweiten Psalmenvorlesung (1515-1518). TÜ 1967, 1; WA 15, 36, 6 - 38, 31; WA Br 1, 147, 4-12 (60).

his Sermon at Castle Pleissenburg, those on the catechism, or in declarations such as, »I am the first to insist upon laying hold of the author's intention, what it is that the author wishes to tell us«. Indeed, one need look no farther than the prefaces to the books of the German Bible to find him seeking to do precisely what he said he did. Without this humanist impulse, Luther's insistence that Christ was both content and norm of the Scriptures and that the Scriptures were therefore authoritative would amount to merely to another unfounded, a priore dogmatic assertion with no more textual basis than assertions of apostolic succession and therefore of papal authority.

III Evangelical Theology in the Lecture Hall

As noted, Luther learned the methods of the studia humanitatis at the same time that he labored over the texts while developing his evangelical theology. But the question has another side: »What may have happened with respect to those, both professors and students, who, as it were, learned evangelical theology from Luther but were first trained in the manner of humanist pedagogy?« For present purposes, one example may serve to illustrate the fruit that can be picked while answering this question, but it must focus on the main point, namely, their actual understanding and use of the Biblical texts. The potentially productive instance concerns Melanchthon and one of his students, Johannes Marbach (1521-1581), who became President of the Company of Pastors in Strasbourg and was also a member of the theological faculty at the Gymnasium. The pièces justificatives are his lectures on John in the context of Melanchthon's »Annotationes in evangelium Johannis« as background. The texts may be found, for Melanchthon, in the »Corpus reformatorum« and, for Marbach, in a manuscript from the Cursius collection at Tübingen.[17]

The simple existence of these texts does not, however, establish an irrefutable, positive relationship between master and student with regard to their pedagogical form or their theological content. In the first place, the documents are too physically dissimilar – one polished, the other in a student's notes, one published, the other utterly unreworked – to allow an easy comparison. Nor are they identical in their treatment. On the other hand, they do include elements with which to test the influence of the loci method at work. In addition, circumstances were

17 CR 14, 1043-1220; COMMENTARIA EIUSDAM D. D. JOAN. MARBACHIJ IN EVANGELISTAM JOANNEM; Tübingen, Universitätsbibliothek, Mc 181.

nearly ideal for a documentable transference of both methods and doctrines from teacher to student. Melanchthon's commentary of 1523 was republished in 1542, Marbach delivered his lectures between August 9, 1546 and January, 1547.[18] In addition, Marbach, who received his doctorate in 1543, with Luther chairing the final disputation, was a student at Wittenberg during the appropriate period and could have had access to Melanchthon's edition of the »Loci theologici recens recogniti« that same year. The most important fact, however, is that he was not just another student in Wittenberg, but a senior, advanced student, the kind that could be counted upon both to comprehend and to apprehend all that he could from the master.

The final proof, if such a thing is possible, comes from reading Marbach's lectures and Melanchthon's Notationes. One aspect of them, which is not to be found in Luther's academic commentaries, is striking at the outset. Each presented his findings in the form of an oration. They thus began with assertions regarding the spirit and the whole of John's account. For Marbach, in agreement with Melanchthon, its central argument was that, by becoming human in Christ, God saved humanity from sin. With respect to God, John began by declaring that »Christ had His essence«, and, with the word, apud, distinguished God and Christ as persons. In standard fashion once more, he declared that the »officium Christi« was an »Officium creationis et recreationis«.[19] In this manner, what could easily have become a standard disquisition on the nature of Christ or a further explication of the second article of the ecumenical creeds, became instead a soteriological appeal that was closely bound to the text. This opening statement of Marbach's perspective on John then continued to inform the whole of his lectures to their very end, where he concluded that, whereas Matthew, Mark, and Luke were historiae, John was a consilium that preached the incarnation and its benefits. So far, he and his teacher agreed on both method and substance.[20]

18 The editions of »Philipp Melanchthon: Annotationes in Evangelium Ioannis« see Verzeichnis der im deutschen Sprachbereich erschienenen Drucke des XVI. Jahrhunderts: VD 16. Bd. 13. S 1988, 285-287 (M 2473-2485). The most recent work is Timothy J. Wengert: Philip Melanchthon's Annotationes in Joannem in relation to its predecessors and contemporaries. Genève 1987, esp. 259-265 for the publication history.
19 Commentaria ... Marbachij ..., 1ʳ-3ʳ.
20 Ibid, 160. According to Wengert: Philip Melanchthon's Annotationes ..., 186-189, the grace of God in Christ that led to salvation through faith was the beginning, the substance, and the end of John's Gospel, i. e., an all-pervasive, single-minded argument both in detail and in specifics.

As noted, Marbach opened his lectures by stating these main themes that he found in John and repeated them at the end of of his labors. Only in between did he move to an exposition of individual elements in the text, while in so doing he followed the same organizational pattern. For example, in his discussion of the Samaritan woman at the well in John 4, Marbach called it an »exemplum iustificationis«, an example of justification. Its essence was that »Christ comforts and justifies this woman terrified by the Law«, an explanation from which he drew two conclusions. In passing, he observed that fulfilling the ceremonial or human law did not result in »completed faith« that carried justification. Given the controversial centrality of the Law and human works of the Law, this much might be expected. But Marbach carried the discussion forward to declare that John here presented the Law as a »paedagogia ad Chistum ducens«, »a narrow road leading to Christ«. Here was the second use of the Law, and here fundamental agreement with his teacher persisted.[21]

As a lecturer and practicing exegete, Marbach thus went from the general locus to the pastoral fruit of the story, and back to an extended restatement of the locus. The result was the theological assertion – which he did not develop – that the text illustrated the first two uses of the Law and the entire Law-Gospel dialectic. Whatever else may be said of Marbach's work, it presented complex theological material in an eminently biblical, teachable, and thereby, memorable form. In any case, there can be little wonder that the new professor was doing what beginning professors the world over do: he was teaching as he was taught, although in less detail.[22]

Earlier in this essay, it was noted that to be true to the subject requires putting the treatment of texts at its center, while leaving to one side the theological doctrines to be found in dogmatic or controversial works. It is, however, unwise to ignore such material completely, especially when confronted with the circumstance that saw Melanchthon's 1543 Loci theologici published in Wittenberg while Marbach was present. On the other hand, for the present, the exact theological content of his lectures or even their faithfulness to John is not at center stage. To put the distinction differently, matters of interpretation cannot be torn loose from

---

21 Commentaria ... Marbachij ..., 32ʳ-37ʳ: »paedegogia ad Christum«, as a function of the Law in dealing with the Samaritan woman.
22 Melanchthon, the professional pedagogue and rhetorician, was more self-conscious about the method than was Marbach, the young theologian. Thus, as Wengert: Philip Melanchthon's Annotationes ..., 174, n. 28, observes, Melanchthon noted the repetition in J 1, 2 and termed it a complexus, while Commentaria ... Marbachij, 2ᵛ, ignored it.

their mooring in the exposition of the text; the pilings are simply too deep to allow it. The point instead is that the original conduit to Marbach for Melanchthon's theological, as well as his teaching methods, on the Gospel of John was in all likelihood his teacher's Notationes, and not the Loci.

The relationship between formal doctrines and academic exegesis nonetheless remains vexing. It is particularly troublesome in a second or third generation theologian and churchman – in this case Marbach – who never exhibited the slightest interest in original thinking on even relatively or hithertofore undiscussed topics in evangelical theology. Throughout his career, he intended to be, and was, orthodox, even if his objectives in this regard required him to be silent until he knew which way the winds of orthodoxy were blowing. Someone of this set of mind might be expected, then, in his exegetical work to have repeated Wittenberg's teachings on controverted questions, provided they were either subjects of widespread discussion and preferably of near resolution among Lutheran theologians.

Seen in this light, his lectures exhibit a certain peculiarity with respect both to what he did and what he did not include. For example, with regard J 6, 63, he said not a word about the Lord's Supper, not even to the Lutheran point that this text was irrelevant to the debates regarding the lements of bread and wine. Instead he summarized it merely as pointing up »the inconstancy of the people«, »the Christian doctrine and fundament of the whole Christian religion« and the need to »be vigilant lest we become the occasion for the doubt that leads to despail.«[23]

Marbach deserted his carefully chosen role of the follower in another way: he included an extended treatment of election and predestination, which he began as soon as his text would allow it. He amended the expression, »the light of men«, at J 1, 4 to read, »he illumined all men of the world«. With due reference to J 1, 9 he reiterated that Christ »illumined all men«. As a counterweight to the threat of despair, he may even have turned the fear of the eternal decree into an impetus for salvation. He thus read J 1, 14, »and the Word became«, in light of the preceeding verses, according to which becoming a child of God had nothing to do with an earthly decision, but was an act of God, and concluded, »Here, therefore is the dread which makes us children of God«. Thus, God's decision or the eternal decree was Christ and belief in Him.[24]

---

23 Commentaria ... Marbachij ..., 68ᵛ f, summarized as »de inconstantia populi; sit christiana doctrina, at fundamentum totius religionis Christianae; vigilantes, ne incidamus tentationem«.
24 Ibid, 4ᵛ-6ʳ. »Hic est igitur metuum quod facet nos filios dei.«

COMMENTARIA
Eiusdem. D. D. Joan:
Marbachij in Euan-
gelistam Joan
nem.

1 5 4 6.
9. Augusti.

Lucam et Marcum volumus praetermittere, propterea
q̃ q̃ in Marco sunt et Lucae, pleraq̃ sunt in Mattheo
quoq̃. Sed si duo cum Mattheo priuatim conferri
possint nullo negotio. Consilium Joannis.

Etsi [...] multa proprium, q̃ q̃ scribit historiam christi,
in hoc [...] facit [...] glosa, et [...] diminuiat [...] contra
hereticos, [...] iam conciliari disserebat. plerisq̃ iq̃
miracula christi et [...], q̃ [...] q̃ [...] diui-
nitatem, q̃ [...] vere hominem [...] fuit
[...].

De Persona Joannis.

Haec N loco
[...]tationis posita,
in quibus illa
uia possint ob-
seruari.

fuit filius Zebedaei, frater Jacobi apostoli q̃ fuit ab He-
rode occisus, ut in actis. Per [...] patrem et Salome
soror mater, et illo patre christo [...] [...].
fuit [...] publicus, et fuit piscator, [...] cum fuit
vocatus ad prédicandum à christo. Ex hoc [...]
[...], ostendens per miracula et doctrinam, et [...]
[...] et in [...] doctrinam, quae fuit singular-
[...], q̃ dicunt [...] [...] [...]. Singularius
[...] ecq̃ [...], ideo [...] [...] [...] [...].

Johannes Marbach: Commentaria in evangelistam Joannem
Tübingen, Universitätsbibliothek, Mc 181, 1ʳ.

To this point and beyond, Marbach's full understanding of predestination and election was either not yet clear to him or something that he was holding very close to his chest. But he soon became both precise and insistent on the matter. Thus, he had nothing to report on the subject when he first encountered J 3, 18, »he who does not believe is condemned«, other than to repeat his earlier tentative remarks about Law and Gospel. But the discussion at J 5, 16-23 about the relationship between the Son and the Father suddenly brought clarity and certainty to Marbach's understanding of the eternal decree. As an introduction, he declared that »Jesus is teaching us about the will that was heretofore hidden«. Then he, or the student taking the notes, labelled an entire section, »Voluntas revelata et occulta«. He also referred directly to Ephesians 1 and asserted, »we are not to explore after this will. However, the revealed will is to be investigated, as it is in the Word of God where all are called to repentance.« He went out of his way to clear up what had by now become an oversight with respect to J 3, 18. According to Marbach, Jesus's words from the wheat field to the Pharisees »do not fight against« this text, which stressed »believing the gospel and being saved«. Even the grumbling of Jesus's adversaries on the subject of the bread of life, Marbach now called a story »concerning predestination and election.« He concluded, »Judgment is to be rendered afer Christ is revealed, which is [to say] that he pronounces universal promises.«[25] In this way, and in good humanistic rhetorical fashion, Marbach tied the exegesis of the entire text back to his opening remarks.

IV Peroration

The text itself, therefore, drove Marbach to state, at last, what became the full Lutheran doctrine of election and predestination, as it was later set forth in article 11 of the »Formula of concord«. Here was humanist pedagogy at work in the elaboration of evangelical theology. Assertions by scholars such as Werner Elert (1885-1954) that this doctrine developed as if by some sort of internal necessity may be true, but, if so, the driving engine was not the logic of systematic theol-

---

25 Commentaria ... Marbachij ..., 50ᵛ-55ᵛ. 67ᵛ: »... docet nos de voluntate prius arcane«; »Distinguerimus autem voluntatem dei: alia est occulta, et siquidem hanc deus iudicet in occulto. alia est revelata et siquidem hanc voluntatem super neminem iudicet, sed soli filij exempli gratiam.« With respect to the hidden will: »Sed de hac voluntate hic non per nobis scrutandum Sed de aperta eius voluntate est investigandum, vt in [verba] dei, ubi omnes vocantur ad poenitentitiam.« »Iusticium est faciendum a posteriore Christo revelato, quod est proposuit promissiones universales.«

ogy. The loci method and the text alone led Marbach, perhaps reluctantly, to a fully developed teaching on God's will, hidden and revealed. Above all, the young theologian was by no means simply plucking the doctrinal fruit from Melanchthon's orchard. In this regard, by far the most important observation is that Melanchthon in his Notationes had nothing whatsoever to report about election and predestination in the context of John. Instead, he reserved the matter for the Loci communes where he developed it ever more fully from 1521 to 1543. But he did so in terms that were foreign both to his student and to the »Formula of concord«. For Melanchthon, predestination was a pastoral elaboration on the bondage of the will, while for his student it concerned the hidden and revealed acts of God.[26]

In addition, this very teaching in exactly these words entered the Reformation in Strasbourg, survived the controversy with Giralomo Zanchi (1516-1590) during the early 1560s, was enshrined in the »Consensus between the theologians of the church and professors of the school« in 1563, and served Strasbourg as one of its confessional norms until subscription to the »Formula of concord« in 1598. The fruits of humanist pedagogy thus survived not only in the Academy but also in the »Formula of concord« and therefore in orthodox Lutheranism generally.

With this much established, the final point ought to be obvious. It presents something of an irony. A movement and a method that was at its base anti-dogmatic and whose practitioners were certainly no friends of professional theologians provided the means by which biblical commentaries could speak to theological issues as occasion requied. Thus, the method *itself* did not lead directly

---

26 Thus, in 1521, he wrote, almost in passing, »Si ad praedestinationem referas humanam voluntatem ...«; CR 21, 93. It secured a separate locus in 1533, but with the same point: »Neque ex ratione, neque ex lege, sed ex Euangelio iudicandum est de praedestinatione«; CR 21, 330 f, and in 1543, he added an element of consolation (from the concluding remarks in Luther's De servo arbitrio?): »Ceterum, de effectu electionis teneamus hanc consolationem, Deum, volentem non perire totum genus humanum, semper propter filium per misericordiam vocare, trahere et colligere Ecclesiam et recipere assentientes, atque ita velle semper aliquam esse suam Ecclesiam, quam adiuvat et salvat«; CR 21, 920. See Werner ELERT: The structure of Lutheranism. Vol. 1: The theology and philsophy of life of Lutheranism: 16th and 17th centuries (Morphologie des Luthertums. Bd. 1: Theologie und Weltanschauung des Luthertums; hauptsächlich im 16. und 17. Jh. ⟨engl.⟩)/ transl. by Walter A. Hansen. StL 1962, 133: »In a certain sense, the eleventh article of the Formula of Concord is a synthesis of the trains of thought of Melanchthon and Brenz. ... Here one can totally disregard the question whether this was demanded by the confessional tensions of the moment in history. ... No, the writers of the confession must have felt an inner compulsion to establish their doctrine of predestination.«

to »theologizing« the biblical text, nor did the use of loci as such »turn the texts into a theological textbook«, as Wengert and others maintain.[27] Instead, humanist pedagogy provided the means for testing new doctrinal statements against the Biblical texts and led, in this instance, to the rejection of the Reformed conception of the eternal decree. The loci method thus made clear that the Scriptures had both utility and teeth.

27 Wengert: Philip Melanchthon's Annotationes ..., 191.

Die Reform von Schule und Universität in der Reformationszeit

Von Heinz Scheible

Die Aufgabe, dieses Thema auf engstem Raum abzuhandeln, erlaubt nur, im Dickicht der Fakten, Quellen und Darstellungen einige Durchblicke zu öffnen. Wittenberg mit Luther, Melanchthon und den anderen kursächsischen Professoren und Räten samt ihren Fürsten ist dabei eine wichtige Orientierungsmarke. Doch dürfen die Wittenberger nicht isoliert betrachtet und ihre Originalität überschätzt werden. Um das Thema angemessen zu behandeln, müßte der Zustand der Bildungseinrichtungen vor der lutherischen Reformation und die vorreformatorischen Reformansätze mit ihren Zielen, das, was als Humanismus bezeichnet wird, ebenso untersucht werden wie die Wittenberger Reformbestrebungen und was sie erreicht haben. Weil dabei Melanchthon unbestritten einer der Hauptakteure ist, muß gefragt werden, welche Ideen er ohne Beeinflussung durch Luther nach Wittenberg mitgebracht hat.[1]

CEr   CONTEMPORARIES OF ERASMUS: a biographical register of the Renaissance and Reformation/ hrsg. von Peter G. Bietenholz. 3 Bde. Toronto; Buffalo; LO 1985, 1986, 1987.

DBE   DEUTSCHE BIOGRAPHISCHE ENZYKLOPÄDIE (DBE)/ hrsg. von Walter Killy † und Rudolf Vierhaus. Bd. 1 ff. M 1995 ff.

EKO   DIE EVANGELISCHEN KIRCHENORDNUNGEN DES XVI. JAHRHUNDERTS/ begr. von Emil Sehling .... Bd. 1-5. L 1902-1913; Bd. 6 ff. TÜ 1955 ff.

LitL   LITERATURLEXIKON: Autoren und Werke deutscher Sprache/ hrsg. von Walther Killy. Bd. 1-15. GÜ; M 1988-1993.

LThK³   LEXIKON FÜR THEOLOGIE UND KIRCHE. 3., völlig neubearb. Aufl./ hrsg. von Walter Kasper mit ... Bd. 1 ff. FR 1993 ff.

MBW   MELANCHTHONS BRIEFWECHSEL/ hrsg. von Heinz Scheible. Bd. 1 ff. S 1977 ff

OER   THE OXFORD ENCYCLOPEDIA OF THE REFORMATION/ hrsg. von Hans J. Hillerbrand. Bd. 1-4. NY; Oxford 1996.

RGG⁴   RELIGION IN GESCHICHTE UND GEGENWART: Handwörterbuch für Theologie und Religionswissenschaft. 4., völlig neubearb. Aufl./ hrsg. von Hans Dieter Betz ... Bd. 1 ff. TÜ 1998 ff.

1 Heinz SCHEIBLE: Melanchthon als theologischer Gesprächspartner Luthers. In: Philipp Melanchthon und seine Rezeption in Skandinavien: Vorträge eines internationalen Symposions anläßlich seines 500. Jahrestages an der Königlichen Akademie der Literatur, Geschichte und Altertümer in Stockholm, den 9.-10. Oktober 1997/ hrsg. von Birgit Stolt. SH 1998, 67-91, bes. 69-72.

Reform betrifft nicht nur die Bildungsinhalte, die Lehrpläne, sondern auch die Lehrer und ihre Besoldung, die Trägerschaft und die Finanzierung der Bildungseinrichtungen. Dieser Komplex kann hier nicht untersucht werden.

Diese Fragestellungen sind nicht nur auf die Schulen und auf die Universitäten anzuwenden, sondern zwischen beiden gibt es noch die Hochschulen, die nicht unbeachtet bleiben dürfen.

I Schulen

Schulbildung gehört konstitutiv zum Christentum, denn seine Quellen sind literarisch und in Sprachen geschrieben, die für die meisten Christen unverständlich sind. Bibelwissenschaft ist deshalb unerläßlich. Schulbildung ist aber auch eine Aufgabe des Staates, wie er sich in Mitteleuropa herausgebildet hat. Karl der Große (747, 768-814) erkannte diese Staatsaufgabe, hat sie aber an die Kirche delegiert. Die ersten Schulen, lange Zeit die einzigen und jedenfalls die besten, waren mit den Domkapiteln und Klöstern verbunden. Die 1200 Jahre Schulgeschichte in Deutschland – nur von diesem Land werden wir im folgenden reden – ist von einer langsam fortschreitenden Übernahme des Bildungswesens durch den Staat begleitet. Die kirchliche Schulaufsicht wurde definitiv erst 1919 durch die Weimarer Verfassung abgeschafft. Doch ein Rest besteht noch immer im konfessionellen Religionsunterricht, um den die beiden privilegierten Kirchen gerade mit dem Bundesland Brandenburg einen Rechtsstreit austragen. Eine solche Situation wäre in den USA und in Frankreich, um nur zwei Beispiele zu nennen, nicht möglich.[2]

In dieser Entwicklung zur Übernahme des Bildungswesens durch den Staat ist die Reformation des 16. Jahrhunderts ein markanter Meilenstein. Zwar blieb der kirchliche Charakter der Bildung unverändert, aber durch das landesherrliche Kirchenregiment übernahm der Staat mit der Fürsorge für die Kirche, der cura religio-

---

2 Pierre RICHÉ: Bildung IV: Alte Kirche und Mittelalter. TRE 6 (1980), 595-611; Ivar ASHEIM: Bildung V: Reformationszeit. Ebd, 611-623; Peter MORAW: Kirche und Staat II: Kirche und Staat im Mittelalter. Ebd, 374-381; Volker PRESS: Kirche und Staat III: Kirche und Staat in der frühen Neuzeit. Ebd, 381-386; Hanns KERNER: Kirche und Staat IV: Kirche und Staat im 19. und 20. Jahrhundert. Ebd, 386-397; Hans-Walter KRUMWIEDE: Kirchenregiment, Landesherrliches. TRE 19 (1990) 59-68; Jo Ann HOEPPNER MORAN: Education. OER 2 (1996), 19-28; HANDBUCH DER DEUTSCHEN BILDUNGSGESCHICHTE. Bd. 1: 15. bis 17. Jahrhundert/ hrsg. von Notker Hammerstein. M 1996; Wolfgang HUBER: »Frömmigkeit und Bildung«: Melanchthon und das Schulfach Religion. In: Melanchthon neu entdeckt/ hrsg. von Stefan Rhein und Johannes Weiß. S 1997, 105-128.

nis, auch die Verantwortung für die Bildung. In den römisch-katholischen Ländern blieb zwar der überregionale Einfluß Roms erhalten, aber auch hier kümmerten sich die weltlichen Obrigkeiten schon seit vorreformatorischer Zeit um die Reform der Kirche, und die deutschen Bischöfe und Reichsäbte waren überdies staatliche Gewalten. Der Unterschied zwischen evangelischen und römisch-katholischen Territorien ist also nicht so erheblich, wie man zunächst annehmen sollte.[3]

1524 sah sich Luther veranlaßt, an die deutschen Städte zu appellieren, christliche Schulen zu gründen und zu unterhalten. Ein großer Teil der Lateinschüler konnte bis dahin auf geistlichen Stellen unterkommen. Durch die Reformation war dieser Berufsweg in vielen Gegenden abgeschnitten. Eine reformatorische Alternative war noch nicht deutlich erkennbar; Luthers Schrift sollte ihrem Aufbau dienen. Als Programmschrift bedient sie sich des Stilmittels der Verallgemeinerung und Übertreibung.[4] Tendenziell hatte Luther recht. Die Eltern verhielten sich marktkonform und schickten ihre Söhne verstärkt auf die deutschen Schulen, die es schon lange gab. Dort lernten sie Lesen, Schreiben und kaufmännisches Rechnen. Die Reformatoren haben auch den Lateinschülern wieder eine berufliche Zukunft gegeben und dadurch den Tod des humanistischen Gymnasiums um beinahe 500 Jahre aufgehalten.

Nun gibt es zweifellos blühende humanistische Schulen, die in der Reformationszeit – aus unterschiedlichen Gründen – ihre Bedeutung verloren haben, etwa die in Münster[5] und Schlettstadt.[6] Es gibt aber auch eine Anzahl hervorragender

---

3 Heribert SMOLINSKY: Kirchenreform als Bildungsreform im Spätmittelalter und in der frühen Neuzeit. In: BILDUNGS- UND SCHULGESCHICHTLICHE STUDIEN ZU SPÄTMITTELALTER, REFORMATION UND KONFESSIONELLEM ZEITALTER/ hrsg. von Harald Dickerhof. Wiesbaden 1994, 35-51; Monika FINK-LANG: Das Münchner Jesuitengymnasium und sein bildungsorganisatorischer Ort. In: Ebd, 221-240; Anton LANDERSDORFER: Das Schulwesen im Bistum Freising im Spiegel des Visitationsberichtes von 1560. In: Ebd, 241-257; Reinhard HEYDENREUTER: Die Protokolle der Zentralbehörden im Herzogtum Bayern im 16. Jahrhundert als schulgeschichtliche Quelle. In: Ebd, 295-301; Helmut ENGELBRECHT: Geschichte des österreichischen Bildungswesens: Erziehung und Unterricht auf dem Boden Österreichs. Bd. 2: Das 16. und 17. Jahrhundert. W 1983.
4 WA 15, 9-53, bes. 28.
5 Wolf-Dieter HAUSCHILD: Münster, Universität. TRE 23 (1994), 409, 42-48 mit 414 (Lit.).
6 Francis RAPP: Die Lateinschule von Schlettstadt: eine große Schule für eine Kleinstadt. In: STUDIEN ZUM STÄDTISCHEN BILDUNGSWESEN DES SPÄTEN MITTELALTERS UND DER FRÜHEN NEUZEIT/ hrsg. von Bernd Moeller; Hans Patze und Karl Stackmann. GÖ 1983, 215-234; Frédéric HARTWEG: Das »Bildungsangebot« in Schlettstadt in der zweiten Hälfte des XV. und im ersten Viertel des XVI. Jahrhunderts. In: Literatur und Laienbildung im Spätmittelalter und in der Reformationszeit/ hrsg. von Ludger Grenzmann und Karl Stackmann. S 1984, 24-40.

Schulen, die ohne merklichen Schaden ihren Unterricht über die Zeitenwende hinweg weitergeführt und ihre vorlutherischen Reformen – nennen wir sie humanistisch – weitergeführt haben.

Die badische Residenzstadt *Pforzheim* konnte eine gute, zeitweilig hervorragende Lateinschule vorweisen. Das Gebäude gehörte der Stadt. Der Schulmeister war aber nicht von ihr angestellt, sondern ein Privatunternehmer, der jährlich beim Stadtrat die Lizenz zum Betrieb der Schule beantragen mußte. Er war für die Erhaltung des Schulhauses und die Disziplin der Schüler verantwortlich. Der bedeutendste Rektor, der jemals dort unterrichtete, war Georg Simler (um 1474-1536), Verfasser einer griechischen Grammatik. Seinetwegen ist nicht nur Melanchthon dorthin geschickt worden, sondern eine Anzahl hochbegabter, etwas älterer Mitschüler, die man heute noch kennt, weil sie später Hervorragendes geleistet haben. Simler und sein Kollege Johannes Hiltebrant (1480/81-1514/15), die beide noch sehr jung waren, gaben die Schultätigkeit nach etwa zehn Jahren auf, um ihre Universitätslaufbahn fortzusetzen, wie es üblich war. In Pforzheim erhielten sie bis 1531 fähige Nachfolger.[7]

In der Reichsstadt *Nürnberg*[8] gab es an den beiden Hauptkirchen und am Heiliggeistspital jeweils eine Lateinschule, die der Aufsicht des Rats unterstanden, dazu noch klösterliche Schulen. Die Ratsschulen sind ohne größeren Schaden über den Umbruch gekommen, die klösterlichen nicht. Der Rat war rechtzeitig auf Reformen bedacht. Schon 1496 erschien der Unterricht rückständig, so daß der Rat beschloß, eine sogenannte Poetenschule zu errichten, deren Leiter mit jährlich 100 Gulden bestens besoldet wurde. 1509 wurde sie geschlossen.[9] Die eingebürgerte Konkurrenz erwies sich als stabiler und hatte sich reformwillig gezeigt. An St. Lorenz unterrichtete ab 1499 der Humanist Sebastian Sperantius (um 1475-1525), der später kaiserlicher Sekretär und Bischof von Brixen wurde.[10] Sein Nachfolger

---

7 Heinz SCHEIBLE: Melanchthons Pforzheimer Schulzeit: Studien zur humanistischen Bildungselite. In: Pforzheim in der frühen Neuzeit/ hrsg. von Hans-Peter Becht. Sigmaringen 1989, 9-50 ≙ in: DERS.: Melanchthon und die Reformation: Forschungsbeiträge/ hrsg. von Gerhard May und Rolf Decot. MZ 1996, 29-70; Hans-Jürgen KREMER: »Lesen, Exercieren, Examinieren«: die Geschichte der Pforzheimer Lateinschule. Ubstadt-Weiher 1997; Reinhard POHLKE: Melanchthon und sein Griechischlehrer Georg Simler: zwei Vermittler des Griechischen in Deutschland. In: Philipp Melanchthon in Südwestdeutschland/ hrsg. von Stefan Rhein; Armin Schlechter und Udo Wennemuth. Karlsruhe 1997, 39-61.

8 NÜRNBERG: Geschichte einer europäischen Stadt/ hrsg. von Gerhard Pfeiffer. M 1971.

9 Ebd, 129 f; Rudolf ENDRES: Das Schulwesen in Franken im ausgehenden Mittelalter. In: Studien zum städtischen Bildungswesen ..., 173-214, bes. 182-184.

10 DER BRIEFWECHSEL DES KONRAD CELTIS/ hrsg. von Hans Rupprich. M 1934, 471, Anm. 1;

wurde 1510 Johannes Cochlaeus (1479-1552), der nachmals bekannte Gegner Luthers und Melanchthons.[11] Sein Nachfolger Johannes Ketzmann (1487-1542)[12] amtierte von 1517 erfolgreich bis zu seinem Tod 1542. Er bildet den nahtlosen Übergang zur Reformation. Sein Sohn Peter (1521-1570) studierte bei Melanchthon und wurde lutherischer Pfarrer in Augsburg und Amberg.[13] An der Lateinschule von St. Sebald war die Einführung der Reformation in Nürnberg 1525 mit der Absetzung des Schulmeisters verbunden, aber nicht, weil er altgläubig oder unfähig gewesen wäre, sondern weil er dem radikalen Flügel zuneigte und sich dort tatsächlich als Täufer profilierte: es ist der bekannte Spiritualist Hans Denck (um 1500-1527).[14] Sein Nachfolger Sebald Heyden (1499-1561), ein bedeutender Musiker, hat dann die Schule wieder in ruhige Bahnen geleitet.[15]

Das herausragende Beispiel einer Schule von höchster Qualität vor und während der Reformation finden wir in Kursachsen selbst. Die Wittenberger Reformatoren hatten damit nichts zu tun. In der reichen sächsischen Montanzentrale *Zwickau* gab es schon im 15. Jahrhundert eine gut besuchte Lateinschule.[16] Sie wurde von 1517 bis 1520 von Stephan Roth (1492-1546)[17] geleitet, der später der einflußreiche Stadtschreiber seiner Heimat Zwickau wurde. 1519 wurde eine weitere Schule

Josef GELMI: Sprenz (Sperantius), Sebastian († 1525). Die Bischöfe des Heiligen Römischen Reiches 1448 bis 1648: ein biographisches Lexikon/ hrsg. von Erwin Gatz unter Mitw. von Clemens Brodkorb. B 1996, 677 f.

11 Remigius BÄUMER: Cochlaeus (Dobeneck), Johannes, Humanist u. Theologe. LThK³ 2 (1994), 1239 f (Lit.); Ralph KEEN: Cochlaeus, Johannes. OER 1 (1996), 369-371 (Lit.).

12 QUELLEN ZUR NÜRNBERGER REFORMATIONSGESCHICHTE: von der Duldung liturgischer Änderungen bis zur Ausübung des Kirchenregiments durch den Rat (Juni 1524 - Juni 1525)/ bearb. von Gerhard Pfeiffer. Nürnberg 1968, 10*.

13 Hans WIEDEMANN: Augsburger Pfarrerbuch: die evangelischen Geistlichen der Reichsstadt Augsburg 1524-1806. Nürnberg 1962, 24.

14 Christoph DEJUNG: Denck, Denckius, Denggius, Dengkius, Johannes. LitL 3 (1989), 25; Werner O. PACKULL: Denck, Hans (ca. 1500-1527). TRE 8 (1981), 488-490; Gottfried SEEBASS: Denck, Johann, Wiedertäufer. LThK³ 3 (1995), 93; Patrick HAYDEN-ROY: Denck, Hans. OER 1 (1996), 469 f (Lit.).

15 Franz KRAUTWURST: Heyden, Sebald. Die Musik in Geschichte und Gegenwart: allgemeine Enzyklopädie der Musik/ unter Mitarb. ... hrsg. von Friedrich Blume. Bd. 6. Nachdruck der Ausgabe Kassel 1957. M; Kassel; BL; LO 1989, 361-366; Quellen zur Nürnberger Reformationsgeschichte, 9* f; Endres: AaO, 184 f; Heinz WITTENBRINK: Heyden, Haiden, Sebald(us). LitL 5 (1990), 295.

16 Emil HERZOG: Geschichte des Zwickauer Gymnasiums. Zwickau 1869.

17 WA Br 14, 317; Inis ZÜRNER: Herausragende Persönlichkeiten in der Geschichte der Ratsschulbibliothek Zwickau. In: 500 Jahre Ratsschulbibliothek Zwickau. Zwickau 1998, 38-45 mit 64-66.

errichtet, an der von dem Rektor Georg Agricola (1494-1555)[18] und seinen Kollegen Johannes Rivius (1500-1553)[19] und Hieronymus Nopp († 1551)[20] Griechisch und Hebräisch gelehrt wurde. Das waren alles noch recht junge Leute, die durch ihre Lebensleistung bekannt geblieben sind, Agricola als Mineraloge und Montanwissenschaftler, Rivius als Schulorganisator, Nopp als Kirchenreformator. 1520 wurden die beiden Anstalten unter dem Rektorat des Georg Agricola zu einer Schule vereinigt. Rektor Leonhard Natter († 1545),[21] der von 1522 bis 1529 amtierte, publizierte 1523 die Schulordnung.[22] Sie wirbt schon in der Überschrift mit dem Angebot von Hebräisch und Griechisch. Natters Kollegen waren Rivius, Nopp und der nachmals namhafte Hebraist und Reformator Johannes Forster (1496-1556).[23] Die Schule war in sechs Klassen geteilt, jede Klasse in Arbeitsgruppen von sieben Schülern. Der Unterricht dauerte von 6 bis 9 und von 12 bis 14 Uhr. Danach gab es fakultativ lateinische und deutsche Redeübungen, freitags auch eine Musikstunde. Mittwoch morgens und samstags wurde repetiert. Mittwoch nachmittags durften die Schüler baden, spielen, springen, ringen und fechten. Auch wurde der mehrstimmige Gesang gepflegt. Sonntags wurde noch vor dem

18 Michael ERBE; Peter G. BIETENHOLZ: Georgius Agricola. CEr 1 (1985), 13 f; Lothar SUHLING: Agricola, Georgius, eigentl.: Georg Pawer. LitL 1 (1988), 60-62; Charlotte SCHÖNBECK: Georgius Agricola: ein humanistischer Naturforscher der deutschen Renaissance. NTM: internationale Zeitschrift für Geschichte und Ethik der Naturwissenschaften, Technik und Medizin, NS 2 (1994), 229-242; GEORGIUS AGRICOLA: 500 Jahre/ hrsg. von Friedrich Naumann, BL 1994; Gisela-Ruth ENGEWALD: Georgius Agricola. 2., überarb. Aufl. S; L 1994; Helmar JUNGHANS: Georgius Agricola zwischen Papsttreuen, Humanisten und Evangelischen. Herbergen der Christenheit 19 (1995), 117-144; Charles G. NAUERT: Agricola, Georgius. OER 1 (1996), 9 f (Lit).
19 Günther WARTENBERG: Landesherrschaft und Reformation: Moritz von Sachsen und die albertinische Kirchenpolitik bis 1546. Weimar 1987; GÜ 1988, 117-121.
20 EKO 13 (1966), 372, Anm. 20 (Lit.).
21 Herzog: AaO , 75 f; Wilhelm HAMMER: Die Melanchthonforschung im Wandel der Jahrhunderte: ein beschreibendes Verzeichnis. Bd. 3: Nachträge und Berichtigungen 1519-1970. GÜ 1981, 328 (A 869 f); MBW 2, 115 (1379). 306 (1874); 4, 267 (4010).
22 Joh. MÜLLER: Die Zwickauer Schulordnung von 1523: ein Beitrag zur Geschichte des dreisprachigen Unterrichts. Jahrbücher für Philologie und Pädagogik 120 (1879), 476-486. 521-534. 602-612. 634; VOR- UND FRÜHREFORMATORISCHE SCHULORDNUNGEN UND SCHULVERTRÄGE IN DEUTSCHER UND NIEDERLÄNDISCHER SPRACHE/ hrsg. von Johannes Müller. Bd. 2: Schulordnungen etc. aus den Jahren 1505-1523. Zschopau 1886, 244-261; Georgius AGRICOLA: Ausgewählte Werke/ hrsg. von Hans Prescher. Bd. 6: Vermischte Schriften I/ hrsg. von Georg Fraustadt ... B 1961, 40-56.
23 Matthias SIMON: Nürnbergisches Pfarrerbuch: die evang.-luth. Geistlichkeit der Reichsstadt Nürnberg und ihres Gebietes 1524-1806. Nürnberg 1965, 65 (Lit.).

Gottesdienst, der um 7 Uhr begann, in der Bibel gelesen und das Evangelium erklärt. Nach der Nachmittagspredigt wurde wie schon mittwochs eine Komödie von Terenz (185-159 v. Chr.) oder Plautus (um 250-184 v. Chr.) rezitiert. Körperliche Strafen waren verboten; es gab nur Verweise, Degradierung und im äußersten Fall Relegation. Der Lehrplan begann mit Lesen und Schreiben, wobei Deutsch und Latein gleichzeitig geübt wurden. Schon im zweiten Schuljahr, das »fünfte Rotte« (Quinta) genannt wurde, begann man mit dem Griechischen und mit dem Rechnen. In der Tertia kam das Hebräische hinzu. Sekunda und Prima waren zusammengefaßt, so daß die Schule doch nur fünf Klassen hatte. Hier wurde das Alte Testament in drei Sprachen gelesen, ferner Homer, Euripides (um 480-406 v. Chr.), Aristoteles (384-322 v. Chr.), Plinius d. Ä. (23/24-79), Seneca (um 4 v. Chr. - 65 n. Chr.). Der Stadtarzt unterrichtete die Anfangsgründe der Medizin, auch Ökonomie, Architektur, Kriegswesen und Jurisprudenz wurden angeboten.

Dieser Schultyp ist unabhängig von Wittenberg in demselben Territorium entstanden. Melanchthon entwarf im Gegensatz dazu ein betont einfacheres Schulprogramm. Vor allem warnte er davor, die Kinder durch gleichzeitigen Unterricht in mehreren Sprachen zu überfordern.[24]

1524 und 1525 wurden im Umkreis Luthers zwei Lateinschulen errichtet, an deren Gründung Melanchthon beteiligt war. Noch im Jahr 1524 führte die erzbischöfliche, aber weitgehend selbständige Hansestadt *Magdeburg* die Reformation ein.[25] Superintendent wurde Nikolaus von Amsdorf (1483-1565), bisher Wittenberger Stiftsherr und Professor,[26] Rektor der neu gegründeten städtischen Lateinschule der einundzwanzigjährige Melanchthonschüler Caspar Cruciger (1504-1548).[27] In Luthers Geburtsstadt *Eisleben* gründeten die Grafen von Mansfeld 1525 eine Lateinschule.[28] Sie wurde von dem Stadtkind Johannes Agricola (1492/94-

24 Siehe unten nach Anm. 66.

25 EKO 2 (1904), 445-450; Wolfgang ULLMANN: Magdeburg. TRE 21 (1991), 683, 20-31.

26 Karl-Heinz BOKELOH: Amsdorff, Nikolaus von. LitL 1 (1988), 133 f; Michael BEYER: Amsdorf (Amsdorff), Nikolaus v. RGG⁴ 1 (1998), 421; Thomas KAUFMANN: Reformatoren. GÖ 1998, 51 f (Lit.).

27 Friedrich DE BOOR: Cruciger, Casper d. Ä. (1504-1548). TRE 8 (1981), 238-240; Richard WETZEL: Caspar Cruciger als ein Schreiber der »Schmalkaldischen Artikel«. LuJ 54 (1987), 84-93; Timothy J. WENGERT: Caspar Cruciger (1504-1548): the case of the disappearing reformer. SCJ 20 (1989), 417-441; DERS.: Caspar Cruciger Sr.'s 1546 »Enarratio« on John's Gospel: an experiment in ecclesiological exegesis. ChH 61 (1992), 62-74; Robert ROSIN: Cruciger, Caspar. OER 1 (1996), 456 f.

28 Siegfried BRÄUER: Die Gründung der christlichen Schule zu Eisleben 1525. In: PHILIPP MELANCHTHON UND DAS STÄDTISCHE SCHULWESEN/ hrsg. von der Lutherstadt Eisleben. Halle 1997, 81-96.

1566), der in Wittenberg mit dem ihm eng befreundeten Melanchthon gleichzeitig bei Luther 1519 das theologische Bakkalaureat erworben hatte, geleitet.[29] Sein Kollege war Hermann Tulichius (1486-1540), ein früher Anhänger Luthers und Melanchthons unter den Wittenberger Dozenten.[30] Beide publizierten eine Schulordnung, die von Melanchthon stark beeinflußt oder vielleicht sogar verfaßt ist.[31]

In der Präambel ist der Bildungsoptimismus, den jeder Lehrer braucht, wenn er nicht an seiner Aufgabe verzweifeln will, klassisch formuliert:

> »Videmus enim fere primae institutioni reliquam vitam respondere et tales evadere cives, quales a teneris puerilis disciplina finxit (Wir sehen nämlich, daß der ersten Unterweisung das übrige Leben entspricht und solche Bürger herauskommen, wie sie im zarten Alter die kindliche Zucht bildete).«

Der wichtigste Grundsatz der Eislebener Schulordnung ist die Einteilung in Klassen. Die Schüler dürfen nicht überfordert werden, müssen deshalb auch davon abgehalten werden, sich ohne die erforderlichen Grundkenntnisse an schwierige Stoffe zu wagen. Diesen Grundsatz hat Melanchthon auch an der Universität immer wieder eingeschärft und gesetzlich verankert.[32]

29 Joachim ROGGE: Agricola, Johann (20. 4. 1492 oder 1494 - 22. 9. 1566). TRE 2 (1978), 110-118; Heinz SCHEIBLE: Agricola, Johannes, auch Islebius, Eisleben, eigentl.: Johannes Schneider, Spottname: Grikkel. LitL 1 (1988), 63; Heribert SMOLINSKY: Agricola, Johann (Islebius, Eislebius, Schneyder), ev. Theologe u. Reformator. LThK³ 1 (1993), 249 f (Lit.); Steffen KJELDGAARD-PEDERSEN: Agricola, Johann. OER 1 (1996), 10; Gerlinde SCHLENKER: Lehrer, Rektoren und Superintendenten der fürnehmen Lateinschule in Eisleben. In: Philipp Melanchthon und das städtische Schulwesen, 109-116; Ernst KOCH: Agricola (Schneyder, Sneider, Schnitter) Johann. RGG⁴ 1 (1998), 191; DERS.: »Deutschlands Prophet, Seher und Vater«: Johann Agricola und Martin Luther; von den Enttäuschungen einer Freundschaft. In: LUTHER UND SEINE FREUNDE: Justus Jonas, Lucas Cranach d. Ä., Johann Agricola, Johannes Brenz, Johannes Bugenhagen, Johannes von Staupitz: mit einem Anhang zur Geschichte des Predigerseminars/ hrsg. vom Evangelischen Predigerseminar. Wittenberg 1998, 56-71.

30 Hans VOLZ: Die Lutherpredigten des Johannes Mathesius. Nachdruck der Ausgabe. L 1930. NY 1971, 177; DAS BISTUM BRANDENBURG. Teil 2/ hrsg. von Fritz Bünger und Gottfried Wentz. B 1941, 139 f (Germania sacra 1, 3).

31 Karl HARTFELDER: Melanchthoniana paedagogica. L 1892, 1-6; Auszüge in deutscher Übersetzung bei Gerhard ARNHARDT; Gerd-Bodo REINERT [d. i. von Carlsburg]: Philipp Melanchthon: Architekt des neuzeitlich-christlichen deutschen Schulsystems; Studienbuch. Donauwörth 1997, 208 f, entnommen aus Georg MERTZ: Das Schulwesen der deutschen Reformation im 16. Jahrhundert. HD 1902, 458 f [das Gedicht am Ende der Schulordnung ist nicht von Eobanus Hessus, sondern von Euricius Cordus (1484-1535)]; Gerhard ARNHARDT: Das Curriculum für Eisleben (1525): Auftakt für die Konstituierung des protestantischen Gelehrtenschulwesens. In: Philipp Melanchthon und das städtische Schulwesen, 97-106.

Lesen ist das erste Lernziel der Eislebener Elementarklasse. Die dafür verwendete Fibel ist selbstverständlich in lateinischer Sprache. Melanchthon hat 1524 eine solche Fibel publiziert, das »Enchiridion elementorum puerilium«.[33] Neun lateinische und fünf deutsche Ausgaben sind bekannt, die letzte 1534. Danach wurde offenbar der Bedarf durch andere gedeckt. Melanchthons Elementarbuch enthält nach einer frei formulierten Einleitung das ABC, das Vaterunser, das Ave Maria, das Glaubensbekenntnis, zahlreiche Bibeltexte, die Sprüche der Weisen und Gebete zu den Tageszeiten. Nach der Fibel wird die »Paedologia« des Petrus Mosellanus (1493-1524)[34] durchgenommen, dann folgen die Sprüchesammlungen des Pseudo-Cato (3. Jh. n. Chr.)[35] und des Laberius (106-43 v. Chr.)[36] und Publilius Syrus (1. Jh. v. Chr.),[37] die in Editionen des Erasmus seit 1514 mehrmals gedruckt wurden.[38]

In der zweiten Klasse wird die Grammatik eingeübt. Gelesen und auswendig gelernt werden die Komödien des Terenz und Vergils (70-19 v. Chr.) »Bucolica«. Auch zeitgenössische Autoren, namentlich die »Bucolica« des Johannes Baptista Mantuanus (1463-1516),[39] an denen der kleine Philipp Schwartzerdt Latein gelernt hatte,[40] sind erlaubt. Stilübungen in Vers und Prosa kommen hinzu.

---

32 Satzungen von 1523, 1526 und 1545 siehe URKUNDENBUCH DER UNIVERSITÄT WITTENBERG/ bearb. von Walter Friedensburg. Bd. 1: (1502-1611). Magdeburg 1926, 128 f [129, 4 ist »dicendo« statt »discendo« zu lesen] (131). 146 f (148). 256 f (271).

33 SUPPLEMENTA MELANCHTHONIANA: Werke Philipp Melanchthons, die im Corpus reformatorum vermißt werden/ hrsg. von der Melanchthon-Kommission des Vereins für Reformationsgeschichte. Abt. 5: Philipp Melanchthons Schriften zur Praktischen Theologie/ hrsg. von Paul Drews † und Ferdinand Cohrs. Teil 1: Katechetische Schriften/ hrsg. von Ferdinand Cohrs . Unv. Nachdruck der Ausgabe L 1915. F 1968, 20-56 mit 413 f. LII-LXVII und CXXVI-CXXVIII.

34 Michael ERBE: Petrus Mosellanus. CEr 2 (1986), 466 f; Conradin BONORAND: Vadians Humanistenkorrespondenz mit Schülern und Freunden aus seiner Wiener Zeit: Personenkommentar IV zum Vadianischen Briefwerk. St. Gallen 1988, 132-136; Stefan RHEIN: Mosellanus, Petrus, eigentl.: Peter Schade. LitL 8 (1990), 235 f.

35 Peter L. SCHNEIDER: Dicta Catonis. Der neue Pauly: Enzyklopädie der Antike/ hrsg. von Hubert Cancik und Helmuth Schneider. Bd. 3. S; Weimar 1997, 534 f.

36 Peter L. SCHMIDT: D. Laberius. Der Kleine Pauly: Lexikon der Antike/ hrsg. von Konrat Ziegler und Walther Sontheimer. Bd. 3. M 1979, 428 f.

37 Rudolf HANSLIK: P[ublilius] Syrus. Ebd 4 (1979), 1239 f.

38 Opuscula aliquot; OPUS EPISTOLARUM DES. ERASMI ROTERODAMI/ hrsg. von P[ercy] S[tafford] Allen. Bd. 2. Oxford 1910, 1-3 (298).

39 Martina NEUMEYER: Baptista (Johannes) Mantuanus (Spagnoli), sel. (Fest 20. März), kath. Humanist u. Dichter. LThK³ 1 (1993), 1393 f.

40 Alfons SCHÄFER: Geschichte der Stadt Bretten. Bretten 1977, 261.

In der dritten Klasse wird Dialektik und Rhetorik gelehrt. Das Lehrbuch ist »De duplici copia verborum ac rerum« von Erasmus.[41] Es ist bemerkenswert, daß Melanchthons eigene Lehrbücher in dieser von ihm verfaßten oder inspirierten Schulordnung nicht vorgeschrieben werden. Vermutlich wurden sie dennoch herangezogen. Ganz im Sinne Melanchthons ist auch die gleich nach Dialektik und Rhetorik genannte Geschichte. Livius (59 v. Chr. - 17 n. Chr.) wird in Auswahl gelesen, Sallust (86-34 v. Chr.) gründlich interpretiert. Vergil wird fortgeführt; hinzu kommen Horaz (65-8 v. Chr.) und von Ovid (43 v. Chr. - 18 n. Chr.) die »Metamorphosen« die »Epistulae ex Ponto« und die »Tristien«, also keine Liebeslyrik, die ja wohl auch heute noch eher vermieden wird. Von Cicero (106-43 v. Chr.) diejenigen Reden, die man verstehen kann, ferner die »Officia«, »Laelius de amicitia« und »De senectute«. Stilübungen in Vers und Prosa sind nun wichtig. Zwei Tage in der Woche dienen der Korrektur der Aufsätze und der Lektüre zusätzlicher Autoren.

Die besseren Schüler der dritten Klasse dürfen Griechisch lernen, einzelne auch Hebräisch. Doch warnt die Schulordnung vor einer Überforderung der Kinder. Dies betrifft auch den Mathematikunterricht und die anderen Fächer des Quadriviums. Nur wer im Trivium sicher ist, darf Mathematik lernen. Musik jedoch soll täglich eine Stunde geboten werden.

Der Sonntag ist für die religiöse Unterweisung bestimmt. Die Evangelien, die Briefe des Paulus und die Sprüche Salomos werden möglichst einfach, ohne auf Streitfragen einzugehen, dargeboten. Das Vaterunser, das Glaubensbekenntnis, die Zehn Gebote und einige Psalmen werden auswendig gelernt.

1524 faßte auch der Rat der Reichsstadt *Nürnberg* den Plan, zusätzlich zu den vorhanden Lateinschulen eine »obere Schule«, ein akademisches Gymnasium, zu gründen.[42] Melanchthon sollte dafür gewonnen werden. Dies gelang nicht, aber zur Beratung kam der Wittenberger Professor zweimal in die ihm vertraute Stadt, im September 1525 und zur Eröffnung im Mai 1526. Die Nürnberger Schule gilt als seine vornehmste Gründung. Dies betrifft vor allem das Niveau der Lehrer und des Lehrangebots. Es wurden nur solche Schüler aufgenommen, die schon an einer der üblichen Lateinschulen die Grammatik gründlich gelernt hatten.[43] In der dreiteili-

---

41 Desiderius ERASMUS ROTERODAMUS: Opera omnia/ hrsg. von Johannes Clericus. Nachdruck der Ausgabe Leiden 1703. Bd. 1. Hildesheim 1961, 3-110 ≙ DERS.: Opera omnia. Bd. 1 VI. Amsterdam; NY; Oxford; Tokyo 1988.

42 Heinz SCHEIBLE: Melanchthon: eine Biographie. M 1997, 45-49; MBW 10 (1998), 341 (Lit.).

43 Hartfelder: AaO, 6-10; Auszüge in deutscher Übersetzung bei Arnhardt; Reinert: AaO, 209 f, entnommen aus Mertz: AaO 461 f.

gen Schule, die wir soeben durch die Eislebener Ordnung kennengelernt haben, waren dies die beiden unteren Klassen. Die neue Schule sollte mit dem Stoff der obersten Lateinschulklasse beginnen und einer humanistisch reformierten Artistenfakultät gleichkommen: Dialektik und Rhetorik, lateinische Klassiker und eigene Dichtungen, Griechisch, Mathematik und Musik wurden gelehrt, fakultativ auch Hebräisch. Von den Schülern werden wöchentlich schriftliche Übungen in Prosa und in Versen verlangt; regelmäßige Disputationen sind vorgesehen. Dafür gibt es vier planmäßige Professuren: für Dialektik und Rhetorik, für Dichtung, für Mathematik und für Griechisch. Hier ist das Klassensystem aufgegeben zugunsten eines stundenweise wechselnden Fachunterrichts. Gewonnen werden konnten Joachim Camerarius (1500-1574), damals Griechischprofessor in Wittenberg, als Rektor mit vielseitiger Lehrbefähigung,[44] der Dichter Helius Eobanus Hessus (1488-1540), bisher Professor in Erfurt,[45] als Mathematiker der Nürnberger Globusbauer Johannes Schöner (1477-1547),[46] schließlich Michael Roting (1494-

---

44 Ilse GUENTHER: Joachim Camerarius. CEr 1 (1985), 247 f; Karl-Heinz BOKELOH: Camerarius, Joachim, eigentl.: J. Kammermeister. LitL 2 (1989), 349 f; Timothy J. WENGERT: »With friends like this ...«: the biography of Philip Melanchthon by Joachim Camerarius. In: The rhetorics of life-writing in early modern Europe/ hrsg. von Thomas F. Mayer und D. R. Woolf. Ann Arbor, Michigan, 1995, 115-131; Heinz SCHEIBLE: Simon Grynaeus schreibt an Camerarius: eine Neuerwerbung der Universitätsbibliothek Heidelberg. In: Ders.: Melanchthon und die Reformation, 519, Anm. 14 (Lit.); Torsten WOITKOWITZ: Die Freundschaft zwischen Philipp Melanchthon und Joachim Camerarius. In: Philipp Melanchthon und Leipzig/ hrsg. von Günther Wartenberg. L 1997, 29-39.

45 Erich KLEINEIDAM: Helius Eobanus Hessus. CEr 1 (1985), 434-436; Bonorand: AaO, 60-62; Helius EOBANUS HESSUS: Dichtungen lateinisch und deutsch/ hrsg. von Harry Vredeveld. Bd. 3: Dichtungen der Jahre 1528-1537. Bern 1990; Harry VREDEVELD: Hessus, *Hesse*, Helius Eobanus, eigentl.: Koch Coci. LitL 5 (1990), 282-285; Ingeborg GRÄSSER-EBERBACH: Helius Eobanus Hessus. Erfurt 1993; Stefan RHEIN: Philipp Melanchthon und Eobanus Hessus. In: Erfurt: Geschichte und Gegenwart/ hrsg. von Ulmann Weiß. Weimar 1995, 283-295; HUMANISTISCHE LYRIK DES 16. JAHRHUNDERTS: lateinisch und deutsch/ hrsg. von Wilhelm Kühlmann; Robert Seidel; Hermann Wiegand. F 1997, 247-337. 1097-1143; Walther LUDWIG: Eobanus Hessus in Erfurt. Mittellateinisches Jahrbuch 33 (1998), 155-170.

46 WILLIBALD PIRCKHEIMERS BRIEFWECHSEL/ hrsg. von Emil Reicke ... Bd. 2. M 1956, 535 f, Anm. 4; 3 (1989), 59, Anm. 2; SCHONER (SCHÖNER), JOHANN. In: J[ohann] C[hristian] Poggendorf: Biographisch-literarisches Handwörterbuch der exakten Naturwissenschaften. Bd. 7a: Supplement/ bearb. von Rudolph Zaunick. B 1971, 596 f; Joachim TELLE: Das Arzneibuch Johannes Schöners und seine mittelhochdeutschen Quellen. Centaurus 17 (1972), 119-141; Edward ROSEN: Schöner, Johannes. Dictionary of scientific biography/ hrsg. von Charles Coulston Gillispie. Bd. 12. NY 1975, 199 f; Wolf-Dieter MÜLLER-JAHNKE: Astrologisch-magische Theorie und Praxis in der Heilkunde der frühen Neuzeit. S 1985, 143 f; Hans Gunther KLEMM: Der fränkische Mathematicus Johann Schöner (1477-1547) und seine Kirchehren-

Albrecht Dürer: Philipp Melanchthon
Kupferstich, 1526, 172 x 126 mm
Das lateinische Distichon unter dem Bildnis lautet in deutscher Nachdichtung:
        »Dürers kundige Hand vermochte Philipp zu zeichnen,
            ganz wie er leibt und lebt, nicht jedoch seinen Geist«;
PHILIPP MELANCHTHON: eine Gestalt der Reformationszeit; 50 Bilder und zwei Land-
karten/ ausgew. und erl. von Heinz Scheible. Karlsruhe 1995, 54, Abb. 1.

1588), der anscheinend wie Camerarius sowohl Griechisch als auch Dialektik vertrat.[47] Wer Musik und Religion unterrichtete, wird nicht gesagt. Außerplanmäßig wurde zumindest zeitweise auch Hebräisch angeboten, und zwar von Johannes Böschenstein (1472 - um 1540), der kurze Zeit in Wittenberg gewirkt hatte.[48]

Am 23. Mai 1526 war die feierliche Eröffnung. Melanchthon der seit dem 10. Mai in der Stadt weilte, hielt die Festrede.[49] Untergebracht wurde die Schule in dem Benediktinerkloster St. Egidien, das am 12. Juli 1525 vom Abt Friedrich Pistorius (1486/87-1566) und den 24 Mönchen der städtischen Almosenverwaltung übereignet worden war.[50] Der Rat warb mit Schulgeldfreiheit.[51] Aber der neue Schultyp, der gern als Ursprung des humanistischen Gymnasiums bezeichnet wird, hatte es schwer, sich zwischen den traditionellen Lateinschulen – die nun ebenfalls humanistisch reformiert wurden und, wenn sie gut waren, in der dritten Klasse denselben Unterricht anboten – und den Universitäten zu behaupten. Ein Lateinschulabsolvent zog es meistens vor, sofort die Universität zu beziehen. Deshalb ist es konsequent, daß sich aus der Nürnberger Egidienschule die reichsstädische Universität Altdorf entwickelte.[52] Ähnliches geschah mit dem 1539 unter dem Rektor Johannes Sturm (1507-1589)[53] in Straßburg eröffneten Gymnasium. Die 1548 in Jena gegründete Hochschule erlangte schon knapp zehn Jahre später das begehrte Promotionsrecht und damit Universitätsrang.[54] Eine

bacher Briefe an den Nürnberger Patrizier Willibald Pirckheimer. Erlangen 1992; SCHÖNER, JOHANNES, ASTRONOM, GEOGRAPH. DBE 9, 92.

47 WA Br 5, 401, Anm. 4 (1606 – Lit.); Gerhard PFEIFFER: Die Vorbilder zu Albrecht Dürers »Vier Aposteln«. Nürnberg 1960, 15. 17 f.

48 Heinz SCHEIBLE: Reuchlins Einfluß auf Melanchthon. In: Reuchlin und die Juden/ hrsg. von Arno Herzig und Julius Schoeps. Sigmaringen 1993, 123-149, bes. 132-134 ≙ ders: Melanchthon und die Reformation, 80-82.

49 MELANCHTHONS WERKE IN AUSWAHL/ hrsg. von Robert Stupperich. Bd. 3: Humanistische Schriften/ hrsg. von Richard Nürnberger. GÜ 1961, 63-69; MELANCHTHON DEUTSCH/ hrsg. von Michael Beyer; Stefan Rhein und Günther Wartenberg. Bd. 1: Schule und Universität, Philosophie, Geschichte und Politik. L 1997, 92-101; Datum: MBW 10 (1998), 341.

50 Quellen zur Nürnberger Reformationsgeschichte, 436 f (253).

51 MELANCHTHON-GYMNASIUM: humanistisches Gymnasium; 450. Schuljahr; Festschrift und Jahresbericht 1975/76/ Redaktion: Wolfgang Breitwisser. Nürnberg 1976, 19-21.

52 Gerhard PFEIFFER: Altdorf, Universität. TRE 2 (1978), 327-329.

53 J.-F. COLLANGE: Philipp Melanchthon et Jean Sturm. RHPhR 66 (1988), 5-18; Heinz HOLECZEK: Sturm, Johannes. LitL 11 (1991), 272 f; Barbara Sher TINSLEY: Sturm, Johann. OER 4 (1996), 122 f.

54 Eberhard H. PÄLTZ: Jena, Universität. TRE 16 (1987), 559-563; Heinz SCHEIBLE: Melanchthon rettet die Universität Wittenberg. In: Philipp Melanchthon als Politiker zwischen Reich, Reichsständen und Konfessionsparteien/ hrsg. von Günther Wartenberg und Matthias Zent-

Lateinschule brauchte auch die unteren Klassen, wenn sie als solche überleben wollte. In Zwickau war eine solche Schule.

In *Straßburg* können wir die Entwicklung von der kirchlichen zur staatlichen Schulträgerschaft und von Lateinschulen und biblischen Vorlesungen über ein Gymnasium zu einer Hochschule und schließlich Universität geradezu modellhaft beobachten, aber in der Zeitlupe.[55]

Daß kirchliche Schulen in der Reformationszeit ohne Anlehnung an staatliche Gewalten keine Zukunft hatten, ist die Regel. Ausnahmen waren möglich, wenn die kirchlichen Träger wirtschaftlich und politisch unabhängig waren und natürlich von entsprechend fähigen Personen geleitet wurden. Dies war in einigen Klöstern der Fall, etwa in Heilsbronn,[56] in Schlüchtern[57] oder in Ilfeld durch Michael Neander (1525-1595).[58]

Dauerhaften Erfolg hatten die *Klosterschulen* aber nur, wenn sie von der Landesherrschaft getragen wurden. Dies geschah erstmals und vorbildlich 1543 im albertinischen Sachsen unter der Leitung des einst in Zwickau tätigen Rivius.[59] Die württembergischen Nachfolger[60] sind in Maulbronn und Blaubeuren noch immer in Betrieb, wenn auch stark verändert. Melanchthon hatte mit der Gründung der sächsischen Klosterschulen nichts zu tun. Erst als er nach dem Schmalkaldischen Krieg derselben Regierung unterstand, wurde er um Rat gefragt,[61] und

---

ner. Wittenberg 1998, 53-75; AUFBRÜCHE: 450 Jahre Hohe Schule Jena; Katalog zur Ausstellung/ hrsg. von der Friedrich-Schiller-Universität. Jena 1998.

55 Anton SCHINDLING: Humanistische Hochschule und freie Reichsstadt: Gymnasium und Akademie in Straßburg 1538-1621. Wiesbaden 1977.

56 Hermann JORDAN: Reformation und gelehrte Bildung in der Markgrafschaft Ansbach-Bayreuth: eine Vorgeschichte der Universität Erlangen. Teil 1. L 1917, 315-318.

57 Werner KATHREIN: Die Bemühungen des Abtes Petrus Lotichius (1501-1567) um die Erneuerung des kirchlichen Lebens und die Erhaltung des Klosters Schlüchtern im Zeitalter der Reformation. Fulda 1984.

58 Heinz SCHEIBLE: Neander, Michael, eigentl.: M. Neumann. LitL 8 (1990), 340.

59 Ernst SCHWABE: Das Gelehrtenschulwesen Sachsens von seinen Anfängen bis zur Schulordnung von 1580. L 1914, 67-91; Friedrich PAULSEN: Geschichte des gelehrten Unterrichts auf den Schulen und Universitäten vom Ausgang des Mittelalters bis zur Gegenwart: mit besonderer Rücksicht auf den klassischen Unterricht/ hrsg. und in einem Anhang fortges. von Rudolf Lehmann. Bd. 1. Nachdruck der erw. 3. Aufl. L 1919. B 1960, 298-302; Heinz-Werner WOLLERSHEIM: Philipp Melanchthon und die Organisation des protestantischen Schulwesens in Sachsen. In: Philipp Melanchthon und das städtische Schulwesen, 49-80.

60 Hermann EHMER: Der Humanismus an den evangelischen Klosterschulen in Württemberg. In: HUMANISMUS IM BILDUNGSWESEN DES 15. UND 16. JAHRHUNDERTS/ hrsg. von Wolfgang Reinhard. Weinheim 1984, 121-133.

61 MBW 5, 508 (5614).

1554 hat er die Schulen in Grimma, Meißen und Pforta zusammen mit seinem Leipziger Kollegen und Freund Joachim Camerarius visitiert, 1557 auf der Reise zum Wormser Religionsgespräch noch einmal Pforta.[62]

Melanchthons Einfluß auf das Schulwesen der Reformationszeit erfolgte weniger durch seine persönliche Anwesenheit als durch seine Lehrbücher und durch seine Schüler, sodann aber auch dadurch, daß seine Ideen Gesetzeskraft erlangten, 1528 für Kursachsen, in Abhängigkeit davon auch in zahlreichen anderen Territorien und Städten.[63] Das Gesetz von 1528 wird in der Forschung oft als »Kursächsische Schulordnung« bezeichnet. Dies ist irreführend, denn es handelt sich nicht um eine selbständige Schulordnung, sondern um ein Kapitel aus dem »Unterricht der Visitatoren an die Pfarrherrn im Kurfürstentum Sachsen«, einer Kirchenordnung. Soweit die *reformatorischen Schulordnungen* allgemeine Geltung hatten, nicht nur für eine bestimmte Schule, sind sie Bestandteil einer Kirchenordnung. Dies entspricht der Rechtslage. Die kirchliche Schulaufsicht bestand bis zur Mitte des 19. Jahrhunderts.[64]

Kurfürst Johann der Beständige (1468, 1525-1532) – mitten im Bauernkrieg zur Regierung gelangt – ließ, gedeckt durch den Beschluß des Speyrer Reichstags 1526,[65] ab 1527 flächendeckende Kirchen- und Schulvisitationen durchführen, zuerst im südlichen Thüringen, im Saale- und Orlatal. Theologischer Visitator war Melanchthon.[66] Er hatte den Bildungsstand der Pfarrer und Lehrer zu prüfen. Die Verwaltungsleute stellten die Dotierung der Pfarreien fest und brachten notfalls durch Zusammenlegung das Vermögen auf eine auskömmliche Höhe. Die dabei gewonnenen Erfahrungen faßte Melanchthon im Auftrag des Kurfürsten in einem Lehrbuch zusammen, dem genannten »Unterricht der Visitatoren an die Pfarrherrn im Kurfürstentum Sachsen«, das von Luther mit einer Vorrede versehen wurde und als amtliche Ordnung erstmals 1528 im Druck erschien.[67]

---

62 MBW 10, 659 und 8, 108 (8314); vgl. 7, 512 f (8029); 8, 243 (8664). 245 (8671). 458 (9263); 9, 49 f (9384).

63 Anneliese SPRENGLER-RUPPENTHAL: Kirchenordnungen II: Evangelische 1: Reformationszeit. TRE 18 (1989), 698, 27 - 699, 2; Heinz SCHEIBLE: Die Verfasser der kurpfälzischen Schulordnung von 1556. Ebernburg-Hefte 25 (1991), 69-78 ≙ in: Ders: Melanchthon und die Reformation, 507-516; Gerald STRAUS[s]: School ordinances. OER 4 (1996), 20 f; Wollersheim: AaO.

64 Gerhard BESIER: Kulturkampf. TRE 20 (1990), 209-230.

65 Armin KOHNLE; Eike WOLGAST: Reichstage der Reformationszeit. TRE 28 (1997), 460, 35 - 461, 33 f mit 468, 50 - 469, 2 (Lit.).

66 MBW 1, 250 (558); 10, 353-355. 367-369. 418. 421.

67 StA 3, (402) 406-462, hier 405; dazu EKO 1, 402-462 mit 36-40; Auszüge bei Arnhardt; Reinert: AaO, 213-218.

Unser Thema betrifft nur das berühmte Schlußkapitel »Von Schulen«. Hierin werden die Prediger verpflichtet, bei den Eltern für den Besuch einer Lateinschule zu werben. Um Prediger zu werden, genüge jedenfalls die deutsche Sprache nicht. Wer andere unterrichten solle, müsse selbst gründlich und lange ausgebildet sein. Hier wird der Grund zur Hochschulausbildung der evangelischen Pfarrer gelegt. Für die Meßpriester des Mittelalters genügte notfalls das formelhafte Latein der Liturgie, um eine Pfründe zu erlangen. Aber auch für die weltlichen Regierungsämter verlangte Melanchthon eine solide Bildung.

Um die vorhandenen Mißstände in den Schulen abzustellen, genügten ihm drei Verordnungen: Erstens sollten die Schulmeister mit den Kindern nur eine einzige Sprache sprechen, nämlich Latein, nicht Deutsch, und erst recht nicht mit Griechisch und Hebräisch beginnen. Dies sei nicht nur zwecklos, sondern für die Kinder schädlich. Melanchthon sieht darin, »das solche schulmeister nicht der kinder nutz bedencken / sondern vmb yhres rhumes willen / so viel sprachen fürnemen«. Vermutlich hat er dabei an Zwickau gedacht. Zweitens fordert Melanchthon, daß wenige Autoren gründlich durchgenommen werden. Sie sollen »auch sonst die kinder nicht mit viel bůchern beschweren / Sondern ynn alle weg [auf jeden Fall] / manigfelticeit fliehen«. Drittens soll die gleichzeitige Unterrichtung von Kindern unterschiedlichen Kenntnisstandes in einer Klasse abgeschafft werden.

Im gleichen Jahr 1528, in dem Melanchthons »Unterricht der Visitatoren ...« erschien, wurde Bugenhagen (1485-1558)[68] als Reformator in die Stadt Braunschweig berufen und verfaßte eine Kirchenordung, die in der Folge für Norddeutschland und Dänemark vorbildlich wurde.[69] Er verweist darin ausdrücklich auf Melanchthons »Unterricht« und übernimmt die Dreiteilung der Klassen. Anders als Melanchthon befaßte er sich auch mit deutschen Schulen. Zwei Knabenschulen fand er vor. Er verlangte die Einrichtung von vier Mädchenschulen, in jedem Stadtteil eine, damit die Mädchen in dieser großen Stadt nicht zu weit gehen mußten. Sie sollten dort nur zwei Stunden am Tag unterrichtet werden, die übrige Zeit im elterlichen Haushalt. In der Schule lernten sie außer Lesen und Schreiben die gängigen Gebete und die Grundlagen der Religion.[70]

Bugenhagen hat gemeinsam mit Luther auch in Wittenberg dafür gesorgt, daß eine Mädchenschule neu gebaut wurde. Geleitet wurde sie von einem männlichen

68 Kaufmann: Reformatoren, 57 f (Lit.); Volker GUMMELT: »Pomeranus hat mich oft getröstet«: Johannes Bugenhagen; Freund und Seelsorger. In: Luther und seine Freunde, 89-104.
69 Sprengler-Ruppenthal: Kirchenordnungen ... TRE 18 (1989), 679, 36 - 680, 19.
70 EKO 6 I (1955), 362-371.

Schulmeister, der von dem Küster unterstützt wurde. Dies ist nicht selbstverständlich, denn meistens wurden die Mädchen von Frauen unterrichtet. Die Wittenberger Mädchenschule war eine Ganztagsschule. Dort lernte man außer Lesen und Schreiben auch Rechnen und Singen, natürlich auch Religion.[71]

Die Wittenberger Knabenschule wurde von einem Magister geleitet, der drei Helfer hatte. Sie war in drei Klassen eingeteilt, wie es von Melanchthon vorgesehen war.[72]

Dessen Ideen wurden auch in der Mecklenburgischen Kirchenordnung von 1552 aufgegriffen, die ihrerseits vorbildlich wurde für etliche andere Kirchenordnungen.[73] Verfaßt hat sie Melanchthons Meisterschüler Johannes Aurifaber (1517-1568) aus Breslau (nicht zu verwechseln mit dem gleichnamigen Luther-Editor, der aus Weimar stammte).[74] Melanchthon nahm die Revision vor. Wie sein »Unterricht der Visitatoren ...« erwähnt die Mecklenburger Ordnung keine deutschen Schulen, also auch keine Mädchenschulen. Die Lateinschule darf in großen Städten vier Klassen haben, wobei in der vierten Klasse mit Griechisch begonnen werden soll.[75]

Die von Brenz (1499-1570)[76] verfaßte große Württembergische Kirchenordnung von 1559 sieht sogar fünf Klassen vor.[77] Die deutschen Schulen nehmen (wie anderswo)[78] auch Mädchen auf, die aber separat sitzen sollen.[79]

Größeren Einfluß als durch diese zufälligen Aktivitäten, selbst wenn die Ordnungen gedruckt wurden, übte Melanchthon durch seine *Schulbücher* aus. Für alle Schulfächer hat er Lehrbücher verfaßt, auch für die meisten Lehrstoffe der Universität.[80] Melanchthons Grammatiken der griechischen und lateinischen

71 EKO 1 (1902), 705 f; Siegrid WESTPHAL: Reformatorische Bildungskonzepte für Mädchen und Frauen: Theorie und Praxis. In: Geschichte der Mädchen- und Frauenbildung/ hrsg. von Elke Kleinau und Claudia Opitz. Bd. 1: Vom Mittelalter bis zur Aufklärung. F 1996, 135-151 mit 490 f.

72 EKO 1 (1902), 706 f.

73 Sprengler-Ruppenthal: Kirchenordnungen ... TRE 18 (1989), 673, 41-45; Scheible: Die Verfasser der kurpfälzischen Schulordnung von 1556.

74 Heinz SCHEIBLE: Aurifaber (Goldschmidt), 2. Vratislaviensis, Johannes. RGG⁴ 1 (1998), 975.

75 EKO 5 (1913), 211-217.

76 Kaufmann: Reformatoren, 90 f (Lit.); Martin BRECHT: »Dein Geist ist's, den ich rühme«: Johannes Brenz; Luthers Mann in Süddeutschland. In: Luther und seine Freunde, 72-88.

77 WÜRTTEMBERGISCHE GROSSE KIRCHENORDNUNG 1559. Faks.-Ausgabe. S 1968, 121-132.

78 Endres: AaO, 200 f.

79 Württembergische Große Kirchenordnung 1559, 192-196.

80 Jürgen LEONHARDT: Melanchthon als Verfasser von Schulbüchern. In: Philipp Melanchthon und das städtische Schulwesen, 147-159 ≙ dass. erw. Pirckheimer Jahrbuch für Renaissance-

Sprache, seine Lehrbücher der Dialektik und Rhetorik, die er in immer besserer Gestalt publizierte, fanden weite Verbreitung. Als die Jesuiten ihr gegenreformatorisches Schulwesen aufbauten, mußten sie anfänglich auf Lehrbücher Melanchthons zurückgreifen, weil eigene noch nicht zur Verfügung standen. Petrus Canisius (1521-1597), der Melanchthon persönlich kannte, ordnete an, daß dann wenigstens der Verfasser unkenntlich gemacht wurde. Denn wenn auch der Inhalt einer Grammatik dem Katholiken unanstößig sei, so könnte er durch die Güte der Darbietung Zutrauen zu dem Autor gewinnen und ihm auch in seinen anderen, theologischen Büchern Glauben schenken.[81]

II Hochschulen und Universitäten

Eine Universität zeichnet sich dadurch aus, daß sie Grade verleihen kann, die international anerkannt sind.[82] Die Fähigkeit dazu konnten nur der Papst und der Kaiser erteilen. Im Zusammenhang mit der Neugründung Königsberg[83] wurde zwar von Melanchthon und anderen die Auffassung vertreten, daß philosophische und theologische, nicht aber juristische und medizinische Grade auch durch die evangelische Kirche erteilt werden könnten. Doch es nützte dem Promovierten nichts, wenn er diese Grade im Ausland nicht führen durfte. Auch heute ist die Anerkennung von akademischen Graden vom Staat abhängig. Die in gewissen Ländern erworbenen Titel dürfen in Deutschland nicht geführt werden. Der Erwerb von Graden ist zu allen Zeiten an satzungsgemäße Vorleistungen gebunden.

Die vielzitierte Krise der Universitäten zu Beginn der Reformation bestand nun darin, daß die satzungsgemäßen Studiengänge und Abschlüsse nicht mehr der durch Reformen veränderten Wirklichkeit des Lehrbetriebs und den Kennt-

und Humanismusforschung 13 (1998), 26-47; MELANCHTHON UND DAS LEHRBUCH DES 16. JAHRHUNDERTS/ hrsg. von Jürgen Leonhardt. Rostock 1997; Heinz SCHEIBLE: Melanchthon als akademischer Lehrer. In: Melanchthon in seinen Schülern/ hrsg. von Heinz Scheible. Wiesbaden 1997, 13-30.

81 Jos VERCRUYSSE: Die ersten Jesuiten und Melanchthon. In: Der Theologe Melanchthon/ hrsg. von Günter Frank. Sigmaringen 1999 (im Druck).

82 Rainer A. MÜLLER: Geschichte der Universität. M 1990; GESCHICHTE DER UNIVERSITÄT IN EUROPA/ hrsg. von Walter Rüegg. Bde. 1: Mittelalter. M 1993; Bd. 2: Von der Reformation bis zur Französischen Revolution: (1500-1800). M 1996.

83 Iselin GUNDERMANN: Die Anfänge der Albertus-Universität zu Königsberg. Herbergen der Christenheit 19 (1995), 91-106; Heinz SCHEIBLE: Georg Sabinus (1508-1560): ein Poet als Gründungsrektor. In: Die Albertus-Universität zu Königsberg und ihre Professoren/ hrsg. von Dietrich Rauschning und Donata von Nerée. B 1995, 17-31.

nissen und Interessen der Studenten entsprach.[84] Neue Ordnungen zu erlassen, braucht Zeit und Mehrheiten unter den Entscheidungsträgern. Bis dahin waren die bestehenden Universitäten zur Ausbildung evangelischer Prediger und Lehrer nicht geeignet. Die erste Universität, die hier Abhilfe schuf, war Wittenberg, zunächst 1523 unter Melanchthons Rektorat für die Artistenfakultät. Weitere Schritte erfolgten 1526 unter dem neuen Kurfürsten Johann dem Beständigen. 1533 erhielt die Theologische Fakultät neue Statuten, die Melanchthon verfaßte, und nahm die ersten Doktorpromotionen nach evangelischen Grundsätzen vor. Kurfürst war nun Johann Friedrich der Großmütige (1503, 1532-1547, 1554), der 1536 die neue Grundordnung erließ, durch welche die Umwandlung der schon auf Reformen angelegten Gründung seines Onkels Friedrich des Weisen (1463, 1486-1525) vollendet wurde.[85]

Wittenberg konnte die Prüfungsordnung verändern; das kaiserlich und päpstlich verliehene Promotionsrecht blieb davon unberührt. Wer dieses Recht nicht hatte und eine Ausbildungsstätte für evangelische Prediger und Lehrer errichten wollte, konnte allenfalls beim Kaiser Gehör finden, wenn auch nicht ohne Gegenleistung. Landgraf Philipp von Hessen (1504, 1518-1567) erlangte durch den Geheimvertrag von Regensburg 1541 – durch den er zwar seinen Kopf aus der Schlinge der Doppelehe rettete, aber sich und dem Schmalkaldischen Bund das Grab schaufelte – auch die Anerkennung seiner 1527 in Marburg gegründeten Hochschule als Universität.[86] Als Jena 1558 nach zehn Jahren durch Kaiser Ferdinand (1503, 1556-1564) die Anerkennung als Universität erhielt, war der Augsburger Religionsfriede in Kraft; es bestand kein Grund, einem Reichsfürsten Augsburgischen Bekenntnisses dieses Privileg zu verweigern.[87]

84 Heinz SCHEIBLE: Aristoteles und die Wittenberger Universitätsreform. In: Humanismus und Wittenberger Reformation: Festgabe anläßlich des 500. Geburtstages des Praeceptor Germaniae Philipp Melanchthon am 16. Februar 1997/ hrsg. von Michael Beyer und Günther Wartenberg. L 1996, 123-144.

85 Heinz SCHEIBLE: Gründung und Ausbau der Universität Wittenberg. In: Beiträge zu Problemen deutscher Universitätsgründungen der frühen Neuzeit/ hrsg. von Peter Baumgart und Notker Hammerstein. Nendeln/Liechtenstein 1978, 131-147 ≙ in: Ders: Melanchthon und die Reformation, 353-369; Helmar JUNGHANS: Martin Luther und Wittenberg. M 1996; MARTIN LUTHER UND SEINE UNIVERSITÄT: Vorträge anläßlich des 450. Todestages des Reformtors/ hrsg. von Heiner Lück. Köln; L; Weimar; W 1998.

86 Hans SCHNEIDER: Marburg, Universität. TRE 22 (1992), 68-75; Jürgen PETERSOHN: Marburg an der Lahn. LThK³ 6 (1997), 1295 f (Lit.); Roderich SCHMIDT: Die kaiserliche Bestätigung der Marburger Universitätsgründung von 1527 durch Karl V. 1541. In: Ders.: Fundatio et confirmatio universitatis. Goldbach 1998, 325*-348*.

87 Siehe oben Anm. 53.

Den Eidgenossen blieb die Möglichkeit einer Verständigung mit dem Kaiser versagt, denn sie waren seit 1499 faktisch aus dem Reich ausgeschieden. In Basel gab es eine vorreformatorische Universität. Als 1529 in der Stadt die Reformation zum Siege kam, stellte sie den Lehrbetrieb ein. Erst 1532 wurde sie neu eröffnet.[88] So kam es, daß in Zürich am Großmünster 1525 eine evangelische Bildungsstätte errichtet wurde, die das Niveau einer Hochschule erlangte, aber niemals den Rang einer Universität erhielt. Es ist das berühmte Prophezey, auch »Lectiones publicae«, schweizerisch »Lezgen« genannt. Sie war in der Reform des Stiftes St. Felix und Regula schon im September 1523 vorgesehen.[89]

Ein mittelalterlicher Vorläufer dieser Einrichtung zur theologischen Weiterbildung der Kleriker waren die theologischen Lektorate, die seit dem IV. Laterankonzil 1215 an allen Metropolitankapiteln, seit den Basler Konzil 1448 an allen Domkapiteln eingerichtet und mit einem Doktor oder zumindest Baccalaureus der Theologie besetzt werden sollten.[90] Solche Lektorate gab es dann auch in lutherischen Städten. Ich erinnere nur an die Lutherschüler Johannes Aepinus (1499-1553) in Hamburg[91] oder Hieronymus Weller (1499-1572) in Freiberg in Sachsen.[92]

Die Zürcher Bibelschule entwickelte sich zu einer Lehr- und Forschungsstätte von hohem Niveau, an der so große Bibelgelehrte wie Ulrich Zwingli (1484-1531),[93] Leo Jud (1482-1542),[94] Caspar Megander (1495-1545),[95] Heinrich Bullinger (1504-1575),[96] Theodor Bibliander (um 1504-1564),[97] wirkten und zahllose refor-

88 Max TRIET: Basel, Universität. TRE 5 (1980), 278-283; Pierre Louis SURCHAT: Basel (frz. Bâle). 2: Universität. LThK³ 2 (1994), 52 (Lit.).

89 Urs Martin ZAHND: Lateinschule – Universität – Prophezey. In: Bildungs- und schulgeschichtliche Studien ..., 91-115; J. Wayne BAKER: Zurich Academy. OER 4 (1996), 316 f (Lit.).

90 Albert WERMINGHOFF: Verfassungsgeschichte der deutschen Kirche im Mittelalter. 2. Aufl. L 1913, 149; Rainer POSTEL: Die Reformation in Hamburg 1517-1528. GÜ 1986, 69 f.

91 Michael BECHT: Aepinus (eigl.: Hoeck, Huck, Hoch), Johannes, luth. Theologe. LThK³ 1 (1993), 185; Heinz SCHEIBLE: Aepinus (Hoeck), Johannes. RGG⁴ 1 (1998), 132 f (Lit.).

92 WA 60 (1980), 32 f, Anm. 31 (Lit.).

93 Kaufmann: Reformatoren, 53-56 (Lit.).

94 Heinz HOLECZEK: Jud, Judä, Leo. LitL 6 (1990), 147 f; Kaspar VON GREYERZ: Jud (Judae), auch Keller gen., Leo, Zürcher Reformator u. Bibelübersetzer. LThK³ 5 (1996), 1022 f; J. Wayne BAKER: Jud, Leo. OER 2 (1996), 356.

95 Burkhard NEUMANN: Megander (eigentl. Großmann), Kaspar, Schweizer Reformator. LThK³ 7 (1998), 64.

96 Kaufmann: Reformatoren, 94 f (Lit.).

97 Heinz SCHEIBLE: Bibliander (Buchmann), Theodor. RGG⁴ 1 (1998), 1538 f.

mierte Prediger ausbildeten. Auch die reformierte Bibelübersetzung ist hier entstanden, noch mehr ein Teamwork als die Wittenberger Lutherbibel.[98]

Nach dem Vorbild Zürichs gründete Bern 1528 gleichzeitig mit der Einführung der Reformation eine Hochschule.[99] An ihr lehrte von 1548 bis 1563 der grundgelehrte Wolfgang Musculus (1514-1581).[100] Gleich nachdem die Berner das Waadtland erobert hatten, gründeten sie 1537 in Lausanne eine philosophisch-theologische Hochschule mit vier Lehrstühlen: Philosophie, Hebräisch, Griechisch, Theologie.[101] 1549 verlieh ihr Theodor Beza (1519-1605)[102] für zehn Jahre höchstes Ansehen. Dann gingen die strengeren Calvinisten nach Genf, wo 1559 eine Hochschule mit denselben vier Professuren wie in Lausanne und eine siebenklassige Lateinschule nach dem Vorbild der Straßburger des Johannes Sturm gegründet wurden.[103] Später gab es auch einen juristischen Lehrstuhl, der mehrmals hochrangig besetzt werden konnte.[104] Das universitäre Promotionsrecht hat Genf bis zum 19. Jahrhundert sowenig wie die anderen eidgenössischen Bildungsstätten erlangen können.

Anders die Reichsstadt Straßburg. Nachdem unter dem Einfluß des Lutherschülers Johannes Marbach (1521-1581)[105] das nunmehr reichsrechtlich anerkannte Luthertum bestimmend geworden war, konnte 1566 von dem protestantenfreundlichen Kaiser Maximilian II. (1527, 1564-1576) das Privileg einer Akademie erlangt werden, die 1621 zur Universität erhoben wurde.[106]

Diese Chance hatten reformierte Territorien weiterhin nicht. So hervorragende Hochschulen wie Herborn in Nassau-Dillenburg, 1584 unter der Leitung des

98 Traudel HIMMIGHÖFER: Die Zürcher Bibel bis zum Tode Zwinglis: (1531); Darstellung und Bibliographie. MZ 1995.

99 Andreas LINDT: Bern, Universität. TRE 5 (1980), 638-642; Pierre Louis SURCHAT: Bern (frz. *Berne* it. *Berna*). LThK³ 2 (1994), 263 f (Lit.).

100 WOLFGANG MUSCULUS (1497-1563) UND DIE OBERDEUTSCHE REFORMATION/ hrsg. von Rudolf Dellsperger; Rudolf Freudenberger; Wolfgang Weber. B 1997.

101 Carl-A. KELLER: Lausanne, Universität. TRE 20 (1990), 502-506.

102 Kaufmann: Reformatoren, 106 f (Lit.).

103 Markus RIES: Genf. 3) Universität. LThK³ 4 (1995), 459 (Lit.). Thomas A. BRADY: Sturm, Jakob. OER 4 (1996), 122 f (Lit.).

104 Namentlich der neuerdings bestens erforschte Lambert Danaeus (ca. 1530-1595): Michael BECHT: Daneau, *Lambert*, ref. Theologe. LThK³ 3 (1995), 8; Christoph STROHM: Ethik im frühen Calvinismus. B 1996.

105 James E. KITTELSON: Marbach, Johannes (1521-1581). TRE 22 (1992), 66-68; DERS.: Marbach, Johannes. OER 3 (1996), 1 f (Lit.). Bernhard VOGLER: Marbach, Johannes, luth. Theologe. LThK³ 6 (1997), 1294.

106 Schindling: AaO, 105. 159-161.

Caspar Olevian (1536-1587) nach Genfer Muster gegründet,[107] oder das Gymnasium illustre im anhaltischen Zerbst,[108] blieben landesherrliche Bildungsstätten ohne kaiserliche Bestätigung. Der erste Zerbster Rektor wurde 1581 der große Philologe und Dichter Gregor Bersmann (1538-1611), der aus seiner kursächsischen Heimat vertrieben wurde, weil er die »Konkordienformel« nicht unterzeichnete.[109] Nach dreißig Jahren, 1611, erhielt er einen in der Wolle gefärbten Calvinisten als Nachfolger, den 28jährigen Markus Friedrich Wendelinus (1584-1652), der in 40jähriger Amtszeit Lehrbuch über Lehrbuch schrieb und noch heute als reformierter Normaldogmatiker gilt. Er wurde 1584 als Sohn des Pfarrers von Sandhausen bei Heidelberg geboren,[110] verkörpert also wie der Politiker Fürst Christian von Anhalt-Bernburg (1568-1630)[111] die enge Zusammenarbeit der reformierten Reichsstände Kurpfalz und Anhalt.

Die Kurpfalz war durch den »Heidelberger Katechismus« von 1563 die Mutter des Reformiertentums in Deutschland und hat sich in den Jahren danach immer mehr zu einem calvinistischen Territorium entwickelt. Ihre Universität Heidelberg war schon 1386 gegründet worden. Deren Privilegien erlaubten eine Anpassung an die konfessionellen Bedürfnisse. In der Kurpfalz geschah dies relativ spät, 1556.[112] Die alten Universitäten Rostock in Mecklenburg,[113] Greifswald in Pommern,[114] Frankfurt an der Oder im Kurfürstentum Brandenburg[115] und Leipzig im albertinischen Sachsen[116] waren vorangegangen. Vorbild für alle war mehr oder

107 Karl DIENST: Herborn. TRE 15 (1986), 66-69.
108 Franz MÜNNICH: Geschichte des Gymnasium illustre zu Zerbst 1582-1798. Duderstadt 1960.
109 Wilhelm Kühlmann: Bersmanus, Bersman, Bersmann, Gregor(ius). LitL 1 (1988), 473.
110 Reinhart STAATS: Markus Wendelin: ein Universalgelehrter aus Sandhausen. In: Heimatbuch der Gemeinde Sandhausen/ Red.: Erich Bertsch ... Sandhausen 1986, 277-285.
111 [Hanns Hubert] H[OFMANN]: Anhalt-Bernburg: Christian I. Biographisches Wörterbuch zur deutschen Geschichte/ begr. von Hellmuth Rößler und Günther Franz. Bearb. von Karl Bosl; Günther Franz; Hanns Hubert Hofmann. Nachdruck der 2., völlig neubearb. Aufl. M 1973. Studienausgabe. Bd. 1. M 1995, 451-453; CHRISTIAN I.: Fürst von Anhalt-Bernburg, Staatsmann. DBE 2 (1995), 317.
112 Heinz SCHEIBLE: Reformation und Calvinismus. In: Kurpfalz/ hrsg. von Alexander Schweickert. S 1997, 177-192; Eike WOLGAST: Reformierte Konfession und Politik im 16. Jahrhundert. HD 1998.
113 Thomas KAUFMANN: Universität und lutherische Konfessionalisierung: die Rostocker Theologieprofessoren und ihr Beitrag zur theologischen Bildung und kirchlichen Gestaltung im Herzogtum Mecklenburg zwischen 1550 und 1675. GÜ 1997.
114 Hans Georg THÜMMEL: Greifswald, Universität. TRE 14 (1985), 209-212; Roderich SCHMIDT: Fundatio et confirmatio universitatis: von den Anfängen deutscher Universitäten. Goldbach 1998.
115 Gerd HEINRICH: Frankfurt an der Oder, Universität. TRE 11 (1983), 335-342.
116 Günther WARTENBERG: Leipzig, Universität. TRE 20 (1990), 721-729.

weniger Wittenberg.[117] Doch ist die Vorstellung, Melanchthon sei der allgegenwärtige Universitäts- und Schulreformator gewesen, irrig. Zuweilen wurde er um Gutachten gebeten. Die Arbeit vor Ort machten die zuständigen Professoren und Räte. Nicht selten waren sie seine Schüler gewesen. Wichtiger und nachhaltiger war der Einfluß, den seine jeweils freiwillig rezipierten Lehrbücher ausübten. Sie deckten nahezu alle Fächer ab.[118]

Die Wittenberger Universitätsreform ist die erste umfassende und vorbildliche der Reformationszeit. Diese Behauptung soll nicht bedeuten, daß zuvor nicht reformiert worden wäre. Wir unterscheiden zwei Arten von Reform: die Ergänzung des traditionellen scholastischen Stellenplans durch neue Fächer aus dem Bereich der alten Sprachen, der Poesie, Geschichte, Mathematik und Medizin. Dies nennen wir die humanistische Reform. Sie fand auch an deutschen Universitäten schon im 15. Jahrhundert statt, in Wien[119] – ich erinnere an die Mathematiker Georg Peurbach (1423-1461)[120] und Regiomontan (1436-1476)[121] und an den Humanisten Konrad Celtis (1459-1508)[122] –, in Ingolstadt[123] und Erfurt,[124] in Heidel-

117 Siehe oben Anm. 83 f. Zuletzt Martin Treu: Die Leucorea zwischen Tradition und Erneuerung. In: Martin Luther und seine Universität, 31-51. Ebd, 51 wird meine Analyse verfälscht referiert. Es kam und kommt mir darauf an, die Bedeutung der humanistischen Universitätsreformen hervorzuheben, und »daß Luthers Versuch einer Reform der theologischen Fakultät weitgehend wirkungslos blieb«, habe ich nicht geschrieben, denn dies widerspräche dem historischen Befund. Doch dauerte es etwas länger, als gemeinhin angenommen wird.

118 Siehe oben Anm. 79.

119 Lit. siehe in Bildungs- und schulgeschichtliche Studien ..., 54, Anm. 4; Geschichte der Universität in Europa 1, 403.

120 Helmuth Grössing: Peuerbach, Peurbach, Georg von, eigentl.: G. Aunpeck, Aunpekh. LitL 9 (1991), 135.

121 Fritz Krafft: Regiomontanus, (der »Königsberger«), Johannes, eigentl.: J. Müller. LitL 9 (1991), 334-336; Menso Folkerts: Johannes Regiomontanus: Algebraiker und Begründer der algebraischen Symbolik. In: Rechenmeister und Cossisten der frühen Neuzeit/ hrsg. von Rainer Gebhard. Annaberg-Buchholz 1996, 19-28; Rudolf Mett: Regiomontanus: Wegbereiter des neuen Weltbildes. L 1996.

122 Dieter Wuttke: Celtis, Conrad(us), Beiname: Protucius. LitL 2 (1989), 395-400; Dieter Wuttke: Conradus Celtis Protucius. In: Deutsche Dichter der frühen Neuzeit/ hrsg. von Stephan Füssel. B 1993, 173-199; DERS.: Celtis (Protucius, Latinisierung v. Bickel, Pickel sowie Gräzisierung), Conradus, humanist. Universalgelehrter u. Poet. LThK³ 2 (1994), 988 f; Humanistische Lyrik ..., 11-137 mit 920-1019.

123 Georg Schwaiger: Ingolstadt, Universität. TRE 16 (1987), 154-156; Ulrich Michael Kremer: Ingolstadt. OER 2 (1996), 315-317.

124 Erich Kleineidam: Universitas Studii Erffordensis. 3 Bde. 2. Aufl. L 1985-1992; Erfurt 792-1992/ hrsg. von Ulman Weiß. Weimar 1992; Erfurt: Geschichte und Gegenwart.

berg[125] und Tübingen,[126] ja sogar in Leipzig[127] und Köln.[128] Aber alle diese Humanisten waren zusätzlich zu den traditionellen Professoren angestellt und in der Regel schlechter besoldet und gesellschaftlich nachgeordnet, was je nach Temperament des Betroffenen zu spektakulären Streitigkeiten führen konnte, die deutlich machen, wer an der Universität das Sagen hatte, nämlich nicht der Humanist. Dennoch ist die Offenheit für die neuen Fragestellungen und Lehrinhalte ein erster Schritt hin zu der grundlegenden Erneuerung in der Reformationszeit.[129]

Sie wurde möglich, aber dann auch notwendig durch den Zusammenbruch des traditionellen scholastischen Systems. Diese Reform wurde in Wittenberg in den Jahren 1523 bis 1536 durchgeführt. Die Reform des Jahres 1518, die so oft mit Luthers Reformation in Verbindung gebracht wird, hat damit nichts zu tun, sondern gehört in den Zusammenhang der humanistischen Reformen. Das entscheidende Kriterium dafür ist die Tatsache, daß das scholastische Lehrangebot unangetastet blieb und nur um humanistische Fächer erweitert wurde, die aber keine Verankerung in den Prüfungsordnungen hatten. Die Artistenfakultät bekam damals, 1518, zu den vorhandenen elf Lehrstühlen noch sieben weitere.[130] Davon hatten nur zwei Bestand, die für Griechisch und Hebräisch, das zentrale Desiderat einer humanistischen Universitätsreform. Aber auch sie wurden später in die elf Planstellen eingebracht, mit denen diese Fakultät auch nach der Reform von 1536 auskommen mußte und ganz gut konnte. Nur waren diese elf Stellen ganz anders definiert als zwanzig Jahre zuvor.[131]

Gab es damals vier Kurse für Logik und zwei für Naturphilosophie, so wurde diese Zahl halbiert: 1536 war Dialektik, Rhetorik und Physik vorgesehen. Bald

---

125 Gustav Adolf BENRATH: Heidelberg, Universität. TRE 14 (1985), 574-581; Gottfried SEEBASS: Heidelberg, University of. OER 2 (1996), 216 f (Lit.).
126 THEOLOGEN UND THEOLOGIE AN DER UNIVERSITÄT TÜBINGEN/ hrsg. von Martin Brecht. TÜ 1977; 500 JAHRE TÜBINGER RHETORIK: 30 Jahre Rhetorisches Seminar/ hrsg. von Joachim Knape. TÜ 1997.
127 Max STEINMETZ: Die Universität Leipzig und der Humanismus. In: Alma Mater Lipsiensis/ hrsg. von Lothar Rathmann. L 1984, 33-54.
128 Erich MEUTHEN: Kölner Universitätsgeschichte. Bd. 1: Die alte Universität. Köln 1988; Willehad Paul ECKERT: Köln II: Universität. TRE 19 (1990), 301-305.
129 Notker HAMMERSTEIN: Humanismus und Universitäten. In: Die Rezeption der Antike/ hrsg. von August Buck. HH 1981, 23-39; James H. OVERFIELD: Humanism and scholasticism in late medieval Germany. Princeton, New Jersey 1984; Humanismus im Bildungswesen des 15. und 16. Jahrhunderts; DER HUMANISMUS UND DIE OBEREN FAKULTÄTEN/ hrsg. von Gundolf Keil; Bernd Moeller und Winfried Trusen. Weinheim 1987.
130 Urkundenbuch der Universität Wittenberg 1, 85 f (64).
131 Ebd 1, 177 (193) sowie oben Anm. 83 f.

danach wurden Dialektik und Rhetorik zusammengefaßt und die Physik doppelt besetzt. Die Sprachen wurden 1516 durch einen grammatikalischen Grundkurs und einen für lateinische Dichtung abgedeckt. Ab 1518 gab es die höchstdotierten Lehrstühle für Griechisch und für Hebräisch, die beiden für Grammatik und Dichtung blieben bestehen. Hinzu kam eine Stelle am Pädagogium, die ebenfalls der lateinischen Sprache zuzurechnen ist. Weil der Lehrstuhl für Griechisch 1525 neu besetzt wurde und Melanchthon dennoch weiterhin griechische Texte interpretierte, war diese Sprache in Wittenberg ungewöhnlich gut vertreten. Die Moralphilosophie ist geblieben, wurde aber nicht besetzt, sondern von Melanchthon mit Vorlesungen über Cicero und Aristoteles abgedeckt, ebenfalls eine Verstärkung des Griechischunterrichts. Die alte Metaphysik-Vorlesung ist 1525 abgeschafft worden. Mathematik war bei der Gründung nicht vorgesehen. 1514 wurde ein Lehrstuhl errichtet, 1536 zwei, die mit den Kopernikanern Georg Joachim Rheticus (1514-1574)[132] und Erasmus Reinhold (1511-1553)[133] hervorragend besetzt werden konnten.

Für Medizin gab es 1516 eine Professur, ab 1518 zwei, ab 1536 drei. Wissenschaftliche Mediziner mußten gute Gräzisten sein. Die Wittenberger Professoren waren zum Teil Melanchthons Schüler gewesen und arbeiteten eng mit ihm zusammen. Aber auch in der experimentellen Anatomie war Wittenberg führend.[134]

Was die Mediziner gewannen, mußten die Juristen hergeben. Ihre Fakultät hatte 1516 sieben Ordinarien, von denen vier das bürgerliche, drei das Kirchenrecht lehrten. 1536 gibt es drei Römischrechtler, aber nur einen Kanonisten. Das Kirchenrecht war von 1521 bis 1528 überhaupt nicht gelesen worden. Die Marburger Neugründung aus dieser Zeit verbietet es ausdrücklich. 1536 wird in Wittenberg seine Unerläßlichkeit für Ehe- und Erbsachen festgestellt.[135]

132 Karl Heinz BURMEISTER: Georg Joachim Rhetikus. 3 Bde. Wiesbaden 1967 f; DERS.: Rhetikus, Rheticus, Georg Joachim. LitL 9 (1991), 425 f; Walter THÜRINGER: Paul Eber (1511-1569): Melanchthons Physik und seine Stellung zu Copernicus. In: Melanchthon in seinen Schülern, 85-322, bes. 303-305.

133 Ebd, 305; REINHOLD, ERASMUS, MATHEMATIKER, ASTRONOM. DBE 8 (1998), 222 f.

134 Urkundenbuch der Universität Wittenberg I, 176 (193); Hans-Theodor KOCH: Bartholomäus Schönborn (1530-1585): Melanchthons De anima als medizinisches Lehrbuch. In: Melanchthon in seinen Schülern, 323-340; Jürgen HELM: Wittenberger Medizin im 16. Jahrhundert. In: Martin Luther und seine Universität ..., 95-115; Thomas und Ulrich RÜTTEN: Melanchthons Rede »De Hippocrate«. Medizinhistorisches Journal 33 (1998), 19-55; Wolfgang U. ECKART: Philipp Melanchthon und die Medizin. In: Melanchthon und die Naturwissenschaften seiner Zeit/ hrsg. von Günter Frank und Stefan Rhein. Sigmaringen 1998, 183-202.

135 Urkundenbuch der Universität Wittenberg I, 175 f (193); Hans Erich TROJE: Konrad Lagus (ca. 1500-1546): zur Rezeption der Loci-Methode in der Jurisprudenz. In: Melanchthon in

Die Theologische Fakultät verfügte 1516 über drei Professuren, zwei scholastische und eine biblische. 1536 sind es drei biblische, wobei der dritte Lehrstuhlinhaber mit seinem halben Deputat Schloßprediger ist, was dadurch ausgeglichen wurde, daß auch der Pfarrer biblische Vorlesungen anbieten mußte.[136]

Stellenpläne geben die Wirklichkeit einer Universität nur partiell wieder, aber sie sind meistens die einzigen sicheren Daten. Eine wissenschaftsgeschichtlich so bahnbrechende Vorlesung wie die von Melanchthon über theologische Grundbegriffe[137] kommt im Stellenplan ebensowenig vor wie die über Geschichte, für die Melanchthon schon in seiner Antrittsrede eingetreten war.[138] Dennoch läßt sich am Stellenplan die Umwandlung der mittelalterlichen Artistenfakultät mit dem Übergewicht der philosophischen Fächer zur neuzeitlichen philosophischen Fakultät mit den Schwerpunkten klassische Philologie und Naturwissenschaften ebenso erkennen wie die Dominanz der Bibel in der Theologischen und des bürgerlichen Rechtes in der Juristischen Fakultät. Die Medizin, die fast überall spärlich besetzt war, wurde kräftig ausgebaut.

Die inhaltlichen Veränderungen können hier nicht dargestellt werden. Abschließend nur ein Beispiel für die Aktualität der Wittenberger Lehre: Melanchthon hat die 1543 publizierten anatomischen Erkenntnisse Andreas Vesals (1514/15-1564) in die zweite Auflage seines medizinischen Lehrbuchs »Liber de anima«, das 1553 erschien, eingearbeitet.[139]

seinen Schülern, 255-283; Heiner LÜCK: Die Wittenberger Juristenfakultät im Sterbejahr Martin Luthers. In: Martin Luther und seine Universität, 73-93.

136 Urkundenbuch der Universität Wittenberg 1, 174 f (193); Kurt ALAND: Kirchengeschichtliche Entwürfe. GÜ 1960, 283-394.

137 Heinz SCHEIBLE: Melanchthon, Philipp. TRE 22 (1992), 386, 45-50.

138 Ebd 22, 387, 49-55; Melanchthons Werke in Auswahl 3, 39; Heinz SCHEIBLE: Melanchthons Werdegang. In: Humanismus im deutschen Südwesten/ hrsg. von Paul Gerhard Schmidt. Sigmaringen 1993, 221-238, bes. 236 f. In der Übersetzung von Gustav Krüger bei Arnhardt; Reinert: AaO, 218-221.

139 Sachiko KUSUKAWA: The transformation of natural philosophy: the case of Philip Melanchthon. Cambridge 1995, 114-123; Hans-Theodor Koch: AaO, 324 f; Helm: AaO, 105 f; Eckart: AaO, 192-198; Hans-Theodor KOCH: Melanchthon und die Vesal-Rezeption in Wittenberg. In: Melanchthon und die Naturwissenschaften seiner Zeit, 203-218.

Seminarberichte / Reports

Die Heidelberger Disputation

Seminarleiter: Hubertus Blaumeiser
Berichterstatter: Hubertus Blaumeiser und Manfred Biersack

Die stark internationale und interkonfessionelle Zusammensetzung der Teilnehmer führte zu einer großen Vielfalt an Beiträgen.

Stand 1977 beim Fünften Lutherforscherkongreß in Lund die Erarbeitung der Textgrundlage im Vordergrund und ging es 1983 in Erfurt insbesondere um die Aristoteleskritik und somit um das Verhältnis von Philosophie und Theologie, so kreisten die Überlegungen diesmal vor allem um die bekannte Unterscheidung von amor Dei und amor hominis in der 28. These. *Kari Kopperi* charakterisierte sie, im Licht seiner jüngst vollendeten Dissertation in Helsinki, als den entscheidenden Schlüssel sowohl zu den philosophischen als auch zu den theologischen Thesen. *Michael Plathow* erschloß von ihr her die Aktualität der Heidelberger Disputation vor dem Hintergrund modernen Machbarkeitsdenkens: allein aus der grundlos schöpferischen Liebe Gottes erwächst wahre menschliche Freiheit. *Klaas Zwanepol* fragte aus heutiger systematischer Interessenlage nach dem Verhältnis von Eros und Agape im Leben des gerechtfertigten Menschen und damit nach dem Zueinander von Schöpfungswirklichkeit und Leben aus der Gnade. Von Luthers Ansatz her nicht ohne weiteres zu klären war, ob, und wenn ja, welchen Platz der Reformator rechtverstandener Selbstliebe einräumt.

Eine zweite Serie von Beiträgen beschäftigte sich mit theologischen »Tiefendimensionen« der Disputation. In einem Vergleich mit den »Operationes in psalmos« und dem Kommentar zu Is 53 aus dem Jahr 1544 ging *Hubertus Blaumeiser* dem Zusammenhang von Christologie und Anthropologie nach. Dabei brach die Frage nach dem Verhältnis zwischen Christologie und Kreuzestheologie auf, die nicht einfach als deckungsgleich anzusehen sind. *Isao Kuramatsu* fragte, ausgehend von den Thesen 19-24 und insbesondere von der Rede vom »Deus absconditus«, nach passio dei bzw. passio divinitatis bei Luther und verwies dabei auf Zusammenhänge mit Johann von Staupitz. Als Schlüssel zu diesem Thema erwies sich Luthers Verständnis der Zwei-Naturen-Lehre. *Stefano Leoni* richtete sein Interesse auf das spezifisch theologische Seinsverständnis Luthers, wie es bereits in den ersten Vorlesungen (»Dictata super Psalterium« und Römerbriefauslegung) auszumachen ist und sich auch in der Heidelberger Disputation niederschlug. Die theologia crucis – so Leoni – ist das Sein Gottes, welches die Gnade in uns bzw. in unserer Anerkennung wirkt. Angesichts der konkreten Durchführung dieses Beitrags warf *Hans Christian Knuth* die Frage nach der Beziehung zwischen Luthers Ansätzen und späteren Ausprägungen der modernen Philosophie (insbesondere des Idealismus) auf, die sich aufgrund des begrenzten Zeitrahmens nicht abschließend klären ließ.

Zwei weitere Beiträge zogen Vergleiche mit Luthers Umfeld. Anhand der Begriffe »creatio« und »nihil« postulierte *Jos E. Vercruysse* Zusammenhänge mit der mystischen Theologie und zitierte als Beispiel die »Theologia deutsch« und Gedanken Johannes Taulers (um 1300-1361), wie sie um 1640 in der »Pro theologia mystica clavis« des Maximilian Sandaeus (1578-1656) wiedergegeben werden. Nimmt man auch die Unterschiede wahr und versteht man unter »Mystik« nicht einfachhin eine spekulative Aufstiegsmystik, sondern eine cognitio experimentalis, dann ist dieser Kontext für Luthers Theologie durchaus relevant und vermag neben dem »Nichts« der Sünde verstärkt Luthers Blick für das kreaturale Nichts-Sein des Menschen zu erfassen. *Rob P. H. Pauls* unternahm den Brückenschlag von Luthers Kreuzestheologie zu Melanchthon. Bei prinzipieller Übereinstimmung in den zentralen Inhalten (Dialektik von lex und evangelium im Geschehen der Rechtfertigung) erweist sich die Terminologie Luthers aber als vielschichtiger und von daher als nicht immer leicht zu entschlüsseln. Gerade das – so zeigte sich im Gespräch – kann freilich auch ihren Reichtum darstellen.

Neben Kari Kopperis Überlegungen zu den philosophischen Thesen hatte *Eugenio Andreatta* ein schriftliches Votum zur Deutung dieses ungleich schwierigeren Teiles der Disputation vorgelegt, in dem er auf die Schlüsselrolle der zwölften philosophischen These hinwies. Im Seminargespräch ergaben sich weitere Elemente. Angesichts der Tatsache, daß die Disputation aller Wahrscheinlichkeit nach nicht – wie man noch bis vor kurzem annahm – im Kloster der Augustinereremiten, sondern in der Artistenfakultät stattfand, ist nicht auszuschließen, daß die Vorlage von philosophischen Thesen für den Reformator eher eine Pflichtübung

darstellte. Die Thesen lassen allerdings vermuten, daß sie eine Luther willkommene Aufgabe waren, so daß sich aus ihnen nützliche Hinweise für Luthers Umgang mit der Philosophie erheben lassen.

Im abschließenden Rückblick auf die gemeinsame Arbeit erwies sich die Heidelberger Disputation als ein ungewöhnlich reicher Text, der in seiner Knappheit und Geschlossenheit, aber auch in seiner Widerständigkeit stets neu zum Nachfragen und zu intensiver theologischer Reflexion herausfordert. *Manfred Biersack* unterstrich, wie wir hier vor einem grundlegenden, formalen theologischen Beitrag stehen, der, eben weil er primär theologisch gedacht ist, zugleich anthropologische, soteriologische und damit pastorale Implikationen zeitigt. Diese seien jedoch Ergebnis, nicht Hauptzweck der Disputation, so daß auch die ontologischen Aspekte nicht überbewertet werden dürften. *Yoshikazu Tokuzen* und *Jos E. Vercruysse* hoben die prädikatorische Dimension der Disputation hervor: theologische Rede ist hier durch und durch von der pastoralen Sorge um das Heil der Menschen getragen. *Karl-Heinz zur Mühlen* und *Norman Nagel* verwiesen in Anschluß an die 28. These noch einmal auf den entscheidenden Unterschied zwischen dem creare, welches Gottes Handeln kennzeichnet, und dem fieri, über das menschliches Tun letztlich nie hinauskommen kann. Als offene Forschungsaufgaben zeichneten sich u. a. das Zueinander des argumentativen und des assertorischen Elements in diesem wichtigen Luthertext ab, sowie die Frage nach der Gewichtung der ontologischen Implikationen und die nachlutherische Rezeption der Heidelberger Disputation.

Naturrecht und Naturgesetz bei Luther und Melanchthon

Seminarleiter: Christoph Strohm
Berichterstatter: Christoph Strohm

Ausgangspunkt des Seminars waren die Ausgestaltungen der Naturrechtslehre in der scholastischen Theologie. *Bernhard Erling* stellte die betreffenden Erörterungen des Thomas von Aquino (1225-1274) in der »Summa theologiae« vor. In den einschlägigen Texten (Summa theologiae I II qu. 91. 94) zeigen sich eine Haupt- und eine Nebenlinie der Naturrechtsbegründung. In Aufnahme des augustinischen lex aeterna-Begriffs spricht Thomas von der lex naturalis als einer »participatio legis aeternae in rationali creatura«. Neben dieser Naturrechtsbegründung »von oben« gibt es bei Thomas auch eine Begründung des Naturrechts »von unten«, wenn er es aus den natürlichen Antrieben und Bedürfnissen wie z. B. der Nahrungsaufnahme herleitet.

Man kann dem Thema »Naturrecht und Naturgesetz bei Luther und Melanchthon« jedoch nicht gerecht werden, wenn man nicht zugleich auch als zweiten Horizont die entsprechenden Überlegungen in der humanistischen Jurisprudenz berücksichtigt. Dem diente das Referat von *Christoph Strohm* über »Aequitas-Lehre und Naturrechtsgedanke in der humanistischen Jurisprudenz«. In der humanistischen Jurisprudenz wurde die aequitas zu einem Schlüsselbegriff in den Bemühungen um eine neue Durchdringung der Rechtsquellenlehre und die moral-philosophische Begründung des Rechts. Die Abkehr von der scholastischen, an den mittelalterlichen Glossen orientierten Kommentierung des »Corpus iuris civilis« und das grundsätzliche ethische Interesse des Humanismus ließen die aequitas-Lehre und den Naturrechtsgedanken ins Zentrum rücken. Man wollte die recht zufällige Gliederung des »Corpus iuris civilis« und die ausufernde Gesetz-auf-Gesetz-Kom-

mentierung der mittelalterlichen Glossatoren und Kommentatoren durch eine eigene systematische Darstellung der Grundbegriffe und Grundgedanken des römischen Rechts ersetzen. Die Hochschätzung Ciceros (106-43) und der stoischen Philosophie trugen maßgeblich dazu bei, daß dem aequitas-Begriff und der Naturrechtslehre eine tragende Funktion beim Bemühen um eine systematische Darstellung des römischen Rechts zukam.

Die beiden folgenden Einheiten des Seminars widmeten sich dem Naturrecht bei Luther. *Antti Raunio* arbeitete die »Elemente der scholastischen Naturrechtslehre in Luthers Verständnis des natürlichen Gesetzes« heraus. Luther lehnt die Rolle der natürlichen Vernunft und der Erkenntnis des natürlichen Gesetzes im Handeln des Menschen keineswegs grundsätzlich ab. Daß die natürliche Vernunft letztlich nur Sündhaftes hervorbringt, bedeutet nicht die Unfähigkeit, dem Nächsten etwas Gutes zu tun. Die Unfähigkeit und Verkehrtheit betrifft primär das Verhältnis des Menschen zu Gott. Bei aller Aufnahme scholastischer Begriffe und Gedanken gelangt Luther zu einem eigenständigen Verständnis der Goldenen Regel als Inbegriff des natürlichen Gesetzes und als Prinzip der praktischen Vernunft. Der Mensch weiß in seinem Herzen, daß er den anderen so behandeln sollte, wie er selbst es von dem anderen erwartet, wenn man in ähnlicher Situation wäre. Es wird also gefordert, sich in die Lage des anderen zu versetzen und zu überlegen, wie man selbst behandelt werden wollte, wenn man jener anderer wäre (vgl. WA 1, 502, 16-26; 6, 49, 18 - 50, 3). Der natürliche Mensch ist zu solchen äußerlichen Werken fähig, die der Regel der Liebe entsprechen (vgl. WA DB 7, 34). Zugleich aber verwendet er die Regel in Beziehung zu Gott stets fehlerhaft und hält sich selbst für den Täter des Guten. Dies bedeutet zugleich, daß seine Liebe immer noch verkehrt ist und seine innerlichen Werke bzw. seine Affekte nicht der Forderung des Gesetzes entsprechen. Er liebt nicht Gott über alles und den Nächsten wie sich selbst. Deswegen wird letztendlich die Goldene Regel auch in Beziehung zum Nächsten nicht erfüllt.

Igor Kišš betonte in seinem Referat »Das Neue in Luthers Verständnis der lex naturalis« die Möglichkeit, die vielfältigen und widersprüchlich erscheinenden Aussagen Luthers zum Thema zu systematisieren. Der entscheidende Fortschritt Luthers sei gewesen, daß er nicht mehr wie die Tradition zwischen zwei Verständnissen von lex naturalis – nämlich einer lex absoluta und einer lex relativa – hin- und herschwanke, sondern im Blick auf das Leben der Christen in der Welt die lex naturalis als lex naturalis relativa verstehe. Die Diskussion führte zu keinem Konsens in der Frage, ob man Luthers Gedanken mit Hilfe neu einzuführender (lateinischer!) Begriffe wirklich systematisieren dürfe.

In der folgenden Einheit referierte *Ahti Hakamies* über »Die problemgeschichtliche Bedingtheit der Lutherdeutung Troeltschs und Holls«. Deren unterschiedliche Interpretationen des Naturrechtsgedankens bei Luther zeichnete Hakamies in den größeren Zusammenhang ihrer Lutherdeutungen ein. Bei Karl Holl (1866-1926) habe insbesondere der Kantianismus zu einer Unterschätzung des Naturrechts beigetragen, wenn er bei Luther die natürlichen Ordnungen nur als Mittel im Dienste eines absoluten Zweckes, des Reiches Gottes, sieht. Bei

Georg Wünsch (1887-1964) seien Elemente einer Synthese der gegensätzlichen Lutherdeutungen von Ernst Troeltsch (1865-1923) und Holl festzustellen, auch wenn offenbleiben mußte, was dies für die Deutung des Naturrechtsgedankens bei Luther heißt.

Gestalt und Funktion des Naturrechtsgedankens bei Melanchthon wurde ausgehend von einem Referat *Christoph Strohms* diskutiert. Danach sind zwei Linien bei Melanchthon hervorzuheben. Einmal unterscheidet sich der Naturrechtsgedanke bei ihm von scholastischen Modellen durch die Tendenz einer Anthropozentrierung und Subjektivierung. Dies zeigt sich u. a. im Zurücktreten des Begriffs »lex aeterna«. Zum anderen kommt dem Naturrechtsgedanken eine Schlüsselfunktion bei der Begründung von Ethik, Recht und Ordnung zu. Dieses Begründungsinteresse führt beim späten Melanchthon dazu, daß der Begriff »lex aeterna« bzw. verwandte Begriffe wieder Raum gewinnen. Dem Naturrechtsgedanken kommt schließlich auch eine entscheidende Stellung in seiner durch die Unterscheidung von Gesetz und Evangelium bestimmten Systematik der Theologie und der Wissenschaften insgesamt zu.

Vor der abschließenden Diskussion, in der einmal mehr die unterschiedlichen historischen und systematischen Interessen der Teilnehmer deutlich wurden, präsentierte *Günter Frank* einen Aspekt des »Fortwirkens der reformatorischen Naturrechtslehre«. Nach einigen Bemerkungen zu der Wirkung reformatorischer Naturrechtslehre auf Hugo Grotius (1583-1645) arbeitete Frank die religionspolitischen Diskurse heraus, in deren Kontext Grotius seine Naturrechtslehre entfaltete und ohne welche sie nicht zu verstehen ist.

266

»Extra ecclesiam nulla salus« and the Reformers

Seminar leaders: Carter Lindberg and Paul Rajashekar
Reporter: Carter Lindberg

Lindberg and Rajashekar introduced the seminar theme by tracing the history of the use of the phrase »extra ecclesiam nulla salus« from the church fathers through its extreme formulation by Pope Boniface VIII (1294-1303).

Rajashekar referred to the claim of the Dutch missiologist, Hendrik Kraemer (1888-1965 – »Religion and the Christian Faith«), that the Protestant Reformers shifted the medieval interest in the philosophy of religion to a theology of religions. The theological perspective on religions created a number of issues for the Reformers: Luther perceived pagan virtues (Augustine termed them »splendid vices«) under the rubric of the law, whereas Erasmus and Zwingli attributed salvific status to them; Judaism presented a specific problem in terms of law and gospel; Islam, in the form of the Ottoman Turks, continued to be seen by some in medieval terms as a heresy, although Luther more than any other Reformer attempted to understand and refute Islam on the basis of the Qur'an; Roman Catholic conquest and missions in the Americas both used and questioned the patristic formula to justify and oppose oppression: the »Requerimiento« and Bartolemeo de las Casas (1474-1566), et al. And Jesuits such as Matteo Ricci (1552-1610) developed the option of inculturation. The Protestant Reformers' central theological loci such as »revelation«, »law«, »divine election«, »the will«, etc., played the central role in their understanding of the possibility of salvation outside the church as well as their respective »conversations« with other religions. Lively discussion throughout the entire seminar maintained the tension between the historical-theological context of the Reformers and present day intra-religious concerns.

Robert Bertram's paper, »Extra ecclesiam nulla salus? Which salus? Some theses on Luther's ›De servo arbitrio‹« (read by Edward Schroeder due to Bertram's unavoidable absence) focused on Luther's use of Romans 3:22-23 against Erasmus which presents »salus« as »the glory of God«; not as an attribute of deity but as something humans are meant to do: To glory in how pleased God is with them. Not even Erasmus' »optimisim« could imagine, indeed condone, humans doing *that*. All the less so in face of a God who »saves so few and damns so many«. Bertram argued that the only defensible reason for counting anyone »extra ecclesiam« is that he or she prefers *a less* inclusive God, than the God in Christ; that is, he or she prefers the »Deus absconditus« rather than the »Deus praedicatus« of revelation. The seminar participants concluded that Luther clearly emphasized that outside the church there is no salvation, but agreed that »extra ecclesiam nulla salus« means »extra praedicationem Evangelii nulla salus« (cf. Albrecht Peters: Kommentar zu Luthers Katechismen. Bd. 2: Der Glaube. GÖ 1991, 236).

In the second session of the seminar, *Kurt Hendel*'s paper, »There is no salvation outside the church from the perspective of ›Deus revelatus‹ and ›Deus absconditus‹«, echoed some of these same motifs by focusing on both the »Heidelberg Disputation« and »The bondage of the will«. Hendel suggested that Luther's explication of double predestination against Erasmus led him to ignore his own emphasis upon the theology of the cross and to slip into a theology of glory. In doing so Luther abandoned his own theological method, failed to leave the hidden God alone, and asserted that God saves so few and damns so many. Hendel argued that contemporary evangelical theologians should be more consistent with Luther's theology than the Reformer was himself in »The bondage of the will«. They should remain theologians of the cross, focus on Christ and thereby recognize God's will to save. They should leave God's hidden will alone and not speculate about God's intentions regarding those who are not members of the church. While evangelical theology requires the proclamation of Christ and the affirmation that there is salvation within the church, it does not necessitate the assertion that there is no salvation outside the church. The fate of those outside the community of faith is in God's hands, and in Christ God has revealed the will to save. God's revealed and hidden wills are to be distinguished, but they must not be separated, nor should evangelical theologians assume that the hidden will contradicts God's revealed will. It was also affirmed that Luther understood predestination primarily in terms of its use in pastoral care for assurance of God's revealed will to save, rather than as the explication of the mind of God. In this context reference was made to one of our assigned texts (»Ein Sendbrief über die Frage, ob auch jemand, ohne Glauben verstorben, selig werden möge an Hans von Rechenberg« von 1522; WA 10 II, [318] 322-326) where Luther emphasized that no one is saved without faith and that to suggest otherwise falsifies the gospel and all preaching. At the same time, Luther posited that no one may doubt that God may give faith in or after death, but this possibility remains unprovable.

The second session also took up *Edward Schroeder*'s paper, »Luther's commentary on the Third article as a clue to his theology of other religions«. Schroeder cited Luther's explanation to the Apostles' Creed in the Large Catechism that those outside the church »even though they believe in and worship only the one, true God, nevertheless do not know what his attitude is toward them. They cannot be confident of his love and blessing. They remain in eternal wrath and damnation, for they do not have the Lord Christ, and, besides, they are not illuminated by the gifts of the Holy Spirit.« Thus all people everywhere may have a »first article« knowledge of God and experience the grace of creation, but are unable to fulfill the obligations incurred by these gifts coram Deo. Luther's »no« to Erasmus is therefore also a negation of any universalism in contemporary missiology and theology of religions. The implication of Luther's position for contemporary missiology includes respectful listening to »first article« experience, and conversation that witnesses to Christ.

Kjell Nilsson – unable to contribute a paper due to his son's recent cancer – emphasized in relation to the above papers the importance of maintaining both the christological and the trinitarian aspects of Luther's interpretation of the »extra ecclesiam«. Luther's idea of the »happy exchange« as well as his understanding of the »communicatio idiomatum« (cf. the classical theology of »perichoresis«, »theosis«, »conformitas Christi«) means the Christian participates in the characteristics of Christ, in »forma Christi« as a »donum Dei«. But a too narrow christological perspective does not do justice to Luther's strong trinitarian orientation, in particular his theology of creation. The transformation into the image of Christ takes place in creation, in daily life. Here we also find the key to Luther's dialectical relationship of law and gospel, and his understanding of the God who is hidden and revealed.

The third session took up the papers of *Miikka Ruokanen*, »Can Non-Christians be saved?: Catholic teaching on Non-Christian religions«, and *Ralph Quere*, »Extra ecclesiam non est salus: God's efficacious presence in baptism in the gathering of the elect, according to Melanchthon's later Loci«. Ruokanen highlighted the nature-grace continuum in Roman Catholic theology in contrast to the discontinuity in Luther's theology, a motif that had also been raised by Hendel's presentation. Quere's detailed presentation of Melanchthon's editions of the Loci placed the question of salvation outside the church within the doctrine of justification. Reference to Melanchthon's ecclesiological distinction between the »invisible« elect believers and the true visible church of word and sacrament stimulated a discussion on the correlation »invisible – visible« and »hidden – revealed« and the significance of these terms to ecclesiology. The discussion of Melanchthon's understanding of infant baptism which disallowed grace to infants outside the church was contrasted to Luther's more pastoral orientation as expressed for example in his »Comfort for women who have had a miscarriage« (1542).

The fourth session focused on presentations by *William Russell*, »Prayer as a mark of the church: toward Luther's understanding of ›Ecclesia‹ in the phrase ›extra ecclesiam nulla salus est‹«, and *Gregory Miller*, »Theodore Bibliander and Reformation writings on the Turks«. The discussion of Russell's paper highlighted prayer and liturgy in Luther's ecclesiology as well as the abiding importance of the Psalms, especially Psalm 51 (»The proper subject of theology is man guilty of sin and condemned, and God the justifier and savior of man the sinner. Whatever is asked or discussed in theology outside this subject, is error and poison« [Am 12, 311]), to Luther's theology. The discussion cautioned that an undue emphasis upon prayer as a mark of the church is open to the distortion of some contemporary ecclesiologies which identify the church by the character of the assembly of believers – a form of ecclesiastical donatism. The discussion noted that prayer as a mark of the church must not displace Luther's extra nos emphasis on word and sacraments. The discussion was aided by Gerhard Ebeling's earlier lecture on prayer. It would be of interest to study the biblical models Luther used for his understanding of prayer. Miller presented an overview of the Reformers' understanding of Islam, the importance of the contemporary print media, and the interest in the Turk as an exotic »other«. The period retained significant continuity with the medieval understanding of Islam as a schismatic movement within biblical religion, yet also contains the beginnings of the modern understanding of Islam as another religion. The 1543 publication of the Latin Qur'an was particularly important because its introductions and marginal comments refuting Islam shaped the next century of interpretation. Bibliander (1504?-1564), who shared responsibility with Heinrich Bullinger (1504-1575) for the continuation of the reform in Zurich following the death of Zwingli 1531, was especially concerned about mission to the Turks. Bibliander's opposition to the doctrine of predestination, developed in conjunction with his thinking on Islam, led to a late-life conflict with Peter Martyr Vermigli (1500-1562) and forced Bibliander's early retirement.

Our seminar discussions were enhanced by the remarkable dovetailing of our theme with the plenary lectures.

Luther's and Melanchthon's Concept of the Church

Seminar leader: Eric W. Gritsch
Reporter: Eric W. Gritsch

A late change in leadership delayed the call for papers on the state of research and on the locus »ecclesiology« in general. But the original intention of the seminar was preserved, namely, to focus on a comparative analysis rather than concentrate on Luther and Melanchthon separately. Consequently, attention was given to the relationship between Luther and Melanchthon and not to the question on how far Melanchthon was historically influenced by Luther (without ruling out the question of a historical-genetic relationship between the two). Seven of the twelve participants offered brief papers dealing with a broad range of topics related to the locus »ecclesiology«.

1. *Eric W. Gritsch* opened the seminar with »The state of research regarding Luther's ecclesiology« – »Addendum: Melanchthon's locus ›Church‹«. The paper used the most recent work on Luther's theology – Bernhard Lohse: Luthers Theologie (GÖ 1995) – to summarize Luther's ecclesiology in terms of »the essence of the church«, »the true and false church« and »the marks of the church«. The paper found agreement in Luther scholarship that the word of God dominates Luther's ecclesiology. Luther, however, seems to be ambivalent in regard to his view of the papal church which is still faithful to the word of God but is so dominated by »human traditions« that it has become the devil's church. The »addendum« on Melanchthon tried to show that the younger Melanchthon agreed with Luther's ecclesiology – especially in »The Augsburg Confession« and its »Apology« –, but later differed from Luther in his emphasis on the church as the guardian of »pure doctrine« (doctrina evangelii incorrupta) and as a »scholastic assembly« (coetus scholasticus).

2. *Sabine Hiebsch* presented a paper on »Luther's concept of the church in his Sermon on Genesis 31« – 1524: WA 14, 423-433; 1527: WA 24, 540-656 – which is part of her doctoral thesis »Lea und Rachel in Luthers Genesispredigten«. She supplied the seminar with several texts for a joint exegesis which showed that Luther spoke of a church from creation to the end of time, often in a dialectical dualism of »inner and outer«, »true and false". Questions were raised regarding the contemporary use of Luther's findings, also in reference to women.

3. *Jeffrey Jaynes* summarized the findings of his doctoral dissertation »Luther, Melanchthon and the ordinances of the church (Kirchenordnungen)«. He showed how the ordinances reflected the practical attention to the relationship between »doctrine« and »discipline«. Melanchthon seemed to be more comfortable than Luther with the creation of ordinances even though the understanding of the eucharist differed in various territories where the ordinances were introduced.

4. *George Posfay* presented a paper dealing with an earlier, extensive work »... The whole Christian church on earth ...: a study in Luther's conception of the universality of the church«. The paper was an updated version of part D, c. 13: »The importance of the gospel in Luther's writings about the renewal of the church«. The seminar discussed the key text in Luther's writings, his commentary on the third article of the creed with its focus on the unity between the individual believer and »the whole Christian church on earth« (BSLK, 512, 5 f). The paper tried to show how Luther understood himself as a reformer for the sake of Christian unity and not as a sectarian; for the gospel itself is

always universal and needs a universally undivided church to instrument the gospel in word and sacrament.

5. *Jari Jolkkonen* offered »A short presentation on the question whether Luther had any positive theory on the primacy of the Roman bishop«. The paper noted an ambivalence in Luther's view after 1522: Luther seemed open to a »reformed papacy«, but also frequently rejected every kind of primacy. The seminar also discussed Melanchthon's position, especially in »The Smalcald articles« (BSLK, 463, 10 - 464,7) where he affirmed a papacy »jure humano«.

6. *Günther Gassmann* presented a paper on »Luther and Melanchthon: central ecclesiological emphases in the Lutheran Confession«. The paper referred to a number of different emphases and perspectives in Luther's and Melanchthon's texts, e.g., between Melanchthon's concern with the true and false church in its wider and its proper sense and Luther's view of the church as a given reality which is the realm of our salvation. Yet these and other differences are to be seen as complementary emphases and not as contradictions.

7. *Rolf Decot*'s paper dealt with »Einheit der Kirche und Papsttum bei Philipp Melanchthon (und Martin Luther im Vergleich)«. The paper disclosed Melanchthon's emphasis of »reine Lehre« as a greater priority than the papacy as a sign of unity. It concluded with the notion that »a Roman Catholic perspective« could incorporate Melanchthon's view of the papacy »jure humano« as a symbol of unity based on a »biblically understood Petrusdienst«.

Major items of discussion were Luther's and Melanchthon's views of the ordained ministry in relation to ecclesial unity; the notion of »hierarchy« and its contemporary usefulness; Luther's distinction between »inner« and »outer« church; the notion of a »true« and »false church« in relation to contemporary views of Christian unity; and the sometimes still popular view of Melanchthon as a reformer who betrayed rather than preserved Luther's legacy. The seminar tended to view Luther and Melanchthon as allies in their concept of the church, with complementary rather than divisive features in their respective ecclesiologies. There was also discussion of major papers offered in the plenum of this Congress. On the whole, the members of the seminar enjoyed the wide-ranging discussion in the sessions, but conceded that more work on the seminar topic needed to be done.

Rechtfertigung und Heiligung bei Martin Luther und Philipp Melanchthon

Seminarleiter: Simo Peura
Berichterstatter: Rainer Vinke

Die elf Teilnehmer des Seminars hatten Luther- bzw. Melanchthontexte ausgewählt, um sie mit Blick auf die Fragestellung des Seminars zu behandeln und das Ergebnis in einem Arbeitspapier vorzustellen. Die Berichterstattung über die Referate berücksichtigt die zumeist lebhafte Diskussion.

Bo Kristian Holm untersuchte das Seminarthema anhand von Luthers »Tractatus de libertate christiana«. Ausgehend von der sozialanthropologischen Erkenntnis, daß jedes Geschenk ein sich fortsetzendes Austauschgeschehen in Gang setzt, arbeitete Holm die Besonderheit dieses Gegenseitigkeitsprinzips bei Luther heraus. Gottes Wort rechtfertigt den inneren Menschen und schafft ihn neu. Der Christ wird mit dem Wort vereinigt und dadurch wird er frei, Gott zu geben, was ihm gebührt, und das ist nicht irgendetwas, sondern sich selbst. Keine Gabe kann die Selbsthingabe ersetzen. Mit Blick auf den Nächsten realisiert sich die geschenkte Freiheit als Dienst in der Liebe. Dessen Ziel ist es, den äußeren Menschen so zu gestalten, daß er dem erneuerten, inneren Menschen konform wird. Gegenüber Gott kann der Mensch nur sein sündiges Unvermögen einbringen. Seine Rechtfertigung bleibt reine Gabe, die aber führt zu einem gegenseitigen Austausch der Gaben und Güter mit dem Nächsten.

Andreas Pawlas hatte sich Luthers Sermon »Von den guten Werken« als Quelle gewählt. Luther wendet sich darin gegen den Vorwurf, er verbiete die guten Werke, und er entfaltet eine Ethik aus dem Rechtfertigungsglauben heraus, um jenen zu widerlegen. Die entscheidende Bedeutung kommt dem Glauben zu, den er als das höchste und edelste aller Werke bezeichnet. Wer aus diesem Glauben lebt, bedarf eigentlich keiner ethischen Anweisung. Das, was ihm vor Augen kommt, tut er, fröhlich und frei aus reiner Lust, Gott damit zu dienen. Dieser Glaube bewirkt, daß alle Werke gleichrangig sind. Daher gibt es keine Werke mehr, die Gott besonders wohlgefällig wären, ja, die ganz normale berufliche Beschäftigung gehört zu der Tätigkeit, die aus dem Glauben geschieht und in der er sich übt. Obwohl der Glaube imgrunde weiß, was er zu tun hat, entfaltet Luther anhand der Zehn Gebote trotzdem eine ethische Orientierung, in der er immer wieder die bestimmende Rolle des Glaubens hervorhebt, aber auch herausstreicht, daß beispielsweise die Gehorsampflicht gegenüber Eltern und Obrigkeit dort ihre Grenze finden muß, wo sie die Gebote der ersten Tafel verletzt.

Gerhard O. Forde behandelte das Seminarthema anhand von Luthers 1520 erschienener Schrift »Ein Sermon von dem neuen Testament, das ist von der heiligen Messe«. Luthers Argumentation setzt bei dem Gedanken ein, daß das Gesetz weder zur Sündenvergebung noch zur Heiligung etwas Positives beiträgt, denn es kann in keinem Fall hervorbringen, was es verlangt, nämlich die fröhliche Hingabe des Herzens, die es spontan und freiwillig erfüllt. Es kann allenfalls zu äußerlicher Gerechtigkeit führen, jedoch »frum leut« kann es nicht hervorbringen. Zudem führt jede Gesetzeserfüllung zu Spaltungen, weil verschiedene Menschen auch verschiedene Wege zu dieser Erfüllung beschreiten und jeder meint, seiner sei der richtige. Weil Christus sich ein in der Liebe geeinigtes Volk bereiten wollte, hat er, wie Luther ausdrücklich hervorhebt, das ganze mosaische Gesetz aufgehoben und an dessen Stelle »einen Brauch oder ein Gesetz« gegeben, und das ist die heilige Messe, sein Testament, das durch seinen Tod bekräftigt wurde und Gültigkeit erlangte. Der Mensch braucht der Zusage, die in der Messe durch Wort und Sakrament ergeht, nur zu glauben und damit Gott die Ehre zu erweisen, dann »macht er sich einen gnädigen Gott«. Hier liegt der Grund, auf dem seine Worte und Gedanken bauen können, der allein ein Streben nach Heiligung ermöglicht.

Hartmut Hövelmann erörterte das Seminarthema anhand der Invokavitpredigten, mit denen Luther vom 9. bis 16. März 1522 die vor allem von Andreas Bodenstein aus Karlstadt (1486-1541) ausgelösten Wittenberger Unruhen beseitigte. Luther trifft zu Beginn vier Feststellungen: 1. Alle sind Kinder des Zorns. Ihre Gedanken und Werke können nur als sündhaft qualifiziert werden. 2. Gott hat seinen Sohn gesandt, um die Glaubenden von ihrer Sünde zu erlösen. Diese beiden Punkte seien genügend gepredigt und deshalb hinreichend bekannt. 3. Mangele es an der Liebe, mit der wir den Nächsten so behandeln sollen, wie Gott mit uns durch den Glauben gehandelt hat, und 4. an der Geduld, die notwendig ist, um die täglichen Versuchungen zu bestehen. Der Glaube gehört zu den Dingen, die fest bestimmt in unseren Herzen sein müssen, die Liebe aber orientiert sich an den Bedürfnissen des Nächsten und verfährt flexibel. Sie hat sorgfältig zwischen den Dingen zu unterscheiden, die sein müssen, und denen, die frei sind. Höwelmann erkennt in Luthers Ausführungen über die Liebe die seelsorgerliche Dimension seiner Theologie. Die Begriffe »Rechtfertigung« und »Heiligung« werden nahezu synonym verwendet, weil eines nicht ohne das andere sein kann. In der flexiblen Art, mit der die Liebe jede Problemlösung am Nächsten orientiert, sieht er eine Abkehr von jeder Normethik und eine Entmoralisierung der Heiligung.

Rainer Vinke untersuchte Rechtfertigung und Heiligung in Melanchthons »Loci communes rerum theologicarum seu hypotyposes theologicae« von 1521. Melanchthon will auch in der systematischen Disziplin der Loci communes biblische Theologie betreiben, das heißt, die biblischen Inhalte unter einem Allgemeinbegriff zusammenstellen. Er möchte damit die Studien derer unterstützen, die sich mit der Heiligen Schrift beschäftigen. Jede Spekulation über die mysteria divinitatis lehnt er ab. Sie sind eher anzubeten als zu erforschen. Er befürwortet eine konsequent soteriologisch-existentiell ausgerichtete Theologie. Der freie Wille hat nur ein Vermögen zum Bösen, jedes Werk vor der Rechtfertigung ist theologisch betrachtet Sünde. Die Rechtfertigung geschieht – so Melanchthon wörtlich – sola fide. Dabei versteht er unter Glaube eine beständige Zustimmung zum Wort Gottes, die der Heilige Geist durch die Erneuerung und Erleuchtung des menschlichen Herzens bewirkt. Nach der Rechtfertigung entsteht Friede und Dankbarkeit gegen Gott, die zur freudig-spontanen Gesetzeserfüllung führt. Aber die Rechtfertigung ist noch nicht abgeschlossen, deswegen sind auch die Werke, die jetzt getan werden, noch sündig. Um des Glaubens willen werden sie

jedoch nicht mehr als Sünde angerechnet. Lohn erhält der Glaubende, weil Gott ihn verheißen hat, nicht weil er ihn verdient hätte. Um 1521 weist Melanchthons Theologie kaum Unterschiede zu der Luthers auf. Wenn hier unterschiedliche Nuancen hervortreten, dann weil Melanchthons Blickrichtung konsequenter anthropologisch orientiert ist als die Luthers.

Melanchthons gegen die altgläubige Confutatio gerichtete »Apologia Confessionis Augustanae« war die Quellenbasis für das Referat von *Armin Ernst Buchrucker*. Dabei ging es vor allem um den Stellenwert, der den Werken des Menschen im Rechtfertigungsprozeß zukommt. Während die altgläubige Seite darauf bestand, daß der Glaube mit H 11, 1 lediglich ein Überzeugtsein ist, von dem, was man hofft, und daher allein nicht rechtfertigt, sondern daß die Liebe rechtfertigt oder zumindest der Glaube, der durch die Liebe wirkt, beharrt Melanchthon darauf, daß allein der durch den Heiligen Geist gewirkte Glaube rechtfertigt. Denn nur dann ist gewährleistet, daß die Rechtfertigung gewiß ist, weil sie von keinerlei menschlichem Vermögen oder Beitrag abhängt. Jedoch betont Melanchthon stets, daß dieser rechtfertigende Glaube sich in Früchten, das heißt in Werken der Liebe, äußern muß. Damit hat der Prozeß der Gesetzeserfüllung begonnen, die Gott um des Glaubens willen gefällt. Um des Glaubens willen wird auch das, was hier noch mangelt, nicht mehr als Sünde angerechnet. Aber der Mensch ist nicht »aus den Werken gerecht, nicht in den Werken gerecht, sondern zu guten Werken gerecht« (Friedrich Brunstäd).

Martin Seils behandelte das Seminarthema anhand von Luthers »Rhapsodia seu concepta in librum de loco iustificationis cum aliis obiter additis«, die aus der Zeit seines Coburgaufenthaltes 1530 stammen und von Veit Dietrich (1506-1549) zusammengestellt wurden. Um zu klären, was zu Luther unter Heiligung versteht, ging er von einer Predigt am 25. November 1526 zu Jr 23, 6 aus. Das Subjekt der Heiligung ist demnach niemals der sich heiligende Mensch, sondern der rechtfertigende und heiligende Christus, der den Menschen reinigt und heiligt, solange er lebt. Aus Luthers »concepta« geht deutlich hervor, daß er nur die »einfache Gerechtigkeit des Glaubens und der Werke« kennt. Ohne Glaube sind selbst die Werke der Heiligen Sünde. Der Glaube jedoch kommt nicht durch Werke, sondern durch das Wort der Zusage. Die Werke des Gerechtfertigten aber machen den Glauben nach außen deutlich. Es kann deshalb kein Zweifel daran bestehen, daß Luther aus dem Glauben folgende Werke und damit eine – wenn auch allein der Glaubensgerechtigkeit zu verdankende – Heiligung für schlechterdings erforderlich gehalten hat, sei es, daß er die Werke als Früchte des Glaubens oder als Erfüllung des Gesetzes verstand, die durch den Glauben an die Verheißung ermöglicht wird. Luther sucht die Verbindung von theologischer und moralischer Beziehung von Glaube und Werk. Der Glaubende soll vor Gott und den Menschen vollkommen und geheiligt sein.

Jörgen Ertner untersuchte die Thesen, die Luther 1537 für die Promotion von Peder Palladius (1503-1560) und Tileman (1497 - nach 1537) auf dem Hintergrund des Cordatusstreites verfaßt hat. Luther trifft zu Beginn eine Unterscheidung zwischen Werken des Gesetzes und Werken der Gnade. Beide bezeichnet er als notwendig. Die Werke des Gesetzes sind es, weil der menschliche Wille zur Erhaltung von Ordnung und Frieden gezwungen werden muß. Auch die Werke der Gnade sind notwendig. Sie gehen aus dem Glauben hervor, wenn der Heilige Geist den Willen des Menschen erneuert und bewegt hat. Sie rechtfertigen nicht, aber der Gerechtfertigte bringt sie hervor. Die Notwendigkeit, mit der das geschieht, ist keine logische, sondern eine theologische. Sowie der Sonnenschein notwendigerweise Licht und Wärme gibt, entstehen sie aus dem Glauben. Der Glaube erfüllt das Gesetz, weil Gott ihm die Gerechtigkeit Christi zurechnet. Die Liebe erfüllt es, wenn unser sündiger Wille dereinst

geheilt ist und wir in der conformitas Christi leben. Aber dann wird das Gesetz abgeschafft und die Liebe alles in allem sein.

Simo Peura behandelte den Streit über die Rechtfertigung zwischen Melanchthon und Andreas Osiander d. Ä. (1498-1552). Zum Verständnis der Position Osianders ist es unerläßlich, seine christologische Grundentscheidung zu beachten, derzufolge Christus zwar eine Person ist, bei seinen Taten und Wirkungen aber genau unterschieden werden muß, was der göttlichen und was der menschlichen Natur zukommt. Das Verdienst, das er am Kreuz erwirbt, geht auf seine menschliche Natur zurück. Die Gerechtigkeit aber, die er in uns wirkt, indem er uns einwohnt, ist allein auf seine göttliche Natur zurückzuführen. Der Menschheit Christi kommt das Verdienst zu, den Zorn Gottes besänftigt zu haben, sie ist notwendiges Instrument zur Übereignung der Gerechtigkeit. Als forensischen Aspekt der Rechtfertigung möchte Osiander nur die Feststellung gelten lassen, daß der Mensch gerecht ist, wenn die essentiale Gerechtigkeit Gottes in ihm wohnt. Melanchthon geht von der Verkündigung des Versöhnungstat Christi aus. Durch sie wird uns sein Verdienst zur Gerechtigkeit angerechnet. Die essentielle Gerechtigkeit kommt dann in einem langen Wirkungsprozeß nach dieser Anrechnung zustande. Die Gnade, die uns die Vergebung der Sünde schenkt, wird dabei zur Voraussetzung für die Gabe, die unsere Erneuerung bewirkt. Melanchthon hält unbedingt an der Personeinheit Christi fest, denn Mittler kann er für ihn nur dann sein, wenn er Gott und Mensch zugleich ist. Zwischen der Allgegenwart Gottes und Gottes Einwohnung in den Gläubigen aber möchte er unterscheiden. Wenn Christus in uns wohnt, so wohnt der Geist Christi in uns und macht uns neu.

Reinhard Flogaus behandelte das Problem »Luther versus Melanchthon?« anhand der Frage nach der Einheit der Wittenberger Reformation in der Rechtfertigungslehre. Zwar begegnet der forensische Aspekt bei Melanchthon, insbesondere wenn er R 4, 25 oder Gn 15, 6 auslegt, aber die Rechtfertigung ist für ihn stets zugleich auch Gerechtmachung. Der einzige Unterschied zu Luther besteht darin, daß er die Rechtfertigung christologisch, die Heiligung dagegen pneumatologisch qualifiziert, während Luther bis zu den Antinomerstreitigkeiten beides auf Christi Person und Werk bezieht. Erst danach unterscheidet auch er Gnade und Gabe schärfer und ordnet die Gnade Christus und die Gabe dem Heiligen Geist zu. Das Gegenwart-Christi-Motiv und der fröhliche Wechsel treten jetzt bei Luther zurück, bei Melanchthon standen sie nie an hervorgehobener Stelle. Während Melanchthon Gerechtssprechung und Gerechtmachung so eng aufeinander bezieht, daß er zumeist ihre Gleichzeitigkeit betont, spricht Luther seit 1532 von den »duae partes iustificationis« und sieht ein Nacheinander von Sündenvergebung, die Christus wirkt, und Heiligung, die sich als Folge der Einwohnung des Heiligen Geistes einstellt. Beides aber gehört für Luther und Melanchthon untrennbar zusammen. Erst die Konkordienformel beschränkt die Rechtfertigung auf die Gerechtsprechung und trennt sie streng von der Heiligung.

Israel-Peter Mwakyolili hob in seinem Referat hervor, daß Luthers Rechtfertigungslehre als Antwort auf seine Herzensfrage nach dem gnädigen Gott verstanden werden muß. Die Recht-fertigungslehre ist daher das theologische Prinzip, aus dem alles andere abgeleitet werden muß. Bezogen auf die Denkweise der afrikanischen Welt ist dieses Prinzip jedoch zu individualistisch. Denn hier kann sich die Person nur von der Gemeinschaft her definieren. Wie soll sich ein Missionar beispielsweise verhalten, wenn ein polygam lebender Mann getauft werden möchte? Muß er verlangen, daß der Mann eine Frau heiratet und die anderen verstößt? Wie soll er sich einer Witwe gegenüber verhalten, deren Mann als Heide gestorben ist und die zwar als Christin leben, aber sich nicht taufen lassen möchte, weil sie in der Gemeinschaft mit dem verstorbenen Mann bleiben will? Auch im Verständnis der Schuld überwiegt in Afrika der Gemeinschaftsaspekt. Entsprechend müssen auch Erlösung und Versöhnung kollektiv verstanden werden. Die individuell verstandene Rechtfertigungslehre muß daher für Afrika weiter entwickelt werden.

Zusammenfassend läßt sich feststellen, daß die Unterschiede zwischen Melanchthons und Luthers Rechtfertigungslehre weniger auf eine Differenz in der Sache, als auf unterschiedliche Blickrichtungen und Denkstrukturen zurückgehen. Daß Rechtfertigung und Heiligung unbedingt zusammengehören und daß beides aus reiner Gnade geschieht, war trotz mancher Differenzen im Detail unter den Teilnehmern Konsens.

Christianity and Culture in Luther and Melanchthon

Seminar Leader: Scott Hendrix
Reporter: Louis Reith

The purpose of this seminar was to investigate the extent to which Luther and Melanchthon thought the Reformation should intensify the Christian dimension of European culture. Both the presentations and the discussions focused on the following general questions: How did each reformer use the word »Christian« and could it mean the same for both of them? How did each reformer envision the place of a renewed Christianity in the culture at large? Did the humanism of Melanchthon cause him to be more interested than Luther in the specifically Christian identity of institutions like government, marriage, and schools? The discussion of such questions was structured around four presentations based on the following texts:

1. Martin Luther: Vom ehelichen Leben, 1522; led by Scott Hendrix.

2. Philipp Melanchthon: Philosophiae moralis epitomes, 1546; led by Risto Saarinen.

3. Philipp Melanchthon: De corrigendis adolescentiae studiis, 1518; In laudem novae scholae, 1526; Encomium eloquentiae, 1523; led by Ralph Keen.

4. Martin Luther: An die Ratsherren aller Städte deutschen Lands, daß sie christliche Schulen aufrichten und halten sollen, 1524; Eine Predigt, daß man Kinder zur Schule halten solle, 1530; led by James Kittelson, who offered to present these texts in place of the deceased Bernhard Lohse.

In his presentation on the treatise »Vom ehelichen Leben«, *Scott Hendrix* argued that Luther did not intend to submit a more secular notion of marriage than the medieval sacramental view. Instead, Luther offered a non-sacramental theology of marriage which he thought would enable believers to lead a more Chris-

tian life in the estate of matrimony. Luther did make some statements which have led to the opinion that he was trying to secularize marriage. He called marriage a »worldly affair« and stressed that Christians could marry non-Christians just as they could do business with non-Christians. Luther also allowed divorce on several grounds. At the same time, Luther stressed that marriage was a »werck« of God instituted with the creation of women and men whom God commanded to be fruitful and multiply (Gn 1, 28). Furthermore, although divorce was permitted on grounds of adultery, Luther suggested that believers who were seriously trying to live as Christians would not make use of that ground. In the long third part of his treatise, Luther distinguished between marriage in general and the Christian practice of marriage and denounced what he described as the »pagan« disparagement of both marriage and women. In addition to these passages, the seminar also debated Hendrix's critique of Joel Harrington's emphasis on the continuity between medieval and Reformation efforts to christianize marriage within European culture.

Risto Saarinen presented Melanchthon's ethics as his attempt to answer the larger question of whether theology and philosophy could distinguish a specific Christian ethic from a general philosophical ethic. According to Saarinen, Melanchthon's »Philosophiae moralis epitomes« of 1546 did contain a specifically Christian ethic although that work distinguished sharply between moral philosophy and the gospel. In the first place, moral philosophy was based on natural law, which in turn arose out of divine law implanted in everyone by God at creation. In the second place, Melanchthon accepted the role of assisting or secondary causes in the production of virtue and assigned some of them to specific gifts of God. In the third place, Melanchthon argued that Christian doctrine and moral philosophy complemented each other. Only theology could point out the true cause of human weakness, while ethics demonstrated the usefulness of doctrine in everyday life. Discussion of this presentation focused on two sets of contrasts: 1. between a Christian and a more general theological ethic; and 2. between Melanchthon's ethics and the moral theory of other Reformation and pre-Reformation theologians. Saarinen emphasized that Melanchthon's treatise played an important role in the birth of a distinct discipline of Christian ethics.

In his analysis of Melanchthon's orations on education, *Ralph Keen* offered profiles of three different Melanchthons. First, the oration »De corrigendis adolescentiae studiis« of 1518 was the purely literary production of a young humanist who had no theological agenda at all. The same stance was taken by Melanchthon in 1526 when he delivered the oration »In laudem novae scholae« in Nürnberg. Second, the oration »Encomium eloquentiae«, delivered in 1523, showed Melanchthon as a humanist scholar who had developed a more practical and positive view of the service which clarity of speech could render to theology and to learning and morality in general. Finally, from the mid-1520s on, Melanchthon's orations revealed him to be a humanist theologian who had fully integrated scholarship with the church and Christian life. Keen argued that stage three should not be seen as evidence of Melanchthon's rationalism but as the culmination of his inclusive identity as a Christian intellectual, who could integrate Christian faith into the realm of human experience without secularizing it.

Discussion centered on this thesis and on the appropriateness of dividing Melanchthon's career into the suggested stages. Did Melanchthon have to be converted, as it were, by the Wittenbergers to the integration of theology with humanism, or did Melanchthon find in the Christian humanist agenda at Wittenberg an environment that was already compatible with his own interests?

Introducing Luther's two educational treatises, *James Kittelson* noted how the reformer wrestled with the task of constructing a new German educational culture now that the old monastic schools were declared unchristian institutions. Luther graphically pointed out the neglect of schools and pupils in the Germany of his day, and he saw this neglect as one sign of the last days. Nevertheless, he assumed that it was necessary to construct a new evangelical society, however temporary it might be, on the foundation of genuine Christian schools. It was Luther's conviction that the urban patriciate and the territorial princes, though secular rulers, had a moral obligation to foster Christian learning and thus to promote a Christian culture within that society. That obligation included the training of clergy, to which Luther gave considerable attention in the sermon on keeping children in school. In these pamphlets, which were certainly intended for a more popular audience than Melanchthon's orations, it was difficult for readers to make the same sharp distinctions between spiritual and temporal or between »christlich« and »vernünftig« which modern scholars have been able to find in works of Luther like »Von weltlicher Oberkeit, ...«. Participants debated the use of terminology by Luther and the nature of the social vision which underlay that language.

The final discussion dealt with the issue of whether Melanchthon and Luther had a common agenda for the Christian reform of German society. Considerable support was expressed for such an agenda, but attention was also called to differences between the ways that each reformer utilized aspects of Christian humanism and articulated a theology of two kingdoms. The contrast between the audiences addressed by each reformer suggested to one participant that the Reformation might be seen as a musical piece in which the popular melody was enriched by an erudite counterpoint. The multicultural experience of seminar participants – combining backgrounds from six countries and four continents – also enriched the seminar with insights on the relationship between Christianity and culture in today's world.

Education and Worship in Luther's Work

Seminar leader: Carl Axel Aurelius
Reporter: Carl Axel Aurelius

The seminar was bilingual with contributions both in English and in German. As the leader of the seminar I gave an introductory lecture. The focus was on the relationship between education and worship in the catechetical work of the Reformers, underlining the intended use of the catechism. In my perspective catechism should be understood primarily as an introduction, or a training, into the life and faith of the worshipping congregation, rather than a summary of doctrine.

In the following dicussion the genre and function of the catechism was further developed through valuable contributions by *Mary Jane Haemig* on preaching the catechism as a transformal enterprise and by *Oddvar Jensen* on the theology of the catechism.

Birgit Stolt focused especially on Luther's concept of faith, elaborating his understanding of the meaning of »von Herzen glauben« (R 10, 10) and the difference as well as the relation between »affectus« and »intellectus«.

Pekka Kärkkäinen reflected, among other things, upon Luther's exposition of the Creed in different texts.

The discussion about the original aim and function of catechism in the time of the Reformation was very fruitful and important, not the least with regard to the »distortion« of catechetical work in later centuries.

Education and Vocation in the Reformation

Seminar leader: Marilyn J. Harran
Reporter: Robert Rosin

The group began with an overview led by *Marilyn Harran*, noting Luther's educational ideas that might be seen contributing to Bildung and Erziehung. Along with humanist influenced theological studies aimed at forming clergy, Luther's broader emphasis on universal (boys and girls) schooling sowed seed that likely would not yield quick results but that did hold potential for a long-term impact. Even as society began with a focus on the home, so schooling also was first a concern of the family and then by extension of society. The purposes, content, and strategies (especially Luther's) were reviewed. As in any such major undertaking, development comes in fits and spurts and will force rethinking along the way, yet overall the trend was positive. The view of Reformation education being a failure was challenged. Intentions and results need to be considered not simply in terms of seemingly ideal intentions but also in terms of such theological categories as sin and grace. When the reformers theological matrix is allowed in on the discussion of education's success or failure, any utopian-like talk of what education might produce is precluded. Like teachers today, the reformers hoped to accomplish much in the classroom yet realistically expected mixed results.

Philipp Melanchthon's pedagogical ideas came next on the agenda with *Markus Wriedt* guiding the discussion along theological lines. While Melanchthon's methodology is familiar ground and his educational structure has been much studied, it is equally important to view these through a theological prism. Melanchthon's curriculum did not simply contain an element of theology as one of several subjects but was fundamentally and essentially theological from its roots. Luther is often called the theologian while Melanchthon is cast as the technical expert, strong on structure and implementation of curricular reform but with less emphasis on theology. Thus Melanchthon's slight emphasis becomes little more than an echo of Luther. Wriedt demonstrated otherwise. Melanchthon's pedagogy as it relates to such topics as the law's usus civilis, sin, or the will illustrates the complexity of his theology. In Melanchthon's hands, ideas such as eloquence, language studies, and the schola domestica also carry heavy theological freight.

Educational efforts of subsequent generations came next. *Robert Rosin* sampled educational ideas and motifs on both the Roman Catholic and the Evangelical sides. The Roman example seemed to lean heavily on Luther's rhetoric when appealing for schools establishment and support, though the rationale for reform and its aim and purpose still bore the marks of pre-Reformation schooling. The second generation of Evangelicals took its cue from Melanchthon's theological mind and curriculum. Eden was once a kind of school; now the aim was to make schools Edens with learning in bloom. But as with Luther, high rhetoric was not intended to guarantee or even suggest a promise of some golden age. Rather it served to encourage and inspire efforts in behalf of theology and the liberal arts.

Johannes Sturm (1507-1589) was highlighted as the third man of education behind Luther and Melanchthon. To »Glaube« and »Bildung«, Sturm added »Erziehung« as part of the core. *Lewis W. Spitz* laid out Sturm's Gymnasium patterns. What Sturm spelled out in detail was not only copied on that level but inspired higher efforts in Strasbourg's academy and university. Internationally Sturm influenced England's Elizabeth (1533, 1558-1603) through tutor Roger Ascham (1515-1568) and Geneva through Calvin and Claude Baduel (1491?-1561). Catholic scholars also sought his advice. Sturm's correspondence shows an astounding range of contacts. Sturm hoped classical education overlaid with Christianity would yield rich ethical and intellectual results for the community. Detailed to a fault, his treatises show keen insights into child development and teaching methodology. Great hopes balanced by a realistic view of humanity marked Sturm's search for God's special providence wisdom.

In the Suisse Romande, protestant reformers wanted an educated clergy, but with not enough schools for the task they were forced to fill the educational gap. *Jeannine Olson* sketched various strategies taken. A university town could reorient its theological faculty along reformation lines as Heidelberg did, moving from

Catholic through Lutheran to Reformed. Cities with inferior schools (or none) built from scratch to train pastors. Provisions were made for public lectures or private instruction so new pastors could improve on ancient languages for exegesis, and stand-out students might go away to established universities. Energetic efforts brought results as Geneva and Lausanne drew students from a wide range and sent many pastors in return who took their experiences as models for institutions founded elsewhere.

Since 1850 when Luther's name became known in China, missionaries and Chinese scholars discussed the reformer and the evangelical movement, as outlined by *Lei Yutian*. Some on the late Ching Dynasty (1898-1912)

regarded Luther a hero and Kang Youwei (1858-1927) spoke of Confucian Martin Luther. In the first half of the twentieth century educational reform invoked western concepts and practices, including Luther's. His ideas on general, widespread schooling, on education for girls, and on education rooted in a family context all served as part of the foundation and frame for China's new educational endeavors.

Overall the impression is clear: while the Reformation's educational ideas and practices have been much studied and have had a long-term impact, the topic is hardly closed in terms of rethinking what is already known, in considering material still coming to light, and in tracing the results through the ages.

Luthers Auseinandersetzung mit spätmittelalterlicher Theologie und Frömmigkeit 1518-1521

Seminarleiter: Christoph Burger und Theodor Dieter
Berichterstatter: Theodor Dieter

Kritische Rezeption, schöpferische Umformung oder auch polemische Abweisung traditioneller theologischer Lehren und Formen der Frömmigkeit gehören wesentlich zu Luthers Theologie. Solche Auseinandersetzungen beschränken sich nicht auf deren Frühphase. Die möglichst genaue Bestimmung von Luthers Verhältnis zu traditionellen Lehrstücken ist darum für ein angemessenes Verständnis seiner Theologie unerläßlich. Im Seminar wurden Luthertexte aus den Jahren von 1518 bis 1521 im Blick auf ihren Bezug zur Tradition analysiert.

Christoph Burger referierte über »Ein Muster an Tugend entmutigt nur: spätmittelalterliche Marienfrömmigkeit im Spiegel [im Zerrspiegel?] von Martin Luthers Auslegung des ›Magni-

fikat‹ (L 1, 46b-55) aus den Jahren 1520/21«. Er skizzierte zwei von Luther abgelehnte Stränge in der Geschichte der Marienverehrung: die Deutung Marias 1. als eine hochadlige, reiche, mächtige Herrscherin und 2. als einen gerade durch tugendhafte Demut erhabenen Antitypus zu Eva. Luther dagegen betont, weil Maria sozial wie geistlich »niedrig« sei und diese Lage im Vertrauen auf Gott akzeptiere, sei sie offen für Gottes »Hin-Sehen« auf sie und könne sie sozial wie geistlich »niedrigen« Menschen Mut machen.

Jared Wicks untersuchte in seinem Beitrag »Applied theology at the deathbed: Luther and the late-medieval tradition of the ars moriendi« sechs Werke, zwischen 1400 und 1510 erschienene Handreichungen für Pfarrer zur Begleitung Sterbender – Autoren: Johannes Gerson (1363-1429), Thomas Peuntner (1360/80-1439), Johannes Geiler (1445-1510), Johannes Jeusser aus Paltz (1444/47-1511) –, und verglich sie mit Martin Luthers unmittelbar dem Sterbenden geltenden »Ein Sermon von der Bereitung zum Sterben« (1519). Die Texte über die ars moriendi bieten Ermahnungen, die Pfarrer geben können, Fragen, die die rechten inneren Verfassungen erwecken sollen, Gebete, die der Sterbende wiederholen können, und Anweisungen für praktische Maßnahmen. Die Ziele sind 1. die angemessene Erfüllung der kirchlichen Forderungen wie das vollständige Bekenntnis der eigenen Todsünden, 2. die Konzentration der Aufmerksamkeit auf das Erlangen des Heils, 3. die brennende Bitte um Hilfe durch Maria, die Engel oder die eigenen Schutzheiligen, 4. die Bitte an Jesus, an den Verdiensten seines Leidens teilhaben zu können, wenn man auf ein Kruzifix blickt. Luther nimmt an, daß das Totenbett der Ort eines intensiven Kampfes ist, wo böse Geister ihre Anstrengungen verdoppeln, um Menschen im Anblick des Todes zu erschrecken und um Verzweiflung über ihre Sünden und über die Möglichkeit, nicht für das ewige Leben prädestiniert zu sein, hervorzubringen. Gegen die bösartigen Bilder von Tod, Sünde und Verwerfung führt Luther die sterbende Person dahin, bei dem Bild des Christus am Kreuz zusammen mit allen seinen Heiligen, bei denen Leben, Gnade und Erwählung vorherrschend waren, zu verweilen. Am Totenbett führt Luther den Sterbenden zur meditatio crucis, die die Übung des echten Glaubens ist und für die die Sakramente der wesentliche Anreiz sind. Der richtige Empfang der Sakramente ist der Glaube, daß Christus *für mich* starb und daß seine Heiligen mir zu Hilfe kommen. Der Hauptunterschied zwischen der spätmittelalterlichen ars moriendi und Luther liegt in Luthers Konzentration auf den Glaubenskampf des Sterbenden und die trostvolle Gewißheit der Gnade Christi, die in den Sakramenten gegeben ist.

Frank Hofmann referierte über »Die Donatio Constantini und die Genese der Identifikation von Papst und Antichrist bei Luther«. Luther beschäftigte sich im Vorfeld der Leipziger Disputation zum einen mit historischen und juristischen Fragen des herrschenden Papsttums, die seine Zweifel an dessen Legitimität nährten. Zum andern führte ihn seine akademische Lehrtätigkeit im Fortgang der »Operationes in psalmos« zur Beschäftigung mit dem traditionell auf den Antichristen gedeuteten Ps 9b (Vg.). Beides zusammen bereitete den Boden dafür, daß die Lektüre von Laurentius Vallas (1406-1457) »De falso credita et ementita Constantini Donatione« Luther im Februar 1520 zur Identifikation von Papst und Antichrist führte. Die vorgetragene These wurde im Seminar kontrovers diskutiert und eine Überprüfung an weiteren Texten (vornehmlich der Jahre 1520/21) angeregt.

Jens Wolff berichtete unter dem Titel »Das allgemeine Priestertum aller Gläubigen: zu einem Teilaspekt von Luthers Ekklesiologie im Gegenüber zur zeitgenössischen Kontroverstheologie« über Luthers Auseinandersetzung mit Johann Eck (1486-1543), Thomas Murner (1475-1537) und Hieronymus Emser (1478-1527) im sogenannten Streitschriftenkrieg der Jahre 1520/21, der durch die Publikation der Adelsschrift ausgelöst worden war. Nach Wolff steht Luthers Priestertumslehre in Antithese zu dem lehramtlich in Geltung stehenden und durch die drei genannten Kontroverstheologen vertretenen Priesterbegriff. Während der Prozeß der konfessionellen Differenzierung im Jahr 1520 noch unentwickelt war, gab es im Streitschriftenkrieg deutliche Anzeichen dafür, daß die Lehre vom allgemeinen Priestertum – begründet anhand von 1 P 2,9 – eine außerordentlich starke Polarisierung zwischen den literarischen Gegnern bewirkte. Luthers Umformung des Priesterbegriffs begann mit der Hebräerbriefvorlesung.

Ziel des Beitrags »Luther and the condemnations from the universities Louvain and Cologne 1519/20« von *Anna Vind* war die Analyse der Verurteilungen von Luthers Lehre durch die Universitäten von Löwen und Köln 1519 (WA 6, 175-180) und Luthers Antwort auf sie 1520 (WA 6,181-195;). Die Untersuchung orientierte sich an drei Fragen: Was ist der Hintergrund der jeweiligen Texte? Wie drücken die Autoren das, was sie sagen wollen, aus? Was ist der Hauptinhalt der Texte? Die Untersuchung beleuchtete die historische Situation 1518 bis 1520 und vermittelte einen Eindruck von der systematischen Differenz zwischen Luther und den scholastischen Theologen im Blick auf das Verständnis von Schrift und Tradition und die Begriffe von Theologie und Philosophie.

Denis Janz erörterte das Thema »The late medieval pedagogy of guilt and Luther's innovation«. Die Studie hat als Ausgangspunkt die Annahme, daß jede christliche Moralerziehung die Verursachung von Schuldgefühlen einschließt und stark auf sie angewiesen ist. Im Zeitalter der Reformation geschah dies in der Familie und im »Haus«, in Predigten usw., vor allem aber in der Katechese, und dabei insbesondere im Kontext der Dekalogerklärungen. Eine Überprüfung von 20 spätmittelalterlichen Katechismen ergibt, daß in dieser Zeit das größte Gewicht in der Moralerziehung auf die Sünde des Stehlens gelegt wurde, während Luther das Schwergewicht auf das Gebot »Du sollst deinen Vater und deine Mutter ehren« legte.

Kurt-Victor Selge hat in seinem Beitrag »Mittelalterliche Traditionsbezüge in Luthers früher Theologie« den von Luther entworfenen Titelholzschnitt zur deutschen Ausgabe des »Consilium de emendanda ecclesia« wie auch Beispiele aus der Exegese Luthers mit Bezug auf mittelalterliche Traditionen interpretiert. Selge versteht jenen Titelholzschnitt von 1537 (siehe Martin Brecht: Martin Luther. Bd. 3. S 1987, Taf. 8), der darstellt, wie drei Kardinäle eine Kirche mit je 4-5 zusammengebundenen buschigen Schwänzen fegen, so: Nach Luthers Übersetzung von Dn 8,23 ist der Antichrist der rex potens faciebus; verschiedene Gesichter (facies) aber haben nach den mittelalterlichen

Ketzergesetzen auch die Ketzereien. Sie gehören zusammen wie die zusammengebundenen Schwänze der Füchse, die Simson nach Jdc 15, 4 f in die Weinberge der Philister jagte. Zugleich sollen die Füchse nach Ct 2, 15 aus dem Weinberg – der Kirche – gefangen werden. Wo der »Greuel der Verwüstung« in der Kirche regiert, sind auch die besten Reformen sinnlos. Selge stellte Luthers Grundsatz methodischer theologischer Schriftauslegung – »was Christum treibet« – in den Zusammenhang der mittelalterlichen Hermeneutik: »christologisch, vom Buchstaben ausgehend, vom klaren Wort über das Heilswerk Gottes aus, der ganzen Schrift ein einheitlich-vielstimmiges Aussehen verleihend«. Eck kann sich nicht wie Luther auf die tota scriptura beziehen, weil er nicht die Übereinstimmung der widersprüchlichen Worte im Versöhnungswerk Christi findet. So bedient sich die neue Lehre einer alten Hermeneutik.

Eeva Martikainen trug Überlegungen zum Thema »Die Freiheit des Willens: Luther zwischen via antiqua und via moderna« vor. Frühere Untersuchungen haben Luthers Verständnis der Freiheit mit dem von Thomas von Aquino (1225-1274), Wilhelm von Ockham (um 1285-1347) und Gabriel Biel (1410-1495) verglichen, kaum jedoch mit demjenigen von Luthers philosophischen Lehrern Jodocus Trutvetter (um 1460-1519) und Bartholomäus Arnoldi aus Usingen (um 1465-1532). Nach Martikainens Auffassung, die im Seminar nicht ohne Widerspruch blieb, ist es bemerkenswert, daß Luther bei seinen Erfurter Lehrern eine Lehrmeinung über die Freiheit des menschlichen Willens kennenlernte, in der die klassische Auffassung vom Verhältnis des Willens zu Gott mit bestimmten Zügen einer eher modernen Theorie der Willensfreiheit mit Bezug auf die geschaffenen Dinge verknüpft ist. Das Neue bei Luther sowohl im Vergleich zur aristotelischen Scholastik wie auch zum Denken von Luthers Lehrern besteht darin, daß die Freiheit des Willens im eigentlichen Sinn ausschließlich eine göttliche Eigenschaft ist. Das bedeutet, daß Gott allein im strengen Sinn zwischen zwei Alternativen wählen kann.

Theodor Dieter analysierte in seinem Beitrag »Luthers Verständnis von ›conscientia‹ in ›De votis monasticis‹ und die mittelalterlichen Gewissenskonzeptionen« das Problem, ob das Wort »Gewissen« sich bei scholastischen Autoren – als Akt der Anwendung praktisch-normativen Wissens auf eine Handlungssituation – und bei Luther – als Sein des Menschen vor Gott – auf »dasselbe« bezieht, das jedoch völlig unterschiedlich verstanden wird, oder ob es sich überhaupt auf Unterschiedliches bezieht und mithin äquivok ist. Wenn Luther das Gewissen als virtus iudicandi (WA 8, 606, 33) bezeichnet, knüpft er an das scholastische Verständnis des Gewissens als relationaler Größe an, die wesentlich auf anderes, auf das natürliche Gesetz bezogen ist und dessen Autorität in concretis zur Geltung bringt. Weil Luther jedoch das Gesetz von Dtn 6, 5 her geistlich versteht als die Ganzheit des Menschen in der Liebe zu Gott fordernd, gewinnt auch das Gewissen einen völlig anderen Charakter. Es ist nicht mehr allein und nicht primär auf einzelne Akte bezogen, sondern auf das Ganze und das Ganzsein der Person im Verhältnis zu Gott. Weil das Gesetz damit gebietet: »tu debes habere Christum et spiritum eius« (WA 56, 338, 28), kann es nicht anders als im Glauben an das Evangelium erfüllt werden, so daß gilt: »fides nihil aliud est quam bona conscientia« (WA 20, 718, 19 f). Der Bezug des Gewissens zum Gesetz begründet den Zusammenhang von Luthers Gewissensbegriff mit den scholastischen Konzeptionen, während das geistliche Verständnis des Gesetzes bei Luther Grund für die Differenz ist und deutlich macht, daß das Evangelium die das Gewissen als gutes Gewissen bestimmende Größe ist. Dennoch ist damit das auf einzelne Akte bezogene Gewissen bei Luther nicht verschwunden; er kennt ein »Gewissen vor den Leuten« (vgl. WA 36, 362, 39 -363, 34). Das Gewissen differenziert sich bei ihm und wird vielschichtig entsprechend den Dimensionen des Gesetzesbegriffs.

Die Beiträge und Diskussionen des Seminars zeigten, daß trotz zahlreicher vorzüglicher Editionen der Texte mittelalterlicher Autoren und grundlegender Untersuchungen etwa zum Verhältnis Luthers zu Biel, zur Mystik und zu anderen Traditionskomplexen die Traditionszusammenhänge in vielen Einzelfragen immer noch nicht genau erforscht sind, ferner, daß es bei bestimmten Textsorten (z. B. Predigten und Bibelauslegungen) noch erhebliche Lücken bei modernen Editionen gibt. Auch wird immer wieder deutlich, daß methodologische Fragen der Bestimmung des Verhältnisses Luthers zur Tradition meist nicht sehr intensiv diskutiert werden: Analysiert man, wie Luther andere Autoren rezipiert, oder fragt man nach »Wirkungen« und »Einflüssen« auf ihn? Von welcher Perspektive geht man hermeneutisch aus, wenn man einen theologischen Konflikt zu analysieren und zu interpretieren hat: von der Perspektive Luthers oder der mittelalterlichen Autoren, oder wechselt man die Perspektiven? Stellt man die Wahrheitsfrage im Blick auf den Umgang Luthers mit anderen Autoren, und wenn ja, wie? Wie verhalten sich historische und systematische Auslegung zueinander? Dies bedarf dringend weiterer Diskussion.

Die Zehn Gebote als theologisches Thema in der Schultheologie und bei Luther

Seminarleiterin: Ninna Jørgensen
Berichterstatterin: Ninna Jørgensen

Als Grundlage für die Diskussion diente die Predigtreihe Luthers, die 1518 in redigierter Gestalt unter dem Titel »Decem praecepta Wittenbergensi praedicata populo« erschien. Darüberhinaus hatten die Teilnehmer eigene Beiträge in näherer oder fernerer Anknüpfung an das Thema vorbereitet.

Die Bedeutung dieser Predigtreihe, die – wie von mehreren Teilnehmern hervorgehoben wurde – bisher ein Stiefkind der Lutherforschung war, wurde in dem Einleitungsreferat der *Seminarleiterin* unterstrichen. Ihrer Gattung nach ist sie ein »praeceptorium« und deshalb mit den (spät-)mittelalterlichen Praeceptorien vergleichbar. Die ursprünglichen Predigten, deren genauere Datierung noch am ersten Seminartag lebhaft diskutiert wurde, sind Luthers erste bekannte Beschäftigung mit dem Dekalog. In ihnen klingt das Echo der Lektüre von Augustins »De spiritu et littera« nach, u. a. in der noch in »Eine kurze Form etc.« 1520 ausgesprochenen Überzeugung, die Ordnung der Katechismusstücke sei von Gott selbst beschlossen. Denn der Dreiklang »tötendes Gesetz – revelatio der Gnade – Gebet / demütige Zuflucht zur Barmherzigkeit Gottes« ist fast wörtlich Augustin entlehnt. Diese Beobachtung könnte die anstehende Forschungsfrage auflockern, warum Luther (und die lutherischen Länder!) die übliche Ordnung dennoch beibehalten haben, nach der die Kinder ihre religiöse Erziehung mit dem Vaterunser anfangen. Luther ziele nicht auf den praktischen katechetischen Unterricht, sondern auf die »dispositio ordinatissima«, die er so vorgefunden habe. Seine theologische Aufwertung der Zehn Gebote war

schon durch seine akademische Tätigkeit etwas Naheliegendes und dürfe nicht zu eng auf dem Hintergrund spätmittelalterlicher Beichtpraxis gesehen werden.

Eröffnet wurde die Diskussion durch zwei Beiträge, die sich direkt mit der gemeinsamen Textbasis beschäftigten.

Uwe Rieske-Braun hat in seinem Referat die rechtfertigungstheologischen Aussagen in der Auslegung des Ersten Gebotes einer theologiegeschichtlichen Analyse unterworfen. Dies ist unter Berücksichtigung der Forschungsdiskussion über den jungen Luther und sein Durchbruchserlebnis geschehen. Zwischen den 1516 gehaltenen Predigten und ihrem Druck 1518 liege nach dem Urteil von Martin Brecht, Oswald Bayer, Matthias Kroeger eine bedeutsame Reifungsphase vor, während Ernst Bizer zuvor, etwa in der Römerbriefvorlesung 1515/16 noch eine Betonung der humilitas als heilsdisponierender conditio humana beobachtete. Die Predigtreihe blieb in dieser Debatte vermutlich deshalb weitgehend unberücksichtigt, weil in ihr die Behandlung des zeitgenössischen Aberglaubens dominiert. Es werden aber bei der Behandlung des Ersten Gebotes die theologischen Linien der weiteren Behandlung dieser Thematik aufgenommen, die über die Kritik am zeitgenössischen abusus hinausführen. Der Sinn der prohibitiven Formulierung »Non habebis« ist es, eher die vergangene Sünde aufzuweisen, denn die zukünftige zu verhindern. Alle Sünde wider das Erste Gebot entsteht aus der Unterschätzung der Sünde – die die securitas mit sich bringt – und dementsprechend der Heilstat Christi. Die fides Christi ist das einzig wirksame remedium wider die latent vorhandene menschliche Neigung sowohl zur inneren als zur äußeren Idolatrie. Die eingehende und detaillierte Kritik Luthers an den Mißbräuchen der Heiligenverehrung ist demnach ein Produkt dieser reifenden rechtfertigungstheologischen Prämissen Luthers, die in ihrem Grundgehalt vielleicht bereits in den gehaltenen Predigten zu finden sind.

Diese Prämissen könnten also – wenn die übliche Datierung hält! – schon 1516 vorgelegen haben. Hier wird die superbia als Übertretung des Ersten Gebotes ausgelegt, indem Luther sich gegen diejenigen wendet, »qui pro vero deo idolum sapientiae et iusticiae suae colunt«. Für sie sei Christus umsonst gestorben. Als Alternative zu dieser vom Hochmut gespeisten Idolatrie ist die Demut ein Korrelat des Glaubens. Der Glaube kann sich (gegen Bizer!) nicht anders verhalten. Diese Demut ist nicht als meritorische menschliche activitas zu verstehen, die das Heilswerk Christi zu ergänzen hat. Vielmehr spürt die fides in der Konzentration auf Christus zugleich die Radikalität der eigenen bleibenden Sündhaftigkeit und kann sie allein darum tragen, sofern sie propter Christum ignoriert werden darf. Auf dem Hintergrund dieser Ausführungen hat Rieske-Braun sich skeptisch geäußert, ob sich die (frühe) Datierung der rechtfertigungstheologisch pointierten Passagen der Predigtreihe durch Erich Vogelsang (ZKG 1931) halten läßt.

Direkt in Fortführung dieses Beitrags hat *Jörg Haustein* einige Forschungsergebnisse aus seiner Arbeit mit denselben Texten vorgelegt, da er infolge Krankheit auf ein angekündigtes längeres Referat hat verzichten müssen. Haustein hat die praktischen Aspekte und die seelsorgerischen Motive der Predigten sowie des Praeceptoriums besonders unterstrichen. Die Wittenberger Bevölkerung wurde durch diese Predigten, die den Charakter einer katechetischen Bildungsveranstaltung trugen, praktisch auf die Reformation vorbereitet. Als ein Novum bezog Luther die Heiligenpredigten mit in seine Predigten über die Texte des Kirchenjahres ein, statt wie üblich die Sermone de tempore von denen de sanctis zu trennen. Die in dieser Gattung beheimateten Ausführungen über Häresie hat er – weil schon selbst angeprangert? – ausgelassen. Direkt auf Rieske-Brauns Referat bezogen hielt Haustein die frühe Datierung der Predigten für unproblematisch. Sogar der Hinweis auf Luthers eigene Rede gegen die Ablaßmißbräuche gebe kein sicheres Indiz für eine spätere Datierung ab, da Luther hier durchaus seine eigene (frühere) Predigttätigkeit im Blick haben könne.

In der anschließenden Diskussion, die sich weithin um die Datierungsfrage zentrierte, hat Leif Grane Näheres über den Unterschied der früheren und späteren Akzentuierungen wissen wollen, während Johannes Brosseder auf die durchaus positive, anregende Funktion der von Bizer ausgelösten Diskussion hingewiesen hat.

Schließlich hat Ursula Stock darauf aufmerksam gemacht, daß die Auslegung des Fünften Gebotes in der dem Praeceptorium zugrundeliegenden Predigtreihe zu diesem Thema auskunftreich sein könnte. Dieser Anregung zustimmend hat die Seminarleiterin entschieden, den »Sermo: Dominica II. Adventus« (»Pauperes euangelizantur«) wegen seiner Thematisierung der »Johannes-der-Täufer-Funktion« und des »duplex officium euangelii« eigens zu lesen, um einer vorzeitigen Konzentration auf das Erste Gebot vorzubeugen. Dafür reichte die Zeit aber nicht aus.

Am zweiten Seminartag wurde Luthers spätmittelalterlicher Hintergrund entsprechend seiner eigenen Bedeutung behandelt, und zwar sowohl hinsichtlich der Laienkatechese wie auch der akademischen Theologie. Zuerst behandelte *Elfriede Starke* das Grabmal des Pfarrers Johannes Lupi. Danach ging *Leif Grane* den Kommentar Gabriel Biels (1410-1495) zur distinctio 37 des 3. Buches der Sentenzensammlung des Petrus Lombardus (um 1100-1160) durch und bewertete ihn als Sammelbecken der spätscholastischen Beschäftigung mit dem Dekalog.

Lupi war Leutpriester und erster Kaplan an der Peterskirche in Frankfurt am Main. 1478 erschien sein Beichtbüchlein »Vor die anhebenden Kynder und ander zu bichten in der ersten Bycht«. Sein Grab schmückt ein Sandsteinrelief mit einer bildlichen Dekalogdarstellung, die sich deutlich von den zahlreichen Illustrationen der Zehn Gebote im Holzschnitt und auch in der wesentlich weniger umfänglichen Malerei abhebt. Jeweils vorgehaltene Finger zeigen die Zählung der Gebote an. Die Darstellungen veranschaulichen die Übertretungen der Gebote. Dieses didaktische Mittel erklärt sich daraus, daß die katechetische Unterweisung der Vorbereitung auf die Beichte diente. Kunsthistorisch kann der Gedenkstein eher der zeitgenössischen Buchillustration als der spätgotischen Plastik zugeordnet werden.

Direkt daran anknüpfend hat die *Seminarleiterin* den Inhalt von Lupis »Opusculum« erörtert. Es ist ein Manuale für Pfarrer, das ihnen nicht nur als Beichtvätern Formeln mitteilt, sondern auch genaue Anweisungen für ihre Predigt über die Katechismusstücke und ihre Katechese »in ambone«. Die Gebote wurden unter der »franziskanischen« Behauptung der »Leichte« und »Süßigkeit« des Jochs Christi gepredigt. Sie seien leichter zu halten als nicht zu halten. Ihre Beachtung führe zur ewigen Seligkeit, deshalb sei jedes von ihnen wichtig. Die mnemotechnische Regel, die Gebote mit den Fingern zu zählen, wurde durch Predigten verbreitet, in denen darauf hingewiesen wurde, daß Gott uns eben aus diesem Grunde zehn Finger und zehn Zehen gegeben habe.

Anschließend hat *Elfriede Starke* noch kurz die Wittenberger Zehn-Gebote-Tafel Lucas Cranachs (1472-1553) aus dem Jahre 1516 erläutert.

Im Sentenzenkommentar von Luthers scholastischem Lehrvater Biel wird der Dekalog unter der Kategorie des Unaufgebbaren im natürlichen Gesetz behandelt. Das Gesetz wird übergeordnet als signum notificativum rationis definiert, da kein Gesetz verpflichtet, das nicht bekannt geworden ist. Es ist dreifach bekannt

gegeben worden, mentale, vocale, scriptum, also sowohl durch das natürliche Licht als auch durch Offenbarung. Alles ist in den Liebesgeboten zusammengefaßt, von denen der Dekalog eine Explikation ist. Wie bei Johannes Duns Scotus (1265-1308) sind nicht alle Gebote im Dekalog stricte de lege naturae. Unter dubia wird diskutiert, wie weit ihre Beachtung zu opera formata verpflichten, was sie nur dann tun, wenn man durch sie die ewige Seligkeit erlangen will. Es ist also keine Sünde, die Gebote nicht im absoluten Sinn – das heißt nach der Intentio des Gesetzgebers: durch Liebe – zu halten; schon die Behauptung sei absurd. Von daher muß Luthers Auffasung betrachtet werden, daß die Scholastiker Gottes Gebote nicht ernst genommen haben.

Der dritte Seminartag war Luthers Verständnis der Zehn Gebote in einem weiteren theologischen Kontext gewidmet. *Rudolf Mau* erläuterte die »Erste Tafel« des Dekalogs als Thema reformatorischer Theologie und hatte zu diesem Zweck eine Textsammlung vorbereitet, die zu einer fruchtbaren Debatte führte. *Ursula Stock* hat die Stichwörter »lex« und »praeceptum« im lateinischen Sachregister zur WA (Schriften) einer »Erprobung am Seminarthema« unterzogen. Zusätzlich hat *Reinhold Rieger* in den letzten zehn Minuten das Stichwort »Gesetz« im deutschen Teil des Sachregisters erörtert.

Die ersten drei, auf Gott gerichteten Gebote bilden eine innere Einheit (mit klarer Dominanz des Ersten Gebotes), die durch die Verwendung des Bildes von den beiden Tafeln unterstrichen wird. Ihr korrespondiert ein ganzheitliches Gottesverhältnis des Menschen, durch die anthropologische Trias »Herz – Mund – Werk« ausgedrückt. Gleichzeitig stehen die drei ersten Gebote in einem sehr abwechslungsreichen Verhältnis zueinander, vergleichbar der innertrinitarischen Perichorese, eindrucksvoll durch einen goldenen Ring in »Von den guten Werken« veranschaulicht. Für Melanchthon wird die lutherische Weise, über die drei ersten Gebote zu reden, zu einem Markenzeichen reformatorischer Theologie, während – wie er behauptet – die Gegner nur die zweite Tafel beachten. Bei Melanchthon selbst tritt aber eine Akzentverschiebung ein, indem er die zweite Tafel eher der bürgerlichen Welt zuordnet, während die erste die Rechtfertigung betrifft, so daß also nicht mehr alle Gebote unmittelbar aus dem ersten fließen. An das erste Gebot knüpft Luther definitionsähnliche Aussagen zum Begriff »Gott« oder genauer: zum Ausdruck: »einen Gott haben«. Seine Erfüllung – Vertrauen – läßt allein Gott den einen Gott sein. Über den Christusglauben als Erfüllung des Ersten Gebotes habe Luther, so Mau, gerade in den »Decem praecepta ...« durch einen theologischen Klärungsprozeß Klarheit gewonnen, so daß er später applikativen Gebrauch davon machen kann, ohne den ganzen Prozeß ständig nachvollziehen zu müssen.

Anschließend hat Jörg Haustein den Vergleich zwischen Luther und Melanchton unter Hinweis auf das von ihm herausgegebene Buch »Philipp Melanchthon: ein Wegbereiter für die Ökumene« angefochten.

Ursula Stock ging einleitend auf die Verfahrensweisen des lateinischen Sachregisters zur WA (Schriften) ein. Im Artikelstichwort »praeceptum« ist die Predigtreihe der »Decem praecepta ...« mit einer Auswahl von 39 – möglichst charakteristischen – Belegen vertreten, die meisten unter den Gliederungsschlagwörtern »decalogus« und »peccatum«. Unter »decalogus« wird u.a. die geläufige Unterscheidung von »affirmativ« und »negativ« formulierten Geboten nach biblischem Sprachgebrauch durch einige Belege kritisch beleuchtet. Gegenüber der – zu den scholastischen Finsternissen zu zählenden – abschwächenden Rede vom »bloß negativen« Sinn der Verbote beschreibt Luther die »negativa« als von größerer Vehemenz, um die schon geschehene und gegenwärtige Sünde aufzuzeigen: dies sei in allen Geboten das Wichtigere. Umgekehrt enthalten alle Gebote, auch die dem Wortlaut nach negativen, »secundum spiritum« gedeutet einen positiven Sinn. Dies verdeutlicht Luther z.B. zum Fünften und Sechsten Gebot, wo er in seine Auslegungen auch die Seligpreisungen einbezieht: »quod spiritualis intelligentia istorum praeceptorum negativorum sit ista affirmativa, ut mites et casti simus intus et foris ...« Luther hat traditionelles Gut kritisch gesichtet und in der Wittenberger Gemeinde verwendet.

Die Ausführungen von Ursula Stock und ihrem Kollegen wurden mit Interesse und Nachfragen aufgenommen. Kritisch wurde u.a. gefragt, ob die fides Christi als Erfüllung des ersten Gebotes angemessen berücksichtigt sei.

Am vierten und letzten Seminartag bestimmte der Beitrag von *Johannes Brosseder* das Thema, der einen theologischen Strukturvergleich zwischen Luthers kleinem Katechismus und der nachfolgenden römischen Katechismusdarstellung vollzogen hat. Der Darlegung folgte eine erregte Diskussion, die mit der Beendigung des Seminars nicht zu Ende war und so die reichen Möglichkeiten des Themas auch für weitere Studien aufzeigte.

287

Die Theologenausbildung im 16. Jahrhundert

Leiter: Martin Brecht
Berichterstatter: Martin Brecht

Daß im Rahmen von »Glaube und Bildung« als Thematik des Lutherforschungskongresses auf die Theologenausbildung eingegangen werden sollte, legte sich sachlich nahe. Elf Teilnehmende befaßten sich mit diesem Gegenstand.

Zum Studium der Theologie an den Universitäten des späten Mittelalters legte *Bernd Moeller* Thesen vor: Die grundlegenden Strukturen bildeten sich im 13. Jahrhundert heraus. Die Theologie fand trotz anfänglicher päpstlicher Zurückhaltung ihren Platz an den Universitäten als oberste Fakultät mit den artes liberales als Voraussetzung und der Bibel sowie der Sentenzensammlung des Petrus Lombardus (um 1100-1160) als Lehrgegenständen, woraus sich dann auch der Aufbau des Studiums ergab. Das Theologiestudium wurde personell – unterstützend oder konkurrierend – stark von den Bettelorden mit ihren Generalstudien mitbestimmt. Dem Theologiestudium haftete eine gewisse Praxisferne an. Immerhin boten hier die vorweg zu studierenden obligaten artes einen gewissen Ausgleich. Die Theologie orientierte sich am Vorsprung der Antike in der Wahrheitserkenntnis. Die theologischen Promotionen verliehen lediglich die Lehrerlaubnis. Außerhalb der Hierarchie wurde das Theologiestudium während des Mittelalters nie zur Normalbedingung für das kirchliche Amt. Dennoch nahm die Zahl der Akademiker im Klerus in Deutschland zu. Beschäftigungsmöglichkeiten boten Stiftsämter und Prädikaturen. In der Diskussion wurde auf die noch vor der Reformation einsetzenden Modifikationen des Universitätsstudiums und der monastischen Institutionen hingewiesen.

Gemeinsam wurden die einschlägigen Abschnitte der Wittenberger Universitätsstatuten Melanchthons für die Theologische und die Artistische Fakultät von 1533 und 1545 mit ihrer Bindung an die »Confessio Augustana« und der allgemeinen religiösen Ausrichtung des Studierens erörtert. Die von Melanchthon angenommene Kongruenz der akademischen Theologenschaft mit der Kirche kommt auch in den Statuten deutlich zum Vorschein. Die Bedeutung der biblischen Sprachen an der Wittenberger Universität, durch die das Theologiestudium auf protestantischer Seite nachhaltig und langfristig bestimmt wurde, arbeitete *Stephen G. Burnett* heraus. Die aufkommende Hebraistik erfreute sich zuerst in Wittenberg großer Hochschätzung. Entgegen einer verbreiteten Meinung machten Luther und seine Kollegen stärkeren Gebrauch von den Werken der sog. oberrheinischen Hebraistenschule – u. a. Sebastian Münster (1489-1552) –, auch wenn sie sich den jüdischen Auslegungen gegenüber kritischer verhielten.

Daß neben den Universitäten bereits die Schulen für die Theologenausbildung unverzichtbar waren, wurde von nicht wenigen Reformatoren alsbald erkannt. *Harry Oelke* ging zunächst der Bedeutung der städtischen Schulen für das Theologiestudium bei Melanchthon nach. Bereits das Erfordernis an Studenten, die auf das Universitätsstudium ordentlich vorbereitet waren, mußte Melanchthon immer wieder für die Schulreform (z. B. in Nürnberg oder in Soest) interessieren. Die Musterordnung hierfür ist im »Unterricht der Visitatoren an die Pfarrherrn im Kurfürstentum Sachsen« von 1528 enthalten; außerdem stammten die wichtigsten Schulbücher von Melanchthon. Seine Bildungs- und Wissenschaftskonzeption zielte letztlich auf die gleichermaßen gottgewollte Erhaltung der christlichen Religion und eines tugendhaften Verhaltens. Der Bildungsstoff ist maßvoll reduziert vor allem auf lateinische Grammatik und religiös-biblische Unterweisung; wesentliche Voraussetzungen für das akademische Studium wurden damit bereitgestellt. Lediglich in der Diskussion konnte die erfolgreiche Umsetzung gestreift werden, die Melanchthons Konzeption durch die Kirchenordnungen Johannes Bugenhagens (1485-1558) erfahren hat. Auch die von Johannes Brenz (1499-1570) stammende Kirchenordnung von Schwäbisch Hall (1527) übernahm Wittenberger Vorstellungen eigenständig.

Die Entwicklung des reformatorischen Schulwesens in Straßburg und bei Martin Bucer (1491-1551) bildet bekanntermaßen einen eigenen Komplex, mit dem sich *Hermann Selderhuis* befaßte. Für den Theologennachwuchs einiger oberdeutscher Reichsstädte wurde 1534 die Buffler'sche Schulstiftung geschaffen. 1538 erfolgte die Gründung des Gymnasium illustre, das 1621 schließlich den Status einer Universität erlangte. Schulprojekte verfolgte Bucer auch bei der Kölner Reformation und selbst noch in England. Der Theologen- oder genauer der Predigerausbildung wird gesellschaftliche Relevanz beigemessen; ist es doch neben dem Glauben um die Heiligung zu tun. Inhaltlich geht es in erster Linie um die Kenntnis der biblischen Sprachen, erst danach um die des Lateinischen, obwohl auch Logik, Rhetorik und Moralphilosophie gelehrt werden. Als wirtschaftliche Basis der Schulen sollten auch nach Bucer die bisherigen Klöster dienen. Die angebliche konzeptionelle Differenz zwischen dem Ansatz Bucers und dem des Schulleiters und christlichen Humanisten Johannes Sturm (1507-1589) habe nicht bestanden. Die Zusammenhänge zwischen Straßburg und der Zürcher Theologenausbildung oder gar der Genfer Akademie konnten nur erwähnt werden.

Neben der Gründung von städtischen Schulen sind durch die Reformation auch evangelische Klosterschulen entstanden, in denen schu-lische Ausbildung mit monastischem Gottesdienst verbunden werden sollte. 1529 legte Brenz einen diesbezüglichen Vorschlag für die Markgrafschaft Brandenburg-Ansbach vor. Auf seine Initiative hin kam es im Herzogtum Württemberg 1556 zur Einrichtung von Klosterschulen in den ehemaligen großen Mönchsklöstern. Sie führten – u. a. mit ihrer Ausbildung in den Sprachen – über den Partikularschulen zur Studierfähigkeit an der Universität, zumeist in der theologischen Fakultät, und wurden überdies zu bedeutenden Einrichtungen für die gebildete Gesellschaft.

Den Typ der evangelischen Klosterschule hat es auch noch in anderen Territorien (z. B. im Herzogtum Braunschweig) gegeben; eine vollständige Zusammenstellung fehlt. Innerhalb des Seminars wurden immerhin durch *Martin Treu* die dieser Sparte zuzurechnenden, 1543 gegründeten drei Fürstenschulen im albertinischen Sachsen vorgestellt. Auch sie sollten – Wittenberger Vorstellungen folgend – zur Studierfähigkeit führen. Daß Melanchthon faktisch eher am zunächst unterentwickelten Wittenberger Stipendienwesen als an den Fürstenschulen interessiert war, tat deren erfolgreicher Entwicklung keinen Abbruch. Die Stipendien sollten neben dem Landesherrn auch die Städte und der Adel vergeben dürfen.

Eine weitere Institution reformatorischer Theologenausbildung stellen die Stipendiatenhäuser in den Universitätsstädten dar. 1529 wurde an der neugegründeten Universität Marburg eine solche Anstalt – finanziert aus städtischen Pfründen – geschaffen. Vorgesehen war auch die gemeinsame Unterbringung unter der Aufsicht eines Ephorus. Es brauchte Jahrzehnte, bis die Marburger Anstalt eine einigermaßen stabile Ordnung fand. Immerhin bildeten sich dort bereits auch Ansätze von so etwas wie einer Graduiertenförderung heraus. Ungleich effektiver wurde das nach dem Marburger Vorbild 1536 gegründete Herzogliche Stipendium in Tübingen, in dem der württembergische Theologennachwuchs – von einem Ephorus und repetierenden Magistern gut beaufsichtigt und angeleitet – an der Universität studierte. Zuständig für die Anstalt war die Kirchenleitung; die Kosten hatten die Ämter zu tragen. Im Verbund mit den Klosterschulen war das Herzogliche Stipendium eine der erfolgreichsten Institutionen zur Theologenausbildung. Der Abklärung bedarf noch, wie das 1580 durch Kurfürst August (1526, 1553-1586) in Wittenberg gegründete Internat für Theologiestudenten sich in den Zusammenhang der Stipendiatenhäuser einordnet.

Daß es auch im reformierten Heidelberg so etwas wie eine theologische Stipendiatenanstalt gegeben hat, führte das Referat von *Eike Wolgast* über das dortige Collegium Sapientiae vor. Zunächst 1549 als allgemeines Studienhaus für arme Studenten gegründet, wandelte Kurfürst Friedrich III. von der Pfalz (1515, 1559-1576) es 1560/61 zu einem Institut der Theologenausbildung mit ca. 70 Plätzen um, das dem Kirchenrat unterstand. Die wenigen erhaltenen Quellen lassen noch erkennen, daß dieses Collegium einen beachtlichen Ruf genoß und für die Bildungsschicht der Kurpfalz von erheblicher Bedeutung war. Unter einem Ephorus und einem weiteren Praeceptor wurden die Vorlesungen repetiert sowie Studien, Disziplin und Tageslauf überaus streng überwacht. Die Blütezeit der Anstalt endete mit dem Dreißigjährigen Krieg.

Einen Einblick in die Theologenausbildung in Skandinavien vermittelte *Ingun Montgomery*. Noch im Spätmittelalter wurden die Universitäten von Uppsala und Kopenhagen gegründet, wobei Staat und Kirche zusammenwirkten, was in Uppsala auch an der starken Position des Erzbischofs als Kanzler sichtbar wird. Die Universität hatte gegenüber den herkömmlichen Domschulen allerdings eine schwächere Stellung als in Deutschland und war auch durch die restaurativen Entwicklungen im späten 16. Jahrhundert beeinträchtigt.

Die letzte Sitzung war den theologischen Konzeptionen der Theologenausbildung von Melanchthon und Luther gewidmet. Bei Melanchthon begegnen diverse Ausformungen:

Die »Brevis discendae theologiae ratio« (CR 2, 455-461) von 1529/30 sieht eine Verarbeitung des vorwiegend biblischen Stoffes nach der von reformatorischer Hermeneutik gesteuerten Locimethode vor. Am Rande werden auch die Patristik, die Canones und die bonae litterae berücksichtigt. Ganz anders geht die aus der Mitte der 30er Jahre stammende »Oratio de studiis theologicis« (CR 11, 41-50) begeistert von einer supralapsarisch-paradiesischen Erkenntnis Gottes aus, in die die konkrete theologische Arbeit innerhalb der vorfindlichen Wirklichkeit einbezogen wird. Erheblich angefochtener klingt die wenig spätere »Declamatio de dignitate studiorum theologicorum« (CR 11, 324-329) mit ihrer Berufung auf R 1, 16: »Ich schäme mich des Evangeliums von Christus nicht.« Faktisch ist von Melanchthon über seine Schüler – u. a. David Chytraeus (1531-1600) – der konkrete Studienplan eigentlich wirksam geworden.

Oswald Bayer stellte dem Luthers Konzeption mit der vielzitierten Trias »Oratio, Meditatio, Tentatio« zur Seite, wie sie in der Vorrede zu Wi deutsch 1 von 1539 (WA 50, 657-661) sowie etwas modifiziert in manchen Tischreden vorliegt. Dies sicherte dem auf die Bibelauslegung konzentrierten Studium seine Spiritualität und Existentialität. Diese Kombination von Inhalt und Geist ist für die Gestaltung des reformatorischen Theologiestudiums nachhaltig orientierend gewesen.

Zusammenfassend ist festzustellen, daß die Theologenausbildung einen bedeutenden und wirksam gewordenen Komplex innerhalb der Reformationsgeschichte ausmacht. Er ist für das Bildungswesen insgesamt und seine Inhalte bestimmend geworden. Er hat mancherorts die monastischen Räume mit neuem Leben gefüllt. Er hat die neuen Institutionen der Stipendiatenanstalten geschaffen. Er hatte mit dem vorrangien Studium der Bibel einen festen Gegenstand, der zugleich den Geist der Bildung mitbestimmte. Dies alles ließ die Theologenausbildung zu einer tragenden Struktur der reformatorischen Kirchen werden.

Dogmatic Truth, Freedom of Conscience and Toleration
Luther and His Contemporaries

Seminar Leader: John Tonkin
Reporter: John Tonkin

The seminar was designed to explore the relationship between two key Reformation themes: the concern for dogmatic truth and the notion of freedom of conscience [and its practical counterpart, religious toleration]. The central focus throughout was on Martin Luther, but within a comparative perspective embracing a number of his contemporaries, including Erasmus of Rotterdam, Zwingli, Calvin and the Radicals. A handbook of key documentary sources had been circulated to participants prior to the Congress and these provided an opportunity for close textual study.

In the first session, the *seminar leader* initiated a wide ranging discussion on the theme of tolerance and intolerance in the Christian tradition from early Christian times to the sixteenth century. Topics covered included the notion of the historical uniqueness of Christianity and its claim to an exclusive truth, the long-term implications of the link between Christianity and political authority established in the fourth and fifth centuries, and the character of medieval Christianity as a »persecuting society«, seen in its most extreme form in the activities of the Inquisition.

The late fifteenth and early sixteenth centuries, by contrast, had seen the development of more liberal attitudes within the medieval Roman Church, especially through the influence of humanism, which promoted the view that truth was many sided and that Christianity was essentially in harmony with the best of pagan learning; and mysticism, which directed attention away from dogma towards piety and ethics and by so doing encouraged the idea that there were diverse pathways to God.

By focussing attention firmly on questions of doctrinal truth, the Reformation movements rekindled dogmatic controversy and helped to generate increasingly hard-line attitudes among the Roman authorities. A range of views was evident, however, on each side of the religious divide. On the Roman Catholic side, there was a world of difference between Erasmus and the Inquisition, and on the Reformation side, between »civic Protestantism« and Luther. Indeed, first impressions suggested that Zwingli and Calvin perpetuated – within Zürich and Geneva respectively – the traditional medieval patterns of religious coercion, while Luther, for all his commitment to dogmatic truth, appeared to maintain that faith should not and could not be coerced. The remaining sessions of the seminar were devoted to exploring the validity of these preliminary conclusions.

The second session was introduced with a paper by *David Lumpp* entitled: »Theological method, dogmatic priorities, and debatable questions in Luther«, based on an eclectic reading of Luther but with an emphasis on the »Lectures on Galatians« of 1531 (published 1535) and »The bondage of the will« of 1525. Lumpp analysed Luther's theological method in terms of his distinction between the two kinds of righteousness which led the reformer to a Christocentric and eschatological reading of the scriptural Word of God. When read from this perspective, the whole Bible teaches justification as the »central article« according to which the rest of Scripture is to be understood. In keeping with the circumstances of his evangelical breakthrough, the distinction between the two kinds of righteousness, and his consistent affirmation of justification as the center of Scripture, Luther's most distinctive way of describing the gospel was through the image of the »happy exchange«, in which God gives sinners the righteousness of Christ and gives his Son their sin. This »central article« integrates the entire body of doctrine, and in practice it does so as one properly distinguishes law and gospel.

These determinative insights for Luther led to a genuine »paradigm shift« in the history of theology. He understood doctrine in a holistic sense, in which everything taught in Scripture related in one way or another to the gospel. Therefore, doctrine could never be debated, compromised, or bargained away as a matter of political expediency. His steadfast refusal to compromise on anything he considered to be »doctrine« was not due to dogmatic maximalism or to an arrogant or stubborn personality. Instead, Luther was unable to see any article of faith as unrelated to the gospel. Stated positively, he was pushing his »what urges Christ« to its theological limits. Just as books of the Bible could be relegated to the periphery of the canon if they failed sufficiently to »urge Christ«, so nothing that did necessitate Christ or follow ineluctably from a holistic consideration of his work could ever be compromised. For Luther, revealed articles of faith did precisely that. However, he was more tolerant when it came to theological formulations, inevitable human sin, and the ritual expression of doctrine; nor would he countenance the use of force to further his reformatory agenda.

The remainder of the second session was devoted to the study of comparative texts, including Erasmus's letters to Jan Slechta (1519) and to the Town Council of Basel (1525); and his exchange with Luther in »The freedom of the will« and »The bondage of the will« (1524/25) where the two reformers clashed on the role of »assertions« within the Christian faith. Other Luther texts of importance considered were the »Defense and explanation of all articles« (1521); »Temporal authority: to what extent it should be obeyed« (1523) with its exposition of the doctrine of the two kingdoms and its implications for the issue of coercion in the realm of faith; the »Commentary on Psalm 82« (1530) and the 1535 »Lectures on Galatians«.

Consideration of Calvin's commentary on Dt 13 and book 4 ch. 20 of the »Institutes« showed the Genevan reformer to be apparently untroubled by the maintenance of a regime of religious coercion. Luther, by contrast, strongly maintained that coercion was both inappropriate and unworkable, though the practical limits of this policy were marked out by his views on sedition and blasphemy. It was difficult in practice to distinguish between the mere expression of Anabaptist religious views and seditious behaviour, while the broad interpretation of blasphemy opened the way in practice to the suppression of divergent religious opinions.

The third session was introduced with a paper by Sognepræst *Bjarne Madsen* on »Luther and the position of the Jews and of Islam«. After sketching in briefly the relationship of the Jews with Christian Europe from the early medieval period through to the late 14th and 15th centuries when many expulsions of Jews took place from European cities, Madsen outlined the views of Erasmus, Calvin and Zwingli on the Jews, stressing that these views were not based on substantial contacts with contemporary Jews so much as attitudes to the Jews of the Bible.

A detailed survey followed of Luther's changing attitudes to the Jews from his positive assessments of the 1520s through to his harsh treatises of the 1540s. Central to Luther's thought were the issues of works-righteousness, the election of the Jews and the continuing promise to Abraham, and a strong sense of expectation in the conversion of the Jews to Christ. As with most of his contemporaries, his attitudes towards the Jews were seen to be determined not by contact with the Jews of his own time, but by his perception of the Jews of the Bible, and his attitudes were governed throughout by his view of Scripture and of world affairs. The same proved to be true of his attitudes to Islam.

The fourth and final session retraced some of the ground already covered and expanded the field of discussion with a number of radical texts: Menno Simons's »A pathetic supplication to all magistrates« (1552), Thomas Müntzer's »Protestation or proposition« (1523) and Sebastian Castellio's »Concerning heretics« (1554), which presented sharply divergent perspectives on the issue of freedom of conscience. The »Defense of religious toleration« by the »unknown Nürnberger« was seen as a more consistent example of Luther's views than had been achieved by Luther himself, caught as he was in the practical dilemmas of leadership of the Reformation during such a turbulent pe-

riod. It was also suggested that Luther's continuing social and political responsibilities may have prevented him from realising the possibilities inherent in his »theology of the Cross« for breaking from medieval »triumphalism« and advancing the gospel through a strategy based on suffering love rather than on political dominance and social control.

Wide-ranging as the discussions had been, the participants in the seminar felt that at the end of the week they had barely scratched the surface of this complex topic and that much further work remained to be done. The seminar, nevertheless, proved highly beneficial both academically and in other ways: the presence within the seminar of scholars from every continent provided a most valuable opportunity to share information and insights about the current state of Luther research across the world.

Melanchthon und seine Schüler

Seminarleiter: Simo Heininen
Berichterstatter: Simo Heininen

Sämtliche Referate lagen schon einen Monat vor dem Heidelberger Kongreß vor und wurden den Teilnehmern zugeschickt, so daß es im Seminar nicht mehr nötig war, sie vorzulesen. Eine kurze Einführung genügte. Wir hatten also die Möglichkeit, unsere Fragen und Kommentare schon vor dem Kongreß vorzubereiten.

Hellmut Zschoch bot in seinem Referat »Colamus has nostras scholasticas amicitias: Philipp Melanchthons Briefe an Matthaeus Collinus als Spiegel einer Lehrer-Schüler-Beziehung« eine Analyse der Korrespondenz zwischen Melanchthon und dem böhmischen Gelehrten Matthaeus Collinus (1516-1566). Nach dem

Studium in Wittenberg wirkte dieser von 1540 bis 1558 als Griechischlektor an der Prager Universität und wurde Mittelpunkt eines reformatorisch gesinnten Humanistenkreises. Er wurde auch der Mann Melanchthons in Prag, einer der ständigen Korrespondenten des Praeceptors. Von Melanchthons Briefen sind 55 erhalten, von denen des Collinus nur einer. Diese eingehende Analyse der Melanchthonbriefe an einen Adressaten versteht sich als eine Fallstudie; mit Hilfe der Regestenbände von MBW wird es möglich werden, das gesamte Korrespondentennetz zu rekonstruieren und seine Strukturen und seinen Inhalt zu analysieren.

293

David P. Daniel betrachtete in seinem Beitrag »Das umstrittene Erbe Melanchthons in Südosteuropa« die wechselvolle und vielschichtige Geschichte der Reformation in Ungarn. Es gab vor Melanchthons Tod über 400 ungarische Studenten in Wittenberg, und sogar eine Magyarische Nation. Als Humanist hatte der Praeceptor einen bedeutenden Einfluß auf Ungarn: seine Lehrbücher wurden dort gedruckt, verbreitet, gelesen und nachgeahmt, Lehrpläne wurden mit Hilfe seiner Schulordnungen umgestaltet. Mit seinen ehemaligen Studenten stand er im regen Briefwechsel. Das theologische Erbe Melanchthons in Ungarn ist jedoch umstritten. Die Lutheraner sowohl konkordistischer als auch philippistischer Richtung können sich auf ihn berufen, aber auch die Reformierten und sogar die Antitrinitarier – und alle im gewissen Sinne zu recht. So war die Reformation in Ungarn vielschichtig und kompliziert, aber Melanchthonisch.

Martin Schwarz Lausten sprach über »Glaube und Politik im Verhältnis zwischen Philipp Melanchthon und König Christian III. von Dänemark-Norwegen«. Der Dänenkönig (1503, 1534-1559) war ein überzeugter Lutheraner und mit den theologischen Fragen gut vertraut. Er stand in reger Korrespondenz mit den Wittenberger Theologen. Von Melanchthon sind 68 Briefe an ihn erhalten, und der König schickte den Reformatoren Butter, Heringe und Geld. Christian III. führte die Reformation in Dänemark durch. Aber gerade um sein Land lutherisch zu erhalten, mußte er auf eine Beteiligung an der konfessionellen Politik in Deutschland verzichten. Er war auf den Frieden mit dem Kaiser angewiesen. Das war eine politische Notwendigkeit, die seinen konfessionellen Überzeugungen widerstritt. Es sieht so aus, als ob Melanchthon sehr gut verstand, daß ein Regent auch gegen seine eigene Überzeugung Realpolitik durchführen muß.

In seinem Beitrag »Die schwedischen Schüler Melanchthons« untersuchte *Simo Heininen* die Karrieren der knapp 100 schwedischen Studenten, die von 1519 bis zum Tode Melanchthons an der Wittenberger Universität studierten. Zwei Drittel von ihnen besuchten die Elbestadt in den 1530er und 1540er Jahren. Einige von ihnen informierten schon als Studenten den Schwedenkönig »über die Verhältnisse und Neuigkeiten in Deutschland« und dienten nach ihrer Heimkehr am Hof sowie in der Staatsverwaltung. Etwa die Hälfte der Studenten traten in den Dienst der Kirche. Der erste evangelische Erzbischof von Uppsala, Laurentius Petri (1499, 1531-1573), war ein Melanchthonschüler, und ab Mitte der 1550er Jahre bis Anfang der 1580er Jahre saßen die ehemaligen Studenten von Magister Philippus auch auf den anderen Bischofsstühlen.

Das Thema von *Volker Gummelt* lautete »Jacob Runge (1527-1595), ein Schüler Philipp Melanchthons in Pommern: seine Beziehungen zum Praeceptor Germaniae«. Runge studierte in Wittenberg von 1544 bis 1546, wurde 1552 Greifswalder Theologieprofessor und Stadtsuperintendent, 1556 Generalsuperintendent von Pommern-Wolgast. Melanchthon und der noch junge Runge fuhren 1555 gemeinsam nach Nürnberg, um die dortigen Streitigkeiten zu schlichten. Das war der Anfang einer gegenseitigen Freundschaft, die sich während des Wormser Religionsgesprächs 1557 noch vertiefte. Runge wurde der Briefpartner Melanchthons in Pommern und blieb diesem auch über dessen Tod hinaus treu. Es ist Runges Verdienst, daß Melanchthons »Corpus doctrinae christianae« in Pommern als Bekenntnis anerkannt, die Konkordienformel dagegen abgelehnt wurde.

In seinem Referat »Der Rostocker Theologe David Chytraeus († 1600) in seiner Beziehung zu Philipp Melanchthon« bot *Gert Haendler* das Bild des wohl bedeutendsten Melanchtonschülers dar. Die neuen Forschungen – insbesondere von Rudolf Keller und Thomas Kaufmann – zeigen, wie das Erbe Melanchthons in Rostock weiterlebte. Chytraeus war die maßgebliche, einflußreichste Gestalt der gesamten Universität; er hatte dieselbe Rolle inne wie sein Vorbild Melanchthon eine Generation vorher in Wittenberg. Er war der Ratgeber der Herzöge von Mecklenburg. Aber er war nicht nur für Rostock und Mecklenburg da. Seine Lehrbücher wurden in Skandinavien gelesen. Er widmete seine »Historia Augustanae Confessionis« dem

Schwedenkönig Johann III. (1537, 1569-1592) um die Gegenreformation in Schweden zu verhindern. Wie sein Vorbild war Chytraeus auch an der Ostkirche interessiert; er versuchte, Kontakt mit dem Patriarchen in Konstantinopel aufzunehmen.

Melanchthons Apologie

Seminarleiter: Christian Peters
Berichterstatterin: Johanna Loehr

Das Seminar war einem zentralen theologischen Text der Reformationszeit gewidmet, der bis heute von großer Bedeutung ist: Melanchthons Apologie des Augsburger Bekenntnisses von 1530. Die Apologie stand bislang weitgehend im Schatten des Bekenntnisses selbst und war vornehmlich – besonders der Rechtfertigungsartikel – Gegenstand systematisch-theologischer Fragestellungen. Das Interesse dieses Seminars galt hingegen dem Text selbst und seiner Geschichte. *Christian Peters*, dessen Habilitationsschrift mit dem Titel »Apologia Confessionis Augustanae: Untersuchungen zur Textgeschichte einer lutherischen Bekenntnisschrift (1530-1584)« als »Calwer Theologische Monographie: Reihe B; 15« gerade frisch (S 1997) erschienen war, hat die acht Seminarteilnehmer aus fünf Ländern durch die höchst komplizierte Geschichte des Apologietextes geleitet. Dabei konnten nicht nur tiefe Einblicke in die Entstehung und Entwicklung der Apologie gewonnen werden, sondern es bot sich auch die Möglichkeit, bislang unter systematischer Perspektive kontrovers diskutierte Probleme, insbesondere der Rechtfertigungslehre, historisch-genetisch zu beleuchten sowie das Verhältnis Luther – Melanchthon in den verschiedenen Phasen der Entstehung und Überarbeitung der Apologie zu untersuchen.

Über vier Themenkomplexe wurde referiert und diskutiert:

I Die Augsburger Fassungen der Apologie

Michael Beyer referierte über den Beginn des Apologieprojektes und die Entstehung des Apologietextes im Kontext des Augsburger Reichstages. Schon im Juli 1530 wurde parallel zur Entstehung der Confutatio das Apologieprojekt ins Auge gefaßt. Die Verlesung der Confutatio Anfang August wurde zum entscheidenden Impuls für den Beginn der Arbeit an der Apologie. Begleitet von allerlei Konflikten mit dem Kaiser und den Altgläubigen und in Konkurrenz zu einem entsprechenden Nürnberger Unternehmen (der Apologie von Andreas Osiander), entstand die erste Reinschrift der lateinischen Apologie, die im folgenden mehrfach überarbeitet wurde. Im September 1530 wurde die deutsche Apologie entworfen. Der Übergabeversuch scheiterte.

Deutliche Zäsuren setzen die verschiedenen Ausschußverhandlungen im August 1530. Ihnen widmete sich *Stefano Cavallotto*. Sie gaben die Impulse für die erste Reinschrift des lateinischen Textes (Fürstenausschuß), für die erste Überarbeitung (Vierzehner Ausschuß) und für die zweite Überarbeitung (Sechser Ausschuß).

Die Geschichte der Augsburger Fassungen der Apologie ergänzte *Christian Peters* um den Aspekt des personellen Kontextes der Arbeit an der Apologie während des Augsburger Reichstages mit einem Vortrag über »Das Problem der theologischen Mitarbeiter Melanchthons – oder: Das Augsburger Apologiegremium«. Mitglieder dieses Gremiums waren neben Melanchthon, der die Führungsrolle hatte, Justus Jonas (1493-1555), Georg Spalatin (1484-1545) und Johannes Brenz (1499-1570). Fraglich ist die Rolle Johann Agricolas (1492/94-1566).

Anschließend präsentierte der *Seminarleiter* seinen Fund der ältesten Textgestalt der deutschen Apologie in einer Schwäbisch Haller Handschrift.

II Die gedruckten Texte der Apologie

Einführend gab der *Seminarleiter* Informationen zur frühen Druckgeschichte der Apologie: Unmittelbar nach der ersten Redaktion, die Melanchthon noch während der Rückreise nach Wittenberg unternommen hatte, begann die Drucklegung im Oktober 1530, wurde jedoch mit Eintreffen des Confutatiotextes wieder abgebrochen, erneut aufgenommen und mehrfach unterbrochen. So arbeitete Melanchthon den schon sauber gedruckten ältesten Text des Rechtfertigungsartikels um und überarbeitete parallel zur Drucklegung den gesamten Text. Im Mai 1531 erschien die »Quartausgabe«, im September 1531 nach weiterer Überarbeitung – besonders des Rechtfertigungsartikels – die »Oktavausgabe« der lateinischen Apologie, im Oktober 1531 die deutsche Apologie.

Die Frage, welcher Text der lateinischen Apologie heute zugrunde gelegt werden sollte – in den letzten 400 Jahren war es der »Quarttext« –, erörterte *Charles Arand*: »Will the real text please step forward«. Der »Quarttext« ist der ältere (bisher in den »Bekenntnisschriften« abgedruckt); der »Oktavtext« ist der im 16. Jahrhundert am meisten gedruckte und benutzte. Vor dem Horizont der komplizierten Text-geschichte erscheint der »Oktavtext« als der maßgebliche Text der lateinischen Apologie, da er schließlich als Ersatz des »Quarttextes« als authentischer Text autorisiert wurde. Dies ist die veränderte Textbasis der Apologie, die auch in der Neuausgabe »Evangelische Bekenntnisse: Bekenntnisschriften der Reformation und neuere Theologische Erklärungen/ im Auftrag des Rates der Evangelischen Kirche der Union hrsg. von Rudolf Mau. Bd. 1. Bielefeld 1997« bereits ihren Niederschlag gefunden hat. Der Referent verwies auf die inhaltlichen Unterschiede der Texte besonders im Bereich der Rechtfertigungslehre.

III Der Rechtfertigungsartikel der Apologie

In einer tour d'horizon skizzierte der *Seminarleiter* den Überblick »Die Genese des Rechtfertigungsartikels der lateinischen Apologie«: Sie war ein höchst komplexer Prozeß, nicht zuletzt weil sich Melanchthons Sicht und Einschätzung der Confutatio und ihrer Aussagen zur Rechtfertigung während der verschiedenen Phasen seiner Arbeit an den Artikeln 4-6 der Apologie mehrfach gravierend verändert hat. Ein zweiter Grund ist, daß sich die Apologie immer mehr von ihrem ursprünglichen »Sitz im Leben«, der Situation des Reichstages, löst, bis sie zuletzt – und bleibend – ein exemplarischer Lehrtext und eine wegweisende Entfaltung des Verhältnisses von Glaube und Handeln in der Fassung des »Oktavtextes« wird. Eine durchgehende Linie in der Genese des Rechtfertigungsartikels läßt sich in dem Ringen um die Begründung des »allein durch den Glauben« erkennen. Doch bereits von einem sehr frühen Stadium an werden zugleich auch die logischen Implikationen und praktischen Konsequenzen des »sola fide« für das Handeln der Christen entfaltet. Die Druckfassungen der Apologie können deshalb auch schwerlich für eine innerhalb des Luthertums später nicht selten zu beklagende Mentalität des »getrösteten Sündenelends« verantwortlich gemacht werden, auch wenn die Differenziertheit der Darlegungen Melanchthons die volle Rezeption seiner Rechtfertigungslehre möglicherweise erheblich erschwert hat.

Dem systematisch-theologischen Verständnis des Rechtfertigungsartikels galten die Referate von Lowell C. Green und Rune Søderlund.

Lowell C. Green betonte – wie zuvor in seinem Buch »How Melanchthon helped Luther discover the Gospel« (Fallbrook, CA 1980) –, nach Melanchthon sei Rechtfertigung ein forensischer Akt Gottes. Das Nebeneinander von Gerechtwerden (iustum effici seu regenerari) und Gerechterklärung (iustum pronuntiari seu reputari) in Art. 4 (72) der Apologie beleuchte lediglich zwei Seiten desselben Aktes. Die Unterscheidung von »iustum effici« und »iustum pronuntiari« in Art. 4 (252) sei durch den Kontext bedingt; denn dort gehe es um die Werke des Glaubenden, der schon gerechtfertigt ist. Gott erkenne somit die Werke des Glaubens an.

Rune Søderlunds »Deutungsversuch von Art. 4 (72)« entsprechend, sagt Melanchthon dagegen in Art. 4 (72) nur, daß »iustificari« zwei Bedeutungen haben kann. Im folgenden – so Søderlund – wird aber deutlich, daß »iustum pronuntiari« denselben Akt wie »iustum effici« bezeichnen kann, jedoch nicht muß. Im Unterschied zu Green u. a. bezieht Søderlund das »iustum pronuntiari« in Art. 4 (72) auf einen späteren Zeitpunkt im Leben des Christen, d. h. auf den Jüngsten Tag, an dem der Glaubende nach Melanchthon im Blick auf die Früchte seines Glaubens für gerecht erklärt wird. Unbeschadet dadurch könne Melanchthon aber in der Apologie auch das »iustum effici« als forensischen Akt darstellen.

Zu der kontroversen Diskussion um das Verständnis des Rechtfertigungsartikels steuerte *George Forell* einen weiteren Aspekt mit einem Referat »De dilectione et impletione legis« bei. Forells Thema war somit die christliche Ethik in Apologie Art. 4. Ausgehend von der Kontroverse um die Rechtfertigung im 16. Jahrhundert, lenkte Forell den Blick zunächst auf die Nachkriegsdiskussion in Amerika um das Verhältnis zwischen der Theologie und der Ethik Luthers. Luthers Beharren auf der Rechtfertigung allein durch die Gnade Gottes zerstöre die Basis jeglicher christlicher Ethik. Gegen diese Auffassung hatte Forell bereits in seinem 1949 geschriebenen Buch »Faith active in love« (NY 1954) geltend gemacht, daß in Luthers sozialer Ethik, wie sie von Melanchthon in Apologie Art. 4 entfaltet werde, durchaus (wenngleich das wahre christliche Leben nur mit Hilfe des Heiligen Geistes gelinge), eine für alle Menschen gültige, durch die menschliche Vernunft einsehbare, gemeinsame ethische Grundlage, das Gesetz, existiere. Darüber war man sich im 16. Jahrhundert weitgehend einig. Vor dieser Folie entwickelte Forell schließlich seine Kritik heutiger Tendenzen, universale Standards menschlicher Gerechtigkeit überhaupt zu negieren und an die Stelle dessen die »political correctness« zu setzen. Damit gerate die Ethik unter das Oktroi der jeweils herrschenden Macht und die Rechtfertigung erfolge durch Macht, nicht durch Gnade.

IV Luther und die Apologie

Christian Peters referierte über Luthers Verhältnis zur Apologie in zwei Teilen: 1. »Das Problem der Apologie bzw. der Apologie(n) Luthers« löste Peters folgendermaßen auf: Die von Melanchthon im Frühjahr 1531 erwähnte »deutsche Apologie« Luthers war eine Übersetzung der lateinischen Apologie (»Quarttext«). Das Projekt blieb jedoch stecken und wurde von Jonas übernommen. Die von Luther selbst gegenüber Spalatin im Oktober 1531 als »meine Apologie« bezeichnete Schrift kam wohl nie zustande. Vorarbeiten dazu finden sich aber in der schon auf der Coburg begonnenen Schrift über die Rechtfertigung. Hätte Luther diese Schrift vollendet, wäre sie ein direktes Parallelunternehmen zu Melanchthons Rechtfertigungsartikel der Apologie geworden. Offensichtlich wollte er das nicht, konnte aber Freunden gegenüber sein Projekt durchaus als »seine Apologie« bezeichnen. 2. »Das Verhältnis Luthers zu den Apologietexten Melanchthons (Oktober 1530 - Oktober 1531)« beschrieb Peters als einen echten Lern- und Austauschprozeß. Luther war stets gut über Melanchthons Bemühungen um den Rechtfertigungsartikel der Apologie unterrichtet, und seine Randbemerkungen zum »Quarttext« hatten deutlichen Einfluß auf die Gestaltung des Rechtfertigungsartikels des späteren »Oktavtextes«. Andererseits hat sich Luthers Beschäftigung mit dem Thema auch in seiner eigenen Wirksamkeit – in der gottesdienstlichen Verkündigung und der universitären Lehre – niedergeschlagen. Zumindest faktisch hat Luther in dem aus der 1531 gehaltenen Galaterbriefvorlesung erwachsenen Kommentar doch noch »seine Apologie« 1535 vorgelegt.

Nestor L. J. Beck zeigte in seinem Paper »The relation of Luther to Article IV of the Apology of the Augsburg Confession«, daß Luthers Verhältnis zum Rechtfertigungsartikel gleichermaßen von theologischer Nähe wie von Unabhängigkeit geprägt ist. Einig mit der Bestimmung der Problematik, einig mit der Antwort Melanchthons in Art. 4 der Apologie, entwickelte Luther dennoch unabhängige Gedanken, die man im Galaterkommentar greifen kann.

Zum Schluß gab *Peters* einen kurzen Einblick in »die frühe Wittenberger Redaktion der deutschen Apologie (Oktober 1530)«, deren Hauptadressat Landgraf Philipp von Hessen (1504, 1518-1567) war, und stellte die aus ihr hervorgegangene sog. Kassler Handschrift vor.

Argumenta in Epistolam Pauli ad Romanos

Seminar leader: Timothy J. Wengert
Reporter: Thomas Wabel with Timothy J. Wengert

At the center of this seminar's work was Melanchthon's »argumenta« to Romans from the years 1519-1522, 1529, 1532, 1540 and 1556 (two, including material published under Melanchthon's name in an interpretation of Romans by Georg Major [1502-1574]). Melanchthon's theological development during this period was illuminated through comparisons with the »argumenta« of the medieval tradition (»Glossa ordinaria«, Pseudo-Jerome, Nicholas of Lyre [um 1270-1349]), with Luther's prefaces to Romans of 1515/16 and 1522 and with the »argumentum« of Erasmus from 1519. An examination of the 1548 interpretation of Romans by Andreas Hyperius (1511-1564) filled out the picture.

I The medieval »argumenta«

Reinhard Schwarz presented an overview of several important medieval »argumenta«, demonstrating their similarities and differences to the later tradition. These included the »Glossa ordinaria«, Peter Lombard's (um 1100-1160) commentary on Romans, and Peter Abelard's (1079-1142) exegesis of Romans. Among their striking features include their use of the analogy between the Old and New Testaments, where the gospels correspond to the Torah and the prophets to the epistles. There are some themes in this regard that one also finds in in Luther's preface to the New Testament. Abelard, among others, begins from this vantage point: that Christ is the »legislator novus« and that the letters must be understood chiefly as admonitions to live the Christian life. Among the introductory problems covered in this material were: the place where Paul wrote Romans (here the exegetes divided between Origen's [185-254] suggestion – Corinth – and Haimo of Auxerre [† um 855] – Athens); why Romans is placed first among Paul's letters (Rome as the ruler of the ancient world; the theme of Paul's letter as pride; the content of the letter (here there was general agreement that it was a struggle over the greater glory of Jews or Gentiles).

In the discussion participants compared Melanchthon's understanding of grace and justification to medieval commentators. Whereas in the Middle Ages neither bestows eternal life directly, Melanchthon equates grace and eternal life.

II The Beginnings of Melanchthon's interpretation of Romans

To the complicated question of Melanchthon's early interpretations of Romans, *Rolf Schäfer* provided the following thorough-going introduction.

Melanchthons frühe Römerbriefauslegungen im Spiegel ihrer Einleitungen (Argumenta)

1. Argumenta zum Römerbrief sind an folgenden Stellen überliefert:

In dem mit Summa bezeichneten Anhang zur »Theologica institutio«, der offenbar zu einer nicht erhaltenen Auslegung des Römerbriefs überleitet (CR 21, 56-60). Er bietet eine formale Analyse des Römerbriefs. Die Zuweisung der paulinischen Rede zum genus iudiciale und die Gleichsetzung von Gnade und Heiligem Geist weisen auf frühe Entstehung hin (ca. 1519).

Die Vorlesungsnachschrift »Artifitium Epistolae Pauli ad Romanos« (Ernst Bizer: Texte aus der Anfangszeit Melanchthons. NK 1966, 9-30) konzentriert sich ganz auf die rhetorische Struktur des Römerbriefs und dürfte im Rahmen der

artistischen Fakultät entstanden sein. Das argumentum weist die Rede des Apostels schon dem neuentwickelten γένος διδακτικόν zu.

Die »Annotationes ... in Epistolam Pauli ad Romanos« – die Luther ohne Genehmigung Melanchthons 1522 hatte drucken lassen – beruhen auf der 1520/21 an der theologischen Fakultät genhaltenen Vorlesung. Sie werden mit einem argumentum eröffnet, das auf Frühsommer 1520 zu datieren ist. Um diese Zeit übernahm Melanchthon aus dem »Novum instrumentum« des Erasmus die Deutung von gratia als favor.

In den »Rhapsodiai en Paulou ad Romanos« (Bizer: AaO, 39-85) gab Melanchthon ausführliche Erklärungen zu den griechischen Vokabeln. Die Vorlesung ist wohl dem artistischen Fach der Grammatik zuzuordnen. Sie lief der theologischen Vorlesung über den 1. Korintherbrief parallel (Anfang 1521).

Die erste, von Melanchthon selbst in Druck gegebene Schrift zum Römerbrief ist die »Dispositio orationis« von 1529/30 (CR 15, 443-492). Sie klärt in Weiterführung des »Artifitium Epistolae ...« die rhetorische und dialektische Struktur im Detail und wird ihrerseits von einem argumentum eingeleitet.

2. Von Anfang an verstand Melanchthon den Römerbrief als ein Kunstwerk, das den rhetorischen Gesetzen der Antike gehorcht. Dies gilt insbesondere für die eigentliche oratio, die aus exordium, status (propositio principalis), confirmatio, und epilogus besteht. R 5, 12 beginnt ein »neues Buch«, das eine dialektische Analyse (methodus) der drei paulinischen Hauptbegriffe – loci theologici – »peccatum«, »lex«, »gratia« enthält. Kapitel 9-11 sind der Prädestination, 12-15 der Ethik gewidmet.

3. Bei Beginn seiner Wittenberg Lehrtätigkeit muß es für Melanchthon ein beglückendes Erlebnis gewesen sein, daß die drei artistischen Fächer – Grammatik, Dialektik und Rhetorik (Trivium) – als hermeneutische Werkzeuge den Römerbrief vollständig durchsichtig machten. Umgekehrt erfuhr das Trivium durch diesen

Beweis seiner Leistungsfähigkeit eine große Aufwertung. Diese fruchtbare Wechselwirkung von humanistischer Bildung und biblischer Theologie bestimmmte auch künftig Melanchthons exegetischen Vorlesungen und Schriften. Hier ist auch der Grund dafür zu suchen, daß Melanchthon sich weigerte, seine Lehrtätigkeit an der artistischen Fakultät aufzugeben.

Die Unentbehrlichkeit der Grammatik zeigt sich beispielhaft an der lexikalisch begründeten Einführung des imputativen Gnadenverständnisses, mit dem sich Melanchthon auf Dauer vom augustinischen Gnadenverständnis verabschiedete.

Für Melanchthon war das der Dialektik zugeordnete »Buch« des Römerbriefes (R 5, 12 - 8, 39) nach Methode und Auswahl der behandelten Loci vorbildlich. Es diente ihm als Grundriß für seine eigene Dogmatik. Um sie an der theologischen Fakultät behandeln zu dürfen, genügte ihm der Grad des Baccalaureus biblicus, da er auch als Dogmatiker den paulinischen Rahmen nicht überschritt.

Die Regeln der Rhetorik schreiben zwingend vor, daß die propositio principalis (status) die Rede im ganzen und im einzelnen regiert. Wenn die propositio principalis in dem Satz besteht: »Die Gerechtigkeit kommt aus dem Glauben« und wenn zum Glauben die Gewißheit gehört, dann hat die von Melanchthon in der Frühzeit von Luther übernommnene Lehre von der doppelten Prädestination auf Dauer keinen Platz im ganzen seiner Lehre, weil sie die Gewißheit der Gnade beeinträchtigt und somit der propositio principalis logisch widerspricht.

4. Das Trivium war nicht nur Lehrgegenstand an der Universität, sondern auch in der obersten Klasse der Lateinschule. Dadurch wurde der Typus von Melanchthons Schriftauslegung einer breiten Schicht zugänglich und einleuchtend. Diese Synthese von Bildung und Glaube schuf eine wichtige Voraussetzung für den Erfolg der reformatorischen Predigt und Katechese.

III The Romans »Argumentum« of Andreas Hyperius: a Hessian Document

William J. Wright's presentation sought to place the famous Marburg theologian's Romans commentary in the context of Reformation trends, especially by comparing his approach with those of Luther and Melanchthon. He characterized Hyperius's commentary as didactic and homiletical. According to Hyperius, Paul, »the lodestar of all preachers«, had provided the perfect model for preaching and teaching the gospel message in his epistle. The commentary described a rigorously formal approach consisting of exordium, proposition, confirmation, confutation and conclusion. Though they agreed that the subject was justification by faith, Hyperius's formal method represented a different approach from those of Luther and Melanchthon, who emphasized the definition of words as the essence of understanding the message. Hyperius's practice of simplifying »hard places« in the text, which dealt with divine mysteries, and his avoidance of naming other contemporary or recent exegetes shows the influence of his Hessian patron who wished to avoid all controversy.

IV Comparing Melanchthon with his contemporaries: Erasmus and Luther

In comparing the texts of Eramus and Luther to Melanchthon's participants made the following observations:

1. In the interest in the circumstantiae (person, time, place of writing) Erasmus proved himself to be far more thorough-going than his predecessors. It is also clear how freely he stood over against the text, without necessarily having to call upon patristic authorities for support.

2. There were some characteristic differences in the way Eramus and Melanchthon viewed the theological and rhetorical character of Romans. In his »argumentum« Erasmus summarized the theological loci dealt with in Romans

only as »varia multiplexque doctrina« and emphasized the »locus moralis« of the epistle. On the contrary, Melanchthon structured the entire theology in Romans according to the loci »sin«, »law« and »grace«. Erasmus complained about the grammatical and syntactical mistakes, which, given the difficulty of Romans, undermined its usefulness. In contrast, Melanchthon discovered in the letter a well-constructed disputation of the status being addressed, that contributed to the letter's perspicuity.

3. In Luther's early preface to Romans from 1515/16 one does not discover the developed theology found in the 1522 Septembertestament. However, the »reformational perspective« may be seen. Thus the concept »humilitas« cannot be univocally interpreted. Is it, in accord with the medieval Augustinian tradition, preparation for the encounter with God? Or is it an indication of true contritio, that is, a fruit of the preaching of the law?

4. Participants noted the following differences Luther and Melanchthon's understanding of the formal structure and theology of Romans.

In 1532 Melanchthon designated »justificatio hominum« as the status principalis of Romans. On the basis of this central thesis Romans 9-11 is to be understood in the context of God's universal promise. The debate there must be organized under the central theme of the letter. Luther understands the doctrine of predestination somewhat differently. As in mystagogical catechesis he used the letter as »daily bread for the soul«. First through conversation with the first eight chapters of Romans can the comforting character of Romans 9-11 be understood. So Luther, in contrast to Melanchthon, can hold on to the »gemina praedestinatio«.

This same contrast plays itself out with respect to the question of the free will (voluntas), which Melanchthon in the Loci of 1535 can call a third cause in justification. While Luther views the work of grace begun in us as the logical basis for God's grace, Melanchthon emphasized in 1540 the »assensus in intellectu«, through which grace is grasped in faith. At the same time, however, he rejects the notion that »fides« is a virtue. Rather, it is to be classified as a relativum of mercy (misericordia).

The general discussion of these differences put in stark relief how subtle (and to some degree unnoticed by the principles) the distinctions were between Luther and Melanchthon, even in the midst of all the commonalities in their interpretations of Romans.

Die katholische Reform zwischen Erasmus, Wittenberg und Rom

Seminarleiter: Heribert Smolinsky
Berichterstatter: Heribert Smolinsky

Das Seminar ging von der Fragestellung aus, ob es Profile einer katholischen Reform gab, die sich zwischen den humanistischen Vorstellungen eines Erasmus von Rotterdam, der Wittenberger Reformation und römischen Intentionen unter Aufnahme je unterschiedlicher Aspekte als mögliche reformerische Alternativen verstehen und entwickeln konnten. In Anlehnung an das Gesamtthema des Lutherkongresses lag der Schwerpunkt der hier zu untersuchenden Reformvorstellungen auf Religion und Bildung bzw. dem Zusammenhang zwischen der Reform und diesen beiden Größen, d. h. wieweit man Bildung und Wissen im Dienste des Glaubens als tragende reformerische Elemente verstand.

Materialiter stützte sich das Seminar auf einen vorliegenden Text- und Quellenreader, der folgende Reformpropositionen in Auswahl beinhaltete: »Bulla reformationis Curiae«, Sessio IX des Fünften Laterankonzils (1514); das römische »Consilium de emendanda Ecclesia« (1537); Auszug aus der »Paraclesis« des Erasmus von Rotterdam (1519); Georg Witzels »Auf welche weise die Kirch Gottes tzu reformieren sey« (1538); »Declamatio der Kirchenordnung der Vereinigten Herzogtümer von Jülich-Kleve-Berg«, die Erasmus zur Begutachtung vorlag (1533); Auszug aus der Kirchenordnung von Jülich-Kleve-Berg (1567); Reformgutachten des Kölner Kanonikers und Juristen Johannes Gropper (1503-1559) für Kaiser Karl V. (1546); Reformvorschläge des albertinisch-sächsischen Rates Georg von Karlowitz (um 1480-1550) für Landgraf Philipp von Hessen (1537); die von Melanchthon verfaßte »Wittenberger Reformation« (CR 5, [578] 579-606 [3114] ≙ MBW 4, 174-176 [3793], 14. Januar 1545). Die Mehrzahl der ausgewählten Texte entstand im Zusammenhang mit der Reichs- und Territorialpolitik (z.B. waren die Arbeit Groppers und die »Wittenberger Reformation« Reaktionen auf Reichstage), so daß sie, abgesehen von dem Erasmustext und den römischen Quellen, als reformerische Initiativen und Vorschläge für den Kaiser und die jeweiligen Landesherrn zu sehen sind, die Reformträger also in diesem Falle die weltliche Obrigkeit war. Deren vermittelnde, die kirchenpolitische Einheit anstrebende Intentionen bedingten es, daß mit Georg Witzel (1501-1573), von Karlowitz und in Jülich-Kleve-Berg die religiösen via media verpflichtete Autoren tätig waren, die im hohen Maße humanistische As-

pekte in ihre Reformordnungen und -vorschläge einbrachten. Methodisch gingen die Teilnehmer (Robert H. Fischer, Arnim Kohnle, Ulrich-Michael Kremer, Gottfried Maron, Gerhard Müller, Heribert Smolinsky, Bengt Stolt, Günther Wartenberg) nach den notwendigen Vorüberlegungen und -informationen textanalytisch und in der Weise komparatistisch vor, daß sie sowohl durch Vergleiche zwischen einzelnen Komponenten als auch den Gesamtvorstellungen den jeweiligen spezifischen Charakter einer Reform herausarbeiteten.

I Reformbegriffe

Ein erster Schritt war der allgemeinen Bestimmung einer Reform und ihrer inhaltlichen Füllung gewidmet. Man stellte fest, daß den Ausgangspunkt der ansonsten eher diffusen Begrifflichkeit das Bewußtsein bildete, die bestehenden Verhältnisse seien ungenügend und müßten geändert werden. Stellte diese Vorstellung vermutlich ein durchgängiges Phänomen in der Kirchengeschichte dar, so erhielt sie ihre Verdichtung im Spätmittelalter, wofür beispielhaft die Reformkonzilien von Konstanz und Basel standen. Der Gedanken, im re-formare und restituere zu den Ursprüngen zurückzukehren, ließ sich als Kontinuum zeigen. Während das Spätmittelalter einen deutlichen Akzent auf die Verbesserung der Moral und – wie die Reformkonzilien des 15. Jahrhunderts – auf die zu ändernde Praxis der Institutionen legte (siehe auch Lateranense V: invalescentia mala corrigere; »Consilium de emendanda ecclesia« mit scharfer Kritik an der Praxis der römischen Kurie und seelsorglich ausgerichteten Reformvorschlägen), wollte Luther im Rückgriff auf das Ursprungsdokument Bibel eine spirituelle, theologische Reform, die letztlich allerdings von Gott selbst zu leisten sei.

Unter Berücksichtigung dieses Hintergrundes ergab eine erste Textanalyse die partielle Übereinstimmung aller Reformvorschläge darin, daß sie wesentlich auf die Lehre (einschließlich des Kultes), die Predigt und die Schule abzielten. Bei Witzel ließ sich zudem feststellen, daß er die Entfaltung der in der Bibel enthaltenen Dogmatik forderte und die Konzentration auf Christus als Kern jeder Reform betrachtete, womit seine Nähe zu reformatorischen Anliegen deutlich erkennbar war. Institutionenorientierte Vorschläge wie die des Fünften Laterankonzils reklamierten dagegen stärker das alte Kirchenrecht, dem Geltung zu verschaffen sei.

II Humanismus und Reform

Die zweite Einheit – konzipiert zum Thema »Humanismus und Reform« – bewies die Bedeutung des humanistischen Anliegens »ad fontes«, die die keineswegs als einheitliche Größe zu verstehenden Humanisten selbst bereitstellten: so Erasmus 1516 und 1519 in der Edition des Neuen Testamentes, die zahlreichen Ausgaben der Kirchenväter oder liturgische Forschungen, in denen die Bandbreite der kultischen Tradition deutlich wurde. Der vom Humanismus postulierte Zusammenhang zwischen Sprache und Theologie sowie die damit verbundene Betonung der Rhetorik gehörten ebenso in den Kontext humanistischer Reformintentionen, die sich in diesem Falle auf die sprachliche Bildung auswirkten, wozu der pädagogische Impetus trat, der die Belehrung zu einem zentralen Postulat der Humanisten werden ließ. Bei Erasmus war außerdem dadurch, daß die wahre Theologie eine Umsetzung der Bergpredigt in das Leben bedeutete und daher Theologen und Theologinnen sich an Jesu Vorbild messen sollten, ein Stück »Entklerikalisierung« der Theologie zu beobachten, wobei das lehrhafte Element zunächst zurücktrat und das Wirken des Heiligen Geistes im einzelnen eine wesentliche Rolle spielte. In diesem Sinne zielte seine Reform darauf ab, daß jeder und jede ein Theologe sein könne. Das schloß nicht aus, daß Erasmus »precatio et scientia« als die entscheidenden Waffen der christlich Glaubenden

ansah (Enchiridion/ hrsg. von Werner Welzig. DA 1968, 76) und an der Vorstellung der »perfecti« festhielt, das heißt der Gelehrten, die sich mit den schwierigen Lehren zu beschäftigen hätten. Zudem bildeten die humanistischen Prinzipien der aequitas (Billigkeit, die Härten vermeidet) und moderatio für ihn Grundlagen einer Reform, da er auf diese Weise hoffte, die Einheit der zerstrittenen Gruppen herstellen zu können.

Deutlich zu erkennen war auch, daß eine humanistische altgläubige Kirchenreform, wie sie etwa Witzel und die Vorschläge in Jülich-Kleve-Berg intendierten, auf die Integration der reformatorischen Wünsche in die allerdings zu ändernde alte Kirche abhob, um auf diese Weise die Kircheneinheit zu retten. Das ergab um so mehr einen Sinn, als diese Ordnungen eine Art »landeskirchliche« Initiative anpeilten. Ihr Schwerpunkt lag auf einer umfassenden Bildung, was u. a. Schul- und Universitätsreformen bzw. -gründungen, Predigtverbesserung und Intensivierung aller lehrhaften Elemente christlicher Praxis beinhaltete.

III Reformordnungen im Vergleich

Die Unterschiede und Ähnlichkeiten der analysierten Vorschläge, die vor einem allzu generalisierenden Sprachgebrauch, aber auch vor allzu vorschnellen und überscharfen Abgrenzungen zwischen Reform und Reformation warnten, ließen sich im Verlauf der Seminararbeit weiter nachweisen. So zeigte sich Groppers Reformentwurf in dem Sinne als »gegenreformatorisch«, als er auf die Rezeption reformatorischer Praxis und Lehre jeweils zu antworten suchte und vor allem Melanchthons Einfluß und dessen Loci communes theologici zurückdrängen wollte. Daher forderte er die Abfassung von Katechismen und Predigtbüchern, die ein Gegengewicht schaffen, Lehre und Praxis verbessern sollten. Ein lehrhafter Kern seiner Reform war nicht erkennbar. Dagegen ließ sich aus der »Wittenberger Reformation« die Rechtfertigungslehre als zentraler Lehrpunkt herausarbeiten.

Bezüglich der Predigt stellten die ordentliche Berufung und die Kontrolle der Prediger seit 1533 Hauptanliegen dar, wie sie etwa von Jülich-Kleve-Berg gefordert wurde, wobei der Hintergrund u. a. die Täufer im Niederrheingebiet und die Furcht vor Aufständen gewesen sein dürfte. Die ebenfalls in Jülich-Kleve-Berg entstandene Ordnung von 1567 wies im Verhältnis zu den 30er Jahren eine umfassendere Reflexion über die Wirkung des gepredigten äußeren Wortes und eine klarer strukturierte Konzeption auf, die sich christozentrisch orientierte. In bezug auf die Schule zeigte Gropper eine konservative, am Recht orientierte Sicht, während Witzel 1538 innovativere, die humanistische Bildungsidee der alten Sprachen rezipierende Vorschläge brachte, die die Bildung als nützlich für Kirche und Staat reklamierten und die Einsicht verbreiteten, daß die Gesellschaft in Zukunft im geistlichen und weltlichen Bereich den »ausgebildeten« Menschen brauche.

Es ließ sich als Ziel aller Reformordnungen festhalten, daß sie die Menschen zu guten Christinnen und Christen in der Gesellschaft erziehen wollten. Ein solch generelles Programm bedeutete, daß über den rein religiösen Bereich hinaus die Reformen den politischen und gesamtkulturellen Bereich der frühneuzeitlichen Menschen zumindest implizit mitbedachten. Unter diesem Aspekt trugen sie zur »Professionalisierung« der Lebensorganisation bei, die zu einem der Charakteristika der Neuzeit wurde. Unterhalb dieses umfassenden Aspektes sind allerdings die genannten Unterschiede ebenso wie die Ähnlichkeiten zu beachten. Solche Beobachtungen führten zu dem Schluß, der Begriff »katholische Reform« bedürfe deutlicherer Binnendifferenzierungen und erkenntnisfördernder Vergleiche mit der Reformation, wenn der Sprachgebrauch sachgerecht sein sollte. Bemerkungen zur Reform durch die seit den 40er Jahren des 16. Jahrhunderts in Deutschland etablierten Jesuitengymnasien und die von den Jesuiten neu kreierte Bildungsanstalt der Kollegien mit ihrer Verbindung von Schule und Vermittlung von Hochschulwissen, dem Eindringen des Ordens in die universitäre Ausbildung sowie seine »Ratio studiorum« von 1599, deren einheitliches Bildungsprogramm große Teile der römisch-katholischen Kirche weltumfassend prägte, und ein Kurzreferat von Maron zu Ignatius von Loyola (1491-1556) erweiterten über die analysierten Texte hinaus die Perspektive des Seminars und rundeten dieses ab.

Rezeption und Weiterentwicklung der Theologie Luthers und Melanchthons im Spannungsfeld des Kryptocalvinismus in Kursachsen

Seminarleiter: Irene Dingel
Berichterstatter: Hans-Peter Hasse

Der sogenannte »Kryptocalvinismus« in Kursachsen ist ein Phänomen der Kirchengeschichte, das trotz beachtlicher Forschungsleistungen im 19. Jahrhundert nach wie vor klärungsbedürftig erscheint. Eine überzeugende Gesamtinterpretation der Vorgänge liegt bislang nicht vor. Das nur schwer durchschaubare Ineinander von theologischen Richtungskämpfen und politischen Entwicklungen macht eine Untersuchung dieses Themas zu einem spannenden Unternehmen, dem jedoch wegen noch unzureichender Kenntnisse der Verhältnisse am kursächsischen Hof und an den theologischen Fakultäten Grenzen gesetzt sind. Auf diesem Hintergrund war es eine gute Entscheidung, sich methodisch auf die Vorstellung ausgewählter Quellentexte zu beschränken, die einer detaillierten Analyse unterzogen wurden.

Hans-Peter Hasse referierte über den »Wittenberger Katechismus« (1571/72) als Zensurfall. Dargestellt wurde die Entstehungs- und Wirkungsgeschichte einer Publikation, die großes Aufsehen erregte und den Wittenberger Theologen den Verdacht des »Kryptocalvinismus« einbrachte. Zwei Motive haben bei der Abfassung der »Catechesis« eine Rolle gespielt: einerseits die Vereinheitlichung und Normierung der im Schulwesen verwendeten Lehrbücher der Kirchenlehre durch einen neuen, aus dem »Corpus doctrinae christianae« Melanchthons erarbeiteten Katechismus; andererseits die Abgrenzung vom Katechismus des David Chytraeus (1531-1600) von 1568, der an den Landesschulen neben dem Katechismus Luthers verwendet wurde und dem die kursächsischen Theologen »Flacianismus« vorwarfen. Als nach dem Erscheinen des »Wittenberger Katechismus« zahlreiche Gegenschriften erschienen, wurde in Kursachsen eine interne Diskussion unter den führenden Theologen ausgelöst. Die weitere Geschichte des »Wittenberger Katechismus« gestaltete sich wechselhaft: zunächst ein Quasi-Verbot an den Landesschulen; dann die Druckerlaubnis für eine Apologie in Form einer glossierten Neuausgabe des Textes und die Initiative zur Veröffentlichung einer deutschen Fassung; am Ende aber doch ein Publikationsverbot für die von Christoph Pezel (1539-1604) angefertigte deutsche Übersetzung, die als Manuskript noch erhalten ist. Die überlieferten Zensurgutachten lassen erkennen, wie die Bücherzensur als Mittel zur Eindämmung des Konfliktes eingesetzt wurde. Unter den mit der Zensur befaßten kursächsischen Theologen bestand kein Konsens über die geplante Publikation, doch wurde es in den Jahren 1571/72 noch vermieden, den internen Konflikt öffentlich auszutragen. Die Analyse ungedruckter und zum Teil geheimgehaltener Quellen macht es möglich, das Meinungsspektrum der Theologen in Kursachsen zu erfassen.

Robert Kolb stellte eine von den Wittenberger Theologen herausgegebene Schrift aus dem Jahr 1571 als »Programmschrift« der Wittenberger Philippisten vor: die »Grundfest« (»Von der person und Menschwerdung unsers Herrn Jhesu Christi / Der waren Christlichen Kirchen Grundfest ...«). Einem Überblick über die Entwicklung der Auseinandersetzungen zwischen Philippisten und Gnesiolutheranern in den Jahren 1551 bis 1569 folgte eine zusammenfassende Darstellung des Inhalts dieser umfangreichen Schrift, wobei Gliederung und Argumentationsgang herausgearbeitet wurden. Die Komposition der »Grundfest« läßt die Argumentationsstrategie der Verfasser erkennen, die »Flacianer« in eine Reihe mit altkirchlichen und zeitgenössischen Häresien zu stellen. Im ersten Teil der Schrift werden die Irrtümer der »Flacianer« aufgelistet und erläutert. Die Angriffe bezogen sich auf Matthias Flacius (1520-1575), Joachim Mörlin (1514-1571), Tilemann Heshusen (1527-1588), Johannes Wigand (1523-1587) und Cyriakus Spangenberg (1528-1604). Bei der positiven Entfaltung der Christologie grenzten sich die Wittenberger Philippisten gegenüber altkirchlichen Häretikern und Irrlehrern der Gegenwart – Michael Servet (1511?-1553), Täufer, Kaspar von Schwenckfeld (1489-1561) – ab, verwarfen aber auch die Christologie von Johannes Brenz (1499-1570), Jakob Andreae (1528-1590) und Martin Chemnitz (1522-1586), wobei sie sich auf Luther beriefen. Die »Grundfest« ist als Programmschrift der »Kryptocalvinisten« anzusehen, die der Referent wegen ihrer nicht-calvinistischen, eher von Melan-

chthon hergeleiteten, teils »verborgen« weiter-
entwickelten Theologie auch als »Kryptophilip-
pisten« bezeichnete. Die Veröffentlichung war
Teil einer neuen Offensive gegen die Gnesiolutheraner sowie gegen Andreae und den verstorbenen Brenz. Sie gab der Auseinandersetzung
nicht nur neue Impulse, sondern trug auch neue
theologische Themen (Erbsündenlehre, Antinomismus, Gnadenwahl und Christologie) in die
bereits laufende Konkordiendiskussion ein.
Nach der »Grundfest« war nicht mehr die
Abendmahlslehre, sondern die Christologie der
zentrale Streitpunkt der Auseinandersetzungen.

Luther Peterson ergänzte die Ausführungen
von Robert Kolb durch ein Korreferat, das sich
auf ausgewählte Stellen der »Grundfest« und
die Kommentierung zentraler Begriffe (communicatio idiomatum) bezog.

Mit ihrem Referat über »Das Ringen um
Wahrheit und Eintracht im ›Consensus Dresdensis‹ vom 10. Oktober 1571« bot *Inge Mager*
eine eingehende Analyse eines kursächsischen
Bekenntnistextes, der mehrfach nachgedruckt
wurde und von dem neben der deutschen Erst-
fassung (»Kurtze Christliche vnd Einfeltige wi-
derholung der Bekentnis der Kirchen Gottes in
des Churfürsten zu Sachsen Landen Von dem
Heiligen Nachtmal des Herrn Christi ...«, 1571)
auch eine niederdeutsche Fassung und eine lateinische Übersetzung überliefert sind. Ziel des
Beitrages war es nicht, die noch ungelösten Fragen nach der Verfasserschaft und der Entstehungsgeschichte des »Consensus Dresdensis«
zu beantworten, sondern der Text wurde auf
seinen theologischen Gehalt hin untersucht.
Die Analyse der fünf Artikel zur Person und
Menschwerdung, der Majestät und der Himmelfahrt Christi sowie zur Abendmahlsfrage
führte zu dem Ergebnis, daß die Verfasser zwar
bemüht waren, ihre Übereinstimmung mit der
Lehre der »lieben Väter und Praeceptorn« –
gemeint sind Luther und Melanchthon – zu
bekunden, doch war der Text in Wirklichkeit
ein indirektes Eingeständnis, daß die Christologie und Abendmahlslehre des späten Melan-

chthon mit den entsprechenden Auffassungen
Luthers nicht voll in Einklang gebracht werden konnten. Trotz wiederholter Berufung auf
Luther und des Zitierens von Luther ist bei ge-
nauem Hinsehen nicht dieser, sondern Melanchthon der eigentliche Gewährsmann des »Consensus Dresdensis«. Es muß darauf geachtet
werden, ob die Übereinstimmung mit Positionen Luthers und Melanchthons nur verbal behauptet werden oder ob sie sachlich gerechtfertigt sind. In der Christologie wird die Unter-
schiedenheit der Naturen in der hypostatischen
Suppital-Union stärker betont als ihre Einheit. Der »Consensus Dresdensis« vertritt eine
an Spätscholastikern wie Wilhelm von Ockham
(um 1285-1347) und Gabriel Biel (1410-1495)
angelehnte, im wesentlichen von Melanchthon
übernommene Zweinaturenlehre im Unterschied zur Personeinheitschristologie, wie sie
Luther in bewußter Auseinandersetzung mit
der nominalistischen Suppital-Christologie
entfaltet hat. Sowohl in der Christologie als
auch in der Abendmahlslehre des »Consensus
Dresdensis« wurden verschiedene einander er-
gänzende, aber auch einander widersprechende Interpretationsangebote verbunden, die insgesamt zu einer Uneindeutigkeit führten. Da
eine klare Antwort auf die strittigen Fragen der
Abendmahlslehre vermieden wurde, ist mit
dem »Consensus Dresdensis« ein theologischer
Schwebezustand erreicht worden, der durch seine oberflächliche Integrationskraft die Balance
zwischen Wahrheit und Frieden in Kursachsen
nur für kurze Zeit aufrechterhalten konnte.

Irene Dingel behandelte »Die Torgauer Artikel (1574) als Vermittlungsversuch zwischen
der Theologie Luthers und Melanchthons«. Der
Titel markiert eine Neubewertung dieses Bekenntnistextes, der oft nur als Instrument der
landesherrlichen Konfessionalisierung gesehen,
nicht jedoch in seiner theologischen Eigenart
gewürdigt wurde. Die »Torgauer Artikel« sind
nicht als konfessionelle Neubesinnung im Geiste eines strengen Luthertums zu verstehen,
sondern die Verfasser waren von der Absicht

bestimmt, konfessionell integrierend zu wirken. Zwar wurden diese Artikel zur Abwehr eines angeblich verdeckten Calvinismus – in Wirklichkeit eine Spielart des Philippismus – erstellt, dem Inhalt nach enthielten die Artikel jedoch keine streng lutherische Lehrmeinung, sondern genuin melanchthonische Standpunkte. Nicht die Konfrontation der Lehren Luthers und Melanchthons, sondern eine harmonische Verbindung der beiden reformatorischen Autoritäten war von den Verfassern beabsichtigt. Die Abendmahlslehre der »Torgauer Artikel« entspricht weitgehend der »Wittenberger Konkordie« und den von Melanchthon erstellten Bekenntnistexten (»Corpus doctrinae christianae«; »Examen ordinandorum«; »Confessio Saxonica«). Die Verfasser der Artikel vermieden es, auf christologische Probleme wie die heftig umstrittene Omnipräsenz der Menschheit Christi einzugehen. Die Gleichsetzung des leiblichen Essens im Abendmahl (manducatio oralis) mit dem sakramentlichen Essen (manducatio sacramentalis) muß als Versuch eines Brückenschlages zwischen Luther und Melanchthon angesehen werden. Diskrepanzen zwischen Luther und Melanchthon sollten nicht zur Sprache gebracht werden. In den »Torgauer Artikeln« wurde weder die im »Corpus doctrinae Philippicum« enthaltene Abendmahlslehre aufgegeben noch diejenige Luthers ausgegrenzt.

Die Ablehnung der Ubiquitätslehre in den Artikeln und die Distanzierung von einer christologischen Untermauerung der Abendmahlslehre zeigen jedoch, daß die Verfasser der »Torgauer Artikel« ganz in Melanchthons Sinne argumentierten. Insofern das Torgauer Bekenntnis der Verteidigung des in Kursachsen geltenden »Corpus doctrinae« Melanchthons und des »Consensus Dresdensis« (1571) dienen wollte, war es konservativ und kein Wegbereiter der »Konkordienformel«. (Die Beiträge der beiden Referentinnen werden in »Praxis Pietatis: Studien zu Theologie und Frömmigkeit in der Frühen Neuzeit, 1999« veröffentlicht).

Es war das Ziel des Seminars, ausgewählte Texte vorzustellen und auf ihren theologischen Gehalt hin zu untersuchen. Dabei ergaben sich überraschende Neubewertungen, die zum Teil kontrovers diskutiert wurden. Die gewählte Methode, sich bei der Annäherung an das Phänomen des kursächsischen »Kryptocalvinismus« erneut den Quellen zuzuwenden, gibt die Richtung für künftige Forschungen an. In allen Fällen wurde deutlich, daß die Entstehungsgeschichte dieser Texte zum Teil ganz im Dunkeln liegt. Will man hier weiter vorankommen, wird man sich den archivalischen Quellen zuwenden müssen, die in reichlichem Maß vorhanden und zu großen Teilen noch unerschlossen sind.

Faith and Culture

Reading Martin Luther and Philipp Melanchthon in the Contexts of Struggle for Justice

Seminarleiter: Martin N. Dreher
Berichterstatter: Martin N. Dreher

Das Seminar wurde von sechs Teilnehmern aus Skandinavien und Lateinamerika besucht. Erstes Anliegen war es, sich über die Kontexte zu informieren, in denen Lutherforschung von den im Seminar vertretenen Forschern getrieben wird, und über die Anregungen, die sich aus dem jeweiligen Kontext für die Lutherforschung ergaben. Es stellte sich heraus, daß der Forscher in einem bestimmten Kontext kaum mit den Ergebnissen einer Forschung arbeiten kann, die von Neukantianismus oder von den Auseinandersetzungen zwischen Kultur und Philosophie bestimmt sind. Ist der Kontext z. B. vom Dialog mit der Orthodoxie bestimmt, wird der Weg der Spiritualität wichtiger sein als der der akademischen Diskussion. Für die akademische Diskussion um Luther wird aber die nachfolgende Diskussion um Luthers Spiritualität von Bedeutung. Vom Dialog mit der Orthodoxie her wird die Frage wichtig: Wie kann man von Luther her über Spiritualität reden und sie leben? So kann der Kontext den Forscher dazu führen, Luther von seiner Spiritualität her zu studieren. In einem anderen Kontext, in dem der christlichen Existenz inmitten einer Militärdiktatur, zeigte es sich, daß Luther nicht von einem System her verstanden werden soll, sondern von den Problemen, mit denen er konfrontiert wurde. So ist seine Exegese auch als Antwort auf bestimmte Situationen zu verstehen. Sein Kontext führte ihn zu den Fragen: Wie kann ich in der Wirtschaft Christ sein? Wie hat sich der Christ in gegebenen Situationen zu entscheiden? Luthers Exegese war kontextuell. Luther weigerte sich, eine Theologie zu treiben, die sich nur mit sich selbst beschäftigt.

Situationen und Tendenzen führten im lateinamerikanischen Kontext in den sechziger und siebziger Jahren zu einer sozio-analytischen Tendenz, die sich auch auf die Lutherforschung auswirkte. Seit 1992 wandelt sich – als Folge weltweiter Veränderungen – die Fragestellung. Das Thema des Verhältnisses zwischen Theologie und Kultur gewann an Bedeutung. Von hier aus wird die Frage nach der Kultur in Luthers Theologie wichtig.

So konnte auch im Kontext der Diskussionen um die Theologie der Befreiung die Bedeutung von Luthers theologia crucis neu entdeckt werden. Schon im 16. Jahrhundert beobachtete Bartolomé de Las Casas (1474-1566), daß die lutherischen Häresien, welche sich in Deutschland breitmachten, »unseren unbefleckten und sehr festen Glauben nicht mißachten, noch hören sie auf, unseren Gott, den gekreuzigten Christus anzubeten«. Im 20. Jahrhundert führte die politische und soziale Situation in Lateinamerika dazu, in Luthers Kreuzestheologie das Herz seiner Theologie zu finden. Sie ist nicht das Resultat theoretischer Überlegungen, sondern praktischer Theologie.

Von den Diskussionen in Lateinamerika her wird auch Luthers Trinitätstheologie bedeutsam, weil sie einen starken antitotalitären Akzent hat. Es wurde auf die Diskussion zwischen Jürgen Moltmann und Leonardo Boff hingewiesen.

Als Arbeitspapiere wurden die Beiträge »The chain of unity and love: a little contribution about Martin Luther's trinitarian theology« von *Tuija Mannström*, »Lutheran Reformation, saints and the people's religion in Latin America« von *Ricardo W. Rieth* und »The rediscovery of Luther's theology of the cross in the debate around liberation theology« von *Martin N. Dreher* sowie der Vortrag »Glaube, Bildung und Gemeinschaft bei Luther« von *Tuomo Mannermaa* und das Referat »Trends in world Lutheranism: an analysis of the theological content of the IX General Assembly of the Lutheran World Federation, Hongkong 1997« von *Viggo Mortensen* zur Kenntnis genommen.

Die Teilnehmer des Neunten Internationalen Kongresses für Lutherforschung in Heidelberg 1997

Prof. Dr. Svend ANDERSEN, Ndr. Ringgade, DK-8000 Århus
Dr. Charles ARAND, 597 Woodlyn Crossing, Ballwin, MO 63021 USA
Prof. Dr. Carl Axel AURELIUS, Natvingestiege, S-58258 Linköping
Prof. Dr. Torleiv AUSTAD, Menighetsfakultet, Postboks 5144, Majorstua, N-0302 Oslo

Dr. Hasko VON BASSI, Verlag Walter de Gruyter, Genthiner Straße 13, D-10785 Berlin
Prof. Dr. Oswald BAYER, Am unteren Herrlesberg 36, D-72074 Tübingen
Dr. Nestor L. J. BECK, Rua Pastor Rudolfo Saenger 80, BR-93035-110 Saõ Leopoldo, RS
Dr. Dino BELLUCCI, Chemin des Mouettes 2B, CH-1028 Préverenges
Dr. Michael BEYER, Kirchweg 14, D-04668 Schönbach
Dr. Manfred BIERSACK, Schleusenstraße 13, D-38159 Vechelde
Dr. Hubertus BLAUMEISER, Via della Pedica 28, I-00046 Grottaferrata
Oberkirchenrat Dr. Reinhard BRANDT, Lutherisches Kirchenamt, Richard-Wagner-Straße 26,
    D-30177 Hannover
Prof. Dr. Martin BRECHT, Schreiberstraße 22, D-48149 Münster
Prof. Dr. Johannes BROSSEDER, Rauschendorfer Straße 74, D-53639 Königswinter
Prof. Dr. Armin Ernst BUCHRUCKER, Hubertusallee 9, D-42117 Wuppertal
Prof. Dr. Christoph BURGER, Faculteit der Godgeleerdheid, Vrije Universiteit,
    De Boelelaan 1105, NL-1081 HV Amsterdam
Dr. Stephen BURNETT, Department of History, University of Nebraska, 612 Old Father Hall,
    P. O. Box 880327, Lincoln, NE 68588-03272640 USA

Sergio CARLETTO, Via Roma 3/G, I-12081 Beinette-CN
Dr. Stefano CAVALLOTTO, Via Libero Leonardi 120 c/12, I-00173 Roma

Prof. Dr. David Paul DANIEL, Wordsmith International Inc., Tematinska 4, SK-85105 Bratislava
Prof. Dr. Rolf DECOT, Institut für Europäische Geschichte, Alte Universitätsstraße 19,
    D-55116 Mainz
Prof. Dr. Theodor DIETER, Institute for Ecumenical Research, 8 rue Gustave Klotz,
    F-67000 Strasbourg
Prof. Dr. Irene DINGEL, Johann Wolfgang Goethe-Universität, Hausenerweg 120,
    D-60489 Frankfurt
Prof. Dr. Martin DREHER, Unisinos, Programa Pos-Graduacadem Historia, PC Tiradentes 35,
    BR-93.010-020 Saõ Leopoldo, RS
Pastor Darci DREHMER, Escola Superior de Teologia, Caixa Postal 14,
    BR-93.001-970 Saõ Leopoldo, RS
Kirsten DRIGSDAHL, Anemonevej 10, DK-3450 Alleroed

Prof. Dr. Gerhard EBELING, Mühlehalde 5, CH-8032 Zürich

Prof. Dr. Bernhard ERLING, Gustavus Adolphus College, 800 West College Avenue, Saint Peter, MN 56082-1498 USA

Provst Dr. Jörgen ERTNER, Gl. Præstøvej 20, DK-4735 Mern

Prof. Dr. Robert Guy ERWIN, The Divinity School, Yale University, 409 Prospect Street, New Haven, CT 06520 USA

Prof. Dr. Robert H. FISCHER, 5324 Central Avenue, Western Springs, IL 60558, USA

Dr. theol. Reinhard FLOGAUS, Seminar für Kirchengeschichte, Humboldt-Universität, Waisenstraße 28, D-10179 Berlin

Prof. Dr. Gerhard FORDE, Lutheran Seminary, 2481 Como Avenue, Saint Paul, MN 55108 USA

Prof. Dr. George W. FORELL, University of Iowa, Iowa City, IA 52242 USA

Dr. Günter FRANK, Rudolfstraße 12, D-99092 Erfurt

Prof. Dr. Günther GASSMANN, 33 Avenue Adrien Lachenal, CH-1290 Versoix

Prof. Dr. Christof GESTRICH, Bülowstraße 6, D-14163 Berlin

Prof. Dr. Leif GRANE, Institut for Kirkehistorie, Universitet, Købmagergade 44-46, DK-1150 København K

Prof. Lowell C. GREEN, 62 Leni Lane, Buffalo, NY 14225 USA

Prof. Dr. Eric GRITSCH, 2623 Eastern Avenue, Baltimore, MD 21224-3704 USA

Privatdozent Dr. Volker GUMMELT, Theologische Fakultät, Ernst-Moritz-Arndt-Universität, Domstraße 11, D-17487 Greifswald

Ass. Prof. Dr. Mary Jane HAEMIG, Department of Religion, Pacific Lutheran University, Tacoma, WA 98447-0003 USA

Dr. theol. Ahti HAKAMIES, Ahdintie, FIN-82730 Tuupovaara

Prof. Dr. Marilyn HARRAN, Department of Religion, Chapman University, 333 N. Glassell Street, Orange, CA 92866 USA

Dr. Hans-Peter HASSE, Kurhausstraße 25, D-01259 Dresden

Privatdozent Dr. Jörg HAUSTEIN, Evangelischer Bund, Postfach 1265, D-64602 Bensheim

Prof. Dr. Simo HEININEN, Institut für Kirchengeschichte, Postfach 33 (Aleksanterinkatu 7), FIN-00014 Universität Helsinki

Prof. Kurt K. HENDEL, 9826 South Bell, Chicago, IL 60643-1735 USA

Prof. Dr. Scott H. HENDRIX, Gettysburg Lutheran Seminary, 61 N. W. Confederate Avenue, Gettysburg, PA 17325-1795 USA

Sabine HIEBSCH, Kerkstraat 107, NL-1017 GD Amsterdam

Dr. Hartmut HÖVELMANN, Hollsteiner Straße 17, D-90247 Nürnberg

Dr. theol. Frank HOFMANN, Klosterberg 7, D-35083 Wetter

cand. theol. Bo Kristian HOLM, Institut for Systematisk Teologi, Århus Universitet, DK-8000 Århus C

Prof. Denis R. JANZ, Department of Religious Studies, Loyola University New Orleans, 6363 St. Charles Avenue, Campus Box 81, New Orleans, LA 70118 USA

Dr. Jeffrey JAYNES, Methodist Theological School in Ohio, 3081 Columbus Pike,
P. O. Box 1204, Delaware, OH 43015 USA
Dr. theol. Oddvar JENSEN, Krokasvegen Strede 72, N-5300 Kleppestø
cand. theol. Roger JENSEN, Det Teologiske Fakultet, Blindern, Postboks 1023,
N-0315 Oslo
Prof. Dr. Won Yong JI, Concordia Seminary, 801 DeMun Avenue,
Saint Louis, MO 63105 USA
Lic. theol. Ninna JØRGENSEN, Langebaek Stationsvej 5, DK-4772 Langbaek
cand. theol. Jari JOLKKONEN, Institut für Systematische Theologie, Postfach 33
(Aleksanterinkatu 7), FIN-00014 Universität Helsinki
Prof. Dr. Helmar JUNGHANS, Ludolf-Colditz-Straße 22, D-04299 Leipzig
Lic. theol. Sammeli JUNTUNEN, Institut für Systematische Theologie, Postfach 33
(Aleksanterinkatu 7), FIN-00014 Universität Helsinki

cand. theol. Pekka KÄRKKAINEN, Institut für Systematische Theologie, Postfach 33
(Aleksanterinkatu 7), FIN-00014 Universität Helsinki
Yu KE, History Department, Nankai University, Tianjin, 300071 P. R. China
Prof. Dr. Ralph KEEN, School of Religion, University of Iowa, Iowa City, IA 52242 USA
Dr. habil. Rudolf KELLER, Fliederstraße 12, D-91564 Neuendettelsau
Prof. Dr. Igor KIŠŠ, Palisády 46, SK-81106 Bratislava
Prof. Dr. James KITTELSON, Department of History, Lutheran Seminary, 2481 Como Avenue,
Saint Paul, MN 55108 USA
Prof. Dr. Steffen KJELDGAARD-PETERSEN, Institut for Kirkehistorie, Universitet,
Købmagergade 44-46, DK-1150 København
Bischof Dr. Hans-Christian KNUTH, Plessenstraße 5a, D-24837 Schleswig
Dr. Armin KOHNLE, Zähringerstraße 37, D-69115 Heidelberg
Prof. Dr. Robert KOLB, Institute for Mission Studies, Concordia Seminary,
801 DeMun Avenue, Saint Louis, MO 63105 USA
Prof. Xiang-Min KONG, Department of History, Bejing Normal University,
Bejing 100875 P. R. China
Kari KOPPERI, Tarhakuja 3D19, FIN-01360 Vantaa
Dr. Ulrich-Michael KREMER, Studienseminar Magdeburg, Klausenerstraße 26,
D-39112 Magdeburg
Prof. Dr. Isao KURAMATSU, Tohoku Gakuin University, 1-3-1 Tsuchizoi, Aobaku,
Sendai 980, Japan

Prof. Dr. Martin Schwarz LAUSTEN, Institut for Kirkehistorie, Universitet,
Købmagergade 44-46, DK-1150 København
Dr. Stefano LEONI, Pontificia Università Gregoriana, Via Valbondione 111, I-00188 Roma
Prof. Dr. Carter LINDBERG, School of Theology, University of Boston,
745 Commonwealth Avenue, Boston, MA 02215 USA
Sen. Vice President Dr. Edward A. LINDELL, Lutheran Brotherhood,
625 Fourth Avenue South, Minneapolis, MN 55415 USA
Dr. Johanna LOEHR, Melanchthon-Forschungsstelle, Heiliggeiststraße 15,
D-69117 Heidelberg

Dr. David Lumpp, Concordia College, 275 North Syndicate, Saint Paul, MN 55104 USA
Dr. theol. Thorkild C. Lyby, Balskildevej 33, Ask, DK-8340 Malling

Sognepræst Bjarne A. Madsen, Storemosevej 109, DK-4944 Fejø
Prof. Dr. Inge Mager, Kirchen- und Dogmengeschichtliches Seminar, Sedanstraße 19, D-20146 Hamburg
Rev. Dr. Kambar Manickam, Principal Tamilnadu Theological Seminary, Arasaradi, Madurai 625010 India
Prof. Dr. Tuomo Mannermaa, Aallonhuippu 12 C 26, FIN-02320 Espoo 32
Prof. Ph. D. Charles L. Manske, Concordia University, 1530 Concordia West, Irvine, CA 9612-3299 USA
Pastor Tuija Mannström, Rantatie 16, FIN-34800 Virrat
Prof. Dr. Gottfried Maron, Exerzierplatz 30, D-24103 Kiel
Prof. Dr. Eeva Martikainen, University of Helsinki, Ristiniementie 28 C 11, FIN-02320 Espoo
Prof. Dr. Rudolf Mau, Wilhelm-Blos-Straße 89, D-12623 Berlin
Dr. Gregory Miller, Valley Forge Christian College, 1401 Charlestown Road, Phoenixville, PA 19460 USA
Prof. Dr. Bernd Moeller, Herzberger Landstraße 26, D-37085 Göttingen
Prof. Dr. Ingun Montgomery, Institut for Kirkehistorie, Postboks 1023, Blindern, N-0315 Oslo
Rev. Dr. Robert G. Moore, The Melanchthon Institute, 2353 Rice Boulevard, Houston, TX 77005-2696 USA
Dr. Viggo Mortensen, Lutheran World Federation, P. O. Box 2100, CH-1211 Geneva 2
Bischof i. R. Prof. Dr. Gerhard Müller, Sperlingstraße 59, D-91056 Erlangen
Dr. Hance Mwakabana, Avenue de Vaudagne 29, CH-1217 Meyrin, Geneva
Dr. Israel Peter Mwakyolile, LTC Makumira, P. O. Box 55, Usa River, Tansania

Prof. Dr. Norman Nagel, Concordia Seminary, 801 DeMun Avenue, Saint Louis, MO 63105 USA
Docent Dr. Kjell Ove Nilsson, Kungshöjdsgatan 6, S-41120 Göteborg

Dr. Harry Oelke, Institut für Kirchengeschichte, Universität Kiel, Olshausenstraße 40, D-24098 Kiel
Prof. Dr. Jeannine Olson, 48 Lauriston Street, Providence, RI 02906 USA

Dr. Ralf P. H. Pauls, Prins Bernhardstraat 11, NL-6291 GV Vaals
Dr. Andreas Pawlas, Luther-Gesellschaft, Krochmannstraße 12, D-22299 Hamburg
Privatdozent Dr. Christian Peters, Breul 41 E, D-48143 Münster
Prof. Luther Peterson, State University of New York City at Oswego, Oswego, NY 13126 USA
Dr. Simo Peura, Kirkon Koulutuskeskus, FIN-04400 Järvenpää
Prof. Dr. Michael Plathow, Oppelner Straße 2, D-69124 Heidelberg
Dr. George Posfay, 4 Chemin de la Bride, CH-1224 Chéne-Bougeries, Geneva

Prof. Dr. Ralph W. Quere, Wartburg Theological Seminary, 333 Wartburg Place, Dubuque, IA 52003 USA

Prof. Paul Rajashekar, The Lutheran Theological Seminary, 7301 Germantown Avenue, Philadelphia, PA 19119 USA

Dr. Antti Raunio, Elsankuja 2 D 63, FIN-02230 Espoo

Dr. Louis Reith, Georgetown University, Lauinger Library, Room 534, P. O. Box 571174, Washington, DC 20057-1174 USA

Dr. Reinhold Rieger, Institut für Spätmittelalter und Reformation, Hölderlinstraße 17, D-72074 Tübingen

Privatdozent Dr. Uwe Rieske-Braun, Evangelische Theologie an der Rheinisch-Westfälischen Thechnischen Hochschule, Augustinerbach 2a, D-52056 Aachen

Prof. Dr. Ricardo W. Rieth, Escola Superior de Teologia, Caixa postal 14, BR-93.001-970 Saõ Leopoldo, RS

Nelson Rivera-Garcia, The Lutheran Theological Seminary, 7301 Germantown Avenue, Philadelphia, PA 19119-1794 USA

Bischof i. R. Prof. Dr. Joachim Rogge, Gruberzeile 41, D-13593 Berlin

Prof. Robert Rosin, Concordia Seminary, 801 DeMun Avenue, Saint Louis, MO 63105 USA

Prof. Dr. Miikka Ruokanen, Institut für Systematische Theologie, Postfach 33 (Aleksanterinkatu 7), FIN-00014 Helsinki

Rev. Ph. D. William Russell, Lutheran Campus Ministry, 1201 13th Avenue North, Fargo, ND 58102 USA

Prof. Dr. Risto Juhani Saarinen, Institute for Ecumenical Research, 8 rue Gustave-Klotz, F-67000 Strasbourg

Prof. Dr. Rolf Schäfer, Würzburger Straße 37, D-26121 Oldenburg

Dr. Heinz Scheible, Melanchthon-Forschungsstelle, Heiliggeiststraße 15, D-69117 Heidelberg

Prof. Dr. Martin Schloemann, Kemnader Straße 340, D-44797 Bochum

Dr. Edward H. Schroeder, 3438 Russell Boulevard 403, Saint Louis, MO 63104-1563 USA

Prof. Dr. Reinhard Schwarz, Salzstraße 43, D-82110 Germering

Prof. Dr. Gottfried Seebass, Wissenschaftliches Theologisches Seminar, Kisselgasse 1, D-69117 Heidelberg

Prof. Dr. Martin Seils, Kahlaische Straße 42, D-07745 Jena

Prof. Dr. Herman J. Selderhuis, Landauer 2, NL-8061 LS Hasselt

Prof. Dr. Kurt-Victor Selge, Höhmannstraße 6, D-14193 Berlin

Prof. Shu Shibata, Mannheimer Straße 337, D-69123 Heidelberg

Dr. Thomas Shivute, Paulinum Lutheran Theological Seminary, PVT Bag 16008, Pioneerspark, Windhuk, Namibia

Prof. Dr. Heribert Smolinsky, Theologische Fakultät der Universität Freiburg, Werthmannplatz 3, D-79085 Freiburg

Dr. Rune Söderlund, Theologicum, Allhelgona Kyrkogata 8, S-22362 Lund

Prof. Dr. Lewis W. Spitz, 827 Lathrop Drive, Stanford, CA 94305 USA

Dr. Elfriede Starke, Hans-Holbein-Weg 10, D-96450 Coburg

Dr. Ursula Stock, Institut für Spätmittelalter und Reformation, Hölderlinstraße 17, D-72074 Tübingen

Prof. Dr. Bengt Stolt, Tallbacksvägen 8, S-75645 Uppsala

Prof. Dr. Birgit Stolt, Tallbacksvägen 8, S-75645 Uppsala

Prof. Dr. Christoph STROHM, Evangelisch-Theologische Fakultät, Ruhr Universität Bochum, Universitätsstraße 150, D-44780 Bochum

Prof. M. Th. Yoshikazu TOKUZEN, 3-10-20 Osawa, Mitakashi, Tokyo 181 Japan
Prof. Dr. John TONKIN, Department of History, University of Western Australia, Nedlands, W. A. 6907 Australia
Direktor Dr. Martin TREU, Lutherhalle, Collegienstraße 54, D-06886 Lutherstadt Wittenberg

Prof. Dr. Josef E. VERCRUYSSE, Pontificia Università Gregoriana, Piazza della Pilotta 4, I-00187 Roma
cand. theol. Anna VIND, Viktoriagade 11, 4.th., DK-1655 København
Dr. Rainer VINKE, Institut für Europäische Geschichte, Alte Universitätstraße 19, D-55116 Mainz

Dr. Thomas WABEL, von-Wambold-Straße 37, D-55288 Partenheim
Prof. Dr. Günther WARTENBERG, Thomasiusstraße 23, D-04109 Leipzig
Prof. Timothy J. WENGERT, The Lutheran Theological Seminary, 7301 Germantown Avenue, Philadelphia, PA 19119 USA
Prof. Vitor WESTHELLE, Lutheran School of Theology at Chicago, 1100 E. 55th Street, Chicago, IL 60615 USA
Prof. Dr. Jared WICKS, Pontificia Università Gregoriana, Piazza della Pilotta 4, I-00187 Roma
Dr. Andreas H. WÖHLE, Contrabasweg 96, NL-1312 WP Almere
Wiss. Angestellter Jens WOLFF, Seminar für Kirchengeschichte II, Evangelisch-Theologische Fakultät, Universitätsstraße 13-17, D-48143 Münster
Prof. Dr. Eike WOLGAST, Historisches Seminar, Postfach 105760, D-69047 Heidelberg
Dr. Markus WRIEDT, Institut für Europäische Geschichte, Alte Universitätstraße 19, D-55116 Mainz
Prof. Dr. William J. WRIGHT, Department of History, University of Tenessee, 615 McCallie Avenue, Chattanooga, TN 37403-2598 USA

Lei YUTIAN, History Department, Guangzhou Teachers College, Guangzhou Guihuagang, Guandong Province, P. R. China

Prof. Dr. Hellmut ZSCHOCH, Kirchliche Hochschule, Missionsstraße 9b, D-42285 Wuppertal
Prof. Dr. Karl-Heinz ZUR MÜHLEN, Marienburger Straße 108, D-53340 Meckenheim
Prof. Dr. Klaas ZWANEPOL, Evang.-Luth. Seminarium, Universiteit van de Gereformeerde Kerken in Nederland, postbus 5021, NL-8260 GA Kampen

314

Buchbesprechungen

DRUCKGRAPHIKEN LUCAS CRANACHS D. Ä.: im Dienst von Macht und Glauben/ Jutta Strehle; Armin Kunz; hrsg. von der Stiftung Luthergedenkstätten in Sachsen-Anhalt. Bestandskatalog der Druckgraphiken Lucas Cranachs d. Ä. anläßlich der Ausstellung »Im Dienst von Macht und Glauben« in der Lutherhalle Wittenberg, 28. Mai bis 20. September 1998. Wittenberg: Stiftung Luthergedenkstätten in Sachsen-Anhalt, 1998. 299 S.: Ill. (Stiftung Luthergedenkstätten in Sachsen-Anhalt: Katalog; 1)

PASSIONAL CHRISTI UND ANTICHRISTI: Holzschnitte von Lucas Cranach d. Ä. Texte: Philipp Melanchthon; Johann Schwertfeger. Reprint der ersten deutschen Erstausgabe (Druck A 2) – Wittenberg: Johann Rhau-Grunenberg, 1521. Begleitheft: Volkmar Joestel. [Wittenberg]: Stiftung Luthergedenkstätten in Sachsen-Anhalt, [1998]. 14 Bl. Faks. & Beilage (Begleitheft, 23 S.) im Schuber.

Diese beiden Veröffentlichungen und der noch am Schluß zu nennende Informationsdienst signalisieren den Beginn einer neuen Phase in der Erschließung der Sammlungen der Lutherhalle. Dafür wurden in den letzten Jahren organisatorische Voraussetzungen getroffen. Seit 1995 unterstützt IBM Deutschland den Aufbau von »Luther-Digital«, um zunächst die Bestände der Lutherhalle digital – das heißt als Graphik – zu archivieren. Aus diesem Projekt konnten für den Katalog die Abbildungen und für den Faksimiledruck die Vorlagen bereits digital zur Verfügung gestellt werden. 1997 wurde die »Stiftung Luthergedenkstätten in Sachsen-Anhalt« gegründet, in die das Luther- und das Melanchthonhaus in Wittenberg sowie Luthers Geburts- und Sterbehaus in Eisleben eingingen. Als erster Direktor dieser Stiftung wurde Dr. Stefan Rhein berufen, der vorher das Melanchthonhaus in Bretten geleitet hatte. 1998 begann die Stiftung mit neuen Reihen und im Internet über ihre Sammlungen und Ausstellungen zu informieren sowie mit einer Homepage im Internet präsent zu sein, was nun im einzelnen auszuführen ist.

Ausstellungskataloge der Lutherhalle gab es auch vorher, so »Cranach im Detail: Buchschmuck Lucas Cranachs des Älteren und seiner Werkstatt« zu der entsprechenden Ausstellung 1994. Er enthielt bereits ein »Verzeichnis der Drucke mit Titelschmuck Cranachs d. Ä. und seiner Werkstatt und deren Kopien in der Sammlung der Lutherhalle«. Der Neubeginn der Katalogreihe wird nicht nur mit dem Vermerk »Stiftung Luthergedenkstätten in Sachsen-Anhalt: Katalog; 1« auf der Rückseite des Umschlages signalisiert, sondern durch einen Überblick über die Geschichte der graphischen Sammlung von Jutta Strehle und einen über die Geschichte der Bibliothek der Lutherhalle von Petra Wittig bewußt gemacht. Beide Beiträge beziehen die Übernahme der Bestände des Wittenberger Melanchthonhauses und der beiden Lutherhäuser in Eisleben ein. Die Stiftung verfügt nun in der Lutherhalle über 11 750 und insgesamt über 14 500 Blatt Graphik sowie etwa 15 000 bis zum Jahre 1800 erschienene Drucke, die durch leicht zugängliche Kataloge erschlossen werden müssen. Das im vorliegenden Katalog enthaltene »Bestandsverzeichnis der Druckgraphiken Lucas Cranach d. Ä. in den Sammlungen der Lutherhalle Wittenberg« von Jutta Strehle ist dazu ein beachtenswerter An-

fang (256-280). Ihm eignet eine hohe Anschau-
lichkeit, weil es einerseits auf die Abbildungen im Katalog verweisen kann und andererseits Bildwiedergaben enthält. Das »Verzeichnis der Drucke mit Illustrationen Lucas Cranachs d. Ä. in den Sammlungen der Lutherhalle
Wittenberg« von Petra Wittig (281-296) rundet
zusammen mit dem Verzeichnis der Titel-
drucke von 1994 die Information über die
Cranachgraphiken im Besitz der Lutherhalle ab.

Den Hauptteil des vorliegenden Kataloges
bildet der Beitrag »Der Hofkünstler als Graphiker«, in dem Armin Kunz abgebildete Holzschnitte und Kupferstiche Cranachs beschreibt.
Diese Erläuterungen sind sehr unterschiedlich
ausgeführt. Manche gehen auf die Entstehungsgeschichte der Graphiken, auch auf Beziehungen zu anderen Werken Cranachs oder anderen Künstlern – besonders Albrecht Dürers
(1471-1528) – und auf Cranachs Darstellungs-
weise ein, manche bestehen nur in der Wiedergabe des Bibeltextes, der illustriert wird. Bei
dem heiligen Erasmus wäre erwähnenswert,
daß ihm keineswegs – wie dargestellt – die
Därme mit Hilfe einer Winde herausgezogen
wurden, sondern daß vielmehr das Mittelalter
nicht mehr wußte, daß Erasmus als Schutzpa-
tron der Seeleute eine Ankerwinde mit Seil als
Attribut erhalten hatte (46). Bei der Bildunter-
schrift zu Cranachs Kupferstich von 1520, der
Luther als Mönch zeigt, stellt der Vf. Überlegungen an, wie die »ungewöhnliche Wendung
›CERA LUCAE‹ (›das Wachs des Lucas‹)« zu
verstehen sei (144). Dabei hat Lorenz Diefen-
bach (1806-1883) bereits 1857 festgestellt, daß
»Cera« im 15. Jahrhundert nicht nur in der Bedeutung »Wachs« verstanden wurde, sondern
auch als Bezeichnung für ein Werkzeug (instrumentum) diente. Er vermutete, daß sich dieser
Gebrauch von »serra (Säge)« herleite. Die Bild-
unterschrift zielte also auf das Werkzeug, mit
dem Cranach das Lutherporträt in die Kupfer-
platte eingeschnitten hatte.

Besondere Aufmerksamkeit verdient »Linie,
Geste und Bildraum bei Cranachs Bilddrucken«

von Werner Schade als Einleitung in Cranachs
graphisches Werk (29-40). Der Leser erhält nicht
nur eine Übersicht über die Schaffensperioden
dieser Bilddrucke, sondern auch über die wichtigsten Graphiken. Der Vf. behandelt anschaulich, wie Cranach Vorlagen selbständig verar-
beitete. Sachkundig stellt der Vf. die Eigentüm-
lichkeiten von Cranachs Ausführungen so heraus, daß sie einen Vergleich mit denen Dürers
nicht zu scheuen brauchen. Er weist auf einzelne Elemente in Cranachs Bildern hin, so daß
ein aufmerksamer Leser Cranachs Druckgraphiken mit geschulten Augen betrachten kann.

Ein Register fehlt, was den Nutzen von Ka-
talogen stets bedeutend mindert. Die inzwischen erschienenen Kataloge – die im nächsten
Jahr vorzustellen sind – berechtigen zu der Hoffnung, daß diese Katalogreihe sich zu einem
nützlichen Nachschlagewerk zu den Quellen
der lutherischen Reformation und zu den Be-
ständen der Stiftung entwickeln kann. Angesichts des vorhandenen Materials ist zu erwarten, daß dabei auch die Rezeptionsgeschichte
die ihr gebührende Beachtung findet.

Nach der Katalogreihe hat die Stiftung Luthergedenkstätten in Sachsen-Anhalt 1998 eine
Reprintreihe eröffnet, der allerdings noch Rei-
hentitel, ISSN-Nummer und Erscheinungsjahr
fehlen. Als erster Titel wurde geschickt die
ansprechende Flugschrift »Passional Christi
vnd Antichristi« von 1521 herausgebracht. In
einem Begleitheft informiert Volkmar Joestel
kurz über Luthers Vorstellung vom Papst als
Antichristen und über die Entstehung dieses
Pamphlets, das Josef Benzing: Lutherbibliographie. Baden-Baden 1966, 120 f (1014-1024), unter den Lutherschriften aufgeführt hat, dessen
Texte zu den 26 Holzschnitten von Lucas Cranach d. Ä. aber auf Melanchthon zurückgehen,
der sich bei kirchenrechtlichen Bezugnahmen
von Johann Schwertfeger († 1524) beraten ließ.
Die Erläuterungen zu den Bildpaaren beschreiben den Inhalt der Holzschnitte und geben die
Bildunterschriften wieder, wobei die Quellen-
hinweise der jeweiligen Vorlage ausführlicher

angegeben werden. Der handschriftliche Eintrag »De hoc libro vide partem II. der Uhrkunden, a me editam p[agella] 250 s[e]qu[entes]« auf dem Titelblatt des Wittenberger Exemplars bezieht sich auf Johann Erhard Kapp: Kleine Nachlese einiger, größten Theils noch ungedruckter, und sonderlich zur Erläuterung der Reformations-Geschichte nützlicher Urkunden. Teil 3 [eine durchgehende Seitenzählung faßt Teil 1 und 2 sowie 3 und 4 zusammen]. L 1730, 250-349, wo die 1521 in Worms vorgebrachten Gravamina nationis germanicae in deutscher Fassung abgedruckt sind. Die Bestimmung des Druckes verweist für den Kundigen auf die Beschreibung WA 9, 690; es wäre noch Benzing: AaO, 120 (1015) und VD 16. Bd. 12 (1988), 310 (L 5585) hinzuzufügen. Diese Reihe eröffnet ausgezeichnete Möglichkeiten, heutigen Lesern Quellen originalgetreu in die Hände zu geben.

Das mit Hilfe des Förderprogrammes von IBM Deutschland in Gang gesetze Projekt »Luther-Digital«, das vorrangig auf die elektronische Archivierung und Erschließung der Sammlungen der Lutherhalle zielt, zeitigt seine ersten Früchte im Internet. Unter der Adresse »http://www.martin luther.de« gelangt der Nutzer zur Homepage der Lutherhalle Wittenberg. Nachdem er sich zwischen »deutsch« und »englisch« entschieden hat, kann er zwischen »Die Sonderausstellungen«, »Die Sammlungen«, »Das Gebäude«, »Die Hauptaustellung« und »Forum« wählen. Hier findet er seit dem Herbst 1998 – die direkte Adresse lautet »http://www.martinluther.de/forum/luthertexte.htm« – einen kurzen Luthertext, der im Abstand von etwa zwei Monaten ausgetauscht wird und der – wie in »Martin Luther: Taschenausgabe« (B; L: Evang. Verlagsanstalt) – in die Gegenwartssprache übertragen und knapp erläutert ist. Bei diesem Internet-Projekt »Luthertexte im heutigen Deutsch« arbeiten die Lutherhalle und die Luther-Gesellschaft zusammen, die beide das Ziel verfolgen, sowohl die Lutherforschung zu fördern als auch Luther bekannt zu machen.

»Das Gebäude« verdient auch deshalb Interesse, weil damit gerechnet werden kann, daß die von Insa Christiane Hennen in Vorbereitung auf das 500-Jahr-Jubiläum der Leucorea im Jahre 2002 geleiteten Bauuntersuchungen zu ganz neuen Erkenntnissen über den Schnitt des ehemaligen Klosters der Augustinereremiten und damit auch dessen Nutzung zu Luthers Zeit führen werden.

Für die Forschung ist aber wohl das Link »Die Sammlungen« von besonderer Bedeutung, weil es den Zugang zu den Grafiken, Gemälden, Handschriften, die Zehn-Gebote-Tafel von Lucas Cranach d. Ä., zu Münzen und Medaillen sowie vor allem zur Bibliothek alter Drucke öffnet. Darunter ist der 1998 als erstes Ergebnis der Neuaufnahme ins Netz gestellte »Katalog der Drucke des 16. Jahrhunderts« aus dem Besitz der Lutherhalle – direkte Adresse »http://opac.martinluther.de/drucke/« – zu finden. Hier kann unter neun Gesichtspunkten der gewünschte Druck gesucht, aber auch sogleich bestellt und danach über Internet, auf Diskette oder im Ausdruck empfangen werden. Dieser leichte Zugang zu einer umfangreichen Grafiksammlung, die eine einmalige Dokumentation der Lutherrezeption bis in die Gegenwart enthält, kann die Anschauung von Gelesenem wesentlichen vertiefen. In dem Maße, in dem das Erschließen der Sammlungen fortschreitet und nicht nur weitere Bestände der Lutherhalle, sondern auch des Wittenberger Melanchthonhauses sowie von Luthers Geburts- und Sterbehaus in Eisleben – die ja alle zur Stiftung Luthergedenkstätten in Sachsen-Anhalt gehören – erfaßt, wird die Homepage der Lutherhalle Wittenberg an Bedeutung gewinnen und eine wachsende Beachtung verdienen.

Leipzig   Helmar Junghans

MARYLIN J. HARRAN: Martin Luther: learning for life. StL: Concordia, 1997. 284 S.: Ill. (Concordia scholarship today)

Dieses Buch verfolgt das Ziel, eine breitere Leserschaft auf der Grundlage einschlägiger Lutherdarstellungen mit Luthers eigenem Bildungsweg und seinen pädagogischen Vorstellungen vertraut zu machen, um Anregungen zur Bewältigung von Erziehungsproblemen im Zeitalter des Internet zu gewinnen. Der Verlag wirbt unter der Überschrift »Luther's Impact on Modern Education«. Der Vorzug der Darlegung liegt darin, daß der enge Zusammenhang zwischen Luthers eigener Erfahrung als Schüler, Student und Lehrer mit seinen pädagogischen Lehren und Forderungen aufgezeigt wird.

Es behandelt ausführlich Luthers Schulzeit in Mansfeld, Magdeburg und Eisenach, seine Studienzeit an der Universität und im Kloster in Erfurt und seine Tätigkeit als Theologieprofessor in Wittenberg.

So unterrichtet das Kapitel über Luther als Student der Artistischen Fakultät nicht nur über Bildungsinhalte und Lernmethoden, sondern auch über die Lebensweise der Studenten und einzelne Lehrer, Scholastiker und Humanisten. Der Schluß dieses Kapitels resümiert zutreffend, daß Luther diesen Humanisten das philologische Werkzeug verdankte, das ihm half, in der Heiligen Schrift die Antworten zu finden, die sein Leben, die Kirche sowie Inhalt und Bedeutung der Erziehung veränderten. Dabei grenzt die Vfn. Luthers Indienstnahme humanistischer Methoden von den Humanisten ab, die Rhetorik und Philologie als Selbstzweck betrieben. Dabei sollte aber nicht übersehen werden, daß viele Humanisten sich deshalb auf die heidnische und christliche Antike besannen, weil sie Hilfe zur Lösung ihrer Probleme suchten, ohne daß sie immer zu Ergebnissen kamen. Die Vfn. hätte anhand der von ihr zitierten Literatur die Bedeutung des Erfurter Humanismus für Luther noch konkreter und grundsätzlicher darstellen können: Obgleich Nikolaus Marschalk (um 1470-1525) durch seine Druckerei, seine Bücher und seine Schüler den Erfurter Humanismus während Luthers Studienzeit stark prägte – wobei er den bibel-

humanistischen Grundsatz »Wer die Heilige Schrift verstehen will, muß ihre Originalsprachen lernen« verbreitete und die Kritik an der Scholastik förderte –, wird er nur gelegentlich erwähnt. Wie andere Autoren vorher, welche die Darstellung der Erfurter Universitätsgeschichte von Erich Kleineidam benutzten, hat auch die Vfn. dessen grundlegende, für das Verständnis von Luthers Entwicklung entscheidende Einsicht nicht recht zur Geltung gebracht, daß der logisch-dialektischen Methode der Scholastik die philologisch-historisch-hermeneutische Methode der Humanisten entgegentrat und die »großen Kämpfe in der Wissenschaft ... stets Methodenkämpfe gewesen« sind.

In einem Kapitel verfolgt die Vfn. Luthers Entwicklung in Wittenberg von seiner Promotion bis zum »teacher of the nation« 1520, wobei sie auch auf Wittenberger Verhältnisse und Luthers vielfache Verpflichtungen eingeht. Beachtung verdient ihre Feststellung, Luther habe die reformatorische Entdeckung nicht als Ergebnis seiner exegetischen Anstrengungen verstanden, sondern als eine Wirkung des Wortes Gottes, was für seine pädagogische Konzeption von zentraler Bedeutung sei (135). Es ist in der Tat so, daß es für Luther ein wichtiges Lernziel wurde, Menschen auf die sachgemäße Begegnung mit Gottes Wort vorzubereiten, damit es an ihnen wirken kann. Besondere Aufmerksamkeit richtet die Vfn. auf Luthers Einsatz für die 1518 beginnende Wittenberger Universitätsreform. Während Heinz Scheible meint, diese habe nichts mit Luthers Reformation zu tun, sondern gehöre »in den Zusammenhang der humanistischen Reformen« (siehe oben Seite 260), rückt die Vfn. anhand von Lutherbriefen zu Recht Luthers Initiative und die Verbindung zu seiner reformatorischen Theologie in den Vordergrund. Sie übergeht aber ihrerseits die gleichzeitigen humanistischen Reformbestrebungen, die in dem Marschalkschüler und kurfürstlichen Sekretär Georg Spalatin (1484-1545) einen einflußreichen Förderer hatte. Wer auf die humanistischen Bestrebungen in Mitteldeutschland – besonders in Erfurt, Leipzig und Wittenberg – und ihre partielle Rezeption durch Luther achtet, wird bestrebt sein, hier das Ineinander von humanistischen Reformbestrebungen, reformatorischer Theologie, Luthers Initiativen und scholastischem Konservativismus zu erfassen. Er wird dann auch leichter verstehen, wieso sich Philipp Melanchthon so gut einfügte und mit Luther zusammen eine epochale Bildungsreform bewirken konnte.

Unter der Überschrift von Luthers Forderung »Docendi sunt christiani« in seinen 95 Thesen zum Ablaß behandelt die Vfn. einzelne pädagogische Überlegungen und Ziele, die Luther zum Teil in Auseinandersetzung mit bildungsfeindlichen Ansichten formulierte. Dabei verdeutlicht sie, welche hohe Bedeutung Luther der Erziehung im Kampf gegen das Reich des Teufels und für das Gedeihen des geistlichen und des weltlichen Regimentes zuerkannte und wie sehr er dabei die Beschäftigung mit der Heiligen Schrift in den Mittelpunkt rückte. Sie betont, daß Luther die Erziehung nicht individualistisch konzipierte, sondern auf die Verantwortung in der Gesellschaft ausrichtete. Daraus leitete Luther für das weltliche Regiment die Pflicht ab, für geeignete und ausreichende Bildung zu sorgen und weniger Geld für Waffen, dafür mehr für Lehrer auszugeben.

Ein eigenes Kapitel widmet die Vfn. dem Katechismus, worin nicht nur deutlich wird, wie dieser nach Luthers Meinung zu einem vertieften Verständnis des christlichen Glaubens führen soll, sondern wie er sich für einen täglichen Umgang mit ihm ausspricht und die fortwährende, lebenslange Bildung in der Kirche und zu Hause als für einen Christen notwendig ansieht.

Im letzten Kapitel tritt die Vfn. heutigen Kritikern der von Luther und Melanchthon in Gang gesetzten Bildungsreform entgegen, die diese als erfolglos beurteilen. Sie führt nicht nur positive Ergebnisse an, sondern erörtert auch die Maßstäbe der Beurteilung. Dabei bezieht sie Luthers Überzeugung ein, daß die Welt

bleibt, daß Erziehung zwar notwendig und nützlich ist, aber keinen neuen Menschen hervorbringt.

Das informative Buch erinnert formal an humanistische Schriften, die durch ihre Beschäftigung mit der Antike Vorbildhaftes für ihre Zeit erheben und zum rechten Handeln Anstöße geben wollten. Daraus gewonnene programmatische Flugschriften, wie sie Luther gelangen und die Verlagswerbung erwarten läßt, sind wünschenswert, stehen aber noch aus.

Leipzig   Helmar Junghans

IRENE DINGEL: Concordia controversa: die öffentlichen Diskussionen um das lutherische Konkordienwerk am Ende des 16. Jahrhunderts. GÜ: GVH, 1996. 776 S. (Quellen und Forschungen zur Reformationsgeschichte; 63) – Zugl.: HD, Univ., Theol. Fak., Habil., 1993/94.

Der treffend gewählte Titel der in Heidelberg entstandenen Habilitationsschrift der Mainzer Kirchenhistorikerin impliziert eine Anspielung auf die in der konfessionellen Historiographie des frühen 17. Jh. vorherrschende Beurteilung des lutherischen Konkordienwerkes entweder – aus reformierter Sicht - als »Concordia discors« (Rudolph Hospinian, 1607) oder – aus lutherischer Sicht – als »Concordia concors« (Leonhard Hutter, 1614), doch ist es gerade das Ziel dieser Arbeit, dem traditionellen Zweierschema »Lutheraner« versus »Calvinisten« bei der Beurteilung des lutherischen Konkordienwerkes zu entgehen und statt dessen die konfessionelle Pluralität in allen ihren Varianten und Schattierungen anhand der öffentlichen Diskussionen des Konkordienwerkes im Zeitraum von 1577 bis zum Beginn des Dreißigjährigen Krieges aufzuzeigen. Das Ergebnis sei gleich vorweggenommen: Es ist der Vf. gelungen, für die in kirchenhistorischen Lehrbüchern und wissenschaftlichen Untersuchungen vielfach vernachlässigte Zeit nach 1580 das breite Spektrum theologischer Lehrmeinungen in einer differenzierten Sicht darzustellen, die der vielfach diskreditierten Theologengeneration dieser Zeit Gerechtigkeit widerfahren läßt, indem die Intentionen der Autoren präzise und unter Absehung konfessionell-motivierter Wertungen erfaßt werden.

Der Umfang des stattlichen Bandes vermittelt schon äußerlich einen Eindruck von der Fülle des erschlossenen Quellenmaterials, das in übersichtlicher Form dargeboten wird. Die Vf. hat sich bemüht, alle Publikationen zu erfassen, in denen zum Konkordienwerk Stellung genommen wurde. Anhand einer Quellenbasis von über 300 Druckschriften werden die Schauplätze und Wortführer der Auseinandersetzungen vorgestellt. Dadurch ergibt sich auch die Gliederung der Arbeit, die nach dem Einleitungskapitel mit der Stellung der Stadt Straßburg zur Konkordienformel beginnt. Im Zentrum stehen die Auseinandersetzungen zwischen dem Rektor der Straßburger Akademie Johann Sturm (1507-1589) und seinem ehemaligen Schüler Johann Pappus (1549-1610), der sich entschieden für die Annahme der Konkordienformel in Straßburg einsetzte. Detailliert wird die Ausweitung der Kontroverse nachgezeichnet, in die sich auswärtige Autoren einschalteten und die durch das Eingreifen des pfälzischen Kurfürsten Ludwig VI. (1539, 1576-1583) zum Politikum wurde.

Im zweiten Kapitel werden die Pfälzer Aktivitäten gegen das Konkordienwerk thematisiert, die sich literarisch vor allem in der »Admonitio christiana« des Zacharias Ursinus (1534-1583) niederschlugen. Beachtung verdient der Versuch des Pfalzgrafen Johann Casimir (1543, 1583-1592), zu einer Concordia der calvinistischen Kirchen Europas zu gelangen (Frankfurter Konvent, 1577). Interessant ist dabei die Verzahnung politischer und theologischer Interessen. Das dritte Kapitel thematisiert die Ablehnung des Konkordienwerkes in Westeuropa, enthält aber auch einen Exkurs zur Aufnahme der Konkordienthematik in der Volksliteratur.

Im vierten Kapitel werden die literarischen Aktivitäten des Nürnberger Ratskonsulenten Christoph Herdesianus (1523-1585) geschildert, aus dessen Feder u. a. auch die unter dem Pseudonym »Ambrosius Wolff« veröffentlichte »Historia der Augsburgischen Confession« (1580) hervorging, zu der Nikolaus Selnecker (1530-1592) in der Apologie des Konkordienbuches (1584) eine Gegendarstellung schrieb.

Das fünfte Kapitel beschreibt die Reaktionen auf die Publikation des Konkordienbuches in Anhalt, die eine reiche Streitschriftenliteratur hervorbrachten. Einige von dem calvinistischen Drucker Matthäus Harnisch (um 1535/40-1596) in Neustadt/Haardt unautorisiert gedruckte Schriften brachten den anhaltinischen Theologen unberechtigterweise den Verdacht des Calvinismus ein. Dagegen habe Anhalt in Wirklichkeit einen Kurs gesteuert, der auf konfessionelle Unabhängigkeit und eine Synthese Lutherischer und Melanchthonischer Theologie zielte. Die anhaltinische Distanz zur Konkordienformel sei nicht mit einem Bekenntnis zum Calvinismus gleichzusetzen, der erst nach 1589 in Anhalt Fuß faßte. Wolfgang Amling (1542-1606) sei zu Unrecht von den Konkordienanhängern als »Kryptocalvinist« verunglimpft worden. Im sechsten Kapitel werden die Auseinandersetzungen um die Konkordienformel in Bremen dargestellt, wobei auch auf den Kontext der innerstädtischen Kontroversen (Glanaeusstreit) und die besondere Rolle Christoph Pezels (1539-1604) für die Bremer Publizistik eingegangen wird.

An das siebente Kapitel über die Indienstnahme von Schriften der Helmstedter Theologen durch die konkordienfeindliche Polemik schließt sich eine Darstellung der flacianischen Konkordienkritik an, die jedoch wegen der Verfolgungssituation nur als »Privatprotest« einer Sondergruppe erscheint. Die Flacianer waren der Meinung, daß in der Konkordienformel die Lehrdifferenzen in verantwortungsloser Weise eingeebnet würden. Mit den Gnesiolutheranern bestanden sie auf namentlichen Verwerfungen und forderten – wie die Calvinisten – eine Generalsynode zur Klärung der Streitigkeiten. Das letzte Kapitel befaßt sich mit römisch-katholischen Stellungnahmen zum Konkordienbuch, die jedoch – abgesehen vom »Iudicium« (1586) Robert Bellarmins (1542-1621) und der »Concordia discors« (1583) von Willem van der Lindt (Lindanus, 1525-1588) – vornehmlich von Konvertiten stammten, unter denen Johann Nas (1534-1590) durch seine satirische einfallsreiche Pamphletistik herausragt. Ziel der römisch-katholischen Invektiven war es, die lehrmäßige Zersplitterung der Evangelischen propagandistisch auszunutzen.

Im Schlußteil werden die strittigen Themen der Kontroversen unter systematisch-vergleichender Perspektive betrachtet: die Wertung der Autorität Luthers und der »Confessio Augustana« (Autoritätenfrage), der Widerspruch gegen Verdammungen, die Forderung einer allgemeinen Synode als Weg zu einer »Concordia« und die dogmatischen Differenzen in der Lehre von der Omnipräsenz der Menschheit Christi und in der Abendmahlslehre. An dieser Stelle ist auf den Gewinn der vorliegenden Arbeit für die Lutherforschung hinzuweisen. Der Rückgriff auf die Autorität Luthers läßt sich nicht nur bei den Befürwortern, sondern auch bei den Gegnern des Konkordienwerkes feststellen. Beachtung verdient die differenzierte Beurteilung der Lutherrezeption bei den Konkordiengegnern. So entwarf Herdesianus ein Bild, das Luther nicht in erster Linie als Bekämpfer der falschen Lehren der sogenannten Sakramentierer zeigte, sondern als einigungsbereiten Förderer der Wittenberger Konkordie (1536). Er habe die Abendmahlslehre des jungen Luther für eine geeignete Einigungsbasis gehalten, die auch die zum Calvinismus Tendierenden integrieren konnte. Der Nürnberger Jurist meinte, mit seiner Lutherdeutung der Lehre des Reformators näher zu stehen als die Konkordientheologen, und nahm Luther als Kronzeugen für seine Auffassung gegen die »Lutheraner« in Anspruch. Auch der ehemali-ge kurpfälzische Hofprediger Daniel Tossanus (1541-1602) verwarf die Autorität des Wittenberger Reformators nicht schlechthin, doch betonte er, daß Luthers Schriften kritisch gelesen werden müßten. Daß Luther selbst dieser Meinung gewesen sei, belegte er mit passenden Zitaten. Zacharias Ursinus hatte der Frage nach der Autorität Martin Luthers in seiner »Admonitio christiana« (1581) ein eigenes Kapitel gewidmet und darin den Konkordientheologen vorgeworfen, daß sie Luther und die von ihm verfaßten Streitschriften zur Lehrnorm erhoben und der Person des Reformators prophetische Autorität beigemessen hätten. Er sprach sich gegen eine Überhöhung der Autorität Luthers aus. Die Konkordientheologen erläuterten ihre Gegenposition in der Apologie des Konkordienbuches (1583); außerdem behandelte Selnecker die Autoritätsfrage in seinen »Recitationes aliquot« (1581).

Die Entscheidung der Vf., sich auf die »öffentlichen Diskussion« und damit auf das gedruckte Schrifttum zu beschränken, könnte kritisch hinterfragt werden, da so der Kontext »intern« geführter Diskussionen, die sich quellenmäßig in Korrespondenzen und Archivalien niedergeschlagen haben, ausgeklammert bleibt. Dagegen hätte durch die Untersuchung von handschriftlichen Quellen auch die Vorgeschichte einzelner Publikationen erhellt werden können, wie es die Vf. stellenweise anhand edierter Quellen (Briefwechsel des Christoph Pezel) versucht. Gerade in Anbetracht des großen Anteils anonymer und pseudonymer Publikationen und des politischen Zündstoffs der Konkordienfrage hätte es sich angeboten, nach vorausgegangenen Zensur- und Begutachtungsverfahren oder nach der Einflußnahme der Territorialherren auf die Publizistik zu fragen, zumal es sich teilweise um »Auftragswerke« handelte und die öffentliche Konkordienopposition mit gedruckten Streitschriften eher die Ausnahme war. Der Verzicht auf archivalische Forschungen ist jedoch in Anbetracht der Quantität des Corpus gedruckter Quellen gut zu verstehen, dessen Auswertung eine respektable und mit immensem Aufwand verbundene Forschungsleistung darstellt. Zu fragen ist, ob das Engagement des Druckers Harnisch nicht eine gesonderte Betrachtung verdient hätte, der eine große Zahl von Schriften zur Konkordienfrage – zum Teil unautorisiert! – druckte und beim Publizieren eine eigene Konzeption verfolgte, wie es seine Vorreden in einigen Schriften erkennen lassen.

Mit Gewinn kann die vorliegende Arbeit auch für eine Lektüre in Auswahl herangezogen werden. Das dürfte besonders für territorialkirchengeschichtlich orientierte Leser von Interesse sein, die sich über den Verlauf der Konkordienkontroverse in einem bestimmten Territorium informieren wollen. Die übersichtliche Gliederung und Zusammenfassungen am Ende der einzelnen Kapitel erleichtern die Lektüre. Erschlossen wird der Band durch ein Sach- und ein Personenregister (leider ohne Verfassernamen). Im Quellenverzeichnis sind die zu den Kontroversen gehörenden Druckschriften durch Fettdruck hervorgehoben und mit einem ausgeklügelten System von Kürzeln ausgestattet, das auf den ersten Blick die Zuordnung einer Schrift zum geographisch-konfessionellen Raum der Streitigkeiten erlaubt und es darüber hinaus ermöglicht, die Abfolge von Schrift und Gegenschrift innerhalb einer Kontroverse zu erfassen. Zu bedauern ist, daß in der Bibliographie der Drucke auf Exemplarnachweise und bibliographische Hinweise (VD 16) verzichtet wurde. Die Seite 132 als vermißt gemeldete Schrift des Daniel Tossanus »De probandis spiritibus« (1579) ist vorhanden in der Sächsischen Landesbibliothek – Staats- und Universitätsbibliothek Dresden und in der Mikroficheedition der »Bibliotheca Palatina«.

Die vorliegende Arbeit ist wegen der Fülle der aufbereiteten Quellen eine unverzichtbare Fundgrube für jeden, der sich mit der Kirchengeschichte der zweiten Hälfte des 16. Jh. beschäftigt.

Leipzig   Hans-Peter Hasse

FRANK HOFMANN: Albrecht Ritschls Lutherrezeption. GÜ: GVH, 1998. 292 S. (Die Luth. Kirche: Geschichte und Gestalten; 19) – Zugl.: TÜ, Univ., Evang.-Theol. Fak., Diss., 1993.

Diese kirchengeschichtliche Dissertation katalogisiert umfassend den Gebrauch von Luthertexten bei Albrecht Ritschl (1822-1889). Vf. analysiert die Schriften von Ritschl in chronologischer Reihenfolge von den frühen patristischen Studien seit 1843 bis zum posthum erschienenen Buch »Fides implicita: eine Untersuchung über Köhlerglauben, Wissen und Glauben, Glauben und Kirche« (Bonn 1890). Leider hat er die unveröffentlichten Vorlesungsnachschriften außer Acht gelassen; er bietet aber dem Leser eine nützliche Übersicht dieses schwierigen Materials (264 f).

Als konkreter Ertrag seiner Studie kann der Vf. eine Tabelle präsentieren, in der alle von Ritschl erwähnten Luthertexte mit Hinweis auf die Erstzitierung und auf die von ihm benutzte Lutherausgabe gesammelt worden sind (237-246). Schon anhand dieses Katalogs kann der Vf. einige Meinungen der früheren Ritschlforscher als irrig nachweisen. Während z. B. David Walter Lotz in »Ritschl and Luther: a fresh perspective on Albrecht Ritschl's theology in the light of his Luther study« (Nashville, NY 1974) die Bedeutung des jungen Luther bei Ritschl betonte, weist Hofmann auf, daß eine Reihe von Luthertexten, die für Ritschl besonders signifikant waren, nicht vom jungen Luther stammen (250). Im allgemeinen zeigt sich, daß Ritschls eigene Lutherkenntnisse umfassend waren, auch wenn er manchmal Luthertexte mittels Sekundärliteratur benutzte.

Das große Verdienst der Studie liegt darin, daß auch die kleinen Details der Rezeption umfassend und sorgfältig berücksichtigt worden sind. So kann der Vf. meistens nicht nur die Lutherausgaben, sondern auch die als Hilfsmittel benutzten Sekundärquellen identifizieren. Methodisch folgt er einerseits der Art und Weise, wie Gerhard Ebeling in »Karl Barths

Ringen mit Luther« (ders.: Lutherstudien. Bd. 3. TÜ 1985, 428-573) Barths Gebrauch von Luthertexten untersucht hat. Andererseits verzichtet der Vf. auf inhaltliche Kritik an Ritschl und versucht, seine Lutherauslegungen stets in den zeitgeschichtlichen Rahmen zu stellen.

Anhand der konkreten Ergebnisse und dieser vorsichtigen Methode kann Hofmann die Lutherrezeption Ritschls auch theologiegeschichtlich würdigen. Seine Würdigung ist durchaus positiv: Ritschls Lutherdeutung sei zugleich selektiv und produktiv. Die selektiven Einseitigkeiten – wie z. B. die Unmöglichkeit, »De servo arbitrio« zu verstehen – ergeben sich aus denselben kontextuellen Maßstäben, auf die der produktive Ansatz Ritschls – z. B. seine Betonung des Freiheitsgedankens – baut (255-259). Vf. sieht in Ritschl einen Wegbereiter der Lutherrenaissance.

Dieses Bild ist in der Studie allerdings nicht in erster Linie theologisch begründet, sondern bezieht sich eher auf die breite Wirkung von Ritschl. Der Vf. gibt zu, daß Ritschl »ein sehr eigenwilliger Rezipient Luthers« war und daß seine Leistung als Lutherforscher nicht etwa mit Theodosius Harnack (1817-1889) verglichen werden kann. Aber gerade weil Ritschls Denken eine schulbildende Bedeutung hatte, sei seine Rezeptionswirkung auch innerhalb der Lutherforschung beachtlich (261).

Trotz seines rezeptionsgeschichtlichen Zugangs zieht Vf. auch einige interessante inhaltliche Schlußfolgerungen. Während z. B. Otto Wolff: Die Haupttypen der neueren Lutherdeutung (S 1938) zufolge Immanuel Kant (1724-1804) bei Ritschl zum eigentlichen Interpreten Luthers legitimiert wird, kommen in Hofmanns Belegen eher die sachlichen Unterschiede zwischen Luther und Kant zum Vorschein, obwohl Kants Methodik und Wissenschaftsverständnis für Ritschl nicht ohne Bedeutung waren. Der Vf. bemerkt auch treffend (256 f), daß der sogenannte Neukantianismus als philosophische Schule erst nach Ritschls Tod entstand.

Wie die meisten anderen Ritschlforscher hebt Vf. die Rolle des Göttinger Philosophen Hermann Lotze (1817-1881) für Ritschl hervor. Insgesamt hält der Vf. aber Ritschl für einen Theologen, für den das praktische religiöse Leben Vorrang hatte und der somit eigentlich nicht philosophisch dachte. Daß eben diese Position aus bewußten philosophischen Einsichten – z. B. denjenigen Lotzes – wachsen kann, wird von Hofmann nicht eigens problematisiert. Auch rezeptionsgeschichtlich wäre es interessant gewesen, Lotzes Stellungnahmen zu Luther und zur Reformation (Belege dazu z. B. Risto Saarinen: Gottes Wirken auf uns: die transzendentale Deutung des Gegenwart-Christi-Motivs in der Lutherforschung. S 1989, 21) mit Ritschl zu vergleichen.

Mit der vorliegenden Dissertation haben wir eine solide Grundlage für jede spätere Luther-Ritschl-Diskussion. Es fehlt nun noch der zweite Schritt: eine theologische Auseinandersetzung mit Ritschl anhand dieser jetzt erreichten Grundlage. Ebeling hat in seiner Barthstudie beides gewagt. Dem Vf. ist aber zu danken, daß er den ersten Schritt so sorgfältig und vorsichtig unternommen hat. Besonders zu erwähnen sei noch die umfangreiche »Bibliographie der Sekundärliteratur zu Albrecht Ritschl« (270-281); im »Verzeichnis weiterer benutzter Literatur« (281-288) hätte ich noch gerne Walter Mostert: Luther, Martin. III: Wirkungsgeschichte. TRE 21 (1991), 567-594, gesehen.

Strasbourg   Risto Saarinen

Lutherbibliographie 1999

Mit Professor Dr. Matthieu Arnold, Strasbourg (Frankreich); Dr. Hans Ulrich Bächtold, Zürich (Schweiz); Curator Terrance L. Dinovo, St. Paul, MN (USA); Professor Dr. Tibor Fabiny, Budapest (Ungarn); Dr. Gerhard Hammer, Tübingen (Deutschland); Førsteamanuensis Dr. Oddvar J. Jensen, Bergen-Sandviken (Norwegen); Professor Dr. Igor Kišš, Bratislava (Slowakei); Professor Dr. Steffen Kjeldgaard-Pedersen, Frederiksberg (Dänemark); Universitätsassistent Dr. Rudolf Leeb, Wien (Österreich); Dr. Matti Myllykoski, Helsinki (Finnland); Bischof Sen. D. Janusz Narszyński, Warszawa (Polen); Dozentin Dr. Noemi Rejchrtová, Praha (Tschechien); Professor Dr. Paolo Ricca, Roma (Italien); Professor Dr. Ricardo W. Rieth, São Leopoldo (Brasilien); Professor Dr. Maurice E. Schild, Adelaide (Australien); Dr. Rune Söderlund, Lund (Schweden); Professor Dr. Jos E. Vercruysse, Roma (Italien) und Prof. Dr. Klaas Zwanepol, Kampen (Niederlande) bearbeitet von Professor em. Dr. Helmar Junghans, Wissenschaftlichem Mitarbeiter Dr. Michael Beyer sowie Wissenschaftlichem Assistent Dr. Hans-Peter Hasse, Leipzig (Deutschland).

Der Leiterin und den Mitarbeiterinnen der Außenstelle Theologie der Universitätsbibliothek Leipzig und den Mitarbeiter(inne)n von Die Deutsche Bibliothek – Deutsche Bücherei Leipzig, der Sächsischen Landesbibliothek in Dresden, der Lutheran Brotherhood Foundation – Reformation Library in St. Paul, MN, des Melanchthonhauses in Bretten und der Theologischen Abteilung der Universitätsbibliothek Tübingen danke ich für ihre Unterstützung herzlich. Ein besonderer Dank gilt der Fritz Thyssen Stiftung für Hilfe bei der Finanzierung von Computertechnik zum Herstellen des »Lutherjahrbuches«.

ABKÜRZUNGSVERZEICHNIS

1 Verlage und Verlagsorte

ADVA	Akademische Druck- und Verlagsanstalt	FR	Freiburg im Breisgau
AnA	Ann Arbor, MI	GÖ	Göttingen
B	Berlin	GÜ	Gütersloh
BL	Basel	GVH	Gütersloher Verlagshaus
BP	Budapest	HD	Heidelberg
BR	Bratislava	HH	Hamburg
CV	Calwer Verlag	L	Leipzig
DA	Darmstadt	LO	London
dtv	Deutscher Taschenbuch Verlag	LVH	Lutherisches Verlagshaus
EPV	Evangelischer Presseverband	M	München
EVA	Evangelische Verlagsanstalt	MEES	A Magyarországi Evangélikus Egyház
EVW	Evangelisches Verlagswerk		Sajtóosztálya
F	Frankfurt, Main	MP	Minneapolis, MN

MRES	A Magyarországi Református Egyház Zsinati Irodájának Sajtóosztálya	PWN	Pánstwowe Wydawníctwo Naukowe
MS	Münster	Q&M	Quelle & Meyer
MZ	Mainz	S	Stuttgart
NK	Neukirchen-Vluyn	SAV	Slovenská Akadémia Vied
NV	Neukirchener Verlag	SH	Stockholm
NY	New York, NY	StL	Saint Louis, MO
P	Paris	TÜ	Tübingen
PB	Paderborn	UMI	University Microfilm International
Phil	Philadelphia, PA	V&R	Vandenhoeck & Ruprecht
PO	Portland, OH	W	Wien
PR	Praha	WB	Wissenschaftliche Buchgesellschaft
PUF	Presses Universitaires de France	WZ	Warszawa
		ZH	Zürich

2 Zeitschriften, Jahrbücher

AEKHN	Amtsblatt der Evang. Kirche in Hessen und Nassau (Darmstadt)	EN	Evangélikus Naptár az ... èvre (Budapest)
AG	Amt und Gemeinde (Wien)	EP	Evanjelický Posol spod Tatier (Liptovsky Mikuláš)
AGB	Archiv für Geschichte des Buchwesens (Frankfurt, Main)	EThR	Etudes théologiques et religieuses (Montpellier)
AKultG	Archiv für Kulturgeschichte (Münster; Köln)	EvD	Die Evangelische Diaspora (Leipzig)
ALW	Archiv für Liturgiewissenschaft (Regensburg)	EvEG	Evangelium – ›euaggelion‹ – Gospel (Bremen)
ARG	Archiv für Reformationsgeschichte (Gütersloh)	EvK	Evangelische Kommentare (Stuttgart)
		EvTh	Evangelische Theologie (München)
ARGBL	ARG: Beiheft Literaturbericht (Gütersloh)	GTB	Gütersloher Taschenbücher (Siebenstern)
BEDS	Beiträge zur Erforschung der deutschen Sprache (Leipzig)	GuJ	Gutenberg-Jahrbuch (Mainz)
BGDS	Beiträge zur Geschichte der deutschen Sprache und Literatur (Tübingen)	GWU	Geschichte in Wissenschaft und Unterricht (Offenburg)
BlPfKG	Blätter für pfälzische Kirchengeschichte und religiöse Volkskunde (Otterbach)	He	Helikon (Budapest)
		HThR	The Harvard theological review (Cambridge, MA)
BlWKG	Blätter für württembergische Kirchengeschichte (Stuttgart)	HZ	Historische Zeitschrift (Müchen)
BPF	Bulletin de la Societé de l'Histoire du Protestantisme Fançais (Paris)	IL	Igreja Luterana (Porto Alegre)
		ITK	Irodalomtörténeti Közlemények (Budapest)
BW	Die Bibel in der Welt (Stuttgart)	JBrKG	Jahrbuch für Berlin-Brandenburgische Kirchengeschichte (Berlin)
CA	CA: Confessio Augustana (Oberursel)	JEH	Journal of ecclesiastical history (London)
ChH	Church history (Chicago, IL)	JHKV	Jahrbuch der Hessischen Kirchengeschichtlichen Vereinigung (Darmstadt)
CJ	Condordia journal (St. Louis, MO)		
CL	Cirkevné listy (Bratislava)	JLH	Jahrbuch für Liturgik und Hymnologie (Kassel)
Cath	Catholica (Münster)		
CThQ	Concordia theological quarterly (Fort Wayne, IN)	JNKG	Jahrbuch der Gesellschaft für Niedersächsische Kirchengeschichte (Blomberg/Lippe)
CTM	Currents in theology and mission (Chicago, IL)	JGPrÖ	Jahrbuch für Geschichte des Protestantismus in Österreich (Wien)
DLZ	Deutsche Literaturzeitung (Berlin)	JRG	Jahrbuch für Regionalgeschichte und Landeskunde (Weimar)
DPfBl	Deutsches Pfarrerblatt (Essen)	JWKG	Jahrbuch dür Westfälische Kirchengeschichte (Lengerich/Westf.)
DTT	Dansk teologisk tidsskrift (København)		
EÉ	Evangélikus Élet (Budapest)	KÅ	Kyrkohistorisk årsskrift (Uppsala)
EHSch	Europäische Hochschulschriften: Reihe ...	KD	Kerygma und Dogma (Göttingen)

KR	Křestanská revue (Praha)
LF	Listy filologické (Praha)
LK	Lutersk kirketidende (Oslo)
LM	Lutherische Monatshefte (Hannover)
LP	Lelkipásztor (Budapest)
LQ	Lutheran quarterly N. S. (Milwaukee, WI)
LR	Lutherische Rundschau (Stuttgart)
LThJ	Lutheran theological journal (Adelaide, South Australia)
LThK	Lutherische Theologie und Kirche (Oberursel)
Lu	Luther: Zeitschrift der Luther-Gesellschaft (Göttingen)
LuB	Lutherbibliographie
LuBu	Luther-Bulletin (Kampen)
LuD	Luther digest (Shorewood, MI)
LuJ	Lutherjahrbuch (Göttingen)
MD	Materialdienst des Konfessionskundlichen Institutes (Bensheim)
MEKGR	Monatshefte für evangelische Kirchengeschichte des Rheinlandes (Köln)
MKSz	Magyar Könyvszemle (Budapest)
NAKG	Nederlands archief voor kerkgeschiedenis (Leiden)
NELKB	Nachrichten der Evangelisch-Lutherischen Kirche in Bayern (München)
NTT	Norsk teologisk tidsskrift (Oslo)
NZSTh	Neue Zeitschrift für systematische Theologie und Religionsphilosophie (Berlin)
ODR	Ortodoxia: Revista Patriarhiei Romine (Bucureşti)
ORP	Odrodzenie reformacja w Polsce (Warszawa)
PBl	Pastoralblätter (Stuttgart)
PL	Positions luthériennes (Paris)
Pro	Protestantesimo (Roma)
PTh	Pastoraltheologie (Göttingen)
RE	Református Egyház (Budapest)
RHE	Revue d'histoire ecclésiastique (Louvain)
RHPhR	Revue d'histoire et de philosophie religieuses (Paris)
RL	Reformátusok Lapja (Budapest)
RoJKG	Rottenburger Jahrbuch für Kirchengeschichte (Sigmaringen)
RSz	Református Szemle (Kolozsvár, RO)
RW	Rondom het woord (Hilversum)
SCJ	The sixteenth century journal (Kirksville, MO)
STK	Svensk teologisk kvartalskrift (Lund)
StZ	Stimmen der Zeit (Freiburg im Breisgau)
TA	Teologinen aikakauskirja / Teologisk tidskrisft (Helsinki)
TE	Teológia (Budapest)
ThLZ	Theologische Literaturzeitung (Leipzig)
ThPh	Theologie und Philosophie (Freiburg im Breisgau)
ThPr	Theologia practica (Hamburg)
ThR	Theologische Rundschau (Tübingen)
ThRe	Theologische Revue (Münster)
ThSz	Theológiai Szemle (Budapest)
ThZ	Theologische Zeitschrift (Basel)
TRE	Theologische Realenzyklopädie (Berlin; New York, NY)
TTK	Tidsskrift for teologi og kirke (Oslo)
US	Una sancata (München)
Vi	Világosság (Budapest)
VIEG	Veröffentlichungen des Instituts für Europäische Geschichte Mainz
ZBKG	Zeitschrift für bayerische Kirchengeschichte (Nürnberg)
ZDZ	Die Zeichen der Zeit (Leipzig)
ZEvE	Zeitschrift für evangelische Ethik (Gütersloh)
ZEvKR	Zeitschrift für evangelisches Kirchenrecht (Tübingen)
ZHF	Zeitschrift für historische Forschung (Berlin)
ZKG	Zeitschrift für Kirchengeschichte (Stuttgart)
ZKTh	Zeitschrift für katholische Theologie (Wien)
ZRGG	Zeitschrift für Religions- und Geistesgeschichte (Köln)
ZSRG	Zeitschrift der Savigny-Stiftung für Rechtsgeschichte: Kanonistische Abteilung (Wien; Köln)
ZThK	Zeitschrift für Theologie und Kirche (Tübingen)
ZW	Zeitwende (Gütersloh)
Zw	Zwingliana (Zürich)

3 Umfang der Ausführungen über Luther

L"	Luther wird wiederholt gestreift.
L 2-7	Luther wird auf diesen Seiten ausführlich behandelt.
L 2-7+"	Luther wird auf diesen Seiten ausführlich behandelt und sonst wiederholt gestreift.
L*	Die Arbeit konnte nicht eingesehen werden.

01 **Andreas Bodenstein von Karlstadt (1486-1541):** ein Theologe der frühen Reformation; Beiträge eines Arbeitsgesprächs vom 24.-25. November 1995 in Wittenberg/ hrsg. im Auftrag des Vorstandes der Stiftung Leucorea von Sigrid Looß; Markus Matthias. Lutherstadt Wittenberg: Drei Kastanien, 1998. 311 S.: Ill. (Themata Leucoreana) (Edition Hans Lufft im Drei Kastanien Verlag) – Siehe Nr. 768. 822. 826. 828. 832 f. 835. 956. 1298.

02 **Auctoritas patrum II:** neue Beiträge zur Rezeption der Kirchenväter im 15. und 16. Jahrhundert; new contributions on the reception of the church fathers in the 15th and 16th centuries/ hrsg. von Leif Grane; Alfred Schindler; Markus Wriedt. MZ: von Zabern, 1998. XII, 324 S.: Faks., Tab. (VIEG: Beiheft; 44: Abt. Abendländische Religionsgeschichte) – Siehe Nr. 574. 582. 594. 600. 604. 606-608. 668. 781. 790. 852. 858. 1009.

03 Baur, Jörg: **Einsicht und Glaube. Bd. 2: Aufsätze.** GÖ: V&R, 1994. 219 S. – Siehe Nr. 223. 260. 354 f. 557 f. 980. 1058. 1090.

04 **Beiträge zur Geschichte des württembergischen Pietismus = Festschrift für Gerhard Schäfer zum 75. Geburtstag am 2. Juni 1998 und Martin Brecht zum 65. Geburtstag am 6. März 1997**/ hrsg. von Hermann Ehmer; Udo Sträter. GÖ: V&R, 1998. 382 S.: Portr. (Pietismus und Neuzeit; 24) – Siehe Nr. 991. 1003. 1047. 1051. 1201. 1300.

05 **Die Bekenntnisschriften der evangelisch-lutherischen Kirche**/ hrsg. im Gedenkjahr der Augsburgischen Konfession 1930. 11. Aufl., 45.-47. Tsd. GÖ: V&R, 1992. XLVI, 1228 S. – Siehe Nr. 23. 34. 37 f.

06 **Bernhard von Clairvaux:** Rezeption und Wirkung im Mittelalter und in der Neuzeit; Vorträge gehalten anläßlich des 27. Wolfenbütteler Symposions vom 23. bis 27. Oktober 1990 in der Herzog August Bibliothek/ hrsg. von Kaspar Elm. Wiesbaden: Harrassowitz, 1993. 437 S.: Ill. (Wolfenbütteler Mittelalter-Studien; 6) – Siehe Nr. 585. 589. 603.

07 **Bete und Arbeite!:** Zisterzienser in der Grafschaft Mansfeld/ hrsg. von Esther Pia Wipfler in Zsarb. mit Rose-Marie Knape im Auftrag der Stiftung Luthergedenkstätten in Sachsen-Anhalt. Begleitband zur Ausstellung im Sterbehaus Martin Luthers in Eisleben, 24. 10. 1998 -

24. 6. 1999. Halle/Saale: Stekovics, 1998. 216 S.: Ill. – Siehe Nr. 148. 920. 931.

08 Beutel, Albrecht: **Protestantische Konkretionen:** Studien zur Kirchengeschichte. TÜ: Mohr, 1998. X, 277 S. – Siehe Nr. 226. 433 f. 511. 665. 954. 982. 1043. 1141.

09 **Bevrijding & vrijheid:** liber amicorum aangeboden aan Prof. Dr. S[onny] E. Hof bij zijn emeritaat (Befreiung und Freiheit: Liber amicorum, gewidmet Sonny Eugène Hof anläßlich seiner Emeritierung)/ hrsg. von Martin L. van Wijgaarden; Klaas Zwanepol. Woerden: SLUB, 1998. 171 S. – Siehe Nr. 393. 406. 879. 1166. 1267.

010 **Bewahrt – mitten in der Welt:** aus Anlaß des 85. Geburtstages/ hrsg. von Herbert Wüst. Worms: Erdelmeier, 1994. 277 S.: Ill. – Siehe Nr. 154-157. 955. 1264.

011 **Die Bibliothek des Evangelischen Ministeriums zu Erfurt:** Geschichte, Bestände, Forschungsbereiche; Beiträge des Wissenschaftlichen Kolloquiums »Die Bibliothek des Evangelischen Ministeriums als Quelle historisch orientierter Forschungen« am 12. und 13. September 1997 im Erfurter Augustinerkloster/ hrsg. von Michael Ludscheidt. Bucha bei Jena: quartus, 1998. 149 S.: Ill. (Palmbaum: Texte, Kulturgeschichte; 2) – Siehe Nr. 86. 115.

012 **Biographisch-bibliographisches Kirchenlexikon**/ begr. und hrsg. von Friedrich Wilhelm Bautz; fortgef. von Traugott Bautz. Bd. 7: **Patočka, Jan bis Remachus.** Herzberg: Bautz, 1994. XXXIX, 1598 Sp. – Siehe Nr. 863. 946 f. 1070.

013 **Biographisch-bibliographisches Kirchenlexikon**/ begr. und hrsg. von Friedrich Wilhelm Bautz; fortgef. von Traugott Bautz. Bd. 8: **Rembrandt bis Scharbel.** Herzberg: Bautz, 1994. XXXIX, 1600 Sp. – Siehe Nr. 656. 800. 1113. 1123.

014 **Biographisch-bibliographisches Kirchenlexikon**/ begr. und hrsg. von Friedrich Wilhelm Bautz; fortgef. von Traugott Bautz. Bd. 9: **Scharling, Carl Henrik bis Sheldon, Charles Monroe.** Herzberg: Bautz, 1995. XXXIX, 1600 Sp. – Siehe Nr. 645. 654. 821. 1125.

015 **Biographisch-bibliographisches Kirchenlexikon**/ begr. und hrsg. von Friedrich Wilhelm Bautz; fortgef. von Traugott Bautz. Bd. 10: **Shelkov, Vladimir Andreyevich bis Stoss, Andreas.** Herzberg: Bautz, 1995. XXXIX, 1600 Sp. – Siehe Nr. 903. 1056. 1126 f.

327

016 **Calvin:** Erbe und Auftrag = **Festschrift für Wilhelm Heinrich Neuser zum 65. Geburtstag**/ hrsg. von Willem van't Spijker. Kampen: Kok, 1991. XI, 430 S.: Ill. – Siehe LuB 1997, Nr. 771; LuB 1999, Nr. 1118. 1290.

017 **Der Christ in der politischen Verantwortung heute:** die Zwei-Reiche-Lehre auf dem Prüfstand/ hrsg. von Adolf Künneth. Herford: Busse Seewald, 1997. 256 S. (Echorufe) – Siehe Nr. 410. 1103. 1244. 1266.

018 **Deutsche Literatur:** eine Sozialgeschichte; von den Anfängen bis zur Gegenwart in 10 Bänden/ hrsg. von Horst Albert Glaser. Bd. 2: **Von der Handschrift zum Buchdruck: Spätmittelalter – Reformation – Humanismus**/ hrsg. von Ingrid Bennewitz; Ulrich Müller. Reinbek bei HH: Rowohlt-Taschenbuch, 1991. 539 S. (rororo; 6251: Handbuch) – Siehe Nr. 444. 469. 500. 651.

019 **Dictionnaire critique de théologie**/ hrsg. von Jean-Yves Lacoste. P: Presses Universitaires de France, 1998. XXXII, 1298 S. – Siehe Nr. 199. 225. 227. 229 f. 233. 239. 242. 248-251. 256. 264. 275 f. 284. 293. 295. 301. 333. 336. 341. 346 f. 356. 359. 361. 372. 386. 388-390. 394. 401. 403. 418-420. 432. 437. 442. 523. 527-531. 533 f. 536. 541-543. 549. 578-580. 587. 793 f. 820. 846 f. 849. 859. 965. 981.

020 Diestelmann, Jürgen: **Über die lutherische Messe:** Gemeindevorträge und Abhandlungen. Groß Oesingen: Harms, 1998. 151 S.: Ill. – Siehe Nr. 313-315. 488 f. 901. 990. 1045. 1152. – Bespr.: Junker, Johannes: Luth. Beiträge 3 (1998), 209-211.

021 **Druckgraphiken Lucas Cranachs d. Ä.:** im Dienst von Macht und Glauben/ Jutta Strehle; Armin Kunz/ hrsg. von der Stiftung Luthergedenkstätten in Sachsen-Anhalt; Fotos: Wilfried Kirsch. Bestandskatalog der Druckgraphiken Lucas Cranach d. Ä. anläßlich der Ausstellung »Im Dienst von Macht und Glauben« in der Lutherhalle Wittenberg, 28. Mai bis 20. September 1998. Wittenberg: Stiftung Luthergedenkstätten in Sachsen-Anhalt, 1998. 299 S.: Ill. (Stiftung Luthergedenkstätten in Sachsen-Anhalt: Katalog; 1) – Siehe Nr. 112. 142 f. 152 f. 885. 889.

022 **Einträchtig lehren:** Festschrift für Bischof Jobst Schöne/ hrsg. von Jürgen Diestelmann; Wolfgang Schillhahn. Groß Oesingen: Harms, 1997. VI, 591 S.: Ill. – Siehe LuB 1998, Nr. 1392; LuB 1999, Nr. 131. 178. 213. 257. 262. 325. 349. 431. 522. 989. 996. 1007. 1099. 1117. 1138. 1185. 1242. 1265. 1283. – Bespr.: Kolb, Robert: LThK 22 (1998), 51 f.

023 **Erinnerung an Melanchthon:** Beiträge zum Melanchthonjahr aus Baden/ hrsg. vom Vorstand des Vereins für Kirchengeschichte in der Evang. Landeskirche in Baden. Karlsruhe: EPV für Baden, 1998. 169 S.: Ill. (Veröffentlichungen des Vereins für Kirchengeschichte in der Evang. Landeskirche in Baden; 55) – Siehe Nr. 317. 676. 678. 705. 721. 736 f. 742. 749-751. 753.

024 **Europa:** Wiege des Humanismus und der Reformation; 5. Internationales Symposion der »Amici Thomae Mori«, 20. bis 27. Mai 1995 in Mainz; Dokumentation/ im Auftrag der Thomas-Morus-Gesellschaft. von Hermann Boventer; Uwe Baumann. F; B; Bern; NY; P; W: Lang, 1997. 436 S.: Ill., Tab. – Siehe Nr. 791 f. 795. 799. 802-805. 807. 867. 936. 998. 1145.

025 **Evangelische in Österreich:** vom Anteil der Protestanten an der österreichischen Kultur und Geschichte; Katalog zur gleichnamigen Ausstellung in der Österreichischen Nationalbibliothek, Wien, November 1996 bis Feber 1997/ veranstaltet von der Evang. Kirche A. u. H. B. in Österreich und der Österreichischen Nationalbibliothek; mit der Ausführung betraut: Evang. Museumsverein in Österreich. W: EPV Wien, 1996. 207 S.: Ill. – Siehe Nr. 13. 128. 145. 951.

026 **Evangelisches Kirchenlexikon:** internationale theologische Enzyklopädie/ hrsg. von Erwin Fahlbusch ...; in Zsarb. mit Ulrich Becker ... 3. Aufl. (Neufassung). Bd. 4: **S – Z.** GÖ: V&R, 1996. XIV S., 1440 Sp. – Siehe Nr. 240. 245. 413. – Bespr.: Junghans, Helmar: LuJ 64 (1997), 137 f.

027 **Das Faustbuch von 1587:** Provokation und Wirkung/ hrsg. von Richard Auernheimer; Frank Baron. M; W: Profil, 1991. X, 90 S. (Bad Kreuznacher Symposien; 2) – Siehe Nr. 995. 1024. – Bespr.: Barnes, Robin B.: SCJ 24 (1993), 446.

028 **Festschrift zum 70. Geburtstag von Professor Dr. Dr. Hans-Walter Krumwiede**/ unter Mitw. von Hans Goetting ... hrsg. von Inge Mager. Blomberg/Lippe: Rihn, 1991. 461 S.: Frontispiz. (JNKG; 89 [1991]) – Siehe Nr. 255. 369. 429. 711. 969. 1107. 1109. 1282.

029 **Die frühe Reformation in Deutschland als Umbruch:** wissenschaftliches Symposion des Vereins für Reformationsgeschichte 1996/ in Gemeinschaft mit Stephen E. Buckwalter hrsg. von Bernd Moeller. GÜ: GVH, 1998. 496 S. (Schriften des Vereins für Reformationsgeschichte; 199) – Siehe Nr. 175. 237. 297. 310. 367. 427. 486. 509. 577. 598. 610. 620. 628. 635. 648. 650. 652. 655. 896. 930. 940. 1303.

030 **500 Jahre Ratsschulbibliothek Zwickau:** 1498-

1998/ hrsg. von der Ratsschulbibliothek Zwickau in Verbindung mit dem Kulturamt Zwickau 1998. Zwickau: Ratsschulbibliothek, 1998. 176 S.: Ill. – Siehe Nr. 5. 9. 121. 499. 657. 906. 1308.

031 **1544 1994 – 450 Jahre Schloßkirche Torgau:** Festschrift/ im Auftrag des Fördervereins »Schloßkirche Torgau« hrsg. von Eva Meisel; Wolfgang Geppert; Ekkehard Saretz; Fotos: Erdmute und Manfred Bräunlich. Torgau; Wurzen: Förderverein Schloßkirche Torgau, 1994. 78, [17] S.: Ill. – Siehe Nr. 94. 101. 135. 915.

032 Greenblatt, Stephen: **Schmutzige Riten:** Betrachtungen zwischen Weltbildern (Learning to curse ⟨dt.⟩)/ übers. von Jeremy Gaines; der Essay »Resonanz und Staunen«/ übers. von Robin Cackett. B: Wagenbach, 1991. 121 S. (Kleine kulturgeschichtliche Bibliothek) – Siehe Nr. 445. 882. – Bespr.: Holfelder, Hans Hermann: Lu 66 (1995), 46 f.

033 Greenblatt, Stephen: **Schmutzige Riten:** Betrachtungen zwischen Weltbildern (Learning to curse ⟨dt.⟩)/ übers. von Jeremy Gaines; der Essay »Resonanz und Staunen«/ übers. von Robin Cackett. Lizenzausgabe. F: Fischer, 1995. 121 S. (Fischer-Taschenbücher; 12507: Wissenschaft) – Siehe Nr. 446. 883. – Bespr. siehe LuB 1999, Nr. 032.

034 **O homem e o sagrado:** a religiosidade através dos tempos (Der Mensch und das Heilige: die Religiosität durch die Zeiten)/ hrsg. von Valter Kuchenbecker. 2. Aufl. Canoas: Universidade Luterana do Brasil, 1996. 229 S. – Siehe Nr. 206. 513.

035 **Im Schatten der Confessio Augustana:** die Religionsverhandlungen des Augsburger Reichstages 1530 im historischen Kontext/ hrsg. von Herbert Immenkötter; Gunther Wenz. MS: Aschendorff, 1997. VI, 225 S.: Faks., Tab. (Reformationsgeschichtliche Studien und Texte; 136) – Siehe Nr. 236. 238. 267. 287. 306. 334. 609. 612. 623 f. 801.

036 **In der Wahrheit bleiben:** Dogma – Schriftauslegung – Kirche = **Festschrift für Reinhard Slenczka zum 65. Geburtstag**/ hrsg. von Manfred Seitz; Karsten Lehmkühler. GÖ: V&R, 1996. 205 S.: 1 Portr. – Siehe Nr. 286. 375. 463. 576. 1305. – Bespr.: Wenz, Armin: Luth. Beiträge 3 (1998), 206-209.

037 **Jan Hus:** zwischen Zeiten, Völkern, Konfessionen; Vorträge des internationalen Symposions in Bayreuth vom 22. bis 26. September 1993/ hrsg. von Ferdinand Seibt unter Mitwirkung Zdeněk Dittrich ... M: Oldenbourg, 1997. 544 S.

(Veröffentlichungen des Collegium Carolinum; 85) – Siehe Nr. 273. 595. 597. 599.

038 Josuttis, Manfred: **Gesetz und Evangelium in der Predigtarbeit:** homiletische Studien. Bd. 2. GÜ: Kaiser, GVH, 1995. 197 S. – Siehe Nr. 370. 453 f. – Bespr.: Gräb, Wilhelm: ThLZ 122 (1997), 292-294.

039 **Julhälsningar till församlingarna i Göteborgs stift 1997** (Weihnachtsgrüße an die Gemeinden in der Diözese Göteborg 1997)/ Redaktion: Einar Lundberg; Rune Eliasson. Göteborg: Göteborgs Stifts-Tidnings, 1997. 180 S. – Siehe Nr. 690 f. 757.

040 **Kaiser König Kardinal:** deutsche Fürsten 1500-1800. L; Jena; B: Urania, 1991. 408 S. – Siehe Nr. 686. 760. 777. 785. 932.

041 **Kirche:** lernfähig für die Zukunft? = **Festschrift für Johannes Dantine zum 60. Geburtstag**/ hrsg. von Michael Bünker; Thomas Krobath. Innsbruck; W: Tyrolia, 1998. 407 S.: 1 Frontispiz. – Siehe Nr. 876. 953. 1284.

042 **Die Kirche als Gemeinschaft:** lutherische Beiträge zur Ekklesiologie/ hrsg. von Heinrich Holze. S: Kreuz, 1998. 386 S. (Luth. Weltbund: Dokumentation; 42) – Siehe Nr. 285. 288. 296. 309. 1179. 1237. 1246.

043 **Die Kirche im Wort:** Arbeitsbuch zur Ekklesiologie/ hrsg. von Eberhard Mechels; Michael Weinrich. NK: NV, 1992. 269 S. – Siehe Nr. 265. 282. 886.

044 **Kirche in Celle:** Beiträge zur Kirchengeschichte/ Hrsg.: Evang.-Luth. Kirchenkreis Celle; Evang.-Reform. Gemeinde Celle; Kath. Kirchengemeinde St. Ludwig; Redaktion: Manfred Leenders; Hans-Walter Schütte. Celle: Kirchenkreisamt, 1992. 287 S.: Ill. – Siehe Nr. 925. 974. 1064.

045 **Kirchen in der Diktatur:** Drittes Reich und SED-Staat; fünfzehn Beiträge/ hrsg. von Günther Heydemann; Lothar Kettenacker. GÖ: V&R, 1993. 370 S. (Sammlung Vandenhoeck) – Siehe Nr. 408. 966.

046 **Kirchengeschichte und Schule:** Festschrift zum 65. Geburtstag von Gerhard Schröttel/ hrsg. von Walter Haußmann; Irmtraud Schröttel; Wolfram Schröttel. Neuendettelsau: Freimund, 1997. X, 165 S.: Ill. – Siehe Nr. 192. 502. 819. 1010. 1280.

047 **Land der Reformation – Land der Reformen:** bleibende Impulse aus der Reformation/ hrsg. von Jörg Ohlemacher. Erfurt: Desotron, 1997. 240 S. – Siehe Nr. 423. 514. 561. 868. 1061. 1160. 1175. 1186. 1215. 1220. 1231. 1241. 1243. 1262.

048 **Landesgeschichte als Herausforderung und Pro-**

gramm: Karlheinz Blaschke zum 70. Geburtstag/ hrsg. von Uwe John; Josef Matzerath. L: Sächsische Akademie der Wissenschaften zu Leipzig; S: Steiner, 1997. IX, 863 S.: Frontispiz, Ill. (Quellen und Forschungen zur sächsischen Geschichte; 15) – Siehe Nr. 765. 899. 1285.

049 Lohse, Bernhard: **Evangelium in der Geschichte. Bd. 2: Studien zur Theologie der Kirchenväter und zu ihrer Rezeption in der Reformation**/ aus Anlaß des 70. Geburtstages des Autors hrsg. von Gabriele Borger ... GÖ: V&R, 1998. 315 S.: Porträt. – Siehe Nr. 373. 588. 590 f. 1263. 1278.

050 **Luther in seiner Zeit:** Persönlichkeit und Wirken des Reformators/ hrsg. von Martin Greschat; Günther Lottes. S; B; Köln: Kohlhammer, 1997. 127 S. – Siehe Nr. 218. 398. 560. 567. 592. 1065.

051 **Luther und seine Freunde:** »... damit ich nicht allein wäre.«; Justus Jonas, Lucas Cranach d. Ä., Johann Agricola, Johannes Brenz, Johannes Bugenhagen, Johannes von Staupitz; Wittenberger Sonntagsvorlesungen, Evangelisches Predigerseminar 1998/ hrsg. vom Evangelischen Predigerseminar Lutherstadt Wittenberg; Peter Freybe. Wittenberg: Drei Kastanien, 1998. 144 S.: Ill. – Siehe Nr. 605. 681. 699. 710. 890. 900. 957.

052 **Luthergedenken 1996 zu Erfurt**/ hrsg. von der Thüringer Staatskanzlei; Redaktion und Koordination: Dietmar Görmaier. Erfurt: Alpha, 1996. 45 S.: Ill. – Siehe Nr. 132. 338. 1177. 1181. 1195. 1204. 1253 f. 1258.

053 **Lutherjahrbuch:** Organ der internationalen Lutherforschung/ im Auftrag der Luther-Gesellschaft hrsg. von Helmar Junghans. Bd. 65. GÖ: V&R, 1998. 268 S.: Faks. – Siehe Nr. 31. 231. 573. 581. 627. 1111. 1226. 1247. 1297. 1299.

054 **Luthers Bild in Luthers Land:** eine Fragebogenerhebung bei Schülerinnen und Schülern in Sachsen-Anhalt. Magdeburg: LuiSA – Luther in Sachsen-Anhalt, 1998. 54, 8 S. – Siehe Nr. 1168. 1174. 1200. 1221.

055 **Marburg-Bilder:** eine Ansichtssache; Zeugnisse aus fünf Jahrhunderten. Bd. 1/ hrsg. von Jörg Jochen Berns. Marburg: Rathaus, 1995. 360 S.: Ill. (Marburger Stadtschriften zur Geschichte und Kultur; 52) – Siehe Nr. 662. 853.

056 **Martin Luther und seine Universität:** Vorträge anläßlich des 450. Todestages des Reformators/ im Auftrag der Stiftung Leucorea an der Martin-Luther-Universität Halle-Wittenberg hrsg. von Heiner Lück. Köln; Weimar; W: Böhlau, 1998. 170 S. – Siehe Nr. 412. 512. 519. 524. 622. 632. 636. 1309.

057 **Martin Luther ungewohnt**/ hrsg. von der Evang.

Akademie Baden; Redaktion: Reinhard Ehmann; Ralf Stieber. Beiträge einer Tagung der Evang. Akademie Baden vom 23.-25. Februar 1996 auf Schloß Flehingen (Oberderdingen). Karlsruhe: EPV für Baden, 1998. 148 S.: Ill. (Herrenalber Forum; 20) – Siehe Nr. 79. 110. 342. 571. 633. 1213.

058 **Martin Luther, 1483-1983:** Ringvorlesung der Philosophischen Fakultät, Sommersemester 1983/ Redaktion: P. Erdmann. Saarbrücken: Universität des Saarlandes, 1983. 241 S. – Siehe Nr. 270. 272. 323. 368. 436. 451. 526. 880.

059 **Melanchthon und die Universität:** Zeitzeugnisse aus den halleschen Sammlungen/ hrsg. von Ralf-Torsten Speler. Halle (Saale): Zentrale Kustodie der Martin-Luther-Universität Halle-Wittenberg, 1997. 127 S.: Ill. (Katalog des Universitätsmuseums der Zentralen Kustodie: NF; 3) – Siehe Nr. 12. 87. 105. 136. 671. 714. 775.

060 **Das Melanchthonhaus Bretten:** ein Beispiel des Reformationsgedenkens der Jahrhundertwende/ im Auftrag der Melanchthonstadt Bretten hrsg. von Stefan Rhein; Gerhard Schwinge. Ubstadt-Weiher: Regionalkultur, 1997. 268 S.: Ill. – Siehe Nr. 90. 138. 146. 660. 685. 694 f. 727. 1082.

061 **Melanchthons bleibende Bedeutung:** Ringvorlesung der Theologischen Fakultät der Christian-Albrechts-Universität zum Melanchthon-Jahr 1997/ hrsg. von Johannes Schilling. Kiel: Christian-Albrechts-Universität, 1998. 150 S.: Portr. – Siehe Nr. 661. 683. 701. 704. 722. 744. 752. 759.

062 **Ökumenische Kirchengeschichte:** Probleme, Visionen, Methoden/ hrsg. von Bernd Jaspert. PB; Bonifatius; F: Lembeck, 1998. 218 S. – Siehe Nr. 546. 569. 914. 1169.

063 **Das Papstamt – Anspruch und Widerspruch:** zum Stand des ökumenischen Dialogs über das Papstamt/ hrsg. vom Johann-Adam-Möhler-Institut. MS: Aschendorff, 1996. 136 S. – Siehe Nr. 1199. 1261.

064 **Paracelsus und Salzburg:** Vorträge bei den internationalen Kongressen in Salzburg und Badgastein anläßlich des Paracelsus-Jahres 1993/ hrsg. von Heinz Dopsch; Peter F. Kramml. Salzburg: Gesellschaft für Salzburger Landeskunde, 1994. 582 S.: Ill. (Mitteilungen der Gesellschaft für Salzburger Landeskunde: Erg.-Bd.; 14) – Siehe Nr. 823. 825.

065 **Die Passion Christi in Literatur und Kunst des Spätmittelalters**/ hrsg. von Walter Haug; Burghart Wachinger. TÜ: Niemeyer, 1993. VIII, 319 S.: Ill. (Fortuna vitrea; 12) – Siehe Nr. 244. 493.

066 **Die Pest, der Tod, das Leben – Philipp Nicolai**

– **Spuren der Zeit:** Beiträge zum Philipp-Nicolai-Jahr 1997/ Katalogbearb.: Peter Kracht; redaktionelle Mitarb.: Sonja Weis. Unna: Evang. Kirchengemeinde und Evang. Kirchenkreis Unna, 1997. 199 S.: Ill. – Siehe Nr. 117. 866. 928. 958. 985. 1016. 1020.

067 **Philip Melanchthon (1497-1560) and the commentary/** hrsg. von Timothy J. Wengert; M. Patrick Graham. Sheffield: Sheffield Academic, 1997. 304 S. – Siehe Nr. 15. 258. 467. 688. 700. 720. 729. 746. 767.

068 **Philipp Melanchthon:** exemplarische Aspekte seines Humanismus/ hrsg. von Gerhard Binder. Trier: WVT Wissenschaftlicher Verlag Trier, 1998. 179 S.: Ill. (Bochumer Altertumswissenschaftliches Colloquium; 32) – Siehe Nr. 666. 672. 679. 762.

069 **Philipp Melanchthon:** Vermächtnis und Verpflichtung/ Wolfhart Schlichting; Lothar Groppe; Hanns Leiner. Studientagung der Evang. Notgemeinschaft in Deutschland vom 19.-21. 9. 1997 in Augsburg. Renningen-Malmsheim: Evang. Notgemeinschaft in Deutschland, 1977. 47 S. (Erneuerung und Abwehr: Beiheft; 65) – Siehe Nr. 706. 745. 1161.

070 **Philipp Melanchthon:** ein Wegbereiter für die Ökumene/ hrsg. von Jörg Haustein. 2., überarb. Aufl. GÖ: V&R, 1997. 256 S.: Ill., Faks. (Bensheimer Hefte; 82) – Siehe Nr. 670. 684. 730. 739. 741. 754. 769. 1270. [Vgl. LuB 1998, Nr. 069]

071 **Philipp Melanchthon als Politiker zwischen Reich, Reichsständen und Konfessionsparteien/** hrsg. im Auftrag der Stiftung »Leucorea« von Günther Wartenberg; Matthias Zentner unter Mitw. von Markus Hein. Wittenberg: Drei Kastanien, 1998. 248 S. (Themata Leucoreana) (Edition Hans Lufft im Drei Kastanien Verlag) – Siehe Nr. 421. 669. 703. 709. 712. 740. 755. 764. 771. 773. 999. 1017.

072 **Philipp Melanchthon 500 år 1497-1997:** rapport från ett symposium vid Församlingsfakulteten i Göteborg den 28 februari och 1 mars 1997 (Philipp Melanchthon 500 Jahre, 1497-1997: Bericht eines Symposiums an der Gemeindefakultät in Göteborg, 28. Februar / 1. März 1997)/ hrsg. von der Församlingsfakulteten Göteborg. Göteborg: Församlingsförlaget, 1997. 80 S. (Schriftenreihe der Församlingsfakulteten; 2) – Siehe Nr. 682. 756. 758. 1001.

073 **Pietas in der lutherischen Orthodoxie/** hrsg. im Auftrag des Vorstandes der Stiftung »Leucorea« von Udo Sträter. Redaktion: Christel Butterweck. Wittenberg: Drei Kastanien, 1998. 163 S. (Themata Leucoreana) (Edition Hans Lufft im Drei Kastanien Verlag) – Siehe Nr. 976. 997. 1006. 1011. 1014. 1025. 1027. 1035. 1038.

074 Plathow, Michael: **Ich will mit dir sein:** kreuzestheologische Vorsehungslehre; Aufsätze zu Gottes Mitsein im Kreuz. B: Köster, 1995. 177 S. (Wissenschaftliche Schriftenreihe Theologie; 1) – Siehe Nr. 234. 343 f. 544. 857. 1116. 1228. – Bespr.: Kandler, Karl-Hermann: ThLZ 122 (1997), 604-607.

075 Pöhlmann, Horst Georg; Austad, Torleiv; Krüger, Friedhelm: **Theologie der Lutherischen Bekenntnisschriften.** GÜ: Kaiser, GVH, 1996. 212 S. – Siehe Nr. 222. 235. 254. 259. 274. 322. 352. 381. 464. 540. – Bespr.: Becker, Rolf: LM 36 (1997), Heft 2, 44; Wenz, Gunter: ThLZ 122 (1997), 488-490.

076 Press, Volker: **Das Alte Reich:** ausgewählte Aufsätze/ in Verbindung mit Stephanie Blankenhorn ... hrsg. von Johannes Kunisch. B: Duncker & Humblot, 1997. X, 688 S. (Historische Forschungen; 59) – Siehe Nr. 422. 639-642. 787. 1307.

077 **Das Recht der Kirche/** hrsg. von Gerhard Rau; Hans-Richard Reuter; Klaus Schlaich. Bd. 1: **Zur Theorie des Kirchenrechts.** GÜ: Kaiser, GVH, 1997. 602 S. (Forschungen und Berichte der Evang. Studiengemeinschaft; 49) – Siehe Nr. 283. 291 f.

078 **Rechtfertigung und Weltverantwortung:** Internationale Konsultation Neuendettelsau, 9.-12. September 1991; Berichte und Referate/ hrsg. im Auftrag der Gesellschaft für Innere und Äußere Mission im Sinne der Luth. Kirche von Wolfhart Schlichting. Neuendettelsau: Freimund, 1993. 315 S. – Siehe Nr. 232. 351. 364. 411. 1182. 1209.

079 Schlaich, Klaus: **Gesammelte Aufsätze:** Kirche und Staat von der Reformation bis zum Grundgesetz/ hrsg. von Martin Heckel; Werner Heun. TÜ: Mohr, 1997. VIII, 606 S. (Jus ecclesiasticum; 57) – Siehe Nr. 425. 649. 924. 1050. 1120 f.

080 **»... so sie vermeinen / vns das maul gestopfft zu haben / Wir sagen aber nein dazu«:** Frauen in der Kirchengeschichte Sachsens; ein Lesebuch/ von Verein zur Erforschung der Dresdner Frauengeschichte (Iris Schilke); Kirchliche Frauenarbeit der Ev.-Luth. Landeskirche Sachsens (Ursula August). Dresden: Hille, 1997. 200 S.: Ill. – Siehe Nr. 911. 921 f.

081 **Staatslehre der frühen Neuzeit/** hrsg. von Notker Hammerstein. F: Deutscher-Klassiker-Verlag, 1995. 1213 S. (Bibliothek der Geschichte und Politik; 16) (Bibliothek deutscher Klassiker; 130) – Siehe Nr. 24. 716.

082 **Thomas Müntzers deutsches Sprachschaffen:** Referate der internationalen sprachwissenschaftlichen Konferenz Berlin 23.-24. Oktober 1989/ hrsg. von Roswitha Peilicke; Joachim Schildt. B: Akademie der Wissenschaften der DDR, Zentralinstitut für Sprachwissenschaften, 1990. 251 S.: Ill. (Linguistische Studien: Reihe A, Arbeitsberichte; 207) – Siehe Nr. 809 f. 812. 818.

083 **Unser Glaube:** die Bekenntnisschriften der evangelisch-lutherischen Kirche: Ausgabe für die Gemeinde/ im Auftrag der Kirchenleitung der Vereinigten Evang.-Luth. Kirche Deutschlands (VELKD) hrsg. vom Luth. Kirchenamt; bearb. von Horst Georg Pöhlmann. Originalausgabe. 2. Aufl. GÜ: GVH, 1987. 875 S. (GTB; 1289) – Siehe Nr. 55. 66. 70. 75. [Vgl. LuB 1999, Nr. 50]

084 **Vielfalt in der Einheit:** theologisches Studienbuch zum 175jährigen Jubiläum der pfälzischen Kirchenunion/ im Auftrag des Landeskirchenrates hrsg. von Richard Ziegert. Speyer: EPV Pfalz, 1993. 436 S. – Siehe Nr. 854. 1048 f. 1060. 1073.

085 **450 Jahre Reformation im Calenberger Land:** Festschrift zum Jubiläum im Jahr 1992/ hrsg. vom Ev.-luth. Kirchenkreis Laatzen-Pattensen. Laatzen: Selbstverlag des Kirchenkreises, 1992. 132 S.: Ill. – Siehe Nr. 126. 913. 1140.

086 **Von der Kapelle zum Nationaldenkmal:** die Wittenberger Schloßkirche/ hrsg. von Martin Steffens; Insa Christiane Hennen im Auftrag der Stiftung Luthergedenkstätten in Sachsen-Anhalt. Ausstellungskatalog ... Lutherhalle Wittenberg, 9. Oktober 1998 bis 20. Februar 1999. Wittenberg: Stiftung Luthergedenkstätten in Sachsen-Anhalt, 1998. 232 S.: Ill., Faks. (Stiftung Luthergedenkstätten in Sachsen-Anhalt: Katalog; 2) – Siehe Nr. 88. 93. 96 f. 99. 106. 127. 137. 139 f.

087 **»... wider Laster und Sünde«:** Augsburgs Weg in der Reformation; Katalog zur Ausstellung in St. Anna, Augsburg 26. April bis 10. August 1997/ hrsg. von Josef Kirmeier; Wolfgang Jahn; Evamaria Brockhoff. Köln: DuMont, 1997. 247 S.: Ill., Ktn., Faks. (Veröffentlichungen zur Bayerischen Geschichte und Kultur; 33) – Siehe Nr. 104. 177. 638. 840-842. 844 f. 850. 860. 864.

088 **Die Zisterzienser und das Kloster Haina/** hrsg. von Arnd Friedrich; Fritz Heinrich. Petersberg: Imhof, 1998. 240 S.: Ill. – Siehe Nr. 897. 905.

089 **Zum Gedenken an Peter Manns:** (1923-1991)/ Karl Otmar von Aretin; Rolf Decot; Otto Hermann Pesch. MZ: Institut für Europäische Geschichte, Abt. Abendländische Religionsgeschichte, 1991. 25 S.: 1 Frontispiz. – Siehe Nr. 1129. 1151. 1225.

A QUELLEN

1 Quellenkunde

1 Brunner, Sabine: **Druckschriften Martin Luthers in der Vogtlandbibliothek Plauen.** Sächsische Heimatblätter 43 (1997), 253-256.

2 Czubatynski, Uwe: **Armaria ecclesiae:** Studien zur Geschichte des kirchlichen Bibliothekswesens am Beispiel der Mark Brandenburg. B, 1995. 372 Bl.: Ill. L". (MS). – B, Humboldt-Univ., Diss., 1995.

3 Czubatynski, Uwe: **Armaria ecclesiae:** Studien zur Geschichte des kirchlichen Bibliothekswesens am Beispiel der Mark Brandenburg. Neustadt an der Aisch: Degener, 1998. 381 S.: Ill. L". – B, Humboldt-Univ., Diss., 1995.

4 Czubatynski, Uwe: **Niederdeutsche Drucke des 16. Jahrhunderts in der Marienbibliothek Frankfurt (Oder).** Korrespondenzblatt des Vereins für niederdeutsche Sprachforschung 100 (1993), 57-61.

5 Hengst, Karlheinz: **Ratsschulbibliothek und Bildungsgeschichte:** eine Betrachtung von Sprachlehrwerken aus dem 15./16. Jahrhundert. In: 030, 146-158: Ill.

6 Kastner, Fritz: **»Gedruckt zu Pfortzheym bey Georg Raben«:** Erinnerung an einen vergessenen Frühdrucker. Gutenberg-Jahrbuch 69 (1994), 149-157: Ill.

7 Komorová, Klára; Saktorová, Helena; Petrenková, Emília: **Germanika des 16. Jahrhunderts im Bestand der Slowakischen Nationalbibliothek der Matica slovenská in Martin.** Gutenberg-Jahrbuch 70 (1995), 319-325.

8 Kusukawa, Sachiko: **A Wittenberg university library catalogue of 1536.** Cambridge; Binghamton, NY: Libri Pertinentes, 1995. XLI, 258 S. (Libri Pertinentes; 3) (Medieval and Renaissance texts and studies)

9 Leistner, Kristina: **475 Jahre Buchdruck in Zwickau.** In: 030, 68-76: Ill.

10 **Lexikon zur Geschichte und Gegenwart der Herzog August Bibliothek Wolfenbüttel/** im Auftrag der Gesellschaft der Freunde der Herzog-August-Bibliothek hrsg. von Georg Ruppelt; Sabine Solf. Paul Raabe zum 29. 2. 1992. Wiesbaden: Harrassowitz, 1992. 179 S.: Ill., Kt. L 108. (Lexika europäischer Bibliotheken; 1)

11 Möncke, Gisela: **Zur Überlieferung der Bullen »Exsurge Domine« und »In coena Comini«: zwei vergessene Rostocker Drucke.** Gutenberg-Jahrbuch 71 (1996), 74-79: Ill.

12 Müller, Walter: **Melanchthoniana in der Universitäts- und Landesbibliothek Sachsen-Anhalt.** In: 059, 49-58: Ill.

13 Reingrabner, Gustav: **Ein neu entdeckter Lutherbrief in Österreich.** In: 025, 19-21: Ill.

14 **Repertorium deutschsprachiger Ehelehren der frühen Neuzeit/** hrsg. von Erika Kartschoke; erarb. von Walter Behrendt ... Bd 1: Handschriften und Drucke der Staatsbibliothek zu Berlin/ Preußischer Kulturbesitz (Haus 2). Teil 1. B: Akademie, 1996. XXXII, 338 S.: Ill.

15 Rettberg, Daniel J.: **Melanchthoniana in the Richard C. Kessler Reformation collection.** In: 067, 238-297.

16 **Die Stammbücher:** Teil 1: **Die bis 1750 begonnenen Stammbücher/** beschr. von Lotte Kurras. Wiesbaden: Harrassowitz, 1988. XXVII, 267 S. L 16. (Kataloge des Germanischen Nationalmuseums Nürnberg: die Handschriften; 5 I) – Bespr.: Blaufuß, Dietrich: ZBKG 63 (1994), 272-274.

17 **Die Stammbücher:** Teil 2: Die 1751 bis 1790 begonnenen Stammbücher/ beschr. von Lotte Kurras. Wiesbaden: Harrassowitz, 1994. XVI, 349 S. L 76. 104. 106. 182. (Kataloge des Germanischen Nationalmuseums Nürnberg: die Handschriften; 5 II)

18 Tacke, Andreas: **Zu den Anfängen der Berliner Staatsbibliothek in kurfürstlicher Zeit (vor 1661).** Gutenberg-Jahrbuch 67 (1992), 374-382.

19 **Theologie/** eingel. von Martin Brecht. In: Wissenschaft und Buch in der Frühen Neuzeit: die Bibliothek des Schweinfurter Stadtphysicus und Gründers der Leopoldina Johann Laurentius Bausch (1605-1665); Ausstellung des Stadtarchivs Schweinfurt und der Bibliothek Otto Schäfer; 8. März 1998 – 28. Juni 1998 Bibliothek Otto Schäfer, Schweinfurt; 24. Januar 1999 – 28. März 1999 Franckesche Stiftungen zu Halle/ hrsg. von Uwe Müller. Schweinfurt: Bibliothek Otto Schäfer: Stadtarchiv Schweinfurt; 1998, 51 f: Katalog, 53-59: Faks. (Veröffentlichungen des Stadtarchivs Schweinfurt; 12)

20 **Verzeichnis der im deutschen Sprachbereich erschienenen Drucke des XVI. Jahrhunderts:** VD 16/ hrsg. von der Bayerischen Staatsbibliothek in München in Verb. mit der Herzog August Bibliothek in Wolfenbüttel; Redaktion: Irmgard Bezzel. 2. Abt.: **Register der Herausgeber, Kommentatoren, Übersetzer und literarischen Beiträger. Bd. 1: A – K (zugleich Bd. 23 des Gesamtwerks).** S: Hiersemann, 1997. XI, 445 S. L 487-495.

21 **Verzeichnis der im deutschen Sprachbereich erschienenen Drucke des XVI. Jahrhunderts:** VD 16/ hrsg. von der Bayerischen Staatsbibliothek in München in Verb. mit der Herzog August Bibliothek in Wolfenbüttel; Redaktion: Irmgard Bezzel. 2. Abt.: **Register der Herausgeber, Kommentatoren, Übersetzer und literarischen Beiträger. Bd. 2: L – Z (zugleich Bd. 24 des Gesamtwerks).** S: Hiersemann, 1997. S. 446-936.

22 Zeitel, Karl: **Ein bisher unveröffentlichter Brief Martin Luthers aus der ehemaligen hennebergischen Gymnasialbibliothek Schleusingen:** zugleich eine Erläuterung zur kirchlichen Heimat und Herkunft des hennebergischen Superintendenten Mag. Christoph Fischer aus Joachimsthal in Böhmen. Jahrbuch des Hennebergisch-Fränkischen Geschichtsvereins 13 (1998), 123-170: Ill.

2 Wissenschaftliche Ausgaben und Übersetzungen der Werke Luthers sowie der biographischen Quellen

23 **Die Augsburgische Konfession. Confessio fidei** (*Augsburgische Konfession* ⟨dt./lat.⟩). In: 05, S. XV-XXI. 31-137.

24 Luther, Martin: **An den christlichen Adel deutscher Nation von des christlichen Standes Besserung.** In: 081, 99-174.

25 Luther, Martin: **Ausgewählte Schriften/** hrsg. von Karin Bornkamm; Gerhard Ebeling in Gemeinschaft mit Oswald Bayer. [Nachdruck der] 1. Aufl. Bd. 1: **Aufbruch zur Reformation.** F; L: Insel, 1995. VI, 341 S. (Insel-Taschenbuch, 1751)

26 Luther, Martin: **Ausgewählte Schriften/** hrsg.

333

von Karin Bornkamm; Gerhard Ebeling in Gemeinschaft mit Oswald Bayer ... [Nachdruck der] 1. Aufl. Bd. 2: **Erneuerung von Frömmigkeit und Theologie.** F; L: Insel, 1995. 300 S. (Insel-Taschenbuch; 1752)

27 Luther, Martin: **Ausgewählte Schriften**/ hrsg. von Karin Bornkamm; Gerhard Ebeling in Gemeinschaft mit Oswald Bayer ... [Nachdruck der] 1. Aufl. Bd. 3: **Auseinandersetzung mit der römischen Kirche.** F; L: Insel, 1995. 302 S. (Insel-Taschenbuch; 1753)

28 Luther, Martin: **Ausgewählte Schriften**/ hrsg. von Karin Bornkamm; Gerhard Ebeling in Gemeinschaft mit Oswald Bayer ... [Nachdruck der] 1. Aufl. Bd. 4: **Christsein und weltliches Regiment.** F; L: Insel, 1995. 319 S. (Insel-Taschenbuch; 1754)

29 Luther, Martin: **Ausgewählte Schriften**/ hrsg. von Karin Bornkamm; Gerhard Ebeling in Gemeinschaft mit Oswald Bayer ... [Nachdruck der] 1. Aufl. Bd. 5: **Kirche, Gottesdienst, Schule.** F; L: Insel, 1995. 306 S. (Insel-Taschenbuch; 1755)

30 Luther, Martin: **Ausgewählte Schriften**/ hrsg. von Karin Bornkamm; Gerhard Ebeling in Gemeinschaft mit Oswald Bayer ... [Nachdruck der] 1. Aufl. Bd. 6: **Briefe**/ Auswahl, Übers. und Erl. von Johannes Schilling. F; L: Insel, 1995. 314 S. (Insel-Taschenbuch; 1756)

31 [Luther, Martin; Melanchthon, Philipp]: **Drei unbekannte Briefe von Martin Luther und Philipp Melanchthon zur Ehesache der Anna Schulze in Eilenburg** (Briefe (dt.)/ hrsg. von Andreas Flegel; Helmar Junghans. LuJ 65 (1998), 85-100.

32 [Luther, Martin]: **D. Martin Luthers Werke:** kritische Gesamtausgabe. Bd. 67: **Lateinisches Sachregister zur Abteilung Schriften Band 1-60: o-rutilus**/ hrsg. im Auftrag der Heidelberger Akademie der Wissenschaften von Ulrich Köpf; verf. von Heinz Blanke ...; Redaktion: Gerhard Hammer; Koordination: Christoph P. Burger; Albrecht Beutel. Weimar: Böhlau, 1997. VII, 749 S.

33 [Erasmus Roterodamus, Desiderius; Luther, Martin]: **Del lliure albir**/ Erasme. **Del serv albir**/ Luter (Erasmus Roterodamus, Desiderius: De

libero arbitrio diatribe sive collatio (katalan.). Luther, Martin: *De servo arbitrio* (katalan.))/ übers. von Jaume Medina; Joan Carbonell; hrsg. von Hèctor Vall. Barcelone: Ed. 62, 1996. 488 S. (Textos filosòficos; 73)

34 Luther, Martin: **Der große Katechismus deutsch.** Catechismus major (*Deutsch [Großer] Katechismus* (dt./lat)). In: 05, XXVIII-XXXI. 543-738.

35 [Luther, Martin] Lutero, Martín: **Escritos pedagógicos de Martín Lutero** (Pädagogische Schriften Martin Luthers)/ eingel. von Carlos Witthaus; Federico Lange; übers. von Carlos Witthaus. Buenos Aires: Iglesia Evangélica Luterana Unida, 1996. 117 S.

36 [Luther, Martin] Lutero, Martín: **Escritos políticos** (Politische Schriften (span.))/ aus dem Dt. übers. von Joaquín Abellán. Barcelona: Altaya, 1994. 224 S.

37 Luther, Martin: **Enchiridion: der kleine Katechismus ... für die gemeine Pfarrherrn und Prediger. Enchiridion:** catechismus minor ... pro pachochis et concionatoribus (*Der kleine Katechismus für die gemeinen Pfarrherrn und Prediger* (dt./lat.)). In: 05, XXVIII-XXXI. 499-541.

38 Luther, Martin: **Artikel christlicher Lehre. Articuli Christianae doctrinae** (*Die Schmalkaldischen Artikel* (dt./lat.)). In: 05, S. XXIV-XXVII. 405-468.

39 [Luther, Martin] Lutero, Martinho: **Da liberdade do cristão (1520). Prefácios à Bíblia** (*Von der Freiheit eines Christenmenschen [1520]. Bibelvorreden* (dt./port))/ übers. von Erlon José Paschoal. São Paulo: Universidade Estadual Paulista, 1998. 127 S.

40 **Passional Christi und Antichristi**/ Holzschnitte von Lucas Cranach d. Ä.; Texte: Philipp Melanchthon; Johann Schwertfeger. Reprint der deutschen Erstausgabe (Druck A 2) – Wittenberg: Johann Rhau-Grunenberg, 1521 – nach dem Original der Stiftung Luthergedenkstätten in Sachsen-Anhalt/Lutherhalle Wittenberg; Begleitheft: Volkmar Joestel. [Wittenberg]: Stiftung Luthergedenkstätten in Sachsen-Anhalt, [1998]. 14 Bl. Faks. & Beil. (Begleitheft, 23 S.) im Schuber.

334

3 Volkstümliche Ausgaben und Übersetzungen der Werke Luthers sowie der biographischen Quellen

a) Auswahl aus dem Gesamtwerk

41 **Documentos da Igreja cristã** (Dokumente der christlichen Kirche)/ hrsg. von Henry Bettenson; übers. von Helmuth Alfred Simon. 3. Aufl. São Paulo: Associação de Seminários Teológicos Evangélicos; Simpósio, 1998. 452 S. L 281-316.

42 **Dem Leben auf der Spur:** Gedanken für jeden Tag des Jahres/ hrsg. von Wolfgang Brinkel. GÜ: GVH, 1996. [416] S.

43 Luther, Martin: **Christlicher Wegweiser für jeden Tag: zur Förderung des Glaubens und gottseligen Wandels**/ neu zsgest. und hrsg. von Helmut Korinth. 17. Aufl., 180. Tsd. HH: Hartung, 1997. 399 S.

44 Luther, Martin: **Du fond de ma détresse: Deux psaumes de pénitence; Sermon sur la vierge Marie**/ eingel. von Michel Leplay; übers. von Marianna Garcia-Iberg; Albert Greiner. P: Desclée de Brouwer, 1998. 93 S. (Les carnets Desclée de Brouwer)

45 Luther, Martin: **Die Freiheit des Gewissens**/ mit einer Einf. hrsg. von Peter Helbich. GÜ: GVH, 1994. 64 S. (GTB; 479: Texte zur Orientierung) – Bespr.: Pawlas, Andreas: Lu 67 (1996), 42.

46 [Luther, Martin]: **Gorgées d'Évangile:** libres paroles de frère Martin Luther librement rapportées/ hrsg. von Michel Bouttier. P: Les Bergers et les Mages, 1997. 95 S. (Petite bibliothèque théologique)

47 [Luther, Martin]: **Jer, örvendjünk keresztyének!: Luther írásaiból mindennapi áhitatra** (Nun freut euch, lieben Christen gmein!: Luthers Wort in täglichen Andachten ⟨ungar.⟩)/ zsgest. von Carl [Karl] Witte; übers. von József Szabó. Nachdruck der Ausgabe Gyor, 1938. BP: Evangélikus Sajtóosztály, 1990. 440 S.

48 [Luther, Martin]: **Martin Luther und der Wein:** aus Tischreden, Briefen und Predigten/ ges. von Christine Reizig; Gunter Müller. Begleitheft zur Sonderausstellung »Der Wein erfreut des Menschen Herz: Martin Luther, die Bibel und der Weinbau im Mansfelder Land« (Martin Luthers Sterbehaus, Lutherstadt Eisleben, 17. 5. - 4. 10. 1998). Halle/Saale: Stekovics, 1998. 35 S.: Faks. (Stiftung Luthergedenkstätten in Sachsen-Anhalt; 1)

49 **Seine Barmherzigkeit hat kein Ende**/ hrsg. von Johannes Hanselmann. GÜ: GVH, 1995. 47 S.: Ill. L 8 f. (GTB; 1344)

50 **Unser Glaube:** die Bekenntnisschriften der evangelisch-lutherischen Kirche; Ausgabe für die Gemeinde/ im Auftrag der Kirchenleitung der Vereinigten Evang.-Luth. Kirche Deutschlands (VELKD) hrsg. vom Luth. Kirchenamt; bearb. von Horst Georg Pöhlmann. Originalausgabe. 3., erw. Aufl. GÜ: GVH, 1991. 928 S. (GTB; 1289) [Vgl. LuB 1999, Nr. 083]

51 **Vier Boten – eine Botschaft:** Texte von Martin Luther, Philipp Melanchthon, Johannes Calvin und Ulrich Zwingli für damals und heute/ zsgetragen von Heinz Schäfer. Lahr: Johannis, 1997. 64 S. (Geschenkbändchen; 3463)

52 **Zitate zum Kirchenjahr: eine Sammlung für die praktische Auslegung**/ hrsg. von Hans-Helmar Avel ... Bd. 1: **Advent bis Christi Himmelfahrt.** GÖ: V&R, 1996. 148 S. L". (Dienst am Wort; 75)

53 **Zitate zum Kirchenjahr: eine Sammlung für die praktische Auslegung**/ hrsg. von Hans-Helmar Avel ... Bd. 2: **Exaudi bis Ewigkeitssonntag.** GÖ: V&R, 1997. VI S., S 149-278 L". (Dienst am Wort; 76)

54 **Zitatenhandbuch**/ Eberhard Puntsch. Bd. 1: **Für Wissenschaftler, Journalisten, Politiker, Künstler, Manager, Erzieher, Korrespondenten.** 13. Aufl. M: mgv, 1993. 1056 S. L".

b) Einzelschriften und Teile von ihnen

55 **Das Augsburger Bekenntnis.** (*Augsburgische Konfession* ⟨neuhochdt.⟩). In: 083, 48-119.

56 **Die Bibel:** nach der Übersetzung Martin Luthers/ hrsg. von der Evang. Kirche in Deutschland. Bibeltext in der rev. Fassung von 1984; mit Bildern von Marc Chagall. S: Deutsche Bibelgesellschaft, 1997. 1395 S.: Ill.

57 **Die Bibel:** nach der Übersetzung Martin Luthers/ hrsg. von der Evang. Kirche in Deutschland. Bibeltext in der rev. Fassung von 1984. S: Deutsche Bibelgesellschaft, 1998. 1285 S.

58 **Evangelisches Gesangbuch:** Ausgabe für die Evang. Landeskirche Anhalts, die Evang. Kirche in Berlin-Brandenburg, die Evang. Kirche der schlesischen Oberlausitz, die Pommersche Evang. Kirche, die Evang. Kirche der Kirchenprovinz Sachsen. B: Wichern, 1995. [1360] S.: Noten.

59 **Evangelisches Gesangbuch:** Ausgabe für die Evang.-Luth. Landeskirche Mecklenburgs. B: Wichern, 1995. 1624 S.: Noten.

60 **Evangelisches Gesangbuch:** Ausgabe für die

Nordelbische-Evangelisch-Lutherische Kirche. 2., Aufl., Sonderausgabe. Kiel: Wittig, 1998. 55, [1562] S.: Ill., Noten.

61 **Die Geschichte von der Erschaffung der Welt, von Adam und Eva, von ihrem Sündenfall, von Abraham, Jakob und von Joseph und seinen Brüdern/** in der Übertr. von Martin Luther; ausgew. von Franz Sutter. ZH: Diogenes, 1996. 157 S. (Kleine Diogenes-Taschenbücher; 70077)

62 **Die Geschichte von Hiob, dem rechtschaffenen Mann, seinen Prüfungen und seinem Streit mit Gott/** in der Übertr. von Martin Luther; ausgew. von Franz Sutter. ZH: Diogenes, 1997. 113 S. (Kleine Diogenes-Taschenbücher; 70090)

63 **Die Geschichte von König David:** von Sauls Eifersucht, dem Kampf mit Goliath und von der Eroberung Jerusalems/ in der Übertr. von Martin Luther; ausgew. von Franz Sutter. ZH: Diogenes, 1997. 113 S. (Kleine Diogenes-Taschenbücher; 70091)

64 **Die Geschichte von Moses, vom Exodus, den zehn Geboten und dem Einzug ins Gelobte Land/** in der Übertr. von Martin Luther; ausgew. von Franz Sutter. ZH: Diogenes, 1996. 149 S. (Kleine Diogenes-Taschenbücher; 70078)

65 **Das große deutsche Gedichtbuch:** von 1500 bis zur Gegenwart/ neu hrsg. und aktual. von Karl Otto Conrady. 4. Aufl., Lizenzausgabe. DA: WB, 1995. LXII, 979 S. L 4-6.

66 Luther, Martin: **Der Große Katechismus** (*Deutsch [Großer] Katechismus*). In: 083, 579-770.

67 Luther, Martin: **Vorrede zum Römerbrief** (*Deutsche Bibel: Vorreden* ⟨neuhochdt.⟩)/ übertr. von Winfried Küttner. Groß Oesingen: Harms, 1990. 31 S. (Zahrenholzer Reihe; 15)

68 [Luther, Martin]: **Prier 15 jours avec Martin Luther** (*Gebete* ⟨franz.⟩)/ hrsg. von Matthieu Arnold; mit einem Vorwort von Gérard Daucourt. Montrouge: Nouvelle Cité, 1998. 127 S. (Prier 15 jours; 28)

69 **Dich kennen, Unbekannter?:** religiöse deutschsprachige Lyrik von den Anfängen bis zur Gegenwart (*Luther, Martin: Geistliche Lieder: Ein feste Burg ...*)/ hrsg. von Petra Fietzek; mit einer Einf. von Elisabeth Bethge. MZ: Grünewald, 1992. 151 S. L 46 f.

70 Luther, Martin: **Der Kleine Katechismus** (*Der kleine Katechismus für die gemeinen Pfarrherrn und Prediger* ⟨neuhdt.⟩). In: 083, 527-578.

71 [Luther, Martin]: **Der Kleine Katechismus Doktor Martin Luthers** (*Der kleine Katechismus für die gemeinen Pfarrherrn und Prediger* ⟨neuhdt.⟩). Neubearb. Ausgabe 1986, 2. Aufl. Hannover: LVH, 1988. 31 S.

72 [Luther, Martin]: **Maly katechizmus Dr. Martina Luthera: maly modlitebník** (*Der kleine Katechismus für die gemeinen Pfarrherrn und Prediger* ⟨slowak.⟩). 4., durchges. Aufl. Liptovský Mikuláš: Tranoscius, 1990. 57 S.

73 [Luther, Martin]: **Christlicher Lebensstil:** Gottes Menschwerdung im Lebensvollzug (*Predigten*)/ übers. und erl. von Reinhard Schwarz. Lu 69 (1998), 62-67.

74 [Luther, Martin]: **Ehegrund:** Gottes Wort. (*Predigten: Zwo Hochzeitspredigten ... [Auszug]*). CA (1998) Heft 1, 7-10: Ill.

75 Luther, Martin: **Die Schmalkaldischen Artikel.** In: 083, 439-500.

76 [Luther, Martin]: **Mit Luther im Gespräch:** Worte des Reformators über Gott und die Welt (*Tischreden [Auswahl]* ⟨dt.⟩)/ hrsg. von Ulrich Parlow. Lahr: Johannis, 1996. 94 S. (Die Reihe in großer Schrift; 05229)

77 [Luther, Martin]: **Die Regierungspraxis der Fürsten im Urteil Luthers/** (*Von weltlicher Oberkeit ... [Auszug]*)/ hrsg. von Volker Stolle. LThK 15 (1991), 127-129.

78 **Luther Bibel:** für dich; die Bibel nach der Übersetzung Martin Luthers mit Apokryphen und Informationsseiten rund um die Bibel/ Bibeltext in der rev. Fassung von 1984; hrsg. von der Evang. Kirche in Deutschland; Einführungen und Redaktion der Farbseiten: Hannelore Jahr; Karin Jeromin. Bibeltext: Lutherbibel mit Apokryphen, rev. 1984. S: Deutsche Bibelgesellschaft, 1996. 20 Farb-S., 13*, 906, 179, 306, 77 S., (durchschossen mit:) Farb-S. 21-36, 37-48, 49-60, 61-76, 77-96: Ill., Kt.

79 [Melanchthon, Philipp]: **Philipp Melanchthons Rede über der Leiche Dr. Martin Luthers am 22. Februar 1546/** gekürzt und bearb. von Otto Kammerer. In: 057, 141-147.

80 **Die Menschenfreundlichkeit Gottes bezeugen:** diakonische Predigten von der Alten Kirche bis zum 20. Jahrhundert (*Luther, Martin: Predigten*)/ hrsg. von Gerhard K. Schäfer. HD: Heidelberger Verlagsanstalt, 1991. 487 S. (Veröffentlichungen des Diakoniewissenschaftlichen Instituts an der Univ. Heidelberg; 4)

81 Badstübner, Ernst: **Wartburg/** Fotos: Kurt Gramer. Regensburg, Schnell und Steiner, 1995. 48 S.: Ill. L 29-33. (Große Kunstführer; 196)

82 Badstübner, Ernst: **Wartburg/** Fotos: Kurt Gramer. 2., durchges. Aufl. Regensburg, Schnell und Steiner, 1997. 48 S.: Ill. L 29-33. (Große Kunstführer; 196)

83 Baier, Helmut: **Ein Herzogtum und viele Kronen:** Coburg in Bayern und Europa; bayerische Landesausstellung 1997. ZBKG 66 (1997), 96 f.

84 Baier, Helmut: **»... wider Laster und Sünde«:** Augsburgs Wege in die Reformation. ZBKG 66 (1997), 98-100.

85 Bergmann, Gerd: **Ältere Geschichte Eisenachs:** von den Anfängen bis zum Beginn des neunzehnten Jahrhunderts/ hrsg. vom Eisenacher Geschichtsverein. Eisenach: Eisenacher Geschichtsverein, 1994. 480 S.: Ill. – Bespr.: Schwarz, H[ilmar]: Wartburg-Jahrbuch 3 (1994 [gedruckt 1995]), 219-223.

86 **Bericht über die Gründung der Bibliothek:** Kurtzer Historischer Bericht von dem Anfange und fortsetzung der Bibliothec Des Evangelischen Ministerij .../ hrsg. von Michael Ludscheidt. In: 011, 31-38.

87 Dräger, Ulf: **Medaillen auf die Jubiläen der Augsburger Konfession.** In: 059, 59-66: Ill.

88 Estler-Ziegler, Tania: **Die spätgotische Gestalt der Wittenberger Schloßkirche.** In: 086, 11-25: Ill., Faks.

89 Fabiny, Tibor: **Luthertum in der ungarischen Kultur:** Führer durch die Dauerausstellung/ aus dem Ungar. übers. von Petra Szabó. 2., verb. Aufl. BP: Evang. Landesmuseum in Ungarn, 1997. 39 S.: Ill.

90 Findeisen, Peter: **Das Melanchthonhaus als Denkmalgebäude.** In: 060, 93-102: Ill.

91 Fliege, Jutta: **Martin Luther 1483-1546:** eine Ausstellung in der Staatsbibliothek zu Berlin – Preußischer Kulturbesitz. Das Altertum 42 (BL 1997), 281-304.

92 **Der Freundschaft Denkmal:** Stammbücher und Poesiealben aus fünf Jahrhunderten; eine Ausstellung im Buchmuseum der SLUB, 25. Februar bis 27. Juni 1998/ hrsg. von Jürgen Hering; Redaktion und Gestaltung: Lothar Koch. Dresden: Sächsische Landesbibliothek – Staats- und Universitätsbibliothek, 1998. 73 S.: Ill.

93 **Ein Gang durch die Baugeschichte der Wittenberger Schloßkirche in achtzehn Bildern und zwölf Farbtafeln.** In: 086, 133-180: Ill., Taf.

94 Geppert, Wolfgang: **450 Jahre Schloßkirche.** [Torgau]. In: 031, 22-26: Ill.

95 **Die Gesangbücher der Proske'schen Musiksammlung von Luther bis zum Cäcilianismus:** eine Ausstellung in der Bischöflichen Zentralbibliothek Regensburg/ Raymond Dittrich. Köln: Concerto, 1997. 55 S.: Ill.

96 Gruhl, Bernhard: **Die Adelswappen an der Empore der Wittenberger Schloßkirche.** In: 086, 123-131: Faks.

97 Gundermann, Iselin: **Kronprinz Friedrich Wilhelm von Preußen und die Schloßkirche in Wittenberg.** In: 086, 63-73: Portr.

98 Heese, Thorsten: **Aufbruch und Zeitenwende:** Wege der Reformation. In: Mittendrin: Sachsen-Anhalt in der Geschichte; Katalog zur Ausstellung im stillgelegten Kraftwerk Vockerode, 15. Mai bis 13. September 1998/ hrsg. von Franz-Joseph Brüggemeier ...; Gesamthrsg.: Expo 2000 Sachsen-Anhalt GmbH. Dessau: Anhaltische Verlagsgesellschaft, 1998, 165-172: Katalogteil, 173-199: Ill.

99 Hennen, Insa Christiane: **Denkmalpflege und Stadtumbau im preußischen Wittenberg.** In: 086, 43-52: Ill., Faks., Kt.

100 **»Hergotts Kanzlei«:** Magdeburg in der Zeit der Glaubenskämpfe 1524 bis 1617. In: »... gantz verheeret!«: Magdeburg und der Dreißigjährige Krieg; Beiträge zur Stadtgeschichte und Katalog zur Ausstellung des Kulturhistorischen Museums Magdeburg im Kunstmuseum Kloster Unserer Lieben Frauen 2. Oktober 1998 bis 31. Januar 1999/ hrsg. von Matthias Puhle. [Halle]: mdv, Mitteldeutscher Verlag, 1998, 113-163: Ill. (Magdeburger Museumsschriften; 6)

101 Homann, Harald: **Die Ideen der Reformation werden sichtbar.** [Torgau: Schloßkirche]. In: 031, 27-39: Ill.

102 Hüffmeier, Wilhelm: **Protestantische Kultur:** die Stätten der Reformation haben Weltgeltung. EvK 31 (1998), 165-168: Ill.

103 Junker, Jörg-Michael: **Das Nordhäuser Lutherdenkmal – neue Fotos.** Jahrbuch des Landkreises Nordhausen 5 (1997 [gedruckt 1998]), 9: Ill.

104 **Katalog.** [Augsburg]. In: 087, 83-232: Ill.

105 **Katalog.** [Halle, Melanchthonausstellung]/ Redaktion: Ralf-Torsten Speler unter Mitarb. von Markus Matthias; Walter Müller. In: 059, 75-127: Ill.

106 **Katalog der ausgestellten Exponate.** [Ausstellung Schloßkirche Wittenberg]. Katalogtexte: Martin Steffens. In: 086, 181-218: Ill., Faks.

107 **Katalog der Bildnisse im Besitz der Georg-August-Universität Göttingen**/ hrsg. von Karl Arndt. GÖ: V&R, 1994. 208 S.: Ill. L 174. 178. (Göttinger Universitätsschriften: Serie C: Kataloge; 4)

108 Kneffel, Heidelore: **Der Hohenstein und die Kachelfunde mit Porträts von Persönlichkeiten der Reformation.** Jahrbuch des Landkreises Nordhausen 5 (1997 [gedruckt 1998]), 78 f: Ill.

109 Krenzlin, Ulrike: **Zum Lutherjahr:** wie Martin Luther auf den Denkmalsockel kam. Kritische Berichte 24 (1996) Nr. 2, 5-16.

110 Kruse, Joachim: **Luther-Bilder.** In: 057, 9-54: Ill.

111 **Kunstsammlungen der Veste Coburg:** mit Luther durch die Kunstsammlungen/ Katalogbearb.: Veronika Braunfels. Coburg: Kunstsammlungen der Veste Coburg, 1996. 64 S.: Ill. (Kataloge der Kunstsammlungen der Veste Coburg)

112 Kunz, Armin: **Der Hofkünstler als Graphiker:** Holzschnitte und Kupferstiche Lucas Cranachs d. Ä. in den Sammlungen der Lutherhalle. In: 021, 41-156: Ill.

113 Lauerwald, Paul: **»Luther als ungestalt beschrieben«:** zu einer Kontroverse um eine Medaillenpublikation im 18. Jahrhundert. Beiträge zur Heimatkunde aus Stadt und Kreis Nordhausen 22 (1997), 78-82: Ill.

114 Lilje, Hanns: **Martin Luther:** mit Selbstzeugnissen und Bilddokumenten/ hrsg. von Kurt Kusenberg; mit 1990 neubearb. Bibliographie von Helmar Junghans. 21. Aufl., 118.-120. Tsd. Reinbek bei HH: Rowohlt, 1998. 160 S.: Ill. (Rowohlts Monographien; 50098)

115 Ludscheidt, Michael: **»Daß aus kleinen Quellen große Flüsse entspringen«:** zur Geschichte der Bibliothek des Evangelischen Ministeriums und ihrer Bestände. In: 011, 13-30: Ill.

116 **»Lutherkanzel« kehrt in die Nikolaikirche [Leipzig] zurück.** epd-Wochenspiegel (1997) Nr. 49 (4. Dezember), 23.

117 Marquardt, Thorsten: **Die Pest, der Tod, das Le ben – Philipp Nicolai – Spuren der Zeit:** Ausstellung in der Evangelischen Stadtkirche Unna, 31.8.1997 bis 26.10.1997. In: 066, 177-189: Ill.

118 **Martin Luther bei uns in Erfurt:** Erfurter Lutherstätten und Altstadtplan/ bearb. von Heidemarie Schirmer. Erfurt: VHT, 1996. 39 S.: Ill., Kt.

119 **Martin Luther in Erfurt:** historic places in the city associated with Martin Luther and a map of the old city centre (Martin Luther bei uns in Erfurt ⟨engl.⟩)/ bearb. von Heidemarie Schirmer; übers. von John Gledhill. Erfurt: VHT, 1996. 39 S.

120 **Martin Luther 1992:** ein Postkartenkalender für das Jubiläumsjahr der Reformation: mit Motiven aus Eisenach, Erfurt, der Dübener Heide, Worms, Wittenberg, Schmalkalden, Merseburg, Eisleben, von der Wartburg und der Veste Coburg. Jena: Wartburg, 1991. [12] Bl.

121 Nagel, Dietrich: **Von der Zwickauer Schulbibliothek zur Regional- und Forschungsbibliothek Südwestsachsens:** eine geschichtliche Betrachtung zum Wandel ihrer Funktion. In: 030, 10-36: Ill.

122 Overmann, Alfred: **Erfurt in zwölf Jahrhunderten:** eine Stadtgeschichte in Bildern. Reprint der Ausgabe 1929. Erfurt: Verlagshaus Thüringen, 1992. 438 S.: Ill., Kt. L 212-224. – Bespr.: Velten, Wilhelm: Mitteilungen des Vereins für die Geschichte und Altertumskunde von Erfurt 55 N.F. 2 (1994), 100-107.

123 Pleticha, Heinrich; Müller, Wolfgang: **Kulturlandschaft Thüringen:** Spurensuche im Lande Bachs, Goethes, Luthers und liebenswerter alter Residenzen. Originalausgabe. FR; BL; W: Herder, 1991. 200 S.: Ill. L".

124 Pleticha, Heinrich; Müller, Wolfgang: **Kulturlandschaft Thüringen:** Spurensuche im Lande Bachs, Goethes, Luthers und liebenswerter alter Residenzen. Lizenzausgabe. DA: WB, 1991. 200 S.: Ill. L".

125 Pleticha, Heinrich; Müller, Wolfgang: **Kulturlandschaft Thüringen:** Spurensuche im Lande Bachs, Goethes, Luthers und liebenswerter alter Residenzen. Lizenzausgabe. FR: Herder-Buchgemeinde, 1991. 200 S.: Ill. L".

126 Poser-Max, Renata von: **Antonius Corvinus in nachreformatorischen Darstellungen.** In: 085, 44-50: Ill.

127 Reinert, Stephan: **Der Wiederaufbau der Wittenberger Schloß- und Universitätskirche:** Projekte und Ausführungen 1760-1771. In: 086, 27-42: Faks.

128 Reingrabner, Gustav: **Absicht und Ziel der Ausstellung.** [Evangelische in Österreich]. In: 025, 9-13.

129 Rhein, Stefan: **Aus den Gedenkstätten der Reformation.** Lu 69 (1998), 108 f.

130 Roob, Helmut: **Gothaer Ausstellungen im Lutherjahr 1996.** Mitteldeutsches Jahrbuch für Kultur und Geschichte 4 (1997), 282-284.

131 Rüger, Johannes: **Personalgedächtnis für Martin Luther:** Meditation vor einem Glasfenster der Kirche St. Thomas zu Leipzig. In: 022, 353-369: Ill.

132 Ruge, Manfred: **Lutherstadt Erfurt**. In: 052, 23-25.

133 Schendelar, J. K.: **Luther, de lutheranen en de zwaan** (Luther, die Lutheraner und der Schwan). Aalsmeer: Dabar Boekmakerij Luyten, 1993. 168 S.: Ill.

134 Schlünkes, Kurt: **Luthers Geist schwebt jetzt in Welterbestätten:** Luthergedenkstätten in Eisleben und Wittenberg auf der UNESCO-Welterbeliste. Unesco heute 44 (1997) Nr. 1-2, 57-62.

135 Sens, Hans-Christoph: **Die Bilder der Kanzel als Zeugnisse der Reformation:** eine Predigt. [Torgau: Schloßkirche]. In: 031, 53-56: Ill.

136 Speler, Ralf-Torsten: **Zur Geschichte der Universität Wittenberg und ihrer Sammlungen.** In: 059, 21-38: Ill.

137 Steffens, Martin: **Die Planungen zum Umbau der Wittenberger Schloßkirche unter Karl Friedrich Schinkel und Ferdinand von Quast.** In: 086, 53-62: Ill., Faks.

138 Steffens, Martin: **Die Skulpturen der Gedächtnishalle des Melanchthonhauses.** In: 060, 235-261: Ill.

139 Steffens, Martin: **Der Umbau der Wittenberger Schloßkirche unter Friedrich Adler.** In: 086, 89-104: Faks.

140 Steffens, Martin; Hermann, Gunnar: **Die Wittenberger Schloßkirche als Denkmalsbau.** In: 086, 105-122: Faks.

141 Steinwachs, Albrecht; Pietsch, Jürgen M.: **Der Reformationsaltar von Lucas Cranach d. Ä. in der Stadtkirche St. Marien Lutherstadt Wittenberg.** Spröda: Pietsch, ed. Akanthus, 1998. 23 S.: Ill.

142 Strehle, Jutta: **Bestandsverzeichnis der Druckgraphiken Lucas Cranachs d. Ä. in den Sammlungen der Lutherhalle Wittenberg.** In: 021, 256-280: Ill.

143 Strehle, Jutta: **Was an »... einen Lucas Cranach ... erinnert, wird uns ein wertvoller und willkommener Beitrag sein«:** zur Geschichte der graphischen Sammlung der Lutherhalle Wittenberg. In: 021, 11-19.

144 Titze, Mario: **Preußen und Luther:** zwei Luther-Denkmale des 19. Jahrhunderts in Wittenberg. Denkmalpflege in Sachsen-Anhalt 4 (1996), 62-75.

145 Trauner, Karl Josef; Trauner, Karl-Reinhard: **Straßenbezeichnungen nach Evangelischen.** In: 025, 60-67: Ill.

146 Treu, Martin: **Reformation als Inszenierung:** die Neugestaltung der Schloßkirche zu Wittenberg 1885-1892. In: 060, 15-29: Ill.

147 **Unsichtbare Meisterzeichnungen auf dem Malgrund:** Cranach und seine Zeitgenossen/ hrsg. von Ingo Sandner in Gemeinschaft mit der Wartburg-Stiftung Eisenach und der Fachhochschule Köln. Regensburg: Schnell & Steiner, 1998. 330 S.: Ill.

148 Wipfler, Esther P.: **Bete und Arbeite!:** Zisterzienser in der Grafschaft Mansfeld; die Texte der Ausstellung. In: 07, 9-56: Ill.

149 Wirth, Susanne: **D. Martin Luther in Thüringen:** eine neue Gedenkstätte in der Kirche von Lehesten. Familienblatt der Lutheriden-Vereinigung 71 (1997) Heft 27 (Dezember), 8 f

150 Wissmann, Hans-Joachim: **Reisen durchs wiedervereinigte Lutherland:** großes Zwölf-Städteprogramm zum 450. Todestag des Reformators. Charivari 22 (1996), 8-14.

151 **Wittenberg:** Wegweiser durch Stadt und Umgebung/ hrsg. von Jörg Bielig. Wetzlar: Signet, 1990. 136 S.: Ill., Kt. (Wegweiser; 1)

152 Wittig, Petra: **»Schätze ... vor dem Verderben oder Untergang bewahren ...«:** zur Geschichte der Bibliothek der Lutherhalle Wittenberg. In: 021, 21-28.

153 Wittig, Petra: **Verzeichnis der Drucke mit Illustrationen Lucas Cranachs d. Ä. in den Sammlungen der Lutherhalle Wittenberg.** In: 021, 281-296.

154 Wüst, Herbert: **Ästhetik pur statt eines roten Fadens:** Lutherdenkmal als Thema einer Dissertation. (1993). In: 010, 258. [Bespr. zu LuB 1994, Nr. 62]

155 Wüst, Herbert: **Doktorarbeit über das Lutherdenkmal.** (1993). In: 010, 255 f. [Bespr. zu LuB 1994, Nr. 62]

156 Wüst, Herbert: **Eine neue Dramatik, gewaltig und fordernd:** das Wormser und das Wittenberger Lutherdenkmal im Vergleich; Aussagen aus einer Dissertation. (1993). In: 010, 257. [Bespr. zu LuB 1994, Nr. 62]

157 Wüst, Herbert: **»Orientiert am Berliner Friedrichsmonument«:** Lutherdenkmal Worms und Berliner Friedrichsmonument im Vergleich; Aussagen einer Dissertation. (1993). In: 010, 259 f: Ill. [Bespr. zu LuB 1994, Nr. 62]

B DARSTELLUNGEN

1 Biographische Darstellungen

a) Das gesamte Leben Luthers

158 Aland, Kurt: **Geschichte der Christenheit.** Bd. 2: **Von der Reformation bis in die Gegenwart.** 2., durchges. und erg. Aufl. GÜ: GVH, 1991. 568 S.

159 Deher, Evelyne: **Martin Luther, le révolté.** P: Osmondes, 1996. 203 S.

160 Grosshans, Hans-Peter: **Luther.** LO: Fount, 1997. X, 102 S. (Fount Christian thinkers)

161 Heussi, Karl: **Kompendium der Kirchengeschichte.** 18. Aufl., unv. Nachdruck der 12. Aufl. TÜ: Mohr, 1991. XII, 570 S.

162 Lienhard, Marc: **Martin Luther:** un temps, une vie, un message. 4., durchges. Aufl. Genève: Labor et Fides, 1998. 477 S.: Ill. (Histoire et société; 21)

163 Lindsay, Thomas M.: **Martin Luther.** Nachdruck der Ausgabe von 1900. Fearn: Christian Focus, 1996. 239 S. (Historymakers)

164 Müller, Gerhard: **Luther, Martin.** In: Neue deutsche Biographie/ hrsg. von der Historischen Kommission bei der Bayerischen Akademie der Wissenschaften. Bd. 15: **Locherer-Maltza(h)n.** B: Duncker & Humblot, 1987, 548-561.

165 Schwarz, Reinhard: **Luther.** 2., überarb. Aufl. Studienausgabe. GÖ: V&R, 1998. 271 S. (UTB für Wissenschaft: Uni-Taschenbücher; 1926)

b) Einzelne Lebensphasen und Lebensdaten

166 **Das Bakkalarenregister der Artistenfakultät der Universität Erfurt 1392-1521** = Registrum baccalariorum de facultate arcium universitatis studii Erffordensis existencium/ hrsg. von Rainer C. Schwinges; Klaus Wriedt unter Mitarb. von Roland Gerber ... Jena; S: Fischer, 1995. LXV, 487 S. L 273. (Veröffentlichungen der Historischen Kommission für Thüringen: Große Reihe; 3)

167 Barth, Ulrich: **Die Geburt religiöser Autonomie:** Martin Luthers Ablaßthesen von 1517. In: Das protestantische Prinzip: historische und systematische Studien zum Protestantismusbegriff; Hermann Fischer zum 18. Mai 1998/ hrsg. von Arnulf von Scheliha; Markus Schröder. S; B; Köln: Kohlhammer, 1998, 1-37.

168 Blaschke, Karlheinz: **Luthers Wege und Aufenthaltsorte im Gebiet der heutigen sächsischen** Landeskirche. Amtsblatt der Evang.-Luth. Landeskirche Sachsens (1996), B10-B12.

169 Böcher, Otto: **Martin Luther und Hans von Berlepsch.** Genealogisches Jahrbuch 33/34 (1993/ 94), 113-133. [Vgl. LuB 1994, Nr. 78]

170 Brecht, Martin: **Das allersüßeste Wort:** der reformatorische Ansatz Luthers aus dem Jahr 1518. Bibel und Kirche 47 (1992), 135-139.

171 Erler, Herbert: **Luther's Krankheiten als Gewinn?:** »Psychogramm« zum 450. Todestag des Reformators. Halle/S.: Gursky, 1996. 35 S. (Zeitschrift für Heimatforschung: Beiheft; 2)

172 Koch, Ernst: **Reaktionen auf Luthers Tod im ernestinischen Thüringen und in Franken.** ZBKG 66 (1997), 16-26.

173 Lehmann, Klaus-Peter: **Luther vor Cajetan.** LM 36 (1997) Heft 2, 11-13.

174 Mohr, Rudolf: **Luthers Tod:** in der Polemik der typische Tod eines Ketzers; evangelische Entgegnungen unter besonderer Berücksichtigung der Rheinländer. MEKGR 45/46 (1996/1997 [gedruckt 1998]), 169-190.

175 Schmidt, Georg: **Luther und die frühe Reformation – ein nationales Ereignis?** In: 029, 54-75.

176 Schneider, Hans: **Die Echtheitsfrage des Breve Leos X. vom 3. Februar 1518 an Gabriele della Volta:** ein Beitrag zum Lutherprozeß. Archiv für Diplomatik, Schriftgeschichte, Siegel- und Wappenkunde 43 (1997), 455-488.

177 Schwarz, Reinhard: **Luther in Augsburg.** In: 087, 85 f: Ill.

178 Volk, Ernst: **»Ehrfürchtige Gedanken«:** Anmerkungen zu Luthers letzter schriftlicher Notiz. In: 022, 487-517.

179 Wilkinson, John: **The medical history of Martin Luther.** Proceedings of the Royal College of Physicians of Edinburgh 26 (Edinburgh 1996), 115-134: Ill.

c) Familie

180 Liebehenschel, Wolfgang: **Neues über Katharina von Bora:** Dr. Martin Luthers Käthe; Fortsetzung. Familienblatt der Lutheriden-Vereinigung 71 (1997) Heft 27 (Dezember), 5-7. [Vgl. LuB 1998, Nr. 147]

181 Luther, Georg: **Wer stammt vom Reformator?:** Probleme der Luther-Genealogie. Genealogie 21: 41/42 (1992/93), 602.

d) Volkstümliche Darstellungen seines Lebens und Werkes, Schulbücher, Lexikonartikel

182 Benet, Juan: **El caballero de Sajonia** (Der Ritter von Sachsen). Barcelona: Planeta, 1991. 185 S.

183 Beutin, Wolfgang: **Luther, Martin.** In: Metzler Autoren Lexikon: deutschsprachige Dichter und Schriftsteller vom Mittelalter bis zur Gegenwart/ unter redaktioneller Mitarb. von Heidi Oßmann ... hrsg. von Bernd Lutz. S: Metzler, 1986, 432-434.

184 Cromarty, Jim: **A mighty fortress is our God:** the story of Martin Luther. Darlington: Evangelical, 1998. 304 S. (Champions of the faith)

185 Denzler, Georg; Andresen, Carl: **dtv-Wörterbuch der Kirchengeschichte.** 4., aktual. Aufl. M: dtv, 1993. 664 S. (dtv; 3245)

186 **Deutscher biographischer Index = German biographical Index**/ hrsg. von Willi Gorzny ... 2., kumulierte und erw. Ausgabe. Bd. 5: **Lambrino – Nordan.** M: Saur, 1998. XXIV, S. 2011-2509. L 2194.

187 **Duden:** das neue Lexikon in zehn Bänden. 3. Aufl. Bd. 6: **Lav – Neus.** Mannheim; L; W; ZH: Duden, 1996. S. 1981-2376. L 2081 f: Ill.

188 Dué, Andrea; Laboa, Juan María: **Atlas histórico del cristianismo** (Atlante storico del cristianesimo ⟨span.⟩)/ übers. von Adoración Pérez ... Madrid: San Pablo, 1998. 322 S. L 205-207.

189 Eisentraut, Karl: **Aus dem Leben des Reformators Dr. Martin Luther:** eine Hilfe für den kirchengeschichtlichen Unterricht. Königsberg (Bayern): Eisentraut, 1995. 34 S. (Heimatbogen; 65)

190 **Evangelisches Kirchenlexikon:** internationale theologische Enzyklopädie/ hrsg. von Erwin Fahlbusch ... 3. Aufl. (Neufassung). Bd. 5: **Register.** GÖ: V&R, 1997. XLVI S., 1332 Sp. L 372-376. 995-997. – Bespr.: Winkler, Eberhard: ThLZ 123 (1998), 335 f.

191 **Evangelisches Lexikon für Theologie und Gemeinde:** Studienausgabe/ hrsg. von Helmut Burkhardt; Uwe Swarat in Zsarb. mit Otto Betz ... 2. Aufl. 3 Bde. Wuppertal; ZH: Brockhaus, 1998. XII, 660 S.: Ill; X S., S. 661-1453: Ill; X S., S. 1455-2232: Ill.

192 Fikenscher, Konrad: **Zuviel Kirchengeschichte?** Zu wenig Kirchengeschichte?: Anmerkungen zu einem Problemfall des Religionsunterrichtes. In: 046, 24-34.

193 Froehlich, Roland: **Curso básico de história da Igreja** (Grundkurs Kirchengeschichte ⟨port.⟩)/ übers. und veränd. von Alberto Antoniazzi. 3. Aufl. São Paulo: Paulus, 1987. 174 S. L 122.

194 **Geschichte in Daten – Thüringen**/ von Jürgen John; Reinhard Jonscher; Axel Stelzner. M; B: Koehler & Amelang, 1995. 299 S. L 97-100+".

195 Gronau, Dietrich: **Martin Luther:** Revolutionär des Glaubens. Originalausgabe. M: Heyne, 1996. 266 S.: Ill. (Heyne Sachbuch; 403)

196 **Jubilaeum:** 2.000 anos de cristianismo (Jubiläum: 2000 Jahre Christentum)/ hrsg. von Gualtiero Carraro; Roberto Carraro; übers. von Silvana Cobucci Leite; Orlando Soares Moreira. São Paulo: Loyola, s. a. 1 CD-ROM.

197 Launhardt, Karl: **Männer, die mit der Bibel lebten:** Martin Luther, Hermann Menge, Erich Sauer, Elias Schrenk. Lahr: Liebenzeller Mission, 1997. 90 S. (Telos-Bücher; 7559: Telos-Taschenbuch)

198 Leplay, Michel: **Martin Luther.** P: Desclée de Brouwer, 1998. 220 S. (Temps et visages)

199 Lienhard, Marc: **Luther, Martin, 1483-1546.** In: 019, 677-682.

200 Niemetz, Gustav: **Geschichte der Sachsen vom germanischen Stamm bis zum Freistaat.** 7. Aufl. Waltersdorf: Oberlausitzer Verlag, 1995. 122 S.: Ill., Ktn.

201 Ortega, Mariano Martín: **Martín Lutero** (Martin Luther). Religión y cultura 42 (Madrid 1996), 633-659.

202 Pierrard, Pierre: **História da Igreja** (Histoire de l'Eglise Catholique ⟨port.⟩)/ übers. von Álvaro Cunha. 4. Aufl. São Paulo: Paulus, 1995. 297 S. L 170-174.

203 **Schulgottesdienste mit Religionsunterricht praktisch:** Entwürfe und Modelle für Grundschule und Sonderschule (Klasse 1-4)/ hrsg. von Hans Freudenberg. Bd. 1/ erarb. von Anita Backhaus ... GÖ: V&R, 1994. 163 S.: Ill., Noten. L 199-116.

204 **Schulgottesdienste mit Religionsunterricht praktisch:** Entwürfe und Modelle für Grundschule und Sonderschule (Klasse 1-4)/ hrsg. von Hans Freudenberg. Bd. 2/ erarb. von Anita Backhaus ... GÖ: V&R, 1995. 143 S.: Ill., Noten. L 103-110.

205 Steindl, Alfred: **Martin Luther löst die Reformation aus:** grundlegende Informationen (Geschichte, Sek. I). Schulmagazin 5 bis 10: Impulse für kreativen Unterricht 12 (1997) Heft 9, 29-61.

206 Steyer, Walter O.: **Da Igreja cristã primitiva até a Reforma** (Von der frühen christlichen Kirche bis zur Reformation). In: 034, 103-166. L 117-138.

207 Vercruysse, Jos E.: **»Causa reformationis«:** la storia della Chiesa nei secoli XV-XVI: linea-

menti, sussidi (»Causa reformationis«: die Geschichte der Kirche im 15. im 16. Jh.: Grundzüge, Hilfen). 5., überarb. und erw. Aufl. Roma: Gregoriana, 1998. 223 S. L 122-157+".

2 Luthers Theologie und einzelne Seiten seines reformatorischen Wirkens

a) Gesamtdarstellungen seiner Theologie

208 Adam, Alfred: **Lehrbuch der Dogmengeschichte.** Bd. 2: **Mittelalter und Reformationszeit.** 6. Aufl. GÜ: Kaiser, GVH, 1993. 436 S.

209 Asendorf, Ulrich: **Martin Luthers Theologie gesamtbiblischer Erneuerung.** KuD 43 (1997), 186-202.

210 Beer, Theobald: **Luthers Theologie – eine Autobiographie.** Weilheim-Bierbronnen: Gustav-Siewerth-Akademie, 1995. 42 S. (Heftreihe der Gustav-Siewerth-Akademie; 1)

211 Claussen, Johann Heinrich: **Theologe der Unterscheidung:** ein Lutherbuch für den protestantischen Pluralismus. EvK 31 (1998), 552. [Bespr. zu LuB 1999, Nr. 217]

212 Ebeling, Gerhard: **Luther:** bevezetés a reformátor gondolkodásába (Luther: Einführung sein Denken ⟨ungar.⟩). BP: Magyarországi Luther Szövetség, 1997. 210 S. (Magyar Luther könyvek; 6) – Bespr.: Fabiny, Tibor: Credo 3 (BP 1997), 104 f.

213 Evanson, Charles J.: **Zeichen und Bedeutung in der Theologie Martin Luthers 1519-1520.** In: 022, 108-125.

214 Forell, George Wolfgang: **The essence of Luther's thought.** Theology and life 17-19 (Hong Kong 1996), 3-14.

215 Hägglund, Bengt: **Geschichte der Theologie:** ein Abriß (Teologins historia ⟨dt.⟩)/ aus dem Schwed. übertr. von Alfred Otto Schwede. 2., unv. Aufl. der Taschenbuchausgabe. GÜ: Kaiser, GVH, 1994. 355 S. L 160-191+". (Kaiser-Taschenbücher; 79)

216 Knauer, Peter: **Der Glaube kommt vom Hören:** ökumenische Fundamentaltheologie. 6., neubearb. und erw. Aufl. FR; BL; W: Herder, 1991. 448 S. – Bespr.: Asendorf, Ulrich: LM 31 (1992), 237; Petzoldt, Matthias: ThLZ 120 (1995), 70-72.

217 Korsch, Dietrich: **Martin Luther zur Einführung.** HH: Junius, 1997. 191 S. – Bespr. siehe LuB 1999, Nr. 211.

218 Lohse, Bernhard: **»Das ist eine neue Theologie!«:** Luthers Theologie zwischen Scholastik und Humanismus. In: 050, 29-45.

219 Meding, Wichmann von: **Lohses Lutherbuch:**

Erwägungen zum Methodenproblem einer Darstellung von Luthers Lehre. NZSTh 39 (1997), 157-175: summary. [Bespr. zu LuB 1997, Nr. 235]

220 Poetsch, Hans-Lutz: **Gesetz und Evangelium, Kirche und Staat bei Luther.** Groß Oesingen: Harms, 1996. 67 S. (Zahrenholzer Reihe; 20) – Bespr.: Müller, Klaus: Luth. Beiträge 2 (1997), 55-57.

221 Steiger, Johann Anselm: **Die communicatio idiomatum als Achse und Motor der Theologie Luthers:** der »fröhliche Wechsel« als hermeneutischer Schlüssel zu Abendmahlslehre, Anthropologie, Seelsorge, Naturtheologie, Rhetorik und Humor. NZSTh 38 (1996), 1-28: summary.

b) Gott, Schöpfung, Mensch

222 Austad, Torleiv: **Mensch und Sünde.** In: 075, 73-84.

223 Baur, Jörg: **Himmel ohne Gott:** zum Problem von Weltbild und Metaphysik. (1969). In: 03, 77-89. L 79 f.

224 Bayer, Oswald: **Staunen, Seufzen, Schauen:** Affekte der Wahrnehmung des Schöpfers. Jahrbuch für biblische Theologie 5 (1990), 191-204.

225 Bedouelle, Thierry: **Monde:** b: théologie historique. In: 019, 752-754.

226 Beutel, Albrecht: **Antwort und Wort:** zur Frage nach der Wirklichkeit Gottes bei Luther. (1993). In: 08, 28-44.

227 Fernandez, Irène: **Création:** b: théologie historique et systématique. In: 019, 285-287.

228 Flogaus, Reinhard: **Theosis bei Palamas und Luther:** ein Beitrag zum ökumenischen Gespräch. GÖ: V&R, 1997. 471 S. (Forschungen zur systematischen und ökumenischen Theologie; 78) – Zugl.: B, Humboldt-Univ., Theol. Fak., Diss., 1995. – Bespr.: Thiede, Werner: Lu 69 (1998), 51 f.

229 Lacoste, Jean-Yves: **Dieu:** problématiques théologiques; Réformation et théologie moderne. In: 019, 325-327.

230 Lacoste, Jean-Yves: **Être.** In: 019, 416-428.

231 Leoni, Stefano: **Trinitarische und christologische Ontologie bei Luther:** Wesen als Bewegung

in Luthers Weihnachtspredigt von 1514/ aus dem Italien. übers. von Giampetro Dal Toso. LuJ 65 (1998), 53-84. [Überarb., dt. Fassung von LuB 1997, Nr. 249]

232 Lüpke, Johannes von: **Rechtfertigungsglaube als Wahrnehmung der Schöpfung:** Erwägungen zu den theologischen Grundlagen heutiger »Schöpfungsethik«. In: 078, 293-311.

233 McPartlan, Paul: **Personne.** In: 019, 895-899.

234 Plathow, Michael: **Das cooperatio-Verständnis M. Luthers im Gnaden- und Schöpfungsbereich:** zur Frage nach dem Verhältnis von Mensch und Schöpfung. (1985). In: 074, 67-86.

235 Pöhlmann, Horst G.: **Gott.** In: 075, 50-72.

236 Schwarz, Reinhard: **Johann Ecks Disputationsthesen vom Mai 1519 über die erbsündliche Concupiscentia:** ein Angriff auf Luthers Sündenverständnis. In: 035, 127-168: Faks.

237 Schwarz, Reinhard: **Die Umformung des religiösen Prinzips der Gottesliebe in der frühen Reformation:** ein Beitrag zum Verständnis von Luthers Schrift »Von der Freiheit eines Christenmenschen«. In: 029, 128-148.

238 Schwarz, Reinhard: **Wie weit reicht der Konsens zwischen Eck und Melanchthon in der theologischen Anthropologie?** In: 035, 169-184.

239 Sentis, Laurent: **Péché originel.** In: 019, 875-877.

240 Slenczka, Notger: **Zorn Gottes 3:** Systematisch-theologisch. In: 026, 1397-1403.

241 Westhelle, Vítor: **Cruz, criação e ecologia: o ponto de encontro entre a teologia da cruz e a teologia da criação em Lutero** (Kreuz, Schöpfung und Ökologie: der Schnittpunkt von Kreuzestheologie und Schöpfungstheologie bei Luther). Estudos teológicos 34 (São Leopoldo 1994), 291-300.

242 Wolinski, Joseph: **Esprit saint:** b: théologie historique et systématique. In: 019, 407-411.

c) Christus

243 Barth, Hans-Martin: **Das Kreuz als Kriterium von Luthers Kreuzestheologie und das Kruzifix-Urteil.** MD 47 (1996), 23-28.

244 Bayer, Oswald: **Passion und Wissen:** Kreuzestheologie und Universitätswissenschaft. In: 065, 42-51. [Vgl. LuB 1994, Nr. 148]

245 Bernhardt, Reinhold; Willis-Watkins, David: **Theologia crucis.** In: 026, 733-736.

246 Blaumeiser, Hubertus: **Im gekreuzigten Christus ist die wahre Theologie:** Leitlinien der theologia crucis bei Martin Luther. Cath 51 (1997), 32-52.

247 Bourgine, Martin: **Crux sola:** la christologie de

Luther à la lumière de la theologia crucis. Irénikon 70 (Chevetogne 1997), 476-495.

248 Britto, Emilio: **Kénose.** In: 019, 630-633.

249 Doré, Joseph: **Conscience du Christ.** In: 019, 260-262.

250 Doré, Joseph: **Passion:** b: théologie systématique. In: 019, 860-862.

251 Duquoc, Christian: **Résurrection du Christ:** b: problématique théologique. In: 019, 995-999.

252 Hohenberger, Thomas: **Evangeliumstreue und Christusglaube.** KuD 43 (1997), 232-258.

253 Kiecker, James G.: **Theologia crucis et theologia gloriae:** the development of Luther's theology of the cross. Wisconsin Lutheran quarterly 92 (Milwaukee, WI 1995), 179-188. – Bespr.: Maschke, Timothy H.: LuD 6 (1998), 114-116.

254 Krüger, Friedhelm: **Jesus Christus.** In: 075, 85-101.

255 Schwarzwäller, Klaus: **Theologia crucis.** In: 028, 61-88.

256 Sesboué, Bernard: **Christ, christologie.** In: 019, 220-227.

257 Stephenson, John R.: **Ein fröhlicher Wechsel:** der Fürst und der Bettler am Kreuz und am Altar. In: 022, 432-442.

d) Kirche, Kirchenrecht, Bekenntnisse

258 Arand, Charles P.: **The Apology as a polemical commentary.** In: 067, 171-191.

259 Austad, Torleiv: **Kirche.** In: 075, 169-185.

260 Baur, Jörg: **Luther und die Bekenntnisschriften.** (1981). In: 03, 44-56.

261 Brockmann, Thomas: **Luther, leichtgemacht:** das Konzilsverständnis des Reformators als Stein des Anstoßes. Frankfurter Allgemeine Zeitung (1997) Nr. 299 (24. Dezember), N 8.

262 Buchrucker, Armin-Ernst: **Melanchthons Apologie der Augustana als Beitrag zu einträchtiger Lehre in der evangelisch-lutherischen Kirche.** In: 022, 69-94.

263 Buchrucker, Armin-Ernst: **Rechtfertigung und Heiligung in Melanchthons Apologia Augustana.** Luth. Beiträge 3 (1998), 139-150.

264 Bühler, Pierre: **Confessions de foi:** b: tradition protestante. In: 019, 249-251.

265 Busch, Eberhard: **Das Wort in der Kirche:** Jesus Christus und die Verkündigung. In: 043, 15-38. L".

266 Diez, Karlheinz: **»Ecclesia – non est civitas Platonica«:** Antworten katholischer Kontroverstheologen des 16. Jahrhunderts auf Martin Luthers Anfrage an die »Sichtbarkeit« der Kirche. F: Knecht, 1997. XVI, 502 S. (Fuldaer Stu-

dien; 8) – MZ, Univ., Fachbereich Kath. Theologie, Diss., 1994/95.

267 **Diskussion der Teilnehmer des Augsburger Expertengesprächs über die beiden Dokumente lutherischer bzw. altgläubiger Provenienz zu CA 1-21:** 24. Juni 1994. In: 035, 211-223.

268 Grane, Leif: **Die Confessio Augustana:** Einführung in die Hauptgedanken der lutherischen Reformation. 5. Aufl. GÖ: V&R, 1996. 195 S. (UTB für Wissenschaft: Uni-Taschenbücher; 1400: Theologie)

269 Hammann, Gottfried: »**Synode« et »Synodalité«:** histoire et enjeux d'un concept ecclésiologique. PL 46 (1998), 131-155.

270 Hasenhüttl, Gotthold: »**Est autem ecclesia«.** In: 058, 99-117.

271 Heubach, Joachim: **Trost in Anfechtung:** Ich bin getauft: das Augsburger Bekenntnis erklärt; Art. 9. CA (1998), 23-25: Ill.

272 Kantzenbach, Friedrich Wilhelm: **Luther – Aspekte seiner ökumenischen Wirkung.** In: 058, 119-139.

273 Kotowski, Norbert: **Ansätze für einen Vergleich der Ekklesiologie bei Hus und Luther.** In: 037, 347-365.

274 Krüger, Friedhelm: **Aufbau, Ziel und Eigenart der einzelnen Bekenntnisse des Konkordienbuches:** Versuch eines Gesamtüberblicks. In: 075, 11-24.

275 [Kühn, Ulrich] Kuhn, Ulrich: **Église.** In: 019, 374-382.

276 Legrand, Hervé: **Pape.** In: 019, 843-846.

277 Leske, Elmore: **Die Kirche in der Welt:** die Kirche nach dem Verständnis der Lutherischen Bekenntnisse im Gegenüber zur Welt des australischen Kontextes. Luth. Beiträge 2 (1997), 90-105. 175-187. L".

278 Lexutt, Athina: **Glaube im Gespräch:** Chancen und Grenzen vortridentinischer Kontroverstheologie am Beispiel des Jülicher Sondergutachtens zur Confessio Augustana vom Wormser Gesprächstag 1540. MEKGR 45/46 (1996/1997 [gedruckt 1998]), 1-47.

279 Lienhard, Marc: **Les réformateurs protestants du XVIᵉ siècle et la papauté.** PL 46 (1998), 157-173.

280 Link, Hans-Georg: **Bekennen und Bekenntnis.** GÖ: V&R, 1998. 232 S. L 45-48+". (Bensheimer Hefte; 86: Ökumenische Studienhefte; 7)

281 **Lutherische Stellungnahme zu den gegen die »Wiedertäufer« gerichteten Verwerfungen des Augsburger Bekenntnisses von 1530/** vorgelegt von den Vertretern der Vereinigten Evang.-Luth. Kirche Deutschlands. Amtsblatt der Evang.-

Luth. Landeskirche Sachsens (1996), B68-B70.

282 Mechels, Eberhard: **Kirche als Institution.** In: 043, 151-168.

283 Mehlhausen, Joachim: **Schrift und Bekenntnis.** In: 077, 417-447.

284 Minnerath, Roland: **Église-État.** In: 019, 383-385.

285 Montgomery, Ingun: **Das Verständnis der Kirche im 16. und frühen 20. Jahrhundert.** In: 042, 145-165.

286 Müller, Gerhard: **Die reformatorische Ekklesiologie und ihre ökumenischen Herausforderungen.** In: 036, 137-155.

287 Peters, Christian: **Er hats immer wollen besser machen [...]:** Melanchthons fortgesetzte Arbeit am Text der lateinischen Apologie auf und nach dem Augsburger Reichstag von 1530. In: 035, 98-126.

288 Peura, Simo: **Die Kirche als geistliche Communio bei Luther.** (1996). In: 042, 85-117.

289 Preus, Robert D.: **Luther: word, doctrine, and confession.** (1992). CThQ 60 (1996), 175-229.

290 **Das Recht der Kirche/** hrsg. von Gerhard Rau; Hans-Richard Reuter; Klaus Schlaich. Erg.-Bd. zu Bd. 1-3: Register/ bearb. von Jens Kreuter. GÜ: Kaiser, GVH, [1997]. 86 S. L 23.

291 Reuter, Hans-Richard: **Der Begriff der Kirche in theologischer Sicht.** In: 077, 23-75.

292 Reuter, Hans-Richard: **Der Rechtsbegriff des Kirchenrechts in systematisch-theologischer Sicht.** In: 077, 236-286.

293 Root, Michael: **Succession apostolique.** In: 019, 1111 f.

294 Russell, William R.: **The theological »Magna Charta« of confessional Lutheranism.** ChH 64 (1995), 389-398. – Bespr.: Kiecker, James G.: LuD 6 (1998), 55-57.

295 Saarinen, Risto: **Autorité dans l'Église.** In: 019, 117-119.

296 Schäfer, Rolf: **Communio in der lutherischen Ekklesiologie.** In: 042, 119-143.

297 Seebaß, Gottfried: **Historie und Historisierung des Rechts im Dienste evangelischer Freiheit:** zu Kritik und Aufnahme des kanonischen Rechtes in den Flugschriften der frühen Reformationszeit. In: 029, 462-475.

298 Strohm, Christoph: **Ius divinum und ius humanum:** reformatorische Begründung des Kirchenrechts. In: Das Recht der Kirche/ hrsg. von Gerhard Rau; Hans-Richard Reuter; Klaus Schlaich. Bd. 2: **Zur Geschichte des Kirchenrechts.** GÜ: Kaiser, GVH, 1995, 115-173. (Forschungen und Berichte der Evang. Studiengemeinschaft; 50)

299 **Vom Gebrauch der Bekenntnisse: zur Frage der**

Auslegung von Bekenntnissen der Kirche/ Kammer für Theologie der Evang. Kirche in Deutschland. Amtsblatt der Evang.-Luth. Landeskirche Sachsens (1995), B57-B60.

300 Vulpius, Patrick: **Nicht nur das halbe Abendmahl:** das Augsburger Bekenntnis erklärt; Art. 10. CA (1998) Heft 2, 55-58: Ill.

301 Walter, Peter: **Dogme.** In: 019, 344-348.

302 Wendt, Günther: **Die Rechtsstellung des Gemeindeglieds.** In: Das Recht der Kirche/ hrsg. von Gerhard Rau; Hans-Richard Reuter; Klaus Schlaich. Bd. 3: **Zur Praxis des Kirchenrechts.** GÜ: Kaiser, GVH, 1994, 21-48. (Forschungen und Berichte der Evang. Studiengemeinschaft; 51)

303 Wenz, Armin: **Das Wort Gottes – Gericht und Rettung:** Untersuchungen zur Autorität der Heiligen Schrift in Bekenntnis und Lehre der Kirche. GÖ: V&R, 1996. 343 S. L". (Forschungen zur systematischen und ökumenischen Theologie; 75) – Zugl.: Erlangen-Nürnberg, Univ., Diss., 1994.

304 Wenz, Gunther: **Heilsame Buße – ein Geschenk Gottes:** das Augsburger Bekenntnis erklärt; Art. 11 & 12. CA (1998) Heft 3, 49-52: Ill.

305 Wenz, Gunther: **Theologie der Bekenntnisschriften der evangelisch-lutherischen Kirche:** eine historische und systematische Einführung in das Konkordienbuch. Bd. 2. B; NY: de Gruyter, 1998. 816 S. (De Gruyter Lehrbuch)

306 Wenz, Gunther: **Zur Einführung.** [Augsburger Religionsverhandlungen]. In: 035, 1-9.

307 Wolter, Udo: **Die Fortgeltung des kanonischen Rechts und die Haltung der protestantischen Juristen zum kanonischen Recht in Deutschland bis in die Mitte des 18. Jahrhunderts.** In: Canon law in protestant lands/ hrsg. von Richard H. Helmholz. B: Duncker & Humblot, 1992, 13-47. L 15 f+". (Comparative studies in continental Anglo-American legal history; 11)

308 Zeuch, Manfred K.: **Bekenntnisgemeinschaft ist Kirchengemeinschaft.** Luth. Beiträge 2 (1997), 31-50. L".

309 Zorzin, Alejandro: **Luthers Verständnis der Kirche als Communio in seinen frühen Flugschriften.** In: 042, 75-84.

e) Sakramente, Beichte, Ehe

310 Buckwalter, Stephen E.: **Konkubinat und Pfarrerehe in Flugschriften der frühen Reformation.** In: 029, 167-180.

311 Buckwalter, Stephen E.: **Die Priesterehe in Flugschriften der frühen Reformation.** GÜ: GVH,

1998. 336 S. L 60-78+". (Quellen und Forschungen zur Reformationsgeschichte; 68) – Zugl.: GÖ, Univ., Theol. Fak., Diss., 1996/97.

312 Bürgener, Karsten: **Segen, Amt und Abendmahl:** was die Bibel dazu sagt, und welche Konsequenzen sich daraus für das Handeln der Kirche ergeben. 2., gründlich überarb. und erw. Aufl. Bremen: Bürgener, 1995. 264 S. L". – Bespr.: Junker, Thomas: Luth. Beiträge 1 (1996), 245 f.

313 Diestelmann, Jürgen: **Luthers Abendmahlsglaube:** Vortrag zum Lutherjahr 1983. In: 020, 1-23.

314 Diestelmann, Jürgen: **Saft statt Wein?** In: 020, 83-93.

315 Diestelmann, Jürgen: **Wort und Sakrament.** (1965). In: 020, 32-42.

316 Dörrzapf, Reinhold: **Eros, Ehe, Hosenteufel:** eine Kulturgeschichte der Geschlechterbeziehungen. F: Eichborn, 1995. 327 S.: Ill. L 147-158.

317 Ehmann, Johannes: **Das evangelische Abendmahlsverständnis von 1529 und 1539 bis heute – Annäherung an Melanchthon?** In: 023, 137-156.

318 Geldbach, Erich: **Taufe.** GÖ: V&R, 1996. 214 S. L 44-46+". (Bensheimer Hefte; 79: Ökumenische Studienhefte; 5)

319 Greiner, Sebastian: **Konkupiszenz und Buße.** Cath 51 (1997), 53-83.

320 Kelter, Gert: **Der Taufexorzismus in der Lutherischen Kirche:** liturgiegeschichtlicher Überblick und pastoraltheologischer Überlegungen. Luth. Beiträge 1 (1996), 137-148.

321 Kilpp, Nelson: **O Batismo e a Ceia do Senhor na tradição luterana e no diálogo presente** (Taufe und Abendmahl in der luth. Tradition und im gegenwärtigen ökumenischen Gespräch). Estudos teológicos 38 (São Leopoldo 1998), 15-33. L".

322 Krüger, Friedhelm: **Sakramente.** In: 075, 136-168.

323 Leis-Schindler, Ingrid: **Die Ehe als gottgewollter Stand: die Bedeutung der Ehe- und Hausstandslehre Martin Luthers für die Entwicklung bürgerlicher Familienleitbilder vom 16. bis 18. Jahrhundert.** Lies, Lothar: 058, 203-241.

324 Lies, Lothar: **Realpräsenz bei Luther und den Lutheranern heute:** eine Übersicht anhand neuerer Veröffentlichungen. ZKTh 119 (1997), 1-26. 181-219.

325 Martens, Gottfried: **Ex opere operato – eine Klarstellung.** In: 022, 311-323.

326 Martini, Romeu: **Eucaristia e confissão de pecados: algumas perguntas** (Eucharistie und Beichte: einige Fragen). Estudos teológicos 36 (São Leopoldo 1996), 263-280. L 271-277.

327 Myers, David: **Ritual, confession, and religion in sixteenth-century Germany.** ARG 89 (1998), 125-143: Zusammenfassung, 143.

328 Prunzel, Clóvis Jair: **A Santa Ceia em Lutero** (Das Abendmahl bei Luther). Vox concordiana 11 (São Paulo 1996), 20-30. L". [Vgl. LuB 1997, Nr. 293]

329 Schöne, Jobst: **Hirtenbrief zum Gottesdienst und zum Altarsakrament.** Luth. Beiträge 2 (1997) 73-89. L".

330 Schwier, Helmut: **Gepredigtes und gefeiertes Abendmahl:** Luthers Abendmahlspredigten im Kontext der Deutschen Messe. Wort und Dienst 24 (1997), 237-262.

331 Thompson, Mark D.: **Claritas scripturae in the eucharistic writings of Martin Luther.** The Westminster theological journal 60 (Phil 1998), 23-43.

332 Völker-Rasor, Anette: **Bilderpaare – Paarbilder:** die Ehe in Autobiographien des 16. Jahrhunderts. FR: Rombach, 1993. 368 S.: Ill. (Rombach Wissenschaft: Reihe Historiae; 2) – Bespr.: Klee Gross, Doris: Zw 24 (1997), 158-160.

333 Wannenwetsch, Bernard: **Mariage:** b: théologie morale. In: 019, 700-703.

334 Wenz, Gunther: **CA XXII und der Streit um den Laienkelch:** ein historisches Beispiel mißlungenen Ausgleichsbemühens. In: 035, 50-70.

f) Amt, Seelsorge, Diakonie, Gemeinde, allgemeines Priestertum

335 Arnau-García, R.: **Lutero y el valor de la ordenación ministerial** (Luther und die Bedeutung der Ordination zum Amt). In: El ministerio en la Iglesia (Das Amt in der Kirche)/ Faculdad de Teología San Vicente Ferrer. Valencia: Faculdad de Teología San Vicente Ferrer, 1991, 160-188. (Serie diálogos; 3)

336 Bourgeois, Daniel: **Laïc / laïcat.** In: 019, 637-640.

337 Buzzi, Franco: **Laicato e laicità tra umanesimo e controriforma:** un percorso dalla devotio moderna a Carlo Borromeo attraverso la Riforma (Laien und Laizismus zwischen Humanismus und Gegenreformation: über die Reformation von der Devotio moderna bis Carlo Borromeo). Scuola Cattolica 126 (Milano 1998), 213-245.

338 Demke, Christoph: **Das Priestertum aller Gläubigen.** In: 052, 15-17.

339 Forell, George Wolfgang: **Luther, the pastor.** Theology and life 17-19 (Hong Kong 1996), 23-36.

340 Fortes, Miguel F.: **A dinâmica dos grupos: célula na vida da Igreja** (Gruppendynamik: Zelle im Leben der Kirche). São Leopoldo: Instituto Ecumênico de Pós-Graduação, 1997. 34 S. L 13-15.

341 Legrand, Hervé: **Sacerdoce ministériel.** In: 019, 1026-1028.

342 Mennecke-Haustein, Ute: **Luther als Seelsorger.** In: 057, 55-77.

343 Plathow, Michael: **Arbeit in der Kirche:** Mitarbeiter Gottes und Arbeitnehmer der Kirche. In: 074, 151-163.

344 Plathow, Michael: **Dogmatische Aspekte zum Zusammenwirken von Amt und Gemeinde.** (1994). In: 074, 138-150.

345 Preus, Robert David: **A doutrina do chamado nas confissões e ortodoxia luterana** (Die Lehre von der Berufung in den luth. Bekenntnisschriften und in der luth. Orthodoxie)/ übers. von Horst Kuchenbecker. Vox concordiana 10 (São Paulo 1995), 13-57. L".

346 Root, Michael: **Sacerdoce universel.** In: 019, 1024-1026.

347 Saarinen, Risto: **Magistère.** In: 019, 689 f.

348 Stolle, Volker: **Noch einmal:** Luther, das »Amt« und die Frauen; Nachtrag zu LThK 19 (1995), 2-22. LThK 21 (1997), 114-121.

349 Teigen, Erling: **Das Priestertum aller Gläubigen in den lutherischen Bekenntnissen.** In: 022, 473-486.

350 Winkler, Klaus: **Seelsorge.** B; NY: de Gruyter, 1997. XIII, 561 S. L". (De Gruyter Lehrbuch)

g) Gnade, Glaube, Rechtfertigung, Werke

351 Asendorf, Ulrich: **Rechtfertigung im Alten Testament:** gezeigt am Beispiel Abrahams. In: 078, 37-57.

352 Austad, Torleiv: **Neues Leben.** In: 075, 121-135.

353 Bartmann, Peter: **Das Gebot und die Tugend der Liebe:** über den Umgang mit konfliktbezogenen Affekten. S: Kohlhammer, 1998. 282 S. L 185-228+".

354 Baur, Jörg: **Das Evangelium vom gnädigen Gott:** die erfreuliche Wahrheit einer alten Entdeckung. (1984). In: 03, 21-29.

355 Baur, Jörg: **Zur Vermittelbarkeit der reformatorischen Rechtfertigungslehre:** Noch einmal: Helsinki 1963 und die Folgen. (1992). In: 03, 135-154.

356 Bayer, Oswald; Wiemer, Axel: **Loi:** b: la loi comme problème théologique et philosophique. In: 019, 668-673.

357 Bayer, Oswald: **Viver pela fé:** justificação e santificação (Aus Glauben leben: über Rechtfertigung und Heiligung [2. Aufl.] ⟨port.⟩)/ übers.

von Enio R. Mueller. São Leopoldo: Sinodal, 1997. 84 S. L".

358 Bielfeldt, Dennis: **Deification as a motif in Luther's »Dictata super Psalterium«.** SCJ 28 (1997), 401-420.

359 Birmelé, André: **Œuvres.** In: 019, 819-821.

360 Blank, Rudolph H.: **Sechs Thesen über die Freiheit in Christus und Befreiung:** Befreiung im Galaterbrief, bei Luther und in der Befreiungstheologie. LThK 18 (1994), 138-163.

361 Burtchaell, James Tunstead: **Préceptes / conseils.** In: 019, 917 f.

362 Buzzi, Franco: **Lutero contro l'antinomismo: cenni storici e ragioni teologiche** (Luther gegen den Antinomismus: historische Hinweise und theologische Motive). Annali di scienze religiose 2 (Milano 1997), 81-106.

363 Drobny, Stanislav: **Sakramentale Rechtfertigung.** F; B; Bern; NY; P; W: Lang, 1998. VII, 212 S. (Europäische Hochschulschriften: Reihe 23, Theologie; 628) – Zugl.: F, Philos.-Theol. Hochschule St. Georgen, Diss., 1998.

364 Forell, George W.: **Rechtfertigung und Recht.** In: 078, 221-235.

365 Gestrich, Christof: **Die Wiederkehr des Glanzes in der Welt:** die christliche Lehre von der Sünde und ihrer Vergebung in gegenwärtiger Verantwortung. 2., verb. Aufl. TÜ: Mohr, 1995. XIV, 394 S.

366 Gherardini, Brunero: **Articulus stantis et cadentis ecclesiae.** Annales theologici 10 (Roma '1996), 109-117.

367 Hamm, Berndt: **Warum wurde für Luther der Glaube zum Zentralbegriff des christlichen Lebens?** In: 029, 103-127.

368 Hummel, Gert: **Sola fide – Glaube contra Wissen?** In: 058, 77-98.

369 Josuttis, Manfred: **Gesetz und Evangelium:** über den anthropologischen Sinn einer theologischen Unterscheidung. In: 038, 421-432.

370 Josuttis, Manfred: **Gesetz und Evangelium:** über den anthropologischen Sinn einer theologischen Unterscheidung. (1991). In: 038, 9-21.

371 Krause, Christian: **Vida é mais:** a respeito da justiça de Deus entre os seres humanos (Leben ist mehr: über die Gerechtigkeit Gottes unter den Menschen)/ übers. von Luís Marcos Sander. Estudos teológicos 38 (São Leopoldo 1998), 130-140. L 130-134.

372 Lacoste, Jean-Yves; Lossky, Nicolas: **Foi:** b: théologie historique et systématique. In: 019, 472-480.

373 Lohse, Bernhard: **»Gesetz und Gnade« – »Gesetz und Evangelium«:** die reformatorische Neuformulierung eines Themas der patristischen Theologie. In: 049, 231-254.

374 Mahlmann, Theodor: **Zur Geschichte der Formel »Articulus stantis et cadentis ecclesiae«.** LThK 17 (1993), 187-194.

375 Mannermaa, Tuomo: **Die lutherische Theologie und die Theologie der Liebe** (Luterilainen teologia ja rakkauden teologia ⟨dt.⟩)/ übers. von Hans-Christian Daniel. In: 036, 111-119. [Vgl. LuB 1991, Nr. 356]

376 Mosig, Jörg M.: **The meaning of conscience for Martin Luther.** The month 29 (LO 1996), 409-414.

377 Mueller, Enio Ronald: **»Espelho, espelho meu ...«:** reflexões sobre os fundamentos de uma espiritualidade evangélica (»Spieglein, Spieglein ...«: Reflexionen über die Grundlagen einer evangelischen Spiritualität). Estudos teológicos 37 (São Leopoldo 1997), 5-27 L".

378 O'Callaghan, Paul: **Fides Christi: the justification debate.** Dublin: Four Courts, 1997. 285 S.

379 Peters, Albrecht: **Gesetz und Evangelium.** 2., unv. Aufl. GÜ: GVH, 1994. 351 S. L 29-57+". (Handbuch Systematische Theologie; 2)

380 Piva, Pompeo: **L'evento della salvezza fondamento dell'etica ecumenica** (Das Heilsgeschehen als Grundlage der ökumenischen Ethik). Padova: Messagero, 1997. 295 S. L 162-175. (Biblioteca di studi ecumenici; 4)

381 Pöhlmann, Horst G.: **Rechtfertigung und Gnade.** In: 075, 102-120.

382 Rominger, Walter: **»Sünder in Wirklichkeit – gerecht durch das gnädige Ansehen Gottes«:** Luthers Ringen um den gnädigen Gott. Informationsbrief der Bekenntnisbewegung »Kein anderes Evangelium« (1998) Nr. 190 (September), 13-15: Ill.

383 Sandoval, Luis María: **Entre Lutero y Pelagio** (Zwischen Luther und Pelagius). Verbo 297/298 (Madrid 1991), 1102-1106.

384 Schäfer, Hans: **Die Botschaft von der Rechtfertigung:** eine Einführung in ihr biblisch-reformatorisches Verständnis/ im Auftrag der Vereinigten Evang.-Luth. Kirche Deutschlands (VELKD) hrsg. vom Luth. Kirchenamt. 2. Aufl. Hannover: Luth. Kirchenamt, 1997. 47 S.

385 Schröter, Johannes: **Kein Werk macht einen zum Christen, doch ein Christ ist frei zu guten Werken:** von M. Luthers Grundansatz gegen das Moralische und für eine evangelische Ethik. LThK 20 (1996), 133-141.

386 Schwager, Raymund: **Salut:** b: théologie historique et systématique. In: 019, 1052-1060.

387 Teixeira, Paulo R.: **O sofrimento de Cristo e dos**

cristãos na teologia de Lutero (Das Leiden Christi und der Christen in Luthers Theologie). Vox concordiana 12 (São Paulo 1997), 33-50. L"

388 Thonissen, Wolfgang: **Liberté:** a: théologie systématique. In: 019, 652-654.

389 Webster, John: **Conscience.** In: 019, 256-260.

390 Williams, Rowan: **Justification.** In: 019, 623-627.

391 Wöhle, Andreas H.: **Luther and the law:** the concept of the law in the light of Luther's sermons on Old Testament texts (Luther en de wet: het begrip wet in het licht van Luthers prediking over teksten uit het Oude Testament ⟨engl.⟩). LuD 6 (1998), 19-25.

392 Wöhle, Andreas H.: **Luthers Freude an Gottes Gesetz:** eine historische Quellenstudie zur Oszillation des Gesetzesbegriffes Martin Luthers im Licht seiner alttestamentlichen Predigten. F: Haag + Herchen, 1998. 334 S. – Überarb. Amsterdam, Universiteit van Amsterdam, [theol.] Diss., 1995.

393 Wöhle, Andreas H.: **De maat der vrijheid: enkele overwegingen bij dilemma's van een theologische grondlegging van de ethiek tussen vrijheid en gebondenheid** (Das Maß der Freiheit: einige Überlegungen zum Dilemma einer theologischen Grundlegung der Ethik zwischen Freiheit und Gebundenheit). In: 09, 114-121.

h) Sozialethik, politische Ethik, Geschichte

394 Attwood, David: **Légitime défense.** In: 019, 648 f.

395 Bast, Robert J.: **From two kingdoms to two tables:** the ten commandments and the Christian magistrate. ARG 89 (1998), 79-95: Zusammenfassung, 95.

396 Campenhausen, Axel Freiherr von: **Gesammelte Schriften.** TÜ: Mohr, 1995. XVIII, 590 S. L 502-508+". (Ius ecclesiasticum; 50)

397 Forell, George Wolfgang: **Luther's social ethics.** Theology and life 17-19 (Hong Kong 1996), 15-21.

398 Fuchs, Thomas; Lottes, Günther: **Luther und die Politik.** In: 050, 47-67.

399 Gábriš, Karol: **Luther a l'udské práva** (Luther und die Menschenrechte). In: Za život v mieri/ hrsg. von Ondrej Ladislav Bartho. Liptovský Mikuláš: Tranoscius, 1988, 100-110.

400 Hagen, Kenneth: **Luther's doctrine of the two kingdoms.** Luther Academy Conference papers 1 (1995) spring, 15-29. – Bespr.: Levy, Ian Christopher: LuD 6 (1998), 171-177.

401 Higginson, Richard: **Économique (morale).** In: 019, 365-367.

402 Huber, Wolfgang: **Gerechtigkeit und Recht:** Grundlinien christlicher Rechtsethik. GÜ: Kaiser, GVH, 1996. 480 S. L".

403 Hünermann, Peter: **Royaume de Dieu:** b: théologie historique. In: 019, 1017-1019.

404 Kišš, Igor: **Luther a problém tolerancie** (Luther und das Problem der Toleranz). In: Teologické hodnotenie tolerancie/ hrsg. vom Generálny biskupský urad v Bratislave. BR, 1995, 106-125.

405 Kišš, Igor: **Lutherove etické názory** (Die ethischen Ansichten Luthers). Tvorba T 16 N. S. 7 (Liptovský Mikuláš 1997) Nr. 4, 1 f.

406 Kruijf, Gerrit G. de: **Doceerde Luther christelijke ethiek** (Lehrte Luther christliche Ethik)? In: 09, 80-86.

407 Kubik, Wolfgang: **Im Beruf bewähren – Geht uns die Arbeit aus?:** lutherisches Berufs- und Arbeitsverständnis in der Krise. Luth. Beiträge 1 (1996), 215-227.

408 Kühn, Ulrich: **Die theologische Rechtfertigung der »Obrigkeit«.** In: 045, 238-258.

409 Kühn, Ulrich: **Die theologische Rechtfertigung der »Obrigkeit«.** ZW 85 (1994), 26-37. [Gekürzte Fassung von LuB 1999, Nr. 408]

410 Künneth, Adolf: **Machtausübung im Spannungsfeld zwischen Bergpredigt und Gewaltmonopol.** In: 017, 119-140.

411 Kuramatsu, Isao: **Rechtfertigung und Weltverantwortung nach der Zwei-Reiche-Lehre Luthers:** ihre Bedeutung für die Kirche in Japan. In: 078, 283-291.

412 Lieberwirth, Rolf: **Martin Luthers Kritik am Recht und an den Juristen.** In: 056, 53-72.

413 Lienemann, Wolfgang: Zwei-Reiche-Lehre. In: 026, 1408-1419.

414 Marquart, Kurt E.: **The two realms (»kingdoms«) in the Lutheran confessions.** Luther Academy Conference papers 1 (1995) spring, 183-186. – Bespr.: Levy, Ian Christopher: LuD 6 (1998), 183-186.

415 Mertens, Bernd: **Im Kampf gegen die Monopole: Reichstagsverhandlungen und Monopolprozesse im frühen 16. Jahrhundert.** TÜ: Mohr, 1996. XIV, 175 S. L". (Tübinger rechtswissenschaftliche Abhandlungen; 81) – Zugl.: TÜ, Univ., Diss., 1995.

416 Müller, Gerhard: **Lutherische Wirtschaftsethik in unserer Zeit.** ZW 65 (1994), 131-145.

417 Noland, Martin R.: **Law and due process in the kingdom of the left and the kingdom of the right.** Luther Academy Conference papers 1 (1995) spring, 47-58. – Bespr.: Levy, Ian Christopher: LuD 6 (1998), 187-190.

418 O'Donovan, Joan Lockwood: **Autorité politique.** In: 019, 119-123.

419 O'Donovan, Joan Lockwood: **Propriété.** In: 019, 941-944.

420 O'Donovan, Joan Lockwood: **Société.** In: 019, 1096-1099.

421 Petzoldt, Martin: **Politisches Handeln bei Luther und Melanchthon.** In: 071, 23-35.

422 Press, Volker: **Martin Luther und die sozialen Kräfte seiner Zeit.** (1984). In: 076, 590-621.

423 Prien, Hans-Jürgen: **Wirtschaften zum Wohl des Menschen:** Aspekte einer Wirtschaftsethik Martin Luthers. In: 047, 143-175.

424 Raunio, Antti: **Kansainvälinen solidaarisuus luterilaisen sosiaalietiikan haasteena** (Internationale Solidarität als Herausforderung für die luth. Sozialethik). In: Kansainvälinen solidaarisuus ja sosiaalietiikka: STKS:n symposiumissa marraskuussa 1997 pidetyt esitelmät (Internationale Solidarität und Sozialethik: die Vorträge des Symposiums der Finnischen Theol. Literaturgesellschaft im November 1997)/ hrsg. von Antti Raunio. Helsinki: Suomen Teologinen Kirjallisuusseura, 1998, 165-185. L 180-183. (Suomalaisen Teologisen Kirjallisuusseuran julkaisuja; 212)

425 Schlaich, Klaus: **Martin Luther und das Recht.** (1985). In: 079, 3-23.

426 Schnabel-Schüle, Helga: **Überwachen und Strafen im Territorialstaat:** Bedingungen und Auswirkungen des Systems strafrechtlicher Sanktionen im frühneuzeitlichen Württemberg. Köln; Weimar; W: Böhlau, 1997. IX, 402 S. L". (Forschungen zur deutschen Rechtsgeschichte; 16) – Zugl.: TÜ, Univ., Habil., 1990.

427 Schorn-Schütte, Luise: **Die Drei-Stände-Lehre im reformatorischen Umbruch.** In: 029, 435-461.

428 Skinner, Quentin: **As fundações do pensamento político moderno** (The foundations of modern political thought (port.))/ hrsg. von Renato Janine Ribeiro; Laura Teixeira Motta. São Paulo: Companhia das Letras, 1996. 724 S. L 285-346.

429 Sommer, Wolfgang: **Christlicher Glaube und Weltverantwortung:** Martin Luthers Beziehungen zu seinen Landesherren. In: 028, 39-59.

430 Warth, Martim C[arlos]: **Lutero e a ação social** (Luther und das gesellschaftliche Handeln). IL 54 (1995), 38-51. L".

i) Gottes Wort, Bibel, Predigt, Sprache

431 Asendorf, Ulrich: **Der Heilige Geist und die geringen Werke nach Luthers Genesis-Vorlesung (1535-1545).** In: 022, 30-45.

432 Beauchamp, Paul: **Sens de l'Ecriture.** In: 019, 1083-1089.

433 Beutel, Albrecht: **Erfahrene Bibel:** Verständnis und Gebrauch des verbum dei scriptum bei Luther. (1992). In: 08, 66-103.

434 Beutel, Albrecht: **»Scriptura ita loquitur, cur non nos?«:** Sprache des Glaubens bei Luther. (1994). In: 08, 104-123.

435 **The Bible in the sixteenth century/** hrsg. von David C. Steinmetz. 2. Aufl. Durham; LO: Duke University, 1996. VI, 263 S. L". (Duke monographs in medieval and renaissance studies; 11)

436 Blank, Josef: **Was Christum treibet – Martin Luther und die Bibel.** In: 058, 57-75

437 Bühler, Pierre: **Parole de Dieu:** b: théologie systématique. In: 019, 853 f.

438 Deckert, Helmut: **Luther und das Buch.** Marginalien 148 (1997), 11-18.

439 **Die deutsche Literatur:** biographisches und bibliographisches Lexikon. Reihe 2: **Die deutsche Literatur zwischen 1450 und 1620/** unter Mitarb. zahlreicher Fachgelehrter hrsg. von Hans-Gert Roloff. Abt. A: **Autorenlexikon.** Bd. 2: **Laurentius Albertus – Amadís.** Bern; B; F; NY; P; W: Lang 1991. 400 S.: Ill. L".

440 Dienst, Karl: **Martin Luther als Tischredner.** Homiletische Monatshefte 72 (1996/97), 280-283.

441 Fischer, Rainer: **Die Kunst des Bibellesens:** theologische Ästhetik am Beispiel des Schriftverständnisses. F; B; Bern; NY; P; W: Lang, 1996. 248 S. L 83-88. 105-148+". (Beiträge zur theol. Urteilsbildung; 1) – Zugl.: Bonn, Friedrich-Wilhelms-Univ., Evang.-theol. Fak., Diss., 1994.

442 Focant, Camille: **Écriture sainte.** In: 019, 367-373.

443 Folkers, Horst: **Von der Anmut Marias und dem Trübsinn des Paulus:** der Triumph der Experten über das Volksbuch; wie die Lutherbibel langsam in den Revisionen verschwindet. Frankfurter Allgemeine Zeitung (1998) Nr. 85 (11. April), 32: Faks.

444 Füssel, Stephan: **Luther und die »Biblia Deutsch«.** In: 018, 329-342.

445 Greenblatt, Stephen: **Schmutzige Riten.** (1982). In: 032, 31-53. L 46-48.

446 Greenblatt, Stephen: **Schmutzige Riten.** (1982). In: 033, 31-53. L 46-48.

447 Günther, Hartmut: **Gott und die Völker in Jesaja 19, 18-25 nach Martin Luther.** LThK 17 (1993), 72-75.

448 Habermann, Mechthild: **Das sogenannte »lutherische e«:** zum Streit um einen »armen Buchstaben«. Sprachwissenschaft 22 (1997), 435-477.

449 Hägglund, Bengt: **Seisho no Meiryosei** (Die Klarheit der Schrift bei Martin Luther)/ aus dem Schwed. in das Japan. übers. von Soichi Takehara. In: Shukyo Kaikaku to sono sekaishiteki Eikyo = Festschrift für Isao Kuramatsu/ hrsg. von K. Tsuchido; K. Kondo. Sendai: Tohoku Gakuin University, 1998, 46-62.

450 Hahn, Barbara: **Hiobsgeschichten:** Übersetzungen und Umschriften von Martin Luther bis Martin Buber. Deutsche Vierteljahrsschrift für Literaturwissenschaft und Geistesgeschichte 71 (1997), 146-163.

451 Haubrichs, Wolfgang: **Die Sprache Martin Luthers.** In: 058, 35-56. [Erstveröffentlichung von LuB 1997, Nr. 418]

452 Hövelmann, Hartmut: **Luthers Bibelkonzept und unsere Lutherbibel.** LThK 15 (1991), 138-155.

453 Josuttis, Manfred: **Die Predigt des Evangeliums nach Luther.** In: 038, 42-63.

454 Josuttis, Manfred: **Die Predigt des Gesetzes nach Luther.** (1965). In: 038, 22-41.

455 Junker, Thomas: **Grundzüge lutherischer Hermeneutik: ein dogmatischer Entwurf.** Luth. Beiträge 3 (1998), 47-93. L".

456 Kirchner, Hubert: **Wort Gottes, Schrift und Tradition.** GÖ: V&R, 1998. 175 S. (Bensheimer Hefte; 89: Ökumenische Studienhefte; 9)

457 Maaser, Wolfgang: **Rhetorik und Dialektik:** Überlegungen zur systematischen Relevanz der Rhetoriktradition bei Luther. Lu 69 (1998), 25-39.

458 Manguel, Alberto: **Uma história da leitura** (A history of reading (port.))/ übers. von Pedro Maia Soares. São Paulo: Companhia das Letras, 1997. 405 S. L 69-71.

459 Maschke, Timothy H.: **The authority of Scripture:** Luther's approach to Allegory in Galatians. Logia: a journal of Lutheran theology 4 (Cresbard, SD 1995) Heft 2, 25-31. - Bespr.: Moore, Rebecca E.: LuD 6 (1998), 8-10.

460 Matheson, Peter: **The rhetoric of the Reformation.** Edinburgh: T&T Clark, 1998. IX, 267 S.

461 Mußner, Franz: **Rückbesinnung der Kirchen auf das Jüdische:** Impulse aus dem Jakobusbrief. Cath 52 (1998), 67-78.

462 Otto, Gert: **Die Kunst, verantwortlich zu reden:** Rhetorik – Ästhetik – Ethik. GÜ: Kaiser, GVH, 1994. 191 S. L 28-39.

463 Pannenberg, Wolfhart: **Zur Begründung der Lehre von der Schriftinspiration.** In: 036, 156-159.

464 Pöhlmann, Horst G.: **Schrift und Wort Gottes.** In: 075, 33-49.

465 Ringleben, Joachim: **Luther zur Metapher.** ZThK 94 (1997), 336-370.

466 Rosin, Robert: **Reformers, the preacher, and skepticism:** Luther, Brenz, Melanchthon, and Ecclesiastes. MZ: von Zabern, 1997. X, 326 S. (VIEG; 171: Abt. Abendländische Religionsgeschichte)

467 Schäfer, Rolf: **Melanchthon's interpretation of Romans 5.15:** his departure from the Augustinian concept of grace compared to Luther's. In: 067, 79-104.

468 Schlichting, Wolfhart: **Isaaks Scherzen und die stoischen Heiligen:** Luther entdeckte Zärtlichkeit in der Bibel. CA (1998) Heft 1, 11-18: Ill.

469 Schmitt, Peter: **Geistliche Prosa.** In: 018, 302-328.

470 Schneider, Hans: **Zwinglis Marienpredigt und Luthers Magnifikat-Auslegung.** Zw 23 (1996), 105-143.

471 Schröder, Joy A.: **The rape of Dinah:** Luther's interpretation of a biblical narrative. SCJ 28 (1997), 775-793.

472 Schröter, U.: **Martin Luthers Sprachauffassung und deren Bedeutung für die deutsche Sprache im Zusammenhang mit seiner Bibelübersetzung (1522-1545/46) und der Problematik ihrer Revision.** Leuvense bijdragen 85 (Leuven 1996), 99-129.

473 Smend, Rudolf: **Das Alte Testament im Protestantismus.** NK: NV, 1995. 256 S. L 9-39. (Grundtexte zur Kirchen- und Theologiegeschichte; 3)

474 Steinacker, Hans: **Über 450 Jahre Biblia deutsch:** Martin Luther und seine Gehilfen am Wort. In: Akzente-Almanach 1992: Bibel/ hrsg. von Hans Steinacker. Moers: Brendow, Vellmar: Evang. Buchhilfe, 1991, 41-52: Ill.

475 Stolle, Volker: **»Der heiligen Zwölfboten Zahl«:** Apostel/Bote und Märtyrer/Zeuge in Luthers Verdeutschung des Tedeums. LThK 21 (1997), 1-18.

476 Stuhlhofer, Franz: **Die Kernstellen der Lutherbibel von 1543 bis 1984:** Verschiebungen in der Verteilung auf die einzelnen biblischen Bücher. LThK 18 (1994), 164-174.

477 Ulrich, Winfried: **»... der aller Blöden Tröster heißt ...«:** wie verständlich ist Martin Luthers Sprache heute? Deutschunterricht 49 (1996), 73-77.

478 Wabel, Thomas: **Sprache als Grenze in Luthers theologischer Hermeneutik und Wittgensteins Sprachphilosophie.** B; NY: de Gruyter, 1998. XVIII, 434 S. (Theol. Bibliothek Töpelmann; 92) – Zugl.: HD, Univ., Theol. Fak., Diss., 1996.

479 Wenz, Armin: **Die Heilige Schrift:** lebendiges Wort für die Kirche. Luth. Beiträge 3 (1998), 19-30.

480 Westra, Gerben H.: **Luther over Exodus** (Luther über Exodus). Interpretatie 6 (Zoetermeer 1998) Heft 2, 17 f.

481 Zwanepol, Klaas: **Een boek om in te wonen:** Luther en het lutheranisme over de bijbel (Ein Buch, um darin zu wohnen: Luther und das Luthertum über die Bibel). Woerden: SLUB, 1998. 35 S.

k) Gottesdienst, Gebet, Kirchenlied, Musik

482 Albrecht, Christoph: **Einführung in die Hymnologie.** 4., überarb. und erw. Aufl. GÖ: V&R, 1995. 152 S.: Ill., Noten. L 17-24. 70 f+".

483 Baum, Fritz: **Eine feste Burg ist unser Gott:** zum 450. Todestag Martin Luthers. Der Chor 49 (1996), 12-15.

484 Beyer, Michael: **Der Gottesdienst der Gemeinde:** mein liebster Luthertext. ZDZ 50 (1996), 154.

485 Bieritz, Karl-Heinrich: **Das Kirchenjahr:** Feste, Gedenk- und Feiertage in Geschichte und Gegenwart. Überarb. Aufl. 28.-32. Tsd. M: Beck, 1998. 302 S. L". (Beck'sche Reihe; 447)

486 Brecht, Martin: »**und willst das Beten von uns han**«: ein Gebet und seiner Praxis bei Martin Luther. In: 029, 268-288.

487 Dienst, Karl: »**Ein neues Lied wir heben an ...**«: Gedanken zum neuen »Evangelischen Gesangbuch«. ZW 66 (1995), 153-166.

488 Diestelmann, Jürgen: **Beobachtungen an Bildern aus dem lutherischen Gottesdienstleben des 16. und 17. Jahrhunderts.** In: 020, 24-31.

489 Diestelmann, Jürgen: **Reformatio missae:** die Feier der Messe als Ziel gottesdienstlicher Erneuerung. (1967). In: 020, 59-82.

490 Freitag, Siegfried: »**Musikam hab ich allzeit liebgehabt**«: schulmusikalische Bezüge zu Luther. Musik in der Schule 6 (1996), 303-315.

491 **Gottesdienst – erklärt:** kleine Gottesdienstkunde für die Gemeinde/ hrsg. von Joachim Stalmann; Werner Reich. Hannover: LVH, 1992. 69 S. L".

492 Greiner, Dorothea: **Segen und Segnen:** eine systematisch-theologische Grundlegung. S: Kohlhammer, 1998. 383 S. L 211-265.

493 Hahn, Gerhard: **Die Passion Christi im geistlichen Lied.** In: 065, 297-319.

494 Junghans, Helmar: **Luthers Gottesdienstreform: Konzept oder Verlegenheit?** In: Herausforderung: Gottesdienst/ hrsg. von Reinhold Morath; Wolfgang Ratzmann. L: EVA, 1997, 77-92. (Beiträge zur Liturgie und Spiritualität; 1)

495 Kreuzer, Michael: **Maria in den geistlichen Lie**dern Martin Luthers und Michael Vehes »**New Gesangbüchlein Geystlicher Lieder**« von 1537. Forum kath. Theologie 13 (1997), 18-31.

496 Meding, Wichmann von: **Luther und Speratus:** zwei Liedermacher in Wittenberg. Musik und Kirche 64 (1994), 188-199.

497 Meding, Wichmann von: **Luthers Gesangbuch:** die gesungene Theologie eines christlichen Psalters. HH: Kovač, 1998. 481 S. (Schriftenreihe Theos; 24) – Zugl.: Kiel, Univ., Theol. Fak., Habil., 1995.

498 Mendt, Dietrich: **Vom Himmel hoch da komm ich her:** mein liebster Luthertext. ZDZ 50 (1996), 238.

499 Möller, Eberhard: **Die Musikalien der Ratsschulbibliothek Zwickau – eine Sammlung von internationaler Bedeutung.** In: 030, 126-135: Ill.

500 Müller, Ulrich: **Sangverslyrik.** In: 018, 46-69. L 67-69.

501 Oechslen, Rainer: **Ein Kampflied der Reformation:** Paul Speratus: Es ist das Heil uns kommen her ... (EG 342). CA (1998), 39-42: Ill.

502 Opp, Johannes: **Der Reformator als Liederdichter:** Luthers Lieder als Hilfe zum Glauben. In: 046, 96-114: Ill.

503 Otto, Hermann: **Luthers Kantor:** zum 500. Geburtstag von Johann Walter. Luth. Beiträge 1 (1996), 228-233.

504 Ríos Sánchez, Patrocinio: **Acerca de »Castillo fuerte es nuestro Dios« de Lutero** (Über Luthers »Ein feste Burg ist unser Gott«). Hispania sacra 44 (Madrid 1992), 713-720.

505 Ríos Sánchez, Patrocinio: **Acerca de »Castillo fuerte es nuestro Dios« de Lutero** (Über Luthers »Ein feste Burg ist unser Gott«). Nachdruck. Diálogo ecuménico 27 (Salamanca 1993), 299-308.

506 Roensch, Manfred: **Was ist das typisch Lutherische an den Hauptschriften Luthers zur Reform des Gottesdienstes?** LThK 18 (1994), 85-90.

507 Staats, Reinhart: »**Ein feste Burg ist unser Gott**«: die Entstehung des Lutherliedes im Abendmahlsstreit 1527. ThLZ 122 (1998), 115-126.

508 Wendebourg, Dorothea: **Den falschen Weg Roms zu Ende gegangen?:** zur gegenwärtigen Diskussion über Martin Luthers Gottesdienstreform und ihr Verhältnis zu den Traditionen der Alten Kirche. ZThK 94 (1997), 437-468.

509 Wendebourg, Dorothea: **Luthers Reform der Messe – Bruch oder Kontinuität?** In: 029, 289-306.

510 Wörner, Karl H.: **Geschichte der Musik:** ein Studien- und Nachschlagebuch. 8. Aufl./ neu bearb.

351

von Wolfgang Gratzer ... GÖ: V&R, 1993. XV, 694 S.: Noten. L 233 f.

l) Katechismus, Konfirmation, Schule

511 Beutel, Albrecht: »Gott fürchten und lieben«: zur Entstehungsgeschichte der lutherischen Katechismusformel. In: 08, 45-65. [Erw. Fassung von LuB 1997, Nr. 503]

512 Ebert, Berthold: »Einblicke« in Martin Luthers Pädagogik. In: 056, 133-150.

513 Flor, Douglas Moacir: A Igreja Luterana e a educação (Die Luth. Kirche und die Erziehung). In: 034, 167-188. L 167-174.

514 Grethlein, Christian: Wozu soll man die Menschen erziehen?: Impulse aus der Reformation. In: 047, 101-115.

515 Lehmann, Karl: Luther als Lehrer des Glaubens?: die ökumenische Bedeutung seiner Katechismen. Luth. Kirche in der Welt 45 (1998), 131-146.

516 Mahrenholz, Jürgen: Bürgerrecht auf Bildung: Luther und Melanchthon; zwei Bildungsreformer in Deutschland. Gymnasium in Niedersachsen 45 (1997), 135 f.

517 Pill-Rademacher, Irene: »... zu nutz und gutem der loblichen universitet«: Visitationen an der Universität Tübingen; Studien zur Integration zwischen Landesherr und Landesuniversität im 16. Jahrhundert. TÜ: Attempto, 1993. 583 S. (Werkschriften des Universitätsarchivs Tübingen: Reihe 1, Quellen und Studien; 18) – Zugl.: TÜ, Univ., Diss., 1992.

518 Sjöblom, Marko: Lutherin katekismuksen opetus perhe-elämästä (Der Katechismus Luthers zum Familienleben). Perusta (Helsinki 1998), 246-252.

519 Treu, Martin: Die Leucorea zwischen Tradition und Erneuerung: Erwägungen zur frühen Geschichte der Universität Wittenberg. In: 056, 31-51.

520 Vogel, Johann Peter: Luthers Appelle zum Schulehalten – und ihre aktuellen Folgen. Erziehungskunst 60 (1996), 1321-1328.

521 Wengert, Timothy J.: Forming the faith today through Luther's catechisms. LQ 11 (1997), 379-396.

522 Wenz, Armin: »Vom Amt der Schlüssel« – ein Katechismusstück und seine Bedeutung. In: 022, 542-558.

523 Wickham, Lionel R.: Catécheses. In: 019, 207-209.

524 Zöllner, Walter: Herausbildung und Weiterentwicklung der Wissenschaftsgebiete an der Universität Wittenberg bis zum Ende der Lutherzeit (unter besonderer Berücksichtigung der Artistenfakultät). In: 056, 117-132.

m) Weitere Einzelprobleme

525 Almazán, Vicente: Lutero y Santiago de Compostela (Luther und Santiago de Compostela). Compostellanum 32 (Burgos 1987), 533-559.

526 Böhler, Dietrich: Reformation und praktische Vernunft: zu Luthers geistiger und politisch-ethischer Wirkung. In: 058, 173-201.

527 Boulnois, Olivier: Surnaturel. In: 019, 1112-1116.

528 Bourgeois, Henri: Purgatoire. In: 019, 962-964.

529 Dartigues, André: Résurrection des morts: b: théologie historique. In: 019, 990-994.

530 Greshake, Gisbert: Eschatologie. In: 019, 396-400.

531 Harder, Yves-Jean: Amour. In: 019, 33-39.

532 Haug, Karl Herbert: Luthers Bedeutung in der Geschichte des Urheberrechts. Archiv für Urheber-, Film-, Funk- und Theaterrecht 135 (1997), 145-243.

533 Hausman, Noëlle: Vie consacrée. In: 019, 1220-1222.

534 Hünermann, Peter: Jugement: 3. Nouveau Testament et théologie historique. In: 019, 615-618.

535 Janowski, J. Christine: Eschatologischer Dualismus?: Erwägungen zum »doppelten Ausgang« des Jüngsten Gerichts. Jahrbuch für biblische Theologie 9 (1994), 175-218.

536 Jourjon, Maurice; Meunier, Bernard: Marie: b: théologie historique. In: 019, 706-711.

537 Knodt, Gerhard: Leitbilder des Glaubens: die Geschichte des Heiligengedenkens in der evangelischen Kirche. S: CV, 1998. XIV, 349 S. (Calwer theol. Monographien: Reihe C; 27) – Erlangen/Nürnberg, Univ., Theol. Fak., Diss.

538 Koslofsky, Craig: Die Trennung der Lebenden von den Toten: Friedhofverlegungen und die Reformation in Leipzig, 1536. In: Memoria als Kultur/ hrsg. von Otto Gerhard Oexle. GÖ: V&R, 1995, 335-385: Ill. (Veröffentlichungen des Max-Planck-Instituts für Geschichte; 121)

539 Koßler, Matthias: Grenzbestimmungen der Vernunft bei Luther und Schopenhauer. Schopenhauer-Jahrbuch 78 (1997), 11-31.

540 Krüger, Friedhelm: Die letzten Dinge – oder: Hat die Zukunft schon begonnen? In: 075, 186-203.

541 Lacoste, Jean-Yves: Miracle: b: théologie historique et systématique. In: 019, 736-738.

352

542 Lacoste, Jean-Yves: **Raison.** In: 019, 973 f.

543 Legrand, Hervé: **Femme:** b: dans l'église. In: 019, 460-463.

544 Plathow, Michael: **Die Engel – ein systematisch-theologisches Thema.** (1993). In: 074, 33-52.

545 Plathow, Michael: **Die Engel – ein systematisch-theologisches Thema.** Theol. Beiträge 24 (1993), 249-267.

546 Reese, Hans-Jörg: **»Ihr Ende schaut an und folgt ihrem Glauben nach« (Hebräer 13, 7):** das Gedächtnis der Heiligen als ein Aspekt ökumenischer Kirchengeschichtsschreibung. In: 062, 127-138.

547 Ronan, Colin A.: **História ilustrada da ciência da Universidade de Cambridge** (The Cambridge illustrated history of the world's science (port.)). Bd. 3/ übers. von Jorge Enéas Fortes. Rio de Janeiro: Jorge Zahar, 1987. 161 S. L 10. 69 f.

548 Santos Noya, Manuel: **El camino en el pensamiento de Ramón Llull, Roberto Holkot y Martín Lutero** (Die Wallfahrt im Denken von Raimundus Lullus, Robertus Holcot und Martin Luther). Compostellanum 36 (Burgos 1991), 363-381.

549 Sesboué, Bernard: **Indulgences.** In: 019, 569 f.

550 Talkenberger, Heike: **Sintflut, Prophetie und Zeitgeschehen in Texten und Holzschnitten astrologischer Flugschriften 1488-1528.** TÜ: Niemeyer, 1990. 569 S.: Ill. L 284-300. 368-377+". (Studien und Texte zur Sozialgeschichte der Literatur; 26) – Bespr.: Silvia Serena Tschopp: ZKG 104 (1993), 120-123.

551 Thiede, Werner: **»Die mit dem Tod spielen ...«:** Okkultismus, Reinkarnation, Sterbeforschung. GÜ: GVH, 1994. 142 S. L 110-121. (GTB; 975)

552 Wallner, Karl Josef: **Marienverehrung bei Luther.** Forum kath. Theologie 13 (1997), 291-304.

553 Wollgast, Siegfried: **Zum Tod im späten Mittelalter und in der Frühen Neuzeit.** B: Akademie, 1992. 59 S. L". (Sitzungsberichte der Sächsischen Akademie der Wissenschaften zu Leipzig: Phil.-Hist. Klasse; 132 I)

3 Beurteilung der Persönlichkeit und ihres Werkes

554 Akerboom, Theodorus H. M.: **De dood staat midden in het leven: Luther was Katholieker dan veel Katholieken nu** (Der Tod steht mitten im Leben: Luther war katholischer als viele Katholiken heute). RW 38 (1996) Nr. 1, 43-47.

555 Arnold, Matthieu: **Se rassurer, affoler, rassurer ...?:** à propos des intentions et des effets du message de Luther. PL 46 (1998), 99-129.

556 Ashizu, Takeo: **Shinran als »japanischer Luther«:** über das Nembutsu. In: Luther und Shinran. Eckhart und Zen/ hrsg. von Martin Kraatz. Köln: Brill, 1989, 1-11. (ZRGG: Beiheft; 31)

557 Baur, Jörg: **Die heutige kontroverse Einschätzung Luthers im Protestantismus.** (1984). In: 03, 30-43.

558 Baur, Jörg: **Ratlos vor dem Erbe:** die Reformation: Last und Chance. (1980). In: 03, 9-20.

559 Friedell, Egon: **Kulturgeschichte der Neuzeit:** die Krisis der europäischen Seele von der Schwarzen Pest bis zum Ersten Weltkrieg. 155.-162. Tsd. Nachdruck der dreibd. Ausgabe M, 1927, 1928, 1931. M: Beck, 1996. XVIII, 1570 S. L 273-295+". (Beck's historische Bibliothek) – Bespr.: Mehl, James V.: SCJ 29 (1998), 78.

560 Fuchs, Thomas: **Martin Luther:** Führungsgestalt in der Reformation der Reformatoren. In: 050, 69-87.

561 Greinacher, Norbert: **Vom Nutzen der Beschäf-**tigung mit der Geschichte: Reformation heute aus katholischer Sicht. In: 047, 43-54.

562 Hendrix, Scott H.: **Beyond Erikson:** the relational Luther. Lutheran Theological Seminary bulletin 75 (Gettysburg, PA 1995) winter, 3-12. – Bespr.: Kiecker, James G.: LuD 6 (1998), 108-111: Ill.

563 Hirschler, Horst: **Lutherjahr [1996]:** Martin Luther und seine Wirkung in die Gegenwart. In: Brockhaus Enzyklopädie. 19., völlig neu bearb. Aufl. Jahrbuch 1996. L; Mannheim: Brockhaus, 1997, 235-239: Ill.

564 Hohoff, Curt: **Von Rom nach Wittenberg:** zum 450. Todestag von Martin Luther am 18. Februar 1996. Communio 25 (1996), 68-75.

565 Mauelshagen, Franz: **Luther-Bilder.** Die politische Meinung 41 (1996) Nr. 320, 31-38.

566 Mauelshagen, Franz: **Images of Luther** (Luther-Bilder (engl.)). German comments 44 (St. Augustin bei Bonn 1996), 84-91.

567 Moeller, Bernd: **Luthers Erfolge.** In: 050, 89-105.

568 Müller, Christiane: **Zum 450. Todestag Martin Luthers.** Freiburger Rundbrief 4 (1997) Heft 1, 14-25.

569 Pfnür, Vinzenz: **Gedächtnis und Dialog:** katholische Anstöße zur ökumenischen Kirchengeschichtsschreibung. In: 062, 139-153.

570 Sammel, Rebecca: **The passio Lutheri:** parody

as hagiography. Journal of English and Germanic philology 95 (Champaign, IL 1996), 157-175.

571 Schorn-Schütte, Luise: **Luther im Gedächtnis der Nachwelt.** In: 057, 120-140.

572 **Was meinte Luther mit dem Apfelbaum?:** literarische Lektionen von Hans Sachs bis Sarah Kirsch/ hrsg. von Herbert Vinçon. S: Betulius, 1996. 139 S.

4 Luthers Beziehungen zu früheren Strömungen, Gruppen, Persönlichkeiten und Ereignissen

573 Andreatta, Eugenio: **Aristoteles als literarische Quelle Martin Luthers.** LuJ 65 (1998), 45-52.

574 Arffman, Kaarlo: **Die Begründung der Kindertaufe mit der Alten Kirche in der Wittenberger Theologie (1521-1536).** In: 02, 1-11: summary, 11.

575 Asendorf, Ulrich: **Erheben zu jener Einfachheit:** den Glauben neu verstehen; Nikolaus von Kues und wir. LM 37 (1998) Heft 1, 16-18.

576 Baur, Jörg: **Aristotelische Ursprünge der christlichen Orthodoxie?** In: 036, 11-21.

577 Benrath, Gustav Adolf: **Die sogenannten Vorreformatoren in ihrer Bedeutung für die frühe Reformation.** In: 029, 157-166.

578 Boulnois, Olivier: **Duns Scot Jean (v. 1265-1308).** In: 019, 354-357.

579 Brague, Rémi: **Aristotélisme chrétien.** In: 019, 87-89.

580 Fédou, Michel: **Chalcédoine (Concile), 451.** In: 019, 214-216.

581 Hamm, Berndt: **Von der Gottesliebe des Mittelalters zum Glauben Luthers:** ein Beitrag zur Bußgeschichte. LuJ 65 (1998), 19-44: Faks. [Erw. Fassung von LuB 1998, Nr. 540]

582 Hennings, Ralph: **Hieronymus zum Bischofsamt und seine Autorität in dieser Frage bei Luther, Melanchthon und Zwingli.** In: 02, 85-104: summary, 104.

583 Janz, Denis R.: **Luther and late medieval Albertism.** Ephemerides theologicae Lovanienses 72 (Leuven 1996), 338-349.

584 Johnson, John F.: **Augustine, Aquinas, and Ockham: the two kingdoms doctrin in medieval theology.** Luther Academy Conference papers 1 (1995) spring, 178-182. – Bespr.: Levy, Ian Christopher: LuD 6 (1998), 178-182.

585 Koch, Ernst: **Die Bernhard-Rezeption im Luthertum des 16. und 17. Jahrhunderts.** In: 06, 333-351

586 Lexutt, Athina: **Luthers Verhältnis zur Mystik:** ein kirchengeschichtlicher Lösungsversuch zur Frage: Mystik und Protestantismus – himmlisches Paar oder duo infernale? Der evang. Erzieher 49 (1997), 19-41.

587 Libera, Alain de: **Scolastique.** In: 019, 1077-1081.

588 Lohse, Bernhard: **Luther und Athanasius. (1993).** In: 049, 191-212.

589 Lohse, Bernhard: **Luther und Bernhard von Clairvaux.** In: 06, 271-301. – Bespr.: Posset, Franz: LuD 4 (1996), 211-214.

590 Lohse, Bernhard: **Luther und Bernhard von Clairvaux. (1993).** In: 049, 255-284.

591 Lohse, Bernhard: **Zum Wittenberger Augustinismus:** Augustins Schrift De Spiritu et Littera in der Auslegung bei Staupitz, Luther und Karlstadt. (1990). In: 049, 213-230.

592 Lottes, Günther: **Luther und die Frömmigkeitskrise des Spätmittelalters.** In: 050, 13-28.

593 Maurer, Bernhard: **Martin Luther und die Mystik.** Luth. Kirche in der Welt 45 (1998), 23-45.

594 Mühlenberg, Ekkehard: **Das Argument: »Die Wahrheit erweist sich in Übereinstimmung mit den Vätern«:** Entstehung und Schlagkraft. In: 02, 153-169: summary, 169.

595 Oberman, Heiko A.: **Hus und Luther:** der Antichrist und die zweite reformatorische Entdeckung. In: 037, 319-346.

596 Posset, Franz: **Saint Bernard of Clairvaux in the devotion, theology, and art of the sixteenth century.** LQ 11 (1997), 309-352. L 329-335.

597 Seibt, Ferdinand: **Jan Hus:** zwischen Zeiten, Völkern, Konfessionen. In: 037, 11-26.

598 Selge, Kurt-Victor: **Mittelalterliche Traditionsbezüge in Luthers früher Theologie.** In: 029, 149-156.

599 Spruyt, Bart Jan: **Das Echo von Jan Hus und der hussitischen Bewegung in den burgundischen Niederlanden:** (ca. 1420 – ca. 1520). In: 037, 283-301.

600 Staats, Reinhart: **Orosius und das Ende der christlich-römischen Universalgeschichte im Zeitalter der Reformation.** In: 02, 201-221: summary, 221.

601 Tomlin, Graham: **The medieval origins of Luther's theology of the cross.** ARG 89 (1998), 22-40: Zusammenfassung, 39 f.

602 Volz, Carl: **Martin Luther's attitude toward Bernard of Clairvaux.** Studies in medieval Cistercian history (Spencer, MA 1971), 186-204.

(Cistercian studies series; 13) – Bespr.: Maschke, Timothy H.: LuD 4 (1996), 222-225.

603 Wallmann, Johannes: **Bernhard von Clairvaux und der deutsche Pietismus.** In: 06, 353-374.

604 Wallraff, Martin: **Die Rezeption der spätantiken Kirchengeschichtswerke im 16. Jahrhundert.** In: 02, 223-260: Faks., Tab., summary, 259.

605 Wetzel, Richard: **»Meine Liebe zu Dir ist beständiger als Frauenliebe«:** Johannes von Staupitz († 1524) und Martin Luther. In: 051, 105-124: Ill.

606 Wriedt, Markus: **Die Autorität der Kirchenväter in der Debatte um die Bildungsreform zu Beginn der Reformation.** In: 02, 261-279: summary, 279.

607 Wright, David: **The Donatists in the sixteenth century.** In: 02, 281-293: Zusammenfassung, 293.

608 Zur Mühlen, Karl-Heinz: **Die »Auctoritas patrum« in Martin Luthers Schrift »Von den Konziliis und Kirchen« (1539).** In: 02, 141-152: summary, 152.

5 Beziehungen zwischen Luther und gleichzeitigen Strömungen, Gruppen, Persönlichkeiten und Ereignissen

a) Allgemein

609 Aulinger, Rosemarie: **Die Verhandlungen der Kurfürsten Albrecht von Mainz und Ludwig von der Pfalz mit Karl V. 1532 in Mainz:** »missing-link« zwischen dem Reichstag 1530 und dem Nürnberger Anstand 1532. In: 035, 185-210: Tab.

610 Blickle, Peter: **Reformation und Freiheit.** In: 029, 35-53.

611 Christ, Günter: **Das konfessionelle Zeitalter.** In: Die Kirchen in der deutschen Geschichte: von der Christianisierung der Germanen bis zur Gegenwart/ Winfried Becker ...; Schriftleitung: Peter Dinzelbacher. S: Kröner, 1996, 197-382. L 218-232+". (Kröners Taschenausgabe; 439)

612 Decot, Rolf: **Confessio Augustana und Reichsverfassung:** die Religionsfrage in den Reichstagsverhandlungen des 16. Jahrhunderts In: 035, 19-49.

613 **Deutsche Reichstagsakten:** unter Kaiser Karl V. Bd. 10: **Der Reichstag in Regensburg und die Verhandlungen über einen Friedstand mit den Protestanten in Schweinfurt und Nürnberg 1532/** bearb. von Rosemarie Aulinger. 3 Teilbde. GÖ: V&R, 1992. 526 S. L"; S. 527-1050; S. 1051-1602. L". (Deutsche Reichstagsakten: jüngere Reihe; 10)

614 Dipple, Geoffrey: **Anti-franciscanism in the early Reformation:** the nature and sources of criticism. Franciscan studies 55 (St. Bonaventure, NY: 1998), 53-82.

615 Diwald, Hellmut: **Anspruch auf Mündigkeit:** um 1400-1555. Nachdruck der Ausgabe B, 1975. B: Propyläen, 1992. 484 S.: Ill., Kt. (Propyläen-Geschichte Europas; 1)

616 Diwald, Hellmut: **Anspruch auf Mündigkeit:** um 1400-1555. Nachdruck der Ausgabe B, 1975.

B: Propyläen, 1998. 484 S.: Ill., Kt. (Propyläen-Geschichte Europas; 1)

617 Frieß, Peer: **Die Bedeutung der Stadtschreiber für die Reformation der süddeutschen Reichsstädte.** ARG 89 (1998), 96-124: abstract, 124.

618 **Geschichte des Christentums** (The Oxford illustrated history of Christianity ⟨dt.⟩)/ hrsg. von John McManners; übers. von Wolfdietrich Müller. F; NY: Campus, 1993. 743 S.: Ill. L 272-276+". – Bespr.: Koch, Ernst: EvK 27 (1994), 701 f.

619 **Geschichte des Christentums** (The Oxford illustrated history of Christianity ⟨dt.⟩)/ hrsg. von John McManners; übers. von Wolfdietrich Müller. Sonderausgabe. Köln: Parkland, 1998. 743 S.: Ill. L 272-276+".

620 Grane, Leif: **Die Reform der Kirche in einigen Flugschriften des Jahres 1520.** In: 029, 181-190.

621 Heintzel, Alexander: **Propaganda im Zeitalter der Reformation:** persuasive Kommunikation im 16. Jahrhundert. St. Augustin: Gardez, 1998. 238 S. (Publizistik im Gardez!; 1) – Zugl.: MZ, Univ., Diss., 1997.

622 Helm, Jürgen: **Wittenberger Medizin im 16. Jahrhundert.** In: 056, 95-115.

623 Honée, Eugène: **Kontinuität und Konsistenz der katholischen Concordiapolitik während des Augsburger Reichstags 1530.** In: 035, 84-97.

624 Immenkötter, Herbert: **Die Rahmenbedingungen der Augsburger Religionsverhandlungen.** In: 035, 10-18.

625 Johannsen-Reichert, Jörg: **Das Thema »Aufruhr« aus religiöser, juristischer und politischer Sicht im deutschen Raum während des konfessionellen Zeitalters (1517-1617).** Aachen: Shaker, 1997. 296 S. (Berichte aus der Geschichtswissenschaft)

626 Jung, Martin H.: **»Ich habe euch kein Weiberge-**

schwätz geschrieben, sondern das Wort Gottes«: Flugschriftenautorinnen der Reformationszeit; ihr Selbstverständnis im Kontext reformatorischer Theologie. Lu 69 (1998), 6-18.

627 Junghans, Helmar: **Plädoyer für »Wildwuchs der Reformation« als Metapher.** LuJ 65 (1998), 101-108.

628 Kaufmann, Thomas: **Anonyme Flugschriften der frühen Reformation.** In: 029, 191-267.

629 Kaufmann, Thomas: **Reformatoren.** GÖ: V&R, 1998. 112 S. L 46-50. (Kleine Reihe V&R; 4004)

630 Kuhaupt, Georg: **Veröffentlichte Kirchenpolitik:** Kirche im publizistischen Streit zur Zeit der Religionsgespräche (1538-1541). GÖ: V&R, 1997. 369 S.: Faks. (Forschungen zur Kirchenund Dogmengeschichte; 69)

631 Lindner, Andreas: **Non moriar sed vivam:** Luther, Senfl und die Reformation des Hochstifts Naumburg-Zeitz. JLH 36 (1996/97), 208-218.

632 Lück, Heiner: **Die Wittenberger Juristenfakultät im Sterbejahr Martin Luthers.** In: 056, 73-93.

633 Mager, Inge: **Frauen um Luther.** In: 057, 94-119: Ill.

634 **The medieval and Reformation church:** an abridgement of history of the church, vol. 4 to 6 (Handbuch der Kirchengeschichte, Bd. 4-6 〈engl.〉 [gekürzt])/ hrsg. von Hubert Jedin; engl. Übers. hrsg. von John Dolan; zsgef. von D. Larrimore Holland. NY: Crossroad, 1993. XVIII, 1054 S. L 360-555+".

635 Moeller, Bernd: **Die frühe Reformation in Deutschland als neues Mönchtum.** In: 029, 76-91.

636 Neugebauer-Wölk, Monika: **Reformation und Krise oder: Wo liegen die Gründe für den Ausbruch der Reformation?** In: 056, 11-29.

637 Oberman, Heiko A.: **The Reformation: roots and ramifications** (Die Reformation: von Wittenberg nach Genf 〈engl.〉)/ übers. von Andrew Colin Gow. Grand Rapids, MI: Eerdmans, 1994. XV, 232 S. [Vgl. LuB 1988, Nr. 05]

638 Petz, Wolfgang: **Der Augsburger Reichstag von 1530.** In: 087, 135.

639 Press, Volker: **Adel, Reich und Reformation.** (1979). In: 076, 329-378.

640 Press, Volker: **Reformatorische Bewegung und Reichsverfassung:** zum Durchbruch der Reformation – soziale, politische und religiöse Faktoren. (1986). In: 076, 480-512.

641 Press, Volker: **Soziale Folgen der Reformation in Deutschland.** (1983). In: 076, 435-479.

642 Press, Volker: **Stadt und territoriale Konfessionsbildung.** (1980). In: 076, 379-434.

643 **Recht und Reich im Zeitalter der Reformation**

= **Festschrift für Horst Rabe**/ hrsg. von Christine Roll unter Mitarb. von Bettina Braun; Heide Stratenwerth. 2., überarb. Aufl. F; Bern; NY; P; W: Lang, 1997. XIX, 530 S. – Siehe LuB 1997, Nr. 059.

644 **The Reformation and the book** (La Réforme et le livre 〈engl.〉)/ hrsg. von Jean-François Gilmont; übers. von Katrin Maag. Aldershot, Hampshire: Ashgate, 1998. 520 S. [Vgl. LuB 1991, Nr. 046] (St. Andrews studies in Reformation history)

645 Rusam, Dietrich: **Schnepf(f), Erhard.** In: 014, 574-576.

646 Saarinen, Risto: **Liberty and dominion:** Luther, Prierias und Ringleben. NZSTh 40 (1998), 171-181: Zusammenfassung, 181.

647 Scheible, Heinz: **Das Augsburger Interim und die evangelischen Kirchen:** Vortrag am 6. Juni 1998 beim Festakt »450 Jahre Simultaneum, 350 Jahre Parität in Biberach«. Heimatkundliche Blätter für den Kreis Biberach 21 (1998) Heft 1, 3-13: Ill.

648 Schilling, Heinz: **Reformation – Umbruch oder Gipfelpunkt eines Temps des Réformes?** In: 029, 13-34.

649 Schlaich, Klaus: **Die Protestatio beim Reichstag in Speyer von 1529 in verfassungsrechtlicher Sicht.** (1980). In: 079, 49-67.

650 Schmidt, Heinrich Richard: **Die Ethik der Laien in der Reformation.** In: 029, 333-370.

651 Seitz, Dieter: **Flugschriftenliteratur der Reformation und des Bauernkrieges.** In: 018, 343-358.

652 Wolgast, Eike: **Die deutschen Territorialfürsten und die frühe Reformation.** In: 029, 407-434.

653 Wollgast, Siegfried: **Die Philosophie zwischen Reformation und Aufklärung.** In: Verdrängter Humanismus – verzögerte Aufklärung. Bd. 1. Teilbd. 2: **Die Philosophie in Österreich zwischen Reformation und Aufklärung (1650-1750):** die Stärke des Barock/ hrsg. von Michael Benedikt ... Klausenburg-Leopoldsdorf: Leben – Kunst – Wissenschaft, Editura Triade, 1997, 15-62.

654 Wriedt, Markus: **Scheurl, Christoph.** In: 014, 178-185.

655 Wunder, Heide: »**iusticia, Teutonice fromkeyt**«: theologische Rechtfertigung und bürgerliche Rechtschaffenheit; ein Beitrag zur Sozialgeschichte eines theologischen Konzepts. In: 029, 307-332.

656 Zschoch, Hellmut: **Rhegius, Urbanus.** In: 013, 122-134.

657 Zürner, Inis: **Herausragende Persönlichkeiten in der Geschichte der Ratsschulbibliothek Zwikkau.** In: 030, 38-66: Ill.

b) Wittenberger Freunde

658 **Das Augsburger Bekenntnis:** in der revidierten Fassung des Jahres 1540; (Confessio Augustana Variata)/ übers. von Wilhelm H. Neuser. Speyer: EPV Pfalz; 1990. 64 S. (Evang. Kirche der Pfalz: Texte und Dokumente; 2)

659 Axmann, Rainer: **Melanchthon und seine Beziehungen zu Coburg:** zum 500. Geburtstag des Reformators; zugleich ein Beitrag zur Kulturgeschichte Coburgs im 16. Jahrhundert. Jahrbuch der Coburger Landesstiftung 42 (1997), 129-224.

660 Bahn, Peter: **Das Melanchthonhaus und seine Vorgängerbauten im Kontext der Brettener Altstadt und Stadtgeschichte.** In: 060, 77-91: Ill.

661 Bartelmus, Rüdiger: **Melanchthon, Reuchlin und die humanistische und jüdische Tradition.** In: 061, 41-56.

662 Bauer, Barbara: **Melanchthon in Marburg.** In: 055, 83-110.

663 Belucci, Dino: **Science de la nature et Réformation:** la physique au service de la Réforme dans l'enseignement de Philippe Mélanchthon. Roma: Vivere In, 1998. 717 S.

664 Berg, M[arinus] A. van den: **Calvijn en Melanchthon:** een beproefde vriendschap (Calvin und Melanchthon: eine erprobte Freundschaft). Theologia reformata 41 (Woerden 1998) Heft 2, 78-102.

665 Beutel, Albrecht: **Praeceptor Germaniae – Doctor ecclesiae:** Melanchthons Selbstverständnis als Gelehrter. In: 08, 124-139. [Vgl. LuB 1998, Nr. 649]

666 Binder, Gerhard: **Der Praeceptor Germaniae und die »Germania« des Tacitus:** über eine Tacitus-Ausgabe Philipp Melanchthons. In: 068, 103-130: Ill., Anhang, 131-140.

667 Diestelmann, Jürgen: **Philippismus – Melanchthon und die Folgen:** eine Betrachtung zum »Melanchthonjahr«. Luth. Beiträge 2 (1997), 138-144.

668 Dingel, Irene: **»An patres et concilia possint errare«:** Georg Majors Umgang mit den Vätern. In: 02, 51-66: summary, 66.

669 Dingel, Irene: **Melanchthon und Westeuropa.** In: 071, 105-122.

670 Dingel, Irene: **Melanchthons Einigungsbemühungen zwischen den Fronten:** der Frankfurter Rezeß. (1997). In: 070, 121-143.

671 Dräger, Ulf: **Zum Bild Philipp Melanchthons in der deutschen Medaillenkunst des 20. Jahrhunderts.** In: 059, 67-74: Ill.

672 Effe, Bernd: **Philipp Melanchthon:** ein humanistisches Plädoyer für den Bildungswert des Griechischen. In: 068, 47-64: Anhang, 65-103.

673 Engelhardt, Klaus: **Filipe Melanchthon e sua importância para as igrejas da Reforma** (Philipp Melanchthon und seine Bedeutung für die Kirchen der Reformation)/ übers. von Luís Marcos Sander. Estudos teológicos 37 (São Leopoldo 1997), 236-242 L".

674 Ertz, Michael: **Das Melanchthon-Jahr 1997 in Bretten:** zum 500. Geburtsjubiläum von Philipp Melanchthon (1497-1560). Badische Heimat 77 (1997), 575-582.

675 Filser, Hubert: **Philipp Melanchthons Beitrag zur Entfaltung einer systematischen Glaubenswissenschaft.** Münchener theol. Zeitschrift 48 (1997), 9-36.

676 Fleischmann-Bisten, Walter: **Bei Melanchthon in die Schule gehen – Impulse des Jubiläums 1997.** In: 023, 55-67.

677 Frank, Günter: **Glaube und Bildung:** zum Werk Philipp Melanchthons. ZDZ 51 (1997), 222-229.

678 Gerner-Wolfhard, Gottfried: **Melanchthon und die Aufgabe eines evangelischen Katechismus.** In: 023, 117-124.

679 Glei, Reinhold P.: **»Multa sit in versu cura laborque meo«:** Melanchthon als Dichter. In: 068, 143-170.

680 Green, Lowell C.: **Melanchthon als Vater der lutherischen Systematischen Theologie.** Luth. Beiträge 2 (1997), 145-161.

681 Gummelt, Volker: **»Pomeranus hat mich oft getröstet«:** Johannes Bugenhagen – Freund und Seelsorger Luthers. In: 051, 89-104: Ill.

682 Hägglund, Bengt: **Philipp Melanchthons Loci och hans förhållande till Martin Luther** (Melanchthons Loci und sein Verhältnis zu Luther). In: 072, 9-24.

683 Haustein, Jörg: **Melanchthon und die katholische Kirche.** In: 061, 26-40.

684 Haustein, Jörg: **Melanchthon und die katholische Kirche.** (1997). In: 070, 79-97. [Vgl. LuB 1998; Nr. 677; nicht identisch mit der hier vorangehenden Nr.]

685 Hennen, Insa Christiane: **Die »Wiedereinrichtung« des Sterbezimmers im Wittenberger Melanchthonhaus 1898/99.** In: 060, 47-58: Ill.

686 Hintzenstern, Herbert von: **Kurfürst Johann von Sachsen:** (1468-1532). In: 040, 98-105.

687 Höß, Irmgard: **Spalatins Wirken in Altenburg.** Mitteilungen der Geschichts- und Altertumsforschenden Gesellschaft des Osterlandes 16 (1998) Heft 3, 167-173: Ill.

688 Hoffmann, Manfred: **Rhetoric and dialectic in**

Erasmus' and Melanchthon's interpretation of John's Gospel. In: 067, 48-78.

689 Holte, Ragnar: **Philipp Melanchthon – aktuell idag** (Philipp Melanchthon – heute aktuell)? STK 74 (1998), 50-59.

690 Hübner, Stefanie: **Katharina Melanchthon: en from och trogen hustru till »Tysklands lärare«** (Katharina Melanchthon: fromme und treue Ehefrau des »Lehrers Deutschlands«). In: 039, 84-92.

691 Johansson, Torbjörn: **»Magister Philippus«:** Melanchthon – pedagog och teolog (»Magister Philippus«: Melanchthon – Pädagoge und Theologe). In: 039, 71-83.

692 Jung, Martin H.: **Die Begegnung Philipp Melanchthons mit Caritas Pirckheimer im Nürnberger Klarissenkloser im November 1525.** Jahrbuch für fränkische Landesforschung 56 (1996), 235-258.

693 Jung, Martin H.: **Frömmigkeit und Theologie bei Philipp Melanchthon:** das Gebet im Leben und in der Lehre des Reformators. TÜ: Mohr, 1998. XVI, 399 S. (Beiträge zur historischen Theologie; 102)

694 Kabierske, Gerhard: **»Bauen wir ächt spätgothisch oder billingisch?«:** die konfliktreiche Baugeschichte des Melanchthonhauses. In: 060, 145-166: Ill.

695 Kammer, Otto: **Melanchthondenkmäler.** In: 060, 31-46: Ill.

696 Kneffel, Heidelore: **Philipp Melanchthons Beziehungen zu Nordhausen, insbesondere zu Michael Meyenburg:** eine Spurensuche. Teil 2. Jahrbuch des Landkreises Nordhausen 5 (1997 [gedruckt 1998]), 56-75: Ill.

697 Knopp, Ludwig: **Ein deutschsprachiger Text Melanchthons zur Musik.** Musik und Kirche 67 (1997), 163 f: Faks.

698 Knopp, Ludwig: **Philipp Melanchthon in der Musik seiner Zeit.** Musik und Kirche 67 (1997), 165-171: Ill.

699 Koch, Ernst: **»Deutschlands Prophet, Seher und Vater«:** Johann Agricola und Martin Luther. In: 051, 56-71: Ill.

700 Kolb, Robert: **Melanchthon's influence on the exegesis of students:** the case of Romans 9. In: 067, 194-215.

701 Kreß, Hartmut: **Das Naturrecht und die Bildungsidee:** Melanchthons Anliegen in seiner Gegenwartsbedeutung. In: 061, 100-114.

702 Launhardt, Karl: **Philipp Melanchthon:** der Freund und Mitarbeiter Luthers. In: Ders.: Große Namen – kurz skizziert: Lebensbilder von der Reformation bis zur Gegenwart. Bd. 2.

Lahr: Johannis, 1992, 7-26. (Telos-Bücher; 70689)

703 Lausten, Martin Schwarz: **Glaube und Politik im Verhältnis zwischen Melanchthon und König Christian III. von Dänemark-Norwegen.** In: 071, 123-137.

704 Lehmann, Hartmut: **Das Melanchthon-Jubiläum 1897.** In: 061, 134-149.

705 Lehmann, Karl: **Vater der Ökumene?:** die Bedeutung Melanchthons aus katholischer Sicht; Vortrag am 19. 10. 1997 im Melanchthon-Haus in Bretten aus Anlaß der 500. Wiederkehr des Geburtstages, zugleich Radio-Sendung im Gemeinsamen Kulturprogramm von SWF und SDR in der Reihe »Der Rede wert«. In: 023, 157-166.

706 Leiner, Hanns: **Melanchthon und Luther:** zwei Charaktere – ein Glaube. In: 069, 26-47.

707 Leiner, Martin: **Die Anfänge der protestantischen Hermeneutik bei Philipp Melanchthon:** ein Kapitel zum Verhältnis von Rhetorik und Hermeneutik. ZThK 94 (1997), 468-487.

708 Lohse, Bernhard: **Melanchthon neben Luther:** vor 500 Jahren, am 16. 2. 1497, wurde Philipp Melanchthon geboren. US 52 (1997), 131-144.

709 Luttenberger, Albrecht P.: **Philipp Melanchthon und die kaiserliche Reunionspolitik auf dem Regensburger Reichstag 1541.** In: 071, 139-166.

710 Mager, Inge: **»das war viel ein andrer Mann«:** Justus Jonas – ein Leben mit und für Luther. In: 051, 10-27: Ill.

711 Mager, Inge: **»Gott erhalte uns Philippum ...«:** Antonius Corvins Mahnbrief an Philipp Melanchthon wegen des Leipziger Interims. In: 028, 89-103.

712 Maier, Hans: **Philipp Melanchthon – Praeceptor Germaniae.** In: 071, 11-22.

713 Maier, Hans: **Praeceptor Germaniae: Philipp Melanchthons Bedeutung für Schulen und Hochschulen.** Kath. Nachrichtenagentur: KNA-ÖKI 48 (1997) (2. Dezember 1997), 5-13.

714 Matthias, Markus: **Philipp Melanchthon – christlicher Humanismus und Reformation:** eine Einführung. In: 059, 7-19: Ill.

715 Melanchthon, Philipp: **Loci communes 1521** (Loci communes rerum theologicarum, 1521 〈schwed.〉)/ übers. von Martin Jakobsson; Einführung: Bengt Hägglund. Göteborg: Församlingsförlaget, 1997. 236 S.

716 Melanchthon, Philipp: **Oratio de dignitate legum: 1543. = Rede über die Würde des Gesetzes:** 1543/ übers. von Felicita Schmieder, 175-193.

717 [Melanchthon, Philipp]: **Philipp Melanchthon:**

Was heißt Glauben?/ bearb. von Johannes Schilling. Lu 68 (1997), 109-111.

718 **Das Melanchthonjahr 1997 in Nordhausen.** Jahrbuch des Landkreises Nordhausen 5 (1997 [gedruckt 1998]), 75-77: Ill.

719 Monselewski, Werner: **Melanchthon und die Diaspora.** Luth. Kirche in der Welt 45 (1998), 147-160.

720 Muller, Richard A.: »**Scimus enim quod lex spiritualis est**«: Melanchthon and Calvin on the interpretation of Romans 7, 14-23. In: 067, 216-237.

721 Pfisterer, Hans: **Melanchthon in der Vermittlungstheologie, besonders bei Carl Ullmann und Richard Rothe.** In: 023, 69-73.

722 Preul, Reiner: **Schleiermachers Verhältnis zu Melanchthon.** In: 061, 115-133.

723 Probst, Veit: **Melanchthons Studienjahre in Heidelberg.** Mannheimer Geschichtsblätter N. F. 4 (1997), 83-105. [Erw. Fassung von LuB 1998, Nr. 737]

724 Rabenau, Konrad von: **Bildnisse von Philipp Melanchthon und Fürst Georg von Anhalt auf den Büchern der Reformationszeit.** Dessauer Kalender: Heimatliches Jahrbuch für Dessau und Umgebung 41 (1997), 2-19: Ill.

725 Raeder, Siegfried: **Melanchthon als Ausleger des Neuen Testaments.** Theol. Beiträge 29 (1998), 75-94.

726 Rau, Johannes: Leidenschaftlicher Lehrer: **Melanchthons Verständnis der Staats- und Bildungspolitik.** EvK 30 (1997), 585-587: Ill.

727 Reiber, Hans-Joachim: **Der Melanchthonverein Bretten 1896-1997.** In: 060, 9-12.

728 Rhein, Stefan: **Auch Frau Melanchthon feiert 500. Geburtstag.** ZDZ 51 (1997), 202.

729 Rhein, Stefan: **Melanchthon and greek literature.** In: 067, 149-170.

730 Rhein, Stefan: **Melanchthon und Europa:** eine Spurensuche. (1997). In: 070, 46-63.

731 Rhein, Stefan: **Weithin geachteter Humanist und Reformator:** Philipp Melanchthon und Europa – eine Spurensuche. Beiträge zur Landeskunde: Regelmäßige Beilage zum Staatsanzeiger für Baden-Württemberg (1996) Heft 4 (August), 9-15.

732 Rhein, Stefan: **Vom Konflikt zum Dialog:** Gedanken zu Melanchthons Politikverständnis. In: Kompromiß im Widerstreit: Überzeugung und Zugeständnis in der Politik; Dokumentation des 5. Wittenberger Gesprächs im April 1997/ hrsg. von der Staatskanzlei des Landes Sachsen-Anhalt. Halle/Saale: Mitteldeutscher Verlag, 1998, 21-33.

733 Ricca, Paolo: **Pietas et eruditio:** Melantone a cinquecento anni dalla nascita (Pietas et eruditio: Melanchthon zum 500. Geburtstag). Pro 53 (1998), 3-13.

734 Rieth, Ricardo Willy: **Filipe Melanchthon (1497-1560), reformador e humanista:** síntese de sua contribuição à educação (Philipp Melanchthon [1497-1560], Reformator und Humanist: Fazit seines pädagogischen Beitrages). Logos: revista de divulgação científica 9 (Canoas 1997), 35-44. L 35 f.

735 Rieth, Ricardo Willy: **O pensamento teológico de Filipe Melanchthon (1497-1560)** (Das theologische Denken Philipp Melanchthons [1497-1560]). Estudos teológicos 37 (São Leopoldo 1997), 223-235. L 224-226

736 Rödszus-Hecker, Marita: **Melanchthon – Faustens glücklicher Bruder:** Melanchthon in der populärbelletristischen und populärwissenschaftlichen Darstellung badischer Pfarrer zur 400-Jahrfeier 1897. In: 023, 125-135.

737 Schäfer, Rolf: **Albrecht Ritschls Melanchthonbild und seine Folgen.** In: 023, 75-85.

738 Schäfer, Rolf: **Melanchthon zwischen den Konfessionen.** MD 48 (1997), 3-8.

739 Schäfer, Rolf: **Melanchthon zwischen den Konfessionen.** (1997). In: 070, 144-161.

740 Scheible, Heinz: **Melanchthon rettet die Universität Wittenberg.** In: 071, 53-75.

741 Scheible, Heinz: **Philipp Melanchthon, der Reformator neben Luther.** (1997). In: 070, 7-45. [Vgl. LuB 1998: Nr. 757 und LuB 1999: Nr. 742]

742 Scheible, Heinz: **Philipp Melanchthon, der Reformator neben Luther.** (1997). In: 023, 17-53. [Vgl. LuB 1998: Nr. 757 und LuB 1999: Nr. 741]

743 Schild, Maurice: **Remembering Melanchthon.** LThJ 31 (1997), 99-104.

744 Schilling, Johannes: **Philipp Melanchthon:** eine Vorstellung. In: 061, 9-25.

745 Schlichting, Wolfhart: **Bekenntnis und Gesprächsbereitschaft:** Melanchthons Not. In: 069, 3-14.

746 Schneider, John R.: **The hermeneutics of commentary:** origins of Melanchthon's integration of dialectic into rhetoric. In: 067, 20-47.

747 Schöne, Jobst: **Melanchthon und sein Einfluß auf die lutherische Kirche.** Luth. Beiträge 2 (1997), 162-174.

748 Schüler, Arnaldo: **Filipe Melanchthon:** nascido para o diálogo (Philipp Melanchthon: zum Gespräch geboren). IL 56 (1997), 7-24.

749 Schwinge, Gerhard: **Melanchthon auf Reformationsgedenkblättern des 19. Jahrhunderts:** Do-

kumentation einer Ausstellung. In: 023, 103-110: Ill.

750 Schwinge, Gerhard: **Melanchthon in Baden – eine Dokumentation:** Kirchen und Gemeinden – Bildnisse: Glasfenster, Skulpturen, Gemälde – außerhalb der Melanchthonstadt Bretten –; (Ermittlungsstand: Nov. 1997). In: 023, 111-116.

751 Schwinge, Gerhard: **Melanchthonbildnisse in badischen Kirchenfenstern der wilhelminischen Zeit im Rahmen der Bildprogramme des Reformationsgedenkens im 19. Jahrhundert.** In: 023, 87-102: Ill.

752 Schwöbel, Christoph: **Melanchthons »Loci communes« von 1521: die erste evangelische Dogmatik.** In: 061, 57-82.

753 Seebaß, Gottfried: **»Es ist auf Erden keiner, der solche Gaben hätte«:** (Luther über Melanchthon); zum 500. Geburtstag Philipp Melanchthons am 16. Februar 1997. In: 023, 11-16.

754 Slenczka, Reinhard: **Melanchthon und die orthodoxe Kirche des Ostens.** (1997). In: 070, 98-120.

755 Smolinsky, Heribert: **Politik in der Kontroverse:** Philipp Melanchthon und seine altgläubigen literarischen Gegner. In: 071, 37-52.

756 Söderlund, Rune: **Lagens tre bruk enligt Melanchthons Loci 1559** (Der dreifache Gebrauch des Gesetzes nach Melanchthons Loci von 1559). In: 072, 25-39.

757 Söderlund, Rune: **Den moderate reformatorn:** till 500-årsminnet av Philipp Melanchthons födelse (Der maßvolle Reformator: zum 500-jährigen Gedächtnis der Geburt Philipp Melanchthons). In: 039, 51-70.

758 Söderlund, Rune: **Rättfärdiggörelseläran i Melanchthons apologi med särskild hänsyn till Ap. 4:72** (Die Rechtfertigungslehre in Melanchthons Apologie mit besonderer Rücksicht auf Ap. 4, 72). In: 072, 41-65.

759 Staats, Reinhart: **Der Universitätsreformator Melanchthon:** Zeitbedingtes und Aktuelles. In: 061, 83-99.

760 Stephan, Bernd: **Kurfürst Friedrich III. von Sachsen: (1463-1525).** In: 040, 26-35.

761 Stolt, Birgit: **Luther och Melanchthon** (Luther und Melanchthon). Kungl. Vitterhets Historie och Antikvitets Akademiens Årsbok (1998), 127-141.

762 Strohm, Christoph: **Philipp Melanchthon – Reformator und Humanist.** In: 068, 9-46.

763 Stupperich, Robert: **Philipp Melanchthon:** Gelehrter und Politiker. GÖ; ZH: Muster-Schmidt, 1996. 119 S.: Ill. (Persönlichkeit und Geschichte; 151) – Bespr.: Becht, Michael: Neues Archiv

für sächsische Geschichte 68 (1997), 397-399.

764 Wartenberg, Günther: **Melanchthon – Kursachsen und das Reich (nach 1547).** In: 071, 225-239.

765 Wartenberg, Günther: **Philipp Melanchthon als politischer Berater seines Kurfürsten:** ein Gutachten vom Herbst 1551. In: 048, 329-338.

766 Weng, Gerhard: **Philipp Melanchthons Ausstrahlung auf Dithmarschen.** Dithmarschen (1998) Heft 1, 2-27: Ill.

767 Wengert, Timothy J.: **The biblical commentaries of Philip Melanchthon.** In: 067, 106-148.

768 Wetzel, Richard: **Melanchthon und Karlstadt im Spiegel von Melanchthons Briefwechsel.** In: 01, 159-222.

769 Wiedenhofer, Siegfried: **Der römische Katholizismus und Melanchthon.** (1997). In: 070, 64-78.

770 Windhorst, Christof: **Philipp Melanchthon – Humanist und Reformator um die Einheit der Kirche.** Wort und Dienst 24 (1997), 263-284.

771 Winter, Christian: **Philipp Melanchthon und die albertinischen Räte:** ein Einfluß auf die kursächsische Politik nach 1547. In: 071, 199-224.

772 Wolgast, Eike: **Melanchthon und die Täufer.** Mennonitische Geschichtsblätter 54 (1997), 31-51.

773 Wolgast, Eike: **Melanchthons Beziehungen zu Süddeutschland.** In: 071, 77-103.

774 Wriedt, Markus: **Entre »Angst« e confiança:** Melanchton como um homem do século XVI (Zwischen Angst und Zuversicht: Melanchthon als Mensch des 16. Jahrhunderts (port.)/ übers. von Paulo Wille Buss ... Vox concordiana 12 (São Paulo 1997), 5-32. L".

775 Zentner, Matthias: **Philipp Melanchthon und Halle.** In: 059, 39-48: Ill.

c) Altgläubige

776 Behr, Hans-Joachim: **Franz von Waldeck:** Fürstbischof zu Münster und Osnabrück, Administrator zu Minden (1491-1553); sein Leben in seiner Zeit. Teil 1: **Darstellung.** MS: Aschendorff, 1996. 526 S.: Ill. (Veröffentlichungen der Historischen Kommission für Westfalen; Reihe 18: Westfälische Biographien; 9) [Siehe LuB 1999, Nr.780]

777 Egert, Hanka: **Erzbischof Albrecht von Mainz:** (1490-1445). In: 040, 64-73.

778 Enke, Wolfgang: **Kaiser Karl V. und die Reformation in Deutschland.** Mitteilungen der Geschichts- und Altertumsforschenden Gesellschaft des Osterlandes 16 (1998) Heft 3, 159-165: Ill.

779 Felmberg, Bernhard Alfred R.: **Die Ablaßtheologie Kardinal Cajetans (1469-1534).** Leiden; NY; Köln: Brill, 1998. XVI, 444 S. (Studies in medieval and Reformation thought; 66)

780 **Franz von Waldeck:** Fürstbischof zu Münster und Osnabrück, Administrator zu Minden (1491-1553); sein Leben in seiner Zeit. Teil 2: **Urkunden und Akten/** bearb. von Hans-Joachim Behr. MS: Aschendorff, 1998. 592 S.: Ill., Kt. L 333+". (Veröffentlichungen der Historischen Kommission für Westfalen; Reihe 18: Westfälische Biographien; 9) [Siehe LuB 1999, Nr. 776]

781 Grane, Leif: **The fathers and the primacy according to John Eck.** In: 02, 67-76: Zusammenfassung, 75 f.

782 [Henry 〈England, King, VIII.〉] Heinrich VIII.: **Assertio septem sacramentorum adversus Martinum Lutherum/** hrsg. und eingel. von Pièrre Fraenkel. MS: Aschendorff, 1992. 250 S. (Corpus Catholicorum; 43)

783 Köster, Uwe: **Studien zu den katholischen deutschen Bibelübersetzungen im 16., 17. und 18. Jahrhundert.** MS: Aschendorff, 1995. XXXIII, 483 S. (Reformationsgeschichtliche Studien und Texte; 134) – Zugl.: GÖ, Univ., Fachbereich Historisch-Philologische Wissenschaften, Diss., 1992/93.

784 Lexutt, Athina: **Ruprecht von Mosheim:** der Domdechant von der traurigen Gestalt: ein Betrag zur Ökumene im Jahr der »Kölner Reformation«. Jahrbuch des Kölnischen Geschichtsvereins 64 (1993), 105-118.

785 Oehmig, Stefan: **Herzog Georg von Sachsen:** (1471-1539). In: 040, 36-46.

786 Peter, Benedikt: **Der Streit um das kirchliche Amt:** die theologischen Positionen der Gegner Martin Luthers. MZ: von Zabern, 1997. IX, 251 S. (VIEG; 170: Abt. Abendländische Religionsgeschichte) – Zugl.: TÜ, Univ., Diss., 1993/94, unter dem Titel: Das kirchliche Amt bei den altgläubigen Kontroverstheologen des frühen 16. Jahrhunderts.

787 Press, Volker: **Die Bundespläne Kaiser Karl V. und die Reichsverfassung.** (1982). In: 076, 67-127.

788 Schilling, Heinz: **Veni, vidi, Deus vixit:** Karl V. zwischen Religionskrieg und Religionsfrieden. ARG 89 (1998), 144-166: abstract, 166.

789 Wurm, Johann Peter: **Johannes Eck und der oberdeutsche Zinsstreit 1513-1515.** MS: Aschendorff, 1997. IV, 310 S. (Reformationsgeschichtliche Studien und Texte; 137) – Zugl.: MS, Univ., Phil. Fak., Diss., 1993.

790 Zillenbiller, Anette: **»Legi saepius et relegi Cyprianum«:** Johannes Ecks Cyprianrezeption in seinem Werk »De primatu Petri«. In: 02, 295-306: summary, 305 f.

d) Humanisten

791 Baker-Smith, Dominic: **The crisis of religious humanism in the face of the Reformation.** In: 024, 97-109.

792 Baumann, Eduard: **Thomas Mores Konsensbegriff als Kriterium der Offenbarung Gottes in der »Responsio ad Lutherum« von 1523.** In: 024, 253-264: Faks.

793 Bedouelle, Guy: **Érasme, 1469-1536.** In: 019, 395 f.

794 Bedouelle, Guy: **Humanisme chrétien.** In: 019, 544 f.

795 Caspari, Fritz: **Humanism as Utopia's central principle.** In: 024, 175-181.

796 [Erasmus Roterodamus, Desiderius]: **Collected works of Erasmus.** Bd. 70: **Spiritualia and Pastoralia/** hrsg. von John W. O'Malley. Toronto; Buffalo; LO: University of Toronto, 1998. XXXI, 465 S.: Frontisp. L".

797 [Erasmus Roterodamus, Desiderius]: **Collected works of Erasmus.** Bd. 83: **Controversies:** Apologia ad Fabrum. Appendix de Scriptis Clithovei. Dilutio. Responsio ad Disputationem de divortio/ hrsg. von Guy Bedouelle. Toronto; Buffalo; LO: University of Toronto, 1998. LVII, 197 S. L".

798 [Erasmus Roterodamus, Desiderius] Erasmus von Rotterdam: **Vom freien Willen/** mit einem Vorwort von Gunther Wenz; übers. von Otto Schumacher. 7. Aufl. GÖ: V&R, 1998. 112 S. (Kleine Reihe V&R; 4007)

799 Keen, Ralph: **Humanism and the Reformation in controversy.** In: 024, 11-28.

800 Köhler, Johannes: **Rhenanus, Beatus.** In: 013, 137-142.

801 Lohse, Bernhard: **Erasmus und die Verhandlungen auf dem Reichstag zu Augsburg 1530.** In: 035, 71-83.

802 Marc'hadour, Germain: **Thomas More (1477-1535) and Ulrich von Hutten (1488-1523).** In: 024, 87-95: Ill.

803 Marius, Richard: **Thomas More, Martin Luther, Hamlet and the fear of death in the Renaissance.** In: 024, 29-48.

804 Ribhegge, Wilhelm: **Kontakte und Kontroversen:** Martin Luther, Erasmus von Rotterdam und Thomas More. In: 024, 111-129.

805 Schieser, Hans A.: **Thomas Morus zwischen damals und heute:** Standpunkte und Ideen des

Humanismus und der Reformation in aktueller Sicht. In: 024, 377-409.

806 Schmidt, Paul Gerhard: **Mediziner oder Poet?:** soziale Lage und Lebenspläne hessischer Humanisten. In: Sozialgeschichtliche Fragestellungen in der Renaissanceforschung/ hrsg. von August Buck; Tibor Klaniczay. Wiesbaden: Harrassowitz, 1992, 107-117. (Wolfenbütteler Abhandlungen zur Renaissance-Forschung; 13)

807 Schoeck, Richard J.: **Thomas More and the printing press.** In: 024, 211-228.

808 Wolkenhauer, Anja: **Humanistische Bildung und neues Selbstverständnis in Druckerzeichen des 16. Jahrhunderts.** Gutenberg-Jahrbuch 73 (1998), 165-179.

e) Thomas Müntzer und Bauernkrieg

809 Babenko, Natalja S.: **Thomas Müntzer und die rhetorische Tradition seiner Zeit.** In: 082, 157-169.

810 Döring, Brigitte: **Wortgebrauch und Wortbedeutung bei Thomas Müntzer.** In: 082, 31-43.

811 Matheson, Peter: **The cornflower in the wheatfield:** freedom and liberation in Thomas Müntzer. ARG 89 (1998), 41-54: Zusammenfassung, 54.

812 Metzler, Regine: **Zu einigen rhetorischen Charakteristika von Briefen Thomas Müntzers.** In: 082, 170-181.

813 Rommel, Ludwig: **Eine falsche Müntzerquelle.** Mühlhäuser Beiträge 18 (1995), 51-58.

814 Schneider, Eberhard: **Luthers Haltung im Bauernkrieg:** (Geschichte, Sek. I). Geschichte lernen: Geschichtsunterricht heute 10 (1997) Nr. 55, 43-46.

815 Seewald, Wolfgang; Aschenbrenner, Christian: **Buchenland in Bauernhand:** der Bauernkrieg im Hochstift Fulda. Fulda: Ulenspiegel, 1995. 261 S.: Ill. – Bespr.: Jonscher, Reinhard: Mühlhäuser Beiträge 20/21 (1997/98), 148 f.

816 Seib, Gerhard: **Dauerausstellung zum Wirken von Thomas Müntzer in St. Marien zu Mühlhausen.** Mühlhäuser Beiträge 20/21 (1997/98), 139 f: Ill.

817 Tode, Sven: **Die Zerstörung des Klosters Volkenroda im Bauernkrieg 1525.** Mühlhäuser Beiträge 19 (1996), 79-84.

818 Wolf, Norbert Richard: **Nu aber Thomas Mûntzer feylet / ist am tage / das er under Gottes namen / durch den Teuffel geredt und gefaren hat /:** zur Vertextungsstrategie reformatorischer Polemiken; (Müntzer vs. Luther). In: 082, 145-156.

f) »Schwärmer« und Täufer

819 Anselm, Helmut: **Erzählte Reformationsgeschichte:** Augustin Bader; Täufer – Prophet – König – Bauernopfer. In: 046, 1-23.

820 Blough, Neal: **Anabaptistes.** In: 019, 39 f.

821 Bubenheimer, Ulrich: **Schwenckfeld von Ossig, Kaspar.** In: 014, 1215-1235.

822 Diekmannshenke, Hajo: **Der Schlagwortgebrauch in Karlstadts frühen Schriften.** In: 01, 283-302: Tab.

823 Dopsch, Heinz: **Paracelsus, die Reformation und der Bauernkrieg.** In: 064, 201-215.

824 Ernst, Karsten: **Ungewöhnliche Geister und die Reformatoren.** Informationsbrief der Bekenntnisbewegung »Kein anderes Evangelium« (1998) Nr. 190 (September), 16-19: Ill.

825 Haas, Alois Maria: **Paracelsus der Theologe: die Salzburger Anfänge 1524/25.** In: 064, 369-382.

826 Hasse, Hans-Peter: **Tauler und Augustin als Quelle Karlstadts:** am Beispiel von Karlstadts Marginalien zu Taulers Predigt zum Johannistag über Lk 1, 5-23. In: 01, 247-282: Faks.

827 Hong, Ji Hoon: **Luthers Auseinandersetzung mit dem täuferischen Taufverständnis.** [Bonn], 1995. VI, 180 S. – Bonn, Univ., Theol. Fak., Diss., 1995.

828 Joestel, Volkmar: **Neue Erkenntnisse zu Jenaer Karlstadtschriften 1524.** In: 01, 121-142.

829 Laubach, Ernst: **Reformation und Täuferherrschaft.** In: Geschichte der Stadt Münster/ unter Mitw. von Thomas Küster hrsg. von Franz-Josef Jakobi. 1. und 2. Aufl. Bd. 1. MS: Aschendorff, 1993, 145-216: Ill. L".

830 Laubach, Ernst: **Reformation und Täuferherrschaft.** In: Geschichte der Stadt Münster/ unter Mitw. von Thomas Küster hrsg. von Franz-Josef Jakobi. 3. Aufl. Bd. 1. MS: Aschendorff, 1994, 145-216: Ill. L".

831 Lichdi, Götz **Die Täuferbewegung und die Reformation:** Anmerkungen zu einer Verhältnisbestimmung. Freikirchen Forschung 6 (1996 [gedruckt 1997]), 52-57.

832 Oehmig, Stefan: **Karlstadts Auffassung vom Fegefeuer:** Entstehung und Wirkung. In: 01, 73-120: Ill.

833 Ponader, Ralf: **»Caro nichil prodest. Joan. vi. Das fleisch ist nicht nutz/ sonder der geist«:** Karlstadts Abendmahlsverständnis in der Auseinandersetzung mit Martin Luther 1521-1524. In: 01, 223-245.

834 Zeuch, Manfred: **»O espírito embrulhado na carne«:** o choque entre Lutero e os entusiastas e espiritualistas da Reforma (»Der im Fleisch

eingewickelte Geist«: der Zusammenstoß zwischen Luther und den Enthusiasten und Spiritualisten der Reformation). Vox concordiana 11 (São Paulo 1996), 8-19.

835 Zorzin, Alejandro: **Zur Wirkungsgeschichte einer Schrift aus Karlstadts Orlamünder Tätigkeit:** der 1527 in Worms gedruckte »Dialog vom fremden Glauben, Glauben der Kirche, Taufe der Kinder«; Fortsetzung einer Diskussion. In: 01, 143-158.

g) Schweizer und Oberdeutsche

836 Almeida, Joãozinho Thomaz de: **Calvino e sua herança** (Calvin und sein Erbe). Vitória: Selbstverlag, 1996. 140 S. L".

837 Bohn, Jochen: **Der Mensch im calvinischen Staat:** göttliche Weltordnung und politischer Beruf. Bonn: Schirrmacher, 1995. 144 S. L 26 f. (Biblia et symbiotica; 11) – Zugl.: M, Univ. der Bundeswehr, Diplomarb., 1995.

838 [Calvin, Johannes]: **Calvin-Studienausgabe/** hrsg. von Eberhard Busch ... Bd. 1 II: **Reformatorische Anfänge (1533-1541).** NK: NV, 1994. S. 263-526.

839 [Calvin, Johannes]: **Calvin-Studienausgabe/** hrsg. von Eberhard Busch. Bd. 2: **Gestalt und Ordnung der Kirche.** NK: NV, 1997. VII, 310 S. L".

840 Dellsperger, Rudolf: **Der Reformator Wolfgang Musculus.** In: 087, 176.

841 Dellsperger, Rudolf: **Wolfgang Musculus (1497-1563):** Leben und Werk. In: 087, 62-69: Ill.

842 Freudenberger, Rudolf: **Der oberdeutsche Weg der Reformation.** In: 087, 44-61: Ill.

843 Friedrich, Martin: **Heinrich Bullinger und die Wittenberger Konkordie:** ein Ökumeniker im Streit um das Abendmahl. Zw 24 (1997), 59-79.

844 Glockner, Winfrid: **Der Augsburger Buchdruck.** In: 087, 120 f.

845 Hahn, Andreas: **Die St.-Anna-Kirche in Augsburg.** In: 087, 70-82: Ill.

846 Hammann, Gottfried: **Bucer, Martin, 1491-1551.** In: 019, 186-187.

847 Hammann, Gottfried: **Zwingli, Huldrych, 1484-1531.** In: 019, 1243-1244.

848 Henrich, Rainer: **Ein Berner »Kunzechismus« von 1541:** Bucers verloren geglaubte Bearbeitung des Meganderschen Katechismus. Zw 24 (1997), 81-94: Faks.

849 Heron, Alexandre: **Calvin Jean (1509-1564).** In: 019, 191-193.

850 Kiessling, Rolf: **Augsburg in der Reformationszeit.** In: 087, 17-43: Ill.

851 Klose, Wolfgang: **Ein Stammbucheintrag Heinrich Bullinger des Jüngeren in Wittenberg.** Librarium 40 (ZH 1997), 204-209: Ill.

852 Lane, Anthony N. S.: **The influence upon Calvin of his debate with Pighius.** In: 02, 125-139: Zusammenfassung, 139.

853 Latzel, Olaf: **Das Marburger Religionsgespräch:** die Stadt wird Zeuge der Weltgeschichte. In: 055, 69-82: Ill.

854 Neuser, Wilhelm: **Martin Bucer und die Union.** In: 084, 113-123.

855 Oberman, Heiko A.: **Initia Calvini:** the matrix of Calvin's Reformation. Amsterdam: Koninklijke Nederlandse Akademie van Wetenschappen, 1991. 111-147. (Mededelingen van de Afdeling Letterkunde/Koninklijke Nederlandse Akademie van Wetenschappen: N. R.; 54, Nr. 4) [Vgl. LuB 1996, Nr. 615]

856 **Ökumenische Kirchengeschichte der Schweiz/** im Auftrag eines Arbeitskreises hrsg. von Lukas Vischer; Lukas Schenker; Rudolf Dellsperger. 2., korrigierte Aufl. Freiburg, Schweiz: Paulus; BL: Reinhardt, 1998. 374 S.: Ill. L 103-106+".

857 Plathow, Michael: **Missionarische und ganzheitliche Seelsorge:** zu M. Bucers Verbindung von Kirche und Öffentlichkeit. In: 074, 164-177.

858 Schindler, Alfred: **Zwinglis Gegner und die Kirchenväter:** ein Überblick. In: 02, 187-200: summary, 200.

859 Schützeichel, Heribert: **Calvins Urteil über die Messe und das Meßopferdekret des Trienter Konzils.** Cath 51 (1997), 264-299.

860 Schwarz, Reinhard; Kießling, Rolf: **Die unvollendete Reformation (1530-1555).** In: 087, 146-148.

861 Steinmetz, David [C.]: **Luther und Calvin am Jabbokufer.** EvTh 57 (1997), 522-537.

862 Volkland, Frauke: **Zur neuhochdeutschen Edition ausgewählter Zwingli-Werke.** Zw 24 (1997), 117-122.

863 Wenneker, Erich: **Pellikan, Konrad.** In: 012, 180-183.

864 Zschoch, Hellmut: **Augsburgs Weg in die Reformation (1518-1530).** In: 087, 96 f.

h) Juden

865 Agethen, Manfred: **Bekehrungsversuche an Juden und Judentaufen in der frühen Neuzeit.** Aschkenas 1 (1991), 65-94. L".

866 Aschoff, Diethard: **Gefährdungen einer Minderheit:** Juden in Westfalen zur Zeit Philipp Nicolais (1556-1608). In: 066, 141-170.

867 Byron, Brian: **Hebrews and its role in the Re-**

formation debate over the sacrifice of the mass. In: 024, 131-140.

868 Ericksen, Robert P.: **Auch eine Lutherrezeption:** lutherische Theologen und die Shoah. In: 047, 89-100.

869 Falk, Gerhard: **The Jew in Christian theology:** Martin Luther's anti-Jewish Vom Schem Hamphoras, previously unpublished in English, and other milestones in church doctrine concerning Judaism. Jefferson, NC: McFarland, 1992. VIII, 296 S.

870 Gerlach, Wolfgang: »**... daß man ihre Synagogen verbrenne**«: Luthers Antijudaismus und seine Erben. In: Vom protestantischen Antijudaismus und seinen Lügen: Versuche einer Standort- und Gehwegbestimmung des christlich-jüdischen Gesprächs/ hrsg. von Christian Staffa. 3., verb. Aufl. Wittenberg: Evang. Akademie Sachsen-Anhalt, 1997, 35-56. (Tagungstexte / Evang. Akademie Sachsen-Anhalt; 1)

871 Hägler, Brigitte: **Judenhaß und Ritualmordlegende:** zur Rationalisierung des Judenhasses im 16. Jahrhundert. Aschkenas 4 (1994), 425-448.

872 Hirschberg, Peter: **Martin Luthers Haltung zu Shabbat und Sonntag im Horizont des jüdischen Shabbatverständnisses.** Lu 69 (1998), 81-100.

873 Homann, Ursula: **Genug gelobt.** Tribüne: Zeitschrift zum Verständnis des Judentums 35 (1996) Nr. 140, 150-156.

874 Junghans, Helmar: **Martin Luther und die Juden.** ZdZ 50 (1996), 162-169.

875 Kaennel, Lucie: **Luther était-il antisémite?** Genève: Labor et Fides, 1997. 112 S. (Entrée libre; 38)

876 Marquardt, Friedrich-Wilhelm: **Versuch, mit Luther drei kleine Schritte voranzukommen.** In: 041, 28-48.

877 Ries, Rotraud: **Juden:** zwischen Schutz und Verteufelung. In: Randgruppen der spätmittelalterlichen Gesellschaft: ein Hand- und Studienbuch/ hrsg. von Bernd-Ulrich Hergemöller. 2., neubearb. Aufl. Warendorf: Fahlbusch, 1994, 284-327. L 289.

878 Schwarz, Reinhard: **Luther und die Juden im Lichte der Messiasfrage.** Lu 69 (1998), 67-81.

i) Künstler, Kunst, Bilderfrage

879 Barnard, Marcel: **Lucas Cranachs houtsneden bij de Apocalyps in Luthers Septembertestament (1522)** (Lucas Cranachs Holzschnitte zur Apokalypse in Luthers Septembertestament [1522]). In: 09, 20-32: Ill.

880 Dittmann, Lorenz: **Die Kunst der Reformationszeit.** In: 058, 141-172: Ill.

881 Emmendörffer, Christoph: **Hans Kemmer:** ein Lübecker Maler der Reformationszeit. L: Seemann, 1997. 230 S.: 84 Ill., 28 Taf. – Zugl.: HD, Univ., Diss., 1996 – Bespr.: Moeller, Bernd: LuJ 65 (1998), 187.

882 Greenblatt, Stephen: **Bauernmorden:** Status, Genre und Rebellion. (1983). In: 032, 55-87. L".

883 Greenblatt, Stephen: **Bauernmorden:** Status, Genre und Rebellion. (1983). In: 033, 55-87. L".

884 Groll, Karin: **Das »Passional Christi und Antichristi« von Lucas Cranach d. Ä.** F; Bern; NY; P: Lang, 1990. IX, 394 S.: Ill. (EHSch: Reihe 28: Kunstgeschichte; 118) – Zugl.: FR, Univ., Diss., 1989.

885 Kunz, Armin: **Papstspott und Gotteswort:** Cranachs Buchgraphik im ersten Jahrzehnt der Reformation. In: 021, 157-255: Ill.

886 Neuhaus, Dietrich: **Wort und Bild.** In: 043, 86-102.

887 Posset, Franz: **Martin Luther on »deesis«:** his rejection of the artistic representation of Jesus, John and Mary. Renaissance and Reformation 20 (Guelph, Ont. 1996) Nr. 3, 57-76.

888 Rabenau, Konrad von: **Der Reformationseinband auf Bildern von Lucas Cranach dem Jüngeren aus dem Jahre 1568.** Gutenberg-Jahrbuch 71 (1996), 267-270: Ill.

889 Schade, Werner: **Linie, Geste und Bildraum bei Cranachs Bilddrucken.** In: 021, 29-40.

890 Thümmel, Hans Georg: »**du rühmst immer deinen Mönch zu Wittenberg**«: Lucas Cranach – Maler der Reformation. In: 051, 28-55: Ill.

891 Vice, Roy L.: **Iconoclasm in Rothenburg ob der Tauber in 1525.** ARG 89 (1998), 55-78: Zusammenfassung, 78.

892 Weber, Wilhelm: **Das Bild Christi – im Herzen entworfen:** Hinweise auf Martin Luthers Verhältnis zur bildenden Kunst. In: Florilegium artis: Beiträge zur Kunstwissenschaft und Denkmalpflege = Festschrift für Wolfgang Götz anläßlich seines 60. Geburtstages am 12. Februar 1983/ hrsg. von Michael Berens; Claudia Maas; Franz Ronig. Saarbrücken: Die Mitte, 1984, 165-172.

893 Zeller, Reimar: **Prediger des Evangeliums:** Erben der Reformation im Spiegel der Kunst. Regensburg: Schnell & Steiner, 1998. 167 S.: 281 Ill. (Adiaphora)

894 Zwanepol, Klaas: **Verbeeld heil:** Luthers kijk op beelden in theologiehistorische context (Eingebildetes Heil: Luthers Stellung zu Bildern und der theologiegeschichtliche Kontext). In: Van

masker tot aangezicht: opstellen over bijbelse, theologische en kerkelijke confrontaties/ hrsg. von Karel Deurloo; Alle Hoekema. Baarn: ten Have, 1997, 31-52.

j) Territorien und Orte innerhalb des Deutschen Reiches

895 Bernstein, Eckhard: **Hans Sachs:** mit Selbstzeugnissen und Bilddokumenten. Reinbek bei HH: Rowohlt, 1993. 157 S. (rororo; 1090: Monographie) – Bespr.: Walker, Richard Ernest: SCJ 25 (1994), 700 f.

896 Boockmann, Hartmut: **Obrigkeitliche Bindungen von Pfründen und Kirchenvermögen im spätmittelalterlichen und reformatorischen Nürnberg.** In: 029, 371-380.

897 Boog, Volker Otto: **Vom Kloster zum Hospital:** der Niedergang des Klosters Haina und seine Umwandlung in ein Armenhospital; landesherrliche Reformversuche im 15. und beginnenden 16. Jahrhundert. In: 088, 75-80: Ill.

898 Bräuer, Siegfried: **Der hinkende Prediger von Schneeberg:** Georg Amandus und seine Flugschrift vom christlichen Ritter aus dem Jahr 1524. Neues Archiv für sächsische Geschichte 68 (1997 [gedruckt 1998]), 67-99.

899 Bräuer, Siegfried: **Luthers »Zwei-Reiche-Lehre« im Ernstfall:** der Konflikt Graf Albrechts von Mansfeld mit seinen Vettern wegen reformatorischer Neuerungen 1524/25. In: 048, 285-304.

900 Brecht, Martin: **»Dein Geist ist's, den ich rühme«:** Johannes Brenz – Luthers Mann in Süddeutschland. In: 051, 72-88: Ill.

901 Diestelmann, Jürgen: **Verkündigung des Evangeliums und Volksfrömmigkeit in der Braunschweiger Kirchenordnung von 1528.** (1978). In: 020, 43-58.

902 **1000 Jahre Mecklenburg:** Geschichte und Kunst einer europäischen Region; Katalog zur Landesausstellung Mecklenburg-Vorpommern 1995; Katalog der Landesausstellung, Schloß Güstrow, 23. Juni – 15. Oktober 1995/ hrsg. von Johannes Erichsen. Rostock: Hinstorff, 1995. 586 S.: Ill., Kt. L 256-259+".

903 Fauth, Dieter: **Spangenberg, Johannes.** In: 015, 874-880.

904 Fleck, Michael: **Luther in Hersfeld.** Zeitschrift des Vereins für hessische Geschichte und Landeskunde 102 (1997), 7-15.

905 Friedrich, Arnd: **Verbum Domini manet in aeternum:** der Philippstein in der Klosterkirche zu Haina. In: 088, 89-97: Ill.

906 Groß, Reiner: **Zwickau in der ersten Hälfte des 16. Jahrhunderts.** In: 030, 160-175: Ill.

907 Huber, Wolfgang: **Der Nürnberger Ratsschreiber Lazarus Spengler als Apologet der Reformation.** ZBKG 66 (1997), 1-11.

908 Hummel, Günter: **Martin Luther und Reinsdorf:** eine Kunstbetrachtung zu einer spätgotischen Schnitzfigur aus der Kirche von Reinsdorf. Jahrbuch des Museums Reichenfels-Hohenleuben 41 (1996), 22-27.

909 Jahns, Sigrid: **Frankfurt am Main im Zeitalter der Reformation (um 1500-1555).** In: Frankfurt am Main: die Geschichte der Stadt in neun Beiträgen/ hrsg. von der Frankfurter Historischen Kommission. Sigmaringen: Thorbecke, 1991, 151-204: Ill.

910 Jahns, Sigrid: **Frankfurt am Main im Zeitalter der Reformation (um 1500-1555).** In: Frankfurt am Main: die Geschichte der Stadt in neun Beiträgen/ hrsg. von der Frankfurter Historischen Kommission. 2. Aufl. Sigmaringen: Thorbecke, 1994, 151-204: Ill.

911 Jancke, Gabriele: **Ursula von Münsterberg und der Versuch einer Reformation des Freiberger Magdalenerinnenklosters.** In: 080, 23-40.

912 Krapf, Friedrich: **Landgraf Philipp der Großmütige von Hessen und die Religionskämpfe im Bistum Münster 1532-1536.** Marburg: Elwert, 1997. XVIII, 210 S. (Quellen und Darstellungen zur Geschichte des Landgrafen Philipp des Großmütigen; 6) (Veröffentlichungen der Historischen Kommission für Hessen; 24)

913 Mager, Inge: **Elisabeth von Brandenburg – Sidonie von Sachsen:** zwei Frauenschicksale im Kontext der Reformation von Calenberg Göttingen. In: 085, 23-32: Ill.

914 Mager, Inge: **Gewissen gegen Gewissen:** Überlegungen zur Darstellung der Reformation in den Lüneburger Frauenklöstern mit ökumenischer Sensibilität. In: 062, 155-163.

915 Meisel, Eva: **Die Reformation und Torgau.** In: 031, 6-20: Ill.

916 Moritz, Manfred: **Altenburger Schulgeschichte im 16. Jahrhundert.** Mitteilungen der Geschichts- und Altertumsforschenden Gesellschaft des Osterlandes 16 (1998) Heft 3, 174-182: Ill.

917 Petzoldt, Martin: **Um Christi Willen leben:** mein liebster Luthertext. ZDZ 50 (1996), 191.

918 Rößner, Maria Barbara: **Zur Entstehungsgeschichte der »Gegenberichtung« in der Auseinandersetzung um den Kölner Reformationsversuch Hermanns von Wied.** Jahrbuch des Kölnischen Geschichtsvereins 64 (1993), 75-103.

919 Rüth, Bernhard: **Von der Reformation zum Simultaneum:** Biberachs Weg in die Bikonfessionalität. Heimatkundliche Blätter für den Kreis Biberach 21 (1998) Heft 1, 14-31: Ill.

920 Rüttgardt, Antje: **Zwischen Reform und Reformation:** das Jungfrauenkloster Neu-Helfta bis 1525. In: 07, 199-215: Ill.

921 Schilke, Iris: **Leipziger Bürgerinnen und die Reformation.** In: 080, 47-49.

922 Schilke, Iris: **Zwei Frauen streiten für die Reformation:** Katharina von Mecklenburg und Elisabeth von Rochlitz. In: 080, 43-45.

923 Schilling, Johannes: **Klöster und Mönche in der hessischen Reformation.** GÜ: GVH, 1997. 262 S. L 140-145+". (Quellen und Forschungen zur Reformationsgeschichte; 67) – Zugl.: GÖ, Univ., Theol. Fak., Habil., 1990/91.

924 Schlaich, Klaus: **Die Neuordnung der Kirche in Württemberg durch die Reformation.** (1984). In: 079, 24-48. L".

925 Schütte, Hans-Walter: **Mönchsfrömmigkeit und Laienprotest:** die Reformation in Celle. In: 044, 55-66: Ill.

926 Seven, Friedrich: **Die Bremer Kirchenordnung von 1534:** ihre reformatorische Bedeutung und kirchenrechtliche Tragweite. Hospitium ecclesiae 21 (1998), 25-72.

927 Seyboth, Reinhard: **Markgraf Georg der Fromme von Brandenburg-Ansbach und Martin Luther.** Jahrbuch für fränkische Geschichtsforschung 57 (1997), 125-144.

928 Spohn, Thomas: **Unna um 1600.** In: 066, 101-114: Ill.

929 Stein, Dietrich: **Der Dithmarscher Reformationstag.** Dithmarschen (1998) Heft 1, 28.

930 Vogler, Günter: **Erwartung – Enttäuschung – Befriedigung:** reformatorischer Umbruch in der Reichsstadt Nürnberg. In: 029, 381-406.

931 Wartenberg, Günther: **Die Grafen von Mansfeld und die Klöster im Mansfelder Land.** In: 07, 59-71: Ill.

932 Weiß, Ulman: **Landgraf Philipp I. von Hessen:** (1504-1567). In: 040, 74-84.

933 Weitlauff, Manfred: **Die Anfänge der Ludwig-Maximilians-Universität München und deren Schicksal im Reformationsjahrhundert.** Münchener theol. Zeitschrift 48 (1997), 333-369.

934 Wichelhaus, Manfred: **Die erzbischöfliche Denkschrift und der Gegenbericht des Domkapitels zur Kölnischen Reformation 1543.** Jahrbuch des Kölnischen Geschichtsvereins 64 (1993), 61-74.

935 Wilczek, Gerhard: **Geistige Epochen im Spiegel der Geschichte von Gera:** Christianisierung – Reformation – Aufklärung. Eichstätt/Bayern: Brönner & Daentler, 1997. 20 S.

k) Länder und Orte außerhalb des Deutschen Reiches

936 Béné, Charles: **Marko Marulić et l'Angleterre des Tudors.** In: 024, 141-157: Tab.

937 Bottigheimer, Karl S.; Lotz-Heumann, Ute: **The Irish Reformation in European perspective.** ARG 89 (1998), 268-309: Zusammenfassung, 308 f.

938 Carbonnier-Burkard, Marianne; Cabanel, Patrick: **Une histoire des protestants en France XVIᵉ-XXᵉ siècle.** P: Desclée de Brouwer, 1998. 217 S. L 13-17.

939 Conrads, Norbert: **Schlesiens frühe Neuzeit (1469-1740).** In: Deutsche Geschichte im Osten Europas: Schlesien/ hrsg. von Norbert Conrads. B: Siedler, 1994, 177-344.

940 Ganzer, Klaus: **Einflüsse der Reformation auf Reformbewegungen innerhalb des italienischen Mönchtums.** In: 029, 92-102.

941 Gause, Fritz: **Die Geschichte der Stadt Königsberg in Preußen.** Bd. 1: **Von der Gründung der Stadt bis zum letzten Kurfürsten.** 3., erg. Aufl. Köln; W: Böhlau, 1996. Ill. L".

942 Hajduk, Andrej: **Martin Luther a turčianski Révajovci** (Luther und die Familie Revai in Turiec). In: Až potiaľ pomáhal nám Hospodin 1545-1945 (Bis hierher hat uns Gott geholfen 1545-1945)/ hrsg. von Evanj. a. v. cirkevný zbor v Martine. Martin, 1996, 33-39.

943 **Herzog Albrecht von Preußen und das Bistum Ermland (1525-1550):** Regesten aus dem Herzoglichen Briefarchiv und den Ostpreußischen Folianten/ bearb. von Stefan Hartmann. Köln; W: Böhlau, 1991. 613 S. L 232 f. (Veröffentlichungen aus den Archiven Preußischer Kulturbesitz; 31)

944 **Herzog Albrecht von Preußen und Livland (1525-1534):** Regesten aus dem Herzoglichen Briefarchiv und den Ostpreußischen Folianten/ bearb. von Ulrich Müller. Köln; Weimar; W: Böhlau, 1996. 609 S. (Veröffentlichungen aus den Archiven Preußischer Kulturbesitz; 41)

945 Hutter-Wolandt, Ulrich: **Das Evangelium im Herzogtum Preußen:** zum 450. Todestag Martin Luthers am 18. Februar. Kulturpolitische Korrespondenz (1996) Nr. 961, 7-9.

946 Kloeden, Wolfdietrich von: **Petri, Laurentius.** In: 012, 287-293.

947 Kloeden, Wolfdietrich von: **Petri, Olaus.** In: 012, 296-303.

948 Lausten, Martin Schwarz: **Christian 2. mellem paven og Luther:** tro og politik omkring »den røde konge« i eksilet og i fangenskabet (1523-1559) (Christian II. zwischen Papst und Luther: Glaube und Politik um »den wilden König« in Exil und Gefangenschaft [1523-1559]). [København]: Akademisk, 1995. 504 S. (Kirkehistoriske studier: Reihe 3; 3) – Bespr.: Grell, Ole Peter: JEH 49 (1998), 359-361.

949 **Lesestoffe in Westungarn**/ hrsg. von Tibor Grüll ... Bd 1: **Sopron (Ödenburg) 1535-1721.** Szeged: Scriptum KFT, 1994. XI, 578 S. (Adattár XVI-XVIII századi szellemi mozgalmaink történetéhez = Materialien zur Geschichte der Geistesströmungen des 16.-18. Jahrhunderts in Ungarn; 18 I) (Burgenländischen Forschungen: Sonderbd.; 14) – Bespr.: Merzbacher, Dieter: Wolfenbütteler Notizen zur Buchgeschichte 20 (1995), 179-183.

950 **Lesestoffe in Westungarn**/ hrsg. von Tibor Grüll ... Bd 2: **Koszeg (Güns), Rust (Ruszt), Eisenstadt (Kismarton), Forchenstein (Frakno):** 1535-1740. Szeged: Scriptum KFT, 1996. 312 S. (Adattár XVI-XVIII századi szellemi mozgalmaink történetéhez = Materialien zur Geschichte der Geistesströmungen des 16.-18. Jahrhunderts in Ungarn; 18 II) (Burgenländischen Forschungen: Sonderbd.; 15)

951 Reingrabner, Gustav: **Martin Luther und die Reformation in Österreich.** In: 025, 14-18.

952 Scholz, Günter: **Ständefreiheit und Gotteswort:** Studien zum Anteil der Landstände an Glaubensspaltung und Konfessionsbildung in Innerösterreich (1517-1564). F; Bern; NY; P; W: Lang, 1994. 363 S.: Ill. L" (EHSch: Reihe 3: Geschichte und ihre Hilfswissenschaften; 358) – TÜ, Univ., Geschichtswiss. Fak., Diss, 1979/80.

953 Staikos, Michael: **Sola scriptura sine traditione?:** aktuelle Perspektiven über »Schrift und Tradition« im ökumenischen Dialog insbesondere zwischen der Orthodoxie und dem Lutherischen Weltbund. In: 041, 49-66. L 52 f.

6 Luthers Wirkung auf spätere Strömungen, Gruppen, Persönlichkeiten und Ereignisse

a) Allgemein

954 Beutel, Albrecht: **Vom Nutzen und Nachteil der Kirchengeschichte:** Begriff und Funktion einer theologischen Kerndiszipln. (1997). In: 08, 1-27.

955 Böcher, Otto: **Sanctus Martinus Lutherus?:** zur Lutherverehrung des 16.-19. Jahrhunderts. In: 010, 19-25: Ill.

956 Bubenheimer, Ulrich: **Karlstadtrezeption von der Reformation bis zum Pietismus im Spiegel der Schriften Karlstadts zur Gelassenheit.** In: 01, 25-71: Ill.

957 Freybe, Peter: **Gemeinschaft und Freundschaft im Predigerseminar Wittenberg.** In: 051, 125-139: Ill.

958 Friedrich, Martin: **Kirche und Gesellschaft im konfessionellen Zeitalter.** In: 066, 115-128: Ill.

959 Heron, Alasdair: **Calvinisme.** In: 019, 194-196.

960 Klueting, Harm: **Die reformierte Konfessionalisierung als »negative Gegenreformation«:** zum kirchlichen Profil des Reformiertentums im Deutschland des 16. Jahrhunderts. [Teil 1]. ZKG 109 (1998), 167-199.

961 Klueting, Harm: **Die reformierte Konfessionalisierung als »negative Gegenreformation«:** zum kirchlichen Profil des Reformiertentums im Deutschland des 16. Jahrhunderts. [Teil 2]. ZKG 109 (1998), 306-327.

962 Kröger, Heinrich: **Plattdüütsch in de Kark:** in drei Jahrhunderten. Bd. 1: **1700-1900.** Hannover: LVH, 1996. 386 S. L". Zugl.: GÖ, Univ., Diss., 1996.

963 Kröger, Heinrich: **Plattdüütsch in de Kark:** in drei Jahrhunderten. Bd. 3: **Quellen und Lesetexte 18. bis 20. Jahrhundert.** Hannover: LVH, 1998. 232 S. L".

964 Meyer, Dietrich: **Das Verhältnis der Brüdergemeine zur Reformation und die Lutherrenaissance im 20. Jahrhundert.** Freikirchen Forschung 6 (1996 [gedruckt 1997]), 63-77.

965 Meyer, Harding: **Luthéranisme.** In: 019, 682-685.

966 Onnasch, Martin: **Waren die Existenzbedingungen in beiden Diktaturen vergleichbar?:** die Evangelische Kirche im Mansfelder Land. In: 045, 345-363.

967 Proust, Jacques: **Le fantôme de Luther au Japon.** Nouvelle revue du seizième siècle 16 (Genève 1998), 143-154.

968 Remmert, Sönke: **Bibeltexte in der Musik: ein Verzeichnis ihrer Vertonungen.** GÖ: V&R, 1996. 231 S. (Dienst am Wort; 74)

969 Ritter, Adolf Martin: **Protestantismus und Freiheit:** Streiflichter auf die Geschichte einer spannungsreichen Beziehung. In: 028, 433-444.

970 Scholz Williams, Gerhild: **Blutzeugen:** Autori-

tät und Ehre in de Braghts »Bloody theatre or martyrs mirror«. In: Ehrkonzepte in der Frühen Neuzeit: Identitäten und Abgrenzungen/ hrsg. von Sibylle Backmann ...; Redaktion: Ute Ecker-Offenhäußer. B: Akademie, 1998, 270-287. (Colloquia Augustana; 8)

971 Schwartz, Hillel: **Zeitenwende – Weltenende?:** Visionen beim Wechsel der Jahrhunderte von 990-1990 (Century's end ⟨dt.⟩)/ aus dem Amerikan. übers. von Wieland Grommes und Margret Schulz-Wenzel. Braunschweig: Westermann, 1992. 424 S. L 137 f.

972 Stephenson, John R.: **The two kingdoms doctrine in the Reformed tradition.** Luther Academy Conference papers 1 (1995) spring, 59-68. – Bespr.: Levy, Ian Christopher: LuD 6 (1998), 191-195.

973 Vinçon, Herbert: **Die Feste des Christentums:** woher sie kommen – wie sie gefeiert werden. GÜ: GVH, 1997. 127 S. L 107-109. (GTB; 1127)

974 Westermann, Hans-Otto: **Das Verhältnis von lutherischer Kirche und Schule in Celle:** von der Reformation bis zum Beginn des 20. Jahrhunderts. In: 044, 207-224: Ill.

975 Zimmermann, Gunter: **Anti-Papalismus und begrenzte Monarchie in François Hotmans »Franco-Gallia«.** ZKG 109 (1998), 32-58.

b) Orthodoxie und Gegenreformation

976 Albrecht-Birkner, Veronika: **Absichten und Wirkungen einer »Reformation des Lebens« in Sachsen-Gotha unter Herzog Ernst dem Frommen (1640-1675).** In: 073, 125-136.

977 Albrecht-Birkner, Veronika: **Politik, Theologie und Alltag in Sachsen-Gotha zwischen 1640 und 1652.** In: Der Westfälische Frieden 1648 und der deutsche Protestantismus/ hrsg. von Bernd Hey. Bielefeld: Verlag für Regionalgeschichte, 1998, 113-145. L". (Religion in der Geschichte; 6) (Studien zur deutschen Landeskirchengeschichte; 3)

978 Appold, Kenneth G.: **Abraham Calov's doctrin of vocatio in its systematic context.** TÜ: Mohr, 1998. X, 194 S. (Beiträge zur historischen Theologie; 103)

979 **Das Augsburger Interim/** nach den Reichstagsakten deutsch und lateinisch hrsg. von Joachim Mehlhausen. 2., erw. Aufl. NK: NV, 1996. 184 S. (Texte zur Geschichte der evang. Theologie; 3)

980 Baur, Jörg: **Lutherisches Christentum im konfessionellen Zeitalter:** ein Vorschlag zur Orientierung und Verständigung. In: 03, 57-75. L". [Vgl. LuB 1998, Nr. 1156]

981 Bedouelle, Guy: **Trente (Concile), 1545-1563.** In: 019, 1161-1164.

982 Beutel, Albrecht: **Lehre und Leben in der Predigt der lutherischen Orthodoxie:** dargestellt am Beispiel des Tübinger Kontroverstheologen und Universitätskanzlers Tobias Wagner (1598-1680). (1996). In: 08, 161-191.

983 Bock, Burghard: **»In diesen letzten bösen Zeiten«: lutherische Ausstattung des 16. Jahrhunderts in der Celler Schloßkapelle.** JNKG 95 (1997), 155-268: Ill.

984 Bohatcová, Mirjam: **Die Kralitzer Bibel (1579-1594) – die Bibel der böhmischen Reformation.** Gutenberg-Jahrbuch 67 (1992), 238-253: Ill.

985 Brecht, Martin: **Der »Freudenspiegel« und sein geistiger Hintergrund.** In: 066, 27-41.

986 Büchting, Wilhelm: **Martin Rinckart:** ein Lebensbild des Dichters von »Nun danket alle Gott« auf Grund aufgefundener Manuskripte. (1903). In: Martin Rinckart: Leben und Werk/ Wilhelm Büchting; Siegmar Keil; hrsg. von der Ev. Kirchengemeinde Eilenburg; Stadt Eilenburg; Redaktion: Angelika Schiller ... Eilenburg: Kirchengemeinde; Spröda: Akanthus, 1996, 7-127: Ill., Faks. L 43. 50. 70.

987 Buzzi, Franco: **Il tema della croce nella spiritualità di Carlo Borromeo:** rivisitazione teologia e confronto con la prospettiva luterana (Das Thema des Kreuzes in der Spiritualität des Carlo Borromeo: theol. Wiederaufnahme und Vergleich mit der luth. Sicht). In: Carlo Borromeo e l'opera della »Grande Riforma«: cultura, religione e arti del governo nella Milano del pieno Cinquecento/ hrsg. von Franco Buzzi; Danilo Zardin. Milano: Artigiano, 1997, 47-58: Ill.

988 Czubatynski, Uwe: **Ein Gutachten der Universität Wittenberg zur Orgelmusik.** Ars organi 46 (1998), 159-161.

989 Diestelmann, Jürgen: **Joachim Mörlin und Philipp Melanchthon:** ihr Verhältnis zueinander in den Jahren 1555-1557. In: 022, 95-107.

990 Diestelmann, Jürgen: **Martin Chemnitz' Beitrag in der Konkordienformel zur Bewahrung der Lehre Luthers im Hinblick auf die Konsekration beim Heiligen Abendmahl.** In: 020, 94-103.

991 Edighoffer, Roland: **Mythologia comica:** über Rabelais' Einfluß auf Johann Valentin Andreae. In: 04, 48-64.

992 Feil, Ernst: **Religio.** Bd. 2: **Die Geschichte eines neuzeitlichen Grundbegriffs zwischen Reformation und Rationalismus (ca. 1540-1620).** GÖ: V&R, 1997. 372 S. (Forschungen zur Kirchen- und Dogmengeschichte; 70)

993 Fejtova, Olga: **Martin Luther in den Bibliotheken böhmischer Bürger um 1600**: zur Rezeption und Wirkung von Luthers Lehre. Bohemia 37 (1996), 319-341.

994 Fitos, Stephan Ferenc: **Die Zensur volkssprachlicher Druckwerke in der zweiten Hälfte des 16. Jahrhunderts.** Marburg: Tectum, 1997. 2 Mikrofiches: 135 S. (MS). (Edition Wissenschaft: Reihe Geschichte; 21)

995 Füssel, Stephan: **Die literarischen Quellen der Historia von D. Johann Fausten.** In: 027, 15-39. L".

996 Günther, Hartmut: **»Der reine, lautere Brunnen Israels«:** das Alte Testament in der Argumentation der Formula Concordiae. In: 022, 136-144.

997 Hägglund, Bengt: **»Meditatio« in der lutherischen Orthodoxie.** In: 073, 19-31.

998 Helmstaedter, Gerhard: **Der Lobpreis englischen Denkens in einer Leipziger Universitätsrede von 1560.** In: 024, 315-320.

999 Herrmann, Johannes: **Theologische Selbstbehauptung und Politik:** das Interim 1548 bis 1549. In: 071, 167-181.

1000 **Herzog Albrecht von Preußen und das Bistum Ermland (1550-1568):** Regesten aus dem Herzoglichen Briefarchiv und den Ostpreußischen Folianten/ bearb. von Stefan Hartmann. Köln; W: Böhlau, 1993. 344 S. L 178 f. 190-192. (Veröffentlichungen aus den Archiven Preußischer Kulturbesitz; 37)

1001 Johansson, Torbjörn: **Martin Chemnitz:** lärjunge till Luther och Melanchthon (Martin Chemnitz: Schüler Luthers und Melanchthons). In: 072, 67-80.

1002 Kaufmann, Thomas: **Dreißigjähriger Krieg und Westfälischer Friede:** kirchengeschichtliche Studien zur lutherischen Konfessionskultur. TÜ: Mohr, 1998. XI, 196 S. L 16-21+". (Beiträge zur historischen Theologie; 104)

1003 Kaufmann, Thomas: **Die Wittenberger Theologie in Rostock in der zweiten Hälfte des 16. Jahrhunderts.** In: 04, 65-87.

1004 Klän, Werner: **Luther, Melanchthon und ihre Schüler:** das Ringen um die Sicherung des reformatorischen Erbes; eine theologiegeschichtliche Skizze. LThK 21 (1997), 152-168.

1005 Klän, Werner: **Der »vierte Mann«:** auf den Spuren von Nikolaus Selneckers (1530-1592) Beitrag zur Entstehung und Verbreitung der Konkordienformel. LThK 17 (1993), 145-174.

1006 Koch, Ernst: **Heinrich Müllers »Himmlischer Liebeskuß«:** zu Geschichte und Wirkung eines Erbauungsbuches. In: 073, 137-148.

1007 Koch, Ernst: **Kirchenleitung in Übergangszeiten:** zum Lebenswerk von Ernst Salomon Cyprian (1673-1745). In: 022, 286-298.

1008 Koch, Ernst: **»Wann ich einmal sol scheiden ...«:** zur Textfassung einer Liedstrophe von Paul Gerhardt. Musik und Kirche 64 (1994), 200-207.

1009 Kolb, Robert: **The fathers in the service of Lutheran teaching:** Andreas Musculus' use of patristic sources. In: 02, 105-123: Zusammenfassung, 123.

1010 Kratzer, Siegfried: **Martin Schalling – ein evangelischer Glaubenszeuge.** In: 046, 49-58: Ill.

1011 Laasonen, Pentti: **Frömmigkeit und Gottesdienst in der schwedisch-finnischen Hochorthodoxie.** In: 073, 149-154.

1012 MacCulloch, Diarmaid: **The later Reformation in England 1547-1603.** Houndmills, Basingstoke, Hampshire: Macmillan, 1990. 216 S.

1013 MacCulloch, Diarmaid: **Die zweite Phase der englischen Reformation (1547-1603) und die Geburt der anglikanischen via media** (The later Reformation in England 1547-1603 (dt.))/ hrsg. von Heribert Smolinsky; übers. von Stefan Hanke. MS: Aschendorff, 1998. 181 S. L 71-75+". (Kath. Leben und Kirchenreform im Zeitalter der Glaubensspaltung; 58)

1014 Mager, Inge: **Johann Arndts Bildfrömmigkeit.** (1997). In: 073, 41-60.

1015 Mentzel-Reuters, Arno: **Tübinger Quellen zum Buchwesen der Schwenckfelder Gemeinden im 16. Jahrhundert.** Gutenberg-Jahrbuch 70 (1995), 311-318.

1016 Möbius, Peter: **Philipp Nicolai:** Versuch einer Lebensbeschreibung aus der Sicht eines Künstlers. In: 066, 81-100.

1017 Müller, Gerhard: **Theologische Selbstbehauptung und Politik:** Worms 1557. In: 071, 183-197.

1018 Müller, Michael G.: **Zweite Reformation und städtische Autonomie im Königlichen Preußen:** Danzig, Elbing und Thorn in der Epoche der Konfessionalisierung (1557-1660). B: Akademie, 1997. 264 S. L 58 f+". (Publikationen der Historischen Kommission zu Berlin) – Zugl.: B, FU, Habil., 1993.

1019 Overhoff, J.: **The Lutheranism of Thomas Hobbes.** History of political thought 18 (Exeter 1997), 604-624.

1020 Peters, Christian: **»Ich habe etliche meiner Bücher nach Island geschickt ...«:** Theorie und Praxis der Mission bei Philipp Nicolai. In: 066, 43-58.

1021 Pirozynski, Jan: **Die Herzogin Sophie von Braunschweig-Wolfenbüttel aus dem Hause der Jagiellonen (1522-1575) und ihre Bibliothek:** ein

Beitrag zur Geschichte der deutsch-polnischen Kulturbeziehungen in der Renaissancezeit. Wiesbaden: Harrassowitz, 1992. 341 S.: Ill. L". (Wolfenbütteler Schriften zur Geschichte des Buchwesens; 18)

1022 Repgen, Konrad: **Dreißigjähriger Krieg und Westfälischer Friede:** Studien und Quellen/ hrsg. von Franz Bosbach; Christoph Kampmann. PB; M; W; ZH: Schöningh, 1998. XXII, 889 S.: Faks. L 263-266+". (Rechts- und Staatswissenschaftliche Veröffentlichungen der Görres-Gesellschaft; 81)

1023 Rozsondai, Marianne; Rabenau, Konrad von: **Eine Platte mit dem Bildnis von Calvin und Beza auf Wittenberger Einbänden für ungarische Studenten.** Gutenberg-Jahrbuch 68 (1993), 324-342: Ill.

1024 Rudolph, Hartmut: **Das Faustbuch im kirchengeschichtlichen Zusammenhang.** In: 027, 41-57.

1025 Schneider, Hans: **Johann Arndts »Vier Bücher von wahrem Christentum«:** offene Fragen der Quellen- und Redaktionskritik. In: 073, 61-77.

1026 Schulze, Winfried: **Pluralisierung als Bedrohung:** Toleranz als Lösung; Überlegungen zur Entstehung der Toleranz in der Frühen Neuzeit. In: Der Westfälische Friede: Diplomatie – politische Zäsur – kulturelles Umfeld – Rezeptionsgeschichte/ hrsg. von Heinz Duchhardt; Redaktion: Eva Ortlieb. M: Oldenbourg, 1998, 115-140. (HZ: Beihefte; N.F.; 26)

1027 Sommer, Wolfgang: **Johann Sauberts Eintreten für Johann Arndt im Dienst einer Erneuerung der Frömmigkeit.** In: 073, 78-99.

1028 Steiger, Johann Anselm: **»Christus wischet ab euch alle Tränen«:** über die Wiedergewinnung eines verlorenen Liedes. CA (1998) Heft 3, 57-60: Ill.

1029 Steiger, Johann Anselm: **Johann Gerhard (1582-1637):** Studien zur Theologie und Frömmigkeit des Kirchenvaters der lutherischen Orthodoxie. S-Bad Cannstatt: Frommann-Holzboog, 1997. 332 S.: Faks. L 31-40+". (Doctrina et Pietas: Abt. 1; 1) – Bespr.: Honecker, Martin: ZKG 109 (1998), 250-252; Kandler, Karl-Hermann: Lu 69 (1998), 48 f.

1030 Steiger, Johann Anselm: **»Das Wort sie sollen lassen stahn ...«:** die Auseinandersetzung Johann Gerhards und der lutherischen Orthodoxie mit Hermann Rahtmann und deren abendmahlstheologische und christologische Implikate. ZThK 95 (1998), 338-365: summary, 365.

1031 Strelow, Luisivan: **Critérios para a interpretação da Confissão de Augsburgo segundo a Fórmula de Concórdia e o prefácio ao Livro de Concórdia** (Auslegungskriterien für das Augsburgische Bekenntnis nach der Konkordienformel und der Vorrede zum Konkordienbuch). Vox concordiana 13 (São Paulo 1998), 19-40. L".

1032 Thiel, Detlef: **Schrift, Gedächtnis, Gedächtniskunst:** zur Instrumentalisierung des Graphischen bei Francis Bacon. In: Ars memorativa: zur kulturgeschichtlichen Bedeutung der Gedächtniskunst 1400-1750/ hrsg. von Jörg Jochen Berns; Wolfgang Neuber. TÜ: Niemeyer, 1993, 170-205. L 177 f. 180. (Frühe Neuzeit; 15) [Zu LuB 1996, Nr. 02]

1033 Ulrichs, Karl Friedrich: **»Die jetzt in der Welt hin vnd her schwebende gefehrliche betrübte Zeit«:** Seelsorge während der Pestepidemie in Siegen 1597 am Beispiel von Matthias Martinius' »Christlicher Erinnerung«. JWKG 91 (1997), 27-43.

1034 Vogler, Günter: **Kurfürst Johann Friedrich und Herzog Moritz von Sachsen:** Polemik in Liedern und Flugschriften während des Schmalkaldischen Krieges 1546/47. ARG 89 (1998), 178-206: abstract, 206.

1035 Wallmann, Johannes: **Pietas contra Pietismus:** zum Frömmigkeitsverständnis in der lutherischen Orthodoxie. In: 073, 6-18.

1036 Wartenberg, Günther: **Die Schlacht bei Mühlberg in der Reichsgeschichte als Auseinandersetzung zwischen protestantischen Fürsten und Kaiser Karl V.** ARG 89 (1998), 167-177: abstract, 177.

1037 Weigel, Valentin: **Der güldene Griff. Kontroverse um den »Güldenen Griff«. Vom judicio des Menschen**/ hrsg. und eingel. von Horst Pfefferl. S-Bad Cannstatt: Frommann-Holzboog, 1997. LXIII, 169 S. (Valentin Weigel: Sämtliche Schriften: Neue Edition; 8)

1038 Winkler, Eberhard: **Pietas in der Pastoraltheologie der lutherischen Orthodoxie.** In: 073, 32-40.

1039 Wolgast, Eike: **Reformierte Konfession und Politik im 16. Jahrhundert:** Studien zur Geschichte der Kurpfalz; vorgetragen am 9. November 1996. HD: Winter, 1998. 127 S. (Schriften der Philosophisch-historischen Klasse der Heidelberger Akademie der Wissenschaften; 10 [1998])

1040 Zeeden, Ernst Walter: **Hegemonialkriege und Glaubenskämpfe:** 1556-1648. Nachdruck der 2. Aufl. B, 1980. B: Propyläen, 1992. 466 S.: Ill. L 50-57+". (Propyläen-Geschichte Europas; 2)

1041 Zeeden, Ernst Walter: **Hegemonialkriege und Glaubenskämpfe:** 1556-1648. Nachdruck der 2. Aufl. B, 1980. B: Propyläen, 1998. 466 S.: Ill. L 50-57+". (Propyläen-Geschichte Europas; 2)

c) Pietismus und Aufklärung

1042 Beutel, Albrecht: **»Jenseits des Monds ist alles unvergänglich«:** das »Abendlied« von Matthias Claudius. ZThK 87 (1990), 487-520.

1043 Beutel, Albrecht: **»Jenseits des Monds ist alles unvergänglich«:** das »Abendlied« von Matthias Claudius. (1990). In: 08, 192-225.

1044 Brecht, Martin: **Die Berufung von Pietismus und Erweckungsbewegung auf die Reformation.** Freikirchen Forschung 6 (1996 [gedruckt 1997]), 1-9.

1045 Diestelmann, Jürgen: **Studien zur Auflösung der Privatbeichte in der lutherischen Kirche.** (1964). In: 020, 104-112.

1046 Förster, Johann Christian: **Übersicht der Geschichte der Universität Halle in ihrem ersten Jahrhunderte/** nach der bei Carl August Kümmel in Halle 1794 erschienenen ersten Auflage hrsg., bearb. und mit Anhängen versehen von Regina Meyer und Günter Schenk. Halle/Saale: Hallescher Verlag, 1998. 463 S. L 19 f+". (Schriftenreihe zur Geistes- und Kulturgeschichte: Monographien)

1047 Köster, Beate: **»Mit tiefem Respekt, mit Furcht und Zittern«:** Bibelübersetzungen im Pietismus. In: 04, 95-115.

1048 Lutz, Dieter: **Zur Bekenntnisentwicklung der evangelischen Kirche der Pfalz (protestantische Landeskirche):** einige Bemerkungen aus der Sicht eines Kirchenjuristen. In: 084, 137-148.

1049 Müller, Hans-Martin: **Die unvollendete Volkskirche.** In: 084, 377-384.

1050 Schlaich, Klaus: **Der rationale Territorialismus:** die Kirche unter dem staatsrechtlichen Absolutismus um die Wende vom 17. zum 18. Jahrhundert. (1968). In: 079, 204-266. L 213. 222.

1051 Sommer, Wolfgang: **Johann Reinhard Hedinger als Hofprediger in Stuttgart.** In: 04, 160-185.

1052 Spener, Philipp Jakob: **Briefe aus der Frankfurter Zeit 1666-1686.** Bd. 2: **1675-1676/** hrsg. von Johannes Wallmann in Verb. mit Markus Matthias; Martin Friedrich. TÜ: Mohr, 1996. VIII, 725 S.: Faks.

1053 [Spener, Philipp Jakob]: **Die Werke Philipp Jakob Speners:** Studienausgabe/ hrsg. von Kurt Aland in Verb. mit Beate Köster. Bd. 1: **Die Grundschriften.** Teil 1. Gießen; BL: Brunnen, 1996. XXVI, 562 S.

1054 Steiger, Johann Anselm: **Bibel-Sprache, Welt und Jüngster Tag bei Johann Peter Hebel:** Erziehung zum Glauben zwischen Überlieferung und Aufklärung. GÖ: V&R, 1994. 380 S.: Ill. L".

(Arbeiten zur Pastoraltheologie; 25) – Zugl. HD, Univ., Diss., 1992.

1055 Vinzent, Markus: **Zum objektiv Freien bei Lessing und Luther:** Bemerkungen zu G. E. Lessings Faust. Das Altertum 42 (BL 1997), 331-348.

1056 Wesseling, Klaus-Gunther: **Spener, Philipp Jacob.** In: 015, 909-939.

1057 Zehrer, Karl: **Luther und Wesley:** Impressionen. Freikirchen Forschung 6 (1996 [gedruckt 1997]), 47-51.

d) 19. und 20. Jahrhundert bis 1917

1058 Baur, Jörg: **»Alles Vereinzelte ist verwerflich«:** Überlegungen zu Goethe. In: 03, 197-211.

1059 Baur, Jörg: **Luther, Martin:** (1483-1546). In: Goethe-Handbuch. Bd 4 II: Personen, Sachen, Begriffe L-Z/ hrsg. von Hans-Dietrich Dahnke; Regine Otto. S; Weimar: Metzler, 1998, 674-677.

1060 Benrath, Gustav Adolf: **Das Beispiel der pfälzischen Hauptstadt:** Lutheraner und Reformierte in Speyer auf dem Weg zur Union (1817). In: 084, 55-71.

1061 Blühm, Reimund: **Reformation als Bildung:** Luthers Bedeutung für Goethe. In: 047, 117-142.

1062 Deuser, Hermann: **»Was nicht eine wahre innere Existenz hat, hat kein Leben«:** Luthers Auslegung des 1. Gebots und Goethes Wahrnehmungsbegriff. Gießener Universitätsblätter 29 (1996) Dezember, 49-51.

1063 Ernst, Karsten: **Auferstehungsmorgen:** Heinrich A. Chr. Hävernick; Erweckung zwischen Reformation, Reaktion und Revolution. Gießen: Brunnen, 1997. XII, 487 S.: Tab. L 172+". (TVG: Monographien und Studienbücher) – Zugl.: TÜ, Univ., Theol. Fak., Diss., 1995.

1064 Flick, Andreas: **Die Geschichte der Evangelisch-reformierten Gemeinde in Celle.** In: 044, 81-112: Ill. L 105.

1065 Greschat, Martin: **Der Held der Nation:** die Gestalt Luthers im Kaiserreich. In: 050, 107-126.

1066 **Harmonienklänge über dem Exerzierplatz:** Kieler Kultur vor 1900; nach den Erinnerungen von Johannes Möller/ hrsg. von Reinhart Staats. Neumünster: Wachholtz, 1995. 251 S.: Ill. L 196 f. (Schriften des Vereins für Schleswig-Holsteinische Kirchengeschichte: Reihe 1; 39) – Bespr.: Haendler, Gert: ThLZ 121 (1996), 70 f.

1067 Hauptmann, Peter: **Das Konkordienbuch für die Obersorben.** LThK 18 (1994), 99-117.

1068 Hoffmann, Gottfried: **Carl Ferdinand Wilhelm Walther:** Pastor der Auswanderer und Gründer der Missourisynode. Luth. Beiträge 2 (1997), 117-128.

1069 Hofmann, Frank: **Albrecht Ritschls Lutherre-zeption.** GÜ: GVH, 1998. IX, 292 S. (Die luth. Kirche: Geschichte und Gestalten; 19) – Zugl.: TÜ, Univ., Evang.-theol. Fak., Diss., 1994.

1070 Keller, Rudolf: **Peters, Albrecht.** In: 012, 262-266.

1071 Keller, Rudolf: **Wilhelm Löhe im Blickfeld historischer Arbeit.** LThK 15 (1991), 171-179.

1072 Kinzig, Wolfram: **»Ich kann gewiß nichts dafür ...«:** der Skandal um Hofprediger Adolf Stoecker in London im November 1883. Aschkenas 4 (1994), 365-404.

1073 Lienhard, Marc: **Reformation – Protestantismus – Europa.** In: 084, 75-89.

1074 Meding, Wichmann von: **Österreichs erstes Reformationsjubiläum:** Jakob Glatz und die Gemeinden Augsburgischer Konfession 1817/18; ein Modell des Verhältnisses von Kirchenleitung und Verkündigung. F; B; Bern; NY; P; W: Lang, 1998. 215 S. L 76-79+". (Kontexte; 23)

1075 Michel, Karl-Heinz: **Glaubensdokument kontra Geschichtsbuch?:** die Schriftlehre Wilhelm Herrmanns. Wuppertal; ZH: Brockhaus, 1992. VIII, 212 S. (Monographien und Studienbücher) – Zugl. MZ, Univ., Diss., 1990.

1076 Ost, Werner: **Das Bild Luthers und der Reformation bei Wilhelm Löhe (1808-1872).** Lu 68 (1997), 127-143.

1077 **Die Reform des Gottesdienstes in Bayern im 19. Jahrhundert:** Quellenedition/ hrsg. von Hanns Kerner; Manfred Seitz ... Bd. 1. S: CV, 1995. XIV, 733 S. L".

1078 **Die Reform des Gottesdienstes in Bayern im 19. Jahrhundert:** Quellenedition/ hrsg. von Hanns Kerner; Manfred Seitz ... Bd. 3: **Entwürfe der Gottesdienstordnung und der Agende 1852-1856.** S: CV, 1997. XIII, 605 S. L".

1079 Rogerson, John W.: **W. M. L. de Wette, founder of modern biblical criticism: an intellectual biography.** Sheffield: ISOT, 1992. 313 S.; Portr. L 208+". (Journal for the study of the Old Testament supplement series; 126)

1080 Stolle, Volker: **Wenn der Katechismus vom biblischen Wortlaut abweicht:** zugleich ein Beitrag zum 125-jährigen Jubiläum der Niederhessischen Renitenz. LThK 22 (1998), 65-84.

1081 Suelflow, August R.: **The two kingdom concept in 18th- and 19th-century Lutheranism in America with special reference to Muhlenberg and Walther.** Luther Academy Conference papers 1 (1995) spring, 69-86. – Bespr.: Levy, Ian Christopher: LuD 6 (1998), 196-199.

1082 Tacke, Andreas: **Nikolaus Müller – der Gründer des Melanchthonhauses Bretten.** In: 060, 103-128: Portr.

1083 Threinen, Norman J.: **Friedrich Brunn, Erweckung und konfessionelles Luthertum.** LThK 16 (1992), 29-47.

1084 Tiemann, Hans-Hermann: **Ernst Troeltsch und die »Religion der Menschheit«:** Struktur und Dynamik der Konfessionen; zur Darstellung Luthers und Schleiermachers. Mitteilungen der Ernst-Troeltsch-Gesellschaft 9 (1995/96), 71-118.

1085 Veselý, Daniel: **Slovenskí protestanti a Viedeň v 19. storočí** (Die slowakischen Protestanten und Wien im 19. Jahrhundert). CL 111 (1998) Nr. 8, 124 f.

1086 Walther, C[arl] F[erdinand] W[ilhelm]: **Confissões luteranas:** o que significam hoje? (Luth. Bekenntnisse: was bedeuten sie heute? [Essays for the church I. StL 1991, Auszug] ⟨port.⟩)/ hrsg. von Paulo Wille Buss. Vox concordiana 13 (São Paulo 1998), 5-17.

1087 Weinhardt, Joachim: **Wilhelm Herrmanns Stellung in der Ritschlschen Schule.** TÜ: Mohr, 1996. VIII, 331 S. L 35 f+". (Beiträge zur historischen Theologie; 97) – Zugl.: TÜ, Univ., Evang.-theol. Fak., Diss., 1993.

e) 1918 bis 1983

1088 Ackley, John B.: **The church of the word:** a comparative study of word, church and office in the thought of Karl Rahner and Gerhard Ebeling. NY; San Francisco; Bern; F; B; W; P: Lang, 1993. 381 S. L". (American university studies: series 7, theology and religion; 81)

1089 Albrecht, Christian: **Protestantismusdeutung und protestantisches Erbe in Thomas Manns Roman »Doktor Faustus«.** ZThK 95 (1998), 410-428: summary, 428.

1090 Baur, Jörg: **Weisheit und Kreuz.** (1980). In: 03, 99-110.

1091 Bonhoeffer, Dietrich: **London 1933-1935/** hrsg. von Hans Goedeking; Martin Heimbucher; Hans W. Schleicher. GÜ: Kaiser, GVH, 1994. XII, 596 S. L". (Bonhoeffer, Dietrich: Werke; 13)

1092 Bonhoeffer, Dietrich: **Ökumene, Universität, Pfarramt:** 1931-1932/ hrsg. von Eberhard Amelung und Christoph Strohm. GÜ: Kaiser, GVH, 1994. X, 578 S. (Bonhoeffer, Dietrich: Werke; 11)

1093 Bonhoeffer, Dietrich: **Zettelnotizen für eine »Ethik«/** hrsg. von Ilse Tödt. GÜ: Kaiser, GVH, 1993. 241 S. L". (Bonhoeffer, Dietrich: Werke; Ergänzungsbd. zu Bd. 6)

1094 Bühler, Pierre: **Parole de Dieu et herméneutique:** introduction à la pensée de Gerhard Ebeling. Irénikon 70 (Chevetogne 1997), 451-475.

372

1095 Eberan, Barbro: **Luther? Friedrich »der Große«? Wagner? Nietzsche? ...? ...? Wer war an Hitler schuld?**: die Debatte um die Schuldfrage 1945-1949. 2., erw. Aufl. M: Minerva, 1985. 290 S.: Ill.

1096 Eichhorn, Mathias: **Es wird regiert!**: der Staat im Denken Karl Barths und Carl Schmitts in den Jahren 1919 bis 1938. B: Duncker & Humblot, 1994. 290 S. L 104-116. (Beiträge zur Politischen Wissenschaft; 78)

1097 **Die Evangelische Landeskirche in Baden im »Dritten Reich«**: Quellen zu ihrer Geschichte/ im Auftrag des Evang. Oberkirchenrats Karlsruhe hrsg. von Hermann Rückleben; Hermann Erbacher. Bd. 1: **1931-1933**. Karlsruhe: EPV für Baden, 1991. XVI, 893 S. (Veröffentlichungen des Vereins für Kirchengeschichte in der Evang. Landeskirche Baden; 43)

1098 **Die Evangelische Landeskirche in Baden im »Dritten Reich«**: Quellen zu ihrer Geschichte/ im Auftrag des Evang. Oberkirchenrats Karlsruhe hrsg. von Hermann Rückleben; Hermann Erbacher. Bd. 3: **1934-1935**. Karlsruhe: EPV für Baden, 1995. XVI, 965 S. (Veröffentlichungen des Vereins für Kirchengeschichte in der Evang. Landeskirche Baden; 49)

1099 Feuerhahn, Ronald R.: **Hermann Sasse**: Gesetz und Evangelium in der Geschichte. In: 022, 126-135.

1100 Fuchs, Christian: **Die theologische, kirchliche, gesellschaftliche und politische Position des bayerischen Luthertums von den letzten Jahren der Monarchie bis zum Anfang der Weimarer Republik.** Microfiche-Ausgabe. Neuendettelsau, 1995. III, 286 Bl. L 91-96+". – Neuendettelsau, Augustana Hochschule, Diss., 1994/95.

1101 Hardt, Tom G. A.: **Die Erkenntnislehre Hermann Sasses**: das Verhältnis von Philosophie und Theologie und von natürlicher Theologie und Offenbarung in seinem Werk. Luth. Beiträge 1 (1996), 149-159.

1102 Huß, Hans-Siegfried: **»Was heißt lutherisch?«**: zum Gedenken an Hermann Sasse; * 17. Juli 1895. Luth. Kirche in der Welt 42 (1995), 71-92.

1103 Kandler, Karl-Hermann: **Politische Ethik zwischen Anpassung und Verweigerung**: die Standortbestimmung der Kirche in der DDR zwischen der Zwei-Reiche-Lehre und der Lehre von der Königsherrschaft Christi. In: 017, 67-118. L 74-76. 96-100+".

1104 Keller, Rudolf: **Wilhelm Maurer**: ein Rückblick auf den Ephorus im Auslands- und Diasporatheologenheim des Martin-Luther-Bundes. Luth. Kirche in der Welt 45 (1998), 121-130.

1105 Kodalle, Klaus-Michael: **Dietrich Bonhoeffer**: zur Kritik seiner Theologie. GÜ: GVH, 1991. 206 S. L".

1106 Krause, Henrique: **Lutherische Synode in Brasilien**: Geschichte und Bekenntnis der Evang.-Luth. Synode von Santa Catarina, Paraná und anderen Staaten Brasiliens. Erlangen: Evang.-Luth. Mission, 1993. 345 S. L 262-264+". (Erlanger Monographien aus Mission und Ökumene; 10) – Zugl.: M, Univ., Diss., 1989.

1107 Kuramatsu, Isao: **Eine kritische Korrektur?**: Luther-Rezeption bei Bonhoeffer. In: 028, 327-339.

1108 Lichtenfeld, Manacnuc Mathias: **Georg Merz – Pastoraltheologe zwischen den Zeiten**: Leben und Werk in Weimarer Republik und Kirchenkampf als theologischer Beitrag zur Praxis der Kirche. GÜ: GVH, 1997. 798 S. L 267-278+". (Die Luth. Kirche: Geschichte und Gestalten; 18)

1109 Mau, Rudolf: **Zum theologischen Weg und Profil des »Göttingers« Rudolf Hermann**. In: 028, 307-325. L 316-319+".

1110 Meier, Ralph: **Gesetz und Evangelium bei Hans Joachim Iwand**. GÖ: V&R, 1997. 310 S. L 34-38+". (Forschungen zur systematischen und ökumenischen Theologie; 80) – Zugl.: Erlangen-Nürnberg, Univ., Theol. Fak., Diss., 1995. – Bespr.: Asendorf, Ulrich: LM 36 (1997), Heft 10, 41.

1111 Narzyński, Janusz: **In memoriam Oskar Bartel**: zum 25. Todestag des polnischen Reformationshistorikers. LuJ 65 (1998), 7-10.

1112 Neubert, Erhart: **Geschichte der Opposition in der DDR 1949-1989**. Bonn: Bundeszentrale für politische Bildung, 1997. 958 S.: Ill. L 359-361+". (Schriftenreihe; 346)

1113 Noss, Peter: **Sasse, Hermann**. In: 013, 1380-1399.

1114 Perels, Joachim: **»Uns demgemäß verhalten«**: die gescheiterte Selbstbesinnung der hannoverschen Landeskirche nach 1945. LM 37 (1998) Heft 4, 26-29.

1115 Permien, Andreas: **Protestantismus und Wiederbewaffnung 1950-1955**: die Kritik in der Evang. Kirche im Rheinland und der Evang. Kirche von Westfalen an Andenauers Wiederbewaffnungspolitik; zwei regionale Fallstudien. Köln: Rheinland, 1994. X, 228 S. L 37-39. 41-44+". (Schriften des Vereins für Rheinische Kirchengeschichte; 112) – Trier, Univ., Diss. – Bespr.: Klän, Werner: ThLZ 120 (1995), 254 f.

1116 Plathow, Michael: **Die Mannigfaltigkeit der Wege Gottes**: zu Dietrich Bonhoeffers kreuzestheologischer Vorlesungslehre. (1980). In: 074, 87-105.

1117 Pless, John T.: **Hermann Sasse und die Liturgische Bewegung.** In: 022, 329-339.

1118 Rogge, Joachim: **Lernschritte in der DDR im Spiegel reformationsgeschichtlicher Jubiläen.** In: 016, 31-39.

1119 Rominger, Walter: **Die Preisgabe des Sola Scriptura.** Luth. Beiträge 3 (1998), 3-18.

1120 Schlaich, Klaus: **Die Grundlagendiskussion zum evangelischen Kirchenrecht.** (1983). In: 079, 269-287.

1121 Schlaich, Klaus: **Kirchenrecht und Kirche:** Grundfragen einer Verhältnisbestimmung heute. (1983). In: 079, 288-321. L".

1122 Sorum, Jonathan D.: **Bonhoeffer's early interpretation on Luther as the source of his basic**

theological paradigm. Fides et historia 29 (Terre Haute, IN 1997), 35-52.

1123 Voigt, Karl Heinz: **Rupp, Ernest Gordon.** In: 013, 1031-1034.

1124 Wenz, Gunther: **»Est autem ...«:** Lumen Gentium 8 und die Kirchenartikel der Confessio Augustana. Cath 52 (1998), 24-43.

1125 Wesseling, Klaus-Gunther: **Seeberg, Erich.** In: 014, 1297-1304.

1126 Wesseling, Klaus-Gunther: **Sommerlath, Ernst.** In: 015, 785-788.

1127 Wesseling, Klaus-Gunther: **Stange, Carl.** In: 015, 1153-1159.

1128 Wiegmann, Torsten-Wilhelm: **Hermann Dörries, ein Göttinger Theologe als Lehrer und Forscher in der Zeit des Nationalsozialismus.** JNKG 91 (1993), 121-149.

7 Luthers Gestalt und Lehre in der Gegenwart

1129 Aretin, Karl Otmar von: **Nachruf auf Peter Manns.** In: 089, 23-25.

1130 Asendorf, Ulrich: **The doctrine of the two kingdoms in modern German Lutheran theology.** Luther Academy Conference papers 1 (1995) spring, 5-14. – Bespr.: Levy, Ian Christopher: LuD 6 (1998), 166-170.

1131 Außermair, Josef: **Das ekklesiologische Denken Paul Tillichs:** theologisch-kritische Anfragen in ökumenischer Hinsicht. Cath 52 (1998), 115-136.

1132 Bahr, Hans-Eckehard: **Las Casas, Martin Luther:** Befreiung des Gewissens und Befreiung der Armen; die zweite Reformation. In: Metz, Johann Baptist; Bahr, Hans-Eckehard: Augen für die anderen: Lateinamerika – eine theologische Erfahrung. M: Kindler, 1991, 127-160. – Bespr.: Müller, Reinhard: EvD 61 (1992), 133-135.

1133 Barth, Hans-Martin: **Sehnsucht nach den Heiligen?:** verborgene Quellen ökumenischer Spiritualität. S: Quell, 1992. 167 S. L 70-79. 103-106+". – Bespr.: Maron, Gottfried: Lu 65 (1994), 146 f; Pöhlmann, Horst Georg: LM 32 (1993) Heft 11, 43.

1134 Barth, Hans-Martin: **Teologia e filosofia in dialogo: il caso tedesco – la prospettiva protestante** (Theologie und Philosophie im Dialog: der deutsche Fall – die protestantische Perspektive). Pro 50 (1995), 114-125.

1135 Baum, Fritz: **Vom Himmel hoch da komm ich her:** zum Ausklang des Lutherjahres. Der Chor 49 (1996), 132-134.

1136 Baur, Jörg: **Evangelisch-lutherisch!:** von Sinn und Recht konfessioneller Eindeutigkeit im Zeitalter der Ökumene. LThK 22 (1998), 118-125.

1137 Baur, Jörg: **Die Rechtfertigungslehre in der Spannung zwischen dem evangelischen »Allein« und dem römisch-katholischen Amts- und Sakramentsverständnis.** EvTh 58 (1998), 140-155.

1138 Bayer, Oswald: **Engel sind Hermeneuten.** In: 022, 46-54.

1139 Beintker, Horst: **Christus darstellen:** die kirchliche Identität des Protestantismus in Europa. EvK 31 (1998), 350 f.

1140 Besser, Jobst: **Reformatorische Kirche – heute und morgen:** Gedanken zum Jubiläum. In: 085, 51-54: Ill.

1141 Beutel, Albrecht: **Sprache und Religion:** eine fundamentaltheologische Skizze. (1994). In: 08, 226-247.

1142 Bieler, Martin: **Die Radikalität der Versöhnung:** der ökumenische Dialog und das Problem der theologischen Denkform. ThLZ 123 (1998), 219-236.

1143 Böttigheimer, Christoph: **Apostolische Amtssukzession in ökumenischer Perspektive:** gegenseitige Anerkennung geistlicher Ämter als Bedingung von Eucharistiegemeinschaft. Cath 51 (1997), 300-314.

1144 Bonkhoff, Bernhard H.: **Reformationsfest 1998.** Informationsbrief der Bekenntnisbewegung »Kein anderes Evangelium« (1998) Nr. 190 (September), 4 f: Ill.

1145 Boventer, Hermann: **Vom Geist und Ungeist der Utopie:** Thomas Morus im 20. Jahrhundert. In: 024, 421-436.

1146 Brandt, Reinhard: **Gemeinsame Erklärung – kritische Fragen:** die »Gemeinsame Erklärung zur Rechtfertigungslehre« und Fragen zu ihrer Rezeption in den deutschen lutherischen Kirchen. ZThK 95 (1998), 63-102: summary, 102.

1147 Brandt, Reinhard: **Luthers Einsicht in »De servo arbitrio« und ihre Bedeutung für Theologie und Kirche heute.** Luth. Kirche in der Welt 45 (1998), 47-78.

1148 Brecht, Martin: **»Verleih uns Frieden gnädiglich«:** Predigt bei der Friedensvesper der Arbeitsgemeinschaft christlicher Kirchen am Tag des Westfälischen Friedens, 24. Oktober 1996, in der Lambertikirche in Münster. Lu 69 (1998), 2-6.

1149 Childs, James M., Jr.: **Lutheran perspectives on ethical business in an age of downsizing.** Business ethics quarterly 7 (Bowling Green, OH 1997), 123-133.

1150 **Der christliche Glaube – Scheinwerfer im Dickicht gegenwärtiger Probleme:** Lothar Petzold im Gespräch mit Wolfgang Huber zum praktischen Lebensansatz Martin Luthers. ZDZ 50 (1996), 130f.

1151 Decot, Rolf: **»Wer sich an Luther hält, lebt gut und stirbt noch besser«:** Traueransprache für Peter Manns ... In: 089, 17-21

1152 Diestelmann, Jürgen: **Gott – unser Vater, die Kirche – unsere Mutter.** In: 020, 113-128.

1153 Ebeling, Gerhard: **Ein Leben für die Theologie – eine Theologie für das Leben.** ZThK 95 (1998), 158-166: summary, 166.

1154 **Gemeenschappelijke verklaring over de rechtvaardigingsleer:** met een commentaar van de Theologische Commissie van de Evangelisch-Lutherse Kerk (Gemeinsame Erklärung über die Rechtfertigungslehre: mit einem Kommentar der Theol. Kommission der Evang.-Luth. Kirche)/ übers. und eingel. von Klaas Zwanepol. Woerden: SLUB, 1998. 31 S.

1155 **Gemeinsame Erklärung der lutherisch-mennonitischen Gesprächskommission zum Abschluß der Gespräche zwischen der Vereinigten Evang.-Luth. Kirche in Deutschland (VELKD) und der Arbeitsgemeinschaft Mennonitischer Gemeinden in Deutschland (AMG) vom Sept. 1989 bis Dez. 1992.** Amtsblatt der Evang.-Luth. Landeskirche Sachsens (1996), B66-B68.

1156 **Gemeinsame Erklärung zur Rechtfertigungslehre.** Luth. Beiträge 3 (1998), 151-163.

1157 **Gemeinsame Erklärung zur Rechtfertigungslehre 1997:** endgültiger Vorschlag/ Luth. Weltbund; Päpstlicher Rat zur Förderung der Einheit der Christen. LM 36 (1997) Heft 10, 49-60.

1158 Göberl, Roland: **Lutherische Brosamen:** Kurzaufsätze zu verschiedenen Themen neulutherischer Dogmatik. s. l.: Selbstverlag, 1988. 209 Sp. L*.

1159 Grandal, Kjetil: **Kjaerlighet med forbehold?:** Jürgen Moltmanns apokatastasiestanke; et oppgjoer med Luther-tradisjonens skjulte gud (Liebe mit Vorbehalt: Jürgen Moltmanns Apokatastasisvorstellung; eine Auseinandersetzung mit dem verborgenen Gott der Lutherrezeption). NTT 98 (1997), 157-170.

1160 Greive, Wolfgang: **Was ist vom Luthertum zu erwarten?:** ökumenische Selbstbesinnung. In: 047, 195-211.

1161 Groppe, Lothar: **Die Confessio Augustana aus katholischer Sicht:** was uns verbindet, was uns (noch) trennt. In: 069, 15-25.

1162 Günther, Hartmut: **»Allein die Schrift«:** nötige Bemerkungen zum Verständnis der Heiligen Schrift und zum Umgang mit ihr. LThK 16 (1992), 58-66.

1163 Günther, Hartmut: **Herrentag und Arbeitsruhe:** biblisch-theologische Überlegungen zur Feier des Sonntags. LThK 16 (1992), 128-138.

1164 Haas, F. C. K.: **Luthertum in der Ukraine.** Luth. Beiträge 3 (1998), 108-117.

1165 Härle, Wilfried: **»Ja« mit Vorbehalt:** Streit über die Erklärung zur Rechtfertigungslehre. EvK 30 (1997), 719-721.

1166 Hallewas, C. F. G. E.: **Vrijen in de kerk:** het besluit van de lutherse synode inzake het zegenen van levensverbintenissen getoetst aan de belijdenisgeschriften (Ehelichen in der Kirche: der Beschluß der lutherischen Synode betreffend das Einsegnen von Lebensverbindungen, geprüft an den Bekenntnisschriften). In: 09, 58-70.

1167 Hamm, Berndt: **Mut zur Verschiedenheit:** die »Gemeinsame Erklärung« und die Theologie Luthers. Sonntagsblatt: evang. Wochenzeitung für Bayern (1998) Nr. 11 (15. März), 4: Ill.

1168 Haupt, Detlev; Hirschfeld, Ronald: **Luthers Bild in Luthers Land:** eine Umfrage zum Kenntnisstand und zu Wertungen in bezug auf Leben und Wirken Martin Luthers unter Schülern und Auszubildenden in Sachsen-Anhalt. In: 054, 2-4.

1169 Hein, Lorenz: **»Heilung der Geschichte« als Spiritualität ökumenischer Kirchengeschichtsschreibung.** In: 062, 85-93.

1170 Heinz, Hans: **Die Reformation aus der Sicht der Siebenten-Tags-Adventisten.** Freikirchen Forschung 6 (1996 [gedruckt 1997]), 58-62.

1171 Held, Heinz-Joachim: **Ein neues Miteinander:** zur Einordnung der Gemeinsamen Erklärung zur Rechtfertigungslehre. EvTh 49 (1998), 161-168.

1172 Hinlicky, Paul R.: **Lutherova zabudnutá ekleziológia a jej ekumenické výsledky** (Luthers vergessene Ekklesiologie und ihre ökumenischen Ergebnisse). CL 111 (1998) Nr. 2, 28-31.

1173 Hirschler, Horst: **Luther ist uns weit voraus.** Luth. Kirche in der Welt 42 (1995), 93-112.

1174 Hoenen, Raimund: **Die Befragung Jugendlicher im Land Sachsen-Anhalt zu »Luthers Bild in Luthers Land« aus religionspädagogischer Perspektive.** In: 054, 25-31.

1175 Höppner, Reinhard: **Identität und Widerspruch.** In: 047, 17-25.

1176 Hövelmann, Hartmut: **Wenn die Fundamente brechen:** das »Börsenblatt für den deutschen Buchhandel« veranstaltet ein Schwerpunktheft »Theologie«. Lu 68 (1997), 144-146.

1177 Hoffmann, Roland: **Begrüßungswort.** In: 052, 37 f.

1178 Hoffmann, Thomas Sören: **Von der Freiheit der Kinder Gottes:** ein Beitrag zum Verständnis der reformatorischen Rechtfertigungslehre. Informationsbrief der Bekenntnisbewegung »Kein anderes Evangelium« (1998) Nr. 190 (September), 6-9: Ill.

1179 Holze, Heinrich: **Communio – eine ethische Herausforderung?:** historische Anmerkungen zur Diskussion innerhalb des Lutherischen Weltbundes seit 1977. In: 042, 187-204.

1180 Hübner, Hans: **Fundamentaltheologie und biblische Theologie.** ThLZ 123 (1998), 443-458.

1181 Jaeger, Joachim: **Begrüßungswort.** In: 052, 41 f.

1182 Ji, Won Yong: **To be Lutheran:** Lutheran identity and task in light of the doctrine of justification and the responsibility for the world. In: 078, 249-282. [Vgl. LuB 1994, Nr. 850]

1183 Jüngel, Eberhard: **Unglaubliche Irreführungen:** wie Protestanten über ihren Glauben getäuscht werden. EvK 31 (1998), 93-96.

1184 Junker, Thomas: **Kruzifixurteil und Byzantinismus: oder: Das Kreuz mit der Kreuzschelte.** Luth. Beiträge 1 (1996), 160-178.

1185 Kandler, Karl-Hermann: **Das Evangelische Gesangbuch:** Profilverlust oder Überwindung unheilvoller Distinktionen; die Abendmahlslieder im »Evangelischen Gesangbuch« und die lutherische Abendmahlslehre. In: 022, 223-238.

1186 Kaufmann, Thomas: **»Öffentlicher Glaube«:** das Erbe der Reformation. In: 047, 81-87.

1187 Kaufmann, Thomas; Timm, Hermann: **Vorsehung in der Sackgasse?:** eine Zwischenbilanz im Streit um die Rechtfertigungserklärung. EvK 31 (1998), 406 f.

1188 Kelly, Robert A.: **Lutheranism as a counterculture?:** the doctrine of justification and consumer capitalism. CTM 24 (1997), 496-505.

1189 Kern, Karl-Hans: **Konstanzer Scheiterhaufen:** ein philosophisches Lexikon vergißt die Reformation. EvK 31 (1998), 53.

1190 Kießig, Manfred: **Das lutherische Bekenntnis braucht einen institutionellen Leib!:** 50 Jahre VELKD. Lu 69 (1998), 100-107.

1191 Kišš, Igor: **Lutherova etika tvárou v tvár spoločenskym výzvam dneška** (Die Ethik Luthers angesichts der Herausforderungen der Gegenwart). CL 111 (1998) Nr. 3, 36-40.

1192 Kleinhans, Kathryn A.: **Why now?:** the relevance of Luther in a post-modern age. CTM 24 (1997), 488-495.

1193 Klueting, Harm: **»So sammele ich weiter: Gerade die dubiose Gegenwartsentwicklung nötigt zur Historie«:** Johann Friedrich Gerhard Goeters; Doktor und Professor der Theologie (1926-1996); ein Porträt statt eines Nachrufes. JWKG 91 (1997), 13-25: Portr.

1194 Koch, Kurt: **Gelähmte Ökumene:** was jetzt noch zu tun ist. FR; BL; W: Herder, 1991. 237 S. L 61-91. 107-123+".

1195 Koppe, Rolf: **Die Rolle der evangelischen Kirchen nach der Einheit in der Welt.** In: 052, 19-22.

1196 **Krieg, Konfession, Konziliarität:** Was heißt »gerechter Krieg« in CA XVI heute? = **War, confession and concilliarity:** what does »just war« in the Augsburg Confession mean today?/ hrsg. von Viggo Mortensen; übers. von Carter Lindberg. Hannover: LVH, 1993. 83 S. (Vorlagen: N. F.; 18) – Bespr.: Herman, Stewart W.: LQ 8 (1994), 80-82.

1197 Kruse, Martin: **Die ökumenische Zukunft des Petrusdienstes – aus lutherischer Sicht.** Theol. Quartalschrift 178 (1998), 111-117.

1198 Kühn, Ulrich: **Katholische Theologie – unterwegs mit Martin Luther.** Ökumenische Rundschau 46 (1997), 302-312.

1199 Kühn, Ulrich: **Papsttum und Petrusdienst:** evangelische Kritik und Möglichkeiten aus der Sicht reformatorischer Theologie. In: 063, 105-116. [Vgl. LuB 1997, Nr. 1183]

1200 Kuhnke, Ralf: **Ausgewählte Ergebnisse der Befragung »Jugend in Sachsen-Anhalt«.** In: 054, 5-15.

1201 Lehmann, Hartmut: **Laudatio auf Martin Brecht.** In: 04, 20-22: Portr.

1202 **Lehrverurteilungen – kirchentrennend?:** Stellungnahme der Synode der Evangelischen Kirche der Kirchenprovinz Sachsen zum Schlußbericht der Gemeinsamen Ökumenischen Kommission zur Überprüfung der Verwerfungen des 16. Jahrhunderts. Amtsblatt der Evang. Kirche der Kirchenprovinz Sachsen (1995), 9-12.

1203 Leicht, Robert: **Wahre Befreiungstheologie:** warum der mittelalterliche Individualist Martin Luther dem modernen Menschen nahe ist. EvK 30 (1997), 716-719: Ill.

1204 Lieberknecht, Christine: **Begrüßung und Eröffnung.** In: 052, 5-7.

1205 Lienhard, Marc: **Présence d'un maître livre de l'historiographie française:** un destin; Martin Luther, de Lucien Febvre. RHPhR 77 (1997), 407-430.

1206 Lohse, Bernhard: **Glaube und Trost:** Luthers Botschaft an die Trostlosen unserer Tage. Lu 68 (1997), 111-126.

1207 Lütz, Dietmar: **Ist die Selbstbezeichnung »Gemeinde nach dem Neuen Testament« ein Hinweis auf den reformatorischen Charakter der deutschen Baptistengemeinden?:** dargestellt an Taufdiskussionen jüngeren Datums. Freikirchen Forschung 6 (1996 [gedruckt 1997]), 10-33.

1208 Macín, Raúl: **Lutero: presencia religiosa y política en México** (Luther: religiöse und politische Präsenz in México). México, D. F.: Nuevomar, 1983. 98 S.

1209 Martens, Gottfried: **Glaubensgewißheit oder Daseinsgewißheit?:** Bemerkungen zu Auftrag und Ziel der Rechtfertigungsverkündigung der Kirche. In: 078, 171-179.

1210 Martens, Gottfried: **Ein ökumenischer Fortschritt?:** Anmerkungen zur »Gemeinsamen Erklärung zur Rechtfertigungslehre«. Luth. Beiträge 3 (1998), 164-187.

1211 Mayer, Michael: **The dark night of the soul:** reflections on St. John of the cross. LThJ 31 (1997), 125-134.

1212 Meyer, Harding: **Ja ohne Vorbehalt:** Konsens in der Rechtfertigungslehre erreicht. EvK 31 (1998), 37-40: Ill.

1213 Möller, Christian: **Evangelische Spiritualität – was ist das?:** ein Gespräch mit Martin Luther anläßlich seines 450. Todestages. In: 057, 79-93.

1214 Mohr, Helmut: **Reformation und Evangelisches Freikirchentum:** Anmerkungen dazu im Blick auf die methodistische Tradition. Freikirchen Forschung 6 (1996 [gedruckt 1997]), 34-46.

1215 Morgner, Christoph: **Der Weg der Reformation von der Bewegung zur Institution:** nützliche Beobachtungen von gestern für heute. In: 047, 55-79.

1216 Müller, Gerhard: **Erwin Mülhaupt.** Lu 68 (1997), 107 f.

1217 Müller, Gerhard Ludwig: **Doch kein Konsens in der Rechtfertigungslehre?:** zur Diskussion über »Die Gemeinsame Erklärung«. Cath 52 (1998), 81-94.

1218 Münz, Teodor: **Súčasná luteránska teológia na Slovensku** (Die gegenwärtige luth. Theologie in der Slowakei). Filozofia 53 (BR 1998), 337-349.

1219 Neumann, Burkhard: **Was ist ein Sakrament?:** Überlegungen zum Sakramentsbegriff gegenwärtiger evangelischer Theologie aus katholischer und ökumenischer Sicht. Cath 51 (1997), 235-254.

1220 Ohlemacher, Jörg: **Chancen und Grenzen, die Potentiale der lutherischen Reformation neu zu entdecken.** In: 047, 7-16.

1221 Pandel, Hans-Jürgen: **Luthers Bild in Luthers Land:** Geschichtswissen, Geschichtskultur und Geschichtsbewußtsein. In: 054, 16-24.

1222 Pawlas, Andreas: **Modern und fromm – mit Luther wieder Glauben lernen:** ein Bericht aus der Praxis. Lu 68 (1997), 147-150.

1223 Pawlas, Andreas: **Modernes Management und christliches Menschenbild.** In: Christliches ABC heute und morgen: Handbuch für Lebensfragen und kirchliche Erwachsenenbildung/ hrsg. von Eckhard Lade. 5. Erg.-Lfg. Bad Homburg: DIE, 1996, 69-89.

1224 Pawlas, Andreas: **978mal »Ehrlichkeit«:** die Luthergesellschaft auf dem 27. Deutschen Evang. Kirchentag in Leipzig. Lu 69 (1998), 45-47.

1225 Pesch, Otto Hermann: **Peter Manns – der Mensch, der Lutherforscher, der Institutsdirektor.** In: 089, 11-16.

1226 Peura, Simo: **In memoriam Lennart Pinomaa.** LuJ 65 (1998), 11-14.

1227 Planer-Friedrich, Götz: **Gebremste Ökumene:** Lehrkonsens braucht gemeinsames Kirchenverständnis. EvK 31 (1998), 124.

1228 Plathow, Michael: **»... der alle Welt erhält allein«:** Zufall – Freiheit – Vorsehung; zum theologischen Gespräch mit der Chaostheorie. (1995). In: 074, 53-66.

1229 Pöhlmann, Horst Georg: **Hermeneutik des Verdachts:** die Bunkermentalität evangelischer Theologen. EvK 31 (1998), 40 f: Ill.

1230 Ratzmann, Wolfgang: **Glauben ganzheitlich erleben.** Amtsblatt der Evang.-Luth. Landeskirche Sachsens (1997), B53-B56.

1231 Rau, Johannes: **Die Freiheit des Christenmenschen in der Konkurrenzgesellschaft.** In: 047, 27-30.

1232 Rieske-Braun, Uwe: **Bernhard Lohse.** Lu 68 (1997), 107.

1233 Rieske-Braun, Uwe: **Kardinalpunkt der Differenz:** eine Zwischenbilanz zum Streit um die Rechtfertigungslehre. LM 37 (1998) Heft 4, 32-34.

1234 Rieth, Ricardo W.: **Wirtschaft und Götzendienst:** zwei in der christlichen Tradition zusammengehörende Themen bei Luther und lateinamerikanischen Theologen. ZDZ 50 (1996), 226-232.

1235 Ringleben, Joachim: **Der Begriff des Glaubens in der »Gemeinsamen Erklärung zur Rechtfertigungslehre« (1997):** ein theologisches Gutachten. ZThK 95 (1998), 232-249: summary, 249.

1236 Rohrmoser, Günter: **Geistiges Vakuum – Spätfolgen der Kulturrevolution:** Plädoyer für die christliche Vernunft. Bietigheim/Baden: Gesellschaft für Kulturwissenschaft, 1997. 374 S. L 323-344.

1237 Saarinen, Risto: **Die Ost-West-Dialoge und die Theologie der Communio.** In: 042, 289-308.

1238 Saarinen, Risto: **Die Rechtfertigungslehre als Kriterium:** zur Begriffsgeschichte einer ökumenischen Redewendung. KuD 44 (1998), 88-103: summary, 103.

1239 Sattler, Dorothea: **»... Die gesamte Lehre und Praxis der Kirche unablässig auf Christus hin orientieren ...«:** zur neueren Diskussion um die kriteriologische Funktion der Rechtfertigungslehre. Cath 52 (1998), 95-114.

1240 Sauerzapf, Rolf: **Katholisch muß nicht römisch sein:** was ist lutherische Katholizität? CA (1998) Heft 2, 28-32: Ill.

1241 Schjørring, Jens Holger: **Lutherisches Erbe – gegenwärtige Herausforderungen – Visionen für die Zukunft.** In: 047, 177-194.

1242 Schlichting, Wolfhart: **»Es ist das Heil uns kommen her ...«:** was heißt es, ein evangelisch-lutherischer Christ zu sein. In: 022, 395-404.

1243 Schorlemmer, Friedrich: **Zwischen Wollen und Können:** über den Wert der Werte. In: 047, 31-42.

1244 Schrödl, Hanns: **Volk und Völker:** eine Annäherung. In: 017, 45-66.

1245 Schwöbel, Christoph: **Ökumenische Theologie im Horizont des trinitarischen Glaubens.** Ökumenische Rundschau 46 (1997), 321-340. Ill.

1246 Schwöbel, Christoph: **Die Suche nach Gemeinschaft:** Gründe, Überlegungen und Empfehlungen. In: 042, 205-260.

1247 Slupina, Hans-Ludwig: **In memoriam Erwin Mülhaupt.** LuJ 65 (1998), 15-18.

1248 **Stellungnahme der Selbständigen Evangelisch-Lutherischen Kirche zur »Gemeinsamen Erklärung zur Rechtfertigungslehre«:** (Römisch-katholische Kirche – Lutherischer Weltbund). Luth. Beiträge 3 (1998), 188-195.

1249 Stolle, Volker: **Diaspora im Zeichen des Evangeliums.** Luth. Kirche in der Welt 42 (1995), 113-133.

1250 Stolle, Volker: **Priestertum – Predigtamt – Berufstätigkeit:** kritische Vorstellung einer Untersuchung zum Thema Frauenordination. LThK 18 (1994), 118-126. [Bespr. zu LuB 1995, Nr. 450]

1251 Strauß, Michael: **Chance zur Umkehr:** Buße braucht keinen gesetzlichen Feiertag. EvK 30 (1997), 628.

1252 Thiede, Werner: **Das habe ich nicht vorgetragen!** Lu 68 (1997), 150 f.

1253 Vogel, Bernhard: **Empfangsansprache.** In: 052, 33 f.

1254 Vogel, Bernhard: **Ethischer Wertverlust?:** Herausforderung für die Kirche im Lutherjahr 1996. In: 052, 9-12.

1255 **Von der Freiheit eines Christenmenschen:** Bericht aus der Arbeit der Generalsynode der VELKD im Oktober 1995. Amtsblatt der Evang.-Luth. Landeskirche Sachsens (1996), B23 f.

1256 Wagner, Mervyn: **Luther's baptismal theology:** implications for catechesin. LThJ 31 (1997), 105-114.

1257 Wandel, Lee Palmer: **Robert William Scribner (1941-1998).** SCJ 29 (1998), 70 f.

1258 Wanke, Joachim: **Ansprache zur Ökumenischen Martinsfeier auf dem Erfurter Domplatz.** In: 052, 29 f.

1259 Wendebourg, Dorothea: **Kampf ums Kriterium:** wie die Rechtfertigungserklärung zustande kam. EvK 30 (1997), 722-725: Ill.

1260 Wenz, Gunther: **Mögliches Zwischentief:** nach der Stellungnahme aus Rom; GE und Ökumene. ZDZ/LM 1 (1998) Heft 9, 38-41: Ill.

1261 Wenz, Gunther: **Papsttum und kirchlicher Einheitsdienst nach Maßgabe evangelisch-lutherischer Bekenntnistradition.** In: 063, 68-87. [Vgl. LuB 1997, Nr. 1231]

1262 Wolf, Jürgen: **Nachdenklicher Ausblick.** In: 047, 213-226.

1263 Wriedt, Markus: **In memoriam Bernhard Lohse.** In: 049, 285-293.

1264 Wüst, Herbert: **Lutherdenkmaljubiläum mit praktischen Folgen.** (1993). In: 010, 261-263.

1265 Ziegler, Roland: **»Täglich, Herr Gott, wir loben dich«:** zum Tagzeitengebet in der evangelischen Kirche. In: 022, 559-575.

1266 Zuther, Ernst: **Gottes Regiment in Kirche und Welt.** die Zwei-Reiche-Lehre Martin Luthers als Bekenntnis zu Jesus Christus. In: 017, 141-189.

1267 Zwanepol, Klaas: **Tweëerlei vrijheid?:** enkele aspecten van het vrijheidsbegrip in de lutherse traditie (Zweierlei Freiheit: einige Aspekte des Freiheitsbegriffes in der luth. Tradition). In: 09, 122-140.

8 Romane, Schauspiele, Filme, Varia

1268 Alex, Ben: **Der Rebell auf der Ritterburg:** Martin Luther; der Mann, der die Bibel übersetzte; 1483-1546 (Martin Luther: the German monk who changed the church ⟨dt.⟩)/ ill. von Giuseppe Rava; übers. von Albrecht Schmidt. Bad Liebenzell: Liebenzeller Mission, 1996. 48 S.: Ill. (Telos-Bücher; 3973: Kinderbuch)

1269 Brückner, Christine: **Bist du sicher, Martinus?:** Monolog der Katharina Luther; (Live-Mitschnitt in der Schloßkirche Torgau)/ Sprecherin: Helga Haberkern-Tietz; Regie: Marieluise Müller. Beilrode: Falconia, 1997. 1 CD & Beil. (3 S.).

1270 Fleischmann-Bisten, Walter: **Melanchthon für die Gemeinde:** eine Flugblattaktion zum 500. Geburtstag 1997. (1997). In: 070, 162-187: Ill.

1271 Hoppmann, Jürgen G. H.: **Astrologie der Reformationszeit:** Faust, Luther, Melanchthon und die Sterndeuterei; mit kompletten Horoskopdeutungen aus der Astronomia Teutsch von 1580/ mit einem Vorwort von Günther Mahal. B: Zerling, 1998. 219 S.: Ill.

1272 Küstenmacher, Werner Tiki: **Der Anschlag in Wittenberg und andere rätselhafte Rate-Bilder rund um Luthers Reformation.** M-Neuhausen: Claudius, 1996. 46 S.: Ill.

1273 Lippe, George B. von der: **The figure of Martin Luther in twentieth-century German literature:** the metamorphosis of a national symbol. Lewiston, NY: Mellen University, 1996. 193 S. (Studies in religion and society; 33)

1274 [Osborne, John]: **John Osborne:** plays three; Luther, a patriot for me, and inadmissible evidence. LO: Faber, 1998. XI, 296 S. (Contemporary classics)

1275 Rösner, Hagen; Lähne, Bernd: **Schlitzohr ließ sich den Namen Luther sichern:** Neuruppiner bringt Sachsen damit in Not. Dresdner Neueste Nachrichten 8 (1998) Nr. 8 (10./11. Januar 1998), 4.

1276 Wolf, Hans-Jürgen: **Sünden der Kirche:** ein Lesebuch für mutige Christen/ mit einem Vorwort von Karl-Heinz Deschner. Erlensee: EBF, 1995. 1266 S.: Ill. L".

C FORSCHUNGSBERICHTE, SAMMELBESPRECHUNGEN, BIBLIOGRAPHIEN

1277 Bächtold, Hans Ulrich; Haag, Hans Jakob; Rüetschi, Kurt Jakob: **Neue Literatur zur zwinglischen Reformation.** Zw 24 (1997), 123-151.

1278 **Bernhard Lohse:** Bibliographie 1988-1998. In: 049, 297-302.

1279 **Bibliographie.** [Mühlhäuser Beiträge: 1978-1998]/ bearb. von Cornelia Nowak. Mühlhäuser Beiträge 20/21 (1997/98), 161-173.

1280 **Bibliographie:** Dr. Gerhard Schröttel. In: 046, 162-165.

1281 **Bibliographie Gerhard Ebeling/** bearb. von Jan Bauke. In: Wahrheit der Schrift – Wahrheit der Auslegung:eine Zürcher Vorlesungsreihe zu Gerhard Ebelings 80. Geburtstag am 6. Juli 1992/ hrsg. von Hans Friedrich Geißer ... ZH: Theol. Verlag, 1993, 326-352.

1282 **Bibliographie Hans-Walter Krumwiede:** 1949-1991. In: 028, 445-454.

1283 **Bibliographie Jobst Melchior Schöne 1955-1996/** unter Benutzung von Aufzeichnungen des Verfassers bearb. von Gudrun Dammann. In: 022, 577-591.

1284 **Bibliographie Johannes Dantine/** zsgest. von Thomas Krobath. In: 041, 394-404.

1285 **Bibliographie Karlheinz Blaschke: 1952-1997/** bearb. von Michael Gockel. In: 048, 799-831.

1286 **Bibliographie zur deutschen Literaturgeschichte des Barockzeitalters/** begr. von Hans Pyritz; fortgef. und hrsg. von Ilse Pyritz. Teil 1: **Kultur- und Geistesgeschichte, Poetik, Gattungen, Traditionen, Beziehungen, Stoffe/** bearb. von Reiner Bölhoff. Bern: Francke, 1991. XXVII, 738 S. L".

1287 **Bibliographie zur deutschen Literaturgeschichte des Barockzeitalters/** begr. von Hans Pyritz; fortgef. und hrsg. von Ilse Pyritz. Teil 2: **Dich-**

ter und Schriftsteller, Anonymes, Textsammlungen/ bearb. von Reiner Bölhoff. Bern: Francke, 1985. XXI, 809 S. L".

1288 **Bibliographie zur deutschen Literaturgeschichte des Barockzeitalters/** begr. von Hans Pyritz; fortgef. und hrsg. von Ilse Pyritz. Teil 3: **Gesamtregister/** bearb. von Reiner Bölhoff. M; New Providence; LO; P; Bern: Saur, 1994. 220 S. L 146.

1289 **Bibliographische Hinweise zur ökumenischen Theologie/** zsgest. von Klaus Krüger. Cath 51 (1997), 139-162.

1290 **Bibliography of Wilhelm Heinrich Neuser/** zsgest. von Peter de Klerk. In: 016, 411-428.

1291 Faulenbach, Heiner: **Ihm forthin zu leben:** zur Erinnerung an Gerhard Goeters. MEKGR 45/46 (1996/1997 [gedruckt 1998]), 628-644: Portr.

1292 Friedrich, Norbert: **Auswahlbibliographie Reinhard Mumm.** JWKG 21 (1998), 145-167.

1293 Grote, Heiner: **Katholische Stimmen zum Luther-Gedenken 1996.** MD 47 (1996), 76-79.

1294 Hövelmann, Hartmut: **Braucht Glaube Bildung? Braucht Bildung Glaube?:** Bericht von einer Studientagung der Luther-Gesellschaft. Lu 69 (1998), 40-44.

1295 **Hospitium ecclesiae:** Register zu den Bänden 1 (1954) - 20 (1995)/ zsgest. von Hilke Nielsen. Hospitium ecclesiae 21 (1998), 153-179.

1296 Jonscher, Reinhard: **Ein vergessener Forschungsgegenstand?:** Bauernkriegsforschung in und über Thüringen nach 1989. Mühlhäuser Beiträge 20/21 (1997/98), 99-104.

1297 Junghans, Helmar: **Das Luthergedenken 1996.** LuJ 65 (1998), 109-178.

1298 Looß, Sigrid: **Andreas Bodenstein von Karlstadt** (1486-1541) in der modernen Forschung. In: 01, 9-23.

1299 **Lutherbibliographie 1998/** mit ... bearb. von Helmar Junghans; Michael Beyer; Hans-Peter Hasse. LuJ 65 (1998), 188-268.

1300 Martin Brecht: **Schriftenverzeichnis/** erstellt von Stephan-Martin Stöltzel. In: 04, 23-31.

1301 Moda, Aldo: **Modus loquendi theologicus:** una rassegna bibliographica nel 450° anniversario della morte di Lutero (Modus loquendi theologicus: ein bibliographischer Überblick anläßlich des 450. Jahrgedenkens von Luthers Tod). Studia Patavina 43 (Padova 1996), 603-634.

1302 Moda, Aldo: **Modus loquendi theologicus:** una rassegna bibliographica nel 450° anniversario della morte di Lutero (Modus loquendi theologicus: ein bibliographischer Überblick anläßlich des 450. Jahrgedenkens von Luthers Tod). Studia Patavina 44 (Padova 1997), 141-181.

1303 Moeller, Bernd: **Diskussionsbericht.** In: 029, 476-489.

1304 Müller, Gerhard: **Ein Vierteljahrhundert Luther-Forschung.** ThR 57 (1992), 337-391

1305 **Schriftenverzeichnis Reinhard Slenczka:** (Stand: November 1995) In: 036, 190-205.

1306 Seebaß, Gottfried: **Bucer-Forschung seit dem Jubiläumsjahr 1991.** ThR 62 (1997), 271-300.

1307 **Verzeichnis der Schriften von Volker Press.** In: 076, 657-675.

1308 Wartenberg, Günther: **Die Bedeutung der Ratsschulbibliothek für die reformationsgeschichtliche Forschung.** In: 030, 136-145: Ill.

1309 Zöllner, Walter: **Forschungen zur Geschichte der Reformationszeit an der Martin-Luther-Universität Halle-Wittenberg.** In: 056, 153-160.

NACHTRÄGLICHE BESPRECHUNGEN

LuB 1984

1651 Asendorf, Ulrich. – Rossol, Heinz D.: LuD 6 (1998), 72-97.

LuB 1990

348 Gelhaus, Hermann. – Schmidt, Jochen: DLZ 111 (1990), 651-653.
685 Vogler, Günter. – Opitz, Helmut: Die Christenlehre 44 (1991), 283 f.
814 Wartenberg, Günther. – Blaha, Dagmar: DLZ 111 (1990), 489-491.

LuB 1991

306 Barth, Hans-Martin. – Keller, Rudolf: LThK 16 (1992), 185 f.
432 Gelhaus, Hermann. – Schmidt, Jochen: DLZ 111 (1990), 840-843.
463 Rothen, Bernhard. – Volk, Ernst: LThK 17 (1993), 31-33.
1214 Denk mal nach ... – Mahlke, Hans Peter: LThK 16 (1992), 146 f.
1281 Kuschel, Thomas. – Opitz, Helmut: Die Christenlehre 44 (1991), 283.

LuB 1992

022 Lebenslehren und ... – Döring, Detlef: DLZ 111 (1990), 875-881.
64 Martin Luther aus der Sicht ... – Blaufuß, Dietrich: ZBKG 66 (1997), 211 f.
353 Peters, Albrecht. – Günther, Hartmut: LThK 16 (1992), 50.
541 Bubenheimer, Ulrich. – Goertz, Hans-Jürgen: DLZ 113 (1992), 619-621.
564 Lohse, Bernhard. – Vogler, Günter: DLZ 113 (1992), 77 f.

LuB 1993

135 Sachau, Ursula. – Deppe, Hans: Lu 68 (1997), 155 f.
259 Korsch, Dietrich. – Deppe, Hans: Lu 69 (1998), 59.
295 Prien, Hans-Jürgen. – Brecht, Martin: Das historisch-politische Buch 40 (1992), 287; Wendelborn, Gert: DLZ 114 (1993), 98-101.
406 Peters, Albrecht. – Günther, Hartmut: LThK 17 (1993), 33-35.
967 Rothen, Bernhard. – Volk, Ernst: LThK 17 (1993), 31-33.

LuB 1994

01 Anticlericalism ... – Muller, Richard A.: Zw 24 (1997), 153-155.
030 Die luth. Konfessionalisierung ... – Krumwiede, Hans-Walter: ZBKG 66 (1997), 130-132.
033 Maron, Gottfried. – Schwaiger, Georg: ZKG 109 (1998), 246 f.
62 Theiselmann, Christiane. – Siehe LuB 1999, Nr. 154-157
309 Meding, Wichmann von. – Rossol, Heinz D.: LuD 6 (1998), 11-13: Ill.
328 Peters, Albrecht. – Günther, Hartmut: LThK 18 (1994), 129 f.
397 Werner, Ernst. – Friedrich, Reinhold: Lu 68 (1997), 156 f.
419 Rabe, Horst. – Vogler, Günter: DLZ 113 (1992), 739 f.
429 Bieber, Anneliese. – Holfelder, Hans Hermann: Lu 69 (1998), 54 f.Klän, Werner: LThK 18 (1994), 180-182.
517 Blickle, Peter. – Hoyer, Siegfried: DLZ 111 (1990), 458-461.
702 Holtz, Sabine. – Brecht, Martin: ZKG 109 (1998), 137-139.

LuB 1995

05 Baur, Jörg. – Stolle, Volker: LThK 17 (1993), 199 f.
071 Wegscheiden ... – Hutter-Wollandt, Ulrich: ZdZ 50 (1996), 156.
3 Deutsche Bibeldrucke I. – Brecht, Martin: Pietismus und Neuzeit 20 (1994), 248-250.
4 Deutsche Bibeldrucke II. – Brecht, Martin: Pietismus und Neuzeit 20 (1994), 248-250.
5 Deutsche Bibeldrucke III. – Brecht, Martin: Pietismus und Neuzeit 20 (1994), 248-250.
31 Quellen zur Reformation. – Brecht, Martin: ZWLG 55 (1996), 448 f.
57 Stuttgarter Erklärungsbibel. – Förster, Stefan: LThK 16 (1992), 148.
133 Hartmann, Karl. – Opitz, Helmut: Die Christenlehre 46 (1993), 87 f.
174 Peura, Simo. – Müller, Gerhard: Lu 69 (1998), 114.
364 Schmidt-Lauber, Gabriele. – Zschoch, Hellmut: ZKG 109 (1998), 128-130.
450 Globig, Christine. – Siehe LuB 1999, Nr. 1250.
599 Kötter, Ralf. – Klän, Werner: LThK 18 (1994), 182-184.
926 Schloemann, Martin. – Stolle, Volker: LThK 18 (1994), 187 f.

960 Keller, Rudolf. – Peters, Christian: ZKG 109 (1998), 131-134.

1064 Siemon-Netto, Uwe. – Ketola, Mikko: TA 103 (1998), 76.

1079 Altmann, Walter. – Maschke, Timothy H.: LuD 6 (1998), 146-165.

LuB 1996

03 Aspekte protestantischen ... – Busch, Helmut: JWKG 91 (1997), 282 f.

04 Auctoritas patrum. Bd. 1. – Pani, Giancarlo: Cristianesimo nella storia 19 (Bologna 1998), 212 f.

017 Forell, George Wolfgang. – Gummelt, Volker: Lu 69 (1998), 58.

018 Freiheit als Liebe ... – Peters, Christian: ThLZ 123 (1998), 489-492.

022 Hamm, Berndt. – Gummelt, Volker: Lu 68 (1997), 153 f.

060 Zur Mühlen, Karl-Heinz. – Hutter-Wollandt, Ulrich: ZdZ 50 (1996), 156.

23 Luther, Martin. – Hutter-Wollandt, Ulrich: ZdZ 50 (1996), 155.

94 Schwarz, Hans. – Hutter-Wollandt, Ulrich: ZdZ 50 (1996), 155.

192 Spinks, Bryan D. – Maschke, Timothy H.: LuD 6 (1998), 61-65.

231 Zur Mühlen, Karl-Heinz. – Skocir, Joan: LuD 6 (1998), 117-122.

233 Zur Mühlen, Karl-Heinz. – Skocir, Joan: LuD 6 (1998), 14-18.

261 Bayer, Oswald. – Rossol, Heinz D.: LuD 6 (1998), 42-44.

332 Biewer, Ludwig. – Markwald, Rudolf K.: LuD 6 (1998), 45-49.

336 Peters, Albrecht. – Dobschütz, Detlef von: Lu 68 (1997), 153.

486 Wolgast, Eike. – Peterse, Hans: Cristianesimo nella storia 18 (Bologna 1997), 691 f.

487 Zschoch, Hellmut. – Rieske-Braun, Uwe: Lu 69 (1998), 56-58.

682 Stupperich, Robert. – Mager, Inge: JNKG 95 (1997), 403 f.

690 Wolgast, Eike. – Köpf, Ulrich: ZBKG 66 (1997), 104-107.

872 Siemon-Netto, Uwe. – Maschke, Timothy H.: LuD 6 (1998), 123-143.

LuB 1997

013 Festschrift Gustav Adolf Benrath. Bd. 30. – Ackva, Friedhelm: MEKGR 45/46 (1996/1997) [gedruckt 1998], 659-661.

021 Hirschler, Horst. – Brandt, Hinrich: Luth. Beiträge 2 (1997), 58-60.

039 Luther und Leipzig. – Wolgast, Eike: Lu 68 (1997), 152 f.

051 The Oxford encyclopedia I. – Zlatar, Zdenko: Journal of religious history 21 (Oxford 1997), 337-347.

052 The Oxford encyclopedia II. – Zlatar, Zdenko: Journal of religious history 21 (Oxford 1997), 337-347.

053 The Oxford encyclopedia IV. – Zlatar, Zdenko: Journal of religious history 21 (Oxford 1997), 337-347.

060 Reformation und Reichsstadt. – Ford, James Thomas: SCJ 29 (1998), 315 f.

065 700 Jahre Wittenberg. – Hutter-Wollandt, Ulrich: ZdZ 50 (1996), 156 f.

069 »Vom christlichen abschied ...« – Dienst, Karl: Lu 69 (1998), 109 f.

070 Von der Liberey ... – Marwinski, Konrad: Neues Archiv für sächsische Geschichte 68 (1997), 470 f.

34 Luther, Martin. – Brakemeier, Gottfried: Estudos teológicos 35 (São Leopoldo 1995), 297 f.

35 Luther, Martin. – Buss, Paulo Wille: Vox concordiana 12 (São Leopoldo 1997), 118-120.

61 Luther, Martin. – Plathow, Michael: Lu 69 (1998), 113 f.

64 Protestantische Mystik. – Müller, Gerhard: LM 37 (1998), Heft 4, 44.

83 Aller Knecht ... – Epting, Wilhelm: Die Christenlehre 49 (1996) Heft 3, 63.

113 Junghans, Helmar. – Düfel, Hans: Lu 68 (1997), 151 f.

170 Genthe, Hans Jochen. – Hutter-Wollandt, Ulrich: ZdZ 50 (1996), 155.

171 Junghans, Helmar. – Hammer, Wolfgang: Deutsche Lehrerzeitung (1997) Nr. 47 f, 14.

192 Neumann, Hans-Joachim. – Wolf, Gerhard Philipp: ZBKG 66 (1997), 127 f.

235 Lohse, Bernhard. – Hövelmann, Hartmut: Lu 69 (1998), 55 f; Hutter-Wollandt, Ulrich: ZdZ 50 (1996), 155 f; siehe auch LuB 1999, Nr. 219

286 Wenz, Gunther. – Asendorf, Ulrich: LM 37 (1998), Heft 4, 43; Gaßmann, Günther: Ökumenische Rundschau 46 (1997), 382 f; Kuhn, Thomas K.: ThZ 54 (1998), 280 f.

287 Diestelmann, Jürgen. – Haupt, Malte: Luth. Beiträge 2 (1997), 215 f; Sjöblom, Marko: Perusta (Helsinki, 1998), 124 f.

290 Ohst, Martin. – Segl, Peter: ZKG 109 (1998), 426-430.

313 Smith, Ralph F. – Kirn, Hans-Martin: ThLZ 122 (1998), 171 f.

322 Hohenberger, Thomas. – Bagchi, David: SCJ 29 (1998), 213-215; Brecht, Martin: ZBKG 66 (1997), 121-123.

324 Lexutt, Athina. – Neuser, Wilhelm H.: ThLZ 122 (1998), 169-171.

326 Wöhle, Andreas H. – Wöhle, Andreas H.: LuD 6 (1998), 19-25.

328 Seils, Martin. – Ebert, Klaus: LM 36 (1997), Heft 10, 43.

355 Rieth, Ricardo. – Mendt, Dietrich: ZdZ/LM 1 (1998) Heft 7, 22 f; Pawlas, Andreas: Lu 69 (1998), 111 f.

379 Boendermaker, Johannes P. – Boendermaker, Johannes P.: LuD 6 (1998), 5-7.

407 Frech, Stephan Veit. – Beyer, Michael: LuJ 65 (1998), 183 f.

515 Sander-Gaiser, Martin Hans. – Sander-Gaiser, Martin Hans: LuD 6 (1998), 58-60: Ill.

612 Brady, Thomas A. – Scott, Tom: Zeitschrift für die Geschichte des Oberrheins 144 (1997), 538 f.

629 Lindberg, Carter. – Ruge-Jones, Phil: CTM 24 (1997), 519 f.

673 Melanchthon, Philipp. – Bächtold, Hans Ulrich: Zw 24 (1997), 187 f.

758 Bodenstein, Andreas aus Karlstadt. – Hasse, Hans-Peter: Zw 24 (1997), 193-196.

776 Bullinger, Heinrich. – Friedrich, Martin: Zw 24 (1997), 183-185.

987 Richter, Matthias. – Kolb, Robert: SCJ 29 (1998), 308-310.

1040 Steiger, Johann Anselm. – Greschat, Martin: ThLZ 123 (1998), 275-277.

1110 Schünemann, Rolf. – Gierus, Renate: Estudos teológicos 36 (São Leopoldo 1996), 185-187.

LuB 1998

06 Aus dem Lande der Synoden. – Peters, Christian: JWKG 92 (1998), 444-451.

09 Die bewahrende Kraft ... – Boeck, Urs: JNKG 95 (1997), 408-410.

011 Caritas Dei. – Nissinen, Vesa: TA 103 (1998), 352 f.

015 »Er fühlt der Zeiten ...« – Kammer, Otto: Mühlhäuser Beiträge 19 (1996), 126-128.

016 Ernst Salomon Cyprian ... – Döring, Detlef: ThLZ 123 (1998), 400-402.

026 Goertz, Hans-Jürgen. – Ferrario, Fulvio: Cristianesimo nella storia 19 (Bologna 1998), 217 f.

045 Lehmann, Hartmut. – Aschenbrenner, Dieter: LM 37 (1998), Heft 4, 42.

057 Melanchthon auf Medaillen. – Düfel, Hans: Lu 69 (1998), 48.

087 Der Schmalkaldische Bund ... – Zeitel, Karl: Jahrbuch des Hennebergisch-Fränkischen Geschichtsvereins 13 (1998), 361-363.

089 Seebaß, Gottfried. – Kandler, Karl-Hermann: Luth. Beiträge 3 (1998), 126-128.

094 Tolerance and intolerance ... – Rabb, Theodore K.: JEH 49 (1998), 561 f.

118 Junghans, Helmar. – Delius, Hans-Ulrich: ThLZ 122 (1998), 168 f; Hammer, Wolfgang: Deutsche Lehrerzeitung (1997) Nr. 47 f, 14.

133 Ji, Won Yong. – Maschke, Timothy H.: LuD 6 (1998), 112 f.

167 Ebeling, Gerhard. – Wriedt, Markus: ZBKG 66 (1997), 123-125.

169 Kopperi, Kari. – Saarinen, Risto: TA 103 (1998), 247 f.

290 Bray, Gerald. – Skocir, Joan: LuD 6 (1998), 102-107.

291 Brinkman, Martien E. – Maurer, Ernstpeter: Ökumenische Rundschau 46 (1997), 385-387.

319 Dalferth, Silfredo Bernardo. – Rieth, Ricardo Willy: LuJ 65 (1998), 179-181.

338 Zippelius, Reinhold. – Friedrich, Reinhold: ZBKG 66 (1997), 161 f.

344 Baue, Frederic W. – Maschke, Timothy H.: LuD 6 (1998), 39-41.

353 Dähn, Susanne. – Kleckley, Russell C.: SCJ 29 (1998), 195-197.

360 Flachmann, Holger. – Arffmann, Kaarlo: TA 103 (1998), 444 f; Asendorf, Ulrich: Lu 69 (1998), 49-51; Beyer, Michael: LuJ 65 (1998), 181-183; Ziebritzki, Henning: LM 36 (1997), Heft 10, 42.

387 Reventlow, Henning Graf. – Kandler, Karl-Hermann: LThK 22 (1998), 55-57.

409 Leaver, Robin A. – Eckardt, Burnell F., Jr.: LuD 6 (1998), 53 f.

423 Arand, Charles P. – Maschke, Timothy H.: LuD 6 (1998), 32-37.

449 Wengert, Timothy J. – Kiecker, James G.: LuD 6 (1998), 66-70.

455 Baldwin, John T. – Maschke, Timothy H.: LuD 6 (1998), 98-101.

475 Kolb, Robert. – Eckardt, Burnell F., Jr.: LuD 6 (1998), 50-52: Ill.

526 Andreatta, Eugenio. – Leoni, Stefano: LuJ 65 (1998), 184-186.

563 Yeago, David S. – Eckardt, Burnell F., Jr.: LuD 6 (1998), 26-29: Ill.

566 Bachmann, Claus. – Hasse, Hans-Peter: LuJ 65 (1998), 186 f.

612 Moeller, Bernd. – Kohnle, Armin: ThLZ 123 (1998), 496 f.

712 Melanchthon, Philipp. – Ritter, Adolf Martin: ThLZ 123 (1998), 488 f; Wolf, Gerhard Philipp: ZBKG 66 (1997), 128 f.

713 Melanchthon, Philipp. – Ritter, Adolf Martin:

ThLZ 123 (1998), 488 f; Wolf, Gerhard Philipp:
ZBKG 66 (1997), 128 f.

752 Scheible, Heinz. – Beyer, Michael: ZdZ 52
(1998), 117; Bräuer, Siegfried: Neues Archiv für
sächsische Geschichte 68 (1997), 396 f; Estes,
James M.: SCJ 29 (1998), 79-81; Jüngel, Eberhard: EvK 30 (1997), 610 f; Trende, Frank: Dithmarschen (1998), Heft 1, 28.

800 Flugschriften gegen die Reformation ... – Brecht,
Martin: ZBKG 66 (1997), 119-121; Casey, Paul:
SCJ 29 (1998), 74-76.

802 Henze, Barbara. – Molitor, Hansgeorg: ThLZ
122 (1998), 165 f.

833 Hoffmann, Manfred. – Trinkaus, Charles: ZKG
109 (1998), 130 f.

1165 Dingel, Irene. – Wenz, Gunther: ThLZ 123
(1998), 492-495.

1230 Strohm, Christoph. – Rogge, Joachim: ThLZ 123
(1998), 430-433.

1275 Brunvoll, Arve. – Hurth, Elisabeth: EvK 30
(1997), 549 f.

1535 Vinçon, Herbert. – Dienst, Karl: Lu 69 (1998),
53 f; Epting, Wilhelm: Die Christenlehre 49
(1996) Heft 3, 62 f.

1537 Asendorf, Ulrich. – Skocir, Joan: LuD 6 (1998),
2-4.

AUTOREN- UND TITELREGISTER

Abgeschlossen am 30. September 1998

DATE DUE

GTU Library
2400 Ridge Road
Berkeley, CA 94709
For renewals call (510) 649-2500

All items are subject to recall.